Romandie

MAURICE DENUZIÈRE

Helvétie	*J'ai lu* 3534/**N**
La trahison des apparences	*J'ai lu* 3674/**B**
Romandie	*J'ai lu* 5509/**N**
Rive-Reine	*J'ai lu* 5510/**Q**

Maurice Denuzière

Romandie

Éditions J'ai lu

Toute ressemblance des personnages de fiction
avec des êtres vivant ou ayant vécu
ne pourrait être que fortuite.
Toute infidélité à l'histoire et à ses acteurs
authentiques ne pourrait être qu'involontaire.

Les morts de l'histoire vivent. Ils ne se connaissent pas.
Ils sont au milieu de nous. Il faut les retrouver.

Maurice Barrès (1866-1923),
à son fils Philippe.

Combien j'aimerais à passer huit jours à Vevey ! Je louerais une chambre sur la montagne, à une grande lieue de la ville. Je suis touché, à ce voyage-ci, de ce point de vue admirable, où les montagnes sévères et couvertes de sapins se rapprochent du lac, remplacent l'ignoble champ cultivé et donnent au paysage un si grand caractère.

Stendhal (1783-1842),
Mémoires d'un touriste.

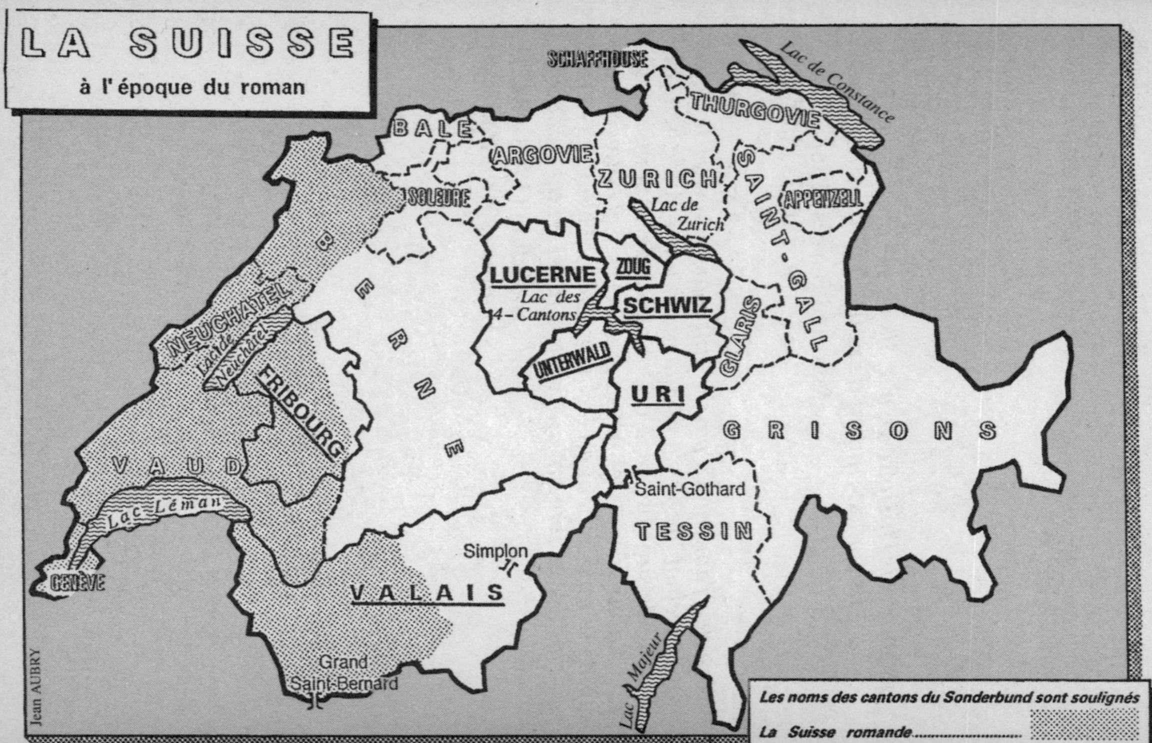
LA SUISSE
à l'époque du roman
SCHAFFHOUSE
Lac de Constance
THURGOVIE
BALE
ARGOVIE
ZURICH
SAINT-GALL
APPENZELL
SOLEURE
Lac de Zurich
LUCERNE
ZOUG
SCHWIZ
Lac des 4-Cantons
GLARIS
NEUCHATEL
Lac de Neuchâtel
BERNE
UNTERWALD
URI
FRIBOURG
GRISONS
VAUD
Saint-Gothard
Lac Léman
TESSIN
Simplon
GENÈVE
VALAIS
Grand Saint-Bernard
Lac Majeur
Jean AUBRY
Les noms des cantons du Sonderbund sont soulignés
La Suisse romande

PREMIÈRE ÉPOQUE

Terre d'asile

1

Par une nuit glaciale de décembre 1833, une grande barque sous voiles latines approchait la berge du Léman, à Ouchy. Quand les bacounis aux doigts gourds abattirent la toile tendue par le gel intense, le bateau perdit son erre. Le clapotis provoqué par une ancre discrètement mouillée troubla le silence. L'absence de fanal au mât indiquait que l'équipage se gardait d'attirer l'attention d'éventuels noctambules. Les villageois d'Ouchy dormaient, certes, mais quelques lueurs vacillantes révélaient que Lausanne, juchée sur ses collines, comptait des insomniaques. Et le guetteur de la cathédrale qui, de la tour du beffroi, avait déjà lancé deux fois aux quatre points cardinaux : « Il a sonné douze, il a sonné douze ! », eût été intrigué par un feu glissant sur le lac en pleine nuit.

En plus des bacounis se trouvaient, à bord de la barque venue de Nyon, deux voyageurs qui avaient largement payé le patron du bateau pour le décider à naviguer dans l'obscurité par une telle fricasse, ainsi qu'un Romand nomme le froid mordant.

Accroupis sur le bordage, marins et passagers scrutèrent un moment le rivage. Tous parurent soulagés en apercevant enfin le signal escompté : la lumière d'une lanterne balancée sous les arbres qui bordaient la grève. Aussitôt, l'un des bacounis tira sur l'amarre du naviot qu'il amena contre le flanc de la barque et, sans un mot, y descendit. Les deux voyageurs l'imitèrent prestement. En vingt coups de rames, le petit esquif atteignit la rive.

Un raclement sur les galets annonça qu'on touchait terre. Les deux voyageurs sautèrent sur la berge, serrèrent la main du marin qui leur souhaita bonne chance, comme s'il évaluait les risques qu'allaient affronter ces hommes. Tandis que le naviot s'éloignait pour rejoindre le grand bateau, dont la silhouette fantomatique apparut un instant dans un rayon de lune filtrant entre les nuages, les débarqués marchèrent résolument vers le porteur de lanterne. La fine couche de neige gelée se brisait en crissant sous leurs pas, tel du verre de Venise.

L'homme qui, adossé au tronc d'un arbre, avait fait le signal convenu, ne daigna pas aller au-devant des voyageurs. Il ne vit pas – ou négligea volontairement de serrer – les mains tendues.

— Messieurs, dit-il avec l'accent rocailleux d'un Bourguignon, je suis prêt à vous conduire au général. Le sentier est un peu raide et glissant. Suivez-moi sans faire de bruit.

Ceux qui fréquentaient Beauregard, une des plus belles demeures des hauts d'Ouchy, à Montchoisi, eussent reconnu dans ce guide peu loquace l'adjudant Jean Trévotte, dit Titus, ordonnance depuis plus de trente ans du général Fontsalte[1]. Ce gaillard, bien qu'affligé d'une jambe de bois, allait bon train, et l'un des deux hommes lui demanda bientôt de ralentir le pas :

— S'il vous plaît, souffla-t-il, j'ai du mal à vous suivre !

Il s'exprimait en bon français mais avec un accent que l'adjudant Trévotte, vieil habitué des champs de bataille de l'Empire défunt, reconnut pour être d'Europe centrale. Titus ralentit le pas en maugréant. Le gel raidissait sa moustache et il appréciait peu des gens qui faisaient tant de mystère et voulaient rendre visite au général après minuit sonné.

1. Ces personnages et événements, ainsi que tous ceux – familiaux, politiques ou économiques – auxquels il sera fait référence ou allusion dans cet ouvrage, ont été évoqués dans *Helvétie* et *Rive-Reine*, romans du même auteur, publiés par le même éditeur et qui racontent la période 1800-1833. La définition des mots vaudois déjà donnée dans les deux précédents tomes n'est pas répétée dans ce volume.

En évitant de passer trop près des maisons, étagées entre vignes et prés, que la multiplication des constructions nouvelles étrécissait un peu plus chaque année, les trois ombres, en file indienne, parvinrent devant le portail de Beauregard. Négligeant l'entrée principale, Trévotte contourna le mur d'enceinte et ouvrit la porte des communs. Une allée étroite, réservée aux fournisseurs et aux domestiques, conduisit les visiteurs au pied d'un petit perron.

— Madame dort, là-haut, indiqua l'unijambiste, invitant ainsi les visiteurs à garder le silence.

Par un couloir chichement éclairé, le groupe traversa le rez-de-chaussée, puis le guide s'immobilisa devant une porte à double battant, d'où filtrait un rai de lumière. D'un geste, il imposa aux visiteurs d'attendre et entra seul dans le cabinet de travail. Il reparut aussitôt pour inviter les étrangers à franchir le seuil.

Le général Fontsalte, ancien officier au service des Affaires secrètes et Reconnaissances de Bonaparte, Premier consul, puis de Napoléon 1er, empereur, n'était pas homme à s'étonner du mystère dont ses visiteurs avaient voulu entourer l'audience sollicitée trois jours plus tôt. « Pour ne pas le compromettre », avaient fait dire ces derniers par leur messager, un imprimeur lausannois, sympathisant actif des révolutionnaires italiens réfugiés en Suisse.

Blaise de Fontsalte, dont la haute taille, la forte carrure, la toison grise et drue, la moustache et, surtout, le regard vairon, pouvaient impressionner ceux qui le voyaient pour la première fois, n'avait pas eu à faire de frais de toilette pour accueillir ses visiteurs nocturnes. Son éducation et son grade lui interdisaient, même dans l'intimité, tout ajustement négligé.

Veste d'intérieur de velours grenat, large cravate de soie blanche, pantalon noir à sous-pied d'où émergeaient de fines bottes lustrées : telle était sa tenue habituelle quand, la maisonnée endormie, il rédigeait, tard dans la nuit, ses souvenirs du Consulat et de l'Empire. Parfois, son ami de toujours, Claude Ribeyre de Béran, comme lui ancien des Affaires secrètes, le rejoignait à Beauregard. Les deux généraux rassemblaient en commun, sans pour autant envisager publication, ce qu'ils entendaient révéler de leurs activités passées au service de la France et du génie mort à Sainte-Hélène.

Fontsalte, aristocrate forézien, chaleureux, pugnace, dénué de morgue, tenait de ses ancêtres, Arvernes et Ségusiaves, une robuste constitution physique alliée à l'esprit vieux gaulois et à la sensibilité pastorale d'un héros de l'Astrée. Il coulait maintenant, dans le paisible décor lacustre du pays de Vaud, l'existence heureuse et quiète d'un retraité des combats. L'âge avait calmé sa fougue guerrière mais, pour avoir adhéré très jeune, comme son défunt père, héros de la guerre d'Indépendance américaine, aux principes de la Révolution française, il était toujours prêt à soutenir les hommes en lutte pour la liberté de leur patrie, la défense de leur foi ou de leur dignité.

Les visiteurs appartenaient à cette catégorie. Le plus grand et plus âgé, un bel homme aux cheveux blancs, joues creuses, yeux de porcelaine bleue, ôta prestement la longue cape de berger qui l'emmitouflait et apparut en uniforme, kourtka blanche et pantalon cramoisi. Avant même d'avoir vu la double épaulette sur l'habit à plastron et basques courtes, Blaise de Fontsalte avait identifié un officier du 1er régiment des chevau-légers lanciers polonais, dits lanciers rouges de la Garde impériale. Ces volontaires, intégrés par Napoléon à sa propre Garde, s'étaient vaillamment battus, notamment à Wagram, en 1809. L'officier rectifia la position et se présenta :

— Comte Stanislas Golewski, autrefois colonel-major au 1er lanciers de la Garde.

Blaise lui serra chaleureusement la main.

— Colonel, il ne vous manque que la chapka à coiffe carrée et plumet de héron, que vous devez porter fort crânement.

— Je vous prie d'excuser mon simple bonnet de police. La haute coiffe eût manqué de discrétion, général.

— Mais je vois là l'emblème de la Confédération de Bar[1], ajouta Blaise en désignant de l'index la croix de Malte en argent, agrafée sur la poitrine de l'officier.

1. La Confédération de Bar, fondée par la Diète polonaise (1768-1772), était dirigée contre la Russie.

— Nous sommes fidèles aux décisions de notre Diète de 1768, général, et nous comptons bien retrouver un jour l'indépendance nationale qui nous a été promise, commenta le Polonais, enchanté de se trouver en présence d'un homme qui connaissait la tragique histoire de son pays.

Le second visiteur était un civil vaudois : un membre de la municipalité de Nyon qui avait tenu à accompagner le comte Golewski.

— Permettez-moi de laisser parler le colonel et d'ajouter simplement que nous sommes, à Nyon, un certain nombre de municipaux et de citoyens prêts à soutenir le projet qu'il va vous soumettre, dit le Vaudois.

Blaise fit asseoir les deux hommes et leur servit un verre de marc.

— Ça ne vaut pas votre vodka parfumée à l'herbe de bison, colonel, mais ça réchauffe, dit-il avec un sourire en s'adossant dans son fauteuil.

Le Polonais vida son verre d'un trait, ce qui impressionna son compagnon, puis il prit aussitôt la parole :

— Général, je suis habilité à vous révéler, sous le sceau du secret, cela va sans dire, un projet mis au point par un étranger à notre communauté polonaise mais qui intéresse au premier chef les quelque cinq cents militaires polonais réfugiés en Suisse depuis avril dernier. Nous sommes un certain nombre à nous être battus avec vous, dans l'armée de l'empereur, pour libérer notre pays de l'emprise russe et, après la fin tragique de Napoléon, nous nous sommes engagés dans l'armée du nouveau royaume polonais. En 1830 et 1831, nous avons mené une insurrection contre les Russes. Nous avons eu tort, nous autres aristocrates, de négliger l'aide que les paysans auraient pu nous apporter. Certains des nôtres entendaient, certes, chasser les Russes mais voulaient maintenir en Pologne une société féodale pour conserver des privilèges seigneuriaux surannés. J'étais de ceux qui militaient, au contraire, pour une société plus libérale, s'inspirant des trois principes de votre Révolution : liberté, égalité, fraternité. Mais il fallait d'abord nous unir pour chasser les Russes. Comme vous le savez, nous avons été battus, condamnés à l'exil. La Pologne a été abandonnée à ceux que nous appelons millénaristes, ceux qui n'imaginent pas une nation polonaise autre que parlant russe et alliée du tsar.

— Je sais tout cela, colonel. Je sais aussi que le canton de Berne a accueilli quatre cent trente-huit de vos camarades, qui entendaient prêter main-forte au soulèvement étudiant de Francfort, dit Fontsalte, qui savait à quoi s'en tenir sur la propension des Polonais à en découdre à tout propos.

— Nous pensions être utiles aux peuples d'Allemagne, en même temps qu'à notre patrie. Notre combat est le leur, général, comme il est celui des Piémontais et des Savoyards contre Charles-Albert, roi de Piémont-Sardaigne, et ses alliés autrichiens, oppresseurs de l'Italie. Vous savez que nous avons constitué en Suisse une Sainte Légion. En attendant de pouvoir reconquérir notre patrie polonaise, nous sommes prêts à combattre, partout, les princes de la Sainte-Alliance, alliés du tsar. C'est d'ailleurs l'objet de ma visite, d'abord pour vous informer confidentiellement que se prépare, à partir des cantons de Vaud et de Genève, une importante expédition contre la Savoie, ensuite vous demander, vous qui avez servi Bonaparte contre les tyrans, de participer à notre action en qualité de chef d'état-major.

Rompu au commerce des idéalistes et agitateurs de toute obédience, Blaise de Fontsalte dissimula, sans effort apparent, son étonnement.

— Et qui a eu l'idée de cette expédition contre la Savoie ? Vous n'ignorez pas que les Vaudois et les Genevois ont des relations commerciales quasi quotidiennes avec les Savoyards, colonel ?

— Les Savoyards subissent le joug de Charles-Albert et ne demandent qu'à se révolter, général.

— En êtes-vous bien sûr ? risqua Fontsalte.

L'officier polonais négligea l'intervention.

— Le promoteur de l'idée est M. Giuseppe Mazzini, fondateur du mouvement Jeune Italie. Il se trouve présentement à Genève, le gouvernement français l'ayant prié de quitter Paris. C'est le chef d'un comité d'insurrection, créé en octobre, qui comprend des gens estimables, comme Louis-Amédée Mélégari, condamné à mort par les Autrichiens et réfugié à Lausanne, Augustin Ruffini, le chef carbonaro, l'architecte Frédéric Pescantini[1] et, aussi, des Suisses, comme le jeune radical genevois Antoine-Désiré Carteret[2]. A Genève, M. James Fazy, le chef des radicaux, propriétaire du journal *le Fédéral*, est prêt à soutenir M. Mazzini, qu'il connaît bien. Le comité a obtenu le concours spontané des Italiens réfugiés au Tessin, mais M. Mazzini reconnaît qu'on ne peut rien tenter sans l'assistance de militaires expérimentés. C'est pourquoi il a sollicité notre adhésion. Après nous être concertés nous avons décidé de joindre nos forces à celles des républicains qui luttent contre les despotes de la Sainte-Alliance. Des Allemands, qui ont déjà participé à des insurrections, sont aussi de la partie avec quelques Français. Enfin, c'est le général piémontais, naturalisé polonais, Girolamo Ramorino, formé au Prytanée militaire de La Flèche, en France, qui participa à toutes les campagnes de l'Empire, puis anima l'insurrection de Bologne avant de venir en Pologne soutenir la nôtre, en 1831, qui commandera l'expédition. Elle devrait être forte de plus de mille deux cents hommes.

Fontsalte connaissait la plupart des agitateurs cités par le colonel et aucun ne lui inspirait confiance, surtout pas Mazzini, une sorte d'illuminé qui déclarait, péremptoire :

---

1. Frédéric Pescantini (1802-1875). Architecte d'origine italienne, réfugié dans le canton de Vaud. Révolutionnaire assagi après l'expédition de Savoie, il s'établit à Prangins en 1837. On lui doit les plans du théâtre de Nyon, ville qui le fit bourgeois d'honneur en 1844. Il fut élu conseiller municipal de Nyon et député au Grand Conseil vaudois en 1851.

2. Antoine-Désiré Carteret (1813-1889), politicien genevois. Mêlé à tous les mouvements révolutionnaires, il participa à l'expédition polonaise contre la Savoie. Il devint membre de l'Assemblée constituante de Genève après la révolution de 1841, député à la Diète fédérale en 1847, avant de remplir, le reste de sa vie, des fonctions publiques et administratives. Membre du Grand Conseil puis du Conseil d'Etat, chef du département de l'Instruction publique, il fut aussi le principal auteur, en 1873, des lois sur le culte catholique auquel il était fort opposé. On lui doit la création de l'école de Médecine de Genève et la transformation de l'Académie de Genève en université. Il publia des fables et un roman.

« Le peuple est le seul interprète collectif et continu de la loi de Dieu [1]. » Ce Génois de vingt-cinq ans avait déjà une longue carrière de doctrinaire révolutionnaire derrière lui. Orgueilleux, plein d'afféterie sous des dehors modestes, porté au mysticisme, littérateur se voulant homme d'action, il jugeait ses anciens compagnons carbonari puérils, palabreurs, peu combatifs. Il poursuivait, depuis l'adolescence, le rêve flou d'une société nouvelle, tantôt patronnée par des princes éclairés et des rois réformateurs, tantôt strictement républicaine et socialiste. Religieux fluctuant il s'appuyait un jour sur les catholiques, le lendemain sur les protestants, cultivait à Genève les sectateurs du Réveil, et cela avec des hésitations et des opportunismes d'hérétique ! Cependant, la plupart de ceux qui l'approchaient étaient subjugués par son esprit, son savoir, le charme incontestable de sa personne, sa toison léonine de héros romantique, son éloquence onctueuse. Ne disait-on pas, à Lausanne, qu'une des filles du colonel Louis-Marc-François Begoz, ancien officier de la Grande Armée, était amoureuse de lui[2] ? Certains de ses adeptes, les plus téméraires, appliquant à la lettre ses théories activistes, s'étaient engagés dans le terrorisme. Auteurs d'actes criminels, sans réelle portée politique, ils avaient payé de leur liberté, parfois de leur vie, un dévouement naïf et pieux à ce promoteur de la révolution universelle. Pendant ce temps, Mazzini, à l'abri des frontières suisses, continuait à fulminer contre des tyrans qui ne pouvaient pas l'atteindre !

Quant au général Ramorino, Blaise de Fontsalte le tenait pour un officier courageux, ambitieux, maladroit au commandement et piètre stratège. Aussi, la réponse qu'il adressa, après un temps de réflexion courtois, au colonel Golewski, ne put que décevoir le noble polonais.

1. F.T. Perrens, *Deux ans de révolution en Italie*, L. Hachette et Cie, Paris, 1857.

2. Emma Begoz épousera finalement, en 1842, Stanislas Bonamici, ancien capucin florentin, prêcheur mondain, devenu moine apostat et imprimeur à Lausanne. Ami de Mazzini et des révolutionnaires italiens, il imprimera les écrits des carbonari mais, aussi, les œuvres de l'écrivain Alessandro Manzoni, modèle du romantisme italien, et des penseurs du Risorgimento.

— Que vous ayez porté votre choix sur le vieil homme que je suis, colonel, me flatte. Cependant, ne prenez pas mon refus comme réflexe de lassitude. Plus jeune de vingt ans, je refuserais aussi de me lancer dans une aventure qui n'a aucune chance d'aboutir. Attaquer la Savoie pour abattre le gouvernement de Turin, révolutionner l'Italie et faire avancer la libération de votre chère Pologne, me paraît relever de la pure utopie. La Savoie est séparée de l'Italie elle-même par la chaîne des Alpes et n'appartient que par traité à un prince italien. Je crois reconnaître, dans l'action projetée, une nouvelle manifestation aberrante de la stratégie de M. Mazzini. Même si vous parvenez à mettre sur pied cette expédition, même si vous trouvez des barques pour passer le lac, ne vous attendez pas à être accueilli à bras ouverts par les paysans savoyards, ou savoisiens, comme on dit ici. Ce sont des gens de bon sens, circonspects et économes, comme nos Vaudois. Jouissant de bonnes franchises, ils se soucieront peu de s'attirer les foudres d'un souverain lointain et, somme toute, assez tolérant. La Pologne est à l'autre bout de l'Europe… mais la zone franche sarde, obtenue par Charles-Albert en 1816, est en face de chez eux ! Elle permet aux Savoyards de commencer librement – et de manière profitable – avec Genève et Lausanne. Ne l'oubliez pas, même si quelques jacobins attardés rêvent de révolution, en Savoie comme ailleurs !

Le colonel s'inclina, sans oser insister. Les arguments développés par le général Fontsalte avaient déjà été soulevés par certains de ses amis. S'étant engagé auprès de Mazzini, il ne pouvait cependant renoncer à l'expédition sans passer pour un pleutre.

— Je combattrai le bon combat, j'achèverai la course, je garderai la foi, dit l'officier, citant, au futur, la phrase lancée, au passé, par saint Paul à Timothée.

— C'est tout à votre honneur, colonel. Cependant, je dois vous mettre en garde. Votre projet d'expédition contre la Savoie est un secret de Polichinelle. Il se trouve que mon ami le général Ribeyre et moi-même sommes assez bien renseignés, par les bonapartistes résidant à Genève, sur l'activité en Suisse des révolutionnaires exilés. Ainsi, nous avons eu connaissance, dès le mois de mars, de la réunion des chefs du mouvement Jeune Italie à Locarno, en Suisse italienne. C'est là que fut prise la décision d'une insurrection simultanée dans le Piémont et en Savoie. Les conjurés manquèrent tellement de discrétion que la police autrichienne eut vent de l'affaire et que de nombreux membres de Jeune Italie furent arrêtés en Piémont et fusillés. D'autres sont en prison pour dix ou vingt ans. C'est cela qui fait réfléchir M. Mazzini. Vos amis italiens ont commis d'autres imprudences. Savez-vous que des plans lithographiés de votre expédition ont été saisis, que vos déplacements sont surveillés par les préfets et la milice. Les autorités savent que des armuriers du canton de Vaud achètent des armes en France, qu'ils ont reçu de fortes demandes de munitions. Mon propre tailleur lausannois s'est vu offrir une somme énorme pour confectionner des uniformes et on a commandé, à Genève, des cocardes, des insignes, des médicaments, de la charpie.

Le colonel Golewski ne put dissimuler l'étonnement et la contrariété que ces révélations lui causaient.

Poursuivant sa mise en garde, Blaise reprit, se tournant vers le citoyen de Nyon :

— Le préfet sait, monsieur, que des caisses, qui semblent contenir des armes, ont été débarquées à Nyon et que les réfugiés cachés dans les granges autour de la ville reçoivent des souliers envoyés de Lyon. On a appris ces jours-ci qu'à Morges, à Rolle, à Nyon, à Vevey, des propriétaires de barques ont été sollicités pour assurer le transport de votre troupe. Mon fils, qui possède plusieurs barques à Vevey, est de ceux-là. Et savez-vous qui renseigne, en premier, les autorités vaudoises ? M. de Vignet, le représentant de la Sardaigne ! Il a même donné, ces jours-ci, la date du départ de votre expédition : le 15 janvier.

Ces précisions laissèrent le Polonais et son compagnon abasourdis. L'homme de Nyon fut le plus prompt à réagir.

— La population est prête à soutenir les réfugiés, même contre les autorités et les miliciens. D'ailleurs, ces derniers n'useront pas de violence envers nos amis. Ils nous en ont donné l'assurance, mon général. Le préfet de Rolle, qui avait fait arrêter onze Polonais, a dû les relâcher sous la pression du peuple, ajouta le Vaudois avec un peu d'humeur.

Blaise de Fontsalte savait la minorité radicale favorable aux entreprises des exilés. Certains politiciens comptaient sur le désordre intérieur que pourrait susciter leur action pour saisir le pouvoir que les urnes leur avaient jusque-là refusé. Un peu agacé par le manque de réalisme du Nyonnais, Blaise crut bon de rappeler la situation de la Suisse.

— Les Romands, monsieur, devraient avoir présent à l'esprit que la neutralité de la Suisse, à laquelle ils sont si fort attachés, sera remise en cause par les puissances si Vaudois et Genevois aident ouvertement les révolutionnaires étrangers à monter des expéditions contre elles, dit le général, dont l'œil clair s'était brusquement assombri, signe d'irritation manifeste.

— Cela peut se concevoir, reconnut le colonel, grave et respectueux.

Fontsalte jugea cette appréciation courtoise mais insuffisante.

— Pourquoi, diable, vous être mêlés, vous autres Polonais, au conflit qui a opposé les citoyens de Bâle-Ville à ceux de Bâle-Campagne[1] ? Il s'agissait d'une affaire intérieure, d'une affaire entre Suisses. Ce fut une erreur, qui a rendu bon nombre d'habitants des vieux cantons méfiants à votre égard.

Cette fois, l'officier accepta la remarque.

— Je dois reconnaître que nous nous sommes laissé influencer par le préfet de Porrentruy, Xavier Stockman. Porrentruy est le siège de notre conseil économique polonais. Nous y avons été bien accueillis et notre ami le colonel Antonini n'a pas cru devoir refuser l'appui des Polonais à ce libéral…

---

1. Plusieurs cantons suisses sont, ou ont été, au fil des années, partagés en demi-cantons : Appenzell, Bâle, Unterwald, anciennement Obwald et Nidwald. Selon les zones linguistiques et les époques, les orthographes adoptées ont été multiples. Afin d'essayer d'être le plus clair et le plus précis possible, l'auteur a retenu, pour Bâle-Campagne et Bâle-Ville, l'orthographe d'usage. Pour Appenzell (Rhodes Intérieures), Appenzell (Rhodes Extérieures), Appenzell (les deux Rhodes), pour Unterwald (le Haut), Unterwald (le Bas), Unterwald (le Haut et le Bas), il a choisi l'orthographe de la Constitution fédérale de la Confédération suisse, du 29 mai 1874.

— Ce radical, voulez-vous dire, coupa Blaise.

Golewski négligea la rectification et poursuivit :

— ... qui reçoit nos camarades dans son club, L'Avenir. Et puis, les autorités de Bâle-Ville ont attribué des chaires universitaires à plusieurs des nôtres. Ça leur permet de subvenir à leurs besoins.

— La reconnaissance ne doit pas vous faire perdre de vue que les politiciens sont prêts à vous utiliser pour arriver à leurs fins, colonel. Défiez-vous d'eux ! Pensez d'abord, colonel, à la Pologne.

— C'est bien à ma patrie que je pense, à toutes les actions qui peuvent nous aider en Europe à secouer le joug russe. Je refuse de dire comme Kosciusko, au soir de la défaite de 1794 : « *Finis Poloniae.* » La Pologne vivra, même si nous mourons en Savoie, général !

— Ce peuple héroïque vivra, j'en suis sûr, mais vous ne devez pas méconnaître, colonel, que, si les Suisses vous aident, par générosité et goût affirmé de la liberté, à supporter les affres de l'exil, comme ils assistent les proscrits italiens, comme ils ont aidé les malheureux Grecs, assujettis et tyrannisés par les Turcs, à conquérir leur indépendance, certains citoyens souhaitent maintenant que les étrangers accueillis en Helvétie se tiennent tranquilles et cessent de fomenter, à partir du territoire de la Confédération, des complots terroristes de nature à les fâcher avec leurs puissants voisins.

L'officier, visiblement troublé par les mises en garde insistantes du général, donna le signal du départ. Blaise quitta son fauteuil et sortit de la pièce pour appeler Trévotte, qu'il chargea de reconduire les visiteurs jusqu'à Ouchy. Tandis que le municipal de Nyon passait la porte sans un mot, le général prit familièrement le colonel par le bras.

— Sachez, colonel, que ma maison vous est ouverte en toute circonstance. Si l'affaire de Savoie tourne mal, ce que je crains, vous trouverez à Beauregard un abri sûr. Je n'oublie pas que les nobles dames polonaises de la communauté de Saint-Jacques, à Wilno, ont admirablement soigné, en 1812, lors de la retraite de Russie, nos camarades blessés. Plusieurs leur doivent la vie.

— Ma mère en était, général, dit l'officier ému.

Puis, se drapant dans la cape de berger qui dissimulait son uniforme, il serra fortement dans ses mains osseuses celle que Blaise lui tendit.

Après le départ des deux hommes, Fontsalte éteignit les lampes et gagna sa chambre au premier étage, ce qui, étant donné la pente du terrain, correspondait, côté lac, à un deuxième niveau. Il marqua un temps d'arrêt devant l'appartement de Charlotte et tendit l'oreille. L'épouse du général n'avait pas été réveillée par les visiteurs.

Un moment, avant de se mettre au lit, Blaise, debout devant la porte-fenêtre, observa le décor du Léman qu'une pleine lune déclinante, dans un ciel maintenant nettoyé de nuages, éclairait bellement. Dans l'air glacé, limpide et d'une rare transparence, la vue portait jusqu'aux montagnes de Savoie couvertes de neige. Les toits des belles demeures dispersées sur les pentes d'Ouchy luisaient de givre et, en contrebas, l'astre tirait du lac des reflets d'acier bleui. Fontsalte prit une longue-vue et sortit sur le balcon. Bien que surpris par le froid, il repéra aisément la grande barque qui attendait le retour du noble polonais et de son guide.

« Si leur arrivée fut discrète, pensa-t-il, leur départ risque de l'être moins. »

Bientôt, il vit le naviot se détacher de la barque et se diriger vers le rivage, puis retourner au grand bateau dont les voiles rapidement hissées eurent, lui sembla-t-il à distance, bien du mal à saisir la faible brise nocturne que les bacounis appelaient morget.

Rassuré quant au sort du colonel-comte Golewski, le général se coucha en méditant sur l'offre du Polonais de commander l'état-major d'une expédition qu'il estimait vouée à l'échec. En d'autres temps, il se fût engagé sans réfléchir ni tergiverser, pour le plaisir de l'aventure, le goût du combat, avec la conviction de servir la liberté et la fraternité des petites gens asservis par l'absolutisme des derniers princes féodaux. Mais l'âge et l'expérience l'incitaient, références à l'appui, non pas à la prudence pusillanime mais au réalisme platonicien, à l'acceptation des faits tels qu'ils sont, forme raisonnée de la sagesse. S'il devait reprendre un jour, même dans la limite des forces qui pourraient lui rester, le combat auquel, imitant en cela son père, il avait voué sa vie, il ne s'engagerait que pour celle qu'il nommait toujours, avec un peu de nostalgie, Notre-Dame la France.

En attendant des jours qui, peut-être, ne viendraient pas, il entendait jouir du temps présent. Le cercle Fontsalte, ainsi désigné par les Lausannois de la bonne société, constituait une famille originale, mieux soudée par des souvenirs communs que par les liens de sang. Tous les membres du cercle, parents et amis, avaient en effet, à des degrés divers, depuis le commencement du siècle, vécu les drames, connu les intrigues, éprouvé les chagrins et déceptions des uns et des autres, avant de se réjouir des bonheurs enfin accomplis de quelques-uns, dont celui de Charlotte et Blaise.

Car Fontsalte appréciait la sérénité et le confort trouvés au bord du Léman. L'amour de celle qui dormait dans la chambre voisine, et qu'il s'obstinait à nommer Dorette, bien que les cheveux d'or de la Vaudoise aient viré à l'argent, restait intact, même si la fougueuse et scabreuse passion d'autrefois s'était muée, au fil des ans, en quiète tendresse. L'épouse divorcée de Guillaume Métaz, devenue marquise de Fontsalte, dégustait, folâtre et gracieuse, une félicité sociale et mondaine, longtemps inaccessible.

L'affection filiale, devenue bien réelle, d'Axel, le fils adultérin que lui avait si longtemps caché Charlotte, comblait le général. Blaise possédait un héritier selon son cœur et espérait qu'Elise, la jeune épouse du Veveysan, lui donnerait bientôt un petit-fils doté, par conjonction héréditaire, du regard bicolore des Fontsalte. Enfin, la chaude et inaltérable amitié de Claude Ribeyre de Béran, le compagnon d'armes, vivifiait ce qui avait été, pendant tant d'années, leur commune raison de vivre et de mourir.

Un coup discret frappé à la porte de la chambre et Trévotte entra, comme chaque soir après le coucher du général, pour prendre ses ordres.

— Ces loustics vont nous faire la nuit courte, mon général, ronchonna l'adjudant.

— En effet, Titus, mais nous en avons, vous et moi, connu de plus courtes encore et de moins tranquilles. Ne nous plaignons pas et pensons plutôt à ces braves et téméraires Polonais qui vont s'embarquer dans une dangereuse expédition contre la Savoie !

— J'ai bien compris qu'ils voulaient vous entraîner dans cette affaire, mon général !

— Tu as compris ou tu as écouté à la porte de mon cabinet ? demanda Blaise, qui voussoyait l'adjudant pour donner des ordres mais le tutoyait en dehors du service.

— Les deux, mon général. Pour entendre, il fallait bien écouter… et puis, savait-on à qui nous avions à faire, hein !

— Vous êtes mon ange gardien, adjudant Trévotte, reconnut Blaise en riant.

— Bonne nuit, pour ce qu'il en reste, mon général, dit Titus en tirant les doubles rideaux.

Comme il se dirigeait vers la porte, Blaise le rappela.

— Attends. Dans trois jours, nous aurons la grande réunion de famille pour le jour de l'An. Tu t'occupes de la cave. Nous compterons cette année, en plus des habitués, M. et Mme Laviron, de Genève, plus le pasteur d'Ouchy et son épouse. M. Axel enverra Lazlo, le Tsigane de Rive-Reine, pour t'aider au service.

— De l'aide, c'est pas de refus, mon général. Et puis, je l'aime bien, ce sauvage de bohémien. Toujours gai, poli, serviable, des muscles de fer… et une descente, mon général, digne d'un Bourguignon ! conclut Trévotte en passant la porte qu'il ferma avec précaution.

La neige recouvrait les parchets de vignes, de la Côte à Lavaux, quand, au milieu de la matinée du 1er janvier 1834, arrivèrent à Beauregard les invités de Blaise et Charlotte de Fontsalte. Axel et Elise Métaz se présentèrent les premiers dans leur cabriolet. Charlotte accueillit le couple avec sa vivacité coutumière.

— Alexandra n'est pas avec vous, s'étonna Mme de Fontsalte en constatant l'absence de la petite orpheline, filleule d'Axel, recueillie au lendemain de la noyade qui avait anéanti la famille Ruty.

— Elle a fait un vrai caprice au moment du départ. Elle a préféré rester à Rive-Reine pour jouer aux dames avec son amie, notre petite voisine, la fille du notaire qui a repris l'étude de son père. Que voulez-vous, cette enfant est trop gâtée. Axel, qui entend l'élever comme sa propre fille, lui passe tout, sous prétexte qu'elle est seule au monde, expliqua Elise avec un peu d'humeur.

Charlotte avait déjà perçu la vague jalousie que suscitait, chez Elise, la tendresse d'Axel pour la fille de la défunte Nadine Ruty. Elle entraîna sans plus attendre sa bru au premier étage.

— Venez voir les nouveaux rideaux que j'ai fait suspendre dans la chambre qui sera vôtre quand vous nous ferez le plaisir de dormir à Beauregard, dit-elle, aimable.

Blaise conduisit Axel dans son cabinet de travail, pour lui présenter les comptes du domaine et de la source minérale de Fontsalte-en-Forez qu'il venait de recevoir. Comme Axel, par discrétion, refusait d'examiner ce bilan, Blaise le prit par l'épaule.

— Mon cher garçon, cette entreprise, comme tout ce qui m'appartient, sera vôtre et vous devez vous y intéresser dès maintenant. Vous voilà marié, sans doute bientôt père de famille. La source Fontsalte peut être d'un profit accru, qui n'est pas à négliger. Nous aurons, certes, dans les années à venir, à faire face à la concurrence d'autres sources situées, peut-être, en des lieux plus attrayants que ma plaine forézienne mais, depuis que la gent médicale fait des eaux minérales une panacée à de nombreux maux, les gens des villes désirent tous boire l'eau des sources, amère ou pétillante ! Votre projet de mettre l'eau de Fontsalte en bouteilles pour l'expédier aux pharmaciens des villes, qui la vendraient comme remède naturel, ne me paraît plus irréalisable. Le chemin de fer relie maintenant régulièrement la ville d'Andrézieux, voisine de Fontsalte, à Saint-Etienne, grande cité industrielle. Nous pourrions donc envoyer, chaque jour, de l'eau minérale aux officines stéphanoises. Et, pourquoi pas, à celles de Lyon ?

— La difficulté, que nous avons déjà évoquée ensemble, est de trouver un système de mise en bouteilles et de bouchage hermétique qui ne laisse pas fuir le gaz contenu dans l'eau sortant du griffon, observa Axel.

— A nous de trouver l'artiste qui inventera le bouchon hermétique. Pour la bouteille, la verrerie des frères Richarme, à Rive-de-Gier, y pourvoira. Michel, Pierre et Pétrus fabriquent, depuis 1826, des flacons pour les vignerons bourguignons. Ce qui est bon pour le meursault de Trévotte sera bon pour l'eau de Fontsalte ! dit Blaise en riant.

L'entretien fut interrompu par l'arrivée de Claude Ribeyre de Béran accompagné de son épouse, Flora, la marraine d'Axel.

Tandis que Flora disparaissait avec Charlotte et Elise, pour parler chiffons ou cadeaux, les trois hommes se retrouvèrent autour de la bouteille de saint-saphorin servie par Titus. Les Ribeyre revenaient de Paris et Claude annonça à son ami le décès, passé inaperçu en Suisse, du cuisinier de l'empereur, Marie-Antoine Carême, mort au commencement de l'année 1833.

— C'était un fameux cuisinier, et sa façon d'accommoder les truites au bleu, avec un simple beurre blanc, est restée inégalable, rappela Ribeyre en guise d'oraison funèbre.

— A propos de truites, sais-tu que le gouvernement de Genève, plein d'égards pour la monarchie française, vient de renouer avec une tradition établie au XVe siècle en envoyant à Louis-Philippe, à l'occasion de Noël, une truite royale de trente-cinq livres[1], dit Fontsalte.

— Puisse-t-il s'étrangler avec une arête, ce roi des barricades ! lança Ribeyre.

Fontsalte pressa son ami de commenter la composition du gouvernement du maréchal Soult, président du Conseil depuis octobre 1832.

— Ah ! mon ami, parlons de Soult, opportuniste sans dignité ! Comblé d'honneurs par l'empereur il l'a, souviens-t'en, deux fois renié, avant et après les Cent-Jours, pour se mettre au service de Louis XVIII. Rappelle-toi aussi que ce pilleur de châteaux et de monastères espagnols voulut, un jour, se faire roi du Portugal !

— Je me rappelle surtout qu'il se rallia, avec une obséquiosité de valet affamé, à Louis XVIII après les adieux de Fontainebleau, ce qui lui valut le portefeuille de la Guerre.

---

1. Dans son ouvrage *le Léman vivant*, Paul Schauenberg rapporte : « On trouve dans le registre du Conseil de Genève de 1461, la mention d'un usage traditionnel consistant à transmettre en hommage au roi de France la plus belle truite du lac, appelée "la truite royale". » Henri IV, Louis XIII et Louis XIV, qui en reçut de quarante et cinquante livres, furent parmi les rois de France ceux qui, semble-t-il, apprécièrent le plus le présent des Genevois. Editions Journal de Genève et Gazette de Lausanne, Genève, 1984.

Et je n'oublie pas, non plus, son ignominieuse proclamation, quand il apprit le retour de Napoléon de l'île d'Elbe, dit Fontsalte.

— Moi non plus, je n'ai pas oublié. Il traitait l'empereur, à qui il devait tout, d'usurpateur et d'aventurier, renchérit Ribeyre.

— Et cependant, Napoléon, de retour de l'île d'Elbe, en fit, pendant trois mois, le successeur de Berthier comme major général de l'armée, constata Fontsalte, avec un peu d'amertume.

— L'empereur connaissait les compétences du militaire, dont il avait un urgent besoin, et méprisait les ambitions de l'opportuniste, qui retourna sans gêne se prosterner devant le podagre Louis XVIII au lendemain de Waterloo. C'est là, je crois, qu'il a touché le fond de l'abjection quand, pour rentrer en grâce, alors que l'empereur était conduit à Sainte-Hélène, Soult écrivit, reniant une nouvelle fois son bienfaiteur : « L'armée entière sait bien que je n'eus jamais qu'à me plaindre de cet homme et nul ne le déteste plus franchement que moi[1]. »

— Et dire qu'il fut des nôtres ! pesta Fontsalte.

— Mais rassure-toi, Louis-Philippe l'a nommé président du Conseil pour se concilier les tièdes bonapartistes prébendiers qu'il croit influents. Soult n'est qu'une potiche. Les vrais maîtres du gouvernement sont Guizot et Thiers.

— Il y a quelques jours, la *Gazette de Lausanne* attribuait le pouvoir à l'inusable Talleyrand, dit Fontsalte.

Il tira d'une pile de journaux, posée sur un guéridon, celui qu'il évoquait, retrouva l'article cité et lut :

— « Depuis son retour à Paris, M. de Talleyrand est redevenu l'âme de la politique du cabinet. Sans assister aux conseils des ministres, qui se tiennent presque tous les jours, M. de Talleyrand y conserve une voix délibérative et prépondérante. Pendant toute la durée de ces conseils, des messagers parcourent continuellement l'espace entre les

1. Jacques Garnier, *Dictionnaire Napoléon* établi sous la direction de Jean Tulard, Arthème Fayard, Paris, 1987.

Tuileries et la rue Saint-Florentin[1], portant des questions et rapportant des réponses[2]. »

— Mais les avis de Thiers, ministre de l'Agriculture et du Commerce, sont écoutés, crois-moi, reprit Claude. N'oublie pas que c'est avec la bénédiction de l'évêque Talleyrand, à jamais *in partibus*, et l'aide du banquier Laffitte, que Thiers a tendu à Louis-Philippe la couronne que Charles X avait laissé tomber ! reprit Ribeyre.

— Dans la banque genevoise, on dit, en effet, que M. Adolphe Thiers est un grand ministre, dit Pierre-Antoine Laviron qui, pénétrant dans le salon, venait d'entendre le propos du général.

— Un grand ministre ? Un mètre cinquante-cinq... Les gens bienveillants l'appellent le Petit Poucet, les méchants, comme Soult, le nomment foutriquet ! Mais c'est un homme intelligent et sachant naviguer, à la Cour comme à la Chambre et dans les salons. Il est entré à l'Académie en juin. Et tiens, ajouta Ribeyre, se tournant vivement vers Axel qui suivait en silence la conversation, il s'est marié le même jour que toi et Chantenoz. Le 6 novembre dernier ! On dit même qu'il a épousé trois femmes d'un coup !

— Comment ça ? firent en chœur M. Laviron et Axel.

— Il a, lui aussi, épousé une Elise, qui n'est pas fille de pasteur comme la belle Mme Métaz mais fille de sa maîtresse, Mme Dosne. Une petite de quinze ans, à qui le pieux Adolphe a fait faire sa première communion avant de la mettre dans son lit !

— Ça n'en fait que deux, risqua le banquier Laviron, toujours précis.

— Elise, cher monsieur, a une sœur aînée, Félicie, dont les mauvaises langues disent qu'elle est, comme sa mère, dévouée, âme... et corps, au grand homme, précisa Ribeyre avec un clin dœil.

— Quelle santé, ce Français ! commenta Laviron.

— Quel esprit de famille, surtout, et quelle organisation ! renchérit Ribeyre. Savez-vous que cet avocat sans

1. Hôtel particulier habité par Talleyrand. Aujourd'hui annexe de l'ambassade des Etats-Unis.

2. *Gazette de Lausanne*, mardi 17 décembre 1833.

cause, devenu journaliste, et qui doit sa réussite au fait qu'il sut, en juillet 1830, convaincre le duc d'Orléans de se faire un peu républicain pour devenir roi, n'a cessé, depuis qu'il a été élu député des Bouches-du-Rhône, en octobre 1830, de se rapprocher du pouvoir. Certains le nomment déjà Adolphe Ier ! Et, attention, sans négliger ses petites affaires ! Cette Mme Dosne qui, dit-on, lui avança les mille francs de caution pour sa candidature de député, est l'épouse d'un agent de change, devenu bâtisseur d'immeubles, Alexis-André Dosne, associé à un notaire et à deux financiers. Ce sont des gens qui savent mettre leurs relations à contribution quand il s'agit d'éluder les entraves administratives. M. Thiers, devenu ministre, a pu acquérir pour cent mille francs, payables… à tempérament… à Mme Dosne – admirez la franchise de la formule – un hôtel particulier construit par ces messieurs, 3, place Saint-Georges. Peu après cette honnête transaction immobilière, M. Dosne a été nommé receveur général à Brest. C'est une bonne sinécure, pour un mari accommodant dont la femme est restée à Paris, afin de remplir, auprès d'un ministre plein d'avenir, la fonction, très prenante, d'égérie !

— Heureusement, nous avons vu à Paris autre chose que des ministres et des dames de vertu douteuse, intervint Flora qui, rejoignant le groupe avec Charlotte, Elise et Mme Laviron, avait suivi la fin du discours de son mari.

— Oui. Qu'avez-vous vu de beau ? dit Charlotte, excitée, en s'asseyant.

— Nous avons vu un lion, oui, un superbe lion au repos, dû au ciseau de Barye, un sculpteur animalier en passe de devenir très célèbre. Le fauve de bronze, grandeur nature, est d'une vérité criante. D'ailleurs, on nous a dit que l'artiste passe le plus clair de ses journées au Jardin des Plantes, à observer et à dessiner les animaux. Il a maintenant un tel succès que toutes les Parisiennes veulent un petit lion rugissant sur la cheminée de leur salon ! Mais Claude a refusé d'en acheter un, conclut Flora avec une moue.

— M. Barye, qui ne produit que des bêtes sauvages, devrait être inspiré par l'homme, le plus féroce des animaux ! plaisanta Ribeyre.

L'apparition de Martin Chantenoz et de son épouse, Aricie, sobre beauté d'âge mûr, au port hiératique, qui avait d'emblée séduit les membres du cercle, interrompit la conversation. Salutations et embrassades consommées, Trévotte remplit les verres du vin blanc de Belle-Ombre, tandis que Lazlo, le Tsigane, passait les bâtonnets salés de taillé aux greubons.

Le mariage, si longtemps redouté par Martin Chantenoz, avait transformé l'aspect extérieur du poète, dont la tenue vestimentaire, plus que négligée, amusait autrefois les étudiants de l'Académie. L'ancien précepteur d'Axel portait maintenant un pantalon au pli strict, une chemise éclatante de blancheur, une redingote aux revers nets. Des manchettes amidonnées remplaçaient les poignets de chemise effrangés qu'on lui avait toujours connus.

Quelques jours plus tôt, Martin avait confié à son ancien élève qu'il était contraint, depuis son mariage, à se raser au moins deux fois par semaine, et non plus comme naguère, quand il allait, une ou deux fois par mois, passer la nuit avec sa maîtresse !

Malgré tout ses efforts, Aricie, femme soignée, qui conservait la sévère élégance d'une veuve de pasteur anglican, n'avait pas encore obtenu de son second mari qu'il apprît à nouer strictement sa cravate. Signe d'ultime réticence à l'ordonnance conjugale, celle-ci flottait en perpétuelle déroute, sur un gilet qui comptait, enfin, le même nombre de boutons que de boutonnières !

Les chaussures du poète, qui avaient longtemps ignoré l'existence de la brosse et du cirage, luisaient maintenant comme des miroirs. Cela attira l'attention de Charlotte.

— Mon Dieu, Martin, te voilà comme un sou neuf !

— Comme un sou neuf… ou démonétisé ? maugréa le professeur en cachant ses pieds sous sa chaise, honteux d'exhiber des souliers trop bien cirés.

— Je me demande comment tu oses encore marcher avec de pareilles œuvres d'art au pied ! plaisanta le docteur Vuippens qui venait de rejoindre l'assemblée.

Ces transformations, imposées avec douceur mais fermeté par la paisible Aricie, Chantenoz les devait en partie à Basil Coxon, le valet venu autrefois d'Angleterre avec le défunt pasteur Highsmith. La veuve du ministre avait conservé à son service ce parfait maître Jacques, croisement réussi, encore qu'illégitime, entre un *butler* de Mayfair et une caméristе de Kensington. Au fil des années, Basil s'était pris pour l'épouse malheureuse et infidèle du pasteur d'une affection canine. Complice discret, il connaissait, depuis le premier jour, la liaison de sa maîtresse avec le professeur Chantenoz, personnage qui disposait, aux yeux du domestique, d'un savoir encyclopédique. Coxon avait toujours réprouvé les débordements éthyliques et triviaux de son maître, et le bonheur d'Aricie, enfin pourvue d'un époux selon son cœur, le réjouissait. Le valet appréciait la courtoisie du nouveau mari, tout en regrettant qu'il n'usât pas davantage de ses prérogatives de maître de maison. Il condamnait le désordre pathologique du poète et regrettait son peu d'exigences en matière de service.

Il ne savait qu'imaginer pour plaire à Martin, et ce dernier trouvait parfois que l'obséquieux et attentif Basil en faisait un peu trop. Ainsi, l'éclat de ses chaussures mettait Chantenoz mal à l'aise et, n'eût été par considération pour sa femme, il se fût empressé de les souiller afin de les rendre moins voyantes. La moquerie de Louis Vuippens, fixant ses pieds, l'avait agacé.

— Je dois ces œuvres d'art podologiques au valet de Madame, que j'ai dû épouser en même temps qu'elle, cher ami ! Un héritage de mon prédécesseur, lança Martin avec humeur.

— Mais voyons, Martin, c'est une chance d'avoir pareil frotteur à domicile, dit Blaise.

— Ah ! oui, parlons-en ! Cet être asexué et chauve est une sorte de nemrod ancillaire. Plumeau sous le bras, chiffon à la main, il pourchasse du matin au soir la poussière avec l'obstination perverse d'un inquisiteur poursuivant l'hérésie. Et il encaustique si bien les parquets qu'on patine d'une pièce à l'autre ! Et puis, taches, faux plis, accrocs, sitôt repérés, sont résorbés sur l'heure. Il tient en permanence ses fers au feu, car le repassage semble lui procurer une louche délectation. Il repasse tout... y compris les camisoles et chemises de nuit de Mme Chantenoz, ce que je trouve indécent ! Je m'attends, d'un jour à l'autre, à être moi-même repassé tout vif ! Si vous me voyez plat comme une carpette, ce sera l'œuvre du cher Basil !

Les rires fusèrent et Aricie prit la défense de son valet-femme de chambre.

— C'est un serviteur stylé, d'un sérieux exemplaire, d'un grand dévouement et d'une parfaite discrétion. Il s'est pris depuis longtemps d'affection pour Martin, que ses attentions importunent. Moi, j'en suis très satisfaite, car, de nos jours, ce n'est plus le maître qui choisit son domestique mais le valet qui élit son maître !

Et se tournant vers Martin elle cita :

— « Aux vertus qu'on exige d'un domestique, Votre Excellence connaît-elle beaucoup de maîtres qui fussent dignes d'être valet[1] ? »

— Bravo, lança Charlotte. Beaumarchais a bien dit !

— De plus, Basil ne sort jamais, ne clabaude pas avec les autres domestiques, ne fréquente pas les tavernes... et ne s'est jamais intéressé aux femmes, ni de près ni de loin, compléta Aricie.

— Pardi ! fit Martin d'un air entendu.

— Conservez cet oiseau rare qui vaut un couple de serviteurs, dit Mme Laviron.

— En tout cas, Martin n'a jamais été aussi présentable, aussi élégant, et n'a jamais eu aussi bonne mine. Convenons tous que le mariage lui réussit parfaitement, renchérit Flora.

Martin et Aricie échangèrent un regard chargé de tendresse.

— C'est bien simple, je suis tellement heureux qu'il m'arrive d'oublier que je suis marié, dit le professeur en riant.

Seul, Vuippens comprit le sens caché de cette boutade. Quelques nuits plus tôt, Martin Chantenoz, parti en goguette avec le médecin, dernier célibataire du cercle, était allé se coucher à trois heures du matin dans son ancienne chambre de la place Saint-François – conservée comme pensoir, disait-il –, oubliant qu'une épouse l'attendait au domicile conjugal, rue du Pont ! Au milieu de la matinée, enfin dégrisé, c'est en voyant l'alliance à son doigt, à l'heure de la toilette, qu'il s'était souvenu de l'existence d'Aricie. Rentré assez penaud chez lui, il sut gré à l'épouse de n'avoir posé aucune question. Aricie l'avait

1. *Le Barbier de Séville*, 1777, Acte I, scène II.

accueilli comme s'il venait de donner un cours matinal à l'Académie. « Elle a simplement observé qu'elle avait eu un peu froid, seule dans un grand lit fait pour deux », avait confié le coupable à Vuippens. Puis le professeur, ému, avait ajouté : « C'est une sacrée femme, Aricie ! Du sang-froid, de la tête et du cœur : qualités rarement réunies chez une femme. Elle mérite d'être heureuse et choyée. Je vais désormais m'y employer ! »

Pour Vuippens, ce n'était que propos d'ivrogne temporairement assagi, mais le professeur s'était appliqué, depuis sa mésaventure, à une conduite plus raisonnable.

Quand Trévotte eut à nouveau servi du vin, alors que le pasteur d'Ouchy et son épouse venaient de s'asseoir dans le salon, le médecin leva son verre et adressa un clin d'œil complice à Chantenoz.

— Sacrifions à Bacchus plutôt qu'à Hippocrate, lança-t-il, certain d'être compris du poète.

Au moment de passer à table, les Laviron – qui venaient d'accepter pour la première fois de célébrer le nouvel an depuis la mort de leurs enfants, Anicet et Juliane – demandèrent aux Fontsalte de ne pas leur tenir rigueur des refus opposés jusque-là à leurs invitations.

— C'est si dur, chère Charlotte, les fêtes sans eux, soupira Mme Laviron.

— La fidèle affection et toutes les attentions dont nous entoure votre fils Axel, lors de ses séjours à Genève, sont notre unique consolation, général, ajouta le banquier.

— Nous vous considérons comme de la famille, votre tristesse est nôtre mais nos joies doivent être vôtres... maintenant, dit Charlotte en embrassant Anaïs Laviron qui essuya une larme.

Au dessert apparurent les cadeaux échangés dans un grand froissement de papier et d'exclamations, cris de surprise réelle ou feinte. Les dames reçurent des pièces de soierie, des châles, des réticules au petit point. Avec plus de cérémonie, Flora offrit à Blaise un presse-papiers en bronze représentant le chapeau de Napoléon. Ce bibelot, qualifié de séditieux par la police de Louis-Philippe, avait été acheté, à Paris, chez un antiquaire de la rue Saint-Jacques. Claude Ribeyre de Béran avait, lui, apporté, pour l'offrir à son ami Blaise, une relique plus précieuse encore : une timbale en argent poli, pièce d'un nécessaire de campagne de Napoléon. Claude se l'était procurée auprès d'un des grognards désargentés qui fréquentaient le café Lamblin, proche du Palais-Royal.

— Ah ! ils souffrent nos demi-solde, de vendre les reliques de leur gloire ! Ainsi, l'ancien grenadier de la Garde qui m'a cédé, larmes aux yeux, cette timbale, m'a indiqué sa provenance. Il montait la garde devant la tente impériale, dressée dans l'île de Lobau, non loin d'Aspern, par une chaude nuit de juillet 1809, quand l'empereur lui fit porter par Roustan une rasade de rhum coupée d'eau glacée. Napoléon lui fit dire de conserver la timbale en souvenir.

Blaise, ému, caressa de l'index la gravure au chiffre impérial et remercia Claude, tandis que les invités observaient un silence respectueux et que Trévotte se penchait sans façon sur l'épaule du général pour admirer ce petit vase d'argent dans lequel l'empereur, autrefois, avait bu.

— Servez-moi un peu de champagne dans cette coupe historique, adjudant Trévotte, que je boive à la mémoire de l'empereur, ordonna Blaise.

On applaudit ce geste.

— Sais-tu, dit Ribeyre, que les pauvres propriétaires de telles reliques ne les cèdent qu'à ceux qui restent fidèles au souvenir de l'empereur, ces « purs bonapartistes » dont un certain Leclère a osé écrire dans ses *Pensées politiques* qu'ils « n'existent plus que pour mémoire » !

Un hou ! hou ! général ponctua cette déclaration et l'échange des cadeaux reprit. Plus tard, les dames s'étant retirées dans le boudoir de Charlotte et les hommes réunis dans le petit salon pour fumer leur cigare, on entendit, soudain, monter de l'office le son grinçant et nerveux d'un violon et les voix de Lazlo et Trévotte, mêlées à celles, plus fluettes, des femmes de chambre. Des claquements de main rythmaient un air tantôt nonchalant, tantôt endiablé. Ni ce chant sans paroles, composé de sons mêlés, ni la musique n'avaient rien de vaudois. C'était un air d'abord lent puis débridé, simple et joyeux, un air de fête tsigane. Un air qui rappelait à Axel une soirée, autour d'un feu de camp, dans les Carpates Blanches, sur la route de Koriska.

— Qu'est-ce qui se passe à l'office ? Quel est ce vacarme ? dit Charlotte, surgissant dans le fumoir.

Axel intervint aussitôt.

— Lazlo aura appris aux autres une csardas de son pays... C'est une danse tsigane. N'est-ce pas entraînant ? dit-il.

— Il faut leur dire de venir ici nous régaler de leur chant. J'aime cette musique, à la fois vive et mélancolique. Je l'ai entendue autrefois, en Hongrie, dit Fontsalte, avec un regard vers Axel, de qui il imaginait les sentiments.

— Eh bien, qu'ils montent tous ! C'est peut-être ainsi que les bohémiens célèbrent l'An neuf, consentit Charlotte.

Lazlo ne se fit pas prier et, bien qu'un peu confuses de se donner en spectacle avec le Tsigane et Trévotte, les femmes de chambre répétèrent le chant récemment appris. Bientôt, toute l'assemblée, emportée par le rythme fougueux qu'imposait le violon de Lazlo, se mit à battre des mains en mesure. Charlotte, fine oreille, débarrassée par l'approbation de Blaise de réticences qu'elle jugeait aristocratiques, se mit au piano. Elle trouva, après quelques hésitations, les accords lyriques qui donnèrent soudain une ampleur nouvelle à cet air slave que tous reprirent. Et cela jusqu'à ce que l'harmonieux fracas, qui faisait tinter les pendeloques du lustre, devînt l'irrésistible friska, le mouvement final frénétique de la csardas. Quand la musique cessa sur une envolée aiguë, tirée de la chanterelle du violon, tous firent une ovation à Lazlo. Le Tsigane, comédien comblé, s'inclina, ému et ravi.

Blaise fit donner des coupes aux interprètes et leur servit lui-même le champagne.

— Que 1834 soit pour vous tous une heureuse année, dit le général en levant son verre.

Ainsi surgit, pour Axel, dans la paisible célébration familiale, le souvenir héroïque et trouble d'Adriana.

2

Le samedi 25 janvier 1834, alors que la bise noire au souffle glacé, redoutée des Genevois, s'engouffrait en hurlant dans les rues de la ville, les époux Métaz, accompagnés des Fontsalte et des Chantenoz, débarquèrent du *Winkelried*. Depuis le départ de Vevey, les trois femmes et Martin Chantenoz, lui aussi très frileux, n'avaient pas quitté le salon du vapeur. Le général Fontsalte, emmitouflé dans un vieux manteau de guérite à capuchon, et Axel, vêtu de la houppelande dont il s'enveloppait quand il traversait le lac pour se rendre, l'hiver, aux carrières de Meillerie, avaient été les seuls passagers à se risquer sur le pont. Le grand puzzle des parchets pentus, couverts de neige entre les murets de pierres sèches, et, au loin, les montagnes d'une blancheur éblouissante sous le soleil d'hiver constituaient un spectacle dont Axel ne se lassait pas.

— Ces deux-là ont toujours des choses à se dire, commenta Charlotte, ravie de l'intimité établie entre son mari et son fils, en désignant les silhouettes à travers la vitre embuée.

Les trois couples répondaient à une invitation de Pierre-Antoine et Anaïs Laviron, à l'occasion de la création, à Genève, de *Guillaume Tell*, le dernier opéra de Gioacchino Rossini.

Cette œuvre, jouée pour la première fois à Paris, le 3 août 1829, avait aussitôt fait oublier tous les ouvrages lyriques qui, sur le même sujet, l'avaient précédée, y compris la partition, cependant brillante, de Grétry. La musique de Rossini, ample, émouvante, majestueuse, sorte de pastorale héroïque, et les airs – fort bien chantés par les artistes locaux, MM. Martin, Rodel et Mme Dorsan – éblouirent, le soir même, les invités des Laviron.

Il n'en fut pas de même du livret, signé par MM. Pierre Baour-Lormian de Jouy, de l'Académie française, et Hippolyte Bis. Bon nombre de spectateurs, mélomanes attentifs et patriotes, émirent des critiques que l'on retrouva, les jours suivants, dans *le Fédéral* et le *Journal de Genève*.

Lors du souper donné par les Laviron après la représentation, dans leur hôtel de la rue des Granges, Martin Chantenoz se complut à souligner les ajouts grotesques et les suppressions coupables qui, d'après lui, transformaient l'exploit fameux et édifiant de l'archer en un vaudeville pompeux !

— Pourquoi donc ces buveurs de lune ne se sont-ils pas contentés de suivre Schiller ? Pourquoi faire du vieux patriote Melchtal l'amoureux transi de la pupille de l'affreux Gessler ? Ah ! ces Français ! Sans intrigue amoureuse, pas de théâtre ! s'écria-t-il, alors qu'on servait le dessert.

M. Laviron, quoique moins véhément que le professeur, partageait ses réserves.

— Comme vous, je condamne les libertés prises par ces auteurs avec ce que nous croyons, depuis l'enfance, être l'histoire de Tell, risquant la vie de son petit garçon « pour que la Suisse vive ». Ainsi, pourquoi ont-ils voulu que Tell eût été présent au Grütli, lors du serment du mois d'août 1291 ? s'étonna M. Laviron.

— Nos ravageurs ont tout simplement remplacé l'un des délégués des trois cantons fondateurs, que nous connaissons – Rodolphe Stauffacher, de Schwyz –, par Guillaume Tell ! C'est un peu fort ! Non ? s'indigna Chantenoz.

— Mon grand-père avait assisté, en 1766, à Paris, à la tragédie *Guillaume Tell*, portée au théâtre par un certain Antoine Lemierre. Il gardait de cette soirée un souvenir extraordinaire. Les Français de ce temps-là avaient plus de respect qu'aujourd'hui pour l'histoire suisse, grommela le banquier.

Anaïs Laviron, dont c'était la première sortie au théâtre depuis la mort de ses enfants, interrompit ces considérations. Il n'était pas décent pour une maîtresse de maison de laisser accabler, même s'ils le méritaient, des librettistes français ignorants, alors qu'elle recevait à sa table un de leurs plus glorieux compatriotes, le général Fontsalte.

— Pourquoi quelques trublions ont-ils éprouvé le besoin de siffler une ou deux fois Mme Dorsan ? Elle a fort bien chanté son rôle, n'est-ce pas ? demanda-t-elle pour faire diversion.

— Son jeu m'a paru froid et ennuyeux. On avait l'impression qu'elle boudait, expliqua Charlotte.

— C'est une capricieuse, tout le monde le sait. Quand elle ne tient pas le premier rôle, elle ne fait aucun effort scénique. Elle chante et chante bien, c'est tout, dit Chantenoz.

— Elle ne peut tout de même pas jouer Guillaume Tell ! dit Fontsalte.

— Mais elle peut certainement, à défaut de la flèche, vous offrir la pomme... si vous y mettez le prix, lança Chantenoz, un peu grivois.

Bien décidée à modifier le cours de la conversation, Mme Laviron adressa un regard à Charlotte et choisit un sujet qu'elle avait déjà abordé tête à tête avec Mme de Fontsalte : la présence à Genève d'un auteur français plus estimable que les librettistes mis en cause, M. Honoré de Balzac.

Dès qu'elle eut prononcé le nom de l'écrivain, les apartés cessèrent et les convives se penchèrent, attentifs, pour recueillir les propos de la femme du banquier. Tous savaient les Laviron familiers des Candolle, et les journaux avaient évoqué, quelques jours plus tôt, les entretiens de l'écrivain et du botaniste de réputation universelle.

— Le 21 janvier, nous avons rencontré Balzac, chez Candolle. C'est un homme drôle, jovial, bavard, tout à fait agréable. Il a une imagination extrêmement vive et même, d'après Pyramus, un peu « déréglée ». Notre savant a reçu plusieurs fois, ces temps-ci, M. de Balzac, qui l'a interrogé sur la flore scandinave, celle de la Norvège principalement, parce qu'il est en train d'écrire un livre...

— ... qui d'après Pyramus prétend à la haute philosophie, à mi-chemin entre Swedenborg et Saint-Simon, précisa M. Laviron, coupant la parole à sa femme.

— Diable ! fit Chantenoz, étonné.

— Oui. Et il appellera son livre *Séraphita*. N'est-ce pas un beau titre ? reprit Anaïs, sans tenir compte de l'interruption.

— Parlez-nous plutôt de ses amours. C'est si romantique, d'après ce que vous avez esquissé tout à l'heure à l'entracte, demanda Charlotte.

Mme de Fontsalte se délectait des romans de Balzac. Elle venait tout juste d'achever la lecture de *Louis Lambert* et du *Médecin de campagne*.

— Ah, Pierre-Antoine et moi nous étions un peu gênés, l'autre après-midi, au thé, chez Candolle. Pensez donc, M. de Balzac accompagnait le maréchal Wenceslas Hanski et son épouse[1], dont nous avons appris, par hasard, les bontés coupables qu'elle a pour l'écrivain français. Bien sûr, cette femme superbe a vingt-deux ans de moins que son souffreteux mari, mais est-ce une raison pour se conduire comme une gourgandine ?

— Comment ça ? Racontez, ne nous faites pas languir ! insista Martin Chantenoz.

— Eh bien, tout ce que je sais, je l'ai appris d'une jeune parente de Lirette. Lirette, c'est Henriette Borel, une Neuchâtelloise d'excellente famille, qui a été l'institutrice de Mme Hanska, avant de devenir celle de sa fille, Anna. Or, toute cette affaire d'amour a commencé, il y a plus de deux ans, par correspondance, entre M. de Balzac et l'épouse du noble maréchal. Comme elle s'ennuyait ferme au milieu des rustres, dans son château de Wierzchownia, en Ukraine, Mme Hanska, qui a une très bonne instruction, lisait des romans français. Entre autres, ceux de M. de Balzac, qui l'enthousiasmèrent au point qu'elle écrivit une lettre à l'écrivain pour dire son admiration. Mais cela sans donner son nom. En signant simplement l'Etrangère...

— Mon Dieu, comme c'est poétique, ne put retenir Aricie.

1. Eva ou Evelyne Hanska, née Rzewuska le 25 décembre 1804 ou 1806 (sa tombe indique 1805), morte à Paris le 11 avril 1882. Elle était l'épouse, depuis février 1819, du maréchal Wenceslas Hanski, noble de Volhynie.

— Oui. N'est-ce pas. Ce procédé enflamma l'imagination du romancier qui voulut connaître sa mystérieuse admiratrice. Il mit, comme elle le lui demandait, paraît-il, une annonce dans *la Quotidienne*, un journal français vendu en Russie. Elle tenait à savoir si le message avait bien atteint son destinataire.

— Et la dame, à des centaines de lieues de Paris, guetta l'annonce… et la lut ! Mais c'est d'un romanesque achevé ! s'exclama Charlotte émoustillée.

— Vous voyez juste, chère amie. Je n'ai pas de détails sur la façon dont se développa ensuite cette liaison épistolaire. Je sais seulement que Mme Hanska commit l'imprudence de révéler sa position. Ce qui devait rester un jeu devint ainsi un péché ! conclut Mme Laviron en pinçant les lèvres.

— Il ne peut y avoir péché avant… consommation, observa Aricie.

— Mais la consommation a eu lieu depuis peu ! Et à Genève, ajouta, l'air entendu, Mme Laviron, enchantée de tenir son auditoire en haleine.

— Achevez notre instruction, chère madame, dit Chantenoz, emphatique et un tantinet moqueur.

— On s'écrivit beaucoup, pendant des mois, sans doute avec passion. La bonne Lirette servait de relais, recevait sous double enveloppe les lettres de M. de Balzac, qu'elle transmettait discrètement, compléta Anaïs Laviron.

— Et ils ont fini par se donner rendez-vous en Suisse ? avança Aricie, avide de connaître la suite.

— C'est ça. Au commencement de l'été dernier les Hanski, en grand équipage – ils traînent avec eux une véritable petite cour –, ont décidé de visiter l'Italie, mais en passant par Neuchâtel afin que Lirette – mais ce ne devait être qu'un prétexte ! – pût rendre visite à sa famille. Il faut vous dire que Lirette est une protestante convertie au catholicisme et sa cousine m'a dit qu'elle ne veut pas retourner en Russie. Elle désire, paraît-il, se faire religieuse contemplative en France[1], ajouta Mme Laviron.

1. Henriette Borel y parvint, après que Balzac fut intervenu auprès de l'archevêque de Paris, car la postulante avait dépassé la limite d'âge pour entrer au couvent. Le romancier assista même, en 1846, à la prise de voile de Lirette sous le nom de sœur Marie-Dominique.

— Il y a là tous les ingrédients d'un vrai roman, constata Chantenoz, l'œil brillant : la belle Russe, le vieux mari, l'amant de cœur lointain, l'institutrice complice mais portée au mysticisme ! Et quel décor ! Les forêts et les plaines à blé d'Ukraine, les étés brûlants, les hivers glacés, les courses en troïka sur la neige, les moujiks barbus, et pour finir, la fuite dans une berline poussiéreuse, roulant à travers l'Europe, vers la cité de Calvin, où sera consommé l'adultère longtemps désiré, tandis que la Cloche des heures comptera les chiches moments dévolus aux amants cachés !

— Assez peu cachés à l'hôtel de l'Arc, tenu par la chaste Mme Bioley, crut bon de préciser le banquier, qui connaissait par l'hôtelière, sa cliente, la présence de Balzac à Genève.

Cependant, les choses ne s'étaient pas passées aussi simplement que Martin Chantenoz l'imaginait. Mme Laviron, jamais aussi prolixe que lorsqu'elle tenait à répandre une bonne histoire de cocuage, ajouta une dose romanesque qui fit se pâmer Charlotte et Aricie.

— C'est à Neuchâtel, où les Hanski étaient arrivés en juillet, et non à Genève, que Balzac a rencontré pour la première fois Mme Hanska. Sans doute par l'intermédiaire de Lirette avait-on pris discrètement rendez-vous, le 26 septembre, sur la promenade, au bord du lac, entre une heure et quatre heures, précisa la femme du banquier, très informée.

— Mais ils ne se connaissaient pas ! observa Elise Métaz, jusque-là silencieuse.

L'épouse d'Axel, fille de pasteur, appréciait peu l'intérêt porté par des gens intelligents à des ragots, qu'elle jugeait plus scandaleux que divertissants.

— Non, certes, mais ceux qui s'aiment sans s'être jamais vus se reconnaissent au premier regard, dit Aricie, avec un attendrissement qui fit sourire l'assemblée.

— C'est exactement ce qu'il advint. M. de Balzac se dirigea, paraît-il sans hésiter, vers l'inconnue, assise sur un banc. Quand il découvrit qu'elle lisait un de ses livres, il n'eut plus de doute et se présenta.

— Et alors ? demanda vivement Charlotte.

— Eh bien, le même soir, Mme Hanska, avec un bel aplomb, produisit M. de Balzac devant son mari comme une flatteuse relation mondaine. Ce qui fut aussitôt admis, compléta Mme Laviron.

— Beaucoup de gens voudraient avoir dans leurs relations un grand écrivain, dit Charlotte, comme pour excuser l'audace de l'Ukrainienne.

— D'après ce que Lirette a rapporté à sa cousine, Mme Hanska ne trouva pas à son amoureux un physique très séduisant mais elle ne tarit pas d'éloges sur son esprit, sa vive intelligence, sa générosité de cœur.

— Le fait est, dit M. Laviron, que l'écrivain n'a rien d'un don Juan. Il est petit, rond, assez peu soigné de sa personne, brèchedent, moustachu, ébouriffé et paraît avoir du mal à trouver son souffle. Mais son regard est plein de feu, ses doigts tachés d'encre, sa parole pétillante. Je dois ajouter que Mme Hanska n'a rien d'une Vénus. Elle est grassouillette d'épaules et de visage mais elle a de beaux yeux noirs langoureux, une chevelure brune, épaisse et bouclée, le teint mat. Il émane de cette femme, au port altier, un charme indéfinissable, exotique, dit Pierre-Antoine.

— Le fameux charme slave ! compléta Chantenoz.

— Le maréchal comte Hanski est, au contraire, un homme de santé fragile, raffiné. Un érudit plutôt timide, qui collectionne les autographes de gens célèbres. Ignorant de son sort, il semble entretenir des rapports amicaux avec M. de Balzac. Pyramus a rapporté que le trio a excursionné à Bienne, sur le lac de Neuchâtel, à l'île Saint-Pierre. On s'est si bien plu que, l'écrivain devant rentrer à Paris, on promit de se retrouver pour Noël à Genève, ce qui a été fait comme vous savez.

— Je puis vous dire, puisque nous sommes entre amis, reprit le banquier, qu'en arrivant, le jour de Noël, M. de Balzac a trouvé dans sa chambre, en guise de cadeau de bienvenue, un anneau dans lequel Mme Hanska a fait sertir, à Genève, quelques-uns de ses cheveux ! Un indiscret a rapporté l'anecdote à Gallopin, notre joaillier, car la chose n'est pas si courante !

— Mais elle est divinement romanesque ! s'exclama Aricie.

— Et c'est à l'hôtel de l'Arc que l'adultère, sans doute impossible à Neuchâtel, aurait été consommé ? demanda Chantenoz, inquisiteur.

— On peut le penser, car non seulement on a vu Mme Hanska et M. de Balzac visiter seuls la villa Diodati, qu'a habitée Byron en 1816, et le château de Mme de Staël, à Coppet, mais la dame rend visite à l'écrivain dans sa chambre, en plein jour !

— Tout le monde sait que la plupart des adultères urbains se commettent à l'heure du thé ! assura Chantenoz en souriant à sa femme, comme pour lui rappeler leurs étreintes illicites quand, épouse de pasteur, elle le rejoignait l'après-midi.

— Et que fait le mari pendant ce temps ? Ne se doute-t-il de rien ? demanda un peu sèchement Elise.

Blaise intervint.

— Il se pourrait que le maréchal Hanski ait aussi ses occupations discrètes. Pas une maîtresse, non, mesdames, mais une révolution. Nos vieux grognards du café Papon se demandent si ce boyard ukrainien, qui est aussi baron polonais, ne serait pas venu à Genève pour soutenir de ses deniers l'expédition projetée contre la Savoie, à laquelle les journaux font maintenant ouvertement allusion.

— Si cet Hanski est un aristocrate qui aide les révolutionnaires que nous avons grand tort d'accueillir dans notre canton, je suis enchanté de le savoir cocu ! s'exclama Pierre-Antoine.

Un concert d'approbations ponctua cette déclaration. Seuls Blaise de Fontsalte et son fils s'abstinrent de manifester autrement que par un sourire. Quant à Martin Chantenoz, indifférent au sort des réfugiés politiques et proscrits, il revint à Balzac en s'adressant à M. Laviron, qu'il savait être l'un des généreux bailleurs de fonds de la Société de Lecture.

— J'ai été étonné d'apprendre que les responsables de la Société ont refusé l'achat des *Contes drolatiques*, de Balzac, et ont même fait retirer des rayons un autre ouvrage de cet auteur, la *Physiologie du mariage*, sous prétexte qu'il avait été acquis par inadvertance ! C'est une forme de censure intellectuelle qu'exercent sur la littérature des esprits étroits et dénués de curiosité. La littérature est en perpétuelle évolution, monsieur. Elle est le reflet de son temps. La nouvelle école romantique a ses auteurs, parfois excellents !

— Je n'en doute pas. Mais les responsables de la bibliothèque ne rendent pas de comptes aux donateurs, dit M. Laviron, étonné par la sortie de Martin.

Le professeur, bien décidé à poursuivre sa démonstration, donna libre cours à son lyrisme coutumier.

— Notre Romandie[1], monsieur, dont le nom sonne comme le titre d'une romance, belle province helvète de la langue française, qui s'étend de Porrentruy, excroissance suisse en France, jusqu'au pied du Grand-Saint-Bernard, et qui englobe, je vous le rappelle, le Jura bernois, un peu de Soleure, Neuchâtel, les trois quarts de Fribourg, Genève et Vaud, est terre d'élection du romantisme. Rousseau qui, le premier, employa le mot, Senancour, Chateaubriand, Hugo, Liszt, Mendelssohn et bien d'autres artistes au cœur sensible l'ont confirmé. Notre Léman irrigue de sa sève poétique toute la Suisse romande, jusqu'aux marches alémaniques ! Alors, pourquoi refuser M. de Balzac dont le romantisme éclate aussi bien dans la vie que dans les œuvres ?

— Peut-être faudrait-il que des gens éclairés, d'esprit plus moderne, comme vous, monsieur, entrent dans le comité, pour faire connaître des goûts neufs en matière de littérature, dit aimablement le banquier.

Comme le professeur se taisait, Pierre-Antoine ajouta :

— Si vous souhaitez être du comité, je puis naturellement appuyer votre candidature, cher monsieur.

1. Partie occidentale et francophone de la Suisse (actuellement 18 % de la population totale de la Confédération), qui couvre les cantons limitrophes de la frontière française et des rives du Léman. La majorité germanophone (65 %) occupe la Suisse septentrionale, centrale et orientale. On parle italien dans le Tessin et quelques vallées des Grisons (10 %). Le romanche (1 %), langue rhéto-romane, ne subsiste de nos jours, grâce à l'obstination des défenseurs de la langue ancestrale, que dans les Grisons. Les autres langues étrangères (6 %) pratiquées en Suisse sont le fait d'immigrés. A noter que le français est partout compris, que de nombreux Suisses sont trilingues et que la grande majorité d'entre eux est bilingue. Quant au schwyzerdütsch, c'est un ensemble de dialectes alémaniques que comprennent de nombreux Suisses.

Chantenoz n'avait aucun goût pour les comités, quels qu'ils fussent. Il se contenta d'une inclinaison de tête, pour marquer qu'il appréciait la proposition du banquier.

— Je vous trouve un peu injuste, Martin, pour la Société. Elle a eu le courage de soutenir l'action déterminante de Jean-Gabriel Eynard en faveur de l'indépendance de la Grèce, risqua Axel.

— M. Eynard est bien récompensé. On dit qu'il est devenu une sorte de conseiller privé du roi Othon, qui lui a passé au cou l'écharpe de grand-croix de l'ordre du Sauveur, dit Chantenoz, qui n'aimait guère l'homme d'affaires promu philanthrope.

— A propos, savez-vous le bruit qui court, maintenant avec insistance, dans Genève, susurra Aricie, ravie d'apporter son tribut aux ragots. On dit que la jolie Sophie, qui va sur ses dix-sept ans et que les Eynard présentent comme leur pupille, serait en réalité la fille de Jean-Gabriel et de la sœur de Napoléon, Elisa, autrefois grande-duchesse de Toscane[1].

— C'est une légende ! On dit cela parce que Jean-Gabriel fut longtemps le conseiller le plus écouté et le plus apprécié de la grande-duchesse, s'insurgea vivement M. Laviron

— Qui fit sa fortune et tenta plusieurs fois de le bien marier, renchérit Charlotte, qui avait animé, autrefois, le comité philhellène de Lausanne et fréquenté les Eynard.

— Le général pourrait peut-être nous éclairer, dit Chantenoz, aussi excité par la nouvelle que par les vins capiteux du banquier.

Elisa Bacciochi, ex-grande-duchesse de Toscane, étant morte depuis douze ans, Blaise de Fontsalte ne crut pas commettre d'indiscrétion en satisfaisant la curiosité du professeur. Par ses fonctions au service des Affaires secrètes et des Reconnaissances il avait, jadis, constaté qu'un mystère entourait la naissance, en 1817, du dernier enfant d'Elisa, Sophie.

1. Aucun document ne l'atteste formellement. Mais la fille de Sophie, Mme Hilda Diodati (1855-1905), semblait le croire. Dans son ouvrage *Jean-Gabriel Eynard et son temps*, Edouard Chapuisat, qui fut en relation avec Mme Bedot-Diodati, petite-fille de Sophie Eynard, donne d'intéressantes et troublantes précisions sur l'ascendance supposée de Sophie, Editions Alex-Jullien, Genève.

— Il est vrai que cette petite Sophie ne figure pas dans la liste des cinq enfants auxquels la princesse donna officiellement naissance, dit-il, conscient d'éveiller la curiosité des convives. Trois moururent en bas âge et nous savons qu'à la mort de la grande-duchesse ne survivaient que Napoléone, née en 1806, aujourd'hui comtesse Camerata, et Frédéric-Napoléon, qui est mort l'an dernier, à Rome, d'une chute de cheval. De Sophie, nulle trace dans les actes officiels. C'est cependant cette enfant que Jean-Gabriel Eynard est allé chercher en 1820, à Trieste, après la mort de sa mère. C'est tout ce que l'on peut dire avec certitude, conclut Blaise.

— Eynard, dont nous connaissons tous le grand cœur, ramena la petite à Genève et en fit, sans mystère, sa fille adoptive. Mme Eynard, sa ravissante épouse, Genevoise bon teint, puisque née Anne-Charlotte-Adélaïde Lullin de Châteauvieux, dont les ancêtres ont servi dans les contingents suisses des armées françaises, ne pouvait avoir d'enfant, précisa le banquier.

— On dit aussi que Jean-Gabriel envisage de marier sa pupille à son neveu, Charles Eynard, fervent adepte de la secte des darbystes, ces calvinistes de stricte obédience, ajouta Mme Laviron.

Axel, qui lisait sur le visage de sa femme une certaine contrariété, provoquée par l'évocation complaisante des faiblesses humaines, se souvint d'une phrase, autrefois prononcée par Adriana, lors de son séjour à Genève pour obtenir le soutien de Jean-Gabriel Eynard, au moment où le gouvernement genevois voulait expulser les carbonari. Sa demi-sœur n'avait-elle pas dit : « De celui-là, j'ai le moyen de me faire entendre ! », ajoutant qu'elle détenait « un secret, connu de très peu de gens, qu'il lui déplairait certainement de voir divulguer à Genève ! » Ainsi, la Tsigane, qui n'en était pas à un chantage près, avait dû en savoir plus que les Genevois.

Pendant que les invités prenaient congé de leurs hôtes, Mme Laviron remit discrètement à Axel un portefeuille de cuir vert, assez grand pour contenir un in-folio.

— Je suis certaine que vous serez heureux de posséder ce souvenir, lui glissa-t-elle avec émotion.

Ce n'est qu'une fois arrivée à l'hôtel de l'Ecu qu'Elise, après avoir vivement critiqué les commérages, substrat des conversations de la soirée, donna libre cours à sa curiosité.

— Vous ne regardez pas votre cadeau ? dit-elle, un peu pincée.

Axel ouvrit le portefeuille et fit apparaître un portrait de Juliane Laviron. C'était une sanguine. Le visage de la jeune fille que le choléra avait emportée en 1832 y apparaissait, harmonieux. Le regard, à la fois assuré, rieur et tendre, émut M. Métaz. Le portrait était signé Anicet Laviron, frère de la défunte, lui aussi victime de l'épidémie parisienne.

— Voyez comme elle était belle et comme Anicet dessinait subtilement quand il redevenait classique, dit-il avec chaleur en montrant le portrait à Elise.

— Bien belle, en effet. Dommage qu'elle n'ait pas vécu... vous auriez sans doute fini par l'épouser, ce qui aurait comblé d'aise les Laviron, n'est-ce pas ! dit-elle, agressive et frémissante.

Axel, un moment décontenancé par l'algarade, la première depuis leur mariage, rangea le portrait dans le portefeuille et retint Elise, qui se détournait pour se diriger vers le cabinet de toilette.

— Voyons, chère Elise, vous n'allez tout de même pas être jalouse d'une morte, qui ne fut d'ailleurs rien de plus, pour moi, qu'une amie !

— Il ne s'agit pas de jalousie, mon ami. Mais les Laviron me donnent parfois le sentiment que j'ai épousé un veuf ! lança-t-elle, rogue, en retirant sa main.

Axel se tut et laissa sa femme à sa toilette du soir. Cette nuit-là, après s'être souhaité le bon sommeil, ils se tinrent à distance dans le grand lit, comme si le souvenir d'une morte, diversement ressenti, interdisait tout rapprochement physique.

Quelques jours plus tard, de retour à Vevey, alors que la scène de l'hôtel de l'Ecu était oubliée, que le couple avait retrouvé l'unisson des pensées et des corps, Axel raconta l'incident à Louis Vuippens, qui avait connu Juliane Laviron.

— Mon vieux, les femmes ont la jalousie rétrospective ! Une femme amoureuse considère que le sentiment que l'homme qu'elle aime a pu avoir, autrefois, pour une autre, avant qu'elle-même apparaisse dans sa vie, est une part d'amour qui lui a été dérobée. Les femmes ont tendance à voir l'amour comme un gâteau succulent. Elles ne supportent pas l'idée qu'il ait été entamé avant qu'elles-mêmes y portent les dents ! C'est ainsi ! conclut le médecin avec une bourrade.

Axel estima qu'Elise trouverait plus encore à s'offusquer si, d'aventure, elle découvrait que d'autres femmes, moins innocemment que Juliane, avaient meublé son passé. Le gâteau offert à Elise n'avait-il pas été largement entamé, par une ardente épicière, une Anglaise perverse et l'inoubliable Tsigane ?

Dès les premiers jours de février on sut, de Genève à Villeneuve, que l'expédition des Polonais et des Italiens contre la Savoie, province du royaume de Sardaigne, se terminait par un fiasco. La *Gazette de Lausanne* du 4 février avait annoncé, un peu abusivement, que le général Ramorino, après avoir traversé la ville de Genève avec mille deux cents hommes équipés et armés, s'était dirigé vers Chambéry.

La vérité était autre, moins martiale. Devant Saint-Julien, ville frontière, les Polonais avaient dû faire retraite en apprenant que quatre mille soldats, envoyés par le gouverneur sarde de Chambéry, marchaient à leur rencontre. Les révolutionnaires, soudain moins enthousiastes, s'étaient alors dirigés vers Ville-la-Grande, près d'Annemasse, où l'état-major de l'expédition devait prendre ses quartiers en attendant l'arrivée des contingents venus de l'Isère, de l'Ain et, surtout, de Nyon. Mais aucun renfort ne s'était présenté.

Sur les vingt-cinq patriotes attendus de l'Ain, dix avaient été arrêtés par les autorités françaises et envoyés à Mende, en Lozère. Sept officiers polonais et trois Italiens, qui avaient réussi à passer dans le pays de Gex, se trouvaient maintenant internés à Crassier, dans le canton de Vaud.

La barque transportant sur l'Isère cent vingt révolutionnaires recrutés à Grenoble avait chaviré à Veurey. Ce naufrage fluvial avait provoqué une véritable débandade. Seuls quelques obstinés, entraînés par un Italien, s'étaient aventurés jusqu'aux Echelles, près du lac d'Aiguebelette. Les seuls faits d'arme dont ils n'osaient se flatter – l'exécution d'un carabinier sarde et la capture de six douaniers – avaient déclenché la riposte immédiate de la garnison de Chambéry. En un quart d'heure de fusillade, quatre patriotes italiens avaient été tués, un autre fait prisonnier. Quelques fugitifs se cachaient en France, d'autres, rattrapés par les gendarmes sardes dans le massif de la Grande-Chartreuse, peuplaient les prisons grenobloises. Enfin, on ignorait tout du sort des détachements réunis à Bonneville et à La Roche.

Ainsi que le reconnut un peu plus tard la *Gazette de Lausanne*, « les colonnes de réfugiés n'ayant point trouvé dans les populations savoyardes la sympathie nécessaire au succès », Polonais, Italiens, Français, Allemands, militants anonymes, n'avaient eu d'autre solution que se mettre à l'abri derrière la frontière hospitalière du canton de Genève.

Ces événements provoquaient, depuis plusieurs jours, une effervescence dans les populations riveraines du lac et des discussions passionnées dans les tavernes. Les radicaux et leurs sympathisants prenaient fait et cause pour les révolutionnaires malchanceux, alors que les conservateurs approuvaient les gouvernements genevois et vaudois, chargés par le Vorort fédéral d'interner ou d'expulser tous les réfugiés mêlés à cette aventure. Et cela, sous la pression des puissances de la Sainte-Alliance, qui doutaient avec raison de la neutralité suisse.

Axel avait, quelques semaines plus tôt, sur le conseil de Blaise de Fontsalte, refusé de louer ses barques aux expéditionnaires. Le samedi 8 février, il fit atteler son cabriolet et, malgré un temps exécrable, la pluie ayant, suite au redoux, remplacé la neige, se rendit à Beauregard. Il y trouva son père en compagnie du général Ribeyre et d'un grand diable de Polonais à toison blanche, sec comme un échalas, visage émacié, triste et las. Le colonel comte Golewski rappela au Vaudois le don Quichotte de ses livres d'adolescent. Le comte venait d'échapper à la milice vaudoise, mobilisée pour se saisir des révolutionnaires dispersés. Seul et désemparé, il s'était souvenu de la proposition de Blaise de Fontsalte et avait trouvé refuge chez le général.

Les présentations faites, Axel s'assit pour entendre le récit de l'expédition, dont Blaise rappela qu'il avait prévu l'échec.

— Dès le 26 janvier, dit le général, s'adressant au comte, les autorités du canton de Vaud avaient envoyé aux préfets les ordres reçus du département fédéral de Justice et Police. On demandait de surveiller vos compatriotes et, aussi, les Italiens qui pouvaient se diriger vers Genève, Grenoble ou Lyon. Ils devaient être interpellés « par les voies de la douceur d'abord, ensuite par force ». Ne vous l'avais-je pas laissé entendre, lors de votre visite nocturne de fin décembre, colonel ?

— Vous aviez, hélas, raison, général. La police et l'armée sardes disposaient de tous nos plans, et partout nous étions attendus par des troupes qui connaissaient nos positions et, même, notre ordre de marche ! En revanche, nous n'étions pas attendus par les populations savoyardes, qui ne nous ont manifesté ni soutien ni sympathie. J'ai même vu des femmes rire à notre passage, comme si elles s'attendaient à nous voir repasser bientôt en sens inverse !

Pressé de donner des détails, le Polonais, détaché par Ramorino près du capitaine Grabski, commandant de la colonne formée à Nyon, s'exécuta avec la précision d'un officier d'état-major faisant un rapport d'opérations.

Axel ne connaissait l'affaire que par les articles de la *Gazette* et les rumeurs veveysannes. Il suivit, avec un intérêt croissant, le récit d'un acteur de l'assaut raté.

Dès le 28 janvier, les Polonais, hébergés dans le canton de Berne, avaient pris, sans demander passeport ni autorisation, la route du pays de Vaud. Isolément ou par petits groupes, ils avaient cheminé, de nuit le plus souvent, en bénéficiant de l'aide des paysans. Axel se souvenait, en effet, d'en avoir rencontré à Vevey, qui arrivaient de Morat, par Fribourg et Châtel-Saint-Denis. Le maître vigneron des Métaz, Samuel Cornaz, qui ne cachait pas sa sympathie pour les révolutionnaires et détestait – Axel ignorait pour quel motif – les catholiques sardes, avait conduit ces réfugiés jusqu'à Nyon. C'est dans cette ville, dont le

Conseil communal était en majorité favorable aux réfugiés, que devait être formée une colonne de deux cents hommes, destinée à rejoindre, près d'Annemasse, la troupe du général Ramorino, présent à Genève dès le 31 janvier.

— Nous disposions de cent quarante-deux hommes, hébergés depuis quelques jours dans les hôtels de la Fleur-de-Lys et des Trois-Rois, à Nyon, à l'hôtel des Trois-Suisses et au café du Léman, à Ouchy. A Nyon, nous ne nous cachions guère, car la population nous était acquise. Le préfet de Rolle, qui avait fait arrêter onze des nôtres, avait été contraint, par ses administrés, de les relâcher. Les Nyonnais nous apportaient à manger et à boire dans les hôtels et dans les granges. Les femmes nous embrassaient. M. Monnier, l'homme qui m'a accompagné ici en décembre, s'activait avec un inlassable dévouement, fournissant des chars pour nous transporter et des vivres. Notre troupe devait rejoindre l'armée de Ramorino dans le canton de Genève. Mais c'était compter sans la mobilisation de la milice cantonale vaudoise ! dit le colonel, maussade.

— Et le préfet de Rolle avait fait saisir la barque qui devait vous attendre à Prangins, dit Ribeyre.

— Hélas ! Quand, après avoir erré sur la rive, nous sommes revenus à Nyon, les miliciens, commandés par M. Gély, nous entourèrent. Plus une barque disponible et des soldats vaudois tout au long des berges ! C'est alors que, malgré mon opposition, certains de mes camarades ont usé de violence pour se procurer un bateau. Ils se sont emparés d'une grande barque chargée de bois de charpente, ont jeté la cargaison à l'eau, et nous avons embarqué, tandis que sonnait le tocsin. Le commandant de la milice arriva et nous ordonna de déposer nos armes. Nous étions bien cent cinquante à bord. Personne ne voulut l'entendre, car nous savions les miliciens favorables à notre cause. Ils refusèrent d'ailleurs d'obéir à leur chef quand il donna l'ordre de nous arrêter. C'est tout à l'honneur des citoyens de Nyon, constata le colonel.

— Ce fut peut-être, de votre point de vue, tout à l'honneur des citoyens mais, quel que soit leur généreux motif, cela constitue, pour des miliciens requis au maintien de l'ordre, un acte de désobéissance caractérisé et regrettable. Vous vous étiez emparés d'une barque de vive force et veniez de causer un fort préjudice à un transporteur que je connais en détruisant sa cargaison, observa Axel Métaz, assez sèchement.

Bon Vaudois, respectueux des lois et propriétaire de barques, le fils de Blaise ne pouvait admettre un tel acte, commis par des étrangers amicalement accueillis en pays neutre.

— Mon fils a raison, colonel. Ce genre de procédé finira par vous aliéner les sympathies des Vaudois. Le droit d'asile est un droit sacré, certes, et la Suisse le pratique avec largesse, mais il impose des devoirs aux réfugiés, renchérit Blaise de Fontsalte, approuvé d'un hochement de tête par Ribeyre.

— Je reconnais, messieurs, le bien-fondé de votre observation et croyez que je regrette que certains d'entre nous en soient venus à de telles extrémités… surtout que cette action, préjudiciable à la réputation de tous les réfugiés, fut inutile, dit le colonel.

L'officier observa un court silence, comme pour souligner que ces regrets tenaient lieu d'excuses, puis il reprit son récit :

— Tandis que nous prenions le large, nous entendions les cloches, qui sonnaient le tocsin, se répondre de ville en village, tout au long de la côte. Avec la nuit vint le froid vif et l'on constata l'absence de nourriture. Vers huit heures du matin, nous abordâmes à Bellerive, en territoire genevois, pour acheter des provisions. Le colonel Antonini partit aussitôt pour Genève, afin de prendre les ordres de Ramorino, et nous décidâmes d'attendre sur place son retour. Mais, le 1er février, ce furent les miliciens et la garde soldée de Genève, commandés par le colonel Dufour, que nous vîmes arriver de Vésenaz. Nous avions laissé nos fusils à bord de notre barque. Les Genevois le savaient et voulurent s'en saisir. Il y eut tentative de quelques-uns des nôtres de prendre le large avec les armes mais des barques de miliciens, parties de La Belotte, capturèrent notre bateau. A midi, nous découvrîmes que toute la région était sous contrôle militaire. Le gouvernement de Genève avait mobilisé jusqu'aux artilleurs. Après accord avec un officier supérieur genevois, nous acceptâmes de rembarquer à La Belotte pour le canton de Vaud, étant entendu que nous pourrions y séjourner deux semaines.

— Mais, pendant ce temps, les radicaux genevois prenaient fait et cause pour vous, parlaient d'aller vous délivrer et, même, de vous rendre vos armes, dit Ribeyre, informé.

— Le bruit courait, en effet. C'est pourquoi nous tentâmes de gagner du temps en faisant tout pour ralentir notre marche de Vésenaz à La Belotte. Mais, au soir du 1er février, nous étions sur la barque nyonnaise qui nous avait conduits et nous voguions vers Coppet, escortés par un bateau plein de soldats. Ceux-là très attachés à leur devoir, monsieur Métaz, dit, d'un ton las, le colonel.

— Le flux les apporta ; le reflux les remporte, cita, non sans malice, Axel, qui connaissait par cœur la tragédie du *Cid*.

Pendant que les expéditionnaires de Nyon étaient internés au château de Rolle, les plans de Mazzini, éventés par la police sarde, avaient conduit Ramorino dans une souricière. Les garnisons sardes, composées d'excellents soldats, disciplinés et bien armés, étaient sur le pied de guerre. Un corps de troupe avait pris position à Veyrier, pour couper la retraite vers Genève au détachement de Ramorino, encore cantonné à Ville-la-Grande. Pressé par deux compagnies d'infanterie et quatre-vingt-quatre dragons de la Reine sortis de Saint-Julien, Ramorino avait alors décidé de marcher vers Thonon, dont la population était donnée comme accueillante aux révolutionnaires. Cette fois encore, l'information était erronée et Ramorino, renonçant à cette fuite en avant, avait enlevé trois postes de douane mais négligé d'attaquer les dragons, qui observaient, goguenards, les gesticulations polonaises. Au matin du 3 février, les expéditionnaires ne purent que constater que leur général avait disparu ! L'homme avait laissé une sorte de proclamation disant « que des empêchements à lui connus avaient changé sa détermination ». Il conseillait aux braves qu'il abandonnait « de renoncer à une entreprise inutile et de ne pas exposer leur vie et leur avenir sans espoir de succès ».

— Cette désertion a dû désorienter la troupe, dit Ribeyre.

— Déçus, furieux et désemparés, les hommes battirent en retraite vers Genève, où ils déposèrent les armes. Les Piémontais et les Italiens se dispersèrent hâtivement. Seuls, les Polonais restèrent groupés. L'expédition, messieurs, s'acheva ainsi, sans combat et de la plus humiliante façon, dit tristement le colonel.

— L'affaire était mal engagée et votre général en chef incompétent. Votre honneur de soldat est sauf, colonel, dit Ribeyre, apitoyé.

Le comte Golewski eut un sourire mélancolique et se redressa.

— Mes compatriotes trouvèrent consolation auprès du peuple genevois. Des hommes et des femmes vinrent au-devant des prisonniers qui marchaient vers Chêne, où tous devaient bivouaquer « et se tenir tranquilles », suivant les ordres de M. Prévost-Martin, membre du Conseil d'Etat. Les Genevois chassèrent l'escorte de miliciens et se mêlèrent aux rangs des patriotes, qu'ils accompagnèrent jusqu'à Carouge. Mes compatriotes, acclamés par les badauds comme s'ils venaient de remporter une victoire, reçurent un accueil bienveillant. Certains citoyens exigeaient même que les autorités rendent les armes saisies et, naturellement, le bruit courut aussitôt que les Polonais allaient, pendant la nuit, attaquer l'arsenal et déclencher, avec l'aide des radicaux, moins désintéressés que nous ne l'avions cru, une révolution à Genève. Le Conseil d'Etat siégeait en permanence dans l'hôtel de ville, défendu par plusieurs compagnies d'infanterie. Dieu merci, les politiciens, qui entendaient profiter de la déception des nôtres pour user à leur profit d'une ardeur combative inemployée, furent rendus à la raison par l'attitude désapprobatrice d'une majorité de Genevois. Et d'ailleurs, M. James Fazy, l'ami de Mazzini, n'avait pas apporté un soutien très efficace à l'expédition dont il désapprouvait, paraît-il, le romantisme ! Maintenant, l'échec consommé, il s'apitoie sur le sort des Polonais, dans son journal, *Europe centrale*, dont on dit qu'il devrait être l'organe du mouvement Jeune Europe fondé, lui aussi, par Mazzini !

— Cependant, il ne ménage guère Ramorino, dit Ribeyre en brandissant un exemplaire du journal de Fazy. Il donne même un dernier avis à ce général qui a abandonné ses hommes. Ecoutez ça : « Si, après avoir compromis la cause, il venait à compromettre des individus par les papiers qu'il a en main, alors, l'accusation de trahison retomberait avec plus de force encore sur sa tête, et il aurait à compter avec les patriotes de tous les pays. » C'est une menace à peine voilée.

— Et qu'est devenu Ramorino ? demanda Fontsalte.

— Après avoir proposé le licenciement de sa troupe, devant l'indignation des braves, le général, craignant le ressentiment des hommes, se réfugia dans une maison proche de la frontière genevoise. Au cours de la nuit, il sauta par une fenêtre et s'en fut à Genève.

Axel Métaz proposa aussitôt à Blaise de loger provisoirement le colonel polonais et son ordonnance au moulin sur la Vuachère, sa propriété.

— Remettez-vous et attendez de connaître les décisions du Vorort à l'égard des réfugiés, dit le Vaudois.

Blaise et Ribeyre s'engagèrent à faire porter au moulin des provisions et du vin. Le colonel remercia avec émotion et se dit prêt à gagner aussitôt cet abri providentiel.

Fontsalte appela Trévotte et le chargea de conduire l'officier à sa discrète résidence.

— Ce moulin a toujours servi de cachette aux proscrits, constata Ribeyre.

— Et aux amoureux, ajouta Fontsalte, avec un clin d'œil à Axel.

Le 11 février, tandis que les cent douze expéditionnaires internés au château de Rolle, parmi lesquels figuraient une vingtaine d'étudiants allemands, étaient conduits, après bien des récriminations, tergiversations et pétitions, à Payerne, à bord de chars réquisitionnés par la gendarmerie, la *Gazette de Lausanne* publia une long plaidoyer de Ramorino, envoyé de Genève et daté du 7 février. Le général réfutait l'accusation de trahison, répandue dans l'opinion par la presse vaudoise.

« Le traître... c'est mon dévouement qui a agi, au mépris de mes prévisions qu'on n'aurait point manqué de taxer de mauvaise volonté, si je n'eusse écouté qu'elles.

« Le trahi... c'est moi. Ce n'est donc ni l'irrésolution, ni l'impéritie des chefs, et moins encore la trahison du général qui ont paralysé l'exécution. Il a été fait, dans cette circonstance, tout ce qu'il était au pouvoir humain de faire. – Témoin ce qu'ont fait les gouvernements des cantons de Vaud et de Genève, pour paralyser cette affaire, il devait leur être facile d'entrevoir la source du mal, et quelle a dû être la position des chefs de l'expédition, qui ont pu et ont dû prendre la seule mesure que prescrivait la gravité des circonstances. »

Fontsalte, comme Ribeyre, trouva cette argumentation ingrate, peu convaincante dans le fond et amphigourique dans l'expression.

— Ramorino a maintenant tout intérêt à se faire oublier, dit Ribeyre.

— Et nous, à adoucir au mieux le sort des malheureux Polonais qui se morfondent à Payerne. Car, ni le canton de Berne ni la France ne paraissent disposés à les accueillir, et bon nombre de Suisses souhaitent que l'on se débarrasse de ces réfugiés turbulents. La Confédération, considérée par les puissances voisines comme base de départ des révolutions à venir, ne peut que pâtir de sa générosité. Le principe même du droit d'asile semble remis en cause, reconnut Blaise.

Le général Fontsalte voyait juste.

La question des réfugiés politiques donnait lieu dans la presse à de vigoureuses polémiques. Les autorités fédérales se voyaient reprocher, par certains, une trop grande docilité à l'égard des monarchies européennes. D'autres, au contraire, les trouvaient trop laxistes et Rodolphe Töpffer, s'efforçant à la mesure et à la lucidité patriotique, publia et fit répandre à Genève une *Petite adresse à mes concitoyens*, que Pierre-Antoine Laviron s'empressa d'envoyer à Axel.

« Genevois, mon ami, ne t'embrouille pas ! Ne te fais ni Polonais, ni Italien, ni Savoyard, reste Genevois, je t'en prie ; ne te laisse embrouiller ni par les charlatans ni même par ces braves. Braves sont à mon sens ces étrangers qui, pour de nobles motifs, donnent leur sang pour une noble cause. Pour que tu me connaisses, moi qui te parle, je veux la Savoie libre, l'Italie libre, la Pologne nation, mais je sais qu'à la Suisse et non à la Savoie, non à l'Italie, non à la

Pologne, se rattachent avant tout mon honneur, ma liberté, mon indépendance ; que sans la Suisse, je n'ai plus de patrie ; que sans la Suisse, écoute bien ceci, que sans la Suisse, ce petit canton tombe par terre, et le voisin le ramasse : Louis-Philippe ou Charles-Albert. Je sais tout cela et je tâche de ne pas m'embrouiller.

« Toi, je trouve que tu t'embrouilles quand, par intérêt pour la Sainte Cause, tu fais bon marché de la tienne qui n'est pas moins sainte ; quand tu trouves qu'on devrait laisser faire, sans songer qu'ensuite c'est à toi qu'on ne laissera rien faire. »

Le 12 mars, le Grand Conseil de Berne refusa, dans un premier temps, d'expulser les réfugiés qui avaient pris part à l'expédition avortée contre la Savoie, puis, le 6 mai, il revint sur ce refus, quand la police bernoise établit qu'un nommé Pisani, carbonaro italien chassé du canton de Genève, avait fait de sa maison le quartier général des révolutionnaires.

Des voix s'élevèrent cependant pour prendre la défense des réfugiés et certains bons esprits tentèrent de justifier l'expédition contre la Savoie en arguant qu'il s'agissait de faire triompher au royaume de Sardaigne les principes de liberté dont on jouissait ailleurs. A ces considérations, les autorités vaudoises, soutenues par une grande partie de la population, répondirent clairement : « Quelque haut prix que nous mettions à ce que les réfugiés paisibles jouissent du droit d'asile, si conforme aux vœux de la Suisse, nous devons en revanche veiller, avec tout autant de soin, pour qu'il ne soit rien entrepris, sur le territoire suisse, par de semblables fugitifs, rien qui puisse compromettre la tranquillité dans d'autres Etats. »

Au cours des jours qui suivirent, le Conseil d'Etat vaudois reçut 28 pétitions, signées par 2 646 citoyens de Cully, Echallens, Morges, Yverdon, Mondon, Rolle, Nyon et Lausanne, où les étudiants en droit et en philosophie s'étaient mobilisés. C'est alors, au grand soulagement de tous, que le professeur Charles Monnard fit entendre la voix de la sagesse, dans un rapport dont on proposa la publication[1] :

1. Il fut, en effet, officiellement adopté et publié par le Grand Conseil vaudois, le 17 décembre 1834.

« La Suisse est un pays entre lequel et les Etats environnants, la nature même, appuyée par l'Histoire, a établi des rapports nécessaires, impérieux, non moins essentiels pour les autres Etats que pour la Confédération. La Suisse, par la constitution de son territoire comme par le caractère que le sol a donné aux habitants, comme aussi par les sentiments nés des souvenirs nationaux, est un fait qu'on ne dénature pas facilement ; la haute politique et la puissance matérielle sont forcées de le subir.

« Mais il faut que la Suisse elle-même ait la connaissance claire et précise de ce fait et qu'elle sache ce qu'elle peut et ce qu'elle vaut dans le système général de l'Europe. Elle déduira de là sa doctrine politique : liberté, loyauté, fermeté, union, qu'elle reste fidèle à cette devise, et les traits des étrangers s'émousseront contre le bouclier qui protège son indépendance. »

Les esprits finirent par se calmer, les Polonais se résolurent à passer en France, quelques-uns en Algérie, où l'on manquait de colons, d'autres, qui s'engagèrent à ne plus fomenter de complots, furent tolérés dans les cantons de Berne et de Vaud. Un comité central réunit et répartit les dons que lui faisaient parvenir « des amis de l'humanité » et une loterie fut instituée, qui vendit en peu de jours dix mille billets à un franc de Suisse.

A Vevey, Elise Métaz de Fontsalte, ainsi qu'elle aimait à signer, participa à la collecte conduite par Mmes Pradier-Gex et Nicolier. Alexandra fut engagée à tricoter, comme ses petites amies, écharpes et bonnets pour les Polonais, ce que la fillette entreprit sans enthousiasme.

Depuis le mariage de son parrain avec Elise Delariaz, l'orpheline paraissait désorientée et affichait un entrain forcé. Au soir des épousailles, Elise et Axel, cajolant la fillette, l'avaient assurée qu'elle serait aimée et traitée comme le premier enfant de leur foyer. Mais Alexandra ne pouvait se défendre d'un sentiment inexprimable d'abandon. Surtout depuis qu'elle suivait des cours privés chez des professeurs retirés à Vevey. Son attitude donnait à penser qu'elle était jalouse de l'épouse de son parrain. Elise lui avait, non seulement, ravi la première place à Rive-Reine, mais elle ne s'occupait plus d'elle comme autrefois. Alexandra, qui avait conçu une passion admirative pour Mlle Delariaz, ne savait plus, maintenant, comment s'adresser à elle. Elle ne pouvait dire maman ou mère, encore moins appeler Elise par son prénom. Il avait été convenu, après réflexion, qu'Alexandra appellerait Elise marraine, comme elle nommait Axel parrain. Mais le cérémonieux mademoiselle, dont l'enfant usait quand la fille du pasteur n'était encore que son institutrice, lui échappait parfois. Cela peinait Mme Métaz et agaçait Axel, bien qu'il trouvât des excuses à sa filleule. Elise, en effet, traitait plus souvent en gouvernante qu'en mère adoptive la fille de la défunte Nadine. De la même façon, Alexandra ne tutoyait pas la jeune femme, alors qu'elle tutoyait son parrain.

Elise, bien que patiente et douce, supportait de moins en moins aisément la complicité établie depuis des années entre Axel et sa filleule. Alexandra, fine mouche, ne faisait rien pour atténuer ce sentiment, au contraire. Quand elle désirait obtenir une faveur, une autorisation, un cadeau, c'est à Axel qu'elle s'adressait. En revanche, dès qu'il s'agissait d'une leçon incomprise, d'un devoir à contrôler, c'est Elise qu'elle venait trouver, démontrant ainsi qu'elle considérait encore l'épouse de son parrain comme la pédagogue qu'il avait autrefois embauchée pour l'instruire. Tout cela entretenait, dans une ambiance de gracieuseté conventionnelle, une distance gênante entre la femme et la fillette. La bonne Pernette, très attachée à la filleule de son maître, redoutait l'incident qui ferait apparaître au grand jour une rivalité dont, saine fille de la campagne, elle devinait l'existence, sans en imaginer la complexité affective et, moins encore, le fondement amoureux.

Car, à douze ans, Alexandra en paraissait quinze et, de maturité précoce, peut-être à cause du drame vécu cinq ans plus tôt, jouait à la petite femme. Plus grande que ses compagnes du même âge, svelte, brune aux yeux violets, dotée d'un teint mat, de traits fins, d'un nez au retroussis mutin, de doigts effilés, elle affichait un goût prononcé pour la toilette. Axel, célibataire sans préjugés, l'ayant toujours vêtue suivant les goûts qu'elle affirmait avec autorité, Alexandra était habituée à choisir elle-même ses robes, manteaux et chaussures. Elise la trouvait trop coquette pour son âge et proposait des mises plus simples, sans oser, toutefois, imposer ses choix, de crainte de déplaire à son mari, premier à s'extasier devant l'ajustement parfois excentrique de sa filleule.

— Et vous avez vu ses longues jambes, ses chevilles fines ! Croyez-moi, dans quelques années, elle en fera tourner, des têtes, votre Alexandra ! disait Pernette à Axel, quand la petite traversait la cour pavée de Rive-Reine pour se rendre au cours.

Un jour, sans penser à mal, Pernette, qui servait le café, observa devant Elise et Axel qu'Alexandra « avait des airs de son parrain et comme lui un caractère entier ».

— C'est juste, dit Elise s'adressant à son mari, après que la servante se fut éloignée, on pourrait presque penser qu'Alexandra est votre fille !

— Je ne suis pas M. Eynard, chère Elise, et Nadine n'était pas duchesse de Toscane... ni même de Vaud ! dit Axel en s'esclaffant.

— Il est incontestable, en tout cas, que votre forte personnalité a influencé sa formation, sa façon d'être, de parler même. C'est peut-être une sorte de mimétisme bénéfique à l'enfant, dit Elise, consciente d'être allée trop loin en imaginant une idylle passée entre Axel et l'amie d'enfance, morte noyée.

3

Axel Métaz, notable veveysan, était toujours parmi les premiers informés des événements locaux. C'est ainsi que, le 16 février 1834, un envoyé du Conseil communal vint apporter à Rive-Reine la triste nouvelle du décès, à l'âge très respectable de quatre-vingt-un ans, d'un artiste dont la réputation avait largement dépassé les frontières vaudoises, le peintre François Aimé Louis Dumoulin. Deux œuvres de Dumoulin figuraient à Beauregard. Une aquarelle, intitulée *Vendanges à Lavaux*, et un dessin représentant le *Bivouac des prisonniers autrichiens sur la terrasse Saint-Martin en 1800*. Ce dessin, accroché dans le cabinet de travail du général Fontsalte, lui était particulièrement cher. Il rappelait le premier rendez-vous du jeune guerrier, retour de la bataille de Marengo, avec Charlotte Métaz, la belle bourgeoise veveysanne, à la veille de l'adultère qui allait bouleverser plusieurs vies.

Axel, enfant, avait suivi les cours de dessin de Dumoulin. Il possédait, à Rive-Reine, une aquarelle du peintre, dédiée aux joyeuses lavandières de La Tour-de-Peilz. Un exemplaire rarissime du *Robinson Crusoé*, illustré de cent cinquante gravures par le peintre veveysan, se trouvait aussi dans sa bibliothèque. Mais les toiles les plus prisées des collectionneurs français, anglais et russes restaient celles que Dumoulin avait rapportées de son séjour, comme planteur, à l'île de la Grenade et aux Saintes, où il avait participé malgré lui, étant enrôlé dans la milice anglaise, à la guerre d'Indépendance américaine.

De retour en Europe, il s'était fixé un temps à Paris et deux de ses œuvres avaient figuré, très honorablement, au Salon de 1796, avant d'être acquises par le Directoire. Lors de son séjour parisien, le peintre, enthousiasmé par les grands principes de la Révolution, et qui détestait les Anglais, avait proposé aux Citoyens Directeurs un mémoire de stratégie navale sur la possibilité d'un débarquement français en Angleterre.

Blaise de Fontsalte, alors jeune officier au service des Affaires secrètes et des Reconnaissances, avait eu à connaître de ce projet qui devait, un temps, séduire Bonaparte. Le général, heureux de retrouver à Vevey l'artiste qui proclamait, en 1797, son « pur patriotisme et son désir de voir triompher la France de son plus invétéré ennemi », le rencontrait parfois. Lors de sa dernière visite à Dumoulin, Fontsalte avait admiré un superbe autoportrait, peint deux ans plus tôt. Une sorte de testament pictural, car on y voyait, derrière l'artiste aux cheveux blancs, fumant une longue pipe et flanqué de son chat en posture hiératique, tout ce qui avait compté dans sa vie aventureuse : la mer, les bateaux, la guerre, la nature, la lecture, l'ordre et l'élégance, illustrée par la blancheur empesée d'un jabot à festons.

De la même façon que M. Dumoulin avait donné, autrefois, des cours de dessin aux enfants Métaz, le peintre s'était efforcé d'enseigner l'art de l'aquarelle à Alexandra, la filleule d'Axel. La fillette aimait cet homme aux traits puissants, à l'opulente chevelure neigeuse, au regard noir, souvent inquiet, parfois coléreux. Pour illustrer les récits de ses aventures dans les îles lointaines, qu'il développait plus volontiers devant la fillette que pour les grandes personnes, M. Dumoulin tirait de ses cartons gouaches et dessins en commentant la prise d'un grand requin en 1777, la *calinda*, danse des Noirs, la fin du *César*, frégate française coulée par les Anglais lors de la bataille des Saintes, le 12 avril 1782, l'ouragan sur le grand banc de Terre-Neuve, en septembre 1783, responsable du naufrage de trente-six bâtiments[1].

---

1. Le Musée historique du Vieux-Vevey, 2, rue du Château, à Vevey, possède de nombreuses peintures, gouaches, aquarelles et dessins de Louis Dumoulin. On y voit notamment l'autoportrait de 1832, des toiles

Alexandra pleura son maître de dessin qui lui avait offert, peu de temps avant de tomber malade, une aquarelle pleine de fraîcheur et de vitalité représentant la fillette et ses compagnes de jeu en baignade dans le lac.

— Que va devenir son chat épagneul, tout seul ? s'inquiéta-t-elle.

Pernette la rassura : la vieille servante du peintre prendrait soin de l'animal.

Ce décès, qui endeuilla Vevey au moment où la municipalité se penchait, une nouvelle fois, sur un projet de port proposé par Dumoulin, fut bientôt estompé par les nouvelles venues de France. Des émeutes d'une rare violence avaient éclaté à Lyon, le 9 avril, tandis que comparaissaient devant le tribunal sept ouvriers grévistes. Ces derniers, considérés comme meneurs, avaient répandu et fait observer, dès le 12 février, les consignes du Devoir mutuel, principale organisation de secours mutuel des ouvriers de la soierie, les canuts, qui avait ordonné l'arrêt des métiers à tisser, après que les fabricants eurent décidé de diminuer de vingt centimes l'aune des tissus en peluche. Dans une ville qui entretenait d'étroits rapports commerciaux avec Genève et la Suisse romande, l'industrie et l'artisanat de la soie faisaient vivre près de quarante mille personnes, plus de la moitié de la population lyonnaise.

Déjà, en novembre 1831, le gouvernement français avait dû envoyer à Lyon trente mille hommes de troupe, commandés par le maréchal Soult et le duc d'Orléans, pour rétablir l'ordre, les canuts insurgés s'étant rendus, pendant quelques jours, maîtres de la ville, avec l'intention évidente d'en faire la base de départ d'une nouvelle révolution républicaine.

Cette fois, M. Thiers, maintenant ministre de l'Intérieur, avait donné des consignes de fermeté. Quand les canuts s'étaient mis à construire une barricade devant le palais de justice où l'on jugeait leurs camarades, l'armée était intervenue sans ménagement, malgré les exhortations des mili-

rapportées de la Grenade et une vingtaine d'œuvres plus modestes représentant des paysages et des scènes de la vie vaudoise. Paul Morand (1888-1976), exilé à Vevey de 1944 à 1951, a consacré un bel ouvrage au peintre-planteur : *Monsieur Dumoulin à l'île de la Grenade*, Editions de Fontainemore, Paudex (Suisse), 1976.

tants de la Société des Droits de l'homme, qui invitaient les militaires à se joindre aux émeutiers. L'insurrection était envisagée depuis assez longtemps pour que la police en fût informée. Les émeutiers avaient compté sur la prise de dépôts d'armes et le ralliement des soldats à leur cause. Ils avaient été déçus. Ils ne trouvèrent pas d'armes et reçurent des balles de la part des militaires de qui ils escomptaient le soutien. La stratégie répressive avait habilement consisté à interdire aux groupes d'insurgés, constructeurs de barricades dans plusieurs secteurs de la ville, de communiquer et de s'agglutiner. Tous leurs bastions de fortune avaient été réduits en six jours. Le dernier, celui de la Croix-Rousse, quartier populaire, terre d'élection des canuts, avait été enlevé par une charge de la troupe, baïonnette au canon, au cours de la nuit du 14 au 15 avril.

Engagés dans l'aventure insurrectionnelle sans préparation, dépourvus d'armes et de munitions – on ne compta que six cents fusils pour trois mille émeutiers –, peu soutenus par une population qui, se souvenant de la répression de 1831, était terrorisée par la violence de la riposte militaire, la révolte des canuts avait tourné court. Le premier bilan divulgué par les journaux faisait état de cent treize militaires tués, dont douze officiers. On estimait à deux cents environ le nombre des insurgés morts pendant les combats de rues, au cours desquels le gouvernement avait fait, comme à La Guillotière, donner l'artillerie. Plus de cinq cents émeutiers avaient été arrêtés et le procureur du roi commençait à instruire les dossiers des captifs. Ceux dont la culpabilité serait retenue devraient répondre de leurs actes devant la Cour des pairs.

Le calme rétabli, commençaient les expulsions d'étrangers, ouvriers piémontais, savoyards, allemands, italiens, soupçonnés d'avoir participé à l'insurrection. Certains arrivaient maintenant à Genève et dans le canton de Vaud, assurés de trouver bon accueil.

Claude Ribeyre de Béran et Fontsalte, informés par les bonapartistes du café Papon, toujours à l'affût d'un mouvement capable de jeter Louis-Philippe à bas de son trône, révélèrent à Axel, au cours d'une visite à Rive-Reine, que le prince Louis Napoléon avait, un moment, envisagé de se rendre à Lyon pour prendre la tête de l'insurrection. Le fils de la reine Hortense, bourgeois de Thurgovie depuis 1832 et élève aspirant au collège militaire de Thoune, s'était rendu à Genève dès qu'il avait eu connaissance de la révolte des canuts.

— Il se faisait fort d'obtenir, sur son nom, le ralliement de la troupe refusé aux émeutiers, dit Ribeyre.

— Et, ainsi, de susciter en France un grand mouvement en sa faveur, compléta Blaise.

— Le prince s'est rendu, de nuit, chez James Fazy, qui habite aux Pâquis avec sa mère. Le politicien radical, directeur du journal *Europe centrale*, disposait des dernières dépêches de Lyon, et le prince en prit connaissance avant de dévoiler ses intentions. D'après nos informateurs, Louis Napoléon aurait affirmé qu'il n'avait nullement l'ambition de se poser en prétendant. Il ne souhaitait, paraît-il, « que fournir au peuple français l'occasion de choisir son gouvernement, par l'intermédiaire d'un congrès national élu au suffrage universel », expliqua Ribeyre.

— Mais l'insurrection a été matée avant même que le fils d'Hortense eût chaussé ses bottes. Il est retourné chez sa mère, à Arenenberg, aussi discrètement qu'il était venu. Ce ne sera pas pour cette fois, prince, ironisa Blaise.

— Comment le neveu de Napoléon peut-il s'entendre avec Fazy ? Cet excité genevois déteste tellement les monarques de tout poil qu'on le voit mal encourager un prétendant au trône de France, observa Axel.

— Eh ! ils se retrouveraient, dit-on, sur une commune hostilité au régime doctrinaire de Louis-Philippe et sur le principe républicain suivant lequel le peuple, investi de la souveraineté nationale, peut choisir son gouvernement, commenta Ribeyre.

— En somme, Fazy, le radical, voit en Louis Napoléon un prince républicain ? s'étonna Axel.

— Las Cases rapporte, dans son *Mémorial*, que l'empereur lui dit, un jour de 1816, à Sainte-Hélène : « Avant dix ans, l'Europe sera peut-être cosaque, ou toute en république. » Comme l'Europe n'est pas devenue cosaque, on peut penser qu'elle sera républicaine, constata Blaise.

— Louis Napoléon, dont nous connaissons, depuis la récente visite que nous lui fîmes, ton père et moi, la forte ambition patriotique, a bien retenu la leçon avunculaire.

Demain, la République, comme autrefois le Consulat, peut conduire l'homme déterminé au pouvoir. C'est une question de moment, non de conviction, dit Ribeyre.

Les deux généraux envisageaient de passer quelques jours en France, pour rendre visite à Louis Marchand, l'ancien premier valet de chambre de Napoléon à Sainte-Hélène, maintenant retiré près d'Auxerre, avec sa femme.

— On dit qu'il travaille à la rédaction de ses Mémoires, souvenirs fort intéressants, car Louis Marchand ne quitta jamais l'empereur depuis 1811, année où il fut embauché, dit Blaise.

Ribeyre et Fontsalte entretenaient aussi des relations avec un autre domestique, présent à Sainte-Hélène au moment de la mort de l'empereur, Jean-Abram Noverraz[1]. Ce robuste Vaudois, entré au service de Napoléon en 1811, année de la naissance du roi de Rome, avait, disaient-ils, soufflé la jolie Joséphine, femme de chambre de Mme de Montholon, à celui que tous nommaient Ali. Le titre de valet ou de chasseur paraissait impropre pour désigner cet homme de confiance qui vouait un véritable culte à l'empereur. M. Noverraz aimait à raconter la vie quotidienne à Longwood, ses disputes avec Pierron, le chef d'office, comment il avait été chargé par Napoléon de briser l'argenterie avant de la vendre, au prix du métal, à un antiquaire de l'île, quand Hudson Lowe avait exigé une réduction du train de vie du prisonnier. Comment, aussi, il avait pris l'initiative, un matin, de fermer la porte de l'empereur au nez de l'amiral George Cockburn, que Napoléon détestait. Ce jour-là, le proscrit avait trouvé un peu excessif le zèle du Vaudois et

1. Né en 1790 aux Granges-sur-Riex, Lavaux, canton de Vaud, mort à Lausanne en 1849. Qualifié de chasseur dans la liste des domestiques de l'empereur à Sainte-Hélène, il servait à table avec Louis-Etienne Saint-Denis, dit Ali. Il épousa en 1819, à Longwood, une Française, Joséphine Brulé, femme de chambre de Mme de Montholon, de qui il divorça après son retour en France en 1821. Rentré à Lausanne après la mort de Napoléon, il devint une personnalité locale et fut élu conseiller communal, puis membre du Grand Conseil vaudois en 1848. Il se remaria, le 9 septembre 1847, avec Marie Schuler. Aucune de ses épouses ne lui donna d'enfant. L'héritier institué de Jean-Abram Noverraz fut son neveu, Samuel-Joseph Noverraz, fils de sa sœur Jeanne-Suzanne.

lui avait dit en riant : « Ah! mon bon Noverraz, tu as donc une fois de l'esprit. » Et, prenant Bertrand et Montholon à témoin, l'empereur avait ajouté : « Vous verrez qu'il m'aura entendu dire que je ne voulais plus voir l'amiral, et il se sera cru obligé de lui fermer la porte au nez : c'est charmant! Il n'y aurait pourtant pas à se jouer de ce bon Suisse; si j'avais le malheur de dire qu'il faut se défaire du gouverneur, il serait homme à le tuer à mes yeux! » Et M. Noverraz confirmait à ses visiteurs qu'il eût étranglé Hudson Lowe comme un poulet avec plaisir! Par d'autres témoins, Blaise et Claude savaient que l'empereur disait de son chasseur vaudois : « Bon et vrai Suisse, dont toute l'intelligence est dans son attachement à ma personne. »

Les deux généraux ne se lassaient pas d'entendre, de la bouche du brave homme, le récit de la mort de l'empereur. En avril 1821, alors que le héros vivait ses derniers jours, Noverraz avait dû s'aliter, atteint par une hépatite qui le rendait cruellement malade. L'empereur faisait, chaque jour, prendre de ses nouvelles et ordonnait qu'on servît au Vaudois des fruits frais. Le 30 avril, Noverraz avait trouvé la force de sortir de son lit pour faire visite à Napoléon. Ce dernier, voyant son domestique amaigri, jaune comme un coing et chancelant, s'était exclamé avec commisération : « Tu as bien changé, mon garçon! »

En quittant la chambre de l'empereur, Noverraz s'était évanoui dans les bras du premier valet, Louis, que tous les domestiques devaient appeler monsieur.

— Quand j'ai repris mes sens, rapportait le Vaudois, j'ai dit à M. Marchand : « Je ne puis vous dire ce que j'ai éprouvé en voyant l'empereur. En me parlant, il m'a semblé qu'il m'attirait vers lui, qu'il me disait de le suivre. »

Noverraz se remit cependant et, convalescent, put assister aux derniers moments de Napoléon qui, précisait-il, « mourut le matin du 5 mai, à cinq heures et quarante-neuf minutes ». C'est Louis Marchand qui avait fermé les yeux de Napoléon, avant d'autoriser Mme Noverraz à couper une mèche de cheveux de l'empereur[1].

1. Cette mèche de cheveux, rapportée à Lausanne par Noverraz, a fait l'objet, au cours de l'automne 1994, d'une analyse fine par le

A Lausanne, l'ancien chasseur vivait à l'aise. Non seulement, en Vaudois économe et prévoyant, il avait su économiser, pendant les six années passées à Sainte-Hélène, sur son salaire de dix mille francs par an, mais encore avait-il été couché, comme ses compagnons, sur le testament de Napoléon. En plus d'un legs personnel de cent mille francs, il avait eu sa part des trois cent mille francs laissés par l'empereur « à sa compagnie », somme dont l'existence, ainsi que celle d'autres valeurs, avait été ignorée des geôliers anglais.

Ce bel homme de quarante-quatre ans, d'une extrême dignité, ne se complaisait pas dans la retraite dorée que lui valaient les largesses de l'empereur. Bon citoyen vaudois, il s'était, dès son retour en Suisse, mis au service de la milice de son canton. Promu capitaine de dragons, il avait commandé, le 3 août 1833, à Bâle, le détachement de la cavalerie vaudoise requis par l'armée fédérale pour mettre fin au conflit entre citadins et campagnards bâlois. Querelle sanglante, qui avait abouti à la séparation du canton de Bâle en deux demi-cantons, Bâle-Ville et Bâle-Campagne.

Blaise et Claude rendaient souvent visite à M. Noverraz, dans son domaine de Sébeillon. Sur les trois hectares acquis grâce aux sommes léguées par l'empereur, Noverraz habitait une belle maison de maître, entourée de trois bâtiments qui abritaient ferme, écurie, pressoir, fenil et porcherie.

Se souvenant du message codé dont les bonapartistes usaient pour désigner Napoléon quand ils annonçaient, de bouche à oreille, son retour de l'île d'Elbe en disant « la violette revient au printemps », Noverraz avait nommé sa propriété La Violette. Cela lui valait un surcroît de consi-

laboratoire de géologie rattaché au département de génie civil de l'Ecole polytechnique fédérale de Lausanne. Utilisant un spectromètre à haute résolution, les scientifiques vaudois ont établi que les cheveux de l'empereur contenaient une dose d'arsenic sept fois supérieure à la normale. Cette constatation relance la théorie, fortement contestée par ailleurs, d'un empoisonnement volontaire de l'empereur à Sainte-Hélène. Sous la signature d'Olivier Grivat, le journal *24 heures*, de Lausanne, a consacré, le 4 octobre 1994, un long article à l'analyse de la mèche impériale, que l'on peut voir au musée d'Archéologie et d'Histoire, à Lausanne.

dération de la part des grognards qui faisaient le voyage de Genève à Lausanne pour le visiter, entendre ses souvenirs de Sainte-Hélène et, surtout, tenir un instant en main les reliques que détenait le Vaudois : les clefs de Longwood, une carte annotée de la main de l'empereur, deux gilets de casimir blanc portés par Napoléon en captivité, le gobelet d'argent aux armes impériales dans lequel buvait le captif.

Les deux généraux avaient même eu l'honneur de pouvoir toucher la mèche de cheveux prélevée sur l'empereur défunt.

Une seule chose peinait Jean-Abram Noverraz : il n'avait pu s'acquitter de la dernière mission confiée par Napoléon à son fidèle Vaudois. Mission de confiance puisqu'il s'agissait, suivant le désir exprimé par l'empereur dans son testament, de porter au duc de Reichstadt les souvenirs que son père entendait lui laisser : trois selles, brides et éperons dont l'empereur avait usé à Sainte-Hélène et quatre fusils de chasse[1]. De sa main, Napoléon avait écrit sous ces legs, quelques jours avant sa mort : « Je charge mon chasseur Noverraz de garder ces objets et de les remettre à mon fils quand il aura seize ans. » Jean-Abram avait rapporté à Lausanne ce précieux dépôt et, en 1827, année du seizième anniversaire de l'Aiglon, il s'était rendu à Vienne pour les remettre à leur destinataire. Mais Metternich avait opposé un refus catégorique à la demande de Noverraz. Le duc de Reichstadt serait habilité à recevoir les objets légués par son père quand il aurait atteint sa majorité, en 1832. Noverraz, que rien ne pouvait décourager, se préparait à retourner à Vienne cette année-là, quand, le 22 juillet 1832, l'Aiglon avait rejoint son père dans la mort.

Axel était toujours ému, parfois amusé, par l'intérêt très nostalgique que Blaise et son ami continuaient à porter à tout ce qui touchait au souvenir de l'empereur. Au cours de longues conversations, à l'heure où l'on allume les pipes en sirotant un verre de marc ou de lie, il avait appris de son père et de Ribeyre l'épopée napoléonienne et leur

---

1. Ces fusils à silex, portant sur canon et platine « Le Page, arquebusier de l'empereur, Paris », comme les selles et brides, que ne put recevoir le duc de Reichstadt, font partie du legs que fit Noverraz, en 1848, au musée de son canton natal.

prodigieuse aventure guerrière. L'ivresse folle et morbide des batailles, les victoires endeuillées par la mort d'un seul ami, les déroutes irrépressibles, les embuscades assassines, les charges désespérées qui changeaient une débâcle en triomphe, le viol des villes prises comme des femmes, les hauts faits des uns, les dérobades des autres, cent mille vaincus courbés devant l'aigle d'or aux ailes éployées, les veillées d'armes au bivouac, l'appel des morts, Larrey amputant des blessés sans descendre de cheval, les piles de cadavres gelés au bord de la Berezina, les exploits d'un lancier polonais capable de transpercer d'un même coup un cuirassier et son cheval, autant de récits qu'Axel goûtait comme chants d'un poème homérique.

Il aimait entendre les deux amis raconter, l'un renchérissant sur les propos de l'autre, comment, sous les lambris des châteaux investis, entre Vénétie et Bohême, du Vorarlberg à la Styrie, ils se désaltéraient au vin de champagne dans des hanaps de vermeil, abreuvaient leurs chevaux dans les baignoires armoriées des ducs, puis, enroulés dans les brocarts, s'endormaient dans les alcôves des favorites ou sur les marches des trônes désertés par les princes. Et encore, comment, en Italie, ils avaient tiré des religieuses cloîtrées de leur couvent pour en faire les vivandières que réclamait la troupe. Aucune n'avait été brutalement déflorée mais aucune, non plus, n'était retournée à la vie monastique. D'après Ribeyre, les jouissances, privilèges et profits de la féminité leur avaient été révélés sur les rives du Pô !

En parcourant l'Europe au galop et sabre au clair, ces officiers de l'Empire, secs, musclés, nerveux, parce que plus souvent nourris de lauriers et de proclamations que de chapons fins, avaient écrit en lettres de sang et de feu, aux sons mêlés du canon et des trompettes, une chronique épique qui rendrait à jamais jalouses de gloire les générations à venir. Engendrée dans le dégoût des sanglantes convulsions de 89, jalonnée d'hécatombes, gorgée de vanités, parée de mille drapeaux pris à l'ennemi, terrassée à Waterloo, absoute à Sainte-Hélène, la fabuleuse destinée du Corse survivait sur les lèvres des grognards exilés et des demi-solde, démobilisés par la mort du roi de Rome. Dans le bas mépris que certains royalistes affichaient pour ces mortes-payes de la Révolution et de l'Empire, soudards défricheurs qui avaient ouvert, au canon, un chemin de liberté qu'emprunteraient un jour ou l'autre les peuples purgés de la tyrannie, entrait une forte part d'envie. Celle que ressentent les couards, les timorés, les pleutres, devant ceux qui, ayant tout risqué, tout accompli, tout perdu, se sont assuré, sublimes et misérables, une place dans l'Histoire.

Au commencement du mois de mars, on apprit à Lausanne et à Vevey que Marie-Louise, ex-impératrice des Français, veuve de Napoléon, puis veuve du général Neipperg depuis 1829, venait de se remarier, le 17 février. Le nouvel époux, le comte Charles de Bombelles, fils d'un émigré français passé au service de l'Autriche, gentilhomme de la chambre de Louis XVIII, pensionné par François II, n'était pas un inconnu en Suisse. Il avait laissé assez de dettes pour que les Bernois se souvinssent de ce petit homme cauteleux, à l'air ennuyé, qui, cependant, plaisait aux femmes. Les créanciers du chambellan escomptaient que François II paierait les factures de son nouveau gendre !

— Souhaitons à Bombelles de mieux résister à cette Mme Putiphar que le borgne, dit Ribeyre.

Le bruit courait, en effet, chez les bonapartistes et dans les milieux diplomatiques, que Neipperg, de vingt ans l'aîné de Marie-Louise, avait succombé à une aortite consécutive à la fréquence des étreintes amoureuses exigées par l'insatiable duchesse de Parme, à qui il avait fait trois enfants.

Dans le même temps, un autre événement éveilla l'intérêt, puis la colère, des bonapartistes. Le 22 février, une pétition, revêtue de trente mille signatures, avait été présentée à la Chambre française, demandant à Louis-Philippe de « faire rouvrir le territoire français à tous les membres de la famille Bonaparte ». Le maréchal Soult, président du Conseil, intervint devant les députés en confirmant que « la résolution du gouvernement de prolonger l'exil de la famille de Napoléon était positive et maintenant inébranlable ». Tel l'apôtre Pierre à Gethsémani, Soult venait de renier, pour la troisième fois, celui qui avait fait sa fortune et sa notoriété. L'intransigeance vindicative du duc de Dalmatie augmenta encore le mépris qu'inspirait aux fidèles grognards cet homme que le général Henri-François Delaborde, mort un an plus tôt, disait être, en 1809 déjà, « de la race des corbeaux ».

Axel ne manquait pas, chaque fois qu'il se rendait à Genève pour affaires, d'aller au café Papon offrir un pichet de vin du Mandement de Satigny aux derniers grognards qui préféraient encore l'exil à la France orléaniste. Plusieurs de ceux qu'il avait connus, à l'époque où Adriana lui confiait des missions, avaient disparu, emportés par la mort ou partis enseigner le français en Russie, dans les Balkans, en Algérie ou en Amérique. Pour la plupart issus du peuple, ces retraités des combats, portés par la Révolution et la fortune impériale, avaient connu, en achetant leurs galons de capitaine ou de colonel au prix du sang, une élévation sociale que leur eût interdite, sous les Bourbons, une trop modeste origine. La restauration royaliste les avait rendus à leur condition antérieure avec, au cœur et à l'esprit, le regret des temps héroïques. Orphelins de Napoléon, veufs de la France, dédaignés par un peuple veule et versatile, voués à la méfiance des politiques, surveillés par toutes les polices, ils se disaient eux-mêmes les cocus de l'Histoire et remâchaient leurs rancœurs dans les cafés de Paris, de Bruxelles ou de Genève, en tirant sur leurs vieilles pipes, culottées entre deux batailles.

— On ne veut plus de nous nulle part, disait l'un d'eux. Tout le monde souhaite nous voir disparaître. Le nouveau maître de la France et ses valets, parce que nous sommes à leurs yeux des régicides en puissance ; les anciens de l'Empire, passés par esprit de lucre et goût des honneurs au service des tyrans que nous avons combattus, parce que nous sommes, pour ces apostats et ces relaps, des reproches vivants ; les Suisses, enfin, parce qu'ils craignent que nos discours et nos pamphlets ne les fâchent avec leurs puissants voisins, Louis-Philippe, le roi de Prusse, l'empereur François II, le grand-duc de Bade ou le tsar !

Moustache arrogante, sanglés dans des redingotes cintrées comme des dolmans, verdies et rapiécées, portant leur canne en verrouil comme autrefois le sabre, le ruban rouge ostensible à la boutonnière, ils dépensaient leur demi-solde – soixante-dix francs pour les capitaines, quarante pour les lieutenants, plus cent vingt-cinq francs pour tous les titulaires de la Légion d'honneur – en journaux, en livres, en vin et en saucisses. Grinchus, querelleurs, intolérants, contempteurs des princes, le verbe haut, ils avaient, au cours des ans, embelli leurs faits d'armes, multiplié leurs bonnes fortunes, oublié leurs douleurs, déifié l'ogre corse, le petit tondu, l'homme à la redingote grise, qui les avait promus boutefeux de la Révolution et colporteurs des Encyclopédistes, en ne leur offrant qu'une alternative : la victoire ou la mort. Ils étaient vingt mille en 1815, classés par le gouvernement de Louis XVIII en quatorze catégories, suivant leur attitude face à la monarchie renaissante. En 1825, sous Charles X, cinq mille émargeaient encore comme demi-solde au chef-lieu de canton de leur département d'origine, où ils étaient assignés à résidence. Mais depuis que Louis-Philippe, par opportunisme politique plus que par mansuétude, proposait aux anciens soldats de Napoléon une réintégration dans l'armée, pour peu qu'ils fissent amende honorable, leurs rangs s'étaient encore éclaircis. Ceux que l'on voyait attablés, à Paris, au café Lamblin ou chez Lebel, à Genève, au café Papon, constituaient le dernier carré bonapartiste de stricte obédience. Depuis quelque temps, certains, sans trop le manifester, plaçaient leurs espérances revanchardes dans Louis Napoléon, le neveu, auquel un Suisse, polytechnicien français, ingénieur et urbaniste, le colonel Guillaume Henri Dufour, enseignait, au collège militaire de Thoune, l'art de la guerre.

Cet homme exceptionnel, Axel et Elise devaient le rencontrer à Genève, le 1er mai 1834, lors de l'inauguration de l'hôtel des Bergues. Conseillé par Pierre-Antoine Laviron, Métaz avait acquis, dès 1830, des actions de la Société des Bergues qui envisageait de construire, sur la rive droite du lac, un quai, et, à l'emplacement de l'ancienne fabrique d'indiennes des frères Fazy, un grand hôtel, dans le style néo-classique mis au goût du jour par les Anglais. L'ingénieur cantonal Dufour, constructeur des premiers ponts en fil de fer de la ville, avait été chargé par le conseil d'administration de la Société des Bergues d'établir le cahier des charges soumis aux architectes désireux de concourir pour la construction du palace. Pour ce faire, M. Dufour avait visité l'hôtel Meurice, rue de Rivoli, à Paris. Cet établissement, élevé en 1830 sur l'emplacement de l'ancien hôtel Wagram, bâti sous l'Empire, passait pour un modèle du genre. Son gérant, M. Lailliez, directeur de l'établissement, avait été formel. Une cour spacieuse, de bonnes remises et des écuries à distance de la résidence, un bar, un salon de thé, une grande cuisine, une salle de quatre-vingts couverts pour les dîners, une salle pour les déjeuners, une salle de lecture et de réunions, une salle de repos pour les domestiques, des latrines à l'anglaise à chaque étage, un bureau des informations, des appartements divisibles à la demande en chambres indépendantes, un accueil très courtois, le respect du client, une domesticité stylée, polyglotte et attentive, constituaient les éléments indispensables à la réussite hôtelière.

L'achèvement du quai des Bergues, pour lequel l'entreprise Métaz avait fourni des tonnes de pierres de Meillerie et des bois de charpente, avait pris quatre années : un nouveau pont suspendu, reliant les deux rives de la rade et, par un embranchement, l'île aux Barques, ancien arsenal fortifié en 1583 par Nicolas Bogueret, avait été construit. De la rive droite, entre Longemalle et la Fusterie, les promeneurs découvraient maintenant la façade crémeuse de l'hôtel des Bergues qui dominait le quai du même nom. Pour s'y rendre à pied, à cheval ou en voiture, il suffirait d'emprunter le nouveau pont qui serait officiellement ouvert à la circulation le 9 mai.

C'est en compagnie de Pierre-Antoine Laviron, membre influent de la Société des Bergues, que les Métaz visitèrent l'hôtel. Le banquier révéla son coût, un million cent mille florins, soit plus de cinq cent mille francs, presque le double du devis initial. Avec sa longue façade classique, son fronton triangulaire de temple grec, ses trois étages et attique sur rez-de-chaussée où s'installeraient des commerces de luxe et un grand café, son entrée à cinq arches et, sur le toit, un belvédère d'où l'on découvrait la ville, serrée autour de la cathédrale Saint-Pierre, le Salève, le lac, jusqu'à Bellerive et Versoix, et, au loin, le mont Blanc, pyramide de neige, le premier palace de Suisse faisait honneur à Genève et pouvait rivaliser avec ceux de Londres et de Paris. L'architecte lyonnais, Augustin Miciol, lauréat du concours, et son confrère genevois François-Ulrich Vaucher, qui avaient dirigé les travaux, furent chaudement félicités par la gentry genevoise qui se pressait dans les salons. On s'extasiait devant le bel escalier de marbre, les proportions du hall, les tapis, les tentures, le bon goût du décor, l'organisation des cuisines, où s'affairaient chefs et marmitons en train de préparer le banquet inaugural.

Le directeur gestionnaire de l'hôtel, M. Alexandre Emmanuel Rufenacht, ancien capitaine au régiment suisse de Steiger, au service de France, avait participé à la campagne de Russie et reçu une blessure au passage de la Berezina. Militaire, il dirigeait militairement le service ! Hiérarchisée comme un régiment, la domesticité en uniforme obéissait à un état-major de sommeliers allemands et les femmes de chambre, robe noire et col blanc empesé, prenaient les ordres d'une gouvernante aux façons d'adjudant ! M. Rufenacht donnait cependant, avec une extrême courtoisie, informations et tarifs. Le dîner, servi à cinq heures à table d'hôtes, coûtait quatre francs, cinq francs s'il devait être porté dans la chambre.

Elise qui, au cours de ses voyages avec son père, était descendue dans de beaux hôtels, en Angleterre notamment, semblait moins impressionnée qu'Anaïs Laviron par le luxe d'attentions déployées pour les touristes étrangers, lesquels étaient invités « pour éviter les inconvénients de l'odeur du tabac dans les chambres », à se rendre, pour fumer leur cigare, au *smoking room*, conçu à leur intention.

Tout en dégustant huîtres d'Ostende, faisans des Alpes et tourtes à la Vatel, Laviron entretint Axel d'un autre projet, auquel tenaient depuis longtemps les cabinotiers, les gens de la Fabrique de Genève, et dont on prévoyait l'achèvement pour 1835. Depuis que le buste de Jean-Jacques Rousseau, érigé en 1795, sur une colonne à base carrée, au centre du Lycée de la Patrie – nom donné par les révolutionnaires de l'époque à la promenade des Bastions –, avait été enlevé par les réactionnaires en 1818, le peuple de Saint-Gervais réclamait qu'un monument fût élevé à la mémoire du plus célèbre des enfants de Genève.

Si certains bourgeois libéraux, comme Marc-Antoine Fazy-Pasteur, cousin de James Fazy, encourageaient depuis 1827 cette initiative, les conservateurs de la ville haute s'opposaient « à l'érection sur sol public d'un monument en l'honneur de celui qu'ils considéraient encore comme un esprit subversif[1] ».

Cependant, après que, le 14 juillet 1828, on eut, pour l'aménagement du quartier des Bergues, démoli la maison prétendument natale de Jean-Jacques Rousseau, un comité de sept personnalités avait ouvert une souscription nationale en vue de l'érection d'une statue du philosophe. Le prospectus invitant les Genevois à souscrire constituait une prise de position politique puisque les signataires, dont le colonel Dufour et d'autres actionnaires de la Société des Bergues, exigeaient que « le jour de la justice arrive », c'est-à-dire celui où les Genevois prouveraient leur reconnaissance au cher Jean-Jacques.

Au grand dam de son épouse et de plusieurs de ses amis, Pierre-Antoine Laviron manifestait, depuis toujours, une vive admiration pour l'œuvre de Rousseau. C'est aussi en pensant aux idées autrefois prônées par Anicet, son défunt fils, qu'il avait souscrit pour l'érection d'une statue du philosophe. Geste assez inattendu chez un banquier privé, par ailleurs très attaché aux valeurs traditionnelles respectées dans son milieu. Au dessert, Laviron se pencha vers Axel, pour ne pas être entendu des autres convives.

— Mon cher enfant, les choses sont maintenant bien engagées. La statue en bronze de Rousseau, œuvre de James Pradier, notre sculpteur genevois installé à Paris, est en cours de fonte, en France, chez Crozatier. Nous la recevrons avant la fin de l'année. Nous la placerons sur l'île aux Barques, regardant vers le lac. C'est Dufour, dont la mère, une fervente admiratrice de Rousseau, a brodé, en 1803, une scène bucolique représentant la résurrection de Jean-Jacques, à Ermenonville[2], qui a proposé cet emplacement.

---

1. Cité par Christine Amsler, dans *les Promenades publiques de Genève de 1680 à 1850*, catalogue de l'exposition organisée à la Maison Tavel, à Genève, en 1993.

2. Une reproduction de cette broderie de Pernette Dufour, qui figure aujourd'hui dans une collection privée, à Genève, accompagne une étude d'André Corboz, constituant, sous le titre *la Refondation de Genève en 1830 (Dufour, Fazy, Rousseau)*, un tiré à part de la revue *Genava*, tome XL, 1992.

On y plantera aussi des peupliers, comme ceux qui entourent le cénotaphe de Rousseau à Ermenonville.

— Mais pourquoi avoir choisi Pradier, qui s'est fait naturaliser français, pour sculpter une statue que son élève préféré, John-Etienne Chaponnière, bon Genevois, eût pu faire tout aussi bien ? Chaponnière vient d'obtenir à Paris une médaille de statuaire, comme M. Barye, le sculpteur des lions et des tigres, qu'apprécie tellement Mme de Béran, observa Anaïs Laviron.

La femme du banquier admirait fort Chaponnière depuis qu'elle avait vu, en 1826, sa *Jeune Grecque pleurant sur le tombeau de Byron*.

— Chaponnière ne sculptera pas Rousseau, chère amie, mais nous allons lui confier la statue de Calvin, qui sera érigée dans deux ans, pour célébrer le tricentenaire de la Réformation[1], dit Pierre-Antoine.

Axel estima que dédier l'île aux Barques à Jean-Jacques Rousseau permettrait, peut-être, de faire oublier à l'Europe libérale que le bourreau de haute justice avait dû, le 17 juin 1762, exécuter la sentence des magistrats genevois et jeter dans les flammes *Du contrat social* et l'*Emile*, livres « téméraires, scandaleux, impies ». Et cela, même si certains calvinistes, opposants farouches à l'érection d'une statue de Rousseau, venaient, plus d'un demi-siècle après la mort de l'auteur, de ressortir des bibliothèques un vieux pamphlet anonyme… que tout le monde savait être de la plume de Jean-Robert Tronchin[2], qui, sous le titre anodin *Lettres écrites à la campagne*, avait tenté de justifier, en 1764, la condamnation du philosophe et de ses œuvres.

Au soir de l'inauguration de l'hôtel des Bergues, après le dîner chez les Laviron, alors que les Métaz se préparaient

1. Jean-Elie, dit John-Etienne Chaponnière, né en 1801, mourut le 18 juin 1835, avant d'avoir pu réaliser ce projet, qui fut finalement abandonné. Il est l'auteur d'un des bas-reliefs de l'arc de triomphe de l'Etoile, à Paris : *la Prise d'Alexandrie par Kléber*, 1834.

2. Né à Genève en 1710, mort à Rolle en 1793. Membre du Grand Conseil de Genève et procureur général au moment de l'autodafé. L'homonyme de ce magistrat, Théodore Tronchin (1709-1781), médecin, est l'inventeur d'une table à écrire à plateau inclinable, qui porte son nom.

à regagner leur appartement à l'hôtel de l'Ecu, Elise porta soudain la main au front, pâlit, poussa un gémissement et, prête à perdre conscience, s'effondra sur un sofa. Anaïs Laviron se précipita et rassura tout de suite Axel et son mari.

— Ce n'est rien, ce n'est rien, s'empressa-t-elle de dire, avant de sonner sa femme de chambre pour réclamer des sels.

Tandis qu'Axel, tout de même un peu inquiet et ne sachant que faire, tapotait doucement la main de son épouse, le visage d'Elise reprit ses couleurs. La jeune femme se redressa et sourit à son mari, s'excusant auprès des Laviron de s'être ainsi donnée en spectacle. Anaïs fit signe à Pierre-Antoine de sortir avec elle et les Métaz se retrouvèrent seuls dans le salon.

— Eh bien ! vous m'avez fait peur. Si un tel malaise se reproduit, vous devrez consulter Vuippens, dit Axel en entourant de son bras les épaules d'Elise.

La jeune femme sourit à nouveau.

— Je consulterai Louis, bien sûr, mais ne vous inquiétez pas : je sais l'origine de ce petit trouble. Cher Axel, vous allez être papa, c'est là toute ma maladie, ajouta-t-elle en laissant aller sa tête sur la poitrine de son mari.

— Ah ! c'est donc cela, soupira Axel, rassuré.

— Vous êtes heureux... au moins ? demanda vivement Elise, déconcertée par le flegme du futur père.

Bien qu'elle sût Axel peu expansif, elle s'attendait tout de même à une démonstration de joie plus évidente, presque à une manifestation de gratitude. Elevée par un père pasteur qui allait répétant que la seule justification du mariage est la procréation de nouveaux chrétiens, elle eût aimé qu'Axel, pour qui l'étreinte amoureuse était un plaisir dont il semblait négliger les prévisibles conséquences, prît maintenant conscience, avec gravité, de sa prochaine paternité.

— Comment ne serais-je pas heureux, chère, très chère Elise. Que peut désirer de plus un homme dans ma situation qu'un enfant de la femme qu'il aime ? Hein, que désirer de plus que votre bonheur d'être mère ? dit-il en l'embrassant.

— J'ai déjà demandé à Dieu de vous envoyer un fils, dit-elle, émue.

— Garçon ou fille, ma chérie, quand cet enfant verra-t-il le jour ?

— En décembre, sans doute avant Noël, si tout va comme cela devrait aller, précisa Elise.

Axel fut dispensé de tout commentaire par la réapparition de Mme Laviron, réjouie et portant un plateau chargé d'un verre, d'un carafon d'eau et d'un flacon de liqueur de mélisse.

— Vous avez donc deviné la cause de cet accès de faiblesse ? demanda Axel en lui prenant le plateau des mains.

— Ce genre de malaise, après le repas, chez une jeune mariée, cher enfant, ne trompe pas une femme qui a été mère. Et puis, vous ne le saviez pas mais ce matin, à l'hôtel des Bergues, pendant les discours, nous nous sommes éclipsées, Elise et moi. La tête lui tournait. Elle m'a alors fait part de son état. Voilà pourquoi, tout à l'heure, je ne me suis pas inquiétée comme vous, heureux homme.

Bien que les Laviron aient offert une chambre aux Métaz, Elise préféra regagner l'hôtel de l'Ecu, où les époux logeaient pendant leurs séjours à Genève.

Près de sa femme, vite endormie, Axel demeura longtemps éveillé. Il ne s'était guère soucié, jusque-là, de l'arrivée d'un enfant. Depuis son mariage, il considérait Elise plus en maîtresse à demeure sous son toit qu'en épouse, le mot ayant pour lui une connotation bonasse et routinière. Au commencement de leur union, il avait eu à vaincre la retenue d'Elise dans les rapports amoureux. Bien qu'informée et dénuée de pruderie, vierge pusillanime dont les sens n'avaient pas encore été éveillés, elle avait, pendant des nuits, retardé par des atermoiements agaçants le complet abandon qu'elle souhaitait offrir tout en le redoutant. Le tact et la tendre patience d'Axel l'avaient enfin conduite au plaisir sans honte, mais subsistait en elle une défiance envers certains raffinements admissibles, qu'elle jugeait cependant peccamineux. Axel avait été initié jeune aux gestes élémentaires de l'amour par Tignasse, l'épicière de La Tour-de-Peilz, femme d'une ardente rusticité. Puis il avait été instruit et affiné par sa maîtresse anglaise, Elizabeth Moore, perverse et exigeante, avant de rencontrer, improvisatrice fantasque et voluptueuse, d'une invention délirante, Adriana la Tsigane, dont l'image et le rire surgissaient parfois d'une manière inopportune de sa mémoire comme si, sorcière défunte, elle entendait contrarier… ou participer à la trop sage étreinte conjugale !

Souvent, au lendemain de ce genre de réminiscences aberrantes, il montait à Belle-Ombre, pour goûter le plaisir égoïste de la solitude, assis sous la tonnelle, face au lac. Un matin où Louis Vuippens, le seul à qui il pût confier ses plus intimes pensées, l'avait rejoint, Axel lui fit confidence d'un trouble qui ressemblait fort à de l'agacement.

— C'est idiot d'en vouloir à une morte dont le souvenir apparaît aussi mal à propos. Car je ne puis me défendre de comparaisons malséantes et dont j'ai honte, Louis, dit-il.

Le médecin marqua un silence, tout en scrutant le visage de son ami. Le regard fixé sur les montagnes de Savoie, Axel s'était adressé au médecin comme à un exorciste.

— L'inconscient nous joue souvent ce genre de tour, Axel. Ce n'est pas l'amie défunte qui se manifeste, tel un fantôme, mais le sentiment, inavoué et inavouable, qui surgit soudain, pour te prouver que le mariage ne t'a pas encore apporté la paix à laquelle tu aspires.

— Adriana était si différente d'Elise, Louis. C'était une tigresse réincarnée en odalisque, combattante et jouisseuse. Femme, terriblement femme par le corps et les sens, mais homme par sa résistance physique et sa pugnacité téméraire. Dépourvue de scrupules, hautaine, rude, parfois grossière, elle n'aurait jamais pu prétendre à être, chez nous, ce que nous appelons une dame, et cependant elle était plus que ça. L'héritière d'une noblesse primitive, sauvage.

— Tandis que ta femme est un pur produit de la société calviniste, pieuse et policée. Elise a été fabriquée, si j'ose dire, dans le moule confortable d'un intérieur de pasteur érudit et aisé. Son territoire moral est limité par des tabous religieux. Elle applique en toutes circonstances les bonnes manières protestantes qu'on lui a enseignées, dit le médecin.

— Et je l'aime ainsi, Louis, dit Axel, ému.

— C'est une belle et bonne épouse, qui va, j'espère, te donner un fils. Mais vois-tu, le calvinisme a fait du désir un péché. Au lieu d'y voir le stimulus de la vie, la force qui porte à la conservation de l'espèce, le calvinisme a jeté l'opprobre sur les rapports amoureux et le plaisir physique, qui n'est que prime à la procréation. C'est en cela qu'au lieu d'exalter la création il la prive, finalement, d'une part d'humanité. Il est bien certain, pour un gaillard comme toi, à qui Chantenoz a enseigné un épicurisme accommodé à sa façon – je l'entends proclamer encore : « Les seuls plaisirs de l'homme sont d'ordre physique » –, qu'Elise ne peut, Dieu merci, se conduire, au lit ou ailleurs, comme ta défunte Tsigane. Cesse de te tourmenter et vois ton bonheur, Axel. Beaucoup te l'envient, moi le premier !

Dès qu'au milieu de l'été, Elise, dont les nausées se calmèrent, commença à prendre de l'embonpoint, la couturière fut convoquée pour lui confectionner des robes plus amples. Alexandra, à qui rien n'échappait, interrogea Pernette.

— Quand une dame est enfle comme ça, c'est qu'elle posera un bébé quand elle aura vu dix lunes. En attendant, elle le porte comme les vaches, dans son ventre. Et puis, un jour, il sort et on fait le baptême, dit la fille du pays d'En-Haut embarrassée.

Informé par la cuisinière, Axel estima qu'Alexandra était en âge de savoir pourquoi et comment venaient au monde les enfants. Il conseilla à Elise de ne pas esquiver le sujet et de donner à sa filleule les explications qu'une mère doit à une fille proche de la puberté.

— Surtout, ne lui racontez pas que les enfants viennent dans les choux ou les courges, sont apportés par les cigognes qui nichent à Avenches, ou sortent un beau matin des brouillards du Rhône. Alexandra en sait déjà suffisamment, à mon avis, pour entendre la vérité.

Ce jour-là Elise prit la fillette à part, au jardin, et s'exécuta avec tact.

— J'ai remarqué, depuis quelque temps, que tu me regardes souvent du coin de l'œil, ma petite.

— J'ai vu que votre ventre a grossi, dit la fillette.

— C'est parce que j'attends un bébé, Alexandra.

— Je sais, marraine. La maman d'Alice était comme vous avant qu'Alice ait deux petits frères d'un coup. On les appelle des jumeaux. Alice m'a dit que les enfants sont dans le ventre de leur maman, comme des petits pois dans leur gousse verte. Souvent, il n'y en a qu'un, mais il peut y en avoir plusieurs. Ils grossissent et quand ils sont assez forts, ils crèvent la gousse et sortent. Alice m'a dit que ça fait très mal à la maman quand le bébé sort, commenta Alexandra avec plus de malice que d'apitoiement.

— Eh bien, c'est une heureuse comparaison, Alexandra. Je n'ai plus grand-chose à t'apprendre, dit Elise, un peu pincée.

La fillette, qui se dandinait d'un pied sur l'autre en ayant l'air de s'intéresser au babillage d'un jeune merleau perché sur un muret, n'entendait pas en rester là.

— Alice et moi, on sait comment les bébés sortent mais on sait pas comment ils entrent, observa-t-elle, timide.

— C'est l'amour du papa et de la maman qui fait les bébés. Tu n'es pas sans savoir que le Bon Dieu a fait l'homme et la femme différents, pourvus d'organes différents et qui, si je puis dire, ainsi, se complètent, Alexandra.

— Je sais, marraine, j'ai vu des garçons se baigner tout nus, à La Tour-de-Peilz. Ils ont comme un robinet pour faire pipi. Alice m'a dit que ça s'appelle bisôle mais qu'il faut pas regarder, qu'ils font un péché en se baignant sans maillot et que ceux qui les regardent font un péché aussi, rapporta Alexandra.

— Bisôle est un mot très vulgaire, un mot de patois de garnement, que tu ne dois pas utiliser, Alexandra. Cet organe des garçons s'appelle sexe mais il vaut mieux ne jamais en parler, n'est-ce pas.

— Bien sûr, marraine, mais Alice m'a dit que ça sert aussi à faire les bébés... c'est dégoûtant !

— Allons, ne t'occupe pas de ces choses pour le moment, ma chérie. Retiens seulement que les bébés sont le fruit de l'amour entre une femme et son époux. Et c'est parce que nous nous aimons très fort, ton parrain et moi, que nous aurons un enfant, si Dieu le veut, avant la fin de l'année. Es-tu contente ?

— Je serai plus contente si c'est un garçon, marraine.

— Eh bien, prie le Bon Dieu, qu'il me fasse la grâce de donner un fils à ton parrain.

Cet été-là fut marqué par une catastrophe naturelle, qui affecta surtout les cantons méridionaux de la Suisse, Grisons, Tessin, Uri et Valais. De très violents orages, suivis de fortes chutes de pluie, ajoutèrent une impressionnante quantité d'eau à celle émanant de la fonte exagérée des glaciers, qui ne résistaient pas à l'été le plus chaud qu'on ait depuis longtemps connu. Au cours de la nuit du 21 au 22 août, la pluie redoubla d'intensité. « Du haut des montagnes se précipitent des quantité d'eau inouïes, ruisseaux, torrents, rivières, fleuves débordent dans les vallées, entraînant des masses de pierres, graviers, terre, arbres déracinés. Des routes sont coupées et même en partie détruites, des maisons effondrées. Une grande quantité de bétail a péri noyée ainsi que quelques hommes et enfants », écrivit un journaliste valaisan, pour qui la vie d'un homme comptait moins que l'existence d'une vache! Car c'est dans le Valais que les eaux avaient fait le plus de ravages, à partir d'Oberwald à l'issue de la vallée supérieure du Rhône. On avait mesuré trente pieds d'eau dans le val d'Anniviers. Les premières estimations laissaient prévoir plus d'un million de francs de dégâts. Aussitôt, le Conseil d'Etat du canton de Vaud décida d'organiser une collecte en faveur des sinistrés. Tous les Veveysans offrirent leur obole. On sut plus tard que les Vaudois, souvent injustement taxés de pingrerie par les Genevois, avaient collecté près de trente mille florins.

Les orages épargnèrent les vignobles de la Côte et de Lavaux. Des ondées complices, alliées à la chaleur, firent bellement gonfler les grains de raisin, ce qui donna, plus tard, une vendange abondante et de qualité.

Samuel Fornaz, jeune intendant du vignoble des Métaz, successeur avisé de Simon Blanchod, put, à la fin des vendanges, annoncer à Axel l'envoi de quarante-cinq chars au pressoir, ce qui constituait une récolte exceptionnelle. Le vigneron, dont tout Vevey savait qu'il s'était fait souffler sa fiancée par le fils d'un notaire de Fribourg, un catholique, proposa d'aller lui-même livrer dans cette ville, à l'hôtel de l'Aigle noir, les derniers tonneaux contenant le vin de la précédente vendange.

— Je partirai demain, avant le ressat, si vous le voulez bien. Car il faut faire de la place dans la cave pour recevoir le vin nouveau, dit-il.

Axel acquiesça, comprenant que le garçon n'avait pas le cœur à participer à une fête où la jeune fille qu'il aimait avait si bien chanté, l'année précédente, l'air fameux du

Devin du village, que connaissaient tous les amoureux. Samuel Fornaz n'irait pas, cette année, danser sous les ormeaux, avec sa belle paysanne de Chardonne. Elle avait rompu leurs fiançailles sans explications.

— Promets-moi, à Fribourg, de ne pas chercher querelle à ton rival. Et rappelle-toi qu'il y a, dans la jalousie, plus d'amour-propre que d'amour[1].

Lors du ressat traditionnel qui rassembla dans la cour de Rive-Reine, autour de la famille et des invités, tous les vendangeurs et vendangeuses, Elise Métaz ne fit qu'une brève apparition, sa grossesse avancée justifiant qu'elle se retirât avant les danses. Son père, le pasteur Henri Delariaz, venu de Berne avec sa femme, ne cacha pas sa satisfaction quand Mme Ribeyre de Béran lui glissa à l'oreille que la jeune Mme Métaz donnerait certainement naissance à une fille parce que le ventre d'Elise semblait appointi et que le bébé, la prégnante le lui avait confirmé, remuait de bas en haut, « comme une demoiselle qui porte ses dentelles de la cave au grenier ! ». Flora se garda bien d'émettre pareil pronostic devant Charlotte et Blaise de Fontsalte qui espéraient un petit-fils au regard vairon. Axel, interrogé par Aricie et Martin Chantenoz sur sa préférence quant au sexe de l'enfant à naître, indiqua, se moquant des indiscrets, que sa femme lui avait promis, comme cadeau de Noël, un garçon... ou une fille !

Mais la plus heureuse de la soirée fut Alexandra. Axel, privé d'épouse mais invité par l'assemblée à lancer le picoulet traditionnel, tendit la main à sa filleule et l'entraîna en tête de la farandole, hors de la grille de Rive-Reine. La mère Chatard, à demi impotente, commère attitrée de la rue du Sauveur, que les Métaz invitaient chaque année au ressat des vendanges, suivit, sourire aux lèvres, l'envolée des danseurs sur les pavés ronds, vers la place du Marché. Comme Pernette, chargée du service avec Lazlo, passait à sa portée, elle la retint par le tablier.

— Comme le temps passe, mon amie ! Cette petite Alexandra, que nous avons vue naître, c'est déjà une vraie petite femme ! Si elle est comme Nadine Ruty, sa défunte

1. La Rochefoucauld.

mère, elle tardera pas à sentir le feu sous sa jupe, ma bonne.

— Tais-y-té batouille ! C'est une gentille gâtionne[1]. Y a que son parrain qui compte, répliqua Pernette en se dégageant.

— Eh ! fit la commère.

1. Tais-toi, mauvaise langue ! C'est une gentille enfant gâtée.

4

Alexandra et son amie Alice, la fille de Me Jacques Chavan, notaire, successeur du défunt Charles Ruty, battirent des mains quand Axel Métaz proposa de les conduire à Châtel-Saint-Denis, pour assister à ce que les Vaudois nomment la désalpe et les Gruériens la bénichon. Le retour des troupeaux qui passent l'été dans les hauts pâturages des Préalpes était l'occasion, chaque année, à la Saint-Denis, d'une fête champêtre dont tiraient profit les cabaretiers et les aubergistes du district de la Veveyse. Entré dans le canton catholique de Fribourg en 1536, quand Leurs Excellences de Berne avaient imposé la Réforme au canton de Vaud, Châtel-Saint-Denis, gros bourg cossu, serré autour des ruines de son château du XIIIe siècle, recevait, à l'occasion de la désalpe, quantité de curieux venus des environs et, même, des voyageurs anglais, depuis peu appelés touristes.

— N'oubliez pas de prendre vos carnets de croquis et vos crayons de couleur, car vous verrez de près la reine des vaches couronnée de fleurs, les armaillis[1] et les bovairons[2], dit Axel aux fillettes, au moment de faire atteler son cabriolet.

1. Nom donné aux bouviers.
2. Petits bergers des alpages.

Une grossesse avancée interdisait à Elise un parcours de près de cinq lieues en voiture. C'est donc seul avec Alexandra et Alice qu'Axel prit, au petit matin du 9 octobre 1834, jour de la Saint-Denis, le chemin de Châtel. Dans le Moyen pays et la Gruyère, l'automne est souvent, comme au bord du Léman, une saison lumineuse. Après le raidillon conduisant de Vevey à Saint-Légier, la route, empierrée, parallèle au cours de la Veveyse, montait, au pied des monts de Corsier, entre les prairies, seuil mamelonné des Préalpes vaudoises. Les fillettes, maintenant bien éveillées, ne cessaient de s'ébaubir d'un décor montagnard d'où le lac familier était absent. Tout leur paraissait différent, les gens et les maisons. Sous leur toit à pans coupés et pignons à auvents, de grandes fermes, aux murs de planches sur soubassement de molasse, semblaient coiffées de barques retournées, carènes en l'air. Au passage du cabriolet, les chiens, abandonnant la garde des troupeaux ou jaillissant des cours, se lançaient en aboyant à la poursuite de la voiture. Axel les éloignait des jambes du vieux Ténèbre qui, apeuré, dressait les oreilles et fouettait rageusement de la queue. Quand l'équipage veveysan croisait un char de paysan, une chaise de poste, un cavalier pressé ou un colporteur marchant bon pas, Alice et Alexandra se dressaient et, de leur voix fluette, lançaient des saluts et des souhaits de bon voyage, comme si ces inconnus étaient en route pour les Amériques. En cette contrée catholique, la rencontre d'un curé en robe noire et chapeau plat déclenchait leur rire. Elles s'étonnaient de ne point voir de vignes, poussaient des exclamations devant les meules de gruyère empilées sur un char et refusaient de croire qu'il s'agissait de fromage, comme l'affirmait Axel. Puis, lasses et le feu aux joues, elles adoptaient des poses de princesses en promenade, se prenaient la main et demandaient toutes les trois minutes si on arrivait bientôt.

Après un dernier lacet, le cabriolet déboucha dans la rue principale de Châtel-Saint-Denis, achalandée comme un matin de foire. Bien qu'on fût un jour de semaine, les gens s'étaient endimanchés pour faire honneur à ceux qui revenaient dans leur village, après plus de quatre mois passés dans la montagne, seuls avec les bêtes. Partis dès le

15 mai, date de la poya ou du remuage[1], les troupeaux étaient montés parfois jusqu'à mille huit cents mètres dans les à-premiers[2], où se trouvaient les chalets des bouviers. Dès fin août, ils avaient amorcé leur descente vers le Moyen pays, passant d'un pâturage à l'autre, pour venir brouter, au bas des pentes, le troisième regain des prés fauchés au cours de l'été. Aux premières neiges, les laitières retrouveraient, pour un long hivernage, la tiédeur des étables, sous les granges pleines de fourrage odorant.

— Ne vous approchez pas des bêtes, car toute cette agitation sur leur passage peut les affoler et les rendre mauvaises, dit Axel en posant à terre ses deux passagères, prêtes à se faufiler à travers les curieux pour être au premier rang des spectateurs.

Déjà, une grande sonnaille de cloches et de toupins[3] annonçait l'approche des troupeaux, rassemblés par les bovairons et les propriétaires, à distance du bourg.

— Si vous me perdez de vue, nous nous retrouverons devant la fontaine, sur la place. Nous irons dîner à l'auberge, cria Axel aux fillettes.

Bientôt apparut la reine des vaches, une pure et grasse simmental, dont la robe lustrée, d'un jaune rosé, les pis lourds et ballants, indiquaient la bonne laitière. Les cornes enrubannées et parées de fleurs, elle allait seule, en tête du cortège, indifférente aux clameurs, le mufle humide, mélancolique et dodelinant de la tête. Après avoir connu les grands espaces, l'air frais des cimes, les gras herbages alpestres, peut-être n'acceptait-elle pas sans regret la perspective de l'enfermement et de l'immobilité, dans l'étable proche.

Les armaillis, héros du jour, portaient sur leur chemisette blanche ou grise le bredzon bleu sombre, à manches courtes, soutaché de rouge, parfois brodé d'edelweiss de laine blanche, la culotte de velours côtelé bleu et les bas blancs. Ils avaient graissé au suif et fait reluire la boucle d'argent de leurs souliers cloutés. On remarquait sur le

1. La montée à l'alpage.

2. Premiers prés, gras ou maigres, que montent brouter les troupeaux, au-dessus de mille deux cents mètres.

3. Grosse cloche d'acier, au son grave, portée par la vache qui conduit un troupeau.

fond des brotsés, seillons à traire, qu'exhibaient quelques-uns d'entre eux, l'anse passée sur l'épaule gauche, les motifs gravés au couteau les soirs où, dans la montagne, se faisait plus pesante la solitude. Tous avaient coiffé la capette, calotte de paille ronde, galonnée de velours noir à liséré rouge, surmontée d'un toupet de laine, que les filles délurées pourraient effleurer, en échange d'un baiser, afin de rencontrer un amoureux avant la prochaine poya ! Plus que les tape-seillons, boisseliers ambulants, d'âge mûr et moins alertes, ou les fromagers, qui brandissaient tel un sceptre le débatiau[1], poli par l'usage, les armaillis allaient, gaillards, la besace au côté, d'une allure dégagée. Hâlés, musculeux, fiers, parfois barbus, saluant parents et amis, certains guettaient l'apparition, au seuil d'une maison ou à une fenêtre, de la bonne amie ou de la promise, dont ils espéraient ne pas avoir été oubliés. Les jeunes bovairons, aiguillon sur l'épaule, cœur libre, gais lurons, facétieux et charmeurs, comptaient, eux, sur le toupet de leur capette pour apprivoiser et conquérir celle qui, lors des bals d'hiver, serait leur cavalière et peut-être un peu plus !

Mais le jeu ambigu des désirs longtemps contenus et des sentiments inexprimés que libérait la désalpe échappait heureusement à Alice Chavan et à Alexandra Ruty. Les fillettes ne voyaient que la parade champêtre colorée et sonore : les belles vaches empanachées, cravatées de rimos, larges colliers décorés de motifs multicolores auxquels étaient suspendues les grosses cloches d'acier ou de bronze dont le tintement s'entendait à une lieue, les chaudrons de cuivre ventrus, d'une contenance de cinq cents litres de lait, astiqués et basculés sur les chars, qui prenaient au soleil des reflets d'or, les bizarres planches à mancherons, nommées oiseaux, nécessaires pour porter à dos d'homme les meules de fromage cuites dans les chalets, les cuillères à crème au long manche sculpté par les patients laitiers, les chiens, consciencieux serre-files qui, chargés de maintenir un semblant d'ordre dans ce défilé bovin, mordillaient au talon les bêtes prêtes à obliquer vers un abreuvoir.

---

1. Instrument constitué par un long manche pourvu à sa base d'ailettes en fil de fer, comme un fouet de cuisinier, et servant à malaxer le lait en cours de coagulation pendant la cuisson du gruyère.

Déjà coquettes, Alexandra et son amie commentaient les toilettes des jeunes paysannes. La plupart portaient une longue jupe de coton bleu rayé de rouge, un corsage blanc à manches bouffantes, assez décolleté pour que le petit corselet de velours noir au laçage serré exhaussât les seins, dont les moins frileuses, car l'automne était frais, ne cherchaient pas à dissimuler les rondeurs sous le châle que les mères avaient déjà sorti des armoires. Coiffées du bonnet de laine bleu qui annonçait les froidures de l'hiver, ou encore chapeautées de paille sur un fin bonnet de toile blanche à ailes tuyautées, coiffure de l'été, elles allaient par deux ou trois, papotant et riant, jetant des regards de sainte-nitouche aux garçons.

Quand les armaillis, chanteurs reconnus, se rassemblèrent sur la place, près de la fontaine, les cors des Alpes firent entendre leur profond mugissement. Un silence quasi religieux, troublé par la seule sonnaille des vaches remuantes, succéda soudain au brouhaha de la fête. Tout le bourg attendait ce prélude aux célébrations intimes et familiales de la désalpe. Quand jaillit des fortes poitrines des armaillis l'hymne des montagnards, le fameux *Ranz des vaches*, dont l'audition avait si fort impressionné James Fenimore Cooper en 1828, tous les cœurs se mirent à battre plus vite et l'on vit des larmes d'émotion aux yeux des femmes.

Même Alexandra et Alice se turent, saisies par l'ampleur et la majesté de ce choral à la gloire des troupeaux et de leurs pasteurs.

— C'est beau, que c'est beau ! dit Alexandra, prête à reprendre le refrain.

— On dit chez nous qu'on le chante depuis 1545, mademoiselle. C'est la chanson des armaillis de la Gruyère, dit un vieil homme qui avait entendu la réflexion de la fillette.

— C'est beau mais ça donne presque envie de pleurer. C'est doux et triste, remarqua encore Alexandra.

— C'est bien vrai ! C'est si vrai, mademoiselle, qu'autrefois les princes interdisaient aux soldats suisses, qu'ils employaient pour faire leurs guerres, de chanter cet air les veilles de bataille.

— Ils pensaient en effet que le *Ranz des vaches* provoquait chez les Suisses le mal du pays et les poussait à déserter pour rentrer chez eux, compléta Axel.

— C'est même de l'effet provoqué chez nos mercenaires par ce chant, dit-on, que serait venu le mot nostalgie, inventé par un médecin suisse, le docteur Hofer, en 1678. Il avait si souvent constaté les effets du *Ranz des vaches* chez les Suisses passés au service des étrangers pour gagner leur vie, qu'il y vit une sorte de maladie du sentiment, expliqua le vieil homme.

Puis il ajouta, se tournant vers Axel :

— Vous avez là, monsieur, une jolie fillette, bien éveillée, bien sensible aussi, et qui ne demande qu'à s'instruire, dit l'homme avant de s'éloigner, non sans s'être présenté comme régent[1] de l'école paroissiale.

Pendant le repas – pommes de terre trempées dans du fromage fondu et crème sucrée – que l'on prit à l'auberge, au milieu de paysans bruyants, Alexandra et Alice exhibèrent leurs carnets de croquis. Elles s'appliquèrent à compléter et à colorier les esquisses maladroites prises sur le vif pendant le défilé des bêtes. Axel apprécia le sens aigu de l'observation de sa filleule, dont les vaches montraient des mufles roses, des yeux marron cernés de bistre, des pis gonflés telles des outres. Rien ne manquait, ni le mouvement ni les guirlandes de fleurs étalées sur le frontal des laitières, ni même la bave argentée qu'on avait vue aux babines des bêtes fatiguées. Alice s'était plutôt intéressée aux armaillis et aux bovairons, qu'elle avait campés d'un crayon de caricaturiste.

Pendant le trajet du retour vers Vevey, les fillettes, enivrées par l'air vif de la montagne, s'endormirent, Alexandra la tête dodelinant sur la cuisse de son parrain, Alice blottie contre sa compagne. En débarquant dans la cour de Rive-Reine à la nuit tombée, la petite Chavan, que sa mère attendait en compagnie d'Elise, résuma la journée d'une phrase :

— On s'est bien amusées… et maintenant, j'ai plus peur des vaches !

Les dernières semaines de grossesse conféraient à Elise Métaz de Fontsalte – elle aimait user du nom complet

1. Instituteur.

d'Axel et encourageait ce dernier à le faire – une sorte d'opulente majesté. Cambrée, le menton haut, le regard lointain, elle portait son ventre avec une sorte d'ostentation et une évidente fierté. A la voir marcher à pas comptés au cours de la petite promenade que lui imposait, chaque jour, le docteur Vuippens, dérangé vingt fois la semaine pour une crampe soudaine, une infime flatulence, l'absence de mouvement pendant une heure de l'embryon, Chantenoz comparait Elise à une Catherine de Médicis portant, à la fois, les trois rois[1] qu'elle avait donnés à la France ! Vêtue de robes adaptées à son état, Elise accordait beaucoup de soins à sa toilette et à sa coiffure. Jamais ses cheveux bruns n'avaient été aussi souples, aussi longs et brillants, sa peau plus blanche, ses mains plus soignées. Dès confirmation de son état par Vuippens, elle avait demandé à faire chambre à part, réduisant ainsi un peu prématurément Axel à une continence qu'il se fût lui-même imposée le moment venu. Elise avait justifié cet isolement par souci, disait-elle, du confort de son mari.

— Vous travaillez beaucoup, vous devez donc prendre un repos régulier et complet. Vous ne devez pas souffrir et devez même ignorer les petits troubles nocturnes inhérents à mon état. Ils interrompent parfois mon sommeil et je ne voudrais pas que le vôtre en fût gêné.

Comme Axel allait évoquer, avec l'humour un peu acide qu'il tenait de son mentor, la part de responsabilité qui lui revenait, elle avait ajouté avec un sourire :

— Je ne vous en aime pas moins, au contraire.

La fermentation du vin nouveau devant se prolonger jusqu'à la seconde quinzaine de novembre et Samuel Fornaz étant attentif à la température des chais qui ne devait pas descendre au-dessous de treize degrés, Axel Métaz pouvait consacrer tout son temps aux affaires. Il possédait la plus importante flotte lacustre du district : quatre grandes barques, la *Charlotte*, la *Juliane*, la *Veveyse*, la *Lisa*, auxquelles il fallait ajouter l'*Etoile filante*, la vieille barque de Guillaume Métaz, et deux cochères, la *Rapide* et la *Pru-*

1. François II, Charles IX, Henri III.

dente. Les bateaux Métaz livraient non seulement les pierres, indispensables aux chantiers de Genève, Nyon, Morges et Lausanne, mais aussi les bois de construction qu'il fallait charger à Villeneuve, les vins, les fromages et tous les produits de la terre, de l'industrie naissante et de l'artisanat, rassemblés à Vevey, premier centre commercial du canton. Régis Valeyres, homme de confiance, secondait Axel avec efficacité, tenait les comptes, réglait la rotation des bateaux, surveillait l'exploitation des carrières de Meillerie, de Grandvaux, d'Agiez et de Montcherand, d'où l'on tirait pierres taillées, grès, calcaire et tuf.

Axel avait décidé de consacrer les dividendes de ses participations financières dans les bateaux à vapeur *Winkelried* et *Léman* à la construction d'un yacht rapide. En sacrifiant à une mode lancée depuis peu par les riches familles genevoises, il se doterait d'un voilier moderne et confortable qui lui permettrait de naviguer pour son plaisir. Depuis des semaines, il fignolait les plans avec le vieux bacouni qui l'avait initié à la navigation sur le Léman, Pierre Valeyres, grand-père de Régis. Sans le soumettre à quiconque, même pas à Elise, Axel avait déjà choisi le nom de son yacht : *Ugo*, en souvenir de son ami vénitien, le comte Ugo Malorsi. Cependant, Axel devrait attendre, pour ordonner la construction de son bateau, que fût achevée une cochère commandée par un transporteur lausannois. Car le chantier Métaz et Rudmeyer, dont il avait tenu à maintenir la raison sociale, ne manquait jamais de commandes.

Chaque mois, Axel portait à son banquier et ami genevois, Pierre Antoine Laviron, la recette de ses entreprises, à laquelle s'ajoutaient les sommes produites par les ventes de vin, d'huile lampante – extraite du colza récolté sur ses terres d'Hauterive –, les loyers de ses entrepôts de l'Aile et du grenier à grains du bourg aux Favre, construit par Guillaume lors de la famine de 1817.

— Mon cher enfant, vous êtes aujourd'hui un entrepreneur riche, disait Laviron avant de proposer des placements dans les chemins de fer anglais ou français en regrettant les tergiversations des gouvernements cantonaux, qui ne savaient s'il convenait ou non de construire, en Suisse, des voies ferrées.

De toutes ses possessions, le vignoble restait, pour Axel, le plus authentique, le plus précieux des biens. Belle-Ombre, la vigne de sa mère, la mieux située, la plus belle, la plus généreuse, une des plus vastes de la commune de Chexbres, couvrait deux cent cinquante toises, soit une demi-pose ou un quart d'hectare. Avec les vignes des Paluds et la Grand'vigne, en tout cinq poses et six cents toises, le vignoble Métaz couvrait au total près de trois hectares, ce qui faisait d'Axel un des plus gros vignerons de Lavaux.

Pour les Vaudois, la vraie richesse, comme la véritable noblesse, vient de la terre. La discipline exigée par les travaux saisonniers, qui en assurent et stimulent la fécondité, constitue une règle de vie ancestrale. Et puis, du vignoble émane une poésie élémentaire, mystique, masquée, que le vigneron le moins sensible ressent mais dont tous dissimulent l'expression, autant par respect humain que par orgueil. Car le premier précepte de la morale vaudoise est de ne pas chercher à se distinguer des autres, alors que chacun estime, en son for intérieur, qu'il mériterait de l'être ! Les Vaudois sont des Latins, dont la rigueur calviniste a bridé l'exubérance et le lyrisme. Mais qu'on fournisse à ce peuple, au sens civique développé, le prétexte d'une célébration patriotique ou d'une fête pastorale et il libère sa nature débonnaire, sa joie de vivre.

Ceux qui, tel Axel Métaz, avaient succombé, un temps, à des passions furieuses, éprouvaient en rentrant dans le rang un rare bonheur de conscience. Rasséréné par son mariage avec Elise et la perspective d'une proche paternité, Axel se faisait un délice secret de ses nostalgies interdites et revenait à ses enclos de mémoire comme le pèlerin superstitieux retourne à l'oratoire ignoré auquel il attribue une occulte puissance.

Naviguer seul sur le lac, chasser le chamois en Valais avec Blaise et Louis Vuippens, entendre un concert ou assister, avec Elise élégamment parée, à une représentation théâtrale à Genève, Lausanne, même Vevey, où se produisaient maintenant des troupes de passage, participer aux exercices de tir des carabiniers veveysans, étaient pour Axel des distractions courantes, auxquelles s'ajoutaient des occasions inattendues d'escapades. C'est ainsi qu'il accompagna sa mère et Blaise de Fontsalte à Fribourg, le dimanche 19 octobre, pour assister à l'inauguration du pont en fil de fer de Zaehringen, réputé le plus long pont suspendu du monde, nouvel orgueil des Fribourgeois.

Lancé au-dessus de la profonde et large crevasse où coule la Sarine, cet ouvrage constituait un exploit technique inédit, qui attirait, depuis le commencement des travaux, en 1832, des ingénieurs de tous les pays d'Europe. Les aubergistes, les restaurateurs et les commerçants y voyaient, eux, une attraction profitable car, déjà, les touristes étrangers intégraient cette curiosité dans leur tour de Suisse.

La vue, et surtout la traversée à pied de cet ouvrage, dû à l'ingénieur français Joseph Chaley, impressionna les Veveysans. Prenant appui, d'une part, côté ville, sur le bord des falaises abruptes qui protégeaient la cité médiévale des Zaehringen, devenue le quartier animé de Bourg, d'autre part, côté Gottéron, sur la pente du nouveau quartier du Schönberg, le pont, d'une longueur de deux cent quarante-six mètres, dominait de cinquante et un mètres le cours de la Sarine. Son tablier était supporté par six câbles, composés chacun de mille cinquante-six fils de trois cent soixante-quatorze mètres de long, qui ne formaient qu'un seul arc renversé et s'encastraient profondément dans les puits d'amarre où ils étaient assujettis par cent vingt-huit ancres à des blocs de pierre[1].

Charlotte et son mari figuraient parmi les invités officiels car Mme de Fontsalte, née Rudmeyer, avait pris la succession de sa défunte mère, catholique militante, dans les œuvres diocésaines. Elle était aussi bienfaitrice de l'Association ecclésiastique, récemment constituée, avec pour objectif de soutenir l'action des prêtres qui désiraient « se maintenir dans l'esprit de leur état, dans l'amour de l'étude des sciences sacrées et profanes, se communiquer leur expérience dans le saint ministère, ainsi que les nouvelles du jour qui peuvent avoir rapport à la religion, à la morale publique et à l'instruction des peuples[2] ».

---

1. Cet ouvrage a été remplacé, au même endroit, en 1924, par un ouvrage en ciment armé, reposant sur sept arches de trente mètres.

2. Cité par Francis Python dans son ouvrage *Mgr Etienne Marilley et son clergé à Fribourg au temps du Sonderbund. 1846-1856*, Editions universitaires, Fribourg, Suisse, 1987.

Fribourg, catholique et bilingue depuis des siècles, avait résisté à l'invasion de la Réforme. Devenue siège épiscopal, la belle cité enlacée par la Sarine apparaissait, aux yeux des protestants, comme la capitale suisse du catholicisme, la rivale de Genève, la Rome protestante de Calvin. L'évêque résident, Mgr Tobie Yenni, fils d'un agriculteur de Morlon, avait, en effet, autorité sur les diocèses de Fribourg, Genève et Lausanne, ce qui ne plaisait guère à l'irascible abbé Vuarin, curé de Genève, qui eût préféré la tutelle de l'évêque de Chambéry.

L'inauguration du pont fut annoncée, dès le matin, par vingt-deux coups de canon – un par canton – tirés de la route de Schönberg. Toutes les cloches, et Fribourg en compte des centaines, se mirent en branle en même temps, pour composer un carillon assourdissant, dont l'écho, rebondissant de colline en colline, multipliait les modulations d'airain. Il s'agissait de prévenir la population de l'arrivée, à l'entrée du pont, de monseigneur l'évêque. Le prélat, coiffé de la mitre et crosse en main, descendit la rue des Bouchers, accompagné du clergé fribourgeois, surplis volant au vent, et s'avança seul de quelques pas sur le pont. Le brouhaha de la foule cessa soudain et c'est devant une population recueillie que l'évêque bénit, d'un geste ample, l'audacieuse construction.

— Pourvu que cette bénédiction soit efficace, dit Charlotte, émue par la fragilité apparente des câbles, au moment où elle fut conviée, comme les mille huit cents invités, à emboîter le pas aux autorités qui ouvraient la marche pour la traversée inaugurale.

— Soyez sans crainte, madame, lança un jeune mécanicien de l'équipe Chaley qui avait entendu la réflexion de Mme de Fontsalte.

— J'ai la sensation qu'il vibre, qu'il fléchit, qu'il se balance sous nos pieds, reprit Charlotte, apeurée, en serrant plus fort les bras de Blaise et d'Axel qui l'encadraient.

— Ce fléchissement que vous croyez percevoir est prévu, il a été calculé, reprit le jeune homme. Le pont a été éprouvé le 15 octobre, madame. Quatorze canons, traînés par trente-huit chevaux, divisés en deux groupes, allant à la rencontre l'un de l'autre, l'ont traversé en se croisant au milieu de l'ouvrage. Eh bien, pendant le passage des attelages, une charge évaluée à mille deux cents quintaux, nous n'avons constaté qu'une faible et normale oscillation du tablier. Les câbles n'eurent pas un fil rompu, madame, conclut le jeune mécanicien avec fierté.

En revenant d'un pas plus léger vers la ville, pour assister au banquet officiel offert par le gouvernement fribourgeois à l'ingénieur Joseph Chaley, à son contremaître M. Laforge, aux maîtres et ouvriers qui avaient construit le pont et aux invités de marque, dont l'ambassadeur de France venu de Berne, Charlotte fit observer qu'au milieu des oriflammes aux armes colorées des cantons qui décoraient les rues, le blason de Fribourg paraissait bien austère.

— Ce blanc et ce noir font demi-deuil, ne trouvez-vous pas ? dit-elle, redevenue badine depuis qu'elle marchait à nouveau sur la terre ferme.

— L'écu fribourgeois n'est pas blanc et noir, Dorette. Un héraldiste dirait : « coupé de sable et d'argent »... c'est tout de même mieux que blanc et noir, non ? lui glissa Blaise qui savait l'art du blason.

Au cours du banquet, auquel assistaient les actionnaires de la Société du pont, les Fontsalte apprirent que Joseph Chaley et son équipe s'en iraient bientôt construire un autre pont dans le Valais.

Un bal paré, ouvert aux étrangers, devait clore les festivités. Axel admira combien sa mère et Blaise avaient l'air heureux de valser ensemble. La Veveysanne, malgré les rondeurs de l'âge, conservait grâce et souplesse. Peu de rides, peau veloutée, cheveux blond-blanc rassemblés en un chignon retenu sur la nuque par une pince ornée de diamants, bras potelés et pieds fins, dont elle tirait vanité, conféraient à cette femme de cinquante-trois ans une maturité attrayante. Au contraire de ces ex-jolies femmes qui tentent de restaurer, par artifice, leur défunte séduction, Charlotte, intelligente, enjouée, sobre et frugale par crainte d'embonpoint, savait choisir les toilettes qui mettaient sa personne en valeur et faisaient dire aux hommes, la trouvant encore désirable, leur regret de ne l'avoir pas rencontrée plus tôt. Le général Fontsalte, le chef couvert de copeaux d'argent, traits fermes quoique burinés aux vents des batailles, dont la carrure, le ventre plat, la jambe longue et la taille étroite – il affirmait pouvoir encore passer son premier uniforme de lieutenant –

attiraient souvent les regards des filles délurées, formait avec sa femme, qu'il dominait d'une tête, un couple élégant et racé. L'aisance et l'harmonie naturelles de leurs mouvements se remarquaient au milieu des gesticulations des danseurs alourdis par un repas copieusement arrosé, qui sautillaient à contretemps en étreignant à plein bras leurs cavalières, maquillées comme des poupées de *tea-cosy* et dont on devinait qu'elles ne chaussaient pas souvent des souliers fins! Axel se plaisait à suivre du regard les évolutions des deux êtres qui, maintenant, lui étaient également chers, quand une voix fluette le fit sursauter.

— Puis-je me permettre, monsieur Métaz, de vous présenter mon mari?

Se retournant, Axel reconnut Marthe Jaquier, l'ex-fiancée de Samuel Fornaz, le contremaître de son vignoble. Elle était accompagnée d'un beau gaillard, au teint coloré, au regard vif et intelligent, qui portait l'uniforme de la milice fribourgeoise et des galons de sous-lieutenant.

— Maître Pierre Andret, notaire. Nous sommes mariés depuis un mois, dit la jeune femme, radieuse.

— Notaire ou militaire? demanda Axel avec le sourire en serrant la main franchement tendue.

— Ma compagnie de carabiniers était de piquet pour assurer le service lors de l'inauguration du pont, monsieur, ce qui explique ma tenue.

— Elle vous va fort bien et je vous fais aussi mes compliments pour avoir choisi de marier une belle Vaudoise. Nous regrettons cependant de n'avoir pas su la garder chez nous, dit Axel en fixant Marthe, la petite paysanne de Chardonne, épouse agréablement parée d'un jeune notable fribourgeois.

L'officier ayant été appelé à l'entrée du bal où un ivrogne causait du scandale, Axel Métaz se trouva seul avec Marthe. Celle-ci profita du tête-à-tête imprévu pour se plaindre des agissements de Samuel, son ancien galant.

— Quand il a su que j'avais épousé le fils Andret, il est venu bouëler[1] sous nos fenêtres, criant que j'avais été enlevée par un papiste mais que les choses n'en resteraient pas là. Deux camarades de mon mari qui se trouvaient chez

1. Crier très fort, brailler.

nous auraient bien semotté ce bobet[1] si j'avais pas été là. Ils se sont contentés de le gruler et de lui faire ouze[2]. Mais il a juré ses grands dieux qu'il reviendrait, qu'il allumerait lui-même les flammes de l'enfer pour me punir de m'être faite catholique. J'ai peur qu'il mette le feu à notre maison, monsieur Métaz. Vous pouvez pas lui faire entendre raison ? Après tout, nous n'avions fait de fiançailles que de bouche, entre nous. Et plus le temps avançait et moins je supportais ses manières de paysan ! C'était pas un garçon pour moi, ça non !

Axel se tut. L'ambitieuse Marthe avait été éblouie par la fortune des Andret, notaires de père en fils depuis le XVIIe siècle, et le jeune tabellion s'était entiché de la belle Vaudoise. Marthe, évaluant le bon parti, n'avait pas hésité à rompre avec Samuel, le vigneron qui la tenait pour sa promise depuis deux ans. Axel, confident du répudié, savait à quoi s'en tenir.

— Comprends, Marthe, la déception de Samuel. Quoi que tu dises maintenant, vous m'aviez annoncé vos fiançailles lors du ressat de la vendange de 1833, quand tu as si bien chanté l'air du *Devin du village*.

— Mais on les a pas faites, monsieur, les fiançailles ! Et mes parents ont préféré me voir épouser Andret plutôt que Fornaz. Samuel c'est un criseux[3], dit ma mère. Mais maintenant, je suis madame Andret, et ça, ni Samuel ni personne d'autre peut pas aller contre !

La conversation fut interrompue par le retour du mari. Axel n'eut que le temps de promettre à Marthe qu'il tenterait de raisonner Samuel.

Le lendemain matin, avant que le trio ne quitte Fribourg, Charlotte tint à montrer à Blaise et à son fils, près de la maison de ville, le gros tilleul légendaire que les Fribourgeois vénéraient comme une relique. Le vieil arbre, dont quatre colonnes de pierre, dressées par Johann Paulus Nader en 1761, soutenaient les branches basses, abritait un banc circulaire sur lequel les vieux venaient s'asseoir pour deviser. D'après Charlotte qui tenait l'histoire de ses

1. Ecrasé ce nigaud.
2. Ils se sont contentés de le secouer et de lui crier va-t'en.
3. Qui perd facilement le contrôle de ses nerfs.

grands-parents, cet arbre au tronc creux, de plus de quatre mètres de circonférence, restait un symbole vivant du patriotisme helvétique.

— Au lendemain de la bataille du 22 juin 1476, qui vit les Confédérés mettre en déroute l'armée de Charles le Téméraire, un jeune combattant fribourgeois courut d'une traite, de Morat à Fribourg, pour annoncer la bonne nouvelle. Le garçon n'eut que le temps de crier victoire avant de tomber, ici même, mort d'épuisement. Les témoins plantèrent la branche de tilleul que le garçon tenait en main et ce bel arbre, qui défie le temps, en sortit[1].

— C'est l'histoire du coureur de Marathon, version fribourgeoise, Dorette, observa le général en souriant.

— Mais il n'y a que cinq lieues de Morat à Fribourg. Le Grec était donc meilleur athlète que le Fribourgeois puisque, près de cinq cents ans avant Jésus-Christ, il parcourut double distance avant de mourir sur le pavé d'Athènes en criant lui aussi victoire, compléta Axel, un tantinet ironique.

— Le Grec, lui, n'a pas laissé de tilleul, pff! répliqua Charlotte, agacée par l'incrédulité qu'elle percevait chez son mari et son fils.

Tous deux l'embrassèrent en riant et Blaise préleva trois feuilles à l'arbre légendaire qu'il offrit en s'inclinant à sa femme. Mme de Fontsalte s'empressa de les glisser dans son missel : elles lui rappelleraient à chaque messe les bons moments passés à Fribourg avec les deux hommes qu'elle aimait le plus au monde.

Chaque automne, avant que les sommets du Valais ne se coiffent de neige et que l'hospice du Grand-Saint-Bernard ne devienne inaccessible, en voiture ou à cheval, jusqu'au printemps suivant, Blaise de Fontsalte montait visiter le tombeau du général Desaix et remettre au prieur le produit d'une collecte bonapartiste. Car les survivants de l'armée d'Italie se cotisaient, ponctuels et généreux, pour manifester, au fil des ans,

1. Ce tilleul, qui existait encore en 1981, a été, depuis, victime d'un accident de la circulation. Heurté par un camion, il se délita et a été remplacé par un entrelacs de poutrelles métalliques, qui, d'après ses promoteurs, serait une œuvre d'art contemporain !

leur reconnaissance envers les moines qui les avaient réconfortés lors du franchissement historique du col du Grand-Saint-Bernard et qui, dans le silence glacé de leur refuge alpin, veillaient sur les restes du héros tombé à Marengo, le 14 juin 1800. Bonaparte avait dit, en apprenant par Savary la mort de Desaix : « Je veux qu'il ait les Alpes pour piédestal et les moines du Saint-Bernard comme gardiens. » Les anciens de l'Empire veillaient au respect de cette volonté.

Cette année-là, Axel Métaz et Louis Vuippens décidèrent d'accompagner Blaise. Ayant quitté Vevey à l'aube, à bord de la *Charlotte*, la vieille barque des Métaz, ils gagnèrent Villeneuve par le lac. De là, dans une berline de louage, ils remontèrent la plaine du Rhône puis, passé Aigle, Saint-Maurice et Martigny, prirent la route sinueuse et rude du Grand-Saint-Bernard. En passant à Liddes, ils apprirent par les villageois la présence, entre le mont Rogneu et le Combin, de quelques hardes de petits rouges des sommets, chamois qu'ils préféraient traquer entre tous. Ils se promirent de belles parties de chasse avant les grands froids.

Les voyageurs poussèrent jusqu'à Saint-Pierre, où ils arrivèrent à la tombée de la nuit. Blaise de Fontsalte, pèlerin organisé, faisait toujours étape à l'auberge où le Premier consul s'était restauré le 20 mai 1800. Depuis ce temps, les tenanciers exploitaient l'événement. Suspendue à une potence de fer forgé, une enseigne de tôle peinte se balançait en grinçant, comme pour mieux attirer l'attention des passants, et invitait *Au déjeuner de Napoléon*. D'après l'aubergiste, les touristes anglais étaient les plus nombreux et les plus curieux du passé du génie que leur gouvernement avait exilé, jusqu'à sa mort, à Sainte-Hélène. Ils se disputaient l'honneur de s'asseoir dans le fauteuil à oreillettes qu'une servante de quinze ans affirmait être celui occupé, autrefois, par le Premier consul. Serrés autour de la petite table sur laquelle, assurait encore la paysanne, sa défunte mère avait servi le repas du futur empereur, les visiteurs réclamaient le menu jadis préparé pour Bonaparte : des œufs brouillés et du fromage. Allègres et recueillis mais ignorant que l'ogre corse ne buvait alors que de l'eau, ils vidaient, conseillés par la servante, quelques pichets d'yvorne d'un meilleur rapport pour l'aubergiste.

— Hier encore, des Anglais, descendant de l'hospice du Grand-Saint-Bernard, se sont mesurés à la marche, pendant sept heures et dans une affreuse bourrasque, avec deux Français chargés, l'un et l'autre, d'un sac à dos et d'un attirail de peintre, raconta le tenancier.

— Messieurs les artistes voulaient venger la défaite de Waterloo en prenant de vitesse les Anglais pour arriver ici avant eux et poser sur le siège de Bonaparte des fesses françaises, ajouta sa femme en riant.

Comme Fontsalte questionnait le tenancier sur ces peintres patriotes, les deux hommes apparurent dans la salle commune. Ils avaient passé la journée à prendre des croquis des vieux mazots de mélèze violacé par les intempéries. Les présentations furent aisées et les Vaudois découvrirent ainsi qu'ils se trouvaient en présence d'un des plus fameux paysagistes français, Théodore Rousseau[1], et de son camarade Alcide Joseph Lorentz[2], peintre paysagiste et militaire, auteur notamment d'une toile représentant *Napoléon Ier passant une revue des troupes sur la place du Carrousel*[3].

Si Lorentz paraissait encore ignoré de la critique, Théodore Rousseau, vingt-deux ans, solide barbu au cou de taureau, plus réservé que son ami, d'un an son cadet, faisait déjà figure de maître en romantisme. Le journal *l'Artiste*, que lisait régulièrement Vuippens, amateur d'art et modeste collectionneur, avait publié sur lui un article flatteur. « Le peintre, et c'est un immense mérite, se fait déjà reconnaître au premier coup d'œil, et jamais on n'est tenté de le comparer à aucun des peintres renommés dans la peinture du paysage », lisait-on dans la dernière livraison du journal.

Au cours de la soirée, les Parisiens racontèrent que, s'étant arrêtés à l'auberge du col de la Faucille avant de prendre la diligence pour la Suisse, ils avaient été dénon-

1. 1812-1867. Cité par l'historien d'art Pierre Miquel, dans le tome III de son monumental ouvrage, *le Paysage français au XIXe siècle*, Editions de la Martinelle, Maurs-la-Jolie, 1975. Pierre Miquel a consacré plus de dix volumes à la peinture du XIXe siècle, à l'école de la nature, à Félix Ziem, Eugène Isabey, Théodore Rousseau, notamment.

2. 1813-?, auteur de paysages à la manière de Théodore Rousseau et de scènes militaires.

3. Ce tableau se trouve au ministère de l'Intérieur, à Paris.

cés comme espions. M. de Montrond, sous-préfet de Gex, s'était déplacé pour les interroger sur la façon étrange qu'ils avaient de tout observer et de prendre sans cesse des croquis de la frontière ! Depuis les émeutes de Lyon, la police de Louis-Philippe, devenue très soupçonneuse, envoyait partout des mouchards. L'un d'eux avait signalé la présence à Genève des fils du général Bourmont, garçons inoffensifs, que refusaient de fréquenter les grognards du café Papon. On avait cru néanmoins que Rousseau et Lorentz étaient de faux peintres se rendant à Genève pour transmettre aux fils Bourmont un message des républicains lyonnais ! Une fois le malentendu dissipé, le comte de Montrond avait signé un sauf-conduit, que l'on mit sous les yeux des Vaudois. Vuippens lut à l'intention de ses amis : « Le sous-préfet de l'arrondissement de Gex prie les autorités helvétiques de laisser passer et repasser dans les cantons de Genève, Vaud, Valais, M. Rousseau, artiste de Paris, porteur d'un passeport à l'Intérieur. Bon pour quinze jours. Gex, 12 octobre 1834. Comte de Montrond[1]. »

— Belle pièce de littérature administrative, commenta le général de Fontsalte.

Au cours de leurs pérégrinations, les artistes avaient assisté à la désalpe dans le pays de Gex et Théodore Rousseau, émerveillé par le lent défilé des troupeaux fleuris, vu par le peintre tel un retour d'exode, une épopée pastorale, une scène biblique, avait pris sur le vif un dessin, qu'il montra et dont il se promettait de tirer, sitôt de retour à Paris, un grand tableau[2]. Au cours de son bref séjour à l'hospice, Théodore Rousseau avait peint le réfectoire des moines et esquissé les environs du monastère. Lors de la descente de la veille, le mauvais temps et les Anglais, que les deux Français voulaient à tout prix distancer, avaient

1. Cité par Alfred Sensier (1815-1877) dans *Souvenirs sur Théodore Rousseau*, Paris, 1872.

2. Ce qui fut fait l'année suivante. Pour peindre cette toile de plusieurs mètres de haut, Rousseau fut hébergé par son ami Ary Scheffer. Le tableau, titré *Descente des vaches dans les montagnes du Haut-Jura*, se trouve aujourd'hui, ainsi que d'autres œuvres de Rousseau, au musée Mesdag, à La Haye.

interdit tout arrêt pour dessiner un décor d'ailleurs noyé dans un épais brouillard d'automne.

Alors que les voyageurs regagnaient leur chambre, l'aubergiste laissa entendre que les flocons pourraient bien être au rendez-vous de l'aube.

Cette prévision se révéla exacte. Au matin, les Vaudois durent abandonner leur berline et louer des mules, car la première neige les avait devancés sur le chemin de l'hospice. Passé la gorge de la Drance de Valorsey, qui cascadait sous un pont frêle, puis le plan de Proz, la route devint difficile car, bien que mince, la couche de neige, gelée pendant la nuit, devenait pâte glissante sous le pied des mules.

Cheminant en file indienne sur leurs montures conduites par les fils ou les petits-fils de ceux qui, en mai 1800, avaient guidé Bonaparte, son armée et ses officiers, dont Blaise de Fontsalte, en route pour la victoire de Marengo, les trois hommes admiraient, comme lors de leur première découverte, la grandiose architecture du site. L'air, d'une limpidité virginale, et le soleil d'automne s'accordaient pour conférer au relief une ampleur quasi surnaturelle.

Vuippens, qui allait devant, claironnait les noms des sommets qu'il connaissait mieux que personne pour les avoir escaladés dans sa jeunesse, le Petit-Velan, la Gouille, le Grand-Velan dont il rappela l'altitude : 3 765 mètres. Plus loin, il désigna, au nord, la Chenalettaz, au midi, le Mont-Mort, au couchant le Pain-de-Sucre et la combe Marchanda, où glissaient les avalanches meurtrières qui convoquaient sur les champs de neige les moines alpinistes et leurs grands chiens fouisseurs, descendants du célèbre Barry, mort en 1814 et empaillé par les Bernois reconnaissants.

Blaise, lui, se taisait, enfermé dans ses souvenirs militaires. Axel, le nez au vent, s'imprégnait de la grandeur du paysage alpin. Au-dessus des flancs escarpés, les pyramides de rocs plissés, dont une lumière crue aiguisait les arêtes, les éboulis gris, pareils à de la grosse grenaille de fer, les cônes dorés des mélèzes, près de perdre leurs aiguilles, les pics d'une blancheur éblouissante sous la neige nouvelle, plaqués tels des collages géants sur le ciel de laque bleue, constituaient un décor d'une écrasante et inhumaine majesté. Les dernières touffes roses d'androsace helvetica et des edelweiss feutrés, arrière-garde pâlotte, rescapée des incendies de l'été, rappelaient au voyageur de l'automne que la belle saison défunte avait fleuri la montagne. Des chocards à bec jaune, corbeaux curieux que rien n'effarouche, accompagnaient la caravane dans l'espoir d'un quignon de pain abandonné, tandis que leurs cousins, les casse-noix mouchetés, désolés de ne plus trouver sur les pins cembro les graines sucrées qu'ils fracassent sur le roc, se désolaient en croassant.

— Beau temps, dit Axel à son guide.

— Qui annonce les grands gels, répliqua le Valaisan.

— Nous dormirons à l'hospice et nous redescendrons demain, lança Blaise, entendant la prévision.

Les voyageurs rencontrèrent, comme les guides s'y attendaient, à une heure de marche de l'hospice, le marronnier dit « des Constitutions ». Ce religieux, chargé par les Constitutions de la vénérable Congrégation de descendre chaque jour, dès la première neige et jusqu'à Pâques, à la rencontre des passants qui gravissaient le versant suisse, pour leur porter, suivant l'antique formule, « le feu, le pain et le vin », était fidèle au poste. Le moine apparut au seuil de l'hospitalet, refuge voûté construit en 1708, après qu'une avalanche eut emporté l'ancien abri du XIIIe siècle. Près de ce havre, où les voyageurs se désaltérèrent en devisant, se trouvait une morgue à demi enterrée. Depuis des siècles, les moines y alignaient les victimes des avalanches que leurs chiens éventaient sous le linceul de neige.

— Nous sommes encore dans les bons jours mais l'hiver peut nous tomber dessus en une nuit et la neige couvrir la combe des Morts en rien de temps, constata le religieux en souhaitant bonne route aux voyageurs.

La dernière étape fut sans aléas et le groupe se présenta devant l'escalier sous auvent de l'hospice. Blaise n'eut pas à faire tinter la cloche des visiteurs. Le portier, occupé à balayer la poudreuse que le vent avait poussée dans le corridor d'entrée, reconnut le général Fontsalte dont il gardait en mémoire la générosité.

Reçu par le prieur claustral qui les confia au clavendier[1], chargé de nourrir et loger les hôtes de marque, Fontsalte voulút, avant de se rendre au réfectoire, voir l'état du sarcophage de marbre blanc, sculpté par Jean-Baptiste Moitte en 1805, à la demande de Napoléon. Depuis que les religieux avaient subrepticement transféré, en 1829, le tombeau du général Desaix au fond de l'église, près de l'escalier de la tribune, pour faire place, dans la chapelle qui lui avait été jusque-là réservée, aux reliques d'une martyre de petite réputation, sainte Faustine, offertes aux moines par le pape Léon XII, le général pestait[2]. Il alla même, ce jour-là, jusqu'à condamner la soumission exagérée du prévôt de l'ordre, en résidence à Martigny, aux volontés des princes de la Sainte-Alliance.

— Ces tyrans, mesquins et bornés, détestent tout ce qui rappelle l'épopée napoléonienne et nos heures de gloire ! Ils voudraient que l'on dérobât aux regards des visiteurs le superbe mausolée du héros de Marengo[3]. Mais Louis Desaix leur fera éternellement de l'ombre ! lança Fontsalte, véhément, au clavendier.

Tête inclinée, regard au sol, mains enfoncées dans ses manches de bure, aux lèvres le sourire doux et niais des martyrs d'ex-voto, le religieux ne pouvait que se taire.

Après un repas dont la succulence rustique étonna Vuippens et Axel, les trois hommes assistèrent à l'office de nuit, chanté par les claustraux.

Au moment de gagner les cellules réservées aux « hôtes distingués » – les passants anonymes couchaient dans un

1. Du latin *claviger* : porte-clefs. Le clavendier est chargé de toutes les questions matérielles.

2. Des ossements de sainte Faustine se trouvent aussi en Louisiane. Ils furent rapportés de Rome en 1850, par le père Charles Ménard, curé de l'église Saint-Joseph, à Thibodaux. Intégrées à une figurine de cire, les reliques sont toujours vénérées dans l'église catholique de Plattenville, paroisse Assumption.

3. *The Hand-Book for Travellers in Switzerland*, de John Murray, indique, dans son édition de 1839, que le sarcophage a été déplacé dans la chapelle et installé au pied de l'escalier conduisant à la tribune. Mais en 1982, lors d'une restauration du sanctuaire, le tombeau fut une nouvelle fois transféré et placé hors de la chapelle, dans un étroit corridor, au pied de l'escalier qui conduit au premier étage du monastère.

dortoir commun –, Fontsalte, se souvenant qu'en d'autres circonstances il avait en ces lieux souffert du froid, s'étonna devant le prieur de la température acceptable qui régnait dans la maison. Le religieux expliqua qu'on devait ce confort aux généreux souscripteurs de plusieurs capitales d'Europe. Leurs dons avaient permis à M. Mellerio, un homme à l'esprit inventif, de construire une installation de chauffage appréciée. Un réseau de tuyaux de fonte distribuait, dans les salles et les chambres, l'air chaud capté sur les foyers de la cuisine.

— Depuis que nous brûlons l'anthracite, dont nous avons découvert un important gisement au col de Fenêtre[1], ce charbon que certains croyaient incombustible nous chauffe encore mieux, précisa un moine.

Le lendemain matin, les Vaudois constatèrent avec plaisir que le vent du nord n'avait pas apporté de neige et que le temps restait froid mais beau. Tandis qu'ils descendaient vers Saint-Pierre, où ils retrouvèrent leur berline de louage, les brumes se dissipèrent et la plaine du Rhône s'ouvrit, bientôt, sous la lumière méridienne qui avivait les tons chauds d'un automne rétif face au déclin promis par le calendrier. Au passage, le soleil illumina d'un bref arc-en-ciel la buée, pudique comme un voile de mariée, de la cascade de Pissevache, et le Léman apparut, plus tard, lisse et bleu, hospitalier comme la demeure familière. A Villeneuve, les trois hommes embarquèrent sur la *Charlotte*, et Pierre Valeyres, le vieux bacouni, aidé d'Axel, dressa les voiles en oreilles qui saisirent la brise à pleine toile. Ce retour à Vevey par le lac teinta la fin du pèlerinage au Grand-Saint-Bernard de la douce mélancolie des moments heureux finissants. Un milan noir, descendu en vol plané des rochers de Naye, accompagna un moment la barque, puis reprit de la hauteur et disparut.

— L'hiver le suit, dit le bacouni, désignant le rapace.

---

1. En 1840, les moines du Grand-Saint-Bernard obtinrent de l'Etat du Valais la concession de la mine de Fenêtre. Cependant « il fallut attendre jusqu'en 1854 pour que le chauffage, avec des poêles-anthracite, donne des résultats satisfaisants ». D'après le chanoine Lucien Quaglia, auteur de l'ouvrage de référence *la Maison du Grand-Saint-Bernard des origines aux temps actuels*, imprimerie Pillet, Martigny, Suisse, 1972.

5

Etrange nuit que celle du 12 au 13 décembre 1834, à Vevey ! Malgré le froid cinglant, les fontaines prises par la glace, le givre aux fenêtres, la bise noire et les croûtes déjà grises d'une petite crachée de neige sans lendemain, le tonnerre gronda, impérieux et violent, vers dix heures du soir. La sage-femme, une diplômée de l'école fondée par le professeur Hedelhofer, à Lausanne, qui se tenait au chevet de Mme Métaz, déjà torturée par les douleurs de l'enfantement, sursauta quand le fracas céleste fit vibrer les vitres de Rive-Reine.

— Voilà qui n'est pas courant ! Un orage en cette saison, constata-t-elle calmement pour rassurer la parturiente, dont le regard, à chaque déflagration, errait d'un angle à l'autre du plafond comme si la foudre allait le percer.

L'été avait été d'une chaleur soutenue jusqu'aux dernières semaines d'octobre, vingt-cinq degrés en moyenne, et, à plusieurs reprises, la vendange étant heureusement rentrée, des orages violents avaient empli d'échos effrayants le cirque des montagnes. Le 2 décembre, le thermomètre marquait encore sept degrés et il avait fallu attendre le 17 pour voir tomber trois pouces de neige. L'orage tardif annonçait, de façon inattendue, un redoux pluvieux et venteux.

Sur un nouveau coup de tonnerre, Axel entra dans la chambre et, sans commenter l'anomalie météorologique, s'enquit de l'état d'Elise en approchant du lit.

— Allons-nous enfin vers la délivrance ? demanda-t-il à la sage-femme.

Le ton tranquille déçut l'accoucheuse, habituée à la naturelle nervosité des maris au seuil de la paternité.

Elise, les yeux maintenant clos, les bras allongés le long du corps, serrait le drap à s'en blanchir les phalanges et se mordait les lèvres pour comprimer des gémissements qu'elle eût trouvés dégradants. Elle avait prévu ce moment et tenait à mettre son enfant au monde le plus sobrement possible, avec la dignité et la réserve d'une chrétienne, à qui on a, tôt, enseigné : « Tu enfanteras dans la douleur. »

— Je pense qu'il est temps de prévenir le docteur Vuippens. C'est imminent. Et, avec cette pluie, il lui faudra bien un quart d'heure pour venir de La Tour, dit la sage-femme.

— Je l'envoie quérir, dit Axel en quittant la pièce après une caresse au front d'Elise, qui ouvrit les yeux et lui sourit.

M. Métaz avait toute confiance en la sage-femme désignée par Vuippens et connue de sa mère, bienfaitrice de l'école des sages-femmes vaudoises.

Car les méthodes d'enseignement, fixées par le professeur Hedelhofer dès 1803, avaient fait leurs preuves. Considérées comme révolutionnaires au commencement du siècle, elles étaient devenues la règle et même la loi.

Depuis 1825 il fallait, pour prétendre à la profession de sage-femme, être âgée de plus de vingt-cinq ans et de moins de trente. Un examen sanctionnait la fin des études et ouvrait droit à une patente qui permettait d'exercer dans le canton.

Les sages-femmes se devaient « d'être propres, d'appliquer sans relâche les règles élémentaires de l'asepsie, de ne pas craindre le savon et la brosse à ongles chaque fois qu'elles se trouvaient en présence d'une accouchée[1] ». Cela, pour éviter la fièvre puerpérale. Elles devaient, aussi, posséder des notions d'anatomie.

Les vieilles matrones qui, depuis le Moyen Age, présidaient aux naissances par tradition pastorale, avaient vu

1. Josiane Ferrari-Clément, *Marguerite, sage-femme vaudoise ou la naissance autrefois*, éditions de l'Aire, 1987.

sans plaisir les jeunes professionnelles diplômées prendre leur place, tandis que les autorités poursuivaient en justice les empiristes qui s'obstinaient à prolonger une activité devenue délit de droit commun. Equipées d'une trousse médicale complète, offerte par leur commune, et percevant des honoraires, les sages-femmes patentées avaient déjà conservé à la vie de nombreux bébés et plusieurs mères, que les matrones eussent abandonnés au trépas.

Quand le docteur Vuippens se présenta, trempé comme un barbet, la sage-femme se préparait à lier puis à couper le cordon ombilical d'un long bébé brun, qu'Elise avait mis au monde sans une plainte.

Le médecin prit l'enfant par les pieds, lui donna une tape sur les fesses pour provoquer le premier cri de l'entrée dans la vie. Il félicita Elise, baisa son front moite et sortit de la chambre pour appeler le nouveau père qui, à la demande de la sage-femme, attendait dans le couloir que tout fût accompli.

— Eh ! je suis arrivé un peu tard, mon vieux ! Te voilà papa d'un garçon qui a l'air d'un chat écorché mais qui a tout ce qu'il faut pour faire un homme. Viens le voir, dit-il à Axel.

Ce dernier, une fois de plus, étonna la sage-femme en s'agenouillant près du lit pour embrasser sa femme, la remercier du don qu'elle venait de lui faire, avant de jeter un bref regard au bébé dans l'attente de sa première toilette.

— Voici votre fils, monsieur. Je puis vous dire qu'il sera grand et fort, voyez ses pieds et ses mains. Et ce duvet brun fait espérer une belle chevelure, dit la sage-femme, flatteuse.

— Peut-être aura-t-il aussi le regard vairon. Mais nous ne le saurons que plus tard, n'est-ce pas ? dit Axel d'un ton détaché en se tournant vers Vuippens.

— Pas avant six ou huit semaines en tout cas. Si l'on en croit les sommités en ophtalmologie, cette anomalie est héréditaire – tu en sais quelque chose – mais seul le premier enfant d'un couple dont un membre est affligé de ce qu'on nomme savamment une hétérochromie, peut présenter à son tour ce regard bicolore… qui fait ton charme ! commenta Vuippens.

— Bon. Mais Elise ne court-elle aucun danger ? L'épidémie de dysenterie de cet été n'est, paraît-il, pas terminée. Ça ressemble tellement au choléra, remarqua Axel.

Il conservait un douloureux souvenir de l'épidémie de 1832 qui avait emporté, avec dix-huit mille Parisiens, Juliane Laviron et son frère.

— Le peuple est ignare et fait là une confusion alarmante et stupide. Si la propagation de la dysenterie est aussi une affaire d'hygiène, physique et alimentaire, par temps de forte chaleur, elle se soigne, s'enraie aisément et ne tue que rarement. Je soigne encore quelques cas dans le vignoble de Lavaux mais ce sont les derniers. Nous avons compté jusqu'à mille trois cents dysentériques en août et c'est pourquoi je vous obligeais à manger des légumes verts et des fruits, même s'ils étaient rares et chers à cause de la sécheresse. C'est actuellement le meilleur palliatif.

— Bon. Mais j'ai entendu parler d'autres maux qui menacent les accouchées, reprit Métaz inquiet.

Vuippens saisit le bras de son ami et sourit à la sage-femme qui, bien qu'occupée aux soins du nouveau-né, suivait la conversation.

— Elise va très bien. Pas d'hémorragie, pas de risque d'éclampsie, ce que nous craignons toujours chez les primipares d'une nervosité excessive. Avec une bonne hygiène, et notre sage-femme s'y entend, Elise est sur pied dans trois ou quatre jours. En attendant, laissons la maman se reposer. Qu'on lui donne de la tisane de tilleul, dit le médecin.

— Descendons boire un verre à la santé de mon garçon et toi, viens te sécher, proposa Axel, tandis que l'orage redoublait et que les grêlons cinglaient les persiennes.

Après que le médecin eut confié ses vêtements mouillés à Lazlo, les deux amis s'installèrent au salon, près de la cheminée où flambaient en crépitant des sarments de vigne.

— Fichu temps ! Ton fils, né sous un tel orage d'hiver, dominera les tempêtes, comme Neptune, mon vieux. Au fait, comment allez-vous l'appeler, ce garçon ? demanda le médecin.

Le choix du prénom avait fait l'objet, depuis quelques semaines, de conversations animées entre les époux

Métaz. Si son premier enfant avait été une fille, ce qu'elle avait espéré en secret, Elise l'eût appelé Anne, du prénom de sa défunte mère, et Charlotte, comme la mère d'Axel. La tradition dans la famille Delariaz voulait, en effet, que l'on donnât aux enfants les prénoms de leurs grands-parents de même sexe. Le garçon qui venait de naître aurait donc dû recevoir pour prénoms Henry, comme le pasteur, père d'Elise, et Blaise, comme Fontsalte. Mais Elise n'avait pas grande sympathie pour le général et, sans le laisser soupçonner, considérait encore sa belle-mère catholique telle la femme adultère de l'Evangile que la clémence du Christ exempta d'une lapidation, à ses yeux, méritée ! Aussi avait-elle suggéré, si elle donnait naissance à un garçon, de l'appeler Henry et Guillaume.

— Car c'est bien le malheureux Guillaume Métaz qui vous a fait ce que vous êtes, Axel. Et d'ailleurs, vous avez conservé son nom et vous oubliez souvent d'y ajouter Fontsalte, avait-elle argumenté, avec une componction doucereuse qui agaçait parfois son mari.

Cela déplut à Axel qui fit, ce jour-là, acte d'autorité en imposant un choix hors tradition mais qui coupait court à toute discussion.

— Mon fils se nommera Vincent, c'est le patron des vignerons. Vincent Henri Métaz de Fontsalte. Ça sonne bien, non ? répondit-il à Vuippens.

— Alors, longue vie à Vincent, lança joyeusement Louis en levant le verre de vin de Belle-Ombre que venait de remplir Lazlo, réjoui, lui aussi, en Tsigane viril « de l'arrivée d'un mâle de plus à Rive-Reine ».

Tandis que Mme Métaz de Fontsalte mettait au monde sans difficulté ni angoisse son premier enfant, une scène curieuse se déroulait sous l'ondée, à trois cents pas de Rive-Reine, au bord de la Veveyse.

Alerté par l'orage et craignant une montée soudaine des eaux qui eussent envahi sa tannerie installée au plus près de la rivière, un artisan sortit dans la nuit, une lanterne à la main, pour évaluer le risque d'inondation. En se penchant près du pont de pierre, sous lequel branches d'arbres et détritus charriés par la rivière torrentueuse provoquaient souvent une obstruction qui forçait la Veveyse à quitter son lit, il aperçut, dans l'ombre de la voûte, une masse sombre. Croyant distinguer un amas de broussailles englué de boue, genre d'obstacle susceptible d'entraver l'écoulement de l'eau, il sauta sur la berge, en contrebas du quai. Elevant sa lanterne, il tenta, du pied, de repousser ce qu'il prit de plus près pour un grand sac de jute, comme en utilisent les paysans pour transporter maïs ou pommes de terre. Sous sa vigoureuse poussée, le sac parut s'animer et, surprise, exhala une sorte de plainte animale ! Interloqué, l'homme recula d'un pas, puis renouvela plus brutalement son geste. Cette fois-ci, un cri humain, un cri de protestation, lui répondit, en même temps qu'émergeaient des plis d'une grossière houppelande une chevelure de gorgone, un visage maigre et maculé, un regard sombre et mauvais. Supposant qu'il avait affaire à l'un de ces chemineaux qui vivaient de rapine et dormaient comme des bêtes à demi sauvages dans des abris de fortune, le tanneur, pour mieux éclairer l'inconnu, essuya d'un revers de manche le verre de sa lanterne ruisselant de pluie.

— Tu vas déguiller[1] dans la rivière, mon gars. Reste pas là. Ouze ! Va-t'en dormir sous la Grenette. Tu seras au sec. Mais émmode-toi[2] dès le jour, car, par ici, on n'aime pas les traîne-guenille.

La tête de gorgone reparut et lança ce qui ne pouvait être qu'un juron dans une langue inconnue du Veveysan, avant de replonger sous l'amas d'étoffe.

Comme le tanneur s'interrogeait sur la conduite à tenir, un passant attardé, intrigué par la lueur de la lanterne trémulant sur les ondes de la Veveyse, se pencha au parapet du pont.

— Que se passe-t-il là-dessous ? A-t-on besoin d'aide ?

— Vous tombez bien, m'sieur le Pasteur, j'ai trouvé un drôle de colis, descendez voir un peu, dit le tanneur, reconnaissant la voix chevrotante du vieux pasteur Albert Duloy.

Bien que retraité, cet homme infatigable présidait le consistoire local et se dévouait aux œuvres de la paroisse. Il revenait, cette nuit-là, d'une visite au pasteur de Corseaux, rescapé de l'épidémie de dysenterie.

1. Tomber.
2. Mets-toi en route.

Généreux, dénué de vanité et considérant tous les humains comme enfants de Dieu, M. Duloy, dont les catholiques eussent fait un saint, rejoignit l'artisan, lui confia sa lanterne et, des deux mains, avec précaution, écarta le tissu grossier qui, au dire du découvreur, dissimulait un vagabond vindicatif.

— Venez, relevez-vous. Vous êtes ici en danger d'être emporté par la rivière. Et vous allez attraper la mort, dans ces chiffons mouillés ! Qui que vous soyez, montrez-vous sans crainte. On vous aidera.

La voix du vieux pasteur dut paraître rassurante car la tête ébouriffée émergea, puis deux mains, sales mais fines, et un buste de femme, serré dans un châle troué.

— Laissez-moi tranquille ! J'veux rien. J'me repose. Je fais pas de mal. Passez votre chemin.

La femme s'exprimait en français correct mais avec un bizarre accent qui n'était pas d'un canton suisse.

L'épouse du tanneur, inquiète de l'absence prolongée de son mari, avait réveillé l'apprenti et tous deux, munis de lanternes, apparurent à leur tour sur la berge.

— Tu vas pas passer la nuit dehors, non ! cria la femme à son mari.

Puis, ayant reconnu le pasteur Duloy, elle se radoucit :

— Ben, qu'avez-vous trouvé ? Un noyé ?

— Non. Une pauvresse, qui fera certes une noyée si nous ne l'enlevons pas d'ici.

La gaillarde aux hanches rebondies, qui régentait la maisonnée, mari et apprenti compris, avec des rudesses de garde-chiourme, se pencha sur la femme en maugréant.

Un éclair percutant le lac illumina soudain la scène d'un halo bleu. La voûte du pont, tel un antre satanique, absorba le grondement amorti du tonnerre, et le crépitement de la grêle redoubla. La femme du tanneur, comme beaucoup de gens simples, croyait aux esprits malfaisants et aux servants[1] rancuniers. Elle vit dans la colère du ciel une manifestation surnaturelle, un avertissement, une menace. La femme qui gisait à ses pieds dans ses guenilles

1. Petits génies domestiques au pays de Vaud. Ils sont censés faire le ménage quand ils sont de bonne humeur et détruire tout quand ils sont en colère !

ne pouvait être qu'une sorcière en rupture de ban. La foudre et le déluge n'étaient-ils pas au service des fées malintentionnées ? La vieille qui, autrefois, avait anéanti l'alpage du Plan-Névé, parce que deux bergers lui refusaient un bol de lait, ne s'était-elle pas servie des éléments pour couvrir à jamais ce gras pâturage d'un linceul de glace ?

— C'est encore une de ces voleuses de poules ! s'écria la femme du tanneur, en reculant. Une bohémienne jeteuse de sorts, une ces bougresses qui disent la bonne aventure pendant que leurs vauriens d'enfants vous volent la bourse. Celle-là est pleine de vermine ! Allez, n'y touchez pas, monsieur le Pasteur, peut-être bien qu'elle vous donnerait ce nouveau choléra qu'on nous cache sous un autre nom !

Hors de la présence de l'ecclésiastique, la superstitieuse eût convaincu son mari de pousser la malheureuse à l'eau en souhaitant qu'elle se noyât.

— Voyons, voyons, soyons charitable, dit le pasteur, avec un peu d'humeur. Si cette pauvresse avait un toit, comme vous et moi, elle ne viendrait pas s'abriter sous le pont par un temps pareil ! Il faut l'aider, ajouta-t-il en saisissant la main de l'inconnue qui marmonna quelques mots dans une langue incompréhensible.

— Tiens ! C'est une Jenisch[1], je vous dis. Si vous comprenez pas ce qu'elle dit, c'est exprès. C'est le jenisch qu'elle parle. Y a qu'à l'envoyer à la place à feu[2] qu'est au-delà de La Tour-de-Peilz. Sûr qu'elle y trouvera d'autres gitans

1. Dans son article *les Gens du voyage et les sédentaires*, tome II de l'ouvrage en trois volumes publié sous la direction de Paul Hugger, *les Suisses, modes de vie, traditions, mentalités*, Payot, Lausanne, 1992, Peter Witschi donne les précisions suivantes : « Le jenisch, la langue des gitans vivant en Suisse, servait d'élément d'identification au groupe. [...] A une époque donnée, des mots empruntés au yiddish, à la langue parlée par les bohémiens, ainsi qu'au français et à l'italien vinrent compléter le vocabulaire jenisch. [...] Le mot jenisch, par exemple, qui à l'origine désignait le langage secret des gens du voyage, en vint à signifier simplement "gens du voyage" ou "gitans", du moins en Suisse. »

2. Espace réservé au campement des nomades par les autorités communales. En ces emplacements délimités, situés hors des villes ou villages, mais près d'un point d'eau ou d'une rivière, les gitans étaient autorisés à se réunir et allumer un feu pour cuire leurs aliments, ce qui leur était interdit en tout autre lieu.

comme elle, reprit la femme, sans se démonter et tremblante d'indignation parce que le vieux pasteur prenait le parti de la vagabonde.

Celle-ci ne se laissa pas impressionner, se mit péniblement debout et saisit le bras que le pasteur lui offrait. Débarrassée de ses chiffons, elle apparut d'une maigreur squelettique. Son visage, sans être d'une femme âgée, paraissait strié de rides, ses lèvres gercées ne pouvaient sourire, elle ne parvenait pas à réprimer un tremblement de tout le corps. La fièvre rendait son regard noir, étrangement irisé de reflets d'escarboucle, intense et brillant.

La femme du tanneur se détourna et tira son mari par la manche.

— Rentrons chez nous. Laisse faire le pasteur, dit-elle à voix basse.

L'artisan obtempéra tandis que son apprenti et M. Duloy aidaient la femme à gravir le talus de la berge. L'inconnue serrait contre elle une sorte de sabretache de cuir fatigué qui, estima le pasteur, devait contenir tout son bien.

— Je dois aller chez Métaz, oui, Axou, Axou Métaz, le vigneron. C'est là que je dois aller, vite, insista-t-elle d'une voix exténuée, dès qu'elle fut sur la chaussée.

— Vous connaissez M. Métaz, Axel Métaz... vous? demanda le pasteur incrédule.

Qu'une vagabonde connût les Métaz avait déjà de quoi surprendre un bourgeois veveysan, mais que l'errante usât d'un diminutif inédit et un peu niais pour désigner un aussi notable paroissien lui parut tout simplement extravagant.

— Conduisez-moi, je vous en prie, implora la femme en serrant le bras du pasteur.

— Mais il a sonné douze, ma pauvre fille, et M. Métaz ne vous recevra pas en pleine nuit! dit M. Duloy.

L'inconnue s'impatienta et, abandonnant l'appui du pasteur, fit trois pas chancelants.

— Dites-moi où est la maison de Métaz, j'irai seule, en rampant s'il le faut! dit-elle, rageuse.

— Bien. Allons. Mais je vous pose devant la grille de Rive-Reine et, après, vous verrez ce que vous aurez à faire. Je vous conseille cependant d'attendre le jour pour vous présenter. Ce n'est pas une heure chrétienne pour faire des visites… surtout en pareil accoutrement, dit le pasteur, résigné.

Aussitôt, l'étrange couple se mit en route sous la bruine glacée qui succédait à la grêle. Appuyée à M. Duloy, traînant la jambe et gémissant comme si chaque pas lui coûtait un effort surhumain, la femme répondit de façon laconique aux interrogations du pasteur, maintenant persuadé qu'il n'avait pas affaire à une errante ordinaire. Elle arrivait d'une terre lointaine, dont elle refusa de dire le nom, et usait ses dernières forces pour atteindre Vevey, où elle n'était jamais venue, afin d'obtenir de M. Métaz une réponse à une question qui la préoccupait. Tant de mystère intriguait le pasteur et, n'eussent été les convenances, il eût réveillé les gens de Rive-Reine pour satisfaire sa curiosité. Le couple venait de s'engager dans la rue du Sauveur quand, à quelques pas de la demeure des Métaz, vint à sa rencontre un cabriolet pourvu de deux fortes lanternes. A la vue des noctambules – une femme apparemment épaulée avec tendresse par un homme – le conducteur arrêta son cheval et mit la tête à la portière. M. Duloy identifia aussitôt le docteur Vuippens. Le médecin lui parut enjoué et, comme souvent, légèrement gris.

— Ah ça, monsieur le Pasteur, à cette heure dans les rues ! Et en galante compagnie ! Mais comptez sur ma discrétion, s'écria Louis, égrillard, en reconnaissant M. Duloy.

— J'ai passé l'âge des galanteries, mon bon Louis, et cette personne a sans doute plus besoin de vos soins que des miens. Nous l'avons trouvée sous le pont de la Veveyse. Elle dit venir de fort loin pour voir M. Métaz.

— Je veux le voir, grogna la femme.

Vuippens sauta du cabriolet, décrocha une des lanternes et éclaira de près le visage de la vagabonde qui cligna en proférant quelque insulte.

— Le moment est plutôt mal choisi, ma belle, pour voir M. Métaz. Son épouse vient de lui donner un fils et…

— … Un fils ! Un fils ! C'est l'enfant d'Adriana ! C'est l'enfant d'Axou. C'est le chérubin au regard vairon, quel bonheur ! s'écria l'inconnue.

Abandonnant l'appui du pasteur et prise d'une frénésie effrayante, elle se mit à danser sur le pavé gluant, en frappant sa soubretache de la paume comme s'il se fût agi d'un tambourin.

— Pauvre folle ! lâcha le pasteur, atterré.

— Il se pourrait qu'elle le soit ! dit vivement Vuippens.

Dégrisé, maître de lui, il saisit sans ménagement la danseuse à bras-le-corps pour arrêter son tournoiement délirant. Etant au fait des relations d'Axel avec sa défunte demi-sœur Adriana, troublé par l'allusion de la folle à l'œil vairon des Fontsalte, il redoutait, sans en imaginer la nature exacte, quelque révélation scandaleuse.

— Aidez-moi à la mettre dans mon cabriolet. Je me charge d'elle. Et pas un mot à quiconque, dit Vuippens au pasteur.

Ils n'eurent aucune peine à hisser l'inconnue dans la voiture. Exténuée par ses entrechats, elle avait perdu connaissance.

Tandis que le cabriolet s'éloignait, le grincement d'un volet incita M. Duloy à lever la tête. Le halo de sa lanterne accrocha sur la façade le bonnet blanc de la mère Chatard. Peu désireux d'entrer en conversation avec la commère à minuit passé, le brave pasteur s'éloigna à grands pas, espérant ne pas avoir été reconnu.

Mais rien n'échappait à Félicie Chatard, vigile inassouvie de la rue du Sauveur. Durant toute la soirée, elle avait observé les va-et-vient autour de Rive-Reine. L'arrivée de la sage-femme dans l'après-midi, puis le retour prématuré d'Axel du Cercle du Marché, où il se rendait chaque vendredi soir. A plus de dix heures, le départ, au galop de son cheval, de Lazlo, le domestique tsigane qu'elle détestait. Un peu plus tard, le retour du cavalier et, derrière lui, l'apparition du cabriolet du médecin. Ces événements avaient annoncé, puis confirmé, pour la guetteuse, la naissance attendue depuis plusieurs jours chez les Métaz. Félicie avait prolongé sa garde dans l'espoir d'obtenir la seule information qui lui manquât sur l'instant, le sexe du nouveau-né. En plein jour, elle eût traversé la rue pour aller, sous prétexte de réclamer une poignée de sel, interroger Pernette. L'heure tardive n'avait pas permis cette indiscrétion mais le hasard venait de lui livrer la réponse espérée. La mère Chatard, l'œil et l'oreille aux aguets, n'avait, en effet, rien perdu de la rencontre de M. Duloy et de Vuippens, grâce à qui elle venait d'apprendre, la première à Vevey, que l'enfant d'Axel Métaz, « un gaillard qu'elle avait vu naître », était un garçon. Mais ce qui intriguait et échauffait plus encore l'imagination de la commère était un fait inattendu, l'échange fort scabreux, sous sa fenêtre, entre le pasteur et le médecin, d'une femme noire, apparemment saoule ! Tout émoustillée et subodorant quelque intrigue scandaleuse, elle se promit de commencer son enquête, dès potron-minet, chez l'épicière, son meilleur agent de renseignements. Pernette, la cuisinière de Rive-Reine, s'y rendait tous les jours, comme la bonne du pasteur Duloy.

En se glissant dans son lit, tiédi par deux bouillottes, la mère Chatard regretta que le cheval du docteur Vuippens, témoin privilégié, ne fût pas, comme dans les contes, doué de la parole !

— Et dire, gloussa-t-elle en soufflant sa chandelle, que l'on tient Vevey pour une petite ville tranquille où jamais rien ne se passe, sauf la fête des Vignerons… tout les vingt-cinq ans !

Chemin faisant, Louis Vuippens réussit à faire admettre à la femme qu'elle ne pouvait décemment pas se présenter chez les Métaz dans l'état où il la voyait.

— Demain, il fera jour. Vous allez vous reposer chez moi et nous verrons à vous rendre présentable. Je suis un ami de M. Métaz. Je connais l'histoire de cette Adriana dont vous avez parlé. Vous pouvez vous confier à moi, je vous aiderai de mon mieux, dit le médecin, conciliant.

— Je veux rien, que voir Axou, répéta la femme.

A peine descendue du cabriolet, elle refusa l'hospitalité du médecin et suivit dans l'écurie le cheval que Vuippens venait de dételer.

— Je suis trop sale pour entrer dans votre maison. Je vais dormir ici. Il fait chaud et j'ai l'habitude de coucher sur la paille, dit-elle.

Le médecin, apitoyé par le délabrement physique de l'inconnue, se garda de la contredire. Il étala deux fourchées de paille fraîche, jeta une couverture sur cette litière et s'en fut. Au matin, si l'étrange visiteuse était encore là, il préviendrait Axel qu'une créature sans âge et sans nom, mais faisant référence à sa défunte demi-sœur, exigeait de le voir. Il serait mieux pour tous, pensa Louis, que l'entrevue ne se fît pas à Rive-Reine.

C'était compter sans l'obstination et la malignité de l'errante. Restée seule, en compagnie du cheval, dans l'écurie obscure, elle tira de sa sacoche militaire un reste de cierge dérobé dans une église, un briquet d'amadou, un morceau de fromage et un quignon de pain. Accroupie sur la paille, elle se restaura sous le regard indifférent de son compagnon. Ayant repris quelques forces, elle se mit aussitôt en devoir de déchirer en quatre la couverture offerte par le médecin et, avec l'assurance de celles qui savent se faire obéir des bêtes, elle enveloppa les pieds de l'animal dans les morceaux de tissu épais. Le temps de trouver et de passer une bride au cheval ainsi chaussé, de tirer le vantail et, après un regard alentour, tout en parlant doucement à l'animal devenu d'une surprenante docilité, de contourner sans bruit la maison, elle se trouva sur la route de l'entre deux villes qui conduisait à Vevey. Avec une aisance qui eût étonné ceux qui, une heure plus tôt, l'avaient recueillie prostrée et défaillante au bord de la Veveyse, elle enfourcha sa monture dépourvue de selle et prit, au trot, la direction de Rive-Reine.

Tout dormait dans la ville, même la mère Chatard, quand la cavalière, qui, à bord du cabriolet de Vuippens, avait repéré l'itinéraire, arriva devant la grille close de la maison des Métaz. Elle se laissa glisser à terre, donna une claque sur la croupe du cheval qui prit aussitôt le chemin du retour. L'animal connaissait fort bien la route de Vevey à La Tour-de-Peilz pour avoir souvent, sans être guidé, reconduit son maître, ivre ou endormi, jusqu'à son seuil !

La pluie avait cessé mais le gel suspendait maintenant, à la grille lancéolée de Rive-Reine, des stalactites de diamants. La femme en brisa une, qu'elle se mit à sucer comme s'il se fût agi d'une friandise. Puis elle s'accroupit contre le portail et, sa houppelande sur la tête, insensible au froid, s'endormit.

Ce fut Pernette, première levée à Rive-Reine, qui la découvrit, transie mais vivante. La bonne fille poussa un cri à la vue de cet amas de chiffons crasseux, d'où sortait une crinière brune encadrant un visage blême de mourante.

— Je vais te chercher du lait chaud, ma pauvre, dit Pernette, retournant précipitamment dans la maison encore endormie.

Quand, au retour, son bol à la main, la cuisinière s'engagea dans la pénombre du corridor, elle faillit répandre le lait. La femme noire était entrée et, affalée sans connaissance, gisait sur le parquet.

Tremblante d'émotion contenue, Pernette se déchaussa et, marmonnant, s'en fut alerter Lazlo, occupé à l'allumage des feux. La fille du pays d'En-Haut avait mis des mois avant de donner sa confiance et son affection au grand Tsigane. Puis, au fil des conversations d'office, elle s'était prise à le considérer comme un parent. Lazlo, caractère à la fois rugueux et enjoué, la traitait avec une tendre rudesse, lui évitait toutes les besognes pénibles, toujours prêt à la seconder devant les fourneaux, comme les jours de lessive.

— Viens, j'ai trouvé une femme dans la rue. Elle est dans le corridor… on dirait qu'elle va passer, viens vite !

— Ah ! Ah ! Les femmes ne meurent pas facilement. Ce sont des animaux solides ! ricana Lazlo.

— Viens-t'en voir celle-ci, qui pourrait bien te faire mentir. Vite et fais pas de bruit ! Va pas réveiller la maîtresse, souffla Pernette en le tirant par le pan de son bourgeron.

Le Tsigane, conduit devant l'être engoncé de chiffons qui gisait coincé entre une console et le mur, ramassa sans effort la trouvaille de Pernette sans plus de précautions que s'il se fût agi d'un sac de pommes de terre.

— Porte-la dans la cuisine. Faut la réchauffer, ordonna Pernette.

Un coffre servait de huche. Lazlo y déposa son fardeau.

— Ça sent le bouc ! Crois-tu que c'est une femme ?

— Tiens, regarde, dit Pernette en écartant la houppelande raidie par la crasse.

Le menton sur la poitrine, ses longs cheveux emmêlés dissimulant ses traits, la femme demeura immobile.

— Montre voir ton museau, ma belle, dit Lazlo en lui passant la main sous le menton pour lui relever la tête sans ménagement.

C'est alors que Pernette connut sa seconde émotion violente de la journée en voyant Lazlo, en proie à une agitation soudaine, prendre avec tendresse dans ses deux énormes mains le visage de la femme et lui parler avec véhémence dans la langue inintelligible de son pays.

La femme ouvrit les yeux et, suffoquant de surprise, jeta sauvagement ses bras autour du cou du Tsigane, l'embrassant avec des cris rauques, des jets de syllabes gutturales entrecoupés de gémissements, de sanglots, de ululements, de quoi réveiller toute la maisonnée.

— Mon Dieu, quelle affaire ! Mais... tu la connais ? empêche-la de crier, cette folle ! dit Pernette, qui commençait à regretter sa générosité.

— C'est Zélia, c'est Zélia ! Tu penses si on se connaît ! Je la croyais morte depuis longtemps. Faut la soigner, Pernette. Je vais la porter dans ma chambre, apporte de l'eau chaude et aussi de l'alcool.

— Dans ta chambre ! Tu n'y penses pas ! Que dira le maître...

— Le maître la connaît, Zélia ! Et depuis longtemps ! C'est...

— Je la connais en effet et depuis longtemps, dit Axel qui, attiré par les éclats de voix, venait d'entrer dans la cuisine.

— On peut la garder ici, un peu ? Le temps qu'elle tienne debout ? demanda Lazlo, qui soutenait la femme à nouveau prise de faiblesse.

— Le temps qu'il faudra, Lazlo. Porte-la dans l'ancienne chambre de l'institutrice. Il y a une baignoire. Pernette va la débarbouiller, la mettre au lit et brûler ces hardes puantes. Et toi, va dire au docteur Vuippens de venir ici tout de suite.

Devant l'air effaré de la cuisinière, horrifiée par la saleté de la Tsigane et, plus encore, rebutée par la tâche peu ragoûtante que lui confiait son maître, Axel crut indispensable de rassurer celle qui servait à Rive-Reine depuis trente années.

— Cette malheureuse mérite tes soins, Pernette. C'est une brave et courageuse fille. Elle a dû faire un long et pénible chemin pour arriver jusqu'à nous, dit-il en caressant avec émotion la tignasse bouclée et graisseuse de Zélia, abandonnée sans force dans les bras de Lazlo.

— Et d'où qu'elle vient, comme ça? demanda Pernette, un peu contrariée, les mains sur les hanches.

— Du bagne, sans doute, dit M. Métaz avec naturel, comme s'il se fût agi d'une provenance honorable.

Cette remarque du maître valut à Zélia, l'ancienne suivante de la défunte Adrienne, un bain chaud auquel, ayant retrouvé ses esprits, elle prit plaisir et, sur tout le corps, une vigoureuse friction à la brosse de chiendent, qui lui plut moins et fit virer à l'incarnat sa peau brune de fille des Carpates.

Axel attendit la fin de l'après-midi pour informer Elise, encore dolente mais ravie d'être mère, de la présence à Rive-Reine « d'une Tsigane de la tribu de Lazlo, qui avait autrefois servi sa défunte demi-sœur Adrienne de Fontsalte ». Cette présentation sommaire ne provoqua, sur le moment, aucune réaction d'Elise, tout à la contemplation du bébé que langeait, après sa première tétée, la garde envoyée par Vuippens.

Le lendemain matin, Elise Métaz – bien qu'obligée toutes les trois heures de donner le sein à son fils, car elle tenait à le nourrir elle-même afin de lui conférer, disait-elle, force et santé – avait retrouvé toute son alacrité. Elle avait aussi questionné Pernette sur la bohémienne accueillie à Rive-Reine par son mari. Aussi, quand ce dernier vint lui offrir un diamant superbe, monté sur un anneau d'or par Gallopin, l'orfèvre genevois le plus réputé, se montra-t-elle plus curieuse que la veille. Le moment de tendre émotion passé, après qu'Axel eut glissé la bague au doigt de sa femme, cette dernière évoqua la présence de l'étrangère dans la maison.

— Cette Jenisch malade et désemparée, Axel, que comptez-vous en faire?

— Peut-être une sorte de nourrice sèche, comme disent les Français, ou une nurse à la mode anglaise. Car, avec l'arrivée de notre petit bonhomme, qui va beaucoup vous occuper, ne serait-ce que par ses nombreux repas, il faudra quelqu'un pour le bichonner dès que vous serez en mesure de reprendre votre vie normale de maîtresse de maison, dit Axel souriant.

Elise ouvrit tout grands ses yeux pers et parut suffoquée par cette proposition.

— Faire de cette bohémienne qui, paraît-il, sort du bagne, la nourrice, même sèche, de notre enfant ! Y pensez-vous sérieusement ? D'ailleurs, sans vous consulter, je le confesse, j'ai demandé, il y a trois semaines, à Françoise, qui m'a élevée et que vous avez vue chez moi à Clarens, de venir ici. Elle s'ennuie dans son village de la Gruyère. Ce sera une aide dévouée, compétente et en qui j'ai toute confiance. Elle se présentera dans quelques jours.

Devant le ton catégorique de son épouse, M. Métaz s'inclina sans plaisir. Il avait subodoré, dès le premier moment, qu'Elise, déjà méfiante envers Lazlo, n'admettrait pas aisément la Tsigane qui, pour elle comme pour la plupart des Vaudois, ne pouvait être qu'une intouchable.

Quant à Axel, il n'avait aucune sympathie pour la vieille bonne des Delariaz, qui portait encore le bonnet blanc tuyauté des paysannes en service à la ville et considérait les hommes au regard vairon comme des envoyés du démon ! Calviniste intransigeante, elle avait désapprouvé le remariage du pasteur Delariaz avec une riche Bernoise, dont elle soupçonnait les ancêtres juifs de s'être convertis au protestantisme par prudence et intérêt. Avec la même subtilité, elle considérait M. Métaz comme le suborneur qui avait séduit, au mauvais sens du terme, sa pieuse maîtresse.

— Très bien. Je trouverai une autre occupation pour Zélia. Car tel est le nom de cette Tsigane, issue d'une tribu royale des Carpates Blanches, et que les Anglais déportèrent fort injustement, dit Axel d'un ton sec, croyant démontrer ainsi à sa femme que sa protégée ne devait pas être mise au rang des voleuses de poules et des diseuses de bonne aventure.

— Si elle est robuste, faites-en donc une lavandière, répliqua Elise, désinvolte, au moment où son mari quittait la chambre.

Axel avait décidé d'attendre que la Tsigane eût repris des forces pour l'interroger. Grâce aux soins de Vuippens, qui lui pardonna sa fugue et lui manifesta de la sympathie, Zélia fut sur pied dans le même temps qu'Elise. Mais avant de présenter l'ancienne suivante d'Adrienne à sa femme, Axel voulut tout connaître de la vie qu'avait menée la Tsigane depuis que les juges anglais l'avaient condamnée, en 1831, à la déportation. Non sans réticences et avare de détails, elle résuma en quelques phrases des années d'humiliation et de souffrances.

— J'ai d'abord été envoyée sur un ponton pourri, habité par d'énormes rats, ancré dans l'embouchure de la Tamise. C'est là que les femmes condamnées aux travaux forcés attendent d'être embarquées pour l'Australie, où se trouvent les bagnes anglais[1], commença-t-elle en prenant la main d'Axel entre les siennes, comme si ce contact rassurant facilitait l'évocation d'un passé inénarrable.

— Et tu n'as pas tenté de t'évader avant la déportation ? s'étonna Axel, qui connaissait le courage et l'audace de la rusée Tsigane.

— Deux fois, je me suis jetée à l'eau et, deux fois, j'ai été repêchée par des sales marins du commerce, qui m'ont ramenée au ponton pour une bouteille d'alcool. C'est la prime offerte par les gardes-chiourme aux chasseurs de forçats évadés !

— Tu as donc été transportée en Australie ! Quel voyage ce dut être ! s'apitoya Axel pour relancer les confidences de Zélia, déjà renfrognée au rappel des évasions manquées.

— Long, très long voyage. Nous étions trente-deux femmes au départ de Londres, la plupart des Irlandaises, épouses ou complices de révoltés politiques qui avaient tué des soldats anglais. A l'arrivée, nous n'étions plus que huit. Les autres, mortes du scorbut pendant la traversée, avaient été jetées par-dessus bord ! Nous, les rescapées, devions être attribuées comme ouvrières ou domestiques, à des colons. Moi j'ai été allouée à un riche éleveur de moutons et conduite en Tasmanie. Et là, j'ai pas été malheureuse. J'ai d'abord gardé les enfants en cardant la laine, puis on m'a fait venir à la maison de maître pour faire la cuisine et le ménage, car l'épouse du colon, une

1. Il en était ainsi depuis qu'en 1787, les Etats-Unis, devenus nation indépendante, refusaient de continuer à accueillir les convicts envoyés par les Anglais en Virginie. En 1834, on comptait plus de quarante mille bagnards en Australie où la Société coloniale de l'Australie méridionale, fondée par Wakefield, distribuait les condamnés aux colons et aux éleveurs.

Galloise stupide, laide, paresseuse et ivrognesse, ne faisait que boire, dormir et houspiller son mari et ses enfants. Bref, je me suis très bien entendue avec mon maître, trop bien, même, d'après certains jaloux qui me tournaient autour des jupes. Jusqu'au jour où la femme saoule est tombée dans l'abreuvoir et s'est noyée. Des bergers gallois allèrent raconter au shérif que c'était moi qui avais poussé la femme dans l'abreuvoir et même que je lui avais tenu la tête sous l'eau.

— Et tu n'as pas fait ça ? demanda Axel, persifleur.

Connaissant les mœurs primitives des Zigeuner, le fait ne l'eût pas étonné.

— Sûr qu'elle s'est noyée toute seule. Elle aimait se mirer dans l'eau de l'abreuvoir et, quand elle était ivre, elle tombait souvent sur le nez. Pas eu besoin qu'on la pousse ! expliqua Zélia.

— Mais on t'a soupçonnée tout de même, insista Axel.

— Tiens ! bien sûr. Là-bas, on met toujours le vilain sur le dos des déportés. C'est commode pour la justice. Mais mon maître voulait pas que je sois prise par la police. Il voulait même m'épouser quand j'aurais accompli mes sept ans de travaux forcés. Il m'a donc envoyée en cachette au port, dans un char de laine qui devait être embarqué pour l'Angleterre. Je devais l'attendre en ville en me cachant. Mais avec l'argent qu'il m'avait donné, j'ai soudoyé un quartier-maître qui m'a procuré des habits de marin et j'ai embarqué avec les ballots de laine. Je vous dis pas ce qui m'est arrivé quand le maître-coq a découvert que j'étais un femme. Plutôt que d'être cachée par lui, j'ai préféré aller trouver le commandant en second, un bel Ecossais qui m'a prise sous sa protection... moyennant quelques petits services.

— Quel genre de services ? demanda Axel, malicieux.

— Lavage, ravaudage, repassage et aussi... conversation, précisa la Tsigane, souriant pour la première fois.

Formée à l'école d'Adrienne, Zélia usait volontiers, comme sa défunte maîtresse, d'euphémismes transparents.

— Et, ainsi, tu as regagné l'Angleterre, dit Axel.

— J'ai débarqué à Liverpool et j'ai suivi la piste gitane...

— La piste gitane !

— Nous avons un code, un système de signes qu'on grave sur les murs à l'entrée des villes ou des villages. Ils indiquent aux Tsiganes les lieux secrets de réunion, s'il y a danger à demeurer dans la région ou si les gens acceptent les nomades et sont généreux. Ainsi, un gitan marchand de chevaux m'a procuré le moyen d'aller à Londres. Là, on m'a habillée en lady, car on m'a reconnue comme une de la tribu de Koriska et suivante de notre princesse. Comme je parle plusieurs langues et sais les bonnes manières, j'ai été engagée par les romanis pour écouler la fausse monnaie. Alors, quand j'ai eu fait assez d'argent avec mes commissions, je suis passée en France. A Paris, je suis allée voir le Turc. Vous vous souvenez du gros Turc, Omar, de la rue Neuve-Luxembourg ? Il est ruiné, ce porc ! Il m'a fait rosser, dépouiller et jeter dehors par ses sbires. Les mouchards de la police m'ont ramassée mais je leur ai échappé et me suis mise en route pour venir ici. J'étais sans un sou vaillant, crevant la faim. J'ai subsisté, comme les plus pauvres de nos ancêtres nomades, mais je savais que je serais bien reçue par l'homme à l'œil vairon, qui aurait un fils à l'œil vairon. Et c'est un signe, puisque je suis arrivée en même temps que l'enfant ! C'est Adriana qui a commandé tout ça ! Elle qui m'a dit, la dernière fois qu'elle m'a parlé : « Si tu t'en sors avant moi, retrouve Lazlo et allez voir Axou. » Voilà toute mon histoire, conclut-elle en lâchant enfin la main d'Axel.

Mais une question brûlait les lèvres de Métaz.

— Que sais-tu, toi, des derniers jours d'Adriana ? risqua-t-il.

— Rien. Au commencement on nous a enfermées, Miska et moi, dans le même quartier qu'Adriana, dans la prison de Newgate. Lazlo, lui, avait assommé ses gardes et s'était sauvé. Mais à la promenade, il était interdit aux prisonnières de parler entre elles. D'ailleurs, on nous a mis à toutes des masques sur le visage, pour que les femmes ne se reconnaissent pas, ne se fassent pas de signes. Après le procès, nous avons été séparées. Et tout ce que je sais, c'est que j'ai entendu, un matin, sonner la cloche de l'église du Saint-Sépulcre et la foule, venue assister aux pendaisons, chanter un cantique. Ça voulait dire que le bourreau avait fait son œuvre.

— Et Miska, qu'est-elle devenue ?

— Une Irlandaise m'a dit sur le ponton que les gardiens, au matin de notre départ, avaient trouvé une romani, morte empoisonnée dans sa cellule. J'ai su tout de suite que c'était Miska.

Présentée un peu plus tard à Mme Métaz, la gitane ne dit pas un mot mais tomba à genoux devant le berceau où dormait Vincent. Elle murmura une sorte de prière dans sa langue gutturale. Cela déplut à Elise, qui ne lui posa aucune question et ne chercha pas à prolonger l'entretien.

La veille de Noël, en sortant de l'église Saint-Martin où les Métaz, accompagnés de leurs parents et amis, avaient assisté au baptême de Vincent, Elise demanda à son mari d'éloigner Zélia de Rive-Reine.

— Faites-moi cette concession pour ma tranquillité, Axel. Car, chaque fois que cette femme vient voir l'enfant, elle s'agenouille et récite d'étranges patenôtres dans une langue incompréhensible. Elle voulait même suspendre au berceau une médaille portant une tête de mort avec une rose dans les dents. Cet attribut macabre m'a donné le frisson et j'ai chassé Zélia de la chambre. Bien qu'elle m'ait assuré, la main sur le cœur, qu'il s'agissait de l'effigie d'un saint, vénéré des Tsiganes de sa tribu et protecteur des enfants, j'ai eu peur qu'elle ne jette un sort à notre petit. Je vous en prie, éloignez-la de chez nous !

Axel sourit, et se garda bien de nommer et de cautionner devant Elise ce saint Pertinent, ignoré de tous les calendriers. Comme il souhaitait, avant tout, maintenir la quiétude de son foyer, il promit de réfléchir à l'affaire et s'en fut, pour respecter la tradition, remplir un tonnelet de trente litres de son meilleur vin, qui serait bu lors de la confirmation de son fils, étape capitale dans la vie d'un protestant.

C'est en février 1835, alors que les fêtes de fin d'année étaient oubliées, que tout fut résolu.

Alexandra, d'une maturité exceptionnelle pour ses douze ans, avait mal vécu l'arrivée triomphale de l'enfant d'Elise à Rive-Reine. La présence de l'innocent intrus, dont on venait de découvrir qu'il aurait le regard vairon comme son père et son grand-père, la contrariait de plusieurs manières. Non seulement le nouveau-né mobilisait toute l'attention d'Elise, ce dont elle se serait accommodée, mais il écourtait les moments qu'Axel consacrait d'ordinaire à sa filleule pour monter à cheval, jouer aux cartes ou pêcher en barque.

Intelligente, lucide et sensible, Alexandra ressentait telle une insuffisance coupable son incapacité à aimer l'enfant qu'on lui présentait comme un frère.

Alors que toute la maisonnée se réjouissait, la filleule d'Axel s'était mise à pleurer quand, avec fierté, Mme Métaz lui avait présenté son fils. Ces larmes, qualifiées d'inconvenantes par la jeune mère, avaient valu à la fillette d'être traitée de petite dinde par son parrain. Bien que ce dernier l'eût plus tard consolée en l'appelant « ma fille unique » et en l'assurant qu'elle n'était pas « une orpheline recueillie par charité », comme elle l'avait dit à Aricie Chantenoz, Alexandra boudait depuis ce jour-là.

Françoise, seule domestique autorisée à langer le nouveau-né, dit un jour à Elise qu'elle craignait que la fillette ne fît du mal à l'enfant. Pressée de s'expliquer, la vieille femme affirma devant ses maîtres, sur un ton plaintif et alarmiste, avoir vu Alexandra « se pencher sur le petit avec un regard étrange » ! Elise ne dit mot, Axel haussa les épaules.

En revanche, la fillette et la Tsigane s'étaient plu dès la première rencontre. Peut-être parce que toutes deux, à des degrés divers et sans que les sentiments qu'elles inspiraient à Elise fussent comparables, se sentaient maintenant de trop dans cette maison.

Axel, en quête d'un travail pour Zélia hors de Rive-Reine, n'avait essuyé pendant deux mois que des refus. Personne, à Vevey, où Lazlo suscitait encore la méfiance des commerçants, ne voulait employer une gitane « voilée de noir comme une musulmane », disaient les bourgeoises, qui n'en étaient pas à une confusion près. Les racontars de la mère Chatard n'étaient pas étrangers à ce rejet. Vingt fois, en améliorant son récit, cette caqueteuse médisante avait raconté l'échange, à ses yeux inconvenant, qui avait eu lieu sous sa fenêtre, la nuit même où Mme Métaz avait mis son enfant au monde. La commère donnait à entendre que cette concomitance portait en germe quelque malheur imprévisible. Un siècle plus tôt une telle assertion eût suffi à envoyer Zélia au bûcher.

La Tsigane, remise de ses épreuves, ressentait cet ostracisme comme une injure pour les Métaz. Son regard sombre prenait une intensité cruelle et méprisante quand une passante la dévisageait comme si elle eût été une goule. La méfiance instinctive qu'elle inspirait aux gens s'amplifia encore le jour où, sur les conseils de Pernette, qui l'avait prise en affection, elle abandonna sa longue jupe et son voile noir pour se vêtir comme les autres femmes. En découvrant que Zélia était une jolie fille, aux traits fins, au teint mat, à la démarche souple et chaloupée, dont la longue toison de jais, onduleuse, lustrée et libre, captait l'attention des garçons, les épouses et les mères répandirent que cette transformation révélait chez la Jenisch l'envie d'un homme ! Du coup, Zélia décida de ne plus sortir que la nuit, accompagnée de Lazlo, ce qui aggrava son cas. Pour les Veveysans les moins évolués, toutes les bohémiennes devenaient des sorcières dans le royaume des ombres. Albert Duloy, à qui Axel s'ouvrit des obstacles artificiels que les préjugés stupides des uns, la bêtise et l'ignorance des autres opposaient à l'intégration de Zélia, se déclara prêt à prendre la jeune femme à son service. C'était le plus sûr moyen de faire taire les commères dans une ville où le vieux pasteur donnait, depuis des années, l'exemple de la sagesse, de la tolérance et de la vertu.

Mais un événement imprévu allait permettre de régler d'autre manière le sort de l'ancienne suivante d'Adriana et celui d'Alexandra.

Axel Métaz découvrit un matin, en ouvrant son courrier, que sa femme avait écrit, sans l'en instruire, aux oncles et tantes de sa filleule, pour les inviter à « remplir envers leur nièce le devoir familial que M. Métaz avait trop longtemps assumé à leur place ».

L'un des sollicités ayant cru bon d'adresser directement sa réponse à M. Axel Métaz, entrepreneur à Vevey, fit découvrir la démarche d'Elise. L'oncle d'Alexandra assurait avoir consulté les autres membres de la famille et faisait part de leur refus unanime d'accueillir l'orpheline. « N'ayant aucune part dans le gros héritage des malheureux Ruty, nous ne pouvons assumer l'éducation d'une fille, sans doute habituée à vivre dans le confort, peut-être le luxe, au foyer d'un riche vigneron et entrepreneur. Vous l'avez voulu prendre, gardez-la », écrivait, acide, le porte-parole.

Ces propos eussent fait sourire Axel s'il n'avait été autant peiné que contrarié par l'initiative dissimulée et intempestive d'Elise. Depuis leur mariage, c'était le premier manquement grave de son épouse, dont il n'aurait pu imaginer pareille conduite.

« Comme elle doit détester Alexandra pour en arriver là », pensa-t-il, refrénant sa colère. Après un temps de réflexion, il rejoignit Elise qui brodait au salon. Sans un mot, il mit la réponse de l'oncle d'Alexandra sous les yeux de sa femme.

— J'attends une explication, dit-il sèchement, quand elle eut pris connaissance de la lettre.

Elise pâlit car jamais son mari ne s'était adressé à elle sur un tel ton.

— Ne m'en veuillez pas, j'ai cru bien faire... pour vous ôter un souci que je devine. Alexandra n'est plus à l'aise ici, depuis la naissance de Vincent. Elle l'a même dit à Louis Vuippens, qui me l'a répété.

— Tiens... à Vuippens, vraiment ! fit Axel, incrédule.

Elise se mit à pleurer doucement, ce qui émut son mari, dont le ton s'adoucit aussitôt.

— Vous auriez pu m'en parler avant d'écrire à ces gens cupides... et indifférents depuis tant d'années au sort de leur nièce.

— Me pardonnerez-vous jamais ? Je suis si malheureuse de vous avoir contrarié ! dit Mme Métaz, sans tenter de contenir ses sanglots.

— Séchez vos yeux. J'oublie cet impair. Mais sachez, Elise, qu'à Rive-Reine je suis le seul à pouvoir décider du sort d'Alexandra, ajouta-t-il, tendre mais ferme, en caressant les cheveux de sa femme.

Rassurée, Mme Métaz tendit ses lèvres, sur lesquelles Axel cueillit un baiser de réconciliation salé par les larmes.

Une heure après, Axel avait rédigé une lettre destinée aux Laviron. Anaïs et Pierre-Antoine débordaient d'une affection sincère pour Alexandra qu'ils avaient, pour Noël, comblée de cadeaux. Lors du repas du nouvel an à Beauregard, le banquier et sa femme avaient compris, l'un et l'autre, que la fillette souffrait, sans le dire, du mariage de son parrain, et plus encore de la venue d'un fils au foyer de celui-ci.

A plusieurs reprises, ils avaient proposé aux Métaz de prendre Alexandra chez eux, à Genève, afin qu'elle pût suivre les cours de l'Ecole supérieure de jeunes filles, dont la renommée dépassait les frontières du canton, et ceux du nouveau conservatoire de musique dont on annonçait l'ouverture imminente. Alexandra montrait, en effet, des dispositions exceptionnelles pour le piano et Elise, bonne pianiste, qui avait été son professeur, reconnaissait qu'elle n'avait plus rien à apprendre à son élève. Alexandra ne pourrait perfectionner son jeu qu'en suivant l'enseignement de musiciens professionnels.

Axel se croyait donc autorisé à demander aux Laviron s'ils accepteraient de se charger, moyennant finance, de l'entretien de sa filleule, de surveiller ses études, de compléter son éducation mondaine. Afin de pallier le surcroît de travail que la présence de la jeune fille pourrait entraîner pour les domestiques de la rue des Granges, Zélia serait affectée au seul service d'Alexandra.

Deux semaines plus tard, Axel reçut une réponse enthousiaste de Pierre-Antoine Laviron. Sa femme et lui accueillaient avec reconnaissance la proposition d'Axel. Dans ce foyer sans enfants, Alexandra serait traitée comme leur propre fille et Zélia admise sans réticence. « Nous comptons donner à votre filleule la chambre et la salle d'études attenante, où vécut notre pauvre Juliane. Ces pièces seront bien sûr rafraîchies et meublées de neuf. Quant à la gentille et dévouée servante d'Alexandra, elle jouira d'une chambre au même étage car nous croyons plus convenable, étant donné son origine étrangère, de ne pas la loger avec nos domestiques. » Comme on pouvait s'y attendre de la part d'un des banquiers les plus riches de Genève, M. Laviron refusait tout dédommagement « pour l'entretien d'une pensionnaire qui apporterait la lumière et la fraîcheur de la jeunesse dans un foyer depuis longtemps privé de bonheur par un sort cruel et injuste ».

Restait à convaincre Alexandra du bien-fondé de cet exil. Avant même d'informer l'intéressée et Elise de sa décision, Axel voulut s'entretenir de la situation avec Louis

Vuippens. Le médecin approuva sans hésitation l'éloignement de l'orpheline.

— Depuis ton mariage, et surtout depuis la naissance de ton fils, Alexandra a perdu sa spontanéité et son exubérance naturelles. Vois sa mine. Chantenoz te dira que son travail scolaire s'en ressent. Cette petite est malheureuse parce qu'elle t'aime trop. Elle refuse de partager avec d'autres ton affection…

— Un caprice d'enfant ! dit Axel en haussant les épaules.

— Un chagrin de femme, Axel, rectifia gravement Vuippens.

— Voyons, Louis, Alexandra n'a que treize ans et demi !

— Ecoute, Axel, je suis médecin et j'ai dû demander à Elise d'expliquer à Alexandra la cause naturelle de certaine petite manifestation organique qu'elle a connue pour la première fois il y a peu et qui l'avait affolée. Je puis te dire que ta filleule vient de franchir le cap de la puberté. C'est une femme, plus une enfant ! Et, qui plus est, c'est une femme jalouse.

Cette conversation troubla beaucoup Axel Métaz, qui décida de brusquer les choses. Il avait promis à Chantenoz de l'accompagner à Genève pour assister avec Pierre-Antoine Laviron à l'inauguration de la statue de Jean-Jacques Rousseau, le 24 février. Il en profiterait pour conduire Alexandra rue des Granges. Restait à affronter cette dernière. Il fut bien aise, ayant annoncé ses intentions à sa filleule, de constater que celle-ci ne montrait nulle réticence à quitter Vevey pour Genève, en compagnie de Zélia. Elle parut, au contraire, satisfaite de ce changement de vie.

— Comme ça, quand tu viendras à Genève – car tu y vas souvent, pour tes affaires – tu seras à moi toute seule ! s'exclama-t-elle en sautant au cou de son parrain, plus ému qu'il ne pouvait le montrer.

6

Soixante-treize ans après avoir jeté dans les flammes *Du contrat social ou Principe du droit politique* et l'*Emile*, les Genevois, faisant amende honorable, inaugurèrent en grande pompe, le 24 février 1835, le monument dédié à Jean-Jacques Rousseau, dont les intellectuels libéraux entendaient confirmer avec éclat la réhabilitation. Un penseur que la France avait placé dans son Panthéon, près de Voltaire, et dont le père avait exercé le noble métier d'horloger, devait être enfin honoré dans sa ville natale. Car, se référant aux écrits de Rousseau, beaucoup de Genevois, même conservateurs, auraient pu dire comme M. Rodolphe Töpffer, le fameux pédagogue, auteur de récits illustrés, « je n'ai guère lu autre chose ni vécu avec quelqu'un d'autre ».

Pierre-Antoine Laviron, membre du comité de souscription, avait obtenu, sur l'île aux Barques, où trônait la statue sculptée par James Pradier, les meilleures places pour ses invités. Les Fontsalte, les Chantenoz, les Métaz, arrivés la veille de Vevey, trouvèrent la température de Genève plus fraîche que celle du pays de Vaud. Les femmes, bien emmitouflées, craignaient que ne se levât la bise noire, annoncée par un bacouni pendant la traversée. Le général Claude Ribeyre de Béran s'était joint au cercle des Vaudois mais n'avait pu décider Flora, son épouse, à l'accompagner.

L'Italienne détestait Rousseau, voyait en lui un des inspirateurs de la Révolution et des tueries de 1792, un père indigne. Non content d'avoir engendré des enfants illégitimes, Rousseau ne les avait-il pas, de surcroît, abandonnés ? Mme de Béran était donc restée rue des Granges, en compagnie de Mme Laviron qui partageait ses sentiments. Les deux femmes regrettaient de n'avoir pu retenir Charlotte, Aricie et Elise qui, sans être des rousseauistes convaincues, avaient suivi leurs maris pour le plaisir de la fête.

— C'est bon, allez joindre vos vivats à ceux des jeanjacquards et des radicaux ! avait clamé Flora.

Quant à Alexandra, dont on achevait l'installation, elle eût volontiers accompagné son parrain mais Flora fit admettre la nécessité de tenir la fillette « loin de cette mascarade indigne d'un peuple intelligent ».

Pour l'heure, les privilégiés frissonnaient en tapant du pied, devant la statue voilée sur un socle provisoire. Le piédestal définif, en granit de Mornex – « payé par le Trésor public », crut bon de préciser M. Laviron –, ne serait pas achevé avant un an. En revanche, le sculpteur James Pradier, très entouré, répétait à qui voulait l'entendre qu'une première fonte de la statue, par Honoré Gonon, ayant été refusée, le bronze avait été coulé une seconde fois, à Paris, par Crozatier. « J'aurais passé cinq mille francs de dépenses de plus que ce qu'on me donne pour exécuter la statue[1] », disait l'artiste sans amertume, prêt à faire cadeau de son talent et de sa peine. En attendant, Jean-Jacques Rousseau statufié n'était encore, sous un soleil timide, qu'un fantôme drapé d'un suaire vert constellé d'étoiles d'or.

— Voici votre Jean-Jacques sous les couleurs de la religion naturelle qu'il prôna sans y croire, plaisanta Chantenoz.

Le professeur avait reconnu la symbolique élémentaire de ceux qui tenaient à faire de l'événement un geste politique, une allusion révolutionnaire, un avertissement public donné au gouvernement conservateur du syndic Rigaud.

---

1. Lettre de James Pradier à Joseph Marin, 10 janvier 1834, publiée par Douglas Siler dans *James Pradier et ses amis genevois les Marin : lettres, dessins et documents inédits*. Reproduite dans *Aspects de l'art à Genève au XIX*^e^ *siècle*, musée d'Art et d'Histoire, Genève, 1979.

Dès le matin, les salves de boîtes avaient annoncé la cérémonie et les invités s'agglutinaient sur l'île aux Barques, décorée de feuillages et de fleurs, qu'on avait eu bien du mal à se procurer en cette saison. C'est en empruntant la passerelle, qui reliait depuis peu le pont des Bergues à l'ancien pentagone irrégulier fortifié au XVIe siècle, que les privilégiés accédaient à l'île, désormais dédiée à Rousseau. Le bon peuple de Saint-Gervais et des rues basses, moins bien loti, s'était massé, dès le matin, sur le nouveau quai des Bergues et le bastion de Chantepoulet transformé en jardin. Tous les balcons et fenêtres donnant sur l'île étaient occupés par des dames chapeautées. Sans se mêler au populaire, elles voulaient, en caquetant, assister au spectacle.

Le tardif hommage à Rousseau réjouissait les cabinotiers, héritiers idéologiques du philosophe, scandalisait les calvinistes, les méthodistes et les presbytériens, même le pasteur Malan, amusait les catholiques, qui voyaient là une concession hypocrite au veau d'or car, banquiers, commerçants et hôteliers, considérant la statue de l'étrange amant de Mme de Warens comme une attraction locale, espéraient un afflux de clients et de touristes admirateurs de l'écrivain !

Axel reconnut, autour du sculpteur, plusieurs des souscripteurs, des officiers de la milice, mais peu de membres du Conseil d'Etat.

— Le gouvernement a tenu à garder ses distances, à cause de la mainmise des radicaux sur cette cérémonie, reconnut sans plaisir Pierre-Antoine.

Vint le moment de dévoiler la statue. La musique et l'artillerie ponctuèrent de flonflons et de détonations la dénudation du philosophe genevois figé dans le bronze. Mille poitrines exhalèrent à l'unisson un ah ! admiratif, si puissant que la foule des quais le perçut et lui fit écho. En toge socratique, assis dans un fauteuil, le dos au lac[1], pieds

1. La statue, on ne sait exactement pour quelle raison, fut retournée et Rousseau fait maintenant face au lac. Ce changement d'orientation a pu se faire au printemps de 1837, quand la statue fut placée sur son socle définitif en granit poli de Mornex. C'est ainsi que Stendhal aurait vu Rousseau, en 1837, « assis vis-à-vis de ce lac, qui lui fut si cher », si l'on en croit les *Mémoires d'un touriste*.

nus, un livre sur le genou gauche, tenant une plume de la main droite levée, le regard fixant le flot fuyant du Rhône, dans l'attitude du penseur en quête du mot juste ou en mal d'inspiration : ainsi apparut Jean-Jacques Rousseau, tel que Pradier le livrait à l'immortalité et à Genève repentante.

Quand l'émotion fut retombée, M. Fazy-Pasteur, président du comité de souscription, prit la parole. Après avoir déclaré : « La dédicace du discours de Rousseau sur l'origine des inégalités est le plus beau titre dont aucune république ait pu se glorifier », le député au Conseil représentatif commenta prudemment : « Les opinions politiques et philosophiques de Rousseau ont donné lieu à une grande diversité de jugements, sur lesquels nous ne sommes point appelés ici à établir de controverse. »

— Ne parlons pas de choses qui fâchent, souffla Chantenoz, goguenard, tandis que l'orateur achevait son discours en assurant aux souscripteurs de toutes classes que « l'offrande du citoyen pauvre eût ému le cœur » de Jean-Jacques.

La cérémonie terminée, on se rendit en cortège au restaurant où le comité offrait un banquet au statuaire. Au cours du repas, on entendit des couplets du poète Petit-Senn, qui exalta avec emphase la fonction rassembleuse de Rousseau :

Viens, digne amant de la nature,
Viens planer sur notre cité.
L'hypocrisie et l'imposture
Fuiront ton aspect redouté.
Si ta vie, hélas ! fut amère,
Si l'exil conduisit tes pas,
En ce jour, Genève ta mère,
Pour t'accueillir ouvre ses bras.

Pendant ces agapes, les enfants des écoles, garçons et filles, s'étaient rassemblés sur la promenade du pont en fil de fer des Pâquis d'où ils partirent à trois heures de l'après-midi, pour se rendre, en cortège derrière une musique, sur l'ancienne île aux Barques, devenue île Rousseau. Ainsi que le constata plus tard Charlotte Métaz, les petits Genevois défilèrent, respectueux et admiratifs, devant la statue de l'homme qui avait livré ses enfants à l'assistance publique !

La journée se termina par une fête populaire, à laquelle M. Laviron conduisit ses invités y compris, cette fois, la petite Alexandra, qui applaudit les feux d'artifice tirés de l'île et des bateaux à vapeur sous grand pavois et girandoles.

Le lendemain, avant de regagner Vevey, Axel eut un entretien avec Pierre-Antoine au sujet d'Alexandra, qui paraissait s'accommoder parfaitement de son installation rue des Granges. Parlant de l'avenir de la fillette, M. Laviron émit l'hypothèse, n'ayant plus d'héritiers, qu'il pourrait, si Alexandra s'habituait bien à sa nouvelle vie et si Axel n'y voyait pas d'inconvénient, adopter un jour l'orpheline « et, plus tard, la bien marier ».

Axel trouva la question prématurée mais se garda bien de manifester la moindre opposition. Il remercia le généreux Pierre-Antoine.

— Peut-être faut-il laisser un peu de temps s'écouler, dit-il simplement.

— Pas trop de temps tout de même, cher Axel, j'ai passé la soixantaine, Anaïs la cinquantaine, et nous savons, vous et moi, que Dieu nous retire de la vie quand bon lui semble !

Au lendemain de cette journée, qu'*Europe centrale*, journal de James Fazy, qualifia d'historique en se félicitant de la réussite d'une fête « entièrement conduite par les citoyens, sans aucune intervention ou assistance de l'Etat », le cercle Fontsalte se dispersa. Blaise et Charlotte, accompagnés de Claude et Flora, partaient pour Fontsalte-en-Forez, via Lyon, par la diligence ; les Chantenoz rentraient à Lausanne et les Métaz, à Vevey. Au moment de quitter son parrain, dans la cour de l'hôtel Laviron, Alexandra domina son émotion et, avec un air enjoué qui ne trompa personne, gravit lestement le perron de sa nouvelle demeure, entraînant Zélia déjà tout à son rôle de gouvernante.

Pendant le voyage de retour vers Lausanne et Vevey, à bord du *Winkelried*, tandis qu'Elise et Aricie papotaient au salon, Axel s'étonna de voir Martin Chantenoz, si frileux de nature, seul sur le pont, assis à l'abri du vent. Le professeur, suivant un tic familier, indice de réflexion ou de perplexité, polissait machinalement les verres de ses lunettes. Pensif, il paraissait indifférent au superbe paysage de la Côte, nettoyée des neiges de l'hiver. Sous un soleil d'avant-garde printanière, le vignoble offrait ses parchets de terre brune hérissés de ceps noueux, bras émergeant de squelettes enfouis, tendus vers la lumière et la vie, que les vignerons, déjà occupés à la taille, amputaient avec circonspection. D'ordinaire, un tel spectacle eût inspiré des envolées lyriques à Chantenoz mais il se contenta, à l'approche de son ancien élève, de chausser ses lunettes en soupirant. Axel crut voir dans ce désintérêt une séquelle nauséeuse des libations de leur dernière soirée genevoise. Le repas, au restaurant Leucher, avait été copieusement arrosé.

— Auriez-vous le mal du lac ? demanda M. Métaz.

— Ce matin, je suis moindre, mon garçon, répliqua Martin, usant d'une expression vaudoise.

— Diantre… moindre, Martin !

— Oui, je pense aux cruautés gratuites du destin. Je pense à un orphelin de quatorze ans qui n'aura pas la chance d'Alexandra. Un des élèves les plus doués que j'aie connus au collège de Genève, le petit Henri-Frédéric Amiel. Il avait onze ans quand sa mère est morte de la tuberculose et j'ai appris, hier, que son père, inconsolable, s'est jeté dans le Rhône[1]. N'est-ce pas tragique pour ce garçon, dont les versions latines méritent les premiers prix ?

— Certes, Martin, perdre si jeune sa mère et, ensuite, son père et de telle manière, doit laisser un enfant dans le plus complet désarroi. Mais j'imagine qu'il a été recueilli par des parents.

— Son oncle paternel et sa tante, qui ont déjà cinq enfants, hébergent les trois orphelins. Mais Henri-Frédéric, que ses maîtres, avec qui j'ai parlé hier, disent avide de tout connaître, pourra-t-il suivre des études et devenir professeur comme il le souhaite ?

1. Le 20 octobre 1834. M. Henri Amiel était âgé de quarante-quatre ans et laissait trois orphelins : Henri-Frédéric, treize ans, Fanny, neuf ans, et Laure, cinq ans. Mme Amiel, née Caroline Brandt, était morte le 20 décembre 1832, à l'âge de trente et un ans.

— Je crois savoir que vous n'étiez guère mieux loti, Martin. Et cependant, vous voilà à l'apogée d'une belle carrière, titulaire d'une chaire à l'Académie de Lausanne, observa Axel, affectueux.

— Certes, je fus orphelin de bonne heure, moi aussi, mais j'eus la chance d'être entretenu dans de bons pensionnats par un oncle célibataire, marchand d'antiques, que j'ai dû voir une douzaine de fois dans ma vie ! Il m'eût laissé une belle fortune, gagnée en faisant commerce des butins révolutionnaires, s'il ne l'avait dilapidée au jeu, avec des actrices, en bals costumés et en banquets dont les menus gargantuesques figurent, paraît-il, dans tous les ouvrages de gastronomie ! En fait, je me suis fait seul, Axel.

Considérant qu'il avait assez parlé de lui et suffisamment sacrifié à la mélancolie, Martin Chantenoz quitta son banc et prit son ancien élève par le bras.

— Allons voir, mon garçon, si nous pouvons trouver sur ce bateau, qui pue la fumée et l'huile chaude, de quoi nous humecter la gorge, dit-il, soudain ragaillardi.

Habitué à ces sautes d'humeur, Axel entraîna son mentor vers le bar, dont la société du *Winkelried* vantait le confort et le choix considérable de boissons. Les deux hommes y passèrent le reste du voyage !

Ce printemps-là, Axel Métaz procéda, à Vevey, à la mise à l'eau de son bateau demi ponté, le premier, construit par le chantier Rudmeyer et Métaz, qui ne fût pas destiné à la pêche ou au commerce, mais simplement au plaisir de la navigation. La mode récente des voiliers ou petits vapeurs de plaisance appelés yachts, importée à Genève par un Anglais, commençait à se répandre, et certains riverains fortunés souhaitaient maintenant posséder un bateau racé et rapide, pour la promenade ou leurs déplacements privés. Au pays de Vaud, M. Métaz apparut tel un précurseur hardi et, aux yeux de certains, un tantinet gaspilleur, toute dépense improductive étant considérée par les paroissiens les plus rigoristes comme superflue, ostentatoire, inutile et, de ce fait, assimilable au péché de prodigalité !

Si la construction et la décoration de son bateau blanc avaient été aussi soignées, c'est parce que l'entrepreneur comptait bien faire des envieux et, ainsi, susciter des commandes.

Le lancement donna lieu à une petite cérémonie. Axel tendit à Elise une bouteille de vin de Belle-Ombre, suspendue à un long ruban azur et or, couleurs de Vevey depuis 1603. Mme Métaz, promue marraine, lança fort adroitement le flacon contre la proue où il se brisa.

Le contremaître et les compagnons du chantier, les amis des Métaz et les badauds applaudirent la glissade de la longue coque fine dans le Léman, qui accueillit le bateau sans le moindre clapot désapprobateur. Pierre Valeyres, le vieux bacouni, dont ce navire était en grande partie l'œuvre, ne fut pleinement rassuré qu'au moment où la voile latine fut hissée et qu'un petit rebat précoce, venu de Savoie, dérida la toile, la tendit, la gonfla, manière qu'ont les vents d'enjôler une nacelle.

Louis Vuippens qualifia de gaspillage l'aspersion d'une coque neuve au vin de Belle-Ombre. Chantenoz l'approuva et trouva outrecuidant de sacrifier un tel nectar à Poséidon, suivant une tradition maritime qui n'avait rien de lémanique. Le médecin et le professeur se consolèrent plus tard quand, à Rive-Reine, Blaise de Fontsalte fit déboucher quelques flacons de meursault, rapportés par Trévotte de son vignoble bourguignon.

Tous les invités voulurent savoir l'origine du nom *Ugo*, peint en lettres d'or à la poupe et à la proue du voilier.

— En souvenir d'un ami vénitien qui aimait les belles barques, dit simplement Axel pour satisfaire les curieux.

— C'est pas un nom chrétien ! commenta la mère Chatard qui s'était imposée en voisine, comme chaque fois qu'on donnait la verrée à Rive-Reine.

Le mois de mars apporta des Etats-Unis une longue lettre de Guillaume Métaz. Ayant été informé depuis plusieurs semaines, par Axel, de la naissance de Vincent, l'exilé, sans doute influencé par le vocabulaire américain, le priait de transmettre ses congratulations à la jeune mère. M. Métaz disait se réjouir qu'Axel connût la joie ineffable d'être un père « n'ayant pas à douter de sa paternité du fait du regard particulier transmis au nouveau-né ». Après cette allusion au drame passé, M. Métaz annonçait à Axel que sa sœur Blandine attendait, enfin, l'enfant depuis longtemps désiré. « Ce sera un bon produit américano-vaudois, comme mes deux filles Johanna et Maguy, qui auront cette année dix et douze ans », précisait-il. Afin de montrer l'étendue de sa réussite, il donnait ensuite maints détails sur le développement et la prospérité de ses entreprises et révélait son élection à la présidence de la Chambre de commerce, par les hommes d'affaires du Massachusetts. On le pressait maintenant de se porter candidat au Sénat de l'Etat. Mais il n'envisageait pas de se présenter devant les électeurs, considérant qu'à soixante-trois ans ses propres affaires l'occupaient trop pour qu'il pût accepter, en conscience, des responsabilités politiques.

« Si j'en étais tenté, l'ingratitude des citoyens américains envers les hommes qui se sont dévoués corps et âme au bien général de l'Union m'en dissuaderait », commentait-il. Puis il citait, à l'appui de cette assertion, le cas douloureux de son ami genevois Albert Gallatin, émigré devenu citoyen américain en 1785, « dont la destinée exceptionnelle devrait être citée en exemple aux jeunes Suisses ». Gallatin, rejeton aventureux d'une grande famille genevoise – sa grand-mère était une amie de Voltaire –, avait commencé modestement sa carrière comme bûcheron dans l'Etat du Maine, avant de devenir, au fil des ans et des circonstances, agent immobilier, banquier, membre de la Chambre des représentants de Pennsylvanie, puis secrétaire d'Etat au Trésor de Thomas Jefferson et James Madison, enfin ministre à Paris, puis à Londres. C'est Gallatin qui avait, très habilement, organisé le financement de l'achat de l'immense Louisiane à la France en 1803, permettant ainsi aux Etats-Unis de doubler leur superficie pour quinze millions de dollars[1]. Il fut en 1814 le plus important signataire du traité de Gand, qui mit fin à la guerre de 1812 entre les Etats-Unis et la Grande-Bretagne.

« Eh bien, écrivait Guillaume, cet homme de bien, qui me fut d'un salutaire concours quand je vins m'établir ici, risque

1. La Louisiane de ce temps-là, colonie française, s'étendait du golfe du Mexique aux Grands Lacs, des Rocheuses aux Allegheny et couvrait ainsi la surface de dix-huit Etats américains d'aujourdhui. Voir *Je te nomme Louisiane*, du même auteur, collection l'Aventure coloniale de la France, dirigée par Bernard Lauzanne, Denoël, Paris, 1990.

de finir sa vie dans la pauvreté. » Et, pour confirmer ses dires, Guillaume joignait à sa lettre une coupure du *Journal des débats*, feuille française à laquelle il était abonné.

Le célèbre économiste Michel Chevalier, envoyé en mission particulière aux Etats-Unis par M. Thiers, « pour y étudier le système des communications par eaux et voie de fer », avait rencontré, à New York, Albert Gallatin, maintenant âgé de soixante-quatorze ans. Le membre de l'Institut écrivait d'une plume indignée : « L'illustre M. Gallatin qui, après avoir vieilli au service de la république, après avoir été pendant quarante ans législateur, ministre au dedans, négociateur au dehors, après avoir pris une part active à tout ce qui a été fait de bon et de sage par le gouvernement fédéral, s'est un beau jour vu remercier purement et simplement et eût terminé dans le dénuement sa laborieuse carrière, si des amis ne lui eussent offert la place de président de l'une des banques de New York[1]. »

Guillaume Métaz ajoutait qu'il s'agissait de la Banque nationale de New York[2] et que M. Gallatin, non content de présider cet établissement, s'intéressait de près au développement du Columbia College, dont il souhaitait faire une université ouverte à tous les étudiants, sans distinction de classe sociale.

Le Vaudois américanisé terminait sa lettre sur une note sentimentale. « Je ne reverrai sans doute jamais notre Léman et nos vignobles de Lavaux mais puis-je espérer qu'un jour tu me feras le plaisir de me visiter, seul ou avec ta famille ? Les Baltimore Clippers traversent maintenant l'Atlantique en moins de quarante-cinq jours et, depuis que le *Savannah*, voilier doté d'une machine à vapeur, n'a mis que vingt-neuf jours[3], les ingénieurs américains s'activent fort pour construire des vapeurs transatlantiques, qui

1. *Lettres sur l'Amérique du Nord*, Michel Chevalier, tome II, société belge de librairie, Hauman et Cie, Bruxelles, 1838.

2. En 1865, après la guerre de Sécession, l'établissement deviendra la Banque Gallatin, signe de reconnaissance à la mémoire de son premier président, mort en 1849. En 1912, cette banque fut absorbée par la Hanover Bank.

3. Ce navire relia Savannah à Liverpool en vingt-neuf jours et quatre heures entre le 22 mai et le 20 juin 1819.

porteront les passagers d'Amérique en Europe en moins de deux semaines[1]. Avant de rendre mon âme à Dieu, qui m'a donné une seule grande peine et de nombreux bonheurs, dont celui d'avoir fait de toi un homme, j'aimerais, mon fils selon le cœur, te serrer une fois encore dans mes bras. »

Ce message du vieil homme émut Axel, qui répondit aussitôt qu'il ne manquerait pas de souscrire à ce désir quand le moment s'y prêterait.

C'est au cours d'une soirée d'avril, la première de l'année que l'on passait sur la terrasse de Rive-Reine, après une journée ensoleillée qui avait réchauffé la terre et fait éclore les premiers narcisses, que l'on vit arriver Louis Vuippens.

— Je viens d'apprendre par un ami italien, dit-il en s'asseyant, une bien triste nouvelle. Le peintre Léopold Robert, natif de La Chaux-de-Fonds[2], dont vous avez vu chez moi deux belles gravures d'après ses toiles fameuses, *Départ pour la pêche* et *les Moissonneurs*, s'est tranché la gorge avec son couteau à peindre, le 20 mars, à Venise. Et cela, par dépit amoureux ! Il faut être fou, non ! Aucune femme ne mérite qu'on se tue pour elle, conclut rageusement le médecin.

— Oh ! vous n'êtes guère sentimental, mon pauvre Louis, mais je condamne, comme vous, le suicide. Seul Dieu peut décider du moment de notre mort. Décider soi-même du jour et de l'heure à sa place est un sacrilège, dit Elise.

— Qui était la cruelle beauté qui désespéra notre illustre compatriote ? demanda Axel.

— Charlotte, la nièce de Napoléon Ier, mon bon. La fille de Joseph, qui habita Prangins avant de filer en Amérique. Elle avait épousé son cousin Napoléon Louis, le frère de Louis Napoléon, qui vit à Arenenberg avec sa mère, la reine Hortense. Vous vous souvenez que ce Napoléon

1. Il fallut attendre 1838. Cette année-là, le *Great Western*, vapeur britannique, effectua la traversée New York-Avonmouth en quatorze jours et quinze heures, entre le 7 mai et le 22 mai.

2. En 1794. Cet artiste suisse fut l'élève de Gérard et de David. Après avoir étudié à Paris, il alla perfectionner son talent en Italie.

Louis est mort en 31, à Forli, laissant Charlotte veuve, précisa Vuippens.

— Et notre peintre s'éprit de la jolie veuve, dit Axel.

— Avant même qu'elle ne devînt veuve. Il la rencontra à Rome en 1829 mais, deux ans plus tard, dès qu'il sut qu'elle était libre, il se précipita à Florence pour se déclarer. Mais la princesse Charlotte, très fière de son lignage, ne voulait sans doute pas d'un rapin roturier et vous savez la suite.

— Est-elle jolie, au moins ? demanda Elise.

— Même pas. D'après un Genevois, Edouard Odier, qui visitant Léopold Robert à Florence, tomba lui aussi amoureux de la princesse, Charlotte est petite, malingre, nez pointu, libre penseuse, frondeuse et vaniteuse, comme tous les Bonaparte. On lui reconnaît de beaux yeux noirs et l'esprit assez vif et entier. Mais enfin, pas de quoi désespérer un grand artiste en pleine maturité, conclut Vuippens.

— La beauté n'est pas tout, Louis, et l'on voit souvent des femmes laides inspirer de grandes passions, ajouta Elise.

A cet instant, Martin Chantenoz et Aricie, en séjour à Vevey, apparurent, souriants, sur la terrasse, se tenant par la main.

— Vous avez raison, Elise, dit Vuippens en riant, la belle Aricie est bien amoureuse de Chantenoz !

— De quoi parliez-vous ? demanda le professeur, en entendant prononcer son nom.

La conversation reprit sur le suicide et les considérations qui en découlaient. Quand la fraîcheur du crépuscule chassa les amis de la terrasse, on poursuivit tard au salon, devant un feu de bois, l'éloge funèbre du malheureux peintre et, après trois verres de lie, Martin Chantenoz prononça une condamnation formelle à l'encontre « des femmes qui allument des incendies qu'elles refusent d'éteindre ».

Pour les protestants, l'année 1835 fut celle du troisième centenaire[1] de la Réformation. A cette occasion, Genève

1. 1535 : adoption de la Réforme à Genève.

entendait rappeler à l'Europe que son passé lui valait le titre de Rome protestante. Aussi, les Genevois tenaient-ils à organiser un jubilé qui marquât un renouveau de la Réforme, au moment où le catholicisme envahissait la cité de Calvin. Et cela d'autant plus aisément que le mouvement du Réveil avait divisé, affaibli, la communauté protestante et que des esprits forts, principalement radicaux, commençaient à prôner une certaine forme de laïcité de l'Etat dans une république où l'autorité religieuse, politique et morale de la vénérable Compagnie des pasteurs n'avait jamais été contestée.

Elise Métaz, fille de pasteur et protestante engagée dans toutes les œuvres paroissiales, annonça à Axel qu'elle souhaitait se rendre à Genève fin août, pour assister à la célébration du jubilé. Son père, le pasteur Delariaz, conduirait la délégation du consistoire bernois et sa femme l'accompagnerait. Ce serait une occasion de réunir les deux familles pendant quelques jours.

Les Métaz faisaient leurs préparatifs de départ, quand on apprit, presque simultanément, à Vevey, les condamnations infligées aux canuts lyonnais, émeutiers républicains d'avril 1834, et l'attentat auquel venait d'échapper le roi Louis-Philippe. Le 13 août, la Chambre des pairs, siégeant en Haute Cour, avait rendu son arrêt après un procès de trois mois. Sept accusés étaient condamnés à la déportation. Parmi eux se trouvait Eugène Baune, professeur et président de la section lyonnaise de la Société des Droits de l'homme, un clerc d'avoué, un avocat, directeur du journal *la Glaneuse*, un huissier à la Cour royale mais aussi un cartonnier, un boulanger et un corroyeur. Quarante-trois autres condamnés se voyaient infliger des peines allant de vingt ans de réclusion à un an d'emprisonnement. La Cour avait prononcé neuf acquittements.

Ces condamnations eussent davantage ému les Vaudois si, le 28 juillet, à Paris, le conspirateur corse Giuseppe Fieschi n'avait fait exploser une machine infernale au passage de la voiture de Louis-Philippe, qui se rendait à la Bastille pour célébrer l'anniversaire de la révolution de Juillet 1830.

Par un ancien des Affaires secrètes, qu'on ne pouvait taxer de particulière sollicitude à l'égard du souverain,

Blaise de Fontsalte reçut un compte rendu plus objectif que celui des journaux.

« C'était une belle journée d'été, lumineuse et chaude, écrivait l'officier. Le roi à cheval était accompagné de ses fils, de la garde d'honneur et du ministre de l'Intérieur, M. Adolphe Thiers qui, courtaud et mal à l'aise, offrait en selle une image assez comique. Vous savez peut-être le méchant mot qui court Paris : "Thiers, le bien nommé, car il en faut trois pour faire un homme." Au moment où le cortège atteignait, sous des acclamations nourries, l'extrémité du boulevard du Temple, une terrible fusillade éclata. Les tirs, étrangement groupés, provenaient d'une maison voisine du Jardin turc. Une balle frôla d'assez près le front du roi pour y laisser une traînée de poudre, tandis que le maréchal Mortier s'effondrait, ainsi que plusieurs membres de l'escorte, et que des passants étaient abattus par la rafale. Une balle a emporté la cravate de François de Broglie, une autre a percé l'oreille du cheval de Flahaut, le fils adultérin de Talleyrand. Je dois reconnaître que Louis-Philippe ne perdit à aucun moment son sang-froid. Il continua son chemin sur l'itinéraire prévu. De la Bastille, il gagna la place Vendôme, y passa la revue des troupes, après avoir rassuré la reine Amélie, qui connaissait déjà l'attentat, le bruit s'en étant rapidement répandu. Le roi et la reine furent alors frénétiquement acclamés. »

Puis le correspondant de Blaise donnait le même bilan que la presse : « On a relevé dix-huit morts, la plupart parmi les badauds. L'auteur de la tuerie a été arrêté et l'on a découvert que l'attentat avait été perpétré au moyen d'une machine infernale inédite : vingt-quatre canons de fusils alignés sur un châssis, inclinés et commandés par une seule détente. Je viens d'apprendre que Fieschi n'est qu'un exécutant, que les concepteurs et organisateurs de l'affaire sont un bourrelier, qui se dit émule de Robespierre, nommé Morey, et un épicier nommé Pépin, financier de l'opération. Tous deux appartiennent à cette catégorie de républicains fanatiques qui cause tant de torts à l'idéal démocratique. Ils ont pris à la lettre les appels au meurtre fréquemment lancés par des feuilles révolutionnaires, dont les rédacteurs sont plus démagogues que démocrates. L'indignation publique est unanime, beaucoup de nos amis bonapartistes la partagent. Le terrorisme aveugle n'est pas un moyen civilisé d'imposer les idées généreuses que nous défendons depuis cinquante ans. »

Les obsèques des victimes avaient été célébrées le 5 août. Après un service religieux à l'église Saint-Paul, les honneurs avaient été rendus aux Invalides en présence du roi et de la Garde nationale. A cette occasion encore, Louis-Philippe avait fait l'objet d'ovations enthousiastes. « Les républicains n'ont pas de quoi se réjouir, écrivait l'ami de Blaise, l'attentat de Fieschi les ravale au rang de terroristes politiquement irresponsables, leur met à dos l'opinion publique, assure, et même augmente la popularité du roi. Au plan législatif, les conséquences vont être encore plus sérieuses. Les projets de loi déposés par le duc de Broglie et M. Thiers ne peuvent qu'être approuvés par les Français. On prévoit déjà que les cours d'assises ne serviront plus de tribune aux accusés, qui seront jugés hors de leur présence si le président estime leur attitude et leur discours susceptibles de dénaturer les débats. Les jurés voteront les peines à bulletin secret et à la majorité simple. Les délits de presse seront plus sévèrement réprimés et les journaux ne pourront plus publier que des caricatures autorisées, du roi et de ses ministres ! Voilà à quoi conduit le terrorisme imbécile de quelques fous qui ont tué Mortier et un tas d'innocents ! » Et l'ancien des Affaires secrètes concluait : « Je viens d'envoyer ma démission au Cercle républicain et je me tiendrai désormais hors de contact de ces enragés. »

— Nous n'allons pas pleurer Mortier plus qu'il ne mérite, mais reconnaissons que c'est une fin stupide pour un soldat que périr en paradant avec un roi dont on n'est même pas sûr du sang ! dit Ribeyre de Béran en guise d'oraison funèbre.

Blaise s'abstint, par charité, de tout commentaire, bien qu'il se plût à imaginer, dans la disparition de l'ancien héros de la Berezina, un décret de la Némésis. En 1815, Mortier avait envoyé Ney à la mort pour plaire à un Bourbon. Il mourait sans gloire pour un Orléans.

Vint enfin le moment, pour les Métaz, de se mettre en route pour Genève. Axel proposa qu'on s'y rendît à bord de l'*Ugo* mais Elise préféra faire le voyage en berline, ce qui enchanta Lazlo, factotum et cocher. A Genève, il reverrait Zélia.

Dès la fin de l'année 1833 avait été créé, à Genève, un Comité du jubilé dont le banquier Laviron faisait naturellement partie. Ce comité, non seulement organisa les cérémonies qui devaient marquer le tricentenaire de la Réformation, mais choisit les objets souvenirs vendus à l'occasion « d'une manifestation religieuse, civique et politique qui prouverait, devant la montée papiste, la vitalité du protestantisme ».

Ainsi, on avait commandé au fameux graveur Auguste Bovy une médaille portant sur la face une Bible ouverte entre Foi et Raison et, sur le revers, la colonnade du temple Saint-Pierre, l'écu genevois et les profils des quatre réformateurs : Calvin, Théodore de Bèze, Farel et Viret.

Les membres du Comité commandèrent aussi à des rédacteurs connus un ouvrage historique qui rappelait la marche conquérante de la Réforme à travers l'Europe.

Le principe de l'érection d'un monument à Calvin, proposé par certains membres du Comité, ayant été rejeté, il fut décidé qu'on transporterait et scellerait dans le temple Saint-Pierre la plaque, gravée en 1536, qui avait figuré jusqu'en 1798 à l'hôtel de ville et que les Français avaient reléguée à la Bibliothèque publique, où elle se trouvait encore.

Les dames furent chargées de couper et de coudre de nouveaux rideaux pour le temple, maintenant éclairé par des vitraux colorés. Ceux-ci remplaçaient les vitres incolores substituées par les réformateurs à certains vitraux catholiques d'autrefois, dont les représentations de vierges et de saints déplaisaient aux premiers protestants[1].

Toutes les dépenses afférentes à ces dispositions devaient être couvertes par des souscriptions.

Elise Métaz accepta, cette fois, de loger chez les Laviron, rue des Granges, car on ne trouvait plus une seule chambre libre dans les hôtels de Genève. Les Chantenoz, eux, disposaient encore du pied-à-terre que Martin conser-

1. Ceux-ci sont aujourd'hui visibles au musée d'Art et d'Histoire, à Genève.

vait rue des Belles-Filles. Quant aux Fontsalte et aux Béran, ils n'avaient, en tant que catholiques, aucune raison ni envie d'assister à ce que Martin Chantenoz appelait « la grande kermesse huguenote de Genève ». Et cela d'autant moins que Charlotte et Blaise venaient de patronner, à Lausanne, avec d'autres personnalités, la consécration, par Mgr Yenni, de la nouvelle église dédiée à Notre-Dame, place de la Riponne. Maintenant que Vevey, Yverdon, Nyon, Morges et Aigle possédaient leur paroisse catholique, les papistes, comme se plaisaient encore à les nommer les sectaires, considéraient qu'ils avaient conquis droit de cité, même si d'autres villes, comme Rolle, tentaient vainement d'obtenir des autorités des lieux de culte où se puissent réunir les fidèles.

Dès le vendredi 21 août, les Métaz étaient à pied d'œuvre pour assister à la réception des délégations étrangères, car toute l'Europe protestante avait été invitée à Genève. Ils virent ainsi arriver M. Ammon, Conseiller aulique et prédicateur de la cour de Saxe, M. Rohr, surintendant des Eglises du Grand-Duché de Weimar, M. Bretschneider, du Grand-Duché de Saxe-Gotha, le président de l'Eglise consistoriale de Paris, le révérend William Channing, venu de New Cambridge, Etats-Unis, une cinquantaine de pasteurs français, dont les réformés de Strasbourg, Montbéliard et Mulhouse, seize pasteurs anglais, des Irlandais, et même un ecclésiastique russe, dont on découvrit à temps qu'il était suisse, M. de Muralt, pasteur de l'Eglise française de Saint-Pétersbourg. Tous les cantons avaient envoyé des représentants qui, après les hôtes étrangers, furent comme eux, accueillis et salués par les dirigeants de la vénérable Compagnie des pasteurs de Genève. Le pasteur Delariaz, venu comme prévu de Berne en tête d'une délégation, fut rapidement soustrait aux effusions de sa fille et de son gendre par ses amis genevois, ecclésiastiques, professeurs ou membres des Conseils d'Etat ou représentatif. Tous étaient heureux de revoir l'érudit protestant, dont la notoriété avait, depuis longtemps, franchi les frontières de la Confédération. L'apparition de son épouse causa en revanche quelque surprise. On ne s'attendait pas à voir la femme d'un ministre aussi élégante et, surtout, « maquillée comme une sainte sulpicienne », observa Chantenoz.

Mme Delariaz, riche propriétaire bernoise, suivait la mode. Grande et remarquablement faite, elle enlevait la toilette avec une allure de princesse et ne pouvait passer inaperçue. Son chapeau de paille fine, surtout, impressionna les dames. Nanti d'une large passe bordée de petites roses pompons et la coiffe agrémentée d'un flot de blonde qui caressait l'épaule, le couvre-chef de Mme Delariaz fut qualifié d'œuvre d'art par Mme Laviron, toujours vêtue et chapeautée de noir. On admira aussi la robe, mi-longue, de taffetas rose, mais Elise en trouva le décolleté indécent. La modestie de tulle que le pasteur avait convaincu sa femme d'ajuster sur son buste de Junon, « au moins pour la réception des pasteurs », ne faisait qu'ajouter, par sa transparence équivoque, au désir de voir ce qu'elle devait cacher.

— Quelle belle femme ! C'est, en moins sévère, le portrait vivant de lady Howe, peint par Gainsborough, dit Chantenoz, émoustillé.

— Il suffit que ce soit une femme de pasteur pour qu'il s'enflamme, dit Aricie, qui ne manquait pas d'humour.

Pendant ce temps, le ministre discourait avec sa fille.

— La fête du jubilé a un double caractère ; elle veut rappeler l'affranchissement de la domination des ducs de Savoie et de la cour de Rome. C'est une fête religieuse, certes, mais elle est aussi patriotique…

— Et politique ! coupa Chantenoz, qui savait par Aricie que les pasteurs protestants ne manquaient pas une occasion, depuis quelques semaines, de dénoncer, dans leurs sermons, les vaines pratiques des catholiques et leur influence grandissante dans la politique cantonale.

— En tout cas, on ne peut pas se promener dans les rues sans se heurter à des hommes noirs à rabat blanc. Genève donne l'impression de n'être plus habitée que par des pasteurs, observa Alexandra à voix basse, à l'intention de son parrain, qu'elle ne quittait pas.

Le samedi 22 août, dès huit heures du matin, cent quarante membres de l'Eglise de Genève se réunirent dans le temple de l'Auditoire, pour accueillir les invités étrangers. Aux discours de bienvenue, les délégués ne firent pas faute de répondre, ce qui prolongea la cérémonie jusqu'au repas de midi. La pluie menaçait et de gros nuages couraient sur un ciel gris quand s'ouvrirent les portes des temples. Celles de Saint-Pierre et de Saint-Gervais, garnies de feuillages, furent franchies par des cohortes de garçons et de fillettes, de sept à quinze ans, en habit de fête, suivis par les familles endimanchées. Alexandra, pour plaire aux Laviron, avait accepté de se joindre à ses camarades de l'Ecole supérieure.

Une heure après midi les cloches appelèrent les fidèles à l'office. Jeux d'orgue, prières, sermons, hymnes, bénédictions se succédèrent et, pour récompense de leur patience, tous les enfants reçurent une médaille du jubilé en bronze et un exemplaire du livre *Histoires d'autrefois*, spécialement édité à leur intention. Plus de quatre mille médailles et trois mille livres furent ainsi distribuées dans les temples de la ville. A quatre heures, précédés de fifres et tambours, les enfants quittèrent les églises et, en de multiples cortèges, convergèrent vers Plainpalais, Sécheron ou Varembé, et se rendirent dans les propriétés qui devaient les accueillir : celles de MM. Rigaud et Mirabaud furent les plus achalandées.

On commençait à organiser les divertissements et servir les collations quand une pluie cinglante et importune vint gâcher la fête juvénile, provoquant la débandade de ceux et celles qui craignaient de mouiller leurs beaux vêtements. Axel et Elise, venus au-devant d'Alexandra dans le cabriolet de Pierre-Antoine, virent de loin arriver la fillette.

— Regardez, mais regardez, mon ami, cette petite court comme un garçon ! Elle montre ses cuisses à tout le monde. Sermonnez-la, je vous prie.

Pour toute réponse, Axel se mit à rire et se pencha hors du cabriolet pour enlever dans ses bras sa filleule, trempée et essoufflée.

— Attention à ne pas gâcher ma robe, dit sèchement Elise quand son mari installa la fillette entre elle et lui.

— Dommage que la pluie interrompe la fête, tu devais bien t'amuser et je me suis laissé dire qu'on a préparé pour vous des montagnes de gâteaux et de la grenadine.

— Pouah ! Les gâteaux ne venaient pas de chez Leucher. Paraît qu'ils ont été cuits par des femmes d'œuvres. Ils étaient gras et mous. Et puis la grenadine ça me donne mal au cœur. J'aime mieux la limonade de Manaïs, dit la fillette, qui avait trouvé seule ce joli nom pour Anaïs Laviron.

Le dimanche 23 août, dès cinq heures du matin, les carillons des églises tirèrent les Genevois du sommeil. Chaque quart d'heure, la Clémence fut mise en branle. Les vibrations du bronze, frappé au sommet de la tour de Saint-Pierre, se répercutèrent d'une rive à l'autre du lac, donnant le signal des célébrations. La pluie, qui n'avait pas cessé de la nuit, tombait encore, froide et obstinée, quand les Métaz et les Laviron descendirent, en cabriolet, la rue de la Cité pour retrouver les Chantenoz devant le temple de la Fusterie. Le ciel, badigeonné d'une épaisse grisaille, semblait oublier l'été. La foule ne paraissait pas rebutée par les intempéries inattendues d'un mois d'août que tous eussent voulu beau. Les Genevois se répandaient dans les rues, sur les places et les promenades. On entendait les salves tirées par les miliciens campés dans la plaine de Plan-les-Ouates. Les détonations effrayaient mouettes et pigeons. Les claires ombrelles des élégantes, ouvertes entre deux ondées, refermaient leur corolle tandis que s'épanouissaient à nouveau les parapluies noirs des pasteurs.

La fête du tricentenaire de la Réformation, qui se voulait à la fois grave et joyeuse, édifiante et sereine et, vis-à-vis des catholiques, ostentatoire et dogmatique, semblait, en plein été, ne pas recueillir l'approbation céleste. Dieu voulait-il, au sens propre du terme, doucher l'orgueil protestant ? On voyait déjà les sourires insolents des papistes qui, le 15 août, avaient célébré la fête de la Vierge Marie sous un ciel radieux. Quand, à sept heures du matin, celui que Chantenoz nommait prince des galaxies changea enfin d'humeur et rendit le soleil un moment confisqué, les Genevois retrouvèrent la paix.

— *Post tenebra lux*, lança, soulagée, Mme Laviron, à qui il arrivait parfois d'avoir de l'à-propos !

— Le Seigneur, enfin, nous accorde le beau temps après deux jours de disgrâce, compléta M. Laviron, qui trouva plus sage, étant donné les encombrements de la circulation, qu'on se rendît à pied au temple Saint-Pierre.

Axel et Chantenoz n'y virent pas d'inconvénient mais Anaïs, Elise et Aricie qui, toutes trois, étrennaient de fines chaussures neuves, ne parurent pas enthousiastes.

La foule emplissait les temples pour rendre grâce à Dieu des bienfaits de la Réformation. Il y eut, dans toutes les églises, une avalanche de discours, prononcés par des orateurs conscients que ce dimanche pouvait être un jour de gloire, car les fidèles compareraient plus souvent leur éloquence et la vigueur de leurs propos anti-papistes qu'ils ne méditeraient les sages sentences longuement affinées. Certains prédicateurs qui, souvent, n'en croyaient pas un mot, prêchèrent la tolérance dans l'esprit evangélique, c'est-à-dire l'amour du prochain, même non réformé. D'autres, au contraire, plus combatifs ou plus sectaires, s'en prirent ouvertement au catholicisme envahissant. Couplets outrageants, parodie du cérémonial romain, caricatures de prêtres, insultes, parfois menaces aux catholiques qui refusaient d'illuminer leurs fenêtres, marquèrent, pendant ces journées, un renouveau de la volonté de domination religieuse des protestants.

— Ma parole, s'exclama Chantenoz, scandalisé, la Compagnie des pasteurs veut-elle une Saint-Barthélemy huguenote ? Va-t-on pendre les catholiques aux lanternes ou les précipiter dans le Rhône une pierre au cou ?

Les pasteurs les plus sages se contentèrent de développer longuement, devant les fidèles béats, quelquefois somnolents, les bienfaits de l'Eternel, la prépotence évangélique de la Réforme, la congruité suffisante des Ecritures, avant de stigmatiser, en théologiens avertis, la vanité des pratiques papistes et de plaindre les brebis égarées.

On constata que les corps constitués de l'Etat se retinrent de participer, en tant que tels, à une commémoration parfois entachée par des intolérances d'un autre âge. Les autorités tenaient à attester que la mixité religieuse de la République était reconnue et respectée. Il entrait dans cette attitude une bonne part d'hypocrisie, car le gouvernement du Premier syndic Rigaud assumait sa part de sectarisme politique et administratif. Même si les catholiques, au nombre de dix-huit mille, représentaient maintenant, face à vingt-cinq mille protestants, près des deux cinquièmes de la population de la République, on ne comptait, sur plus de mille fonctionnaires de l'Etat, que cinquante-neuf catholiques, lesquels n'avaient que deux représentants dans un Conseil d'Etat composé de vingt-huit citoyens ! Quant aux députés envoyés par Genève à la Diète fédérale, tous étaient protestants.

M. James Fazy s'appliquait, en cette année jubilaire, à ménager les catholiques dont on devinait qu'ils seraient le fond de l'électorat radical aux prochaines élections. Il se distinguait adroitement des calvinistes sectaires et des paroissiens catholiques du curé Vuarin, dont M. de La Mennais venait d'écrire qu'il était « un admirable homme de guerre ».

M. Fazy, feignant de craindre une nouvelle guerre de religion, demandait depuis peu « que la question religieuse soit reléguée dans le domaine où elle doit être placée, dans la liberté d'opinion ». Il avait même expliqué, rapporta M. Laviron à Axel, « qu'une politique sage doit séparer les croyances de toute influence gouvernementale et les laisser agir dans le cercle du droit commun accordé à chaque citoyen ».

Les prédicateurs les plus appréciés, au cours de ce dimanche, furent cependant les zélateurs de la vraie charité chrétienne. MM. Chenevière et Munier, qui parlèrent à Saint-Pierre et à Saint-Gervais, reçurent approbation et respect de tous. Leurs longs discours érudits furent imprimés afin que le peuple protestant pût les relire et les méditer à l'aise.

A trois heures eurent lieu, dans les temples, des services d'action de grâces et le soir, à sept heures, un concert spirituel et une fête musicale furent offerts aux Genevois par la Société de chant sacré, présidée par M. Wend, pasteur de l'Eglise luthérienne, et dirigée par M. Wehrstaedt. On interpréta le *Te Deum* de Haendel, et une œuvre spécialement composée pour la circonstance. Le temple, somptueusement éclairé, devint salle de concert.

Pendant les chants, Anaïs Laviron désigna soudain à Elise un grand jeune homme frêle, au profil noble et sévère, dont les longs cheveux croulaient sur les joues.

— C'est Franz Liszt, souffla-t-elle. Il est arrivé hier avec une jeune femme blonde, très élégante, la comtesse d'Agoult, que j'ai connue en 32.

Puis, se tournant vers Alexandra :

— Tu vois ce grand monsieur, en redingote bleue. C'est le plus grand pianiste de notre temps. Nous irons l'entendre en concert et, s'il accepte de donner des cours à des jeunes filles douées, comme toi, tu seras son élève, je te le promets.

Rien ne pouvait causer plus de plaisir à la filleule d'Axel, dont tous les mélomanes amis des Laviron reconnaissaient les dons exceptionnels.

A l'issue du concert, Martin Chantenoz se montra fort critique.

— Haendel a été exécuté au sens militaire du terme! dit-il à ses amis.

Mme Laviron, Elise et Alexandra partagèrent cet avis.

— J'aimerais bien connaître l'appréciation de M. Liszt, dit Alexandra[1].

En sortant du concert, les Métaz et leurs amis déambulèrent dans la ville illuminée. Les fontaines, parées de lanternes colorées, devenaient cascades de lumière. Aux fenêtres des maisons, mille modestes quinquets frissonnaient dans la nuit tiède. Sur les places s'élevaient des pyramides de feuillage; rue Neuve, à la Corraterie, rue du Rhône, dans les rues basses, les badauds passaient, nez en l'air, sous des arcs de triomphe, parfois sous les portraits sévères de Calvin et des autres réformateurs, peints sur des transparents tendus à hauteur du premier étage des maisons. Partout, des guirlandes et des girandoles suspendues aux branches des arbres conféraient à Genève une ambiance de fête foraine. Autour de la fontaine, place du Bourg-de-Four, soixante enfants dansaient la ronde sous les fenêtres du peintre Hornung. A deux pas de là, rue des Belles-Filles, les demoiselles de petite vertu, en congé de charme, avaient disposé sur leurs fenêtres de pieux lumignons et, déambulant par deux ou trois dans des toilettes discrètes, ne se distinguaient plus des honnêtes femmes du quartier.

1. Liszt la donna, le 23 novembre 1835 dans une *Lettre d'un voyageur, à M. [sic] George Sand*, publiée par la *Gazette musicale*. Franz Liszt, qui avait assisté au concert du jubilé, écrit : «... la solennité, l'immense et mystérieuse profondeur du sacrifice catholique n'ont été que bien pauvrement remplacées par ces dames et ces messieurs de la Société protestante de chant sacré, dont une bonne moitié *protestait* avec un zèle si fanatique contre la mesure et l'intonation! » Les lettres de Liszt ont été rassemblées dans *Lettres d'un bachelier ès musique*, le Castor astral, Bordeaux, 1991.

Mais c'est à Saint-Gervais, chez les cabinotiers rousseauistes et les ouvriers de la Fabrique, que la célébration prit un tour quasi laïque et républicain. Dans la rue de Coutance, une très longue table avait été dressée en plein air, pour accueillir, à l'occasion d'un banquet aux lampions, plus de trois cents citoyens. A ces agapes jubilaires, les Laviron trouvèrent un aspect profane, voire païen, tandis que Chantenoz y vit une manifestation platonicienne et conviviale de la liberté d'esprit des purs Genevois.

Le lendemain, les journaux assurèrent que plus de cinquante mille personnes avaient assisté, la veille, aux fêtes et cérémonies du jubilé, alors que la population de la ville ne dépassait pas vingt-sept mille habitants.

La fête populaire terminée, la célébration théologique commença, le 24 août, par une grande conférence ecclésiastique sur « l'état et les progrès du protestantisme ». Pendant que se réunissaient les pasteurs, les citadins étaient invités à visiter, à la Bibliothèque publique, une exposition rassemblant des souvenirs relatifs à la Réformation mais aussi « des objets du culte catholique aboli en 1535 ». Une bible latine, dite de saint Pierre, des missels papistes d'avant la Réforme, des manuscrits de Bonivard, des autographes de Calvin, avaient été extraits des tiroirs, et Mlle Henriette Rath exposait une collection de portraits des réformateurs, peints par elle-même. Mais le clou de l'exposition fut certainement la présentation aux visiteurs, pour la première fois depuis longtemps, des deux panneaux de retable peints par Konrad Witz pour la cathédrale de Genève en 1444, dont un volet, *la Pêche miraculeuse*, était annoncé comme la première représentation picturale de la rade de Genève dominée par le mont Blanc. En transposant sur le Léman une scène censée s'être déroulée en présence de Jésus sur le lac de Tibériade, le peintre suisse avait, un siècle avant la Réforme, offert une victime de choix aux futurs iconoclastes qui saccagèrent Saint-Pierre le 9 août 1535. « Rescapés non sans dommages du furieux enthousiasme protestant[1] », les panneaux avaient été entreposés à l'Arsenal. Restaurés, après trois siècles de

1. Daniel Buyssens, *le Retable de Konrad Witz et la notion de patrimoine à Genève de la fin du XVIIe siècle au début du XIXe siècle*. Revue *Genava*, tome XLI, Genève, 1993.

séquestration culturelle, ils ne pouvaient qu'inspirer respect et admiration[1].

Pour se remettre de leurs austères travaux théologiques, les délégués étrangers et suisses furent, au soir du dimanche 23 août, conviés à un grand banquet à l'hôtel d'Angleterre, à Sécheron.

Martin Chantenoz fit observer que les gens d'Eglise risquaient, sous les lambris des Dejean, d'être suffoqués par les relents sulfureux des amours adultérines. Depuis près d'un siècle, des princes comme Henri de Prusse, Ferdinand de Habsbourg, Eugène de Beauharnais, le duc de Chartres, ou des poètes et des gens de lettres comme Byron, Shelley, Chateaubriand, avaient été, avec leur maîtresse, les hôtes de l'établissement où fut consommée, en 1809, au cours d'une scène scurrile, opposant Mme de Staël à Charlotte de Hardenberg, la rupture entre la dame de Coppet et son amant, Benjamin Constant.

Les organisateurs avaient prévu de faire conduire, du Grand-Quai, à Sécheron, les deux cent cinquante convives à bord du *Winkelried*, mais une pluie violente les obligea à emprunter la voie de terre pour aller banqueter, à six heures de l'après-midi, après avoir entendu de nombreux toasts, tous plus laudatifs les uns que les autres. La pluie cessa au dessert.

Le mardi 25 août, une seconde conférence ecclésiastique et une réunion des catéchumènes clôturèrent formellement le jubilé.

Le lendemain, Elise fit avec émotion ses adieux à son père. M. Henri Delariaz, comblé de cadeaux et d'honneurs par la vénérable Compagnie des pasteurs, partait pour Londres avec son attrayante épouse. John Keble, inspirateur du Mouvement d'Oxford, dont l'objectif était la rénovation de l'Eglise anglicane face aux menaces du libéralisme et à l'emprise grandissante du Parlement, avait invité le pasteur suisse à prononcer des conférences. Le couple embarqué dans la diligence de Paris, Mme Métaz ne cacha pas à son mari combien elle avait trouvé déplaisants le maintien et la conduite de la femme de son père

1. Ces panneaux sont maintenant exposés en permanence au musée d'Art et d'Histoire, à Genève.

pendant la célébration du jubilé. La Bernoise s'était en effet dispensée d'assister à la plupart des offices et cérémonies. Elle avait visité les musées plus que les temples et dévalisé les belles boutiques de la rue de la Corraterie.

— C'est une femme égoïste et futile ! Comment mon père, qui est tout esprit, peut-il la supporter !

— Il a l'air très heureux, et au mieux de sa forme, ma chère. Il semble qu'elle l'entretient somptueusement, lui épargne tout souci matériel et domestique, lui permet ainsi de se consacrer à ses recherches, à son œuvre et à son ministère. Je crois que cette dame, un peu excentrique, j'en conviens, a pour votre père non seulement de l'amour mais une sorte de vénération. Alors, de tout cela vous devez, nous devons lui être reconnaissants, dit Axel avec quelque malice.

Quand, le dimanche 30 août, les pasteurs firent, devant les fidèles, le bilan de ces journées mémorables, tous se réjouirent. La célébration du tricentenaire de la Réforme avait été un succès, une démonstration édifiante de la vitalité du protestantisme, bien « qu'on ait eu à lutter, dit un ministre, contre la froideur ou l'hostilité du méthodisme, contre les violences du clergé catholique ».

Les catholiques, eux, se plaignirent du caractère agressif de cette exaltation sectaire de la religion réformée. Aussi furent-ils enchantés de répandre que l'abbé Vuarin, leur irascible curé, dont les mères huguenotes menaçaient les enfants turbulents, comme s'il se fût agi d'un père fouettard, préparait aux protestants la riposte la plus mordicante qui se pût imaginer : l'achat, avec l'argent de Rome, au numéro 11 de la rue des Chanoines, de la maison dite de Calvin[1] !

1. Il s'agissait, en fait, de l'hôtel particulier construit, en 1706, par le banquier Marc Lullin, sur l'emplacement de la modeste maison qu'avait effectivement habitée Jean Calvin de 1543 à 1564, année de sa mort. Cet achat de l'abbé Vuarin passa pour une provocation car, en ces lieux, avaient aussi vécu Théodore de Bèze et d'éminents calvinistes. Les Genevois s'obstinent à nommer maison de Calvin le bel hôtel du XVIIIe siècle. Cette demeure abrita, de 1889 à 1932, l'Economat cantonal. Elle est maintenant occupée par les services du Tuteur général et la rue des Chanoines est devenue rue Calvin.

Charlotte de Fontsalte, bien que Vaudoise, sentit la nécessité de soutenir les réclamations du clergé de Genève encouragé à la réplique par l'abbé Vuarin. Tous les curés, sauf celui de Veyrier, adressèrent à leur évêque, Mgr Yenni, un mémoire de protestation sur « les pièges tendus par l'hérésie à la foi de la population catholique ». Ce texte faisait également état de l'intention supposée des autorités protestantes d'introduire le culte réformé dans les communes savoyardes réunies à Genève par le traité de 1815. L'évêque transmit aussitôt le mémoire au Conseil d'Etat genevois, ce qui provoqua un raidissement du gouvernement envers les catholiques, accusés à leur tour de susciter la haine et l'intolérance. Mgr Yenni ayant refusé de désavouer son clergé, le Conseil d'Etat, par manière de rétorsion, refusa de ratifier les nominations, aux nouveaux postes, des prêtres dont la signature figurait sur le manifeste.

Ce n'est qu'en octobre, au jour du ressat des vendanges, qu'Alexandra revit Rive-Reine, qu'elle avait quittée au mois de mai. Elle retrouva avec force démonstrations de joie son amie Alice Chavan, qui lui posa toutes sortes de questions sur sa vie à Genève, sur les cours de l'Ecole supérieure de jeunes filles, dont on connaissait la réputation dans toute la Suisse romande. Plusieurs personnes furent, comme Elise, de l'avis que l'orpheline avait changé de comportement. Moins primesautière, plus attentive à son maintien, moins bavarde, plus sobre dans sa tenue : on ne pouvait plus la classer parmi les fillettes qui n'ont fait que grandir trop vite. C'était une vraie jeune fille qui à treize ans en paraissait quinze et semblait avoir conscience de sa maturité.

— Elle a vite pris les manières de la rue des Granges, dit Vuippens, qui n'aimait guère le conformisme des Genevois de la ville haute.

— On ne peut le regretter, Louis. La discipline imposée à l'Ecole supérieure et la fréquentation d'élèves étrangères a déjà poli notre sauvageonne. Et les Laviron sont à la fois tendres et stricts. C'est exactement l'éducation qui lui convient, répliqua Elise, un peu acide.

La transformation de Zélia était encore plus spectaculaire, et seul Axel, qui connaissait de longue date la faculté d'adaptation de la Tsigane, alliée à un vrai talent de comédienne, n'en fut pas étonné. Finis la lourde coiffure en avalanche, les jupes virevoltantes, les seins libres dans le décolleté, les breloques et les bracelets à sequins. Zélia présentait maintenant le type parfait de la gouvernante à la mode helvétique. Les cheveux rassemblés en un chignon qui, étant donné le volume de sa crinière, ne pouvait être qu'opulent, les ongles courts, l'œil net de fard, un nuage de poudre de riz, une robe bleu marine fermée ras du cou et aux poignets par un col et des manchettes de fine toile blanche amidonnée, bas gris et chaussures plates, l'ancienne suivante d'Adriana paraissait à l'aise dans cette tenue, comme si elle eût toujours été gouvernante d'une fille de la bonne société genevoise. Elle poussait même le scrupule à ne porter, en sautoir, que le seul bijou autorisé par sa condition, une montre suspendue à une chaîne d'or, cadeau de M. Laviron au jour de son arrivée.

Cette tenue sévère ne dissimulait ni la finesse de la taille, ni l'élégance naturelle du geste et, même si Zélia s'appliquait à contenir un roulis des hanches qui lui était naturel, elle irradiait encore la séduction animale des gitanes de haute race. De cela, elle restait consciente et Axel savait qu'elle en userait à l'occasion.

— Alors, ma belle, je ne reconnais pas la pauvresse que j'ai ramassée une nuit d'hiver et qui m'a faussé compagnie. Aujourd'hui, telle que tu es, je ne te laisserais pas filer… et je ne te laisserais pas, non plus, coucher dans l'écurie, oh non ! dit Vuippens, facilement entreprenant quand un peu éméché.

— Vous voilà bien présomptueux, monsieur le Docteur. Savez-vous que je sais me défendre… quand il ne me convient pas de me rendre, dit-elle dans un éclat de rire.

— Diable ! Et… comment te défends-tu, montre un peu ? renchérit Vuippens en lui prenant la taille.

Zélia se délivra promptement mais sans brutalité.

— Vous voulez savoir vraiment ?

— J'en suis curieux, dit le médecin émoustillé.

— Alors, allons derrière l'écurie, proposa la Tsigane en désignant le bâtiment qui fermait, à l'est, la terrasse de Rive-Reine.

Vuippens lui emboîta le pas. En passant parmi les invités qui, debout autour d'un buffet dressé sous les platanes, profitaient de la verrée apéritive, Zélia, dans sa langue incompréhensible, héla Lazlo. Celui-ci abandonna aussitôt le service et approcha. Une brève conversation entre les deux Tsiganes et, surtout, le clin d'œil amusé que lui adressa Lazlo, intriguèrent Vuippens. La curiosité l'emportant, il suivit néanmoins le couple qui contourna le bâtiment. Là, hors de vue des vendangeurs, Lazlo se plaqua contre la porte de l'écurie, tandis que Zélia s'éloignait d'une dizaine de pas et intimait l'ordre au médecin de se tenir à distance. Louis vit alors avec stupéfaction la gouvernante d'Alexandra déboutonner sa robe jusqu'à la taille et faire des moulinets des bras comme un athlète se préparant à l'effort. Soudain, elle troussa sa robe et tira d'un étui fixé à sa jarretière une lame emmanchée d'ivoire. Puis elle dit quelques mots à Lazlo, dans leur idiome, avant de se tourner vers le médecin, fasciné par le spectacle.

— Vous allez voir, monsieur le Docteur, comment une Jenisch défend son honneur quand il est menacé.

Lazlo, immobile contre le portail, riait de toutes ses dents. Après un temps de concentration, Zélia saisit sa lame par la pointe, prit une vigoureuse inspiration, ce qui fit comprendre à Vuippens la raison d'un déboutonnage qui n'avait rien d'érotique, puis elle balança le bras et, d'un geste si rapide que Louis n'eut pas le temps de s'émouvoir, elle lança son couteau. Dans le soleil, l'acier, tel un dard lumineux, vint se planter à moins d'un pouce au-dessus de la tête de Lazlo. Le Tsigane n'avait même pas cillé !

— Extraordinaire, bravo, superbe ! Vous êtes d'une adresse diabolique ! s'écria le médecin.

Comme Zélia boutonnait sa robe après avoir remis sa lame à l'étui, ce qui offrit à Vuippens la brève vision d'une jambe irréprochable, le médecin s'approcha.

— Si je prends la place de Lazlo… et si vous ne ratez pas votre lancer, accepterez-vous, ce soir, d'être ma cavalière pour le picoulet et le bal ? demanda-t-il, renonçant au tutoiement dont il venait de comprendre l'incongruité.

Avant que la Tsigane ait répondu, Lazlo intervint :

— N'en faites rien, monsieur, ne la provoquez pas, je vous en prie ! Si vous lui avez manqué d'une façon ou de l'autre, ce que j'ignore, elle vous plantera sa navaja dans le cœur. C'est sûr comme la mort… et nous aurons beaucoup d'ennuis !

— Le docteur ne m'a pas manqué, Lazlo. C'est un homme bon, généreux et qui ne connaît pas la peur, ce me semble. Retourne à ton service. Laisse-nous et, ce soir, j'aurai un bon cavalier, dit-elle, avec un sourire à l'adresse de Vuippens.

Comme celui-ci se dirigeait, docile, vers la porte de l'écurie, Zélia le retint.

— Vous voulez vraiment ? Je peux vous blesser, peut-être vous tuer. Par maladresse !

— J'ai pleine confiance en vous, Zélia. Et puis, je vais vous faire une confidence. Je suis déjà mort à ce monde depuis qu'une certaine dame, que vous n'avez pas connue, s'est noyée dans ce lac, acheva-t-il en désignant le Léman, où tels de gros oiseaux aquatiques des barques, voiles en oreilles, glissaient vers Villeneuve.

Zélia ouvrit sa robe, reprit sa position, tira sa lame en évitant de regarder Vuippens collé au battant de bois, qu'il sentait, à travers sa chemise, rugueux et tiédi par le soleil. Les mains le long du corps, il pensa que mourir ainsi serait original, scandaleux et spectaculaire.

— Surtout ne faites pas un mouvement, dit la Tsigane, dont la soudaine pâleur et le regard noir d'une intensité tragique impressionnèrent Louis.

Il la vit se concentrer, les yeux clos, puis balancer le bras. La lame fit dans l'air un bruit de soie déchirée et un choc sourd, au-dessus de sa tête, indiqua au médecin que l'artiste avait réussi son numéro.

Le même soir, après le banquet, Axel Métaz présenta à ses invités, ainsi qu'aux vendangeurs et vendangeuses, rassemblés par la tradition, Vincent, son fils au regard vairon. A dix mois, le bébé savait dire papa, maman, Fafa, diminutif de Françoise, sa nurse, et demander à boire. On observa qu'il battait des mains et riait chaque fois qu'il entendait sauter un bouchon. Charlotte, malgré le regard désapprobateur d'Elise, tint à mouiller les lèvres de l'enfant d'une goutte de vin blanc.

— Si le jurançon fut bon pour Henri IV, le dézaley est encore meilleur pour un Veveysan. Non plus que le fils de Jeanne d'Albret, ce Vincent ne sera « pleureur ni rechigné », dit Chantenoz en portant le premier toast au nouveau vigneron.

— En tout cas il connaîtra moins de difficultés avec les protestants que le bon roi Henri... Il est l'un d'eux, petit-fils de pasteur, et bénéficie d'une grand-mère catholique, observa Flora, malicieuse, avec un clin d'œil à Charlotte.

— A moins qu'il n'ait affaire à des papistes de plus en plus nombreux et arrogants, dit sèchement Elise, qui avait refusé d'inviter au ressat le curé François Sublet, desservant de la toute nouvelle chapelle catholique de Vevey, construite rue d'Italie.

Le pasteur Albert Duloy condamnait tous les sectarismes. Il jeta à Mme Métaz un regard de biais et, suave comme il savait l'être, confia à ses voisins de table, en haussant le ton, qu'il avait l'intention de convier le curé Sublet à dîner, un prochain jour, « pour faire la connaissance de cet homme dont on dit grand bien », conclut-il avec un large sourire à Elise.

Quand vint l'heure du picoulet, ronde joyeuse et populaire de la fin des vendanges, Axel tendit une main à Elise, l'autre à Alexandra, et entraîna la farandole. Les danseurs franchirent au galop les grilles de Rive-Reine pour se joindre, place du Marché, aux farandoles venues d'autres caveaux. Quand des dames, essoufflées, rompirent le picoulet, près de la Grenette, où se tenait l'orchestre du bal, Axel observa, heureux et perplexe, que Zélia, dont le chignon croulait, ne lâchait pas la main de Louis Vuippens !

7

— C'est scandaleux ! fulmina Mme Métaz de Fontsalte en apprenant de la bouche d'Aricie Chantenoz que Mme d'Agoult, la maîtresse de Franz Liszt, venait de mettre au monde, le 18 décembre 1835, à Genève, un enfant adultérin.

C'est au cours de la réception qui rassemblait, comme chaque fin d'année à Beauregard, le cercle Fontsalte, que l'événement venait d'être évoqué. Les précisions que donna, avec une certaine malice, Martin Chantenoz, ne furent pas de nature à rendre Elise plus indulgente.

— D'éminents protestants genevois sont apparemment moins sévères et plus accommodants que vous. Savez-vous que l'enfant de Mme Marie-Sophie d'Agoult – une fille nommée Blandine-Rachel – a été déclarée née de M. Franz Liszt, professeur de musique hongrois, âgé de vingt-quatre ans, qui a spontanément reconnu en être le père, et d'une certaine demoiselle Catherine-Adélaïde Méran, rentière, âgée de vingt-quatre ans elle aussi, née à Paris. Les témoins qui ont accompagné Liszt à l'Etat civil et signé l'acte officiel sont, tenez-vous bien, M. Pierre-Etienne Wolff, professeur au conservatoire, et M. James Fazy, le chef de file des radicaux genevois ! Autrement dit, ces citoyens honorables et parfaitement au courant de la véritable identité de la mère, qu'ils fréquentent depuis des mois, ont sciemment commis un faux témoignage pour cautionner un acte d'état civil falsifié. A Genève, l'affaire fait le tour des salons[1].

— Beau monde que tous ces gens ! Je ne comprends pas qu'Axel accepte encore que M. Liszt donne des cours de piano à Alexandra. Non vraiment, je trouve que c'est aussi une certaine façon de cautionner l'adultère, lança Mme Métaz, fort irritée.

Plusieurs des invités sourirent, certains rirent franchement, trouvant l'indignation de Mme Métaz exagérée.

— La vie privée de l'artiste ne nous regarde pas, observa M. Laviron, et je puis vous dire que les demoiselles à qui M. Liszt accepte de donner des leçons appartiennent toutes à la meilleure société.

— La meilleure société n'est bonne qu'à fournir de l'argent à un libertaire. Votre M. Liszt a composé une marche triomphale pour les révolutionnaires de Lyon qui ont été condamnés il n'y a pas si longtemps. Pas étonnant, après ça, que Fazy, carbonaro et franc-maçon, soit l'ami de cet homme, dit Flora avec humeur.

— Pour les mélomanes, c'est d'abord un prodigieux pianiste. Plus qu'un virtuose et compositeur inspiré, c'est l'incarnation du génie musical, dit Mme Laviron, sans tenir compte de l'intervention de Mme de Béran.

— Vous qui êtes pianiste, Elise, si vous aviez entendu, au mois d'octobre, son premier concert chez la princesse Belgioso, auquel assistaient Jérôme Bonaparte, l'ex-roi de Westphalie, et sa fille Mathilde, et aussi Jean Charles Léonard Simonde de Sismondi, vous eussiez été conquise comme nous le fûmes toutes, dit Aricie.

— Quand M. Liszt joue, il pétrit le clavier comme s'il s'agissait d'une matière vivante, d'un corps dont il tire des sons divins. C'est un spectacle étonnant. Il ne regarde même pas la partition. On a l'impression qu'il cueille les notes dans l'air et qu'elles lui ressortent au bout des doigts, ajouta Anaïs, enthousiaste.

---

1. Marie d'Agoult trichait aussi sur son âge – elle avait six ans de plus que son amant – et sur son lieu de naissance puisqu'elle avait vu le jour à Francfort-sur-le-Main (registre de l'état civil de la ville de Genève, naissances, volume 38).

— Toutes les femmes sont folles de lui ! On a même vu une dame recueillir dans une fiole le thé que M. Liszt avait laissé au fond de sa tasse ! dit Chantenoz, moqueur.

— Nous ne sommes pas de ces fétichistes ridicules, cher ami. Aricie, moi et beaucoup d'autres, admirons le talent de l'artiste, c'est tout, dit Mme Laviron.

— Passe pour l'artiste, concéda Elise, impressionnée, mais cette comtesse, qui a abandonné un mari et quatre ou cinq enfants ! Elle se conduit comme une gourgandine !

— Ne soyez pas si dure. C'est une malheureuse, dévorée d'amour pour son amant, commenta Anaïs. La comtesse est belle et intelligente mais c'est un être qui, sous des dehors assurés, est fragile comme une enfant. Je l'ai connue en 32, quand elle séjournait à Genève avec son mari, M. Charles d'Agoult. Il advint qu'elle tomba soudain malade de l'esprit et c'est le docteur Jean-Charles Coindet[1], une de nos connaissances, qui l'a soignée. On pouvait alors craindre le pire car on compte, paraît-il, des suicides dans sa famille. On m'a rapporté qu'un jour, pendant sa maladie, alors qu'elle marchait au bord du Léman avec son mari, elle a dit, tout à trac, montrant le lac : « Et si je me jetais là ! » M. d'Agoult, qui ne doit pas être un tendre, lui aurait répondu en la retenant : « N'en faites rien, on dirait que c'est moi qui vous ai poussée. »

— Et elle a eu le front d'abandonner un mari aussi prévenant, persifla Vuippens.

L'arrivée d'Alexandra, qui avait fait le voyage de Genève avec les Laviron et Zélia, fit opportunément évoluer la conversation.

— Alors, raconte-nous comment se passent les leçons de M. Liszt, demanda Axel en prenant la main de sa filleule.

— Il est très sévère. Il ne veut pas qu'on remue les épaules et les bras. Il est très exigeant sur l'arpège et sait, sans même regarder nos mains, avec quel doigt on a frappé la note. Il a déjà renvoyé des filles qui déchiffraient

1. 1796-1876. Ce médecin, qui fut un des premiers à s'intéresser aux maladies mentales, donna effectivement ses soins à Marie d'Agoult en 1832. Coindet devint, en 1834, médecin-chef de l'hôpital des aliénés. Il devait conserver ce poste jusqu'en 1856, date à laquelle il fut évincé par le gouvernement radical de James Fazy.

mal, ou se contorsionnaient trop. Il dit que s'il a proposé d'enseigner au conservatoire c'est seulement pour perfectionner les élèves de la classe supérieure les plus douées. Jusqu'à maintenant, il ne m'a pas disputée. Il a écrit sur le registre de classe la même chose que pour Amélie Calame : « Travail assidu et très soigné ». Mais, pour Amélie, il a ajouté : « Jolis doigts », acheva Alexandra, confuse.

— Mais tu as de très jolis doigts, toi aussi, et tu devrais nous montrer ce que tu sais en faire. Mets-toi au piano, dit Axel en l'embrassant.

— Je peux jouer une pièce, que M. Liszt a composée il y a peu et dont il nous a régalées. Une amie qui, pour sûr, est amoureuse de lui – elle ramasse tous les bouts de cigare qu'il laisse sur le piano – a copié cette partition en cachette. C'est un morceau difficile mais je vais essayer. Je n'oserais jamais jouer ça devant lui mais, devant mon professeur ordinaire, peut-être. M. Wolff est très gentil.

Alexandra se mit au piano de Charlotte. Avec application et sensibilité, elle tenta de rendre aux auditeurs les sonorités estompées des cloches de Genève, à la nuit tombante, un soir d'été[1].

Cette interprétation n'eût sans doute pas plu au compositeur. Ceux qui avaient entendu cette pièce exécutée par Liszt eussent trouvé que le jeu d'Alexandra manquait de netteté et de franchise, que les accords, tantôt aigrelets, cristallins ou graves, et se répondant à travers l'espace imaginaire, ne traduisaient qu'imparfaitement l'appel des cloches lointaines, soudain dominé par celui d'un carillon proche et autoritaire. La passion romantique, teintée de la mélancolie qui endolorit les amours secrètes et que l'amant de Mme d'Agoult avait mis dans ses accords, ne pouvait être perçue, et encore moins rendue, par la trop jeune interprète.

Aricie, femme d'une extrême sensibilité, le comprit et glissa à Elise, comme elle, excellente pianiste :

— Pour jouer cette pièce, il faut avoir connu et vécu la fragilité de l'amour. Et, Dieu merci, votre filleule a tout le temps de l'apprendre, n'est-ce pas ?

---

1. Cette pièce, *les Cloches de Genève*, figure dans le premier cahier de l'*Album d'un voyageur première année, Suisse*, publié en 1840.

Alexandra fut néanmoins applaudie par tous et quand Elise, plus émue qu'elle ne voulait paraître, vint l'embrasser, la jeune fille lui rendit fougueusement son baiser.

— C'est à vous, marraine, que je dois d'avoir été admise au conservatoire de Genève. D'ailleurs, tout le monde m'a dit que j'avais eu dans mes commencements un très bon professeur.

A la fin de la journée de fête, quand Axel se trouva seul un instant avec sa filleule, il lui demanda si elle était heureuse à Genève, chez les Laviron, si elle s'entendait toujours bien avec Zélia. La jeune fille répondit affirmativement aux deux questions, puis commit une indiscrétion qui amusa M. Métaz.

— Zélia et le docteur Vuippens s'écrivent chaque semaine, dit-elle en minaudant, et toi tu ne m'écris jamais.

— Comment sais-tu que Louis écrit à Zélia, dis, petite espionne ?

— Je le sais parce que j'ai vu le nouveau cachet rond de la poste de Vevey sur une lettre adressée à Zélia. D'ailleurs, je crois bien qu'ils ont été très contents tous les deux de se revoir aujourd'hui, parrain, conclut Alexandra, qui savait déjà user de sous-entendus comme une vraie femme.

Si contents, pensa Axel, que le médecin et la gouvernante avaient disparu sitôt le repas terminé, sous prétexte d'aller admirer la décoration de Noël de l'hôtel du Lion d'Or, rue de Bourg.

Les Laviron avaient, depuis longtemps, regagné Genève avec Alexandra et le printemps s'annonçait sur Lavaux, quand, par un bel après-midi de fin mars, Axel Métaz, qui rentrait à bord de l'*Ugo* d'une partie de chasse à la grèbe avec Valeyres, aperçut, de loin, Elise près du ponton où il amarrait son bateau. Il n'était pas dans les habitudes de Mme Métaz de venir accueillir son mari quand il rentrait. « Pourvu qu'il ne soit rien arrivé à Vincent », pensa aussitôt Axel.

Sitôt qu'il fut débarqué, sa femme le rassura. Elle avait voulu venir à sa rencontre parce qu'elle était impatiente de lui annoncer, tête à tête, une bonne nouvelle. Elle allait être mère pour la deuxième fois.

— Je ne vous ai rien dit avant d'être certaine. Mais aujourd'hui j'ai vu Vuippens et il m'a assuré que, si tout va bien, l'enfant naîtra dans le temps des vendanges, ou peu après, mon bien-aimé.

Axel souleva sa femme dans ses bras, la fit tournoyer, l'embrassa tendrement sous l'oreille en bousculant son chapeau et la reposa sur le terre-plein.

— Axel ! mais que vont penser les gens en vous voyant m'embrasser ainsi, dit-elle, plus ravie que gênée.

— Ils penseront ce qu'ils voudront ! J'espère, pour vous, que ce sera une fille.

— En tout cas elle n'aura pas l'œil vairon comme Vincent, puisque, Vuippens est formel, un couple dont un des conjoints a l'œil vairon ne produit qu'un seul enfant au regard bicolore. Un seul par génération. C'est une sommité en ophtalmologie qui l'a dit, précisa Elise.

— En somme, si je voulais un autre enfant à l'œil vairon, je devrais changer de femme !

— Essayez un peu, pour voir, menaça-t-elle en badinant.

Axel entoura de son bras les épaules d'Elise et tous deux prirent le chemin de Rive-Reine, unis et heureux.

Félicie Chatard qui, de sa fenêtre-observatoire les vit, au crépuscule, passer la grille de leur maison, toujours enlacés, poussa un profond soupir.

— Pour sûr qu'ils s'aiment ces deux-là, dit-elle à sa chatte, lovée près d'elle.

C'est au nord-ouest de Lausanne, sur le domaine de Beaulieu, que fut organisé le tir fédéral de 1836. Il fallait parcourir une longue avenue ombragée de marronniers pour atteindre le portique décoré de verdure, porte du camp où allaient se mesurer, pendant une semaine, les meilleurs fusils de la Confédération. Les Vaudois attendaient cet événement avec ferveur, car pour la première fois de son histoire leur canton avait l'honneur insigne d'accueillir l'élite des tireurs helvètes.

Un transparent frappé de la croix fédérale surmontait le porche improvisé. On y lisait, en français et en allemand : « Entrée des députations. »

— Et les Suisses d'origine italienne, donc !... ils ne comptent pas ! s'indigna Flora, l'épouse du général Ribeyre.

— Les Romanches devraient pareillement protester, ma chère, on les a oubliés, eux aussi, observa Martin Chantenoz.

— Et cependant, les Grisons, qui sont de fameux tireurs et parlent le romanche, seront certainement de la fête, compléta Axel Métaz.

— Ces discriminations linguistiques en cacheraient-elles d'autres ? N'oublions pas que c'est Druey, le radical, qui préside la Société des carabiniers vaudois, organisatrice du tir, précisa avec humeur Mme Ribeyre de Béran.

Tout en commentant ces oublis, le groupe poursuivit sa route vers le champ de fête.

Des grenadiers assuraient l'accueil des délégations cantonales et les orientaient vers les emplacements réservés. Restait aux tireurs, cheminant derrière leur bannière déployée, à se frayer un chemin dans la foule des curieux endimanchés. Car de nombreux Lausannois, venus là comme à une fête dominicale et champêtre, arboraient leur meilleure toilette.

Les hommes les plus élégants portaient des redingotes ou des jaquettes légères, noires, bleu de roi ou puce, des pantalons étroits, gris, beige ou à carreaux, parfois à sous-pieds, comme le voulait une mode récente, des gilets décorés de broderies, des cravates neuves, simple ruban de velours noué sous le col de la chemise, ou nœud de soie floche, gros papillon sur lequel semblait reposer le menton. La chaleur avait incité la plupart des bourgeois à troquer leur chapeau de castor à coiffe haute contre un de ces légers couvre-chefs de paille qu'on nommait panama. Les femmes arboraient des jupes colorées, souples, à rayures ou à plis, qui dégageaient la cheville, des corsages de batiste aux larges emmanchures et généreusement décolletés, des corsets lacés de velours ou de soie, qui mettaient en valeur les tailles fines et comprimaient opportunément celles qui l'étaient moins ! Parmi les visiteuses coiffées de capelines, ou plus modestement de bavolets, on reconnaissait les épouses et filles des vignerons de Lavaux ou de la Côte à leur tsapé à buna, chapeau à borne, et les paysannes des Ormonts à la grande galette de paille fleurie qu'elles posaient de guingois sur leurs bouclettes, coiffure instable mais qui les dispensait d'ouvrir une ombrelle comme les citadines soucieuses de protéger la fraîcheur de leur teint.

Sur un autel de gazon, élevé au centre d'un rond-point, le groupe à jamais fameux, Tell père et fils, sculpté dans le bois, donnait d'emblée le ton patriotique de la manifestation. L'invincible archer n'était-il pas, depuis le XIVe siècle, le tutélaire champion de Mère Helvétie ?

— Qui oserait, aujourd'hui, renouveler son geste ? soupira Aricie.

— On attend près de deux mille tireurs. Ce serait bien le diable si l'on ne trouvait pas, parmi ces gens, un père capable de risquer la vie de son fils pour sauver, aujourd'hui encore, l'indépendance de la Suisse, lança Flora, dont l'inaltérable patriotisme était souvent sujet de plaisanterie.

— Croyez-vous qu'Axel tenterait de percer une pomme posée sur la tête de Vincent ? demanda le général Ribeyre.

— Je le lui interdirais bien ! s'écria Elise.

Axel resta silencieux. Ce genre de questions l'agaçait.

— Même si l'exploit de Tell n'est que pieuse légende, nous devons reconnaître l'arbalétrier d'Altdorf comme le défenseur mythique de nos libertés, dit Vuippens, venant au secours de son ami, dont il avait vu s'assombrir l'œil clair.

Cette réflexion lui valut un haussement d'épaules de Flora. Mme de Béran refusait que l'on mît en doute l'existence de Tell, ce que faisaient de plus en plus souvent les esprits forts.

— Nous devons aussi reconnaître que Tell fit meilleur usage de la pomme que notre père Adam qui, pour notre malheur, la croqua ! plaisanta Chantenoz.

Pendant que le groupe contournait le rond-point gazonné, orné, sur le pourtour, des écussons des vingt-deux cantons, Axel se laissa distancer. L'ambiance de fête, si particulière, d'un *tirage* lui rappelait avec mélancolie celle du premier tir fédéral organisé à Aarau, en 1824. Ce jour-là l'imprévisible Adriana, longtemps perdue de vue, était apparue pour lui remettre à point nommé la coupe offerte par la duchesse de Saint-Leu, prix conquis de haute lutte sur les tireurs grisons !

Comme chaque fois qu'un site, une phrase, un objet, lui rappelait la Tsigane disparue, Axel ne pouvait se défendre d'une soudaine émotion, qui lui nouait la gorge et ternissait son plaisir du moment. Dès lors, surtout depuis son mariage avec Elise, il s'isolait, s'enfermait dans le silence, comme s'il eût été honteux d'évoquer, même dans le secret de sa mémoire, en présence de sa femme, les heures voluptueuses et coupables vécues avec sa demi-sœur.

Blaise de Fontsalte se retourna, puis abandonna le groupe pour attendre son fils. Comme par un phénomène de transmission de pensée, quand Axel le rejoignit, il évoqua, lui aussi, les journées d'Aarau :

— Quel chemin parcouru depuis ce temps ! Je ne puis oublier comment vous aviez, avec tact, organisé en secret la grande réconciliation extra-familiale... et je pense aussi à notre Adriana, surgie en pleine fête et, comme d'habitude, sous un déguisement inattendu ! J'ignorais alors que jamais je ne reverrais cette enfant perdue et retrouvée.

Axel se tut et Blaise comprit le sens de son silence.

— A quoi bon remuer ces tristes souvenirs. Si de l'endroit, très incertain, où se trouve aujourd'hui l'âme d'Adriana, il est possible de voir ce qui se passe en Europe, elle doit être assez fière. Peu à peu triomphent les idées pour lesquelles elle usa et perdit sa vie, dit le général.

Ayant rejoint le groupe, ils se turent l'un et l'autre. Leur souvenir d'Adriana restait impartageable.

En apercevant le château de Beaulieu, construit par le colonel Berset, vers 1765, après des années passées au service de la Hollande, Martin Chantenoz retrouva son ton professoral.

— Berset avait vu un peu grand et ne put achever les travaux. C'est le pasteur Mingard, un des auteurs de l'*Encyclopédie* d'Yverdon, qui racheta la bâtisse et en fit ce que nous voyons. C'était un homme de goût, puisqu'il fit suspendre dans son salon des tapisseries reproduisant des tableaux de Watteau. Quand la fille unique de Mingard épousa mon collègue Moïse Monod, professeur de grec et de morale, le château figurait dans la corbeille de noces.

— De quoi vous décider au mariage ! commenta Vuippens, célibataire obstiné.

— Savez-vous que l'abbé Raynal, les Necker et leur fille, Mme de Staël, habitèrent ce château. C'est même là qu'est morte, en 1794, Suzanne Curchod, la mère de Germaine, ajouta Martin.

— Et j'y ai rendu visite, il y a quelques années, au maréchal Victor, duc de Bellune, ancien capitaine général de la Louisiane. Il s'était réfugié ici à la chute de l'Empire, avant de se mettre au service des Bourbons et de voter la mort de Ney. Maintenant, il sert les Orléans, compléta Blaise de Fontsalte.

— On peut surtout lui reprocher d'avoir accepté de présider la commission chargée par Louis XVIII d'examiner le cas des officiers, ses anciens camarades de combat, restés fidèles à l'empereur à son retour de l'île d'Elbe, précisa Ribeyre.

— Cette vilenie lui valut le ministère de la Guerre, conclut Blaise en soupirant.

Axel donna une tape amicale sur l'épaule de son père.

— L'opportunisme est une attitude politique assez courante, non ? dit-il avec un sourire.

Tout en bavardant, les visiteurs arrivèrent, au milieu des badauds, devant la maison du maître de tir, haute estrade abritée dans un pavillon à arcades, au-dessus duquel flottait la grande bannière fédérale. On y accueillerait, plus tard, les personnalités, et des dames émues remettraient les prix aux champions. Axel Métaz, que les carabiniers veveysans eussent voulu pour président, avait décliné l'honneur d'une telle charge. Il se croyait néanmoins obligé d'accompagner la délégation de sa ville pour encourager les tireurs sélectionnés. Et puis le cercle Fontsalte, maintenant bien intégré à la bonne société lausannoise, se devait d'être présent, au complet, à l'ouverture du tir.

Un calicot tendu entre deux arbres, à l'entrée d'une allée bordée de haies de sapineaux, proclamait : « Frères d'armes soyez les bienvenus », là encore, en deux langues seulement. Au bout de la voie, sur un plateau herbeux fermé par un petit bois, s'étirait, sur cent cinquante mètres, le stand de tir, un hangar de bois, équipé de tables à charger. A cent pas de cet abri, les cibles émergeaient d'une tranchée que l'on pouvait atteindre sans risque par un chemin couvert, ce qui évitait d'interrompre les tirs pendant les déplacements des juges et des hommes de service.

Tout en admirant la parfaite organisation du tir, les Fontsalte et leurs amis s'avancèrent jusqu'aux bâtiments de réception construits pour la circonstance. L'un d'eux, abondamment pavoisé, abritait les prix offerts, coupes, cloches, sabres, fusils, rassemblés autour d'une pyramide supportant les plus belles pièces d'argenterie et couronnée par un buste de Guillaume Tell. Parmi les carabines dressées en faisceaux qui récompenseraient les meilleurs tireurs, on remarquait celles, aux platines finement ciselées, offertes par le gouvernement vaudois.

Après cette visite, Axel convia parents et amis à prendre des rafraîchissements au café, un bâtiment à galerie, d'où l'on découvrait toute l'étendue du champ de tir et, au-delà, la cathédrale, campée sur sa colline, le lac et au loin les Alpes. Ils parcoururent ensuite la cantine, où s'alignaient tables et bancs, assez nombreux pour accueillir en même temps deux mille convives. Devant l'estrade, où se relaieraient les musiques des différents cantons chargées de saluer de flonflons héroïques les innombrables toasts que l'on porterait lors des banquets, était dressée la table d'honneur, face à un autre buste de Guillaume Tell.

Ce fut encore un Guillaume Tell, cette fois-ci en chair et en os, tout muscles et barbe, portant l'arbalète du héros et flanqué d'un joli petit garçon encombré d'une pomme et d'une flèche, qui ouvrit, le 3 juillet, le défilé inaugural. Parti à midi de Montbenon, après que vingt-deux coups de canon, un par canton, eurent salué les délégations, mille cinq cents tireurs et autant d'accompagnateurs, alignés derrière les porte-bannières et les musiques, se mirent en route à travers la ville pour gagner le champ où se dérouleraient, pendant une semaine, les épreuves du huitième tir fédéral.

A l'arrivée, quand les délégations se rangèrent en carré pour la cérémonie d'ouverture, les nombreux badauds purent constater, une fois de plus, l'engouement des Suisses pour les concours de tir. Le canton de Vaud était représenté par huit cent quatre-vingt-sept tireurs, Berne en avait envoyé deux cent quarante-deux, Genève deux cent dix-neuf, Fribourg cent vingt-quatre, Appenzell vingt-sept, Saint-Gall vingt et un, Glaris dix, Uri quatre, le Tessin deux et Schaffhouse un seul, qui comptait bien défendre les chances de son blason. Quand toutes les bannières des sociétés eurent été hissées aux pignons de la maison du maître de camp, le bourgmestre Hess, président du comité zurichois, organisateur du précédent tir fédéral, en 1834, prit le premier la parole.

« Nous voulons rester Suisses, confédérés, frères d'armes », commença-t-il, confirmant aussitôt le caractère à la fois patriotique et politique de la manifestation. Et le bourgmestre de poursuivre avec conviction : « Nous voulons être Suisses et non Français, Allemands ou Italiens, quelle que soit l'estime que nous pouvons avoir pour ces peuples. Soyons et restons un petit peuple montagnard, œuvrant tranquillement pour lui, restant neutre au milieu de ses voisins et vivant avec eux en heureuse harmonie. »

De la suite du discours, un peu filandreux, Axel ne retint qu'une autre phrase : « Nous voulons aussi rester confédérés. Formons un peuple et non une foule de petites peuplades, quand il s'agit des intérêts communs. Gardons cette alliance éternelle, qui n'a besoin d'autre révision ni d'autre garantie que celle de notre bonne volonté, de notre courage, qui nous unit plus étroitement qu'une alliance écrite. »

C'était une pierre dans le jardin des radicaux qui réclamaient, depuis longtemps, la révision de la Constitution fédérale. C'était aussi, deux ans après, une réplique au Zougois Sidler qui, lors du tir de Zurich, avait provoqué des pugilats en réclamant ouvertement une révision du Pacte fédéral.

Après avoir rendu hommage aux carabiniers qui ne devaient avoir « d'autre ambition que conquérir le laurier vert du patriotisme », le comité zurichois remit au comité vaudois, qui en aurait la garde jusqu'au tir fédéral suivant, la bannière de la Société suisse des carabiniers[1].

A Henri Druey, président de la Société vaudoise des carabiniers, fonction adroitement soufflée au général de La Harpe, qui eût été plus qualifié, estimaient Fontsalte et Ribeyre, avait donc échu l'organisation du huitième tir fédéral. Sa réussite devait beaucoup à l'activité du lieutenant-colonel Louis-Marc Begoz, instructeur en chef des milices vaudoises depuis 1819 et fondateur de la Société des carabiniers vau-

1. Cette société, fondée après le premier tir fédéral, organisé à Aarau, en 1824, compte aujourd'hui trois cent soixante-quatorze sections, qui rassemblent plus de trente-huit mille tireurs.

dois en 1825. Begoz, qui avait servi dans plusieurs régiments suisses de l'armée napoléonienne pendant la campagne de Russie, partageait, disait-on, les idées politiques de Druey.

Le meneur radical, membre du Conseil d'Etat, paraissait fort satisfait de ses prérogatives temporaires. On avait constaté, depuis la création des tirs fédéraux, que ceux-ci offraient aux politiciens une incomparable tribune. De là, ils pouvaient s'adresser à une foule de citoyens venus de tous les cantons, y compris de ceux où la liberté d'expression restait encore aléatoire, et développer publiquement leurs idées. Druey n'était pas loin de considérer que le tir fédéral constituait le véritable parlement du peuple. Et puis ses sympathisants vaudois, lecteurs du *Nouvelliste*, journal que Druey avait accaparé, pourraient constater que les discours de leur maître à penser, souvent imprimés *in extenso* dans son journal, étaient plus audibles que lisibles !

Après avoir remercié les Zurichois, Druey gravit la tribune et se prépara à prendre la parole. Avant même qu'il eût ouvert la bouche, Flora se mit à souffler comme une chatte en colère. Pour elle, tout radical était un révolutionnaire dangereux, un athée sectaire, un fossoyeur des vertus helvétiques. Druey ne répétait-il pas, depuis quelque temps, que le parti radical devait combattre aristocrates et libéraux comme le bien doit combattre le mal !

Claude Ribeyre de Béran, sans partager les outrances de sa femme, savait, comme Blaise de Fontsalte, quelles étaient les ambitions de Druey et connaissait ses méthodes. Le chef radical présidait une société de son cru, l'Association nationale, née d'une scission qu'il avait provoquée au sein de l'Association de sûreté fédérale, dont la mission politique était, à l'origine, d'interdire le retour au pouvoir des conservateurs dans les cantons dits régénérés. Organe de combat des radicaux, la section vaudoise de l'Association nationale, fondée par Druey et Jean-Louis Leresche, un pasteur sans paroisse, révolutionnaire plus anarchiste que socialiste[1], passait pour

1. Jean-Louis-Benjamin Leresche, 1800-1857, consacré pasteur en 1825. Précepteur en Russie, publiciste, « révolutionnaire ardent à tendances anarchisantes et socialisantes », d'après une note d'André Lasserre dans sa biographie d'*Henri Druey*. Bibliothèque historique vaudoise, tome XXIV, Imprimerie centrale, Lausanne, 1960.

alliée privilégiée des mouvements Jeune Europe, créé à Berne en 1834, et Jeune Suisse, plus récemment fondé à Nyon, par le révolutionnaire professionnel Giuseppe Mazzini. Bien que l'expédition des Polonais contre la Savoie, montée deux ans plus tôt par l'Italien, eût été un complet fiasco, le carbonaro dissident poursuivait son rêve : une confédération alpine centrée sur la Suisse.

Sans jamais prendre parti ni répondre aux sollicitations des politiciens de tous bords, les deux généraux français se tenaient informés, peut-être par réflexe d'anciens des Affaires secrètes de l'Empire, de l'évolution politique du canton de Vaud. Ils savaient comment Henri Druey avait accueilli, avec bienveillance disait-on, le 19 juin précédent, lors d'une réunion de l'Association nationale, l'idée lancée par un certain Ernest Schüler[1], révolutionnaire allemand naturalisé suisse. Cet activiste du mouvement Jeune Suisse, avait proposé que l'on profitât du tir fédéral de Lausanne pour faire avancer la révolution universelle ! Il s'agissait d'obtenir des représentants des cantons, réunis à l'occasion de la fête, qu'ils élisent, sur-le-champ, une assemblée législative populaire et conçoivent une révision catégorique du Pacte fédéral. Henri Druey, à qui l'on reprochait cette collusion compromettante avec les révolutionnaires étrangers, avait prudemment éludé cette proposition.

Son discours d'ouverture ne laissa cependant aucun doute sur ses sentiments. Après avoir rappelé, avec juste raison, qu'un tir fédéral est aussi un événement politique, il ajouta : « Les citoyens sont donc appelés à y traiter des grands intérêts de la Suisse notre patrie ; tout ce qui peut maintenir, fortifier, exalter l'indépendance de la Confédération au-dehors, l'union et la liberté à l'intérieur, appartient de plein droit à cette fête. Sans doute que, dans une société où se trouvent des hommes d'opinions diverses, on saura éviter ce qui peut irriter les esprits, troubler l'harmonie ; on se souviendra que, si l'on est divisé d'opinion

1. Ernest Schüler, 1807-1881, né à Darmstadt, instituteur à Giessen, réfugié en Suisse en 1833. Devenu professeur au gymnase de Bienne, naturalisé suisse, il milita au côté de Mazzini dans Jeune Suisse. On lui doit l'introduction de l'industrie horlogère à Bienne.

sur quelques points, on est unanime pour vouloir l'indépendance, l'honneur, l'union, la force, la liberté de la patrie ; on ne perdra pas de vue que l'on est confédérés, frères, Suisses. Mais la fête manquerait son but, elle ne serait pas nationale, ni patriotique, si la parole n'était pas entièrement libre, si elle était enchaînée ; elle cesserait d'être républicaine, si l'on n'émettait pas son opinion avec la plus entière franchise. »

— Discours très habile dans le fond, bien que médiocre dans l'expression. Druey n'est pas un tribun éloquent mais, sous couvert du couplet patriotique, il invite ses amis radicaux à délivrer leur message, à critiquer sans crainte les institutions qu'il veut changer, commenta Ribeyre de Béran.

— M. Druey est un habile manieur de mots, d'autant plus sonores qu'ils sont creux, observa Flora, amère.

— Il me paraît assez inquiétant, en effet, dit Chantenoz. Ne nous y trompons pas : c'est un être sincère mais froid comme une lame et...

— Et vaniteux comme un paon, coupa Charlotte.

— Il paraît en effet assuré, tel un messie, de détenir la formule politique capable de faire le bonheur des citoyens suisses, ajouta Blaise.

— Je ne confie à personne, sauf à Martin, le soin de faire mon bonheur, dit Aricie, en posant sur son mari un regard énamouré qui fit sourire.

— Peut-être souffre-t-il de ce que nous appelons maintenant inhibition, dit Vuippens.

— C'est-à-dire, docteur ? interrogea Charlotte.

— Eh bien, il se pourrait que Druey reprochât aux aristocrates, aux gens riches et, même, à ceux qui ont acquis une position sociale élevée et de la fortune par leur travail, sa basse extraction et les maux que lui infligèrent un père cabaretier, ivrogne et brutal, une mère mièvre, faible et inculte, des frères et des sœurs incapables d'apprécier ses aspirations d'adolescent doué. Cette aigreur irrépressible dicte peut-être un engagement politique vengeur, donc révolutionnaire, précisa le médecin.

Axel, qui jusque-là s'était tu, intervint :

— Il ne devrait pas en être ainsi, Louis, car Druey, grâce, il est vrai, au pasteur Piguet, s'est instruit avec application et intelligemment, alors que le climat familial de l'auberge de Faoug, village arriéré, perdu entre Fribourg et Vaud, ne devait pas encourager une vocation intellectuelle. Non, je ne comprends pas cette détestation qu'inspirent encore aristocrates et libéraux à un homme qui connaît, par ses seuls mérites, une telle réussite, conclut Axel.

— En fait, Druey n'envie pas ce que les aristocrates peuvent posséder. Il vit de peu. Ce qu'il envie, c'est ce qu'ils sont ! L'instruction est une chose, l'éducation une autre, dit Vuippens.

— Il n'est pas nécessaire de connaître les bonnes manières ni de savoir se servir d'un couvert à poisson pour réussir en politique, dit Ribeyre en riant.

Presque chaque jour Axel, Blaise, Claude et Martin, parfois avec leurs épouses, se rendirent sur le champ de tir. Ils suivirent les prestations des tireurs et de quelques champions reconnus et assistèrent, lors de la deuxième journée, à l'échange traditionnel des coupes entre délégations cantonales. Le quatrième jour, ils acclamèrent, à leur arrivée, les Neuchâtelois, qui avaient vainement tenté, en 1831, de se débarrasser de la tutelle prussienne, sous laquelle les maintenaient des conservateurs plus royalistes que le roi de Prusse.

Conviés au banquet fédéral, ils ne manquèrent pas de s'y rendre, car c'est au cours de ce repas que devaient être portés les toasts les plus marquants. Ils ne furent pas déçus et les aristocrates, que les radicaux nommaient ristous, trouvèrent de quoi alimenter leur fureur contre celui qui, d'après eux, ne rêvait que de les pendre aux lanternes comme à Paris, en 1792 !

Prenant la parole pour porter le toast de la Confédération, lors du banquet offert à la délégation de Genève, dont la musique occupait l'estrade, Henri Druey, après avoir constaté les dissensions religieuses « en Argovie, dans le Jura bernois et ailleurs », enchaîna : « A quoi attribuer ces traits déplorables de désunion si ce n'est à l'ignorance, à l'intolérance et à l'imperfection des institutions ? Il n'y a pas moins de division dans les affaires fédérales, et c'est encore l'ignorance des vrais intérêts de la patrie, l'intolérance politique qui ne veut la liberté que pour soi, et les vices des institutions de la Confédération, où les gouvernements cantonaux exercent des pouvoirs qui appartiennent aux représentants du peuple suisse, qui en sont la cause. »

— Il enfonce le clou pour une réforme de la Constitution. N'oublions pas que les élections au Grand Conseil sont dans quelques semaines, observa Vuippens à mi-voix.

— Chut, écoute ! souffla Axel, intéressé.

Druey poursuivait : « La vraie union ne s'obtiendra qu'en dissipant l'ignorance par la vérité, fille de la lumière, qu'en détruisant l'égoïsme et l'intolérance par l'amour les uns des autres, qu'en réalisant la vérité et cet amour par une réforme qui fasse disparaître les abus des institutions de la patrie. C'est dans cet esprit que je vous invite à boire à la Confédération. » L'orateur fut très applaudi.

— « Voilà justement ce qui fait que votre fille est muette[1] », cita Martin Chantenoz, se moquant en levant son verre du diagnostic et du remède proposés par le politicien.

Axel intervint vivement :

— Je n'ai aucune sympathie pour les démagogues et je reste sceptique quant à leur capacité à remédier aux maux qu'ils définissent, mais il leur arrive de les bien définir. Ainsi, on ne peut nier que tous les citoyens suisses ne jouissent pas, dans tous les cantons, des mêmes libertés ; qu'on ne peut pas, partout, publier ce que l'on pense, ni même se réunir pour exprimer des doléances ; que dans certains cantons la censure de la presse existe ; que les citoyens astreints au service militaire n'ont pas tous le droit de vote, du fait d'un cens électoral dépassé et de règles d'éligibilité contestables. Quand Druey dit qu'il n'y a pas de liberté d'esprit sans instruction, Martin, il a raison, conclut Axel.

— C'est Blaise qui t'a inculqué ces principes libertaires ? Si c'est lui, tu as eu tort de changer de père, mon garçon, grinça Flora.

Au lieu de scandaliser, le cri de Mme Ribeyre de Béran déchaîna l'hilarité générale. Les intéressés eux-mêmes ne s'offusquèrent pas d'une telle semonce.

1. Molière. Réplique de Sganarelle, *le Médecin malgré lui*, Acte II, scène IV.

— Sache, marraine, que ces principes me viennent d'abord de mon maître, Martin Chantenoz, et que Blaise n'a fait que les illustrer glorieusement. La source et la garantie de toutes les libertés, c'est la liberté de l'esprit. Elle doit être partout reconnue et bonnes seront les lois qui la protégeront.

— Peut-on compter sur les radicaux pour atteindre ce but démocratique ? Là est la question, dit Martin.

La discussion fut interrompue par la déclamation de couplets patriotiques, distillés avec émotion par un gaillard en qui Chantenoz crut reconnaître un radical genevois, nommé Prévost.

O Suisse, tout est grand dans ton antique [histoire !
Tout m'y parle de foi, de courage et d'amour.
Chaque nom, chaque ville est un titre de gloire ;
Sempach, Morat, Grandson eurent chacun leur [jour.
C'est en ces lieux que nos dignes ancêtres
Jurèrent d'être forts, et libres, et pieux,
Excepté Dieu, de n'avoir point de maître !
Nous le voulons aussi, nous le jurons comme eux.

Ce soir-là, Axel eut à Rive-Reine une assez longue discussion avec Elise, qui, comme chaque fois qu'on parlait politique, ne pouvait s'empêcher d'y mêler des considérations religieuses. Fille de pasteur, elle tenait ferme pour l'Eglise nationale et s'efforçait à une tolérance distante et polie vis-à-vis des catholiques. Elle finit par dire, sans élever le ton mais en exagérant la lenteur de son débit, pour bien montrer que ses propos se voulaient simplement objectifs, comme un constat, auquel un esprit sage et serein ne pouvait manquer de souscrire :

— Je conçois que le discours de Druey vous paraisse en partie acceptable. Il plaît aux catholiques par sa tonalité laïque... Je vois là, mon ami, une influence inavouée de votre mère.

— Un bulletin de vote n'a pas de religion, Elise. Ce n'est ni un billet de confession ni un bulletin d'assiduité au temple, répondit-il, un peu excédé.

Le lendemain, dernière journée du tir fédéral, consacrée à la remise des prix, les Fontsalte et leurs amis se retrouvèrent à Beauregard et se rendirent en voiture à Beaulieu. Le premier prix à la cible fédérale, le plus prisé, échut à un Vaudois de Moudon, M. Tschumy. Les carabiniers veveysans reçurent deux prix : Vincent Rossier, à la cible tournante, et Emmanuel Stoll, à la cible fixe. Ce n'était pas la gloire mais on ne rentrait pas bredouille et ces prix, comme tous les autres, furent copieusement arrosés ! Le soleil de juillet avait lui sans faiblesse pendant toute la durée du tir. La fête était réussie et le bal qui la clôturerait sous les girandoles promettait d'être des plus joyeux.

Personne ne pensait plus à réclamer la révision du Pacte fédéral ! Avant le commencement de la danse, les Fontsalte et leurs amis reprirent, à pied, le chemin de Beauregard où les attendait le souper.

Sur l'avenue, des voitures dépassaient les piétons et ceux-ci devaient parfois se serrer sur le bas-côté pour livrer passage à un char ou à une berline. Elise, alourdie par sa grossesse, trottinait au bras d'Axel quand survint, à contre-courant, un cabriolet de laque noire, tiré par un cheval jais et conduit par un cocher hiératique, aussi noir que sa voiture. Le couple dut escalader le talus pour dégager le chemin.

— Ceux-là ignorent que le tir est terminé et les prix distribués... mais peut-être ne viennent-ils que pour danser, observa Elise en s'épongeant le front.

Comme Axel demeurait silencieux et figé, la jeune femme secoua le bras de son mari.

— Ne croyez-vous pas ? dit-elle.

— Pardon... que dois-je croire ? fit-il, émergeant de sa rêverie.

— Que ces gens ne viennent que pour danser, dit-elle avec un peu d'impatience en désignant de la pointe de son ombrelle le cabriolet qui s'éloignait.

— Ah oui... eh bien... peut-être aiment-ils le bal champêtre, en effet, répondit-il sans conviction.

Elise mit sur le compte de la fatigue le désintérêt d'Axel. Son mari détestait la foule et les manifestations populaires. S'il ne s'était pas cru tenu de venir encourager les carabiniers veveysans, il n'aurait pas accepté de consacrer une semaine au tir fédéral.

Mais la raison de la soudaine absence d'Axel était tout autre, inavouable, et tenait du cauchemar éveillé.

Quand le cabriolet noir était passé devant lui, il avait eu le temps d'apercevoir – ou avait-il cru apercevoir, se demandait-il déjà –, derrière la vitre de la portière, une femme au visage à demi voilé de noir, à la façon des musulmanes, et dont le regard avait, une fraction de seconde, croisé le sien. Or, ce regard, à peine entrevu, était vairon !

« J'ai tellement pensé à Adriana, ces jours-ci, se dit-il, que mon esprit me joue des tours. Je ne vais pas commencer à voir des fantômes ! Je suis stupide ! »

S'il eût été seul sur ce chemin, au milieu de la foule qui refluait vers la ville, nul doute qu'il eût couru derrière le cabriolet, le cœur battant, pour exorciser sur-le-champ cette vision morbide. Mais la main d'Elise pesait sur son bras, Chantenoz et Vuippens pressaient le pas en déclarant qu'ils rêvaient d'un verre de dézaley bien frais, pour se dépoussiérer la gorge, Flora et Aricie, bras dessus bras dessous, cheminaient en traînant un peu la jambe, Charlotte, entre Claude et Blaise, se disait lasse et affamée. Axel Métaz ne pouvait que suivre ce groupe chaleureux et fidèle, sa famille.

Quelques jours plus tard, alors que la vie vaudoise avait repris son cours laborieux, le *Nouvelliste vaudois* publia une déclaration du Conseil d'Etat de Neuchâtel, adressée au Conseil d'Etat vaudois.

Le gouvernement conservateur du canton, qui n'était encore qu'à demi suisse puisque sous tutelle du roi de Prusse, s'était ému de l'accueil fait par Druey aux carabiniers neuchâtelois, généralement d'obédience radicale. On avait cru entendre Druey faire ouvertement appel à la rébellion contre un gouvernement confédéré, quand il avait dit : « Ceux qui se révoltent ont bien mérité de la Confédération suisse », avant d'ajouter, fort imprudemment : « L'existence d'un tel gouvernement est un obstacle à l'indépendance de la Suisse. »

Un peu gênées, les autorités vaudoises répondaient : « M. Druey, bien que membre du Conseil d'Etat, a parlé en tant que simple citoyen », et conseillaient aux Neuchâtelois, s'ils s'estimaient diffamés, de porter l'affaire devant les tribunaux.

Ce qu'ils s'abstinrent de faire au grand regret des radicaux vaudois, qui eussent trouvé dans le prétoire une nouvelle tribune.

On ne parlait plus du succès du tir fédéral que pour commenter son chiffre d'affaires : 38 318 francs, un record pour l'institution, quand, au lendemain du ressat des vendanges, où cette année-là Elise, très éprouvée par sa grossesse, ne parut point, Blaise de Fontsalte et Ribeyre de Béran s'annoncèrent à Rive-Reine. Ils venaient de Lausanne, dans l'espoir d'une partie de chasse à la grèbe sur le Léman. Bien qu'il fût un peu tôt dans la saison pour tirer la grèbe huppée, plus abondante en novembre, Axel consentit à l'expédition. Abattre ce bel oiseau au plumage argenté, qui montre sa huppe et sa tête fine hors de l'eau avant de plonger pour disparaître à la moindre alerte, constituait un véritable exploit. M. Métaz fit armer un naviot que l'*Ugo* remorquerait, car la méfiante grèbe ne pouvait être approchée qu'en barque à rames. Pierre Valeyres, au gouvernail du yacht, tiendrait celui-ci à distance pendant la durée de la quête.

— On dit que les Anglais ont l'habitude d'offrir des plumes de grèbe comme cadeau de noces, nous souhaitons seulement en rapporter quelques-unes à nos femmes, pour orner leur chapeau, dit Ribeyre.

Dès que les trois hommes, fusil sur les genoux, se furent éloignés du grand bateau à bord de la petite embarcation, Blaise de Fontsalte prit la parole.

— Cette partie de chasse, cher Axel, n'est qu'un prétexte pour nous trouver seuls avec vous, loin des oreilles indiscrètes. Car nous avons, Claude et moi, un secret à vous confier.

Le soudain désir des deux généraux de tirer la grèbe avait paru un peu étrange à Axel, qui ne fut donc pas étonné par cet aveu.

— Je suis flatté d'avoir à partager un secret, dit-il en riant.

— Nous partons ce soir pour Arenenberg, où nous devons rencontrer Louis Napoléon, dit Ribeyre en guise de préambule.

Ce n'était pas la première fois que les deux généraux rendaient visite au fils de la reine Hortense. Depuis la mort de Napoléon Louis, fils aîné de l'ancien roi de Hollande, et du duc de Reichstadt, Louis Napoléon, le cadet, passait aux yeux des bonapartistes bon teint pour seul prétendant possible à la succession, combien inimaginable, de Napoléon Ier. Cependant, Fontsalte et Ribeyre n'avaient jamais manifesté devant Axel la même confiance que mettaient en ce prince les grognards du café Papon. Ancien élève du colonel Dufour au collège militaire de Thoune, devenu capitaine au régiment d'artillerie du canton de Berne, Louis Napoléon avait publié, en 1834, un *Manuel d'artillerie à l'usage des officiers d'artillerie de la République helvétique*, qui faisait autorité dans les milices.

— Le prince a décidé de passer à l'action, estimant que les Français, déçus par Louis-Philippe, n'attendent qu'un chef pour renverser la monarchie et se doter d'un autre système de gouvernement. Louis Napoléon, dont les sentiments républicains s'expriment avec mesure et intelligence, peut conduire, à moindre risque, cette révolution et nous comptons l'y aider, expliqua Fontsalte.

— Mais comment va-t-il s'y prendre ? demanda Axel, sceptique.

— J'ai été approché, il y a quelques jours, par un pays à moi, Victor Fialin, de Saint-Germain-Lespinasse, un bourg du Forez. Les Fialin, seigneurs de Persigny depuis deux siècles, ont toujours été en rapport avec les Fontsalte, nos familles étant liées par un vague et très lointain cousinage. J'ai connu le père de Fialin, qui a été tué à la bataille de Salamanque, en 1812. Victor, aujourd'hui âgé de vingt-huit ans, s'est engagé à dix-sept ans, est passé par l'école de cavalerie de Saumur, dont il est sorti premier en 28. Il serait toujours officier au 4e hussards, s'il n'avait été cassé, en 1831, pour opinions républicaines affichées. Depuis, il s'est mis au service du prince Louis Napoléon, son cadet de trois mois, et a préparé avec lui une expédition, à laquelle Claude et moi nous allons participer.

— C'est-à-dire ? fit Axel.

— Le projet consiste à soulever la garnison de Strasbourg et à marcher sur Paris, à travers les Vosges, la

Lorraine et la Champagne, dit Ribeyre d'un ton résolu, comme s'il s'agissait d'une promenade.

— Est-ce sérieux ? Et que vont dire ma mère et Flora ? fit Axel, inquiet.

— C'est très sérieux. Vous pensez bien que nous n'irions pas nous engager dans une expédition de ce genre sans être informés des tenants et des aboutissants. Quant à votre mère, elle ne connaîtra l'affaire qu'après sa réussite... ou son échec, si nous rentrons bredouilles. Pour justifier notre absence, nous serons censés répondre à une invitation à chasser le cerf en Bavière. Mais vous seul serez informé de nos déplacements véritables et du déroulement des opérations, précisa Blaise.

— Puis-je me permettre de vous dire, à tous deux, mon sentiment ? fit Axel, un peu aigre.

— Dis toujours, fit Ribeyre, qui tutoyait souvent Axel alors que le père et le fils se voussoyaient toujours.

— Eh bien, je trouve que vous avez tort de vous mêler de cette affaire. N'êtes-vous pas heureux, ici, comme vous êtes ? Croyez-vous que fomenter une révolte pour le compte de Louis Napoléon ajoutera quelque lustre à votre gloire ? En cas de pleine réussite, irez-vous à Paris, reprendre du service, à plus de cinquante-cinq ans ?

— Notre ambition est seulement d'aider au renversement de Louis-Philippe et de permettre aux Français de se donner un gouvernement républicain. Mais nous n'envisageons ni l'un ni l'autre de reprendre du service dans l'armée, ni à Paris ni ailleurs. Notre vie, heureuse en effet, est ici, dit Blaise.

Axel eut le sourire plein d'indulgence d'une mère devant l'enfant qui annonce la bêtise qu'il prépare.

— Je me demande si vous n'agissez pas tous deux, moins par raison politique et patriotisme, que par nostalgie d'un passé plein de turbulences et de témérité... si vous ne vous embarquez pas dans cette affaire pour le simple plaisir de courir, au côté du neveu de votre empereur défunt, une aventure propre à rompre la douillette monotonie de votre existence de retraités des combats, la routine saisonnière de la vie vaudoise. N'est-ce pas cela... sincèrement ?

— Il y a de ça, reconnut Ribeyre.

— Admettons que nous avons envie de bouger un peu. Bon. Admettons que nous nous offrons une petite récréation. Alors, ne gâchez pas notre plaisir, dit Blaise en donnant une bourrade à son fils.

— Vous avez la permission de sortie mais revenez vite et intacts, je vous en prie, dit Axel Métaz, conciliant.

Ribeyre vit, fort à propos, une grèbe se poser à bonne distance. Il ajusta son coup de fusil et l'oiseau plongea.

— Manqué, dit Blaise.

— Vous feriez bien de vous exercer un peu, avant d'aller affronter les royalistes, persifla Axel.

Tout en guettant l'apparition d'autres grèbes, les deux amis se relayèrent pour donner des détails très confidentiels sur l'expédition organisée par Victor Fialin de Persigny.

Axel apprit ainsi qu'en prenant les eaux à Bade, Louis Napoléon avait noué des relations confiantes et amicales avec des officiers de la garnison de Strasbourg, dont le colonel Vaudrey, qui commandait le 4e régiment d'artillerie, celui-là même où, autrefois, le lieutenant Bonaparte avait commencé sa carrière et où l'on conservait pieusement son souvenir. Cet officier était prêt à marcher pour le prétendant, avec son régiment.

En plus de ces contacts qui devaient lui rallier, dès son apparition, la garnison de Strasbourg, le prince avait pris, en Suisse même, des garanties. On savait qu'il avait rencontré, à la Société de Lecture, à Genève, Camillo Benso, comte de Cavour, un Piémontais dont la mère était une Sellon de la rue des Granges. Cet officier avait été cassé et chassé en 1831 de l'armée du roi de Sardaigne, après avoir affiché une sympathie incongrue pour les révolutionnaires français de 1830. Depuis ce temps, Cavour, fils d'un épicier niçois anobli par Charles-Albert, cultivait ses terres, quand il ne voyageait pas à travers l'Europe. Il ne rêvait, certes, que d'instaurer la république en Italie, mais Blaise et Ribeyre savaient que le Piémontais n'offrirait guère à Louis Napoléon que sa sympathie.

James Fazy, à qui le prince avait rendu discrètement visite, proposait un appui plus efficace. Louis Napoléon, après avoir fait confidence de son projet de soulèvement à Strasbourg, avait demandé au chef de file des radicaux genevois d'user de l'influence qu'il avait encore en France pour lui obtenir le concours du parti républicain français et de ses anciens affiliés carbonari. Avant de se prononcer, Fazy avait voulu savoir dans quel sens le prince entendait agir. « Vous engagez-vous à faire triompher en France la république et la démocratie ? » avait-il demandé. Si le prince se présentait comme un libérateur « n'ayant d'autre ambition que de mettre le peuple français à même de choisir un gouvernement par l'intermédiaire d'un Congrès national, élu au suffrage universel et dont les décisions seraient soumises à la sanction du peuple », Fazy consentait « à mettre à la disposition de l'entreprise tout ce qui pourrait y amener ses amis en France ». Le prince, à qui Fazy avait déjà posé semblable question, quand, en 1834, il avait envisagé d'aller à Lyon prendre la tête des canuts révoltés, s'était empressé de répéter qu'il n'agissait que pour offrir au peuple français, avec les bienfaits de la démocratie, les avantages et vertus de la république.

— Il a donc été convenu, rapporta Blaise de Fontsalte, que James Fazy se rendra en personne à Strasbourg, pour convaincre les républicains, ses amis, d'appuyer l'action que mènera Louis Napoléon au moment favorable[1].

— Ainsi, vous voyez que l'affaire est bien engagée, conclut Ribeyre

Après avoir abattu trois grèbes, dont les plumes de poitrail seraient partagées entre les épouses des chasseurs, on regagna Rive-Reine, où l'on fit bonne chère ce soir-là.

Le 20 octobre, les généraux Fontsalte et Ribeyre, complices de longue date, ayant discrètement enfermé leur uniforme dans leur portemanteau, nantis de tout l'équipement des chasseurs, lequel ressemble assez, armes

1. James Fazy se rendit effectivement à Strasbourg et trouva les républicains, en fait des carbonari, dans les meilleures dispositions à l'égard de Louis Napoléon et prêts à seconder le mouvement prévu. « Il put même engager deux généraux qui étaient en activité de service, l'un à Gray, l'autre à Melun, à promettre leur concours dès que le soulèvement aurait éclaté à Strasbourg. « *Mémoires de James Fazy, homme d'Etat genevois (1794-1878)*, Editions Celta, Genève, 1947.

comprises, à celui des soldats, firent leurs adieux à leur femme et montèrent en voiture : ils se rendaient en Bavière pour chasser sur les terres d'un ami. L'adjudant Trévotte, dit Titus, qui savait quel gibier on allait chasser, conduisait la berline qui, par un matin d'automne lumineux, prit la route de Bâle.

Le surlendemain, les généraux étaient à pied d'œuvre, installés dans un appartement loué par Fialin dans une rue tranquille de Strasbourg. La ville comptait huit casernes susceptibles de loger dix mille hommes. La citadelle, établie sur les plans de Vauban entre 1682 et 1685, abritait l'arsenal, des magasins et des salles d'armes. De quoi organiser l'armée avec laquelle Louis Napoléon marcherait sur Paris. Blaise et Claude ne furent pas étonnés de rencontrer, sur les quais de l'Ill, d'anciens camarades, des grognards recrutés en France, en Allemagne et en Suisse par l'inlassable Victor Fialin de Persigny. Cette troupe ne représentait guère qu'une douzaine d'officiers de l'Empire, certains fatigués, perclus de rhumatismes ou catarrheux, mais tous pareillement déterminés à servir le neveu, comme ils avaient autrefois servi l'oncle.

Fontsalte et Ribeyre ne cachèrent pas leur étonnement en découvrant que Fialin était accompagné de sa maîtresse, une ancienne chanteuse, veuve d'un certain lord Gordon, plus courtisane que lady. Le vicomte les rassura aussitôt. Cette femme ravissante et intrépide tirait l'épée comme un homme, montait comme un jockey, jouait du pistolet comme un flibustier. De surcroît, elle vouait un véritable culte posthume à l'empereur Napoléon et ne souhaitait que servir le prince Louis, son héritier naturel, qu'elle avait, autrefois, rencontré en Italie. Et, pour prouver jusqu'où pouvait aller le dévouement de cette personne, un des conjurés confia aux deux généraux qu'avec l'accord de Persigny elle passait, depuis un mois, ses nuits dans le lit du colonel Vaudrey. N'était-ce pas le meilleur moyen de s'assurer la loyauté d'un officier sur lequel Louis Napoléon comptait pour soulever la garnison ?

Les deux amis acceptèrent cette cantinière d'un nouveau genre et reçurent leur mission. Ils devraient, dans la nuit du 30 octobre, s'emparer du télégraphe Chappe afin qu'aucun zélé fonctionnaire royaliste ne pût donner l'alerte aux garnisons de Paris et aux ministres de Louis-Philippe. D'autres officiers demi-solde étaient chargés de transporter et de distribuer les décrets et proclamations destinés à l'armée et au peuple, déjà rédigés et en cours d'impression.

Les conjurés furent satisfaits d'apprendre, le 28 octobre à dix heures du soir, que le prince était arrivé en ville. En quittant Arenenberg, trois jours plus tôt, il avait laissé croire à sa mère, la reine Hortense, qu'il se rendait à une partie de chasse à Heichingen, chez sa cousine, la princesse de Hohenzollern, fille d'Eugène de Beauharnais. Ceux qui venaient de rencontrer le prince appréciaient qu'il se fût fait couper, par son tailleur de Berne, un uniforme bleu de colonel d'artillerie, sur lequel il arborerait, pour l'action, le grand cordon de la Légion d'honneur. On le disait déterminé, un peu nerveux mais confiant.

Restait à attendre l'aube du 30 octobre, ce que Blaise et Claude firent en fumant maintes pipes et vidant des pots de bière, après avoir très exactement inspecté les abords du télégraphe qu'ils devaient rendre muet.

Mais – Axel Métaz ne l'apprit que plus tard – les dieux se montrèrent réfractaires au coup d'éclat qui devait faire de Louis Napoléon « un empereur de la République » ! Les événements ne suivirent pas longtemps le cours prévu par les conjurés. Certes, le 30 octobre, à cinq heures du matin, le colonel Vaudrey, qui sortait des bras de la dévouée Eléonore, veuve Gordon, née Brault, fit, comme prévu, sonner le rassemblement dans la cour de sa caserne et présenta Louis Napoléon à ses soldats en rappelant : « Entre ce prince et vous, existent de grands souvenirs. »

Les acclamations des artilleurs donnèrent à penser qu'on ne rencontrerait pas d'opposition sérieuse. On courut donc au quartier général de la place pour convaincre l'état-major de participer à l'offensive contre le régime orléaniste. Force fut de constater, avec amertume, que le général Voirol n'avait pas changé d'avis depuis l'été précédent, quand il avait répondu à une invitation de Louis Napoléon à lui rendre visite à Bade : « Je respecte les lois de mon pays; une de ces lois bannit à perpétuité la branche des Bonaparte : le prince ne peut remettre le pied en France et je ne puis moi-même aller le voir[1]. » Le prince ayant mis le pied en France était un hors-la-loi : il fallait l'arrêter, ainsi que tous les comploteurs, et fusiller tout ce monde-là ! Voirol, homme de devoir, pensait peut-être aussi au prestige qu'il retirerait de la répression immédiate et au bel avancement que cela lui vaudrait. Bien que séquestré en caleçon dans sa chambre par le commandant Parquin, déguisé en général, il réussit à se débarrasser de son gardien et courut donner l'alerte au 16e régiment de ligne, qu'il savait fidèle au roi. A cette heure-là le complot avait déjà échoué, car la plupart des unités refusaient de suivre un homme qui se disait neveu de l'empereur mais que le lieutenant-colonel Tallandier affirmait être un vulgaire usurpateur.

Les troupes de la garnison s'étant partagées en deux camps inégaux, on redouta un moment le pire, la tuerie entre Français. Mais comme les « Vive le roi ! » étaient beaucoup plus nourris que les timides « Vive l'empereur ! » les rebelles se rendirent. Louis Napoléon, le colonel Vaudrey et leur état-major d'occasion furent arrêtés, sans coup férir ni ménagement. Quand les cloches de la cathédrale sonnèrent midi, tout était consommé.

Ignorant tout du fiasco, Fontsalte et Ribeyre, aidés d'une poignée de grognards, avaient neutralisé les commis du télégraphe et attendaient, en leur compagnie, les événements et le moment d'aller passer leur uniforme.

Aussi furent-ils stupéfaits quand des chasseurs, baïonnette au fusil, qui ne paraissaient pas d'humeur à plaisanter, les sommèrent de rendre leurs armes et de les suivre benoîtement jusqu'à la prison Neuve, où ils rejoindraient les autres conspirateurs, le soulèvement conduit « par un mannequin déguisé », ayant lamentablement échoué.

— Vous êtes les derniers que nous ayons à cueillir, lança un jeune capitaine, que n'impressionna pas la Légion d'honneur, modèle Empire, qu'arboraient, en civil, les deux généraux.

---

1. Cité par André Castelot dans *Napoléon Trois*, volume I, *Des prisons au pouvoir*, Librairie académique Perrin, 1973, Paris.

Ce fut au tour du jeune officier d'être surpris en voyant les deux gaillards se mettre à rire, tels des conscrits, en se bourrant mutuellement les côtes, comme si toute cette affaire n'était, en somme, qu'une bonne plaisanterie. La récréation de Blaise de Fontsalte et Ribeyre de Béran avait duré six heures !

Pendant l'arrestation des généraux, Trévotte, déguisé en mendiant à jambe de bois, guetteur posté sur le pont de l'Ill, avait pris le large avec une vélocité inattendue chez un unijambiste.

Comme Blaise et Claude marchaient vers la prison, encadrés sur la chaussée par une demi-douzaine de chasseurs aussi fiers que s'ils venaient de capturer, ensemble, le tsar et le roi de Prusse, une lourde berline, traînée à grand fracas par trois chevaux au galop, apparut au bout de la rue et fonça sur le détachement. Oubliant leurs prisonniers, les militaires, ne pensant qu'à éviter cet attelage infernal, s'égayèrent en courant. Fontsalte reconnut aussitôt le cocher.

— C'est Titus, viens ! cria-t-il en entraînant son ami.

Trévotte retint brutalement les bêtes. Frein serré, les roues à bandages de fer tirèrent, en griffant les pavés ronds, des gerbes d'étincelles, tandis que, par les portières déjà ouvertes, les deux hommes sautaient dans la voiture à peine ralentie.

Revenus de leur frayeur, les chasseurs virent disparaître la berline avant d'avoir pu armer leur fusil. Ils donnèrent l'alerte et, une heure plus tard, on retrouva la routière à demi immergée dans l'Ill, près de la porte des Pêcheurs. La voiture était vide et les chevaux absents.

DEUXIÈME ÉPOQUE

Terre de romances

1

Pendant plus d'une semaine Elise Métaz oscilla entre la vie et la mort. La mise au monde de son deuxième enfant avait été longue, difficile et douloureuse. Le bébé faillit périr, étranglé par le cordon ombilical. Sans l'habileté du docteur Vuippens et la présence d'esprit de la sage-femme, qui sauvèrent l'innocent de l'asphyxie et délivrèrent la mère, le fils cadet d'Axel Métaz de Fontsalte n'eût jamais vu le jour le 29 octobre 1836.

Très éprouvée par une hémorragie, Elise resta hébétée et indifférente pendant quarante-huit heures. Puis elle donna soudain le spectacle d'une excitation inattendue, se mit à frissonner et s'abandonna sur ses oreillers, le front brûlant, le visage congestionné. Vuippens, rappelé par Axel à la demande de la sage-femme, diagnostiqua une fièvre puerpérale, consécutive à l'accouchement laborieux. Il avait cru la parturiente à l'abri de cette infection, première cause de mortalité des accouchées. Toutes les précautions avaient en effet été prises et les règles d'hygiène strictement observées par la sage-femme qui, deux ans plus tôt, avait présidé à la naissance, sans aléas, du premier enfant des Métaz.

Vuippens, sans dissimuler son inquiétude, s'installa à Rive-Reine et, quand Charlotte arriva de Lausanne, impatiente qu'elle était de voir son deuxième petit-fils, le médecin, craignant le pire, la pria de rester au chevet d'Elise. Pendant plusieurs nuits, les lumières brillèrent derrière les fenêtres. Cela ne manqua pas d'intriguer Félicie Chatard, qui finit par apprendre, de la bouche de Pernette, larmoyante, que Mme Métaz luttait contre la mort. La commère répandit aussitôt la nouvelle dans le quartier.

L'angoisse étreignait toute la maisonnée et Flora, sollicitée par Charlotte, vint relayer son amie au chevet de la malade. Blaise et Claude n'étaient pas encore rentrés de ce que les épouses croyaient être une partie de chasse en Bavière. Cette absence ne manqua pas d'inquiéter Axel, seul dans le secret de la véritable destination des généraux. Il venait en effet de lire, dans la *Gazette de Lausanne* du 2 novembre, que la conspiration de Strasbourg avait échoué, que le prince Louis Napoléon et bon nombre de ses partisans avaient été arrêtés et mis en prison. Fontsalte et Ribeyre étaient-ils du nombre ?

Cependant Axel se souciait plus des souffrances d'Elise qui s'affaiblissait d'heure en heure. La pâleur, le pouls ralenti de la malade alarmaient autant le médecin que le mari. Le visage fermé, ce dernier errait dans la maison, n'osant pas s'éloigner de la chambre de celle qu'il voyait déjà sur le point de quitter la vie. Une visite du pasteur de Saint-Martin, que Françoise avait prévenu sans en référer à quiconque, exaspéra M. Métaz et convainquit la mère Chatard que sa voisine était à toute extrémité.

La liqueur de quinquina, fébrifuge connu, n'ayant provoqué qu'une légère et passagère diminution de la température, Louis Vuippens se résolut à employer un nouveau remède à base d'arsenic, l'arséniate de potasse, de maniement risqué et d'un dosage subtil. Cette médication se révéla efficace, la fièvre tomba en vingt-quatre heures, mais la fétidité des lochies indiqua au praticien que l'infection n'était pas complètement jugulée. Trois jours encore s'écoulèrent avant que le médecin pût annoncer avec certitude qu'Elise se tirerait d'affaire.

Entre-temps, il avait fallu trouver une nourrice pour le nouveau-né, que sa mère était incapable d'allaiter. Marie-Blanche, une saine et robuste villageoise de la Gruyère, joues rouges et corsage rempli, engagée sur recommandation du pasteur Duloy, s'installa aussitôt à Rive-Reine.

— J'ai vraiment redouté le pire, mon vieux, confessa Louis à Axel.

Il ajouta qu'une longue convalescence s'imposait, sous surveillance, afin de guetter le moindre symptôme de recrudescence de l'infection, que pourrait révéler l'apparition d'un phlegmon. Cette complication fut épargnée à Elise. On la vit bientôt réclamer son bébé, un peu déçue qu'il ne fût pas une fille, et reprendre de l'appétit.

Tout Rive-Reine avait retrouvé le sourire quand un soir, alors que Charlotte, Flora et Aricie Chantenoz, arrivée dans l'après-midi, bavardaient autour du lit d'Elise, une berline entra dans la cour, par la rue du Sauveur. Au roulement de la voiture sur les pavés, Axel se précipita à la fenêtre et vit avec soulagement Blaise et Ribeyre descendre du véhicule. Eux aussi étaient saufs.

A leur arrivée à Beauregard, informés de ce qui se passait à Vevey, les deux amis avaient aussitôt repris la route, impatients de connaître l'issue de la maladie d'Elise. Rassurée quant au sort de sa bru, qu'elle avait soignée avec un dévouement exemplaire, Mme de Fontsalte fit fête à son mari, Mme Ribeyre de Béran au sien.

— Avez-vous fait bonne chasse, au moins ? demanda Charlotte.

— Avez-vous résisté aux charmes opulents des serveuses bavaroises ? renchérit Flora.

Fontsalte et Ribeyre, un peu penauds, jetèrent des regards de biais du côté d'Axel, avant de répondre.

— La chasse fut décevante, les battues mal organisées et l'accueil beaucoup moins chaleureux que nous n'étions en droit de l'espérer, dit Fontsalte avec un sourire embarrassé à l'adresse de son fils.

— Quant aux Bavaroises, dont vous nous feriez la grâce d'être jalouses, mesdames, elles sont d'une telle fidélité à leur seigneur et maître qu'il eût été téméraire, peut-être même dangereux, d'essayer de les détourner de leur devoir, compléta Ribeyre, usant d'une allégorie que M. Métaz décrypta aisément.

— En tout cas, on ne nous reprendra plus à répondre à de telles invitations, assura Blaise, sincère et convaincu.

— Ça vous apprendra à abandonner si longtemps vos épouses, minauda Flora.

Après le souper, quand Axel et les deux généraux se retrouvèrent seuls, fumant leur pipe, dans le cabinet de travail du maître de maison, les dames tenant salon autour d'Elise, tous trois commentèrent l'épilogue de ce que la presse qualifiait de « téméraire entreprise ». Après un séjour à la citadelle de Strasbourg, Louis Napoléon avait été, en grand secret, transporté à Paris le 12 novembre. Il n'y avait passé que deux heures, avant d'être, toujours aussi discrètement, conduit à Lorient et embarqué à bord d'un bateau de guerre français, l'*Andromède*, en partance pour l'Amérique.

Louis-Philippe, ayant appris que la Chambre des pairs refuserait de juger le neveu de Napoléon Ier, avait montré sagesse et habileté politique en faisant seulement expulser du territoire le prince conspirateur, ravalé au rang de simple trublion. Quant à ses complices, toujours prisonniers à Strasbourg, ils comparaîtraient plus tard devant la cour d'assises du Bas-Rhin[1]. Là encore, le pouvoir minimisait la portée de la conspiration, déjà qualifiée de révolte de collégiens. Un procès eût offert au prétendant une tribune nationale. On l'en privait, bien qu'il eût souhaité, devant le préfet de police de Paris, seul et modeste interlocuteur délégué par le gouvernement, partager le sort de ses amis.

La *Gazette de Lausanne*, ignorant sans doute le concours apporté au complot bonapartiste par le politicien genevois James Fazy, s'indignait du soupçon de complicité manifesté par les autorités françaises. « Le prince Louis est neveu du grand empereur dont le génie militaire a jeté tant d'éclat sur les armes de la France ; le souvenir du *petit caporal* vit toujours dans le cœur du peuple français. Faut-il chercher ailleurs les causes de cette téméraire entreprise ? Vouloir rendre la Suisse complice d'un attentat commis à trente lieues de ses frontières, c'est plus que de la folie, c'est de la trahison[2] », écrivait le journaliste vaudois.

1. Leur procès, ouvert le 6 janvier 1837, se termina, le 18 du même mois, par un acquittement général des sept accusés, reconnus non coupables. Paradoxalement, le seul sanctionné fut le loyal général Voirol, qui avait fait échouer la conspiration. On lui retira son commandement.

2. *Les Bonaparte en Suisse*, Eugène de Budé, éditions Henry Kündig, Genève, et Félix Alcan, Paris, 1905.

Axel eut droit, ensuite, au récit complet de l'équipée particulière de Blaise et Claude. Il apprit comment Trévotte, empruntant sans autorisation la berline de voyageurs anglais, en attente devant l'hôtel de la Fleur, avait permis aux généraux d'échapper à la prison où devaient se morfondre encore sept membres de la conjuration qu'ils nommèrent : le colonel Charles-Nicolas Vaudrey, le lieutenant Armand Laity, le commandant Denis Parquin, le vicomte de Querelles, Raphaël de Gricourt, le comte de Bruc et la belle lady Gordon, dont l'amant en titre, Fialin de Persigny, avait réussi à fuir à travers la campagne. Quant au médecin-major Jules-Barthélemy Lombard, conjuré en fuite, il avait dû se rendre à Arenenberg pour informer la reine Hortense du fiasco d'une tentative de soulèvement – qu'elle ignorait peut-être – et de l'arrestation de son fils.

— A la sortie de la ville, nous avons dételé les chevaux des Anglais et poussé leur voiture dans l'Ill, reprit Ribeyre.

— Ce n'était pas très courtois pour des étrangers qui n'étaient pas mêlés à cette affaire, fit observer Axel.

— Il n'y a pas d'Anglais innocents, dit Blaise en riant.

— Et ensuite ? interrogea Métaz.

— Nous avons galopé jusqu'à un village, où nous avons dormi dans une grange. Le lendemain, Titus, qui ne pouvait être inquiété, est retourné seul à Strasbourg où il a récupéré ma berline et mes chevaux et, même, nos portemanteaux car notre logement n'avait pas encore été visité par la police, acheva Fontsalte.

— Et vous êtes revenus par le chemin des écoliers, semble-t-il ! Plus d'une semaine pour revenir de...

— ... Bavière, coupa Ribeyre en riant.

— Nous avons fait étape à Meursault, en Bourgogne, dans la famille de Trévotte, pour nous remettre, avoua Blaise.

— Jambon persillé, œufs en meurette, croustades aux champignons, bœuf à la bourguignonne, vins chaleureux ! Quelle table, quelle cave, quel accueil jovial et bon enfant ! Nous fûmes soignés comme des princes victorieux alors que Louis Napoléon dégustait le brouet des vaincus, renchérit Ribeyre.

— Tout est bien qui finit bien, mais ceux qui vous aiment souhaitent qu'à l'avenir vous vous teniez à l'écart de tels complots, dit Axel, aimable.

— Promis, dit Ribeyre.

— Promis, dit Blaise.

Une bouteille de dézaley scella cet accord et Ribeyre constata, sans émotion, que l'événement de Strasbourg avait estompé la mort, en exil, de Charles X. Le dernier frère de Louis XVI avait succombé, le 6 novembre, à Goritz, dans le Frioul, à une épidémie de choléra.

— Sa fin fut digne, après un règne interrompu par des aigris qui ne le valaient pas, dit Fontsalte, en guise d'oraison funèbre, avant d'en venir aux affres vécues à Rive-Reine pendant son absence.

— Elise attendait une fille, je crois, mais comment avez-vous appelé votre deuxième garçon ? demanda-t-il en posant son verre.

— Charles, pour plaire à ma mère, et Bertrand, comme son grand-père, le marquis de Fontsalte, dit Axel.

Blaise, sensible à ce choix, vint donner l'accolade à son fils.

Fin décembre, la neige recouvrit le vignoble et, bien que la vie eût repris son cours normal, il fut décidé, à cause de la convalescence prolongée d'Elise, que la réunion de fin d'année du cercle Fontsalte se tiendrait à Rive-Reine et non à Beauregard comme d'habitude, Mme Métaz mit un point d'honneur à créer un décor raffiné pour accueillir parents, alliés et amis. Pernette, aidée par Marie-Blanche, la nourrice de Bertrand, par Lazlo et par Zélia, arrivée de Genève avec Alexandra et les Laviron, exécuta les menus composés par la maîtresse de maison.

On servit, au fil des repas, des chapons au riz, du porcelet en ragoût, des dindonneaux accompagnés de saucisses, des perches et féras du lac, des pommes de terre au lait, écrasées dans un mortier et cuites à l'huile de colza, des galettes de pommes de terre fricassées, que les Alémaniques nommaient rösti, du papet vaudois, mélange, cuit avec du lard, de poireaux blanchis et de pommes de terre, des beignets au fromage fondu, des châtaignes nappées de crème fouettée, des bricelets, des merveilles, du gâteau au raisiné et de la cougnarde, desserts qui valurent à Pernette des éloges sans fin. On but beaucoup, du blanc de Belle-Ombre, de Saint-Saphorin, de Faverges ; du rouge d'Yvorne, du pinot noir du Valais mais, aussi, de la dôle du Mandement, offerte par les Laviron, et du meursault, apporté de ses vignes familiales de Bourgogne par l'adjudant Trévotte, qui ne faisait pas grand cas des vins vaudois, habitué qu'il était à des crus plus capiteux.

Ayant apprécié les attentions, le dévouement, le sang-froid et l'efficacité de sa belle-mère pendant sa maladie, Mme Métaz avait fait dresser un sapin de Noël dans l'entrée de la maison, sacrifiant ainsi à une coutume importée par les catholiques mais encore peu prisée des protestants[1].

Ces jours de fête furent marqués par les premiers pas de Vincent, dont l'assurance, la témérité et le babil incompréhensible, gai et sonore, firent dire à Blaise qu'il voyait en ce petit-fils au regard vairon un vrai Fontsalte.

Comme Elise estimait que Bertrand, maintenant âgé de deux mois, serait sans doute beaucoup plus paisible que son frère aîné, Flora la félicita pour avoir donné à Axel un deuxième garçon alors que – ce n'était un secret pour personne – elle eût préféré une fille.

— Ce sera pour la prochaine fois, dit Aricie qui avait souffert, comme Flora, de n'avoir pas été mère.

Elise ne releva pas l'invite et Axel demeura silencieux. Quelques jours plus tôt, Louis Vuippens, parlant aux époux sans témoins, leur avait dit avec gravité qu'une nouvelle grossesse pourrait être fatale à Elise. Les désordres organiques causés par la venue au monde de Bertrand interdisaient formellement à la jeune mère, bien qu'âgée seulement de vingt-six ans, de procréer de nouveau.

— Mon devoir de médecin et d'ami est de vous mettre en garde. C'est un risque que vous ne devez pas courir, avait-il ajouté, surtout à l'intention d'Axel.

Elise, rendue encore plus émotive par l'épreuve qu'elle venait de subir, n'avait pu retenir ses larmes avant d'émettre la prétention, bien qu'elle eût grande confiance en Louis, de prendre l'avis d'un autre accoucheur.

---

1. L'origine de l'arbre de Noël décoré serait en Allemagne ; celle de l'arbre dans la maison même, en Alsace. Certains associent l'idée de l'arbre de Noël à la Réforme. *Les Noëls du monde*, William Sassom, Arthaud, Paris, 1970.

Dès qu'elle put se rendre à Genève, au printemps 1837, elle alla consulter, accompagnée de Mme Laviron, le docteur François Mayor qui, le premier, avait pratiqué une césarienne en Suisse, puis, le lendemain, Adolphe Butini, un clinicien de renommée internationale qui venait de fonder une infirmerie modèle à Plainpalais. Le verdict de Vuippens ayant été deux fois confirmé, Elise, consternée, rejoignit Axel, et c'est en pleurant qu'elle lui rapporta les propos et les craintes circonstanciées des praticiens genevois. Ils avaient été formels. Aucun médecin ne pourrait répondre de sa vie si elle tentait de mettre un autre enfant au monde. Une telle menace sous-entendait pour les époux ce que les femmes qui ne voulaient pas d'enfant appelaient pudiquement « prendre des précautions ». Mais Elise, qui avait osé s'en entretenir avec les médecins, ne cacha pas que, même infime, le risque subsisterait et qu'imaginant sa vie en jeu chaque fois qu'elle se donnerait à son mari, elle ne pourrait se défendre d'y penser et se trouverait dans l'incapacité de goûter le plaisir légitime de l'étreinte. L'acte d'amour deviendrait, pour tous deux, incomplet, humiliant.

Aussi, quand ils rentrèrent à Rive-Reine, et sans qu'ils évoquent à nouveau la situation, Axel et Elise décidèrent-ils de faire, désormais, chambre à part.

Axel aimait assez sa femme pour lui sacrifier un plaisir qu'Elise avait toujours goûté comme expression charnelle de l'amour que lui portait son mari. L'existence de l'épouse étant à ce prix, l'époux devait se résoudre à l'absolue continence. Il s'efforcerait, pensa-t-il tout de suite, de trouver dans le travail l'oubli d'une telle frustration et, dans la qualité rare d'un renoncement accepté, une nouvelle et tendre complicité avec celle qui partageait sa vie.

D'ailleurs, les travaux de la vigne occupaient de plus en plus Axel Métaz, car Samuel Fornaz se montrait de moins en moins assidu à la tâche. Depuis le mariage de Marthe Jaquier avec le notaire fribourgeois Pierre Andret, l'ancien ouvrier de Simon Blanchod – à qui Axel avait confié, à la mort de son parrain, l'intendance du vignoble – fréquentait plus souvent la taverne que le temple Saint-Martin. De paisible et courtois il était devenu susceptible et vindicatif. Au cours des trois jours de tir, exercice obligatoire pendant la durée du service en élite[1] des carabiniers de la milice, il avait insulté un sous-commis instructeur et le commandant d'arrondissement venait de lui adresser un blâme, en même temps qu'il prévenait Axel Métaz, officier dans la même unité.

— C'est un fin tireur, votre Samuel, mais quel criseux[2] et toujours au guillon[3], à tirer le verre ! avait dit l'officier.

Axel avait sermonné Fornaz qui avait promis de se mieux comporter lors du prochain exercice.

Depuis qu'il avait été promu lieutenant, avancement accepté par civisme plus que par goût du galon, Axel Métaz devait, en attendant de passer dans la première réserve, consacrer, huit fois par an, une journée aux exercices, plusieurs matinées aux avant-revues, trois jours pleins au tir et, une année sur deux, quatre jours aux manœuvres dans les camps fédéraux, qui mobilisaient pendant une semaine, en des lieux inattendus du territoire suisse, deux ou trois mille miliciens venus de différents cantons. Ces obligations militaires, plus ou moins bien acceptées, constituaient, certes, une contrainte, mais Axel estimait que chaque confédéré devait être prêt à combattre pour faire respecter la neutralité helvétique dans le cas où celle-ci serait menacée.

L'article premier de la loi du 6 juin 1828, décrétant l'organisation militaire, affirmait sobrement : « Tout Suisse habitant le canton de Vaud est soldat. » En conséquence, tout citoyen vaudois et tout Suisse habitant le canton de Vaud se trouvait « soumis à l'obligation de servir dans les milices, de seize à cinquante ans ». Chaque citoyen-soldat

1. L'élite était la plus jeune classe d'âge de l'armée. Venaient ensuite la première réserve, nommée la *Landwehr*, et la seconde, appelée le *Landsturm*. Aujourd'hui, même si le temps de service a été réduit et la seconde réserve supprimée, la plus jeune classe, constituée par les citoyens de moins de trente-deux ans, est toujours nommée élite et la première réserve a conservé ses appellations.

2. Celui qui se met facilement en colère, qui crie pour un rien.

3. Fausset. Cheville de bois destinée à boucher le trou fait à un tonneau avec un foret. C'est par là que l'on soutire un peu de vin. D'après Edmond Pidoux, auteur de *Langage des Romands*, « à la cave, c'est par trois que se prennent les verres au guillon ».

payait son uniforme et son équipement, entretenait son arme, tenait sa poudre et ses balles au sec, afin d'être prêt à répondre, sur l'heure, à toute réquisition. Au pays de Vaud, la loi était strictement appliquée, car Charles-Jules Guiguer de Prangins, colonel fédéral, inspecteur général des milices vaudoises, tenait « à forger un outil à la hauteur des circonstances toujours changeantes et capable de s'y adapter le mieux possible ».

Officier de l'élite, première classe appelée en cas de conflit, Axel Métaz donnait l'exemple d'un patriotisme intransigeant, approuvé et soutenu par le général, son père, que les autorités vaudoises eussent volontiers recruté s'il avait demandé et obtenu la nationalité suisse à laquelle il pouvait prétendre.

Nombreux étaient les Veveysans qui enviaient le sort d'Axel Métaz. Plusieurs fois récompensé par la Confrérie des vignerons avant d'être lui-même nommé expert visiteur des vignes et d'accorder des primes aux meilleurs, entrepreneur prospère, mari d'une belle femme pieuse et charitable, père de deux garçons, que lui restait-il à désirer de plus sur cette terre ? pensaient les honnêtes gens. De surcroît Rive-Reine, dont les grilles lancéolées venaient d'être passées au noir et leurs pointes redorées, était connue, entre sa cour pavée et sa terrasse-jardin donnant sur le lac, comme une des plus belles demeures de la ville. La mère Chatard racontait qu'après la maladie qui avait failli emporter Mme Métaz, toutes les pièces avaient été rénovées, les boiseries passées au vernis et qu'on marchait, partout, sur des tapis venus d'Orient. Elle avait même vu, dans la cuisine de Pernette, un nouveau fourneau-bouilleur, pourvu d'un réservoir de cuivre. Il suffisait de tourner un robinet pour avoir de l'eau chaude à profusion !

« Ah ! ils ont tout, mais tout, pour être heureux, les Métaz ! On a beau dire que l'argent fait pas le bonheur, hein, c'est mieux avec ! » disait-elle, l'air entendu. Elle eût bien apporté quelques correctifs fielleux à l'opinion générale, par exemple en faisant remarquer à voix basse que Mme Métaz de Fontsalte – elle appuyait sur la particule – avait son jour de thé, comme une duchesse, qu'elle chantait mieux qu'elle ne brodait, qu'elle avait éloigné la filleule de son mari, qu'elle n'aimait pas sa belle-mère catholique, qu'elle jouait, pour se faire dorloter, d'une faiblesse consécutive à ses couches difficiles. Mais en parlant ainsi, Félicie Chatard eût couru le risque de se faire traiter de barjaque. Les Veveysans, vrais Vaudois sachant jauger, sans se prononcer, le travail et les manières du prochain, peu enclins à prendre comme argent comptant les points de vue des uns sur les autres, prudents dans leurs propos comme dans leurs opinions et leurs dépenses, affichaient une grande estime pour les bourgeois de Rive-Reine. Le pasteur Albert Duloy, arbitre reconnu des moralités et des mœurs locales, ne qualifiait-il pas les époux Métaz de ménage chrétien exemplaire depuis qu'Elise avait procréé au péril de sa vie ?

Et puis M. Axel, comme l'appelaient encore les anciens, saluait, du même geste courtois, le syndic, le maréchal-ferrant ou le commis de la poste aux lettres. Il demandait, sans s'attarder ni mots inutiles, des nouvelles de la goutte de l'ébéniste, de l'asthme de la repasseuse, de la fluxion dentaire de l'épicière. Il s'enquérait de la date d'un mariage ou d'un baptême dans des familles de connaissance, pour envoyer fleurs ou cadeaux. Il suivait les enterrements des plus modestes, s'il avait été en relation avec le défunt ou avec l'un de ses proches. Il décourageait de poursuivre celui qui gémissait sur son sort ou celle qui critiquait la conduite d'une voisine d'un : « Si tous les malheurs du monde étaient là, mon ami ! » ou « Chacun voit midi à son clocher, ma bonne dame », en s'esquivant avec un sourire.

Plusieurs membres éminents du Conseil communal, les uns conservateurs, d'autres libéraux, certains radicaux, l'avaient sollicité, séparément, pour qu'il se présentât aux élections. Comme tous ignoraient les opinions de M. Métaz, chacun escomptait que la présence de ce citoyen, aisé et instruit, renforcerait son parti ! Axel avait, très poliment, décliné une offre aussi flatteuse, arguant que la commune était fort bien gérée par les gens en place et qu'il eût été outrecuidant de prétendre faire mieux. Un seul des élus recruteurs, son voisin, le notaire Chavan, successeur de Charles Ruty, avait relevé l'ironie du propos. En revanche, Elise, ambitieuse et douée d'un sens social développé, eût aimé que son mari, dont elle admirait l'intelligence et louait la probité, fît une carrière politique « dans l'intérêt de nos concitoyens », disait-elle. Axel lui avait répondu qu'il ne se mêlerait jamais aux joutes politiciennes mais se réservait le droit, reconnu par les Constitutions cantonale et fédérale, de faire, en cas de nécessité civique, connaître ses sentiments et, même, de passer à l'action, le jour où sa conscience l'y inviterait expressément.

A trente-six ans, le fils de Charlotte et de Blaise de Fontsalte estimait avoir fait le tour des passions, des ambitions et des rêves de l'homme. Il ne lui restait qu'à tenir le rôle que la Providence lui avait attribué : vigneron, entrepreneur, père de famille, jusqu'au moment où Vincent, son fils au regard vairon, et Bertrand, pour l'heure petit animal gazouilleur gorgé de lait, prendraient la suite des affaires qu'il leur léguerait. Encore une bonne vingtaine d'années, cloisonnées par le retour inexorable des saisons qui rythmaient les travaux de la vigne, se disait-il, si Dieu le veut, à mener cette vie désormais sans éclats, vouée aux besognes quotidiennes, aux responsabilités familiales, jalonnée de joies et de soucis, comme toute destinée humaine. Cette fallacieuse monotonie serait tempérée par les mêmes récréations rustiques qui distrayaient ses ancêtres et, parfois, rompue par un séjour à Genève ou un voyage à l'étranger. Axel, lucide et serein, voyait ainsi, quand il y réfléchissait, se dérouler son existence de bourgeois veveysan. Il se persuadait que les surprises, bonnes ou mauvaises, ne pourraient plus venir que des autres ou des événements. Il saurait faire face avec dignité aux circonstances, même à la maladie et à la mort d'êtres chers. L'épreuve vécue par Elise l'y avait préparé. Il s'efforcerait de ne jamais faire mentir le sang des Fontsalte, allié à celui des Rudmeyer. Entrait dans cette attitude une bonne dose de sagesse, un peu d'orgueil et, sans qu'Axel osât encore l'avouer, beaucoup de résignation.

Naviguer pleine toile sur le Léman, à bord du yacht *Ugo*, avec les Valeyres, grand-père et petit-fils, chasser le chamois dans le Valais, ou le gibier à plume dans la Gruyère, lire au coin du feu, puis fermer le livre quand Elise se mettait au piano, comme autrefois, quand elle n'était que l'institutrice d'Alexandra; d'autres soirs, deviser avec Vuippens, le médecin, et Chavan, le notaire, venus en voisins pour commenter les nouvelles du jour : telle était l'espèce de bonheur, un peu mièvre, certes, mais établie et acceptée, dont on devait se satisfaire.

Les soirs d'hiver, Axel débouchait, entre hommes, une bouteille du vin doré de Belle-Ombre, on se passait le pot à tabac, puis on allumait les pipes avec une branchette de tilleul écorcée, dont une petite gerbe, taillée par Lazlo, emplissait un vase, près du foyer. Quand les volutes bleues montaient, brume odoriférante, devant les paysages de Calame et de Meyer suspendus aux murs du salon, la conversation prenait son essor. Parfois, les Chantenoz, propriétaires, depuis que le professeur jouissait de sa retraite, d'une petite maison sur le port de La Tour-de-Peilz, apparaissaient sans s'être annoncés. Aricie rejoignait Elise et Marthe Chavan dans la pièce que Mme Métaz nommait boudoir. Dans ce petit salon, lieu clos, douillet, propice aux papotages, dont Axel ne franchissait que rarement le seuil, l'épouse d'Axel rédigeait son courrier sur un bonheur-du-jour en bois de rose, faisait de la tapisserie en balançant, du bout du pied, la bercelonnette où somnolait Bertrand, tandis que Vincent, à plat ventre sur le tapis, élevait des pyramides de cubes, qu'il abattait en riant très fort.

Souvent, devant son chevalet dressé face au lac, Elise peignait de petites aquarelles, qu'elle envoyait à ses amies de pension dispersées dans dix cantons. Elle entretenait avec ses condisciples une correspondance où se mêlaient réflexions métaphysiques, observations sociales et politiques, potins mondains, considérations domestiques, mots d'enfants et recettes de cuisine.

Dès les premiers beaux jours, c'est sur la terrasse, face au Léman, que se tenaient les réunions d'après souper. On devisait alors jusqu'à ce que les montagnes de Savoie se réduisent, dans le crépuscule lacustre, à un sombre découpage chantourné, plaqué sur le ciel d'un ton plus clair. Quand les amis s'en allaient, les Métaz se souhaitaient mutuellement la bonne nuit, échangeaient un baiser comme frère et sœur, puis chacun gagnait sa couche solitaire.

Elise n'avait jamais été une amoureuse ardente. La rigueur de l'éducation calviniste lui avait conféré, depuis l'adolescence, la maîtrise d'une sensualité garrottée, qu'Axel avait mis des nuits à libérer. Avant son mariage, l'expression « devoir conjugal » contenait pour la fille du pasteur Delariaz une sorte de menace, l'obligation triviale, avec la bénédiction du Seigneur et l'agrément de la loi, de céder son corps à un être concupiscent nommé mari. L'attirance spontanée qu'elle avait ressentie pour Axel, la patiente et tendre délicatesse que celui-ci mettait dans l'accomplissement de l'acte redouté, l'avaient conduite, peu à peu, à prendre plaisir avec bonne conscience à cette servitude du mariage. Il lui était arrivé, néanmoins, de se sentir honteuse quand, sous l'étreinte de son mari, l'intensité d'une jouissance physique irrépressible lui arrachait une plainte délicieuse, parfois un cri.

Le fait qu'elle fût maintenant privée d'un rapprochement qu'elle n'eût pas, autrefois, recherché, la troublait moins que la frustration que son nouvel état imposait à son mari.

— Ma petite, les hommes ont besoin de ça! Mais n'oublie pas, je t'en supplie, ce qu'ont dit les docteurs, répétait Françoise, péremptoire.

C'était manière de laisser entendre qu'Axel faillirait un jour ou l'autre, convaincrait sa femme de se soumettre à son désir, ce qui mettrait la vie de celle-ci en danger.

Elise, usant de circonlocutions pudiques, finit, en se faisant violence, par s'ouvrir de cette situation à Marthe Chavan, devenue son amie la plus proche. Pieuse protestante, instruite, mère de famille, la femme du notaire se montrait, dans la vie courante et les rapports humains, plus délurée, plus tolérante, « plus moderne », comme disait Françoise avec un rien de méfiance, que sa voisine de Rive-Reine. Franche, directe et précise, Marthe expliqua sans gêne ni réticence qu'il existait bien d'autres manières, que celle très élémentaire conduisant à la procréation, de donner du plaisir à un homme, fût-il un mari.

Elise sortit horrifiée de cet entretien et convaincue que Marthe Chavan s'adonnait à la luxure sous couvert du devoir conjugal. Peut-être, même, avait-elle « fait la vie », comme le disait la mère Chatard de toutes les femmes qui se mariaient « sur le tard », après avoir, sans doute, connu plusieurs galants.

Cette leçon d'érotisme théorique n'eut aucune influence sur le comportement d'Elise, sinon qu'elle lui fit craindre, quand Axel, au moment du baiser du soir, se montrait plus tendre qu'à l'accoutumée, qu'il en vînt à solliciter ces caresses et postures, diableries inconvenantes, définies par Mme Chavan.

Axel, autrefois initié par des femmes expertes aux raffinements de l'amour, n'ignorait rien des exutoires des amants craintifs mais il n'oserait jamais, connaissant la pudibonderie d'Elise, l'inviter à ces jeux-là. Aussi acceptait-il la chasteté imposée, espérant y puiser une sérénité particulière, une sorte de force spirituelle, car il n'envisageait pas d'aller chercher ailleurs ce que ne pouvait plus lui offrir Elise.

De cela, il s'était entretenu avec Vuippens, longuement. Le médecin, qui souvent avait répété au cours de leur jeunesse, « pour se bien porter, un homme doit, de temps à autre, contenter la bête », s'était montré attentif avant de déclarer avec un sourire :

— On en reparlera dans six mois, mon bon.

La lettre mensuelle qu'Alexandra adressait à son parrain contenait, en mai, la composition française qui, à l'Ecole supérieure de jeunes filles, avait valu à l'adolescente le premier prix de narration. L'élève reconnaissait avoir été servie par le sujet et les circonstances. « Racontez l'événement qui vous a le plus impressionnée cette année » : tel était le thème à traiter. Or, l'événement était exceptionnel : l'abattage d'un éléphant vindicatif mis en vente par son propriétaire et qui n'avait pas trouvé preneur.

« Il était une fois une demoiselle éléphante nommée miss Djeck. Elle était arrivée à Genève au printemps de cette année pour être montrée à la population, qui a toujours besoin de s'instruire. Miss Djeck avait déjà visité l'Amérique et l'Angleterre. Comme beaucoup de mes compagnes, je suis allée la voir, dans son enclos des fossés de Rive, le vendredi 14 avril.

« Cette énorme bête grise avait l'air gentille. Elle ramassait, avec sa trompe longue et souple comme un gros tuyau, les caramels que lui présentaient, sur la paume de la main, des petites filles et des petits garçons. Ma gouvernante, qui a déjà vu des éléphants, me défendit d'en rien faire. Elle avait lu dans le journal que miss Djeck se mettait parfois en colère et qu'elle avait, au cours de ses voyages, tué trois gardiens et blessé plusieurs curieux, qui s'étaient trop approchés d'elle ou lui avaient donné à manger des choses qui ne se mangent pas. Mais, à Genève, elle paraissait bien sage et, d'ailleurs, tout le monde applaudissait quand elle prenait de l'eau dans sa trompe pour nous asperger. Et puis, tandis que nous la regardions faire, elle a été prise d'une vraie crise de folie qui nous a fait grand peur à tous.

« Tout à coup, miss Djeck a enroulé sa trompe autour de la taille de son gardien, qui était près d'elle, dans l'enclos. Elle l'a serré jusqu'à l'étouffer, avant de le jeter, comme un ballot, contre le talus. On a bien cru qu'il était déjà mort, quand des gens l'ont ramassé pour le porter chez lui. On sait maintenant qu'il a failli mourir mais il se guérit doucement. Octave Bourrit est son nom. On a raconté, depuis, que le propriétaire de l'éléphant, fatigué par tous les ennuis que lui cause dans chaque pays miss Djeck, voulait la vendre. L'autre soir, pendant qu'on la conduisait à son nouvel enclos, entre la Tranchée et la porte de Ville, miss Djeck s'est échappée et des gens l'ont vue courir sur le quai et dans la rue du Rhône. Des gendarmes ont réussi à la rattraper, et son propriétaire lui a donné des remèdes pour la calmer. Alors, miss Djeck a consenti à se laisser conduire à sa nouvelle prison.

« Mais, comme au bout d'une semaine aucune personne n'est venue pour l'acheter et qu'elle coûte à nourrir, à soigner et à garder, plus de trois mille francs de Suisse par an, le syndic a décidé qu'il fallait lui ôter la vie, car elle devenait de plus en plus méchante. On a fait venir les deux meilleurs tireurs de la milice mais les balles de fusil ont rebondi sur la tête de la pauvre miss Djeck, qui a la peau plissée mais très épaisse. Alors, comme on avait déjà fait dans le temps pour tuer un autre éléphant furieux, on a appelé les artilleurs et miss Djeck a reçu, dans l'oreille, un boulet qui l'a tuée net. Elle n'a pas eu le temps de souffrir, dit-on, mais c'est tout de même une triste affaire qu'on aille chercher des éléphants dans leur pays d'Afrique, où ils sont libres, heureux et sans gardiens ni visiteurs, pour les tuer, chez nous, à coups de canon, après qu'on leur a donné des caramels !

« Dimanche, à Saint-Gervais, Monsieur le Pasteur, qui connaissait la fin de la malheureuse miss Djeck, a dit qu'il faut respecter les animaux, qu'ils sont aussi des créatures de Dieu et qu'on doit les laisser vivre là où Il les a mis. Miss Djeck est une sorte de martyre que je n'oublierai pas. Ceux qui pensent comme Monsieur le Pasteur, comme moi et plusieurs de mes compagnes, devraient demander au Conseil d'Etat qu'on fasse, à Genève, une loi pour empêcher qu'on tue les éléphants qu'on invite[1]. »

Ce récit fit sourire Axel et lui rappela qu'en mai 1820 il avait assisté, à Genève, au bastion de Hollande, à l'exécution d'un autre éléphant coléreux[2]. Il se souvint aussi du pachyderme abattu à Venise, en 1819, par le capitaine Giacomo Alboretti qui avait été son maître d'armes. « Ces grands animaux ne sont-ils enlevés à leur terre natale que pour se voir massacrer dans des pays qui se disent civilisés, après avoir satisfait la curiosité populaire ? » se demanda-t-il.

La conclusion d'Alexandra, qui semblait avoir plu à son professeur, rendait un son pathétique. En dépit d'un style un peu simplet, elle prouvait la sensibilité, la maturité et le bon sens d'une fille de quinze ans. Axel, très fier, fit lire à tous les membres du cercle Fontsalte le devoir de sa filleule. Puis il adressa à l'écolière une lettre de félicitations et lui fit envoyer un grand coffret de chocolat Cailler, dont elle était gourmande.

Mais une mort humaine fit bientôt oublier celle de l'éléphante. Le 27 juin, le roi Guillaume IV d'Angleterre rendit l'âme et sa nièce, la princesse Alexandrina Victoria, âgée seulement de dix-huit ans, fut proclamée reine. La dernière reine régnante de Grande-Bretagne, Anne Stuart, était morte après un règne de douze ans, en 1714.

---

1. Le récit de la fin de miss Djeck est exactement rapporté. C'est le docteur François-Isaac Mayor, fondateur et membre de la Commission du musée d'Histoire naturelle de Genève, de 1818 à 1854, chirurgien et naturaliste émérite, qui dirigea l'exécution de miss Djeck.

2. C'est le même François-Isaac Mayor qui avait, déjà, dû faire abattre cet autre éléphant, ainsi que l'auteur l'a raconté dans *Rive-Reine*, Denoël, Paris, 1994.

Charlotte manifestait, depuis toujours, pour la monarchie, régime commun à tous les pays d'Europe sauf la Suisse, un intérêt plus mondain que politique. Elle se fit envoyer d'Angleterre, par une amie de pension, les journaux et revues qui consacraient de nombreuses pages à la personnalité de la souveraine. Elle découvrit avec stupeur la petite taille de Victoria – un mètre cinquante – et apprit, en même temps, que la reine avait une fâcheuse tendance à l'embonpoint, qu'elle buvait de la bière et raffolait de pâtisseries. Un chroniqueur lui voyait un buste avantageux, un autre révélait qu'elle détestait la marche et préférait à toute autre activité physique l'équitation, un troisième estimait qu'un mari était nécessaire à une femme qui aimait se lever tard !

Cet été-là, en plus de l'accession au trône d'Angleterre d'une très jeune fille, autoritaire et dodue, un grand nombre de sujets de conversation furent offerts aux Veveysans par des visiteurs étrangers. Les membres du Cercle du Marché s'intéressèrent surtout à la présence, en ville, d'un écrivain russe, M. Nicolas Gogol. La renommée de cet auteur n'avait pas encore atteint le grand public mais les intellectuels, comme Chantenoz, connaissaient le recueil de nouvelles qui l'avait, dès 1832, rendu célèbre, *les Veillées à la ferme*, tableaux de la vie des Cosaques, et un roman plus récent, *Tarass Boulba*. On murmurait que, très peiné par les critiques formulées contre sa pièce de théâtre, *le Contrôleur*, créée à Saint-Pétersbourg le 19 avril 1836, en présence du tsar Nicolas Ier, qui avait applaudi, il s'était brusquement résolu à l'exil. Après un séjour en Allemagne, il était arrivé à Genève, où il avait rencontré les exilés ukrainiens amis de la princesse Sourov. On l'avait vu gravir le Salève, danser, courtiser des filles de la campagne. Quittant Genève, il s'était arrêté à Nyon, puis à Lausanne, avant de choisir Vevey, ville élégante et paisible, pour y travailler à un nouveau livre. Bel homme, enjoué, il était bien accueilli dans les tavernes, qu'il fréquentait sans façon, et dans les auberges, où il faisait bonne chère. Chantenoz assurait que l'écrivain appréciait surtout la courtoisie des Veveysans, serviables sans être importuns, et respectueux de la tranquillité indispensable à ses travaux. M. Gogol était aussi fantasque. Il partit un matin, comme il était venu[1].

Plus distrayant et moins sérieux fut le cas des Naündorff. M. Charles Guillaume Naündorff, son épouse et les six enfants du couple étaient hébergés par M. Jean-Baptiste Brémond, un royaliste français qui avait fui la France après l'arrestation de Louis XVI, à Varennes. En 1796, il avait acquis avec un associé, M. Terrier de Monciel, autre émigré rescapé de la guillotine, les mines et la verrerie de Semsales, situées à Progens, sur la route de Bulle à Vevey. Ayant rétabli sa fortune, M. Brémond avait loué, à Rennaz, le château de Grand-Clos, propriété de la famille Guillard. Les Naündorff habitaient les appartements occupés un temps par le poète lyrique allemand Frédéric Mathisson et bénéficiaient d'un train princier : précepteur, chapelain, domestiques et bel équipage. Les Veveysans comprirent les raisons de ce luxe consenti quand la mère Chatard, toujours bien informée, répandit le bruit que M. Naündorff n'était autre que Louis-Charles, duc de Normandie, fils de Louis XVI. M. Brémond, qui disait avoir été le dernier secrétaire intime du roi martyr et, de ce fait, croyait juste de faire précéder son nom d'une particule, expliquait que le pauvre Dauphin n'était pas mort scrofuleux le 8 juin 1795, à la prison du Temple, comme tous les historiens l'écrivaient. Il avait été miraculeusement sauvé et remplacé par un autre enfant malade, qui avait eu la courtoisie de mourir à sa place!

Les Vaudois, peu enclins à croire à cette substitution romanesque qui avait déjà inspiré de nombreux imposteurs, ne cachaient pas leur incrédulité. Certains riaient franchement, en se touchant le front de l'index, d'autres pensaient à une farce d'étudiants, quelques-uns à une friponnerie, montée par un aventurier. Tous, en revanche, trouvaient étrange que Louis XVII eût attendu plus de quarante ans après son décès officiel, pour apparaître, dans le canton de Vaud, sous l'identité d'emprunt d'un horloger prussien! Ce scepticisme peinait le châtelain de Grand-Clos et plus encore son hôte. M. Brémond et son

---

1. A Vevey, Gogol travailla pendant quelques mois à l'écriture de son roman *les Ames mortes*, avant de gagner Paris, où il s'installa, 12, place de la Bourse.

fils Antoine, dont l'épouse passait pour une excellente pianiste, se disaient capables de garantir, sinon de prouver, la véritable identité de M. Naündorff, et soutenaient l'action entreprise par ce dernier pour faire valoir ses droits au trône de France. Et d'ailleurs, M. Naündorff n'avait-il pas été formellement cautionné par d'anciens serviteurs de Marie-Antoinette, retrouvés à Paris, Rome et Prague ? La dernière fois que ces gentils vieillards avaient aperçu le Dauphin, ce dernier devait être âgé de moins de dix ans, mais ils n'en déclaraient pas moins reconnaître avec émotion dans le profil, il est vrai assez bourbonien, de l'horloger de Spandeau, celui du roi guillotiné.

A Vevey, à Villeneuve et à Aigle, où Mme Naündorff faisait des apparitions en calèche, on finit par apprendre que le prétendant n'était qu'un entrepreneur failli, connu de la justice prussienne et fortement soupçonné d'avoir fabriqué de la fausse monnaie. De prudents qu'ils sont toujours, les commerçants vaudois devinrent crûment méfiants. Dénués du moindre respect pour le sang bleu, ils refusèrent bientôt tout crédit aux amis de M. Brémond.

Sans les interventions de Fontsalte et de Ribeyre, qui savaient depuis longtemps à quoi s'en tenir sur les prétentions de Naündorff, faux dauphin parmi d'autres, Flora et Charlotte se fussent précipitées au château de Grand-Clos pour s'incliner devant le malheureux héritier des Bourbons. Rescapé de la Révolution, n'avait-il pas été, deux fois, évincé par ses oncles Louis XVIII et Charles X !

La justice veveysanne mit fin aux rumeurs quand, en octobre 1837, le gouvernement de Louis-Philippe, qui avait déjà eu à sévir contre Naündorff, demanda au tribunal de Vevey d'entendre, sur commission rogatoire, le protecteur du prétendant, M. Brémond. Promptes à voir partout des comploteurs, les autorités françaises voulaient être informées. Le prétendant avait déjà quitté la Suisse en simple voyageur, laissant femme et enfants sous le toit de Jean-Baptiste Brémond. Ce dernier, défini par le magistrat vaudois tel « un pieux vieillard ayant la folie des grandeurs », fut entendu sous la foi du serment. Le châtelain tint à faire inscrire au procès-verbal une information inédite, assurant qu'il existait, autrefois, cachée par Louis XVI aux Tuileries, dans un endroit connu du seul M. Naündorff, une cassette de fer contenant des papiers propres à prouver l'identité authentique et les droits de l'horloger prussien.

Le greffier inscrivit docilement cette déclaration et l'affaire en resta là. On sut, plus tard, que Naündorff avait choisi de se fixer en Hollande, ayant déjà goûté de l'Angleterre, où le gouvernement de Louis-Philippe l'avait fait conduire manu militari, en 1836, après qu'il eut cité à comparaître, devant le tribunal de la Seine, l'ex-roi Charles X, exilé à Goritz, et la duchesse d'Angoulême !

M. Brémond, que tout le monde tenait pour un brave homme et un industriel habile, affectait encore, lors du ressat des vendanges, de croire qu'aucune rebuffade ne découragerait le prince méconnu, sûr de son bon droit[1].

Dès fin juillet, Martin Chantenoz avait annoncé la présence dans le pays de Vaud de l'éminent critique français Charles-Augustin Sainte-Beuve. L'écrivain répondait à une invitation d'un ami vaudois, Juste Olivier, professeur d'histoire et de littérature à l'Académie. Les deux hommes s'étaient rencontrés à Paris, en 1830. Juste Olivier, alors âgé de vingt-trois ans, étudiait la littérature française. Il avait été séduit par les premières manifestations audacieuses des adeptes d'une nouvelle tendance littéraire et artistique, nommée romantisme. Sainte-Beuve, déjà très connu comme critique, s'était fait le mentor du Vaudois, de trois ans son cadet. Ils avaient assisté, ensemble, le 25 février 1830, à la Comédie-Française, à la bataille d'*Hernani* et, depuis lors, une forte amitié les unissait.

Rentré en Suisse, Juste Olivier avait épousé la belle Caroline Ruchet, agréable poétesse qui l'attendait sagement. Depuis ce temps, Juste ne pensait qu'à présenter son

1. Naündorff mourut à Delft (Pays-Bas), en 1845. « Son acte de décès et son inscription funéraire sont libéllés au nom de Charles-Louis de Bourbon, duc de Normandie, Louis XVII », révèlent Alain Decaux et André Castelot dans leur monumental *Dictionnaire d'histoire de France*, Librairie académique Perrin, Paris, 1981. On sait que les héritiers de l'horloger tentèrent, à plusieurs reprises, devant la justice française, de se faire reconnaître comme descendants de Louis XVI. En juillet 1954, la cour d'appel de Paris a débouté les Naündorff et déclaré dans son arrêt que Louis XVII était mort au Temple.

célèbre ami parisien à son épouse. Cette rencontre eut lieu fin juillet et le trio passa une dizaine de jours à Aigle, dans une maison qui appartenait à la famille de Mme Olivier. Le Vaudois et le Parisien s'étaient beaucoup promenés dans la campagne et avaient eu de longues et confiantes conversations.

Chantenoz, ancien collègue d'Olivier, fut bientôt approché par ce dernier pour soutenir un projet consistant à faire inviter Sainte-Beuve à donner une série de cours devant les élèves de l'Académie de Lausanne. Olivier raconta que, pendant son séjour chez lui, Sainte-Beuve s'était laissé aller à des confidences mélancoliques. Il souhaitait s'éloigner un temps de Paris. Ses pairs s'étaient déjà montrés sévères pour son roman *Volupté*, publié en 1834. Ils contestaient maintenant son talent de poète, ses compétences de critique, la rigueur de sa pensée. Mais la vraie raison, moins facilement avouable, que Chantenoz apprit plus tard, tenait à une passion amoureuse coupable, condamnée par les salons parisiens. Sainte-Beuve avait trahi l'amitié de Victor Hugo en courtisant sa femme. Martin, qui ne partageait pas l'admiration de certains pour Hugo, trouva cela « plutôt réjouissant ».

Sainte-Beuve ayant évoqué, devant les Olivier, un travail qu'il voulait entreprendre sur Port-Royal, à la suggestion de La Mennais, l'auteur vaudois lui avait proposé de donner un cours sur ce sujet, qui ne pourrait manquer d'intéresser les étudiants dans une période où le mouvement du Réveil suscitait encore tant de controverses théologiques et troublait bon nombre de consciences chrétiennes.

Tandis que Chantenoz se disait prêt à appuyer l'initiative d'Olivier, Charlotte Métaz de Fontsalte apprit, dans un salon catholique, que la belle Mme Olivier, évangéliste militante et poète, s'était donné pour mission, avec quelques amies, d'amener celui que certains pasteurs qualifiaient d'athée, à la religion réformée. Ces bonnes âmes comptaient sur l'appui évangélique d'un théologien déjà fameux, le professeur Alexandre Vinet. Ce pasteur érudit, né à Ouchy, qui enseignait la littérature française au gymnase de Bâle depuis 1817, auteur d'un *Mémoire sur la liberté des cultes* et d'une *Chrestomathie française* qui avaient révélé à l'Europe un grand penseur protestant et un écrivain sensible, venait d'accepter, après une longue et scrupuleuse hésitation, la chaire de théologie pratique et pastorale à l'Académie de Lausanne. Chargé d'initier les proposants[1] à l'éloquence sacrée, peut-être serait-il capable de convertir au protestantisme M. Sainte-Beuve que l'on disait catholisant !

Après l'épisode champêtre chez les Olivier, le critique avait regagné Paris tandis que Juste, assisté de son beau-frère, Louis Ruchet, et d'érudits, comme Chantenoz, entreprenait de convaincre l'Académie d'adresser une invitation officielle à l'écrivain français. Les lettrés vaudois connaissaient surtout Sainte-Beuve par ses articles de la *Revue de Paris*. Quelques-uns avaient lu *Vie, poésie et pensée de Joseph Delorme, les Consolations* ou *Volupté*, mais la plupart ignoraient son œuvre de romancier et de poète.

Le Conseil de l'Instruction publique vaudoise, organisme dont les membres étaient élus, ne manifesta nul enthousiasme pour inviter Sainte-Beuve. Les Lausannois trouvaient déjà que l'Académie coûtait trop cher aux contribuables et la venue d'un conférencier entraînerait une dépense supplémentaire. Les zélateurs de Sainte-Beuve ne furent pas dupes de ces réticences budgétaires qui dissimulaient une défiance politique. Les radicaux exerçaient, en effet, une influence certaine au Conseil de l'Instruction publique dont ils comptaient faire un tremplin pour accéder au pouvoir. Or, Juste Olivier et ses amis, Alexandre Vinet, Charles Secretan, philosophe, fondateur de la *Revue suisse*, Charles Monnard, professeur de littérature française, chef de file du parti libéral, qui cautionnaient l'écrivain français, étaient leurs adversaires politiques. Distants, de mœurs aristocratiques, étrangers aux préoccupations de la population rurale, majoritaire dans le canton, ces intellectuels passaient pour traditionnellement conservateurs, les libéraux les plus avancés n'étant, aux yeux des radicaux, que de timides réformateurs.

1. Nom donné aux étudiants de la faculté de théologie, souvent futurs pasteurs.

Cependant, le chef radical Henri Druey, membre du Conseil d'Etat, qui avait présidé la commission de réorganisation de l'Instruction publique et principal artisan de la loi de sécularisation de l'Académie, jusque-là dominée et régentée par la faculté de théologie, ne s'opposait pas à la venue de Sainte-Beuve. Il encouragea, au contraire, les promoteurs du projet, considérant que la réputation de l'Académie ne pouvait que croître en accueillant des conférenciers d'un tel niveau.

— Et cependant, les radicaux vont répétant que le sujet proposé par Sainte-Beuve « sent furieusement le méthodisme », c'est-à-dire un avatar du Réveil, dit un soir Chantenoz.

— Mais ils céderont, cher ami, afin de ne pas passer pour sectaires et renier leurs principes. Faites confiance à Druey, il sait naviguer, pronostiqua le bon pasteur Duloy.

Ils cédèrent en effet, et, le 27 septembre 1837 – « après bien des démêlés et des histoires mesquines », confia Juste Olivier à ses amis –, le Conseil d'Etat autorisa l'Académie à lancer son invitation. Le montant des honoraires du conférencier serait de trois mille francs de Suisse. Beaucoup plus que n'aurait perçu, pour la même prestation, un conférencier vaudois. Le cours sur Port-Royal fut donc annoncé pour l'hiver 1837 et le printemps 1838. On publia que les leçons seraient gratuites pour les étudiants et accessibles au public. Précédent à peine croyable, les dames et demoiselles y seraient admises !

Après qu'on eut appris chez les Fontsalte la mort, à Arenenberg, de la reine Hortense, qui s'était éteinte le 5 octobre, dans les bras de son fils Louis Napoléon revenu clandestinement des Etats-Unis, Sainte-Beuve arriva à Lausanne, le mercredi 18 octobre.

L'écrivain apportait plusieurs caisses de livres, dont le transport coûta, se plaignit-il, cent cinquante francs ! Ses amis Juste et Caroline Olivier avaient offert de l'héberger dans une maison qu'ils possédaient 34, rue Marterey[1],

1. Cette maison a été détruite lors du percement de la rue Sainte-Beuve.

mais le critique tenait à jouir de sa liberté de mouvement. Il avait retenu deux chambres à l'hôtel d'Angleterre, rue de Bourg. Chantenoz, très informé de tous les gestes du visiteur, rapporta que M. Sainte-Beuve dînerait chez Olivier, mais se retirerait à l'hôtel pour dormir et travailler, au milieu de ses livres, à la préparation de ses cours en même temps qu'à l'ouvrage qu'il comptait en tirer.

— Cet arrangement n'est peut-être pas uniquement dicté par l'étude et la méditation, persifla Chantenoz, qui savait le critique aussi sensible au charme féminin qu'attaché à la discrétion.

La rentrée universitaire, fixée au lundi 6 novembre, fut un jour faste et solennel dans l'histoire de l'Académie. En même temps que M. Sainte-Beuve, le conseiller d'Etat Auguste Jaquet et le recteur Jean-Jacques Porchat, entourés des membres du Conseil de l'Instruction publique et du corps professoral, accueillirent avec pompe dans la salle d'honneur Alexandre Vinet, le maître tant attendu des étudiants en théologie.

Martin Chantenoz, invité privilégié, soutint que cette cérémonie, qui avait rassemblé derrière la jeunesse universitaire, ardente et enthousiaste, tout ce que Lausanne comptait d'intellectuels épris de liberté de pensée et d'expression, marquait le commencement d'une ère nouvelle.

— Après Voltaire, Gibbon, Beckford, Byron, Constant, voilà que le pays de Vaud retrouve une nouvelle vigueur intellectuelle et un goût accru pour la liberté religieuse. Sainte-Beuve nous apporte ses lumières sur la prodigieuse aventure spirituelle de Port-Royal, sur l'œuvre de Blaise Pascal, la logique, le raisonnement, la science, la méthode, le rigorisme janséniste. De plus, Alexandre Vinet, en guerre contre l'intolérance, va nous offrir d'irréfutables arguments pour qu'advienne enfin la séparation de l'Eglise et de l'Etat, à laquelle aspirent tous les citoyens éclairés, commenta Martin, très excité.

Mme de Fontsalte ne l'était pas moins. Elle avait convaincu Flora et Aricie d'assister, avec elle, au cours de Sainte-Beuve. Elise, par curiosité, accepta de se joindre au groupe, que conduisait Chantenoz.

Lors de sa première leçon, l'écrivain fut accueilli par une sérénade que lui donnèrent les étudiants de la Société de Zofingen[1], dont le but était de promouvoir l'esprit confédéral et l'amitié entre Romands et Alémaniques. Trois cents auditeurs et auditrices se pressaient dans la grande salle de l'Académie.

Dans une ville de quatorze mille habitants, d'ambiance campagnarde, où l'on manquait parfois de stimulants intellectuels, le cours de M. Sainte-Beuve ne pouvait qu'attirer, avec les étudiants et les érudits locaux, les papoteuses des rues de Bourg et de la Cité qui se piquaient de littérature. Plus désireuses de meubler leurs conversations que leur esprit, elles ne manquèrent pas une séance. Tout ce que Lausanne comptait de bas-bleus, d'esseulées romanesques, de demoiselles aimant le monde, de femmes curieuses d'approcher l'homme dont les mauvaises langues disaient qu'il avait été l'amant de Mme Victor Hugo, de croyantes sincères, désireuses de compléter une information jusque-là très édulcorée sur la théologie janséniste, occupaient les premiers rangs. Les jeunes filles passaient leur plus belle toilette d'après-midi car elles savaient que les étudiants, rejetons des meilleures familles, futurs pasteurs, notaires, avocats ou magistrats, ne manqueraient pas de les observer... comme au théâtre... comme au marché!

Sainte-Beuve, ému, avait choisi pour sujet de son cours inaugural les origines de Port-Royal. On trouva au maître une voix monotone, une pointe d'accent picard.

Celles qui, comme Charlotte et Flora, pensaient voir un bel homme, furent déçues. Le conférencier, de taille moyenne, offrait aux regards une tête un peu trop volumineuse pour son corps, un visage aux traits irréguliers, des cheveux d'un roux cuivré, raides et fins.

— Son sourcil droit est à plus grande distance de l'œil que le gauche, observa Charlotte.

---

1. Société fondée, en 1819, à Zofingen (Zofingue, en français), dans le canton d'Argovie, par un groupe d'étudiants bernois et zurichois, soucieux de « promouvoir un renouveau esthétique de la Confédération en rassemblant la jeunesse académique ». Dirigée par un comité central ayant autorité sur des sections cantonales, la Société de Zofingen sut maintenir, à travers les vicissitudes politiques qui agitèrent la Suisse dans la première moitié du XIXe siècle, un idéal d'amitié et de concorde. Henri-Frédéric Amiel en fut membre de 1839 à 1843 et vice-président de la section genevoise en 1840 et 1841.

Flora lui trouva un nez grand et mal fait. Mais Elise reconnut que ses yeux bleus traduisaient une grande intelligence et une parfaite lucidité d'esprit.

— Sa bouche, quand il se tait, est celle d'un sceptique amer, dit Axel qui avait accepté, avec Blaise et Ribeyre, d'accompagner les femmes du cercle.

— Ah ! il sait sourire et charmer et, s'il n'est pas beau, sa figure n'a rien de désagréable, dit Aricie.

— On s'y accoutume en effet, reconnut Charlotte, au troisième cours.

— Je trouve même qu'émane de lui une séduction indéfinissable. On sent tout de suite que c'est quelqu'un. Et qui connaît son sujet, dit Elise.

Mme Métaz, très intéressée par le destin de l'abbesse Angélique Arnauld qui avait refusé de céder aux injonctions papales après la condamnation des jansénistes, s'était installée à Beauregard pour ne rien perdre de l'enseignement de Sainte-Beuve. Assidue aux cours, elle prenait des notes et, le soir, avec application, les mettait au propre, avec l'aide de Chantenoz, souvent sollicité quand un propos du conférencier paraissait obscur.

Axel, bien que libéré en cette saison des travaux de la vigne, ne fit, au cours de l'hiver, que de rares apparitions à l'Académie de Lausanne. Il attendit que Sainte-Beuve en arrivât à l'évocation de la vie monacale que menèrent à Port-Royal des savants comme le mathématicien Paul Lancelot, le grammairien Antoine Arnauld, le théologien Pierre Nicole et, bien sûr, Blaise Pascal, dont son précepteur lui avait fait autrefois étudier l'œuvre.

Pour se rendre de l'hôtel d'Angleterre à l'Académie, perchée près de la cathédrale, sur la colline de la Cité, Sainte-Beuve devait descendre la rue de Bourg jusqu'à la place Saint-François, passer le Flon sur le pont de la Madeleine, traverser la place de la Palud avant de gravir les escaliers de bois du Marché.

Les lundi, mercredi et vendredi, jours où le critique donnait son cours[1], on voyait, mêlées aux étudiants, de nombreuses dames et demoiselles de la bonne société, qui

1. Il donna en tout quatre-vingt-une leçons, du 6 novembre 1837 au vendredi 26 mai 1838.

eussent caqueté davantage si l'escalade n'eût raréfié le souffle des plus bavardes !

Depuis l'arrivée du conférencier, certaines bourgeoises, sans doute émoustillées par le titre de l'ouvrage, s'étaient procuré *Volupté*, dont les libraires assuraient qu'il s'agissait d'une autobiographie déguisée.

Ces lectrices voyaient maintenant, derrière l'historien de Port-Royal aux propos édifiants, l'écrivain qui avait campé, en Amaury, un héros romantique, écartelé entre les appels impérieux de la chair et les exigences restrictives de la foi chrétienne.

— Amaury, c'est Sainte-Beuve, c'est Werther carabin, proclama Chantenoz, quand Aricie voulut connaître l'opinion de son mari sur ce roman, au cours d'un dîner du cercle, à Beauregard.

Elise Métaz, à qui sa belle-mère avait prêté l'ouvrage de Sainte-Beuve, donna à la conversation un tour plus philosophique. Son opinion était, depuis peu, faite par le pasteur Alexandre Vinet, pour qui elle avait conçu une vive admiration.

— La volupté est, dit-on, « le soin que l'on prend de la chair pour en satisfaire les convoitises ». Or, il paraît de bon ton, aujourd'hui, pour les esprits forts, de flétrir la continence. M. Vinet, à qui l'on demandait son sentiment sur ce point à propos du livre de M. Sainte-Beuve, a cité Montesquieu : « Il y a tant d'imperfections attachées à la perte de la vertu dans les femmes, toute leur âme en est si fort dégradée, ce point principal ôté en fait tomber tant d'autres, que l'on peut regarder, dans un état populaire, l'incontinence publique comme le dernier des malheurs et la certitude d'un changement dans la Constitution[1]. » N'est-ce pas la sagesse, autant que la vertu, qui commande aux hommes de ne point accorder à la chair la satisfaction de ses convoitises et, surtout, leur interdit de rechercher pour ce faire le concours des femmes ?

Axel qui, depuis plusieurs mois, observait une continence forcée, jeta un regard à Louis Vuippens. Elise avait

---

1. Alexandre Vinet, dans un article de *Mélanges*, intitulé « la Volupté, Son influence sur les individus et sur la société (A l'occasion d'un roman de M. de Sainte-Beuve) », Paris, librairie Sandoz et Fischbacher – Neuchatel, librairie générale J. Sandoz – Genève, librairie Desrogis,

trouvé un argument moral pour justifier l'abstinence qu'elle imposait à son époux.

— Peut-être devrais-je me réjouir ! souffla-t-il, agacé, à Vuippens, le seul qui fût au fait de son cas.

— Je vois au-dessus de ta tête une auréole, comme celles dont on coiffe les saints et martyrs catholiques sur les vitraux ! Tu en as de la chance, mon bon ! persifla Louis.

Le médecin avait fait le court voyage de Vevey « pour voir quelle tête avait le grand homme qui remuait le cœur des Vaudoises avec des histoires de religieuses hérétiques ».

Dès le lendemain du premier cours de Sainte-Beuve s'étaient trouvés, en ville, des moqueurs. Un luron imitateur, perché sur une table, parodiait chaque soir, dans une taverne, devant un public où se côtoyaient étudiants rieurs, buveurs désœuvrés et passants oisifs, la leçon dispensée l'après-midi.

Ce canular contraria Sainte-Beuve et ses amis. Plus sérieusement encore, des critiques fusèrent chez les radicaux, dont le quartier général était le café Morand. On se gaussait de ceux et de celles, la plupart membres ou sympathisants du parti libéral, qui assistaient aux prédications de M. Sainte-Beuve. Le *Nouvelliste vaudois*, de tendance radicale depuis que Druey en avait ravi la direction à Charles Monnard, s'en prit ouvertement au professeur invité et, surtout, au sujet qu'il traitait. Les radicaux semblaient craindre que l'évocation du jansénisme, qui avait été fatal à la communauté de Port-Royal, ne renforcât la phalange des momiers. Des lettrés, comme Alexandre Vinet, osèrent répondre aux articles hostiles à Sainte-Beuve.

Les défenseurs du critique firent même circuler des vers vengeurs contre les radicaux, « piliers de tavernes et détracteurs envieux d'une société dont ils ne pouvaient apprécier la culture ».

> *Leur goût est fin et sûr, leur génie est sans borne…*
> *Quand il s'agit des vins de la Côte ou d'Yvorne*[1],

écrivit un poète que l'on soupçonna être Caroline Olivier.

1. Cité par Danielle Mincio, responsable du département des manuscrits à la Bibliothèque cantonale et universitaire de Lausanne. Catalogue de l'exposition *Sainte-Beuve, Port-Royal et Lausanne*, organisée en 1992.

Sainte-Beuve, ainsi soutenu, poursuivit allégrement son enseignement. Entre les cours, il s'efforçait de décourager, avec humour et courtoisie, les convertisseuses patentées qu'on lui envoyait. Il donnait cependant à entendre aux plus jolies de ces âmes pieuses qu'il pourrait se montrer attentif à certains arguments, dont il évaluait rondeur et fermeté, si elles acceptaient de les lui dévoiler dans l'intimité !

Le bruit courut que certaines catéchistes particulièrement zélées n'avaient pas hésité à payer de leur personne lors d'une ultime tentative de conversion. Quand on interrogeait Alexandre Vinet sur les progrès de la religion dans le cœur de Sainte-Beuve, l'honnête homme répondait un peu agacé : « Je le crois convaincu, et non pas converti. »

Lors de la réunion de fin d'année à Beauregard, Charlotte rapporta qu'on murmurait, aussi, dans les salons de Lausanne, que certaines dames, auditrices fidèles de M. Sainte-Beuve, qui désapprouvaient « qu'on osât proposer à un homme d'honneur de changer de religion », se faisaient donner des leçons particulières de jansénisme dans la chambre du maître, à l'hôtel d'Angleterre !

On citait nommément la jolie Suzanne Doÿ, fille d'un libraire établi 26, rue du Grand-Chêne. Cette demoiselle ne manquait pas un cours de Sainte-Beuve, qui fréquentait assidûment la librairie paternelle et commandait des ouvrages que la jeune fille se faisait un plaisir de livrer à l'hôtel, l'après-midi ! Flora, cliente du libraire, connaissait sa jolie fille. Elle précisa que Suzanne, elle aussi engagée dans le mouvement pour la conversion du grand homme, avait osé montrer ses essais littéraires à Sainte-Beuve.

— Elle ne lui a pas montré que ses vers, dit Chantenoz, d'un air entendu.

— On ignore ce qu'il en a dit, constata Flora, sans relever l'allusion libertine.

— « Je ne suis pas chrétien, mais c'est pour t'aimer mieux », voilà ce qu'il a dit, ma chère, lança Louis Vuippens, citant Voltaire avec un clin d'œil grivois.

Axel Métaz ne fit aucun commentaire. Depuis le commencement du cours de Sainte-Beuve régnait à l'Académie une ambiance composite, où l'observateur attentif décelait sentiments inexprimés, sensualité affleurante, élans contenus, promesses de bonheurs. Cela résultait de l'aimable promiscuité dans laquelle étudiants et jeunes filles se retrouvaient serrés sur les bancs, trois fois par semaine, dans la grande bibliothèque, au pied de la chaire du professeur invité. Ils avaient d'abord échangé des regards, puis des propos anodins, puis des œillades, puis des serrements de mains, puis des livres, puis des billets doux, enfin des rendez-vous hors de vue de l'Alma Mater, duègne distraite. Des couples s'étaient formés et, dans certaines familles, on parlait déjà fiançailles et mariage.

Axel avait récemment découvert sur ses tempes les premiers cheveux gris. La fréquentation épisodique de l'Académie venait maintenant lui rappeler la fugacité de la vie, la fuite accélérée des jours et des saisons. De ses passions consumées ne restaient que cendres froides, réminiscences de plus en plus floues, visages figés par la mémoire, portraitiste désinvolte.

Sensible au charme enivrant qu'exhalait la belle et saine jeunesse vaudoise, déjà livrée aux sortilèges des amours naissantes, il se prit à revendiquer le droit d'aimer encore. Une certaine rousse, élégante et solitaire, dont le regard doux et las avait, un instant, retenu le sien lors de la dernière leçon de Sainte-Beuve, assisterait-elle au prochain cours ?

Ainsi lui vint un désir de femme.

2

« On en reparlera dans six mois », avait dit Louis Vuippens quand Axel, sûr de lui, s'était engagé à ne pas aller chercher ailleurs le plaisir charnel qu'Elise ne pouvait plus offrir.

— Eh bien! tu as tenu plus longtemps que je ne pensais. Ça fait plus d'un an, non? dit le médecin en découvrant, un soir d'avril 1838, son ami en conversation, dans le hall de l'Académie de Lausanne, avec une jeune femme rencontrée au cours de Sainte-Beuve.

— Nous parlions philosophie, se défendit mollement Axel, alors que son interlocutrice s'éloignait prestement.

— Eh! il existe des entrées en matière moins sérieuses! Mais si cette superbe rousse est, de surcroît, férue en philosophie, alors, bravo! persifla Vuippens.

Le médecin ignorait encore l'identité de cette auditrice de Sainte-Beuve.

Marthe Bovey, veuve depuis deux ans, se ressentait d'une abstinence contraire à sa nature et d'une solitude intellectuelle médiocrement compensée par les mondanités lausannoises.

Axel, très occupé par ses affaires, ne venait qu'épisodiquement de Vevey pour entendre, en compagnie de sa femme, un conférencier de qui il n'attendait pas de révélations. Elise, esprit religieux, avide de comprendre l'origine et le déroulement d'une querelle consécutive à la condamnation du jansénisme à l'issue de laquelle les jésuites, qu'elle détestait, l'avaient emporté sur les sages religieuses cisterciennes considérées comme hérétiques, continuait à résider chez sa belle-mère, à Beauregard.

Dès la première conférence, à laquelle il avait assisté plus par courtoisie pour sa femme que par intérêt pour l'aventure spirituelle de Port-Royal, Axel s'était laissé distraire par la présence d'une grande femme au regard mélancolique, qui prenait avec application des notes dans un gros cahier de cuir bordeaux. Impassible, comme lointaine, l'auditrice offrait un type de beauté peu courant en pays de Vaud. Elle eût fourni au statuaire le modèle d'Athéna ou de Junon si des lèvres rouges et charnues, pulpe d'orange sanguine, n'eussent trahi une sensualité exigeante et prometteuse. Sa chevelure flamboyante, aux ondulations souples, partagée par une raie médiane et divisée en deux lourdes torsades dressées en chignon sur la nuque, se rebellait, élastique, sous une capeline dont l'élégante devait souvent rétablir l'équilibre.

Lors du cours inaugural, donné le 6 novembre 1837 par le critique français, la stature, l'élégance naturelle d'Axel, la réserve et l'attention polie qu'il portait aux propos de Sainte-Beuve avaient aussi retenu l'attention de cette femme de vingt-sept ans, dont toutes les amies enviaient la pâle carnation et l'opulente toison.

Quand Elise, appelée à Berne au chevet de son père malade, ne put plus suivre l'enseignement de Sainte-Beuve, Axel vint cependant à l'Académie, avec le secret désir de revoir la séduisante personne.

Bientôt, les premières tiédeurs d'un printemps précoce firent apparaître les femmes en toilettes légères. Un après-midi, l'inconnue ôta, avant de s'asseoir, son manteau de faille noire. Elle apparut alors dans une robe de soie mauve, le rose des veuves, au décolleté festonné de dentelle noire, assez moulante pour révéler des formes pleines, un buste haut et ferme, des hanches rondes. « La taille manque un peu de finesse, se dit Axel, mais la colonne du cou et les longs doigts fuselés attestent une origine aristocratique. » Examinant la dame à la dérobée, il se prit à imaginer un corps affranchi des entraves du corset.

Axel ne fut pas le seul, pendant des semaines, à observer cette femme. Des étudiants se retournaient sur leur banc pour lancer des œillades qui laissaient la cible impavide, des hommes faits, jaugeant sans vergogne les appas de l'inconnue, tentaient d'attirer son attention sans y parvenir. Des professeurs et des notables qui semblaient la connaître, s'empressaient, le cours terminé, de présenter des hommages qu'elle recevait avec un sourire poli et une phrase d'un formalisme courtois.

Interrogé, Chantenoz expliqua qu'il s'agissait d'une personne de bonne famille dont l'époux, mort deux ans plus tôt de la tuberculose, avait été de ses élèves. Ayant remarqué, malgré sa vue de plus en plus faible, l'intérêt qu'Axel semblait porter à la belle rousse, Martin révéla l'identité de la dame et ajouta :

— A mon avis, c'est une Béatrice qui attend son Dante. Prends garde !

— A moins qu'il ne s'agisse d'une Judith guettant son Holopherne ! rectifia Vuippens qui avait, lui aussi, apprécié la plastique de la veuve.

— Les femmes ont, en effet, plusieurs façons de faire perdre la tête aux hommes ! acheva Chantenoz.

Ce soir-là, M. Métaz, sensible aux effluves romantiques et au fleuretage latent qui semblaient s'être emparés d'une assemblée où les sexes se côtoyaient, sous patronage universitaire, hors des contraintes sociales et mondaines, envisagea, pour la première fois, de trahir la fidélité conjugale. Le sang chaud des Fontsalte l'emportant sur la prudence vaudoise, le mari d'Elise décida, avec la détermination qu'il mettait en toute entreprise, de tenter la conquête de celle qui, d'après Chantenoz, n'avait eu le temps de connaître des plaisirs de l'amour que le désir d'en savoir plus !

Sans engager les sentiments, qu'il réservait à Elise, épouse et mère, M. Métaz se mit en tête d'obtenir de la belle rousse de quoi apaiser une fringale de chair féminine de plus en plus manifeste.

Encore fallait-il trouver l'occasion d'aborder l'inconnue. On venait d'annoncer que le dernier cours de M. Sainte-Beuve serait donné le 25 mai. Il ne restait donc que quelques jours avant que l'auditoire de l'écrivain français se dispersât et que Marthe Bovey disparût, peut-être à jamais, de la vue d'Axel Métaz. Présomptueux comme tous les mâles, le Vaudois s'estimait capable de séduire. A plusieurs reprises, son regard vairon, volontairement insistant, avait croisé celui, gris-vert, de la dame. Il avait remarqué que la belle ne détournait pas les yeux aussi vivement que l'eût fait une femme indifférente ou offensée. Le hasard, serviteur neutre et malicieux du Bien comme du Mal, fournit enfin à Axel, quelques jours avant le retour d'Elise, l'occasion attendue. Un après-midi, à l'issue de la conférence, il vit l'inconnue en conversation avec plusieurs dames de la bonne société lausannoise dont sa mère, Mme de Fontsalte. Il s'approcha du groupe et Charlotte, qui connaissait la famille de Marthe Bovey, présenta son fils à la jeune femme.

— C'est une grande liseuse, commenta Charlotte en prenant le bras de la veuve.

— Depuis la mort de mon mari, je n'ai trouvé de consolation que dans les livres, soupira Mme Bovey, un peu déroutée par le regard bicolore d'Axel.

— Avez-vous lu *Volupté*, le dernier roman de notre conférencier? demanda-t-il en fixant la jeune femme.

— J'en ai entendu dire autant de bien que de mal, monsieur.

— Cela se conçoit, madame. Le héros du roman étant écartelé entre l'amour charnel et l'amour divin, l'opinion du lecteur dépend du choix que lui-même ferait en pareille circonstance, expliqua M. Métaz, charmeur.

— Je vais donc lire ce roman pour, à défaut de m'engager dans un choix aussi cornélien, me faire, au moins, une opinion personnelle, répliqua Mme Bovey, rendant sourire pour sourire.

— Me ferez-vous l'honneur de me communiquer, à défaut du choix que vous ne ferez pas, votre simple opinion, madame? murmura Axel, assez bas pour ne pas être entendu de sa mère.

Mais la veuve n'entra pas dans le jeu et, se tournant vers Mme de Fontsaltc, comme si celle-ci avait entendu la question de son fils, répondit franchement :

— J'ai tout lieu de penser, déjà, que mon opinion rejoindra celle de Madame votre mère, que j'admire beaucoup, conclut Mme Bovey en tendant sa main gantée pour prendre congé.

A l'issue de ce marivaudage, Axel se dit que cette femme ne manquait ni d'esprit ni de repartie. Bien qu'elle eût refusé l'âpreté, la référence à l'opinion de Charlotte, qui avait autrefois choisi l'amour contre le devoir – ce que peu de gens devaient ignorer dans la bonne société lausannoise – ne constituait-elle pas, déjà, de la part d'une initiée, une promesse de reddition ?

Le premier pas ayant été franchi lors de cette présentation protocolaire, les jours suivants, Axel et Marthe échangèrent des saluts, puis de vagues considérations sur l'histoire de Port-Royal, quand ils se rencontraient.

Axel Métaz de Fontsalte, dont le beau nom avait impressionné Marthe Bovey, s'arrangeait toujours, en effet, pour se trouver sur le passage de la veuve. Le plus souvent, celle-ci quittait sans s'attarder l'Académie, en compagnie d'une ou deux amies. Dans de telles circonstances la conversation ne pouvait être que brève et anodine, ce qui agaçait le Vaudois, déjà décidé à proposer une rencontre à la jeune femme. Ce fut elle qui prit l'initiative d'une nouvelle avance. Un après-midi, alors que les auditeurs de M. Sainte-Beuve sortaient en devisant de la bibliothèque, Marthe prit soudain congé, dans le hall, de l'amie qui l'accompagnait et se retourna vers Axel. Il comprit que la belle avait voulu se libérer d'un témoin et montrer qu'elle acceptait, cette fois, le tête-à-tête. C'est ce jour-là que Louis Vuippens, qui ne venait à Lausanne qu'une ou deux fois par semaine, remarqua le manège du Veveysan et l'interrompit.

Le soir même, alors que les deux amis dînaient à Rive-Reine en attendant le retour annoncé de la maîtresse de maison, Vuippens voulut aider Axel, qu'il devinait mal à l'aise, en rappelant leur rencontre de l'après-midi.

— Eh bien ! oui, reconnut Métaz, j'en ai assez de l'abstinence ! Je ne suis pas un chartreux qui a fait vœu de chasteté. Etant donné son état, ça n'enlèvera rien à Elise et ça ne changera rien aux sentiments que je lui porte, si je vais passer un moment, de temps à autre, dans le lit d'une femme en bonne santé... et discrète. Souviens-toi de Chantenoz qui nommait sa maîtresse miss Exutoire !

— Mais il a fini par épouser Aricie ! Miss Exutoire est devenue Mme Chantenoz, constata Vuippens.

— Martin était célibataire, ce qui n'est pas mon cas. Soyons cyniques, Louis. Je suis à l'abri, si j'ose dire, du rempart du mariage. Un sculpteur-poète dont j'ai oublié le nom a écrit quelque part : « Tout homme a dans son cœur un cochon qui sommeille[1] »... le mien, Louis, a des insomnies !

Vuippens rit franchement, puis prit Axel par l'épaule.

— Le drame de l'homme vient de ce que son organisation physiologique ne fait pas de sentiment. Le corps est gouverné par des instincts vitaux, qui lui sont propres et n'engageaient ni la pensée ni la foi jusqu'à ce que les judéo-chrétiens et certains philosophes établissent une corrélation artificieuse entre la chair et l'esprit. L'équivoque est si bien entrée dans les mœurs qu'il n'y a plus, en français, qu'un seul mot pour désigner, à la fois, le plus noble sentiment humain et la copulation commune à tous les animaux ! L'amour est un sentiment, le faire est un geste ! L'idéal est, bien sûr, qu'une seule et même personne vous offre à la fois plaisirs et sentiments. Quand ce n'est pas, ou plus, le cas, on connaît le drame que tu vis, Axel.

Comme ce dernier demeurait pensif et silencieux, Louis Vuippens reprit :

— Bien que j'aie grand respect et affection pour Elise, et connaisse une situation dont elle paraît s'accommoder mieux que toi, je ne te reprocherai jamais d'aller ailleurs, si possible hors du canton, comme disait mon père, contenter la bête ! Il y a, tu le sais, des personnes qui font ça très bien pour peu d'argent. N'avons-nous pas eu recours à leurs soins, toi et moi, autrefois ?

— Les prostituées ne peuvent me satisfaire, Louis. Mais, si je ne puis me contenir, j'agirai en sorte qu'Elise ne souffre ni dans ses sentiments ni dans son honneur. Cet après-midi, j'allais proposer un rendez-vous à Marthe Bovey quand ton apparition l'a fait fuir. Je ne sais où la retrouver... et c'est peut-être mieux ainsi, dit Axel, montrant qu'il acceptait de différer le choix d'un exutoire.

1. Auguste Préault, 1809-1879. Plus tard, ce vers fut abusivement attribué à Charles Monselet.

Repris par le trantran des affaires et les travaux de la vigne, que Samuel Fornaz négligeait fréquemment, Axel Métaz estima avoir été influencé, à Lausanne, par le climat romantique et galant qui, durant plus de cinq mois, avait régné dans l'auditoire mixte de Sainte-Beuve. Cependant, l'image de la belle veuve rousse lui revenait souvent à l'esprit. Il eût suffi, sous un prétexte quelconque, qu'il interrogeât sa mère pour obtenir l'adresse de Marthe Bovey, mais un obscur sentiment de culpabilité le retenait d'en rien faire. Tantôt il souhaitait revoir Mme Bovey avec l'espoir d'en faire une complice discrète, tantôt il évaluait le risque de scandale et les ennuis qui découleraient d'une telle liaison si la veuve devenait amoureuse de lui, se prenait à espérer un avenir commun, exigeait qu'il se séparât d'Elise pour l'épouser. La vie lui avait enseigné de quelle vilenie est capable la meilleure des femmes pour s'assurer l'amour exclusif de l'amant élu. Aussi connaissait-il des instants d'exaltation, au cours desquels il envisageait de se rendre à Lausanne pour tenter de retrouver celle dont le souvenir hantait ses nuits solitaires, moments auxquels succédait une période de sage résignation quand il goûtait, la conscience légère, le simple bonheur domestique que lui offraient Elise, ses enfants, ses amis, son lac, ses vignes.

A l'heure du rasage, le miroir renvoyait au Veveysan l'image d'un homme robuste, traits nets, joues creuses, maxillaires puissants, nez fort, bouche large, dents saines et blanches. Les tempes grisonnantes et le regard vairon ajoutaient à ce portrait la touche romantique qui, les regards des étudiantes et des bourgeoises le lui avaient prouvé, à Lausanne, plaisait aux femmes de tout âge. Quant à son corps, il conservait, grâce à la dépense quotidienne qu'il lui imposait, force et souplesse. Grimper dans les parchets, hisser les voiles de son yacht, escalader les pics valaisans pour tirer le chamois, galoper d'un vignoble à l'autre, rouler les demi-muids avec les tonneliers, démonter et remonter la lourde vis du pressoir, abattre un châtaignier malade, constituaient autant d'exercices propres à entretenir musculature et réflexes, à maintenir le ventre plat et les jambes véloces. Un bon entrepreneur vaudois, pour être digne de commander à ses ouvriers, ne devait-il pas prouver qu'il était capable de tenir la place de n'importe lequel d'entre eux, carrier de Meillerie, calfat ou charpentier des barques, bacouni, vigneron, maître de chais. Le fils de Blaise et de Charlotte se sentait en pleine possession de ses forces et la conscience d'une virilité en partie inemployée altérait parfois son humeur.

Le printemps venait d'être marqué par un deuil que tous les Vaudois ressentaient comme une perte nationale. Le général Frédéric César de La Harpe s'était éteint, le 30 mars, à l'âge respectable de quatre-vingt-quatre ans. Cet ancien précepteur des petits-fils de la Grande Catherine, Alexandre et Constantin, fidèle depuis sa jeunesse aux idées libérales, enthousiaste zélateur des principes de la Révolution française, adversaire déclaré de la tutelle bernoise, avait été un des animateurs de la Révolution vaudoise de 1798. Promoteur de la République lémanique, inspirateur de la Constitution helvétique, membre du Directoire helvétique, il avait été rappelé comme secrétaire par son ancien élève devenu le tsar Alexandre Ier. Cette position privilégiée lui avait permis, lors du congrès de Vienne en 1815, d'user de son influence pour obtenir du souverain russe l'émancipation du canton de Vaud et, avec l'aide de Pictet de Rochemont et Capo d'Istria, l'agrandissement du canton de Genève et la garantie de la neutralité Suisse. Député au Grand Conseil vaudois, prônant toujours les mêmes principes libéraux, cet érudit avait été, plus tard, l'un des animateurs de la Révolution française de 1830. On lui devait encore la fondation, en 1826, de la Société vaudoise d'utilité publique dont les domaines d'activité couvraient aussi bien l'éducation publique que l'industrie et la lutte contre un paupérisme menaçant. Dès 1818, ce citoyen altruiste avait légué au musée d'Histoire naturelle l'herbier et la collection de minéraux offerts par Alexandre Ier à son ancien mentor. Vétéran des luttes révolutionnaires, républicain convaincu, travailleur infatigable, fier, impétueux, doué d'une imagination qui lui avait fait prendre, parfois, des vessies pour des lanternes, La Harpe était resté, jusqu'à son dernier jour, généreux et tolérant, partisan de la liberté des cultes en dépit de l'impopularité de cette démarche. Il avait aussi souhaité la laïcisation de l'Académie et avait eu le courage, au risque de passer pour conservateur, de s'opposer à Druey quand ce dernier s'en était pris, grossièrement, au statut particulier de Neuchâtel, canton sous tutelle du roi de Prusse, avant de s'emparer, sans scrupule, du *Nouvelliste vaudois*, pour répandre les doctrines d'un radicalisme dont La Harpe avait tôt flairé la dérive autoritaire.

Tel était l'homme et le citoyen que tous les honnêtes gens, y compris ceux qui n'adhéraient pas totalement à ses vues, parfois fumeuses, avaient pleuré. A cause de ce deuil qui affectait leur petite patrie, les Vaudois ignorèrent à peu près la mort, à Paris, d'un plus illustre personnage. Le 17 mai, M. de Talleyrand-Périgord, au même âge que La Harpe et moins de deux mois après le patriote vaudois, avait rendu à Dieu, ou au démon disaient ses ennemis, son esprit lumineux et son âme flexueuse.

Entre les deux disparitions de ces acteurs de l'Histoire, un événement de moindre importance avait défrayé la chronique vaudoise. Le 20 avril, Gabriel Croset, un chasseur de Pallueyres, avait tué au Bouillet, petit hameau montagnard situé près de Gryon, à quatre kilomètres de Bex, un ours de belle taille qui avait, disait-on, arraché un doigt à un autre chasseur téméraire, nommé Pierre Bocherens. Deux ans plus tôt, M. Chavannes, chasseur solitaire, avait offert au Musée cantonal de Lausanne un ours de deux mètres vingt-cinq, maintenant naturalisé pour l'édification des visiteurs. L'animal avait été abattu non sans peine ni risques à la Côte, près de Bonmont, au pied des grandes forêts du Jura.

Louis Vuippens et Axel Métaz, rendant visite à Pierre Valeyres, alité depuis deux semaines, évoquèrent la raréfaction des ours et des loups.

— Y a encore pas si longtemps, j'm'en souviens, les ours étaient si nombreux et causaient tant de ravages dans les troupeaux que le gouvernement vaudois donnait cinquante francs à celui qui tuait un ours. Mais, à l'époque, j'avais qu'une vieille pétoire, sinon j'savais bien comment j'aurais pu gagner dix louis, pas loin d'ici, commenta Pierre Valeyres d'une voix chevrotante.

Le vieux bacouni, doyen, à quatre-vingt-sept ans, des bateliers du Léman, se mourait doucement, usé par le travail. Le vieil homme avait appris à beaucoup de Veveysans, dont Guillaume et Axel Métaz, le lac, les vents, la navigation, ses exigences, ses plaisirs et ses dangers. Le destin s'était montré cruel et injuste envers cet homme honnête et bon. Il avait eu le chagrin d'enterrer, en peu d'années, sa fille, son fils, son gendre et regrettait que le seul héritier qui lui restât, Régis, intendant zélé de Rive-Reine, eût choisi la profession de gratte-papier et aligneur de chiffres plutôt que celle, noble entre toutes, de bacouni.

Avant le départ du médecin et d'Axel, le vieillard voulut savoir comment gonflait le raisin, dont il ne verrait pas la vendange, puis il ajouta :

— Quand je serai mort, bientôt, où donc me mettra Régis, hein, le sais-tu, Axel ?

— Ne parle pas de ça ! dit l'interpellé en prenant une main sèche, flétrie, mais devenue bizarrement douce, depuis que le vieil homme ne tirait plus sur les cordages.

— Eh ! il faut bien en parler, mon gars. Alors, où me mettrez-vous ?

— Près de vos enfants, à Saint-Martin, bien sûr, intervint Vuippens.

— Ah ouiche, tiens, ça ne me plaît guère d'aller dans la terre, dit le vieux, trouvant la force de protester.

— Mais c'est le lieu où nous irons tous, tôt ou tard. Où voudriez-vous donc être enterré, père Valeyres, reprit le médecin, qui sentait Axel trop ému pour entretenir cette conversation.

— Au lac, au lac. Je veux qu'on me couse dans un sac, avec une bonne pierre lourde et qu'on me jette au lac, là-bas, entre Ouchy et Meillerie où le Léman est le plus profond, plus de trois cents mètres, qu'on dit !

— Chez nous les morts doivent aller dans les cimetières, père Valeyres. Seuls les marins morts en mer sont livrés à l'océan. La loi ne permet pas ce genre d'inhumation dans le Léman.

— Passe-toi de la loi, Axel. Je n't'ai jamais rien demandé. Aussi, fais-moi ce plaisir. Je veux aller au lac, pas en terre. Tiens, si j'avais la force, j'irais m'y jeter moi-même, mais je tiens plus debout. Alors, faut me promettre de me porter au lac, répéta le vieil homme en s'animant.

— J'en fais mon affaire, Pierre. Ton caveau sera le Léman, je te le promets, dit Axel avec autorité.

— Ta promesse à ce mourant est inconsidérée, constata Vuippens quand ils eurent quitté le logis du bacouni.

— Non pas, Louis. Ou j'obtiendrai l'autorisation d'immerger le corps ou je passerai outre à la loi. Je dois cela à Pierre Valeyres. Et je ne te demanderai pas de m'aider, ajouta Métaz.

— Tu penses bien que je serai avec toi, comme toujours. Nous irons glisser le vieux dans son lac, là où il a décidé. A trois cents mètres, la pression est de trente atmosphères, pas de danger que le corps remonte.

La promesse d'Axel à Pierre Valeyres fut tenue. Le préfet de district ne pouvait, de son propre chef, autoriser l'immersion concertée d'un cadavre, même si le docteur Vuippens assurait que, lesté d'un poids plus élevé que celui du mort, suivant les règles maritimes, le corps ne réapparaîtrait pas, plus tard, devant la machine hydraulique de Genève, où le courant du Rhône portait souvent les noyés. Conciliant, le fonctionnaire cantonal se contenta de dire à Axel Métaz que sa demande n'avait jamais été formulée et qu'il voulait tout ignorer de la sépulture lacustre du père Valeyres, à condition que l'opération fût effectuée avec une totale discrétion.

A l'aube du dernier jour de mai, le corps du vieux batelier, sec comme un sarment de vigne, fut emmailloté dans une toile à voile qu'Axel cousut, en retenant ses larmes, avec la grosse aiguille et la paumelle de cuir dont le mort s'était si longtemps servi pour ralinguer les voiles. Deux gueuses de fonte suffirent à lester le sac. Embarqué sur la *Charlotte*, la barque préférée du défunt, Pierre Valeyres mit à la voile pour sa dernière navigation, accompagné par son petit-fils Régis, Axel Métaz, Louis Vuippens et le brave pasteur Duloy, dans la confidence. Le soleil, se hissant au-dessus des rochers de Naye, chassait les étoiles attardées quand, sur une planche, Axel et Louis firent glisser dans le lac le corps du vieux bacouni. Le pasteur récita la prière des morts tandis que, sur l'eau bleue, s'élargissait en ondes concentriques l'ultime accolade du Léman à son hôte d'éternité.

Deux heures plus tard, dans l'église Saint-Martin, devant un cercueil de bois banal qui ne contenait qu'un sac de sable, de nombreux Veveysans, émus, entendirent le pasteur Albert Duloy prononcer, avec conviction et émotion, l'oraison funèbre de Pierre Valeyres.

— Nous tous, frères et sœurs, qui l'avons connu et aimé, savons bien que son âme, candide et généreuse, hante déjà notre lac, qu'il connaissait mieux que personne, conclut le ministre, avec un regard reconnaissant au préfet de district.

Quelques jours après la mise en terre d'une bière vide, M. Métaz convoqua le marbrier Doret pour qu'il dressât une stèle à la mémoire du vieux bacouni. Sous les dates 1751-1838, Axel fit graver deux vers de Juste Olivier, l'ami vaudois de Sainte-Beuve :

O bleu Léman, toujours grand, toujours beau,
Que sur ta rive au moins j'aie un tombeau.

Tandis qu'Axel Métaz recueillait le dernier souffle de Pierre Valeyres, des invitations inattendues étaient parvenues à Blaise de Fontsalte et à Claude Ribeyre de Béran. Le maréchal Soult, officiellement chargé depuis le 25 avril de représenter la France au couronnement de la reine Victoria, conviait les deux généraux bonapartistes à se joindre à la délégation française avec leurs épouses.

Un peu étonnés d'être invités par un ancien compagnon d'armes, passé au service de Louis-Philippe et tenu en piètre estime depuis que, président du Conseil, il avait refusé aux députés le droit d'écourter l'exil de la famille Bonaparte, Blaise et Claude eussent sans doute décliné l'invitation si Charlotte et Flora ne les avaient suppliés de l'accepter. La marraine d'Axel, monarchiste convaincue, et sa mère, depuis toujours attirée par les fastes des cours royales, roucoulaient de plaisir à la pensée d'assister, parmi les notabilités françaises privilégiées, au couronnement de la reine d'Angleterre.

Claude et Blaise cédèrent en riant, estimant qu'il n'était pas mauvais que deux fidèles de Napoléon Ier, connus comme tels des Britanniques par les fonctions qu'ils avaient assumées au service des Affaires secrètes et des Reconnaissances, aillent se montrer, sur le sol anglais, au vaniteux duc de Wellington, qui continuait à se prendre pour le seul vainqueur de Waterloo et tenait ses dépêches, expédiées du champ de bataille, pour reliques historiques et œuvres littéraires !

Charlotte proposa à Elise et Axel de se joindre aux deux couples mais Mme Métaz refusa de passer la Manche. Elle accepta, en revanche, si son mari voulait se rendre en Angleterre, d'aller faire une cure marine à Dieppe, où elle attendrait, avec ses enfants, le retour des voyageurs. La mode naissante des bains de mer incitait les médecins à prescrire des baignades aux femmes ayant eu des couches difficiles. Le prétexte parut acceptable. Axel, dont la présence à Londres ne pouvait avoir de caractère officiel et qui ne marquait guère d'intérêt pour des cérémonies qu'il devrait suivre dans la foule anonyme, dit qu'il profiterait de son séjour pour visiter les ateliers de Miller et Rawenhill, constructeurs, l'année précédente, des chaudières de l'*Aigle*, le nouveau vapeur genevois, dont la vitesse atteignait vingt kilomètres à l'heure, ce qui concurrençait le *Léman* vaudois. Pour ne pas être en reste, les armateurs d'Ouchy venaient, en effet, de décider de reconstruire leur bateau, trop lent, en faisant remplacer sa lourde coque de mélèze par une fine coque en fer, pareille à celle de l'*Industriel* qui naviguait depuis 1834 sur le lac de Neuchâtel. Les ateliers Escher Wyss et Cie, de Zurich, qui employaient des ingénieurs anglais, doteraient le futur *Léman II* de machines plus puissantes en faisant passer la pression par centimètre carré d'un quart de kilo à un demi.

Mais Axel, comme le savant Daniel Colladon qui avait calculé, en 1826, la vitesse de propagation du son dans l'eau[1], croyait à l'avenir de la machine à cylindres oscillants que les Genevois avaient jugée dangereuse. Aussi, en tant qu'actionnaire de plusieurs bateaux à vapeur, entendait-il se faire une opinion personnelle sur les nouvelles chaudières, dites tubulaires, produites par les Anglais. Mais ce qui décida surtout le Veveysan fut un soudain besoin de dépaysement pour oublier la jolie Marthe Bovey, dont il avait, un temps, espéré qu'elle se manifesterait d'une façon ou d'une autre.

1. 1 435 mètres par seconde. Daniel Colladon, 1802-1893, qui avait travaillé à Paris avec Ampère, confirma ce résultat en 1841, au cours d'une expérience conduite sur cinquante kilomètres, entre Promenthoux et Veytaux (Vaud).

Le couronnement de Victoria étant annoncé pour les 27 et 28 juin, le départ du cercle Fontsalte fut fixé au 2 juin. La décision prise, Axel se rendit à Genève pour préparer le voyage du groupe jusqu'à Dieppe, où l'on installerait Elise et les enfants avant de passer en Angleterre.

A Genève, il se trouva en face d'une Alexandra nouvelle. Sa filleule lui arrivait à l'épaule et offrait tous les attributs de la féminité. De cette jeune fille de presque seize ans, mince et élancée, émanait une grâce et une vitalité nimbées de l'innocence de celles qui ignorent encore leur pouvoir de séduction.

Le lendemain de leurs retrouvailles, Alexandra demanda à Axel de venir l'attendre à la sortie de l'Ecole supérieure. Il accepta aussitôt et comprit, quand, devant ses compagnes de classe, la jeune fille lui prit affectueusement le bras, que la fillette était devenue femme.

— Les gens ne vont-ils pas imaginer que je suis un vieux beau qui a séduit une étudiante ? plaisanta Axel.

— Tu es beau mais tu n'es pas vieux, parrain. Et si d'autres sont jaloux, tant mieux... et puis, ajouta-t-elle, câline, il y a très longtemps que tu m'as séduite.

Ils gravirent ainsi, en s'amusant d'un rien – de l'allure d'une passante, de la frénésie d'un chien lancé à la poursuite d'un chat, de la bedaine du boucher en tablier blanc guettant la pratique sur le pas de sa porte –, la rue de la Cité et arrivèrent rue des Granges, où Mme Laviron les attendait pour faire servir le thé qu'elle prenait chaque après-midi avec Alexandra.

— Eh bien, te voilà rouge comme un coq ! dit Anaïs à la jeune fille.

— C'est à cause de la chaleur et de la pente de vos rues, dit Axel.

— C'est à cause qu'on a bien ri et que je suis heureuse ! rectifia Alexandra en croquant un bricelet.

Quand la filleule d'Axel quitta le salon pour la salle d'études, Anaïs Laviron adopta le ton de la confidence :

— Savez-vous, Axel, que les jeunes hommes, et même des moins jeunes, regardent Alexandra avec intérêt. Dieu merci, la petite sait parfaitement à quoi s'en tenir sur les dangers qui la guettent. Elle nous donne, à Pierre-Antoine et à moi-même, toutes les satisfactions. Je ne pourrai jamais dire qu'elle a remplacé notre Juliane mais sa présence et son affection nous ont aidés à accepter le mauvais sort et à retrouver une vraie raison de vivre, et même de sourire. Elle a eu le prix d'excellence à l'Ecole supérieure, et son professeur de piano, M. Wolff, considère qu'elle est, à ce jour, la meilleure pianiste formée au conservatoire de Genève. Dans toutes les ventes de bienfaisance, on me la demande. Et elle joue divinement !

Mme Laviron rappela qu'Alexandra avait reçu, en 1836, les compliments de Franz Liszt, avant que le musicien ne quitte Genève avec Marie d'Agoult et Mme George Sand, arrivée de France. Ce rappel du séjour de Liszt incita Mme Laviron, toujours prête à potiner, à développer le dernier sujet de conversation d'actualité dans les salons genevois.

Dans les maisons où Mme d'Agoult n'avait jamais été reçue, alors qu'on y avait beaucoup cajolé M. Liszt, on commentait, cet été-là, avec des mines contrites ou moqueuses, la publication d'un petit livre du major Adolphe Pictet de Rochemont, surnommé Pictet le Sourd, *Une course à Chamonix, conte fantastique*. Cet érudit, professeur d'esthétique et d'histoire des littératures modernes, connaisseur des langues indo-européennes, avait participé, en septembre 1836, avec George Sand et le couple Liszt-d'Agoult, à une expédition dans les Alpes, dont les échos avaient retenti jusqu'à Genève, tant le quatuor s'était fait remarquer par ses canulars de rapins et ses bruyantes beuveries dans les hôtels, de Chamonix à Fribourg. Qu'un membre très respectable d'une des plus illustres familles d'Helvétie se fût associé à de telles excentricités étonnait la gentry genevoise. Quand on sut, rue des Granges, que le savant Pictet s'était amouraché de Mme Sand, les initiés furent invités à livrer les clefs de son récent ouvrage. Ainsi, sous la plume du spécialiste en sanscrit, George Sand apparaissait sous le nom de Kamôroupî, « celle qui change à son gré », Liszt se cachait sous le clair pseudonyme de Madhousvâra, « le mélodique », quant à la comtesse d'Agoult, elle était tantôt Arabella, tantôt Manas « la pensée » [1].

1. Guy de Pourtalès, *la Vie de Franz Liszt*, Gallimard, Paris, 1926.

Le lendemain, Axel courut chez un libraire pour se procurer un livre qui amuserait Elise. Puis, avant de quitter Genève, il eut un entretien avec Pierre-Antoine. Ce dernier lui confirma son intention d'adopter légalement Alexandra, afin qu'elle devînt son héritière.

— Nous y sommes, Anaïs et moi, d'autant plus décidés, avec votre accord bien sûr, qu'Alexandra a déclaré que deux choses seulement l'intéressent, le piano et la banque !

— La banque ! s'exclama Axel.

— Oui, mon ami, la banque. Votre filleule s'est mis dans la tête d'être la première femme banquier à Genève. Et, croyez-moi, elle jongle déjà avec les changes comme un commis chevronné. Elle prend cela, dit-elle, comme un jeu intellectuel très distrayant.

— Alexandra banquière ! reprit Axel qui n'en croyait pas ses oreilles.

— Elle est très douée pour les chiffres, pour le calcul rapide, très attentive aux nouvelles d'ici et là, qu'elle sait interpréter en fonction d'incidences possibles sur les changes. Quand elle vient au bureau lire les dépêches et les journaux étrangers, savez-vous, Axel, qu'elle met le doigt sur des petites informations que je n'avais pas, moi-même, relevées, conclut Laviron avec admiration.

— Mais comment une femme pourra-t-elle entrer dans une banque ? Est-ce possible ? demanda Métaz incrédule.

— Tout simplement en devenant mon associée dans ma banque. La loi n'interdit pas à une femme d'apporter sa participation financière à une banque privée. Elle ne lui fait l'obligation que de figurer en nom. Et Alexandra a de quoi être une associée de poids. Grâce, j'ose le dire sans fausse modestie, aux bons placements que j'ai pu faire des héritages de ses malheureux parents et grands-parents. Ainsi, le nom des Laviron restera dans la banque. N'ai-je pas de quoi être fier ?

Axel ne pouvait qu'acquiescer et se réjouir. Mais la découverte du goût insoupçonné de sa filleule pour la comptabilité complexe, les taux de change des monnaies, la spéculation financière et les lettres de crédit, le laissait rêveur. Il ne s'opposerait pas à l'adoption d'Alexandra par les Laviron, car Elise n'eût sans doute pas accepté qu'il adoptât lui-même l'orpheline. Volontaire, scrupuleuse, futée, douée d'un sens aigu de l'organisation, Alexandra, connaîtrait, peut-être, une destinée exceptionnelle.

Avant d'embarquer sur l'*Aigle* pour regagner Vevey, il promit à Pierre-Antoine de rendre visite, pendant son séjour à Londres, à ses correspondants anglais et de rapporter des informations sur les chemins de fer, à l'avenir desquels le banquier croyait encore plus depuis que M. Fraisse, ingénieur, avait été chargé par une société d'étudier un projet de voie ferrée susceptible de relier Yverdon à une ville du Léman qui restait à désigner.

— Les autorités fédérales ont aussi demandé à M. Stephenson, le génial inventeur de la Rocket, la meilleure locomotive d'Angleterre, de leur expliquer comment on pourrait établir en Suisse « le chemin de fer au plus bas prix, tout en satisfaisant la plus grande masse possible d'intérêts nationaux », ce sont les propres termes rapportés par la *Gazette de Lausanne* et le *Journal suisse*, il y a quelque temps, assura Laviron.

Alexandra eût volontiers accompagné son parrain à Londres. Elle se serait même réjouie d'un séjour à Dieppe, avec Elise et les petits Métaz, mais l'année scolaire n'était pas achevée et la jeune fille, qui concourait pour plusieurs prix, ne voulait pas faire l'école buissonnière.

Ce fut par sa mère, en visite à Rive-Reine quelques jours plus tard, qu'Axel eut des nouvelles – qu'il n'espérait plus – de Marthe Bovey. La jeune femme, comme Mme de Fontsalte, avait apporté son obole à la souscription pour le souvenir que les dames de Lausanne, auditrices de M. Sainte-Beuve, voulaient offrir au critique la veille de son départ pour Paris. Au cours d'une dernière réunion dans la bibliothèque de l'Académie, on avait donc remis à Sainte-Beuve une montre de Genève, accompagnée de la lettre d'une admiratrice[1] qui, n'ayant pu convertir Sainte-

1. Probablement Mme Juste Olivier, d'après Perle Bugnion Secrétan, dans son article, catalogue de l'exposition *Sainte-Beuve, Port-Royal et Lausanne*, organisée en 1992 à la Bibliothèque cantonale et universitaire de Lausanne, par Danièle Mincio, responsable du Département des manuscrits.

Beuve à la religion réformée, avait écrit : « Vous avez étendu la sphère de nos vues protestantes. »

— Comment peut-on étendre une sphère à moins de l'aplatir ? persifla Axel.

— Personne ne s'est posé la question, dit Charlotte, mais une belle rousse a semblé regretter que tu ne sois pas là. Elle voulait te faire part de son opinion sur *Volupté*, l'ouvrage de M. Sainte-Beuve. Il paraît que tu la lui as demandée.

— C'est exact. Et qu'a-t-elle dit ?

— Rien de plus. J'imagine qu'elle voulait te réserver la primeur de ses impressions, répondit négligemment Charlotte, laissant son fils sur sa faim.

Le dieu malin qui préside aux rencontres de ceux qui ont envie de se revoir s'en mêla opportunément, le jour du départ pour la France des Fontsalte et consorts. Installés dans les deux grandes berlines de Blaise et d'Axel, la première conduite par l'adjudant Trévotte, la seconde par Lazlo, les voyageurs comptaient arriver en cinq jours à Dieppe, où Elise séjournerait avec ses enfants. Lazlo, factotum irremplaçable et qui, pour des raisons connues d'Axel, ne souhaitait pas se rendre à Londres, assurerait le service de Mme Métaz avec Marie-Blanche, la nourrice de Vincent, dont Elise affirmait, non sans motifs, en pinçant les lèvres, qu'elle était « du dernier bien avec le Tsigane ».

Alors que le convoi s'était arrêté à Morges, pour reposer et faire boire les chevaux, Axel, qui fumait sa pipe, assis à l'ombre sur un muret, vit Mme Bovey descendre d'un cabriolet et ouvrir son ombrelle. Elle était seule et paraissait pressée. Vêtue d'une jupe gris perle et d'une blouse de même ton, elle se dirigea aussitôt d'un pas vif vers une boutique de modiste. Sans même réfléchir, Axel la rejoignit, se fit reconnaître et la pria d'excuser un abordage aussi peu cérémonieux. La jeune femme sursauta, puis sourit, affable et détendue.

— J'ai eu de vos bonnes nouvelles par ma mère, madame, et j'ai beaucoup regretté de ne pas l'avoir accompagnée le jour des adieux à M. Sainte-Beuve, dit Axel.

— Sans les étudiants de Zofingen qui ont chanté de beaux couplets, la cérémonie eût été banale, monsieur, mais comment va Madame votre mère ?

— Elle est tout près d'ici. A l'auberge, où elle prend des rafraîchissements avec ma femme et nos amis. Nous partons en famille pour l'Angleterre.

Axel précisa que son épouse et ses fils restaient à Dieppe, tandis qu'il accompagnait ses parents au couronnement de la reine Victoria.

— Au couronnement d'une reine... Je vous envie, monsieur. Quel événement ce sera ! dit-elle, mélancolique.

Axel, pressé par le temps et oubliant ses bonnes résolutions, décida de brusquer les choses, espérant ainsi préparer l'avenir.

— Si j'étais certain de passer une infime partie de mon temps, cet été, avec vous, je renoncerais avec joie à cette expédition, madame !

— Ce compliment original et osé n'engage à rien mais c'est très aimable à vous de le tourner ainsi, murmura Marthe, un peu confuse et ne sachant quelle contenance adopter.

Axel, jetant un regard du côté des berlines, dont Lazlo et Trévotte ramenaient les attelages, risqua une nouvelle avance.

— Même au risque de vous paraître niais, j'ose vous dire, madame, que, si j'ai accepté d'accompagner mon père et ma mère à Londres, c'est un peu pour leur plaire et beaucoup pour tenter de vous oublier, lâcha-t-il, baissant le ton.

Mme Bovey, suffoquée par une si fougueuse déclaration, sentit son visage s'empourprer en voyant Mme de Fontsalte sortir de l'auberge en compagnie de sa belle-fille et de deux enfants. Axel suivit son regard tandis qu'elle abaissait son ombrelle pour les dissimuler tous deux aux regards.

— Allez, monsieur, on vous attend, je crois. Et bon voyage, dit-elle d'un ton las, se ressaisissant.

— Vous reverrai-je jamais... à mon retour ?

— A quoi bon, monsieur ? Suivez votre premier penchant, oubliez que nous nous sommes rencontrés.

— Si c'est ce que vous souhaitez, madame, je m'efforcerai d'oublier, mais... si je n'y parviens pas ? insista Axel.

— Alors, faites comme aujourd'hui confiance au hasard, monsieur.

— Je ne fais aucune confiance au hasard à l'échelle cantonale, dit-il, mi-plaisant, mi-rageur.

— Les bains d'Yverdon, où je serai en août, ne sont pas si vastes que le hasard n'y trouve son chemin, finit-elle par lui glisser, à voix basse, en lui tendant sa main dégantée qu'il serra, comme si le geste de cette femme scellait un engagement.

Seul Lazlo avait, de loin, suivi la scène. Complice spontané de l'homme qu'il estimait le plus au monde, le Tsigane avait déjà fait monter Mme Métaz, sa belle-mère, Mme Ribeyre de Béran, les enfants et Marie-Blanche en voiture et donné le signal du départ. Axel, qui voyageait avec les deux généraux et les bagages, n'eut pas, ainsi, à fournir d'explications sur une rencontre qu'il estimait inaperçue de tous. C'est en sifflotant, satisfait comme celui qui vient de faire un heureux placement, qu'il fit signe à Trévotte de rendre la bride aux chevaux.

Dieppe, cité ventée, lavée par des pluies fréquentes, offrait, sous une riche lumière, des ciels nacrés ou rosis par le couchant, dont les peintres tentaient de rendre les tons subtils et capricieux. Eugène Isabey[1], alors en villégiature sur la côte normande, faisait partie des habitués de la station.

Le directeur de l'hôtel Royal, longue bâtisse blanche, ouverte sur la large esplanade gazonnée qui séparait la plage de la ville, accueillit les Vaudois avec les mêmes attentions qu'il réservait aux habitués étrangers, Anglais pour la plupart.

— Car, affirma l'hôtelier, on se baigne à Dieppe depuis qu'en 1 578 Henri III est venu tremper sa gale dans les vagues !

Malgré la moue d'Elise, il poursuivit un discours de bienvenue, sans doute mille fois répété.

— Plus tard, Henri IV y fit porter sa chienne, mordue par un chien enragé, parce que l'eau de mer était censée guérir la rage. Ce fut encore pour tenter de les sauver de

1. Louis-Gabriel-Eugène Isabey (1803-1886). Fils et élève du célèbre miniaturiste Jean-Baptiste Isabey. Auteur de marines romantiques, il est l'un des petits maîtres de l'Ecole de 1830.

cette horrible maladie, dont elles étaient atteintes, que trois dames d'honneur de la reine Marie-Thérèse, l'épouse de Louis XIV, furent, en 1671, jetées nues dans les flots, puis repêchées au bout de cordes. Fort heureusement, messieurs et dames, depuis 1780, année où nos ancêtres ont ouvert ici la première maison de santé, les procédés de baignade sont devenus moins barbares et plus attractifs, ajouta le prolixe hôtelier en s'inclinant, satisfait, devant les dames, avec un arrondi du bras qu'Axel imagina prolongé d'un feutre à plumes !

En cette fin de printemps 1838, la ville normande, première station balnéaire française, surveillée du haut d'une falaise par son vieux château du XIVe siècle, comptait une douzaine d'hôtels de luxe et offrait des installations confortables, récemment rénovées. Les voyageurs découvrirent bientôt les bains Caroline, un casino, couvert de rosiers grimpants, où l'on dansait chaque soir, le théâtre, offert à la ville en 1826 par la duchesse de Berry, où l'on donnait concerts et comédies, quelques jolies boutiques, réunies en un bazar aéré, les ateliers des sculpteurs d'ivoire, qui constituaient avec le château et les dentellières une curiosité locale. Les ivoiriers pratiquaient un art importé à Dieppe en 1364 par les marins, qui avaient rapporté de Guinée les premières défenses d'éléphant. Ces artistes, plus de trois cents affirmait-on, dont les collectionneurs européens avaient fait la réputation, travaillaient à la vue des passants derrière la fenêtre de leur échoppe. Charlotte et Flora visitèrent deux ou trois ateliers et, le soir, au dîner, autour d'une table superbement dressée et fleurie à l'hôtel Royal, offrirent chacune à son époux une statuette finement ciselée représentant Napoléon Ier, bras croisés sur la poitrine, position qui, d'après Fontsalte, lui était familière quand il suivait, juché sur un promontoire, le déroulement d'une bataille.

— Car, affirma Charlotte, tous ces artistes sont bonapartistes. Et si celui qui nous a vendu ces pièces, sculptées sous le manteau, n'avait pas vu, quand nous étions avec vous devant sa vitrine, vos rubans de la Légion d'honneur, il ne nous aurait pas proposé ces effigies dont la police de Louis-Philippe réprouve et condamne la fabrication.

Elise, qui n'avait pas voulu se singulariser, fit aussi un cadeau à Axel : un coupe-papier en forme de cygne, habilement sculpté dans la courbure d'une plaque d'ivoire, par Graillon[1], l'un des plus célèbres ivoiriers dieppois, alors en stage de perfectionnement à Paris.

D'après le directeur de l'hôtel Royal, débordant d'affabilité, Dieppe devait sa prospérité et son élégance, d'une part au comte Woldemar de Brancas qui, en 1822, s'était inspiré de l'exemple de Brighton pour faire construire le luxueux établissement des bains de mer, d'autre part à Marie-Caroline de Bourbon-Sicile, duchesse de Berry, qui, dès 1824, avait assuré le lancement mondain de la station. A l'exemple de cette baigneuse intrépide, loucheuse au sang bleu qui se jetait dans les vagues par tous les temps, les rescapés de l'émigration, la noblesse et l'aristocratie de la Restauration s'étaient précipités à Dieppe dès qu'elle en avait vanté la salubrité et les plaisirs. Après les bouleversements de l'Empire, le duc de Bordeaux, fils de la duchesse, peut-être encouragé par M. de Chateaubriand, avait été prématurément acclamé, comme Henri V, par les Dieppois !

Et cela avait duré six ans, jusqu'à l'exil de la duchesse comploteuse, en 1830. Entre-temps, les touristes britanniques avaient découvert Dieppe grâce à deux de leurs compatriotes, Robert Haydon et David Wilkie, artistes peintres. Ces insulaires avaient traversé la Manche le 25 mai 1814, après que l'ogre corse, qui voulait faire du port de pêche une base d'attaque contre l'Angleterre, eut abdiqué.

En effectuant leur première promenade sur la jetée suspendue, lieu où il convenait de se montrer entre le thé et le dîner, les Vaudois découvrirent un rivage d'une tout autre ampleur que celui du Léman. Le vent, souvent aigre, même au grand soleil, moulait la croupe des dames dans leur jupe, ce qui ne déplaisait pas aux messieurs contraints de retenir leur chapeau, tandis que leurs compagnes couvraient le leur d'une mousseline nouée sous le menton.

Elise, conseillée par Vuippens, avait choisi Dieppe plutôt qu'une autre plage française parce que la ville, autre-

1. Pierre Adrien Graillon (1807-1872), dit Ouin. Ancien cordonnier, auteur de nombreux sujets en albâtre et en terre cuite.

fois bastion protestant, était encore desservie, grâce à la colonie anglaise, par un pasteur, M. Beaver, qui officiait dans l'ancienne chapelle des carmélites, faubourg de la Barre.

Le lendemain de l'arrivée du cercle Fontsalte, qui était un dimanche, Elise et Axel se rendirent au culte, tandis que Charlotte et Blaise, accompagnés de Flora et Claude, allaient entendre la messe en l'église Saint-Jacques.

Les protestants offraient à leurs coreligionnaires nouveaux venus une notice édifiante. La lecture, en commun, de celle-ci apprit aux Métaz qu'un Genevois nommé Venable, déguisé en porte-balle, avait été le premier, en 1557, à prêcher la Réforme à Dieppe. Très actif, ce colporteur calviniste avait répandu dans toute la Normandie des opuscules définissant la religion nouvelle, ainsi que des bibles. Sa propagande avait eu pour résultat de gagner à Calvin une foule de Dieppois, que l'amiral Coligny s'était empressé de soutenir de ses deniers en les invitant à bâtir un temple, pour mieux s'imposer aux papistes. Henri III, mécontent, avait donné l'ordre au maréchal de Vieilleville d'abattre ce que les huguenots nommaient théâtre et qui n'était qu'un lieu de culte interdit. Les « sectaires » dieppois, qui avaient refusé de participer à la démolition de leur église réformée, avaient été exécutés. Plus tard, après l'assasinat de Henri III, quand Henri IV eut décidé de conquérir la France, c'est à Dieppe qu'il avait trouvé refuge et appui pour vaincre Charles de Lorraine, duc de Mayenne, à Arques, le 21 septembre 1589. Ainsi, c'est à Dieppe qu'avait commencé la longue marche du Vert-galant vers Paris et le trône.

Ce port, qui sentait la caque et le hareng, avait aussi donné naissance à un huguenot très célèbre, Abraham Duquesne, grand homme de mer, qui, malgré ses exploits et son patriotisme exemplaire, ne fut jamais promu amiral de France, parce que protestant.

En rappelant à des membres de la communauté protestante de Dieppe, avec qui Elise s'était entretenue après le service, que le cœur de l'amiral Duquesne se trouvait dans une niche scellée par une plaque de marbre dans l'église d'Aubonne, ville de la Côte à vingt kilomètres de Lausanne, Mme Métaz ranima la colère des Dieppois contre les Vaudois, qui refusaient de rendre cette précieuse relique à la ville natale du héros[1].

— Mais le cœur de l'amiral a été placé là par son fils aîné, Henri Duquesne[2], baron de Valgrand, devenu vaudois par l'achat de la seigneurie d'Aubonne, en 1685. Et cela, parce que la France n'avait pas donné à son père la noble sépulture que ses rares mérites auraient dû lui valoir, expliqua Elise, un peu confuse d'être prise à partie.

Malgré cet incident diplomatique, une ville qui avait une telle histoire ne pouvait que plaire à la fille d'un pasteur suisse.

Le lendemain, la température étant favorable et le vent nul, le cercle Fontsalte se rendit aux bains de mer. Les dames furent conduites sur les galets jusqu'à des tentes individuelles de toile blanche rayée de bleu. Elles réapparurent, un quart d'heure plus tard, en costume de bain à la vue de leurs maris, qui observaient à bonne distance, car les hommes ne pouvaient pénétrer dans l'enceinte du bain des dames. L'apparition de Charlotte, Flora et Elise, attifées par des habilleuses d'un pantalon et d'une camisole de bure marron et coiffées de bonnets de toile huilée qui leur couvraient la tête, de la nuque aux sourcils, fit pouffer de rire Blaise et Claude. Axel se montra plus étonné qu'amusé en voyant Elise, si pudibonde, se confier, dans un tel accoutrement, au guide-baigneur loué un demi-franc pour la baignade.

Pantalon et veste bleu marine, chapeau de cuir bouilli, les baigneurs-jurés, ceints d'une écharpe rouge frangée d'or, jouissaient, à Dieppe, de la considération générale et recevaient de bons salaires. Le bain étant considéré tel un acte

1. D'après le *Dictionnaire historique, géographique et statistique du canton de Vaud*, le Conseil municipal de Dieppe tenta une dernière démarche en 1895, pour se faire restituer le cœur de Duquesne. « La municipalité d'Aubonne fit alors ouvrir le tombeau, d'où l'on sortit un vase en argent, fermé hermétiquement et contenant le cœur de Duquesne. Les descendants de celui-ci s'opposèrent au transfert ; la plaque de marbre fut scellée à nouveau et la municipalité refusa d'accéder au vœu des Dieppois. »

2. 1652-1722. Il entra dans la Marine comme enseigne en 1666. Il était capitaine de vaisseau en 1675, quand, avant la révocation de l'édit de Nantes, il décida de s'exiler en Suisse. Après avoir été seigneur d'Aubonne pendant seize ans, il devint bourgeois de Genève en 1704, où il publia, en 1710, son ouvrage *Réflexions sur l'eucharistie*.

médical et seule justification annoncée d'un séjour au bord de la mer, les guides-baigneurs étaient chargés d'exécuter les prescriptions des médecins. Ceux-ci décidaient, pour chacune de leurs patientes, de la durée du bain, du nombre de « mises à la lame », des mouvements imposés pendant l'immersion.

Anciens marins recrutés pour leur connaissance des marées, leur courage, leur politesse, leur dévouement et une irréprochable moralité, ils bombaient le torse, conscients de leurs responsabilités et jouissant d'une autorité reconnue et acceptée. Ces hommes partageaient, avec les maris et les amants des baigneuses, le rare privilège de porter ces femmes dans leurs bras musculeux pour les exposer à la flagellation des vagues, avant de les immerger jusqu'au cou, ce qui n'allait pas sans petits cris, exclamations, fausse frayeur de la part de celles qui se baignaient pour la première fois. Certaines, saisies par la fraîcheur de l'eau, fessées par la lame, chatouillées par le reflux, aspergées d'embruns piquants, jetaient leurs bras autour du cou de leur porteur, se blottissaient sans pudeur contre ces torses puissants, gigotaient, minaudaient – « Tenez-moi bien serrée » –, toutes manifestations qui n'émouvaient guère les baigneurs-jurés, impavides, tels des eunuques livrant les odalisques à Poséidon. Courtois, prévenants, adroits mais impassibles, ils saisissaient leur pratique d'un bras, sous la pliure du genou, de l'autre entre taille et aisselle, sans que leurs mains jamais s'égarent sur un sein ou une cuisse, zones interdites. Les baigneuses confiaient à ces hommes leur vertu en même temps que leur corps. Il arrivait, avait-on rapporté aux Vaudois, que des femmes légères, épouses délaissées, solitaires en quête de plaisir, tentent de troubler ces beaux mâles par des pressions impudiques, de nature à faire apprécier la générosité ou la fermeté de leurs formes. Elles en étaient, disait-on, pour leurs frais, les baigneurs-jurés n'hésitant pas à livrer ces dévergondées aux vagues déferlantes, afin de calmer leurs ardeurs déplacées. L'hôtelier, qui vantait la moralité irréprochable des guides-baigneurs, reconnut cependant, poussé à la confidence par Blaise et Claude, que rien n'interdisait aux anges gardiens de la plage d'accepter, hors des bains, l'invitation d'une cliente prête à prouver sa gratitude de baigneuse autrement que par un pourboire !

Blaise, Ribeyre et Axel, ayant suivi les péripéties du premier bain de leurs épouses, s'empressèrent, une fois ces dames rajustées, de recueillir leurs impressions devant une tasse de thé.

Seule Charlotte se plaignit. Son baigneur s'étant tordu le pied sur un galet l'avait laissée choir dans l'eau, puis rattrapée par une jambe « comme un lapin suspendu », ce qui lui avait valu de constater que l'eau de la Manche était salée ! En revanche, Flora et Elise se dirent enchantées de l'expérience et Mme Métaz, dont le baigneur-juré avait, en d'autres temps, baigné la duchesse de Berry, annonça qu'elle « irait à la lame », chaque matin, quand le temps et l'inspecteur des bains le permettraient.

— C'est vivifiant, tonique et assez amusant. Je me sens toute ragaillardie et ça donne de l'appétit, confia-t-elle à son mari en beurrant un toast.

Après trois jours passés à Dieppe, les Fontsalte, les Ribeyre de Béran et Axel embarquèrent pour l'Angleterre sur le *Swift*, un nouveau vapeur de la General Steam Navigation Company, qui reliait Dieppe à Newhaven, port récemment aménagé par les Anglais, soucieux d'améliorer le service trans-Manche. L'adjudant Trévotte, houspillant les matelots britanniques, surveilla l'amarrage de la berline du général, sous le regard amusé des badauds, intrigués par cette belle voiture noire, aux ressorts souples, aux flancs laqués et portières blasonnées. Lazlo, qui restait à Dieppe avec la berline d'Axel pour promener Mme Métaz et ses fils, vint faire ses dernières recommandations à son ami Titus.

— Tu n'as rencontré d'Anglais que sur les champs de bataille. Chez eux, tu verras, ils sont bien différents. Arrogants, intéressés, roublards, vicieux et hypocrites. Ils se disent les plus civilisés du monde, alors qu'ils font travailler des enfants de huit ans dans les mines de charbon et tolèrent que des fillettes de dix ou douze ans s'adonnent à la prostitution ! Prends garde aux mendiants et aux marchandes de fleurs : tous des voleurs ! Et ne bois que du whisky d'Ecosse : l'alcool frelaté, c'est la spécialité des pubs londoniens ! Et qu'on débouche le flacon devant toi, le Tsigane en serrant la main du Bourguignon, devenu son meilleur ami.

Axel et Blaise, entendant ces avertissements sans nuances, échangèrent un sourire. Tous deux savaient que Lazlo avait des raisons très personnelles de se méfier des sujets de la toute nouvelle reine Victoria.

3

Quand Axel Métaz revit l'Angleterre, le 16 juin 1838, il eut le sentiment d'aborder une autre planète. Il ne reconnut pas Londres, découverte en 1817 avec lord Moore. En vingt années, la ville était devenue tentaculaire. La capitale comptait maintenant plus d'un million et demi d'habitants. L'agglomération avait annexé, non seulement les villages périphériques, mais aussi de larges espaces ruraux. Les fumées âcres des forges et des tréfileries, où la vapeur animait des machines dont on disait qu'elles finiraient par évincer l'homme, se répandaient, lourdes exhalaisons grises poussées par les vents, jusqu'aux quartiers huppés du centre.

Axel Métaz entendait mener à Londres une vie indépendante de ses parents et amis, dont l'emploi du temps serait conditionné par les réceptions et les cérémonies officielles, auxquelles il ne pouvait être admis et qui ne l'attiraient guère. Aussi avait-il choisi d'habiter le Golden Cross, un hôtel cossu du Strand, tandis que les généraux et leurs épouses logeaient dans le quartier de Mayfair, où des appartements étaient réservés aux membres des délégations étrangères.

Dès le lendemain de son arrivée, pour tenir la promesse faite à Pierre-Antoine Laviron, le Vaudois se rendit chez les associés londoniens du Genevois. La capitale britannique, fiévreuse et remuante, achevait de se parer pour le couronnement de Victoria. La circulation des cabs dans les rues encombrées de chars qui transportaient énormes planches, sièges, barrières, tentes, était rendue encore plus difficile par les badauds venus, parfois en chemin de fer et souvent pour la première fois de leur vie, de tous les comtés du royaume. Mêlés aux visiteurs étrangers, débarqués par milliers des bateaux assurant des liaisons spéciales et multiples avec le continent, ces gens paraissaient décidés à fêter joyeusement leur souveraine, au long des rues, dans les salons et les pubs, mais aussi à Hyde Park, où se tenait une immense foire populaire. Le gouvernement de lord Melbourne ne voulait pas que le couronnement fût une fête réservée à quelques privilégiés et tenait à la participation du peuple. Cela ferait, peut-être, oublier un moment aux gens sans travail, nombreux et hargneux, leur misère. La jeune souveraine, que l'on disait petite personne aimable, naturelle, plutôt enjouée bien que très consciente « d'être de la tête aux pieds » la reine du plus puissant pays du monde, ne s'était pas opposée au choix d'un Premier ministre qu'elle tenait pour « un ami bon et impartial ».

— On dit, milord, que la population de Londres a quintuplé. Que plus de cinq cent mille étrangers nous honorent de leur visite, révéla le cocher d'Axel.

A chaque carrefour, des ouvriers construisaient des estrades, dressaient des mâts, décoraient des façades, peignaient des devantures, étiraient des banderoles, hissaient des oriflammes. Des cantonniers lavaient les trottoirs, damaient les chaussées, curaient les caniveaux. Tout cela dans un bruit de scies et de marteaux, avec accompagnement d'injonctions, de clameurs, de criailleries, de jurons et de rires.

Entre Charing Cross et Piccadilly Circus, les bouquetières, regard fripon, parler *cockney*, voix de crécelle, étaient les premières à célébrer le couronnement de Victoria. Elles proposaient aux étrangers, pour la somme exorbitante de six pence, des bouquets aux couleurs nationales, habituellement vendus un penny. Mitaines trouées, châles effrangés, elles ne semblaient mettre de coquetterie que dans leur coiffure traditionnelle, un chapeau de paille noire agrémenté de plumes d'autruche.

L'une de ces fleuristes, brandissant un petit bouquet, approcha du cab, dont Axel avait abaissé la vitre. Le cocher s'apprêtait à la chasser du manche de son fouet quand le Vaudois retint son geste. Il tendit un shilling à la fille et reçut, en échange, trois œillets à demi fanés et une profonde révérence.

— *God Save the Queen... and you*, lança la fille avec une œillade.

— Ce sont des effrontées, sales et souvent ivrognes, avec ça, dit le cocher, méprisant.

— Elles ont de si jolies plumes à leur chapeau, observa le Vaudois, indulgent.

— Vous devez savoir, milord, que les moins pauvres louent ces plumes d'autruche pour faire bonne figure dans la bouquetterie. Les autres les cueillent dans les boîtes à ordures de Park Lane !

Tout au long de l'Embankment, des employés vêtus de blouses, montés sur des échelles, nettoyaient les réverbères qui, la nuit venue, éclairaient les rues de Londres depuis 1810. Cette scène ayant retenu son attention, Axel fit des réserves sur les avantages et inconvénients de l'éclairage au gaz, que Pierre-Antoine Laviron tentait de promouvoir à Genève. Le cocher profita d'un embouteillage, au débouché de Westminster Bridge, pour renseigner le voyageur.

— *Yes, indeed,* mais ce n'est pas nouveau chez nous, milord. D'après ce que j'ai lu, il y a peu de temps, dans un journal, le gaz de houille dispense maintenant sa belle lumière dans soixante-dix mille demeures et boutiques et, par un réseau de tuyaux de plus de cent miles de long, éclaire la ville grâce à huit mille réverbères. Cela exige, paraît-il, quarante mille charretées de douze sacs de charbon par an !

— Ce qui doit coûter bien cher aux Londoniens, observa Axel.

— C'est nous qui payons tout ça avec nos impôts, mais un bec de gaz d'un demi-pouce de diamètre donne autant de lumière que vingt chandelles, un bec d'un pouce remplace cent chandelles, un bec de trois pouces mille chandelles, milord. Et les rues éclairées sont plus sûres, la nuit.

Arrivé à destination, Axel ajouta une bonne-main appréciable au montant de la course, ce qui lui valut un ultime conseil du cabman.

— Prenez garde aux pickpockets, milord. Car leur population aussi a quintuplé !

MM. Glyner et Keith abritaient leurs bureaux, comme d'autres établissements financiers sélects, dans Lombard Street. Le Vaudois fut très aimablement accueilli et le plus jeune des banquiers, John Keith, fils d'un membre éminent de la Chambre des lords, se mit aussitôt à la disposition du visiteur pour le guider dans Londres. On prit rendez-vous pour le lendemain et, après avoir obtenu les informations financières confidentielles sollicitées par Laviron, le Veveysan regagna son hôtel.

Axel choisit de voir d'abord, à Montague House, dans le paisible quartier de Bloomsbury, les restes des frises et des sculptures du Parthénon, que Thomas Bruce Elgin avait rapportés de Grèce en 1802, rapt qui avait, en son temps, scandalisé Martin Chantenoz, dont l'atticisme restait intransigeant. Comme Axel, tout en admirant les antiques débris, stigmatisait ce pillage archéologique commis par un ambassadeur de Sa Majesté, le jeune Keith lui fit remarquer que lord Elgin était un bienfaiteur. N'avait-il pas rendu accessibles à des milliers de visiteurs ces trésors grecs, que peu de gens auraient eu l'occasion de voir s'ils étaient restés en place à Athènes ?

— Et puis, en 1816, ajouta le jeune financier, Elgin a vendu ces vieilles pierres, pour trente-cinq mille livres, au gouvernement britannique ! N'était-ce pas une bonne affaire ?

Axel voulut voir aussi, dans la section égyptienne, la fameuse pierre de Rosette, découverte par les Français, mais tombée aux mains des Anglais. Champollion avait été le premier à déchiffrer, d'après un relevé, les hiéroglyphes gravés dans le granit, ce que les Britanniques avaient été incapables de faire. John Keith voulut aussi montrer au visiteur la statue de Ramsès II, en granit bleu et blanc, enlevée au temple funéraire du roi à Thèbes, qui, quelques années plus tôt, avait fait courir tout Londres. Cette statue, Axel s'en souvint, avait inspiré à Shelley un fort beau sonnet, *Ozymandias*. Traduit par Martin Chantenoz, ce poème, appris par cœur, revint à la mémoire d'Axel qui étonna l'Anglais en récitant :

Ozymandias, tel est mon nom, je suis le roi des [rois :
Tout-Puissant, vois mes œuvres, et désespère !

Au jardin zoologique, où Keith, épris d'exotisme, l'entraîna, Axel put voir une famille de lions et à Saint Martin's Lane il fut, un peu plus tard, invité à admirer sans restriction un immense orgue à cylindres, dont la construction, affirma son guide, avait coûté plus de dix mille livres.

— Et six organistes sont nécessaires pour le jouer ! ajouta Keith.

Quand vint l'heure du lunch, le jeune banquier invita Axel à son club, un des plus huppés de Pall Mall.

— Comme l'a dit Addison : « Les clubs les plus célèbres de Londres ont pour fonction essentielle le boire et le manger », cita Keith, montrant ainsi que, s'il ignorait Shelley, il connaissait le chroniqueur du *Spectator* !

Au fil des années, les établissements de Pall Mall étaient devenus les temples du confort britannique. Les belles constructions aux façades adornées de colonnes de porphyre, percées de hautes fenêtres, pourvues de perrons sous marquises ouvragées, de portes de chêne ou d'acajou ciré ou revêtues d'une laque épaisse, bleu navy ou vert bouteille, sur laquelle les lourds heurtoirs de bronze doré, lustrés par un siècle d'astiquage, prenaient des allures de sculptures à l'or fin, avaient de quoi impressionner un Vaudois, peu habitué à de telles magnificences urbaines.

Au seuil de ces hôtels privés, des portiers, galonnés comme des amiraux, montaient la garde, prêts à courir au-devant des voitures des arrivants. Connaissant tous les modèles de marchepieds escamotables, ils abaissaient l'escalier mobile d'une main, se découvraient de l'autre, avant d'ouvrir la portière et de saluer l'arrivant, d'une voix claironnante, par son nom et son titre, d'un ton qui traduisait, à la fois, l'immense plaisir qu'ils avaient à revoir lord Untel et le respect qu'ils devaient à un baronet ou à un ancien ministre de Sa Majesté.

Sitôt passé le seuil, avec l'assurance du seigneur qui rentre au château, le membre connu recevait le salut du premier concierge, un homme capable de réciter sans erreur le bottin de la pairie, de pourvoir, avec une discrétion éprouvée, aux vices variés et parfois inattendus des irréprochables gentlemen. Après les considérations météorologiques de rigueur dans ce pays où il pleut deux jours sur trois, l'homme en queue-de-pie et gilet de piqué blanc osait s'enquérir, suivant les personnes, mais avec la même obséquiosité, de la santé de l'arrivant, de celle de son épouse – seulement s'il était connu comme mari fidèle –, de la forme de ses chevaux – fort bien placés la semaine précédente lors du Derby d'Epsom –, en escomptant le tuyau qu'un propriétaire ne donne qu'à un ami ou à sa maîtresse.

John Keith fut ainsi contraint de donner des nouvelles du lord, son père, et aussi de convenir que la rente française n'allait pas fort. Après que le concierge l'eut examiné de la tête aux pieds, comme s'il évaluait mentalement le coût de son costume, Axel, hôte privilégié, fut invité à suivre son guide dans un tour du propriétaire aimablement commenté.

Dans d'immenses salons dorés, des valets en culotte de peau – habit aux couleurs du club, galonné de brisques –, gantés de filoselle, n'attendaient qu'un signe pour servir le whisky de celui-ci ou le sherry de celui-là. Dans la salle à manger, les tables, couvertes de nappes blanches damassées, dont on se gardait bien d'écraser les pliures, avaient leur titulaire. On connaissait, suivant les saisons, deux catégories de meilleures tables : celles dressées contre les baies vitrées, donnant sur le parc, parfaites au printemps et en été, celles proches de la cheminée et des calorifères, fortement convoitées par les rhumatisants dès le commencement de l'automne. La règle, non écrite, voulait que les plus anciens membres aient le privilège de déjeuner près des fenêtres l'été, près des foyers l'hiver. Keith révéla à Axel, comme un secret bancaire, que la meilleure de toutes les meilleures tables était celle qui se trouvait dans un angle de la salle à manger, côté jardin, sous le portrait de Raleigh, favori de la reine Elizabeth et explorateur. Sa dévolution faisait l'objet de considérations particulières et de critères acceptés. Entraient en ligne de compte, non seulement l'ancienneté du membre, mais sa notoriété, sa carrière et son état de santé. Généralement, on ne pouvait prétendre à cette place tant qu'on se montrait résolument ingambe et bien portant. Celui à qui le maître d'hôtel proposait un jour cette table savait qu'il s'asseyait à la place d'un mort et qu'à partir de ce jour on guetterait sur sa mine les avancées de la sénilité ou de la maladie. Les initiés, que leur jeune âge tenait encore éloignés de cette table, la nommaient entre eux *starting gate* ! On disait couramment, en découvrant un nouvel occupant à la table du fond : « Tiens, lord Untel est dans le *starting gate* ! » Et l'on attendait de voir qui lui succéderait.

— Cette méthode qui peut paraître désobligeante, expliqua Keith, est en fait salutaire, car elle rappelle à l'homme, quels que soient son rang et sa fortune, qu'il est mortel, que le temps approche où il devra céder sa place – cette place à table qui prend valeur de symbole – à un successeur. Et cela a des effets bénéfiques, croyez-moi, monsieur, sur le caractère et même sur la moralité du personnage. A cette table, on se met à réfléchir, à méditer, à faire retour sur soi-même. En s'y asseyant pour la première fois, beaucoup éprouvent de la nostalgie ; d'autres comptabilisent regrets ou plaisirs passés. Certains trouvent des remords sous leur serviette ! On a vu de vieux viveurs impénitents, des gens peu scrupuleux, qui avaient usé leur vie à tromper leur femme et à vilipender leurs fermiers, qui s'étaient montrés souvent injustes, arrogants, mauvais en un mot, et qui soudain s'humanisent, se mettent à s'intéresser aux autres, font des dons aux pauvres, conversent aimablement avec les serviteurs, laissent de plus gros pourboires aux valets, ont des mots gentils pour le groom du vestiaire, dont ils avaient, jusque-là, voulu ignorer l'existence. Bref, on a le sentiment que l'occupant du *starting gate* se bonifie en se préparant à quitter la vie, le plus étrange des clubs ! C'est peut-être le miracle de la table du fond ! Celle d'où l'on voit toute la salle, tous les convives, ses amis et ses adversaires au boston et au poker, ceux qu'on apprécie, ceux qu'on déteste.

Au centre de la salle à manger figurait un pupitre d'acajou, devant lequel un gentleman à mine sévère, se caressant machinalement le menton, semblait méditer sur un texte biblique. Ce texte n'était que le menu du jour et la méditation du membre, qu'Axel sut plus tard être un dirigeant des Lloyd's, portait sur une douloureuse hésitation entre la selle d'agneau et le rôti de bœuf ! Quand le *butler* eut noté les plats retenus sur une feuille de papier aux armes du club, il céda sa place à Keith pour le même cérémonial. Axel opta pour la selle d'agneau et, le banquier lui ayant annoncé qu'ils ne seraient pas servis avant une demi-heure, tous deux gagnèrent la bibliothèque, que l'on disait être l'une des plus complètes de Londres dans le domaine maritime. Au plafond, entre les moulures dorées, des vaisseaux peints à fresque sur une mer houleuse se canonnaient allégrement.

— Trafalgar, dit à voix basse John Keith en levant l'index.

Ce simple chuchotement suffit pour que deux messieurs, enfoncés dans des fauteuils à oreillettes, lèvent, au-dessus de leur journal, des regards réprobateurs. Axel sortit sur la pointe des pieds. La bibliothèque, lieu de silence absolu, devenait, affirma l'Anglais, lieu de sieste après le lunch.

— Les ronfleurs sont secoués par les valets dès qu'ils se font entendre. Les récidivistes sont courtoisement invités à se rendre au *writing room* où le silence n'est pas de rigueur. En fait, les ronfleurs qui se connaissent comme tels vont ronfler tout à leur aise dans le parc où ils trouvent, disposés hors des allées, des fauteuils d'osier confortables.

— Mais l'hiver ? interrogea Axel.

— Ils s'en vont dormir dans une chambre du club, vraie cellule de moine, ou rentrent chez eux.

Le repas terminé, Axel Métaz déclara qu'il regagnerait son hôtel à pied tandis que John Keith, qui devait se rendre au Stock Exchange, faisait appeler un de ces nouveaux Hansom Cabs, construits depuis 1834 par l'architecte Joseph A. Hansom. Le succès de ces fiacres était tel que les Américains les commandaient par douzaines. Au moment de prendre congé de son cicérone, le Vaudois, qui depuis son arrivée à Londres avait envie de savoir ce qu'étaient devenus les Moore, y fit allusion.

— J'ai connu autrefois un membre du White's, un club de Saint-James's Street, lord Christopher Moore, dit Axel.

Le visage naturellement avenant de John Keith devint soudain sévère. Un pli amer des lèvres remplaça son sourire.

— Il me plaît de penser qu'il n'était pas de vos amis, monsieur !

— Non, une simple relation d'autrefois. Je n'ai d'ailleurs aucune nouvelle de lui depuis plus de vingt ans, s'empressa d'ajouter le Vaudois.

— Mon père m'a dit qu'il n'avait été admis au White's que par égard pour la mémoire de son grand-père, un des fondateurs du club. Tous les clubs de Pall Mall l'avaient éconduit. C'était un *unclubable,* comme nous disons. Et sa mort fut aussi scandaleuse que sa vie.

— Il n'est plus de ce monde ?

— Non. Et voulez-vous savoir comment il a fini ? Tué par sa femme, une Selwyn, famille alliée aux Beckford. Il l'avait ruinée et ridiculisée pendant des années, la pauvre lady. La malheureuse, incarcérée en attendant de comparaître devant les juges de Old Bailey, s'est pendue dans son cachot. Triste, très triste fin, monsieur, pour une famille qui a sa place dans l'histoire d'Angleterre, conclut le banquier en montant dans le cab.

A la fin de l'après-midi, Axel, atterré par ce qu'il avait appris, rendit visite à ses parents et aux Ribeyre de Béran. Il trouva les deux généraux occupés à passer, en pestant, leur grand uniforme, pour se rendre à un dîner donné par l'ambassadeur de France aux membres de la délégation française au couronnement de la reine Victoria. Charlotte et Flora, elles aussi à leur toilette, se montrèrent gaies et excitées comme des débutantes. En revanche, Claude Ribeyre de Béran et Blaise lui parurent d'humeur sombre.

— Savez-vous jusqu'où peut aller l'outrecuidance anglaise, mon garçon ? dit Claude sèchement.

— Mon Dieu, non, fit Axel, surpris par le ton du gentilhomme.

— Chaque année, le 18 juin, a lieu à Londres un dîner commémoratif de la bataille de Waterloo, que préside, bien entendu, leur cher duc de Wellington. Jusque-là, rien à redire, hein ! Il est normal que les Anglais commémorent une telle victoire, qui consomma la perte de Napoléon. Mais ce qui est moins acceptable, c'est que la reine ait, au cours de ce dîner, fait parvenir un message au duc, pour qu'à l'issue du banquet il se joigne, avec tous les convives, au bal qu'elle donnait ce même soir à la Cour ! L'ambassadeur de France, qui figurait parmi les invités au bal royal, avec d'autres diplomates, fit savoir, avec raison, qu'il s'abstiendrait d'y paraître, expliqua Blaise.

— On lui a fait dire, depuis, que le choix de cette date était un effet du hasard, qu'il n'avait jamais été question pour la souveraine de fêter l'anniversaire de Waterloo. On ne peut faire preuve de plus d'hypocrisie. C'est un comble ! Non contente de nous contrarier, la reine et ses conseillers se moquent de nous ! Sans nos épouses, nous plierions bagage et rentrerions chez nous ! renchérit Ribeyre.

— Et ce n'est pas notre seule contrariété, reprit Blaise. Un certain Crocker a publié dans la *Quarterly Review* un article ridiculisant le maréchal Soult, c'est-à-dire le représentant de Louis-Philippe au couronnement, précisa le général.

— Oui. Qu'on estime ou non Soult – et nous n'avons, Blaise et moi, pas grand respect pour l'homme politique qui renia trois fois l'empereur – il est tout de même, en ce moment, à Londres, le représentant du roi de France. Qu'un plumitif le critique en termes malveillants, pour la manière dont il berna Wellington lors de la bataille de Toulouse, où, combattant une armée quatre fois plus forte, il se montra fin stratège et guerrier courageux, est d'une rare indélicatesse, au moment où le maréchal arrive à Londres. N'en déplaise au polygraphe anglais, c'est grâce à l'habileté manœuvrière de Soult que cette bataille fut plus une victoire pour les Français en retraite que pour les coalisés de Wellington[1]. Le duc ne conquit, au prix d'énormes

1. Le 10 avril 1814, quatre jours après l'abdication de Napoléon, plus de quarante mille Français, sous les ordres du maréchal Soult, chassés d'Espagne par une armée composée d'Anglais, d'Espagnols et de Portugais, commandés par Wellington, firent retraite jusqu'à Toulouse où ils s'établirent. Très habilement Soult, déjouant les plans des assaillants, réussit à s'échapper avec ses troupes. Wellington, qui comptait capturer toute l'armée, ne fit que cinq cents prisonniers. Les pertes des coalisés s'élevèrent à 593 tués et 4054 blessés, soit près du double des pertes françaises : 321 tués et 2369 blessés. D'après l'article de C. Cau et J.-P. Escalettes, in *Dictionnaire Napoléon*, publié sous la direction de Jean Tulard, Arthème Fayard, Paris, 1987.

pertes, qu'une ville vide et narquoise, où ses hommes, épuisés et déçus, ne trouvèrent ni butin ni canon, précisa Ribeyre.

— Il faut dire que cet article désobligeant a été blâmé par de nombreux lecteurs, y compris par le duc, qui aurait demandé à son éditeur de retarder la publication du douzième volume de ses *Dépêches*, où il donne son point de vue sur la bataille de Toulouse[1], ajouta Blaise.

Après avoir félicité sa mère et sa marraine dont les toilettes lui parurent du meilleur goût, Axel prit congé. Ribeyre, croyant interpréter la mélancolie du fils de Blaise, le raccompagna jusqu'au seuil.

— Désolé de t'abandonner encore ce soir, mon garçon. Où dîneras-tu ? As-tu essayé le Cock, 201, Fleet Street ? On y trouve les meilleurs *snipe-kidneys*[2] de Londres. C'est le rendez-vous des gastronomes et des intellectuels... et l'on y rencontre parfois des ladies esseulées, dit Ribeyre.

— Méfiez-vous des poétesses faméliques ! Celles d'Albion sont de la pire espèce, prévint Blaise.

— Je crois que je dînerai à l'hôtel, tout simplement. Je dois préparer mon rendez-vous de demain avec les associés de Laviron-Cottier. J'ai promis de rapporter à Genève des informations sur les chemins de fer et le commerce avec les Indes, dit Axel.

Depuis qu'il avait quitté Keith il ne pouvait détacher sa pensée d'Elizabeth Moore.

L'image de ce corps superbe, qu'il avait tant caressé, se balançant au bout d'une corde, dans une prison sordide, l'obsédait. De cette chair soyeuse, de cette tête fine, de ces lèvres au goût de miel, de ce regard hypnotiseur, de la frénésie charnelle de la perverse Eliza, il avait longtemps entretenu un souvenir doux-amer. En infligeant à son ignoble époux une fin humiliante, puis en se donnant volontairement la mort, Eliza avait fait pleine justice. Elle retrouvait ainsi l'estime qu'Axel lui eût, la veille encore, refusée.

S'étant fait servir un *ox-tail soup* et une portion de *rice pudding* accompagnés de thé, il s'interrogea longuement

---

1. Charles C.-F. Greville, *les Quinze Premières Années du règne de la reine Victoria*, Firmin-Didot et Cie, Paris, 1888.

2. Rognons de bécasse.

sur le sort de Janet. Fille d'une meurtrière suicidée, qu'était-elle devenue ? Peut-être le mariage l'avait-il mise à l'abri, avant la fin tragique de ses parents. Les révélations de John Keith avaient tellement ému Axel qu'il n'avait posé aucune question. Il ignorait si la fin des Moore était récente ou remontait à dix ou quinze ans. Bien que la soirée fût avancée, il décida soudain de se rendre dans le quartier de Mayfair, pour revoir l'hôtel particulier du lord, où il avait logé en 1817. Il caressait le secret espoir d'obtenir des informations sur le sort de Janet.

Il prit un Hansom Cab et se fit conduire à Uxbridge Road, où il retrouva très aisément Pendle House, la demeure des Moore. Il s'enhardit jusqu'à passer la grille et, comme il hésitait sur la conduite à tenir, un portier à favoris roux apparut.

— Monsieur est attendu ? demanda l'homme en boutonnant prestement sa jaquette.

— Je désire un simple renseignement. Cet hôtel est-il toujours la propriété de la famille de lord Christopher Moore ?

— Vous êtes de la police ?... ou huissier de justice ? Il n'y a plus rien à saisir ici...

Axel l'interrompit d'un geste.

— Non. Je ne suis qu'un étranger de passage et je viens seulement d'apprendre la mort de lord Moore. Mais il avait une fille, que j'ai connue, il y a bien longtemps, et je pensais qu'elle avait pu conserver la demeure de famille, dit Axel, conciliant.

Le portier avait remarqué le regard vairon du Vaudois, regard qui ne lui plut guère. Il se fit persifleur.

— Pff ! Conserver quoi ? Hein ! Des dettes, des dettes à n'en plus finir. Il y a des années que durent les procès des fournisseurs, du personnel, des métayers, mais il n'y a plus un penny... Tout a été vendu au profit des gros créanciers. Le banquier, lui, a été plus malin, il a pris la maison... avec tout ce qu'elle contient. Et, croyez-moi, ça n'a pas suffi à le désintéresser.

— Et savez-vous ce qu'est devenue miss Moore ?

— Jamais entendu parler. Moi, je suis arrivé ici il y a douze ans, avec M. Ludbrocker, le propriétaire. Si vous voulez le voir, sa banque est dans Nicholas Lane, au 35.

C'est tout ce que je peux pour vous. Et maintenant, je vais fermer la grille, ça évitera que des gens entrent, comme ça, sans être annoncés !

Axel comprit. Il ne lui restait qu'à battre en retraite, ce qu'il fit aussitôt. Il savait maintenant que la mort de lord Moore remontait à plus de douze ans et que Janet, ruinée, avait peut-être elle aussi quitté ce monde d'une façon tragique. Cette nuit-là, il demeura longtemps éveillé, s'efforçant de reconstituer ce qu'avait été, vingt ans plus tôt, sa voluptueuse aventure anglaise. Il se demanda si le fantôme d'Eliza hantait maintenant le manoir de Pendlemoore où avait été consommée leur violente rupture.

Au matin, les pensées éprouvantes de la nuit s'étaient dissipées. Il fit honneur au breakfast – le seul repas acceptable en Angleterre, d'après Flora – et se rendit chez Glyner et Keith, où une séance de travail le retint jusqu'à l'heure du lunch. Il déclina une nouvelle invitation des associés de Pierre-Antoine pour se libérer mais renonça à se rendre à Pendlemoore, comme il en avait eu, un moment, l'intention pendant son insomnie et décida d'effectuer un autre pèlerinage, suggéré par Martin Chantenoz et qu'il s'était promis de faire. Sans guide cette fois, il s'agissait de retrouver, à travers Londres, les lieux qu'avait hantés, au XVIIIe siècle, Samuel Johnson, le fameux docteur Johnson, le premier lexicographe anglais, un de ses auteurs familiers. Avec son précepteur, Axel avait lu et commenté pendant ses études, puis avait ensuite relu sans contrainte et avec plus d'attention, la biographie consacrée par James Boswell à ce lion des lettres britanniques, dont l'esprit, d'une rare causticité, faisait les délices de Chantenoz. La philosophie du docteur Johnson, fondée sur une grande lucidité quant à la nature humaine, illustrée par des aphorismes et réflexions d'un humour acide, se révélait, pour Axel, de plus en plus réaliste et sage. A trente-sept ans, il admettait chez Johnson ce qu'il n'eût pas admis vingt ans plus tôt : la fugacité de l'amour entre homme et femme.

Enquêteur méthodique, le Vaudois imagina que l'on devait pouvoir se procurer à Londres une ancienne édition de l'ouvrage de Boswell *Life and Works of Samuel Johnson*, dont il ne possédait qu'une édition courante. Un libraire de Regent Street lui en proposa une, exceptionnelle au dire du commerçant, la sixième édition publiée par Edmond Malone, en 1811, dont le texte, d'après l'avertissement de l'éditeur, avait été relu par le second fils de Boswell. Bien que le prix exigé lui parût trop élevé, Axel fit l'emplette des quatre volumes auxquels il ajouta deux volumes de la correspondance du docteur, récemment imprimés. Puis, par Fleet Street, il se rendit dans le Wine Office Court, pour prendre un verre de *ale* à la taverne Cheshire Cheese, où Johnson rencontrait son ami le romancier Oliver Goldsmith, et son futur biographe James Boswell. Le tenancier, qui repérait au premier coup d'œil les pèlerins johnsoniens, conseilla au Vaudois d'aller visiter, à deux pas de chez lui, la maison portant le numéro 17, Gough Square, qu'avait habitée Johnson jusqu'à la mort de sa femme, en 1759. De là, Axel voulut retrouver l'ambiance du club littéraire fondé par Johnson et le peintre Joshua Reynolds en 1764. The Club, ainsi que le nommaient les familiers, avait d'abord eu pour siège le pub Turk's Head, dans le Strand, avant d'émigrer au Prince, puis au Baxter. Ses membres, au nombre d'une centaine, se réunissaient depuis 1799 à Thatched House, dans Saint-James's Street. Axel osa se présenter au trésorier, le seul membre élu jouissant d'une position permanente. Ce dernier lui fit comprendre qu'il serait plus agréable de parler de Samuel Johnson devant une bouteille du même porto dont le fameux docteur avait vidé assez de flacons pour se donner une goutte chronique. Cette nuit-là, le Vaudois, légèrement gris, regagna fort tard son hôtel, sans avoir pu atteindre au record de Johnson qui, d'après les membres du club, vidait une trentaine de verres de porto avant d'aller dormir !

Au lendemain de cette beuverie johnsonienne, Blaise et Claude entraînèrent Axel chez Mme Tussaud, dont le musée de cire avait acquis une réputation européenne. Cette nièce d'un médecin suisse, habile modeleur d'anatomies, était venue, en 1800, ouvrir à Londres un cabinet de cires qui présentait les modèles moulés par son oncle, que beaucoup de Parisiens avaient vus sous Louis XVI. Après la Révolution, la collection s'était enrichie de trophées macabres, dont une guillotine – Mme Tussaud affirmait qu'elle avait décapité Marie-Antoinette – et la berline dans laquelle Napoléon Ier était allé à la rencontre de sa défaite à Waterloo. C'est surtout cette voiture que Blaise et Ribeyre voulaient examiner, car ils doutaient l'un et l'autre qu'elle fût authentique. Après minutieuse inspection, Blaise confirma qu'il s'agissait bien d'une des berlines de l'empereur, saisie par les Anglais, mais rien ne permettait d'affirmer qu'elle avait transporté Napoléon à Waterloo.

Les deux généraux ayant à régler des questions protocolaires, Axel se trouva à nouveau libre de ses mouvements. Tenaillé par le besoin de savoir ce qu'était devenue Janet Moore, il s'enhardit jusqu'à se rendre chez le banquier Ludbrocker, dont le concierge de Pendle House lui avait donné l'adresse.

S'étant annoncé comme représentant de la banque Laviron-Cottier, de Genève, Axel fut reçu avec une extrême courtoisie par M. Ludbrocker.

— Je savais que les Moore avaient emprunté à un banquier florentin, j'ignorais qu'ils avaient aussi réussi à tromper la vigilance, cependant proverbiale, d'un banquier privé genevois. Il est vrai que Moore fut un nom longtemps respecté, et puis sa belle épouse savait être, m'a-t-on dit, très convaincante, quand il s'agissait de tirer son mari d'un mauvais pas. Mais si vous détenez, vous aussi, des créances sur les Moore, cher monsieur, faites-en votre deuil, dit le financier.

— Ça ne fera qu'un deuil de plus. Quel triste sort que celui de ce couple, dit Axel.

— Triste certes, mais voulu par la Providence, cher monsieur. Les vices des grands sont souvent punis à proportion de leur rang. Et ce n'est que justice, n'est-ce pas ?

— En fait, je m'intéresse au sort de miss Janet Moore. Savez-vous ce qu'elle est devenue ? demanda Axel, que ce moralisme de pacotille agaçait.

— Nous avons l'œil sur elle, si j'ose dire. Dans son cas, la loi permet de saisir, pour désintéresser les créanciers de ses défunts parents, seulement les deux tiers de ses revenus. Mais il faudrait que Dieu lui accorde plusieurs vies pour payer les dettes des siens. Enfin, tout ce qui est repris est repris, n'est-ce pas, et puis…

— Et que fait-elle ? coupa assez sèchement Métaz.

— Elle est pianiste chez Evans. C'est un café-concert avec restaurant. Ça lui permet de manger le soir à sa faim. Mais là-dessus, nous ne pouvons rien reprendre, bien sûr, conclut le banquier avec regret.

Ecœuré par l'attitude de cet homme d'argent, Axel se leva, sans prendre la main que Ludbrocker lui tendait.

Le même soir, il se fit conduire au Evans Music-Rooms, à Covent Garden, donna la pièce de six pence exigée à l'entrée et demanda au portier quand se produisait miss Moore, la pianiste.

— Notre pianiste joue entre les attractions mais elle ne se nomme pas Moore, c'est miss Pendle, milord, une véritable fée du clavier, milord.

Axel imagina aussitôt que Janet, peu soucieuse de se présenter sous son nom véritable, avait choisi les premières syllabes de Pendlemoore, le domaine de son père, aujourd'hui vendu, comme la résidence londonienne de Pendle House et toutes les propriétés du lord ruiné.

Le Vaudois fut favorablement impressionné par le bon goût et l'élégance du décor. Un maître d'hôtel majestueux l'accompagna jusqu'à l'une des loges dévolues aux dîneurs, sortes de cabinets particuliers dominant le parterre réservé aux simples consommateurs et spectateurs, dont Axel constata la bonne tenue. Les membres de la gentry eux-mêmes ne dédaignaient pas de souper chez Evans, après le théâtre. Gage de respectabilité, les femmes seules n'y étaient pas admises, alors que beaucoup d'établissements du même genre passaient pour terrains de chasse autorisés aux courtisanes, voire aux prostituées. Tandis que le maître d'hôtel prenait sa commande, un couple de chanteurs d'opérette quitta la scène sous les applaudissements du public. Aussitôt reprirent le brouhaha des conversations et les allées et venues des serveurs, tandis que, sur une petite estrade, deux lampes à gaz tiraient de la pénombre un piano. Puis vint la pianiste, dont l'entrée fut saluée par quelques bravos plus courtois qu'enthousiastes.

Sans le pseudonyme, pour lui transparent de miss Pendle, Axel n'eût certes pas reconnu Janet dans la femme, trop blonde et d'une maigreur affligeante, qui vint s'asseoir au piano, sans un regard ni un mouvement de tête vers le public. Encore qu'il retrouvât, dans la lenteur distinguée et insolente de sa démarche, le nonchaloir atavique de la fille de Christopher, qui agaçait si fort lady Moore. Dans sa robe démodée, malgré ses cheveux décolorés, Janet conservait un maintien assuré, buste droit, menton levé, bras immobiles, allure inimitable, propre aux femmes de l'aristocratie.

Tant de souvenirs confus et doux-amers revinrent soudain à l'esprit d'Axel Métaz, qu'il eût été incapable de donner le titre des pièces que Janet interpréta, avec aisance et clarté, sans chercher d'effet, sobre comme un automate. Elle semblait jouer pour elle-même, comme si elle eût été seule dans le salon de musique de Pendlemoore où, vingt ans plus tôt, Axel l'avait entendue interpréter Haendel pour la première fois.

Tandis qu'elle jouait, il se prit à remarquer que cette femme, qu'il avait connue adolescente, comptait, à deux mois près, le même âge que lui, trente-sept ans révolus. Il eût facilement donné dix ans de plus à la pianiste tant, à distance et dans la clarté blafarde du gaz, Janet lui parut sèche, fanée, lasse. Jeune fille naïve et d'une sentimentalité mièvre, elle avait naguère souffert, non seulement de son dédain mais aussi, surtout peut-être, de la perversité de ses propres parents. Axel se souvenait de la nuit tragique qui avait mis fin à ses relations avec les Moore. Les époux disparus, il restait le seul protagoniste vivant de ce drame dont Janet, l'innocente, assumait aujourd'hui encore les conséquences. A cet instant, il regretta de n'avoir pas su apprécier la force du sentiment qu'alors elle lui portait. Il eût voulu lui prendre la main et, très tendrement, faire amende honorable. Mais la femme blondasse qui touchait le clavier d'un piano ferraillant dans cette salle de café-concert, qu'avait-elle de commun avec la jeune aristocrate, fraîche, insouciante et frivole, à qui la vie promettait une suite ininterrompue de réjouissances et de plaisirs ? Lady Janet, car fille de lord elle était lady dès le berceau, n'eût jamais eu, autrefois, un regard pour miss Pendle. Si, d'aventure, elle était venue un soir chez Evans, elle n'eût même pas interrompu son bavardage, telles les femmes élégantes et hautaines qui dînaient à deux pas d'Axel, en compagnie d'hommes en habit, et pour qui la pianiste n'était qu'un élément de décor, un bruit harmonieux.

L'intermède pianistique terminé, Janet, applaudie par quelques rares mélomanes, qui goûtaient son jeu, quitta la salle, ignorant toujours le public qui, un instant plus tard, manifesta bruyamment sa satisfaction en voyant apparaître sur scène un prestidigitateur fameux, vedette du moment.

Le maître d'hôtel, interrogé par Axel, confirma que miss Pendle jouerait encore deux fois avant la clôture. Venu avec l'intention de faire passer sa carte à Janet, pour lui demander un rendez-vous, Axel se sentit soudain indécis. A quoi bon signaler sa présence ? Ne valait-il pas mieux quitter Londres sans chercher à la revoir ? Remonter le fleuve du temps est une entreprise vaine et décevante. Regarder en arrière, nager à contre-courant, forcer un être à se reconnaître pour ce qu'il n'est plus, participe d'une certaine forme de cruauté, quand le présent n'a pas tenu les promesses d'un riant passé. Tenter de raviver les souvenirs, c'est comme gratter une à une les couches de mauvaise peinture que des barbouilleurs irrespectueux et en mal de support ont étalé sur une toile peinte autrefois et oubliée dans un grenier. S'obstiner à croire que le présent est irréel et le passé seul authentique est un jeu malsain et inutile, une gageure faustienne, se dit-il, bien conscient d'agiter, Vaudois réaliste, un très ancien dilemme, la banale incapacité de l'homme à inverser la marche du temps.

Le prestidigitateur ayant achevé son numéro sous des vivats et des rappels, Janet revint, dans un silence relatif et une indifférence totale, se mettre au piano. C'est alors qu'Axel, passant outre à ses réflexions, se résolut comme pour compenser ce désintérêt des autres, à faire porter un message et l'adresse de son hôtel à miss Pendle. Le chasseur reçut pour consigne de rapporter la réponse de l'artiste. Celle-ci fut, un quart d'heure plus tard, aussi décevante qu'irritante pour l'amour-propre du Vaudois.

— Miss Pendle a dit qu'elle n'a aucun souvenir de vous avoir jamais rencontré, milord, et qu'elle n'accorde pas de rendez-vous aux inconnus.

Axel régla l'addition et quitta l'établissement, sans savoir s'il était déçu, agacé, humilié ou soulagé. « Je ne dois pas voir de dédain dans ce refus : miss Pendle veut oublier qu'une certaine Janet Moore a existé », se dit-il dans le cab qui le ramenait sur le Strand.

Le tumulte de ses pensées lui ayant ôté l'envie de dormir, il fit une station prolongée au bar de l'hôtel, encore plein, à cette heure tardive, de propriétaires du Yorkshire, d'industriels de Sheffield ou de Manchester, de hobereaux de Cornouaille, d'armateurs de Liverpool, souvent élus des comtés lointains, venus assister aux cérémonies du couronnement. Pour la première fois, les membres de la Chambre des communes figureraient parmi les invités officiels et cette innovation constituait pour ces gens, francs buveurs de whisky et de *stout*, un progrès démocratique dont ils étaient reconnaissants à lord Melbourne. Sirotant un vieux porto et tirant sur sa pipe, Axel ne resta pas longtemps seul. Des gentlemen ne pouvaient, en une telle période de réjouissance, laisser un voyageur étranger se morfondre tête à tête avec son verre ! Invité à se joindre au groupe, Axel fut acclamé quand il révéla sa nationalité suisse. Le citoyen d'un pays démocratique, neutre et accueillant aux persécutés politiques, qui avait fait un long voyage pour rendre hommage à la plus jeune reine d'Europe, méritait bien qu'on lui offrît un whisky. Invité à boire à la santé de la reine, à la grandeur et à la prospérité du royaume, et à un certain nombre d'autres entités britanniques, dont l'intérêt lui échappa, Axel s'amusa du spectacle offert par ces hommes, persuadés d'appartenir au plus grand pays du monde, à celui qui avait réussi à débarrasser l'Europe de l'ogre Napoléon. Quelqu'un ayant proposé un toast au duc de Wellington, le héros de Waterloo, un Gallois raconta que le défunt roi Guillaume IV, sentant au mois de juin 1837 sa fin prochaine, avait supplié son médecin de le maintenir en vie jusqu'au 18, anniversaire de la bataille de Waterloo.

— Eh bien ! il fut satisfait. Le roi mourut le 20 juin, conclut le conteur en levant son verre à la mémoire d'un souverain peu respecté qui, au dire de certains, crachait sur le plancher où qu'il se trouvât, mangeait comme quatre et buvait comme un Polonais !

En regagnant sa chambre, Axel trouva une enveloppe qu'on avait glissée sous sa porte. C'était un message de Janet. Il ne comportait qu'une phrase, rédigée d'une écriture ferme et élégante, mais aucune formule d'introduction ni de politesse.

« Je sais maintenant que je puis vous pardonner. Adieu. » Le billet était signé : Lady Janet.

Un peu abasourdi, Axel ralluma sa pipe et s'assit, pensif, devant la cheminée où s'élevait, décor en attente de froidure, un échafaudage de bûches.

La fille d'Eliza lui apparaissait maintenant pour ce qu'elle avait toujours été : un pur produit de l'éducation britannique des hautes classes. Comme tant d'autres femmes de sa génération et de son milieu, elle cachait, sous une apparente fragilité, une force de caractère peu commune, une disposition morale originale, allant de la pudibonderie hypocrite à la faculté d'assumer, avec une dignité forcée, toutes les disgrâces, sans rien perdre de la superbe aristocratique qui la distinguait des déchus de basse extraction et des gens ordinaires. Et cela, dans le cas de Janet, allait jusqu'à une fallacieuse aisance qui, aux yeux d'Axel, relevait du pur héroïsme.

Avant de se coucher, il tira de son bagage le *Registre des Rancunes*, ce cahier noir dont il ne se séparait jamais, non qu'il eût encore envie d'y inscrire les manquements des autres à son égard, mais parce qu'il craignait de le voir tomber sous des regards indiscrets. Il relut ce qu'il y avait porté en 1817, au moment du drame de Pendlemoore et de la rupture avec Elizabeth. « Jusqu'au sang », avait-il écrit en se promettant, dans la colère du moment, une vengeance cruelle. Or le sang de lord Christopher Moore avait été répandu par sa femme et cette dernière s'était pendue ! Ainsi, la vengeance avait été exécutée. Il arracha une à une les pages du cahier noir, les froissa, craqua une allumette, les enflamma et les jeta dans la cheminée. « Sans regrets ni rancune désormais », se dit-il en regardant flamber ces feuillets, instants de sa vie que, lui aussi, voulait oublier. Puis il relut le message laconique et orgueilleux de Janet et le déposa dans les flammes, après quoi il s'endormit, absous et rasséréné.

Le 28 juin 1838, le couronnement de Victoria fut vécu par les Britanniques comme une journée d'enthousiasme monarchique et patriotique. Dès le milieu de la nuit, des gens s'étaient agglutinés de Green Park à l'abbaye de Westminster, sur l'itinéraire annoncé du fastueux cortège. Les plus chanceux, parce que plus fortunés, occupaient des balcons loués à prix d'or[1], les autres tentaient d'obtenir une bonne place, les plus agiles juchés dans les arbres, les plus téméraires penchés au bord des toits. Ayant quitté le palais de Buckingham à dix heures du matin, dans le carrosse d'apparat des souverains britanniques, la reine reçut, tout au long du parcours, l'ovation de ses sujets, plébiscite direct et populaire auquel, chétive dans l'immense voiture, la souveraine parut prendre plaisir. On avait le sentiment que toute la population de Londres emplissait Hyde Park Corner, Piccadilly, Saint-James's Street, Pall Mall, Charing Cross, Whitehall et les alentours de l'abbaye. Les dieux eux-mêmes se montrèrent bienveillants. Un ciel lumineux, un soleil radieux, une agréable tiédeur composèrent le plus beau jour que l'on pût attendre d'un été londonien.

Les banquiers Glyner et Keith ayant loué deux fenêtres, dont on avait démonté les châssis pour dégager la vue, Axel put assister confortablement au défilé, du deuxième étage d'un immeuble de Saint-James's Street. Il fut impressionné par cette cavalcade grandiose, suite de carrosses et de landaus tirés par des chevaux vifs, lustrés, parfois empanachés. Les couleurs des uniformes, l'or des épaulettes, les bonnets d'ourson des gardes, les manteaux écarlates à col d'hermine des pairs et pairesses, les cottes de mailles des hérauts d'armes, les lourds colliers des dignitaires du royaume, les capes de velours des princesses et des duchesses, les diadèmes et parures de diamants, plus que les armes, étincelaient au soleil. Quand apparurent les équipages des ambassadeurs extraordinaires, Axel reconnut tout de suite le maréchal Soult qui, depuis son arrivée à Londres, était l'objet, d'une manière assez inattendue, de chaleureuses manifestations de sympathie de la part du peuple. Les citoyens les plus modestes l'entouraient et l'escortaient dans ses déplacements, et

1. Lord Greville, secrétaire du conseil privé, estime que la somme déboursée pour la location des balcons atteignit deux cent mille livres et que plus d'un million de personnes se pressèrent sur le parcours de la reine. Charles C.-F. Greville, *Les Quinze Premières Années du règne de la reine Victoria*, Firmin-Didot et Cie, Paris, 1888.

John Keith rapporta que, lors d'une revue à Hyde Park, les gens s'étaient bousculés pour lui serrer la main et le congratuler. Le banquier assura que Soult et Wellington avaient fait assaut de compliments, ce qui laissait finalement bien augurer des futures relations entre la France et la Grande-Bretagne, le vieux duc jouissant toujours d'une grande autorité politique.

Dans la délégation française, dont les voitures suivaient celle du maréchal, Axel vit, non sans émotion, Charlotte et Flora assises près de Blaise et Claude, en grand uniforme. La femme du général Fontsalte portait une robe vert Véronèse, une grande capeline blanche ornée d'un flot de rubans du ton de sa robe. Le visage de Flora, en bleu Nattier, disparaissait sous un immense chapeau de paille noire, paré de rubans assortis à sa toilette. Toutes deux rayonnaient de plaisir et Axel imagina que ce jour resterait, pour ces femmes, un souvenir inaltérable. Il fut reconnaissant à Blaise d'avoir offert à sa mère ce moment de bonheur teinté de vanité et, pour lui, un peu factice.

— C'est maintenant que vos parents, les dames surtout, vont souffrir, plaisanta John Keith.

— Souffrir ? reprit Axel.

— On peut parler ainsi, car la cérémonie à Westminster va durer jusqu'à quatre heures de l'après-midi. Il est à parier que plusieurs dames tomberont en faiblesse avant que la reine ne soit ointe des saintes huiles, coiffée de la couronne d'Edouard le Confesseur et pourvue du globe et du sceptre ! dit en riant John Keith.

Ce soir-là, Axel convia son cicérone à dîner au Dolly, à Paternoster Row, où l'on servait, d'après Ribeyre de Béran, les meilleures côtelettes de Londres. A la fin du repas, qu'Axel arrosa d'un bordeaux en l'absence de vins vaudois, John Keith revint sur le déroulement de cette folle journée, qui s'achevait à la foire de Hyde Park par un feu d'artifice, des concerts et une grande consommation de sandwiches et de bière.

— Je ne voudrais pas que vous quittiez l'Angleterre sur une fallacieuse impression, monsieur. Ce peuple, que vous avez vu en liesse, adoptant sincèrement la reine, n'est pas aussi satisfait de son sort que les acclamations d'aujourd'hui ont pu vous le faire croire. Non, la vie n'est pas aussi rose en Grande-Bretagne, pour certaines catégories de la population que la bonne société et les classes privilégiées se plaisent à ignorer. Pour certains, la quête du pain quotidien est une entreprise difficile, aléatoire, parfois désespérante.

— J'ai vu, en effet, des mendiants faméliques et ces petites marchandes de fleurs...

— Ce ne sont peut-être pas les plus à plaindre, coupa Keith. La vraie misère, la maladie, le vice et la vermine se cachent dans les arrière-cours où je pourrais vous conduire, tout près d'ici. Les enfants, surtout, sont pitoyables. Tenez, si vous voulez vous faire une idée du sort des malheureux orphelins abandonnés dans les hospices, lisez *Oliver Twist*. C'est le roman que publie depuis un an, en feuilleton, dans *Miscellany* de M. Bentley, l'écrivain Charles Dickens, qui nous a, l'an passé, tant amusés avec les *Pickwick Papers*. Vous verrez comment la misère conduit à la déchéance, au crime et à la révolution, monsieur.

Axel Métaz reconnut que, s'étant parfois égaré au cours de ses promenades, il avait entrevu des ruelles sordides, flanquées de maisons de brique menaçant ruine, aux façades percées d'ouvertures dépourvues de fenêtres, et cela à quelques enjambées des rues élégantes et des belles boutiques d'Oxford Street, de Regent Street, de Burlington Arcade. Il confessa que des mères, accompagnées d'enfants en haillons et secouées par les quintes de toux des poitrinaires, tendaient la main aux passants, que de jeunes prostituées, déjà flétries et sentant le gin à trois pas, l'avaient abordé et qu'un homme déguenillé qui, comme beaucoup de sans-logis, passait ses nuits dans l'ombre humide du pont de Waterloo où grouillaient les rats, s'était offert à lui servir de guide dans le quartier des docks, où il ne convenait pas de s'aventurer seul mais où l'on trouvait des tavernes à matelots, pleines de belles filles peu farouches.

— Vous avez eu raison de ne pas suivre ce genre de guide. Vous auriez été dépouillé de tout, jusqu'à votre chemise, et la Tamise aurait emporté votre cadavre, monsieur. Evitez de vous écarter des artères honnêtes, conclut Keith.

— Il en est ainsi dans beaucoup de grandes villes, dit Axel, étonné d'entendre le fils d'un éminent conservateur, banquier et grand propriétaire terrien, faire un tableau aussi peu flatteur de Londres.

Keith appartenait à cette nouvelle génération de nantis, qui avaient compris que la société dans laquelle avaient vécu leurs parents et où eux-mêmes vivaient encore, ne pouvait évoluer que dans un sens défavorable aux intérêts de leur caste. A certains signes, ils subodoraient que l'émancipation du peuple était en marche et entendaient bien la canaliser. Ces garçons, qui voyaient un peu plus loin que la chasse au renard en habit rouge, recevraient en héritage domaines et fortune. Comme leurs ancêtres, ils tenteraient d'agrandir les premiers et d'arrondir la seconde. Aussi, n'était-ce pas seulement pour prendre une assurance contre les colères prévisibles d'ouvriers, dont la machine dérobe le travail quand la vapeur décuple la force musculaire, que les rejetons les plus avisés des hautes classes tenaient des propos que leur père qualifiait, au mieux de décadents, au pis de révolutionnaires.

En se substituant à l'ouvrier, la machine lui avait fait prendre conscience, puisqu'une mécanique peut accomplir ses gestes productifs plus vite, plus longtemps et parfois mieux que lui, du peu de considération que lui accordaient les industriels quand, devenu inutile, il était réduit au chômage.

Si les associations ouvrières, autorisées depuis 1824, ne disposaient que de droits limités et ne pouvaient grouper que des ouvriers qualifiés appartenant à la même industrie, leur transformation en trade-unions fédérés constituerait bientôt une force capable de déclencher, quand bon lui semblerait, une grève générale et, peut-être, une insurrection. C'est pourquoi John Keith et ses semblables se montraient prêts à jeter du lest, c'est-à-dire à œuvrer pour que la misère, le chômage et le mécontentement « restent cantonnés dans des limites supportables », comme ils osaient le dire. Conserver leurs privilèges politiques, leur situation prépondérante dans les affaires, la propriété des terres agricoles, leurs châteaux et leur mode de vie hors d'atteinte des convoitises populaires : tel était le but réel des nantis progressistes !

Emergeant de sa réflexion, Axel voulut évaluer la qualité et la sincérité de l'engagement de son interlocuteur.

— J'ai lu récemment le discours que prononça lord Byron devant la Chambre des pairs, après la répression des émeutes de Nottingham, en 1811, lança-t-il.

— Les émeutiers, des ouvriers en bonneterie, avaient brisé des centaines de métiers à tisser. Dix-sept de ces briseurs de machines furent justement condamnés à la déportation, précisa le banquier.

Puis il s'empressa d'ajouter :

— Il s'agissait de bandits, armés de pistolets, de marteaux et de haches, et Byron, poète aux mœurs dissolues et anarchiste, s'est laissé apitoyer par le sort mérité de ces mauvaises gens, monsieur.

— Cependant, ce que dit le poète aux pairs, ce jour-là, ne manquait pas de bon sens. Je crois pouvoir citer à peu près ses paroles, car j'ai commenté ce discours avec mon mentor, longtemps après qu'il a été prononcé. Byron a dit : « Tout en admettant que ces troubles existent à un degré alarmant, on ne peut nier qu'ils aient pour cause la plus épouvantable misère. La persévérance de ces malheureux dans leurs actes tend à prouver que rien, si ce n'est le besoin, n'aurait pu pousser une grande partie de ce peuple, autrefois industrieux et honnête, à commettre des excès aussi préjudiciables pour eux, pour leurs familles et la société. »

— On pourrait prévenir le retour de tels événements, concéda Keith, mais il faudrait une volonté politique de combattre la misère. On ne peut compter pour cela sur les whigs qui nous gouvernent. Depuis les rébellions de 1830, année fertile en grèves et en émeutes, les conditions de vie des ouvriers et des paysans ne se sont guère améliorées. En fait, tout cela bouillonne depuis 1815, depuis la fin de l'Empire. Autour de moi, peu de gens veulent admettre que les idées de la Révolution française, exportées par Napoléon et ses armées, ont suscité dans le peuple, même en Angleterre où il n'a jamais mis le pied, comme ailleurs en Europe, un engouement pour des principes dont il serait vain de nier l'humanité et la générosité. C'est ce qui explique, en partie, que les ouvriers et les paysans ont maintenant des exigences et osent les manifester. C'est peut-être pourquoi, aussi, votre maréchal Soult a été si bien accueilli par le peuple de Londres, acheva Keith avec un sourire.

— En somme, même mort, l'ogre corse continue à vous créer des soucis ! plaisanta Métaz.

— Ou des espérances, monsieur, car, n'en dites jamais rien à mon père qui me tient déjà pour admirateur de Bonaparte, législateur de génie, ce qui est vrai, et pour républicain, ce qui est faux, je suis de ceux qui estiment la société dans laquelle nous vivons injuste et, pour certains, cruelle. Plusieurs doctrines portant sur le mode de société idéale s'affrontent actuellement. Les utilitaristes, adeptes du défunt Jérémie Bentham, dont la Convention avait fait un citoyen français, et qui croient que tout ce qui est bon est utile et inversement; les zélateurs du réalisme économique de Malthus, qui prônent le célibat et la chasteté et parfois l'inactivité, pour limiter le développement géométrique de la race humaine que la terre ne pourra plus nourrir; les tenants du chartisme, soutenus par l'Association des travailleurs londoniens, qui réclament notamment le suffrage universel masculin, l'éligibilité des gens dépourvus de propriétés, la limitation à un an du mandat des législateurs; les socialistes à la Robert Owen, cet ancien commis drapier, devenu millionnaire et magnat du textile, qui pratique un paternalisme sincère mais utopique, tout en approvisionnant ses filatures avec le coton américain *sea-island*, cueilli par des esclaves!

— Les réformateurs sont cependant plus sages et souvent plus efficaces que les révolutionnaires, dit Axel.

— Sans doute, mais les idées qu'ils développent ne pénètrent pas le peuple pour qui les philosophies, si elles meublent l'esprit et portent à la réflexion, ne remplissent pas l'estomac de ceux qui ont faim. C'est pourquoi les meneurs des associations ouvrières écrivent, publient, tiennent meeting un peu partout et parfois, comme à Birmingham et à Newport, dressent des barricades quand la police veut les disperser. Leurs demandes ne portent plus seulement sur la durée du travail et les salaires, elles touchent maintenant à la politique et au bouleversement de notre société.

— La misère est, en effet, mauvaise conseillère, c'est ce que voulut dire lord Byron autrefois, répéta Axel.

— Mais il n'y a pas que la misère, ce chancre des villes, monsieur. Il y a l'Irlande, dont les terres les plus fertiles appartiennent pour neuf dixièmes à des Anglais, qui ne traversent le canal Saint-Georges que pour aller empocher les fermages. Nous considérons l'Irlande dans son ensemble comme un grand domaine agricole, fournisseur de blé et de pommes de terre, une sorte de garde-manger, et les Irlandais comme nos manants, corvéables à merci. Lord

Melbourne pense que le seul devoir de son gouvernement est d'assurer la sécurité des biens et des personnes et, comme il le dit lui-même, « le respect des contrats », mais il devra, un jour ou l'autre, faire face aux Irlandais révoltés.

— J'ai entendu parler de conflit politique entre catholiques et protestants, dit Axel.

— Grâce à O'Connell cette bombe a été provisoirement désamorcée en 1829, par l'Acte d'Emancipation. Les catholiques, qui constituent la majorité de la population, ont enfin obtenu les mêmes droits civiques que les protestants, qui détiennent fortune et commerce. Mais certains Irlandais sont nés républicains, ils veulent une république irlandaise indépendante.

— J'ai aussi lu dans les journaux que la rébellion des Canadiens français dans votre colonie du Canada s'est heureusement terminée, reprit Axel, voyant Keith soucieux de présenter un bilan général de son pays.

— Là encore, tout n'est que partie remise. Un jour ou l'autre les Canadiens se sépareront de la Couronne, comme les Américains en 1776. Il ne leur manque qu'un Washington. La rébellion du haut Canada, qui avait commencé en décembre dernier, a été jugulée en un mois, mais les rebelles, guidés par Mackenzie, ont failli prendre Toronto, la capitale de la province. Vingt-trois Canadiens ont été exécutés et quatre-vingt-trois envoyés au bagne, en Australie. Quant à la révolte du bas Canada, qui compte cent vingt mille catholiques français face à douze mille Anglais protestants qui, là encore, font la loi, détiennent tous les pouvoirs, les richesses et le commerce, elle a un moment menacé Montréal. Douze rebelles ont été pendus et cinquante-huit envoyés au bagne. Mais ils sont devenus, pour les Canadiens français, les premiers martyrs d'une cause qu'ils entendent bien faire triompher un jour. Lord Durham, nommé gouverneur général de la colonie, a la prétention d'angliciser totalement le Canada. Il ne connaît pas les Français ! Nous ne sommes jamais venus à bout des Acadiens, malgré les déportations massives, les prisons et les spoliations.

— Pourquoi dire tout cela à un étranger de passage ? N'est-ce pas une façon de me donner mauvaise opinion de votre pays ? On dirait que vous n'aimez pas votre patrie, cher John.

Le visage de Keith s'empourpra et son ton devint véhément.

— Au contraire. J'aime passionnément l'Angleterre, dont le rayonnement est universel. Je la veux donc exemplaire. Je veux que tous les hommes de ce pays, du plus pauvre au plus riche, soient heureux et fiers d'être des citoyens britanniques, libres et maîtres de leur destin. Tous les sujets que nous avons abordés, je ne puis en discuter sereinement avec les gens de ma classe, ni même avec mon père que j'aime et admire, ni avec mes frères ni au club, encore moins à la banque, avec M. Glyner. Mais j'étais certain que vous, Axel Métaz, citoyen d'un pays où sont appliqués, sans dommages pour la propriété et la fortune, les principes démocratiques qui favorisent le progrès, pourriez m'écouter, comprendre mes inquiétudes, approuver mes aspirations.

— Votre confiance m'honore. Il ne vous reste qu'à vous engager dans la politique. N'est-ce pas, ici comme partout, la seule voie pour faire connaître, admettre et imposer ses idées ?

— Mon père vivant, et je lui souhaite longue vie, je ne puis déroger. Je m'efforce simplement, avec prudence, de l'amener à considérer les choses autrement. Peut-être qu'un jour, convaincu de la nécessité de certaines réformes, qu'il vaut mieux offrir avant qu'on ne nous les arrache de force, il s'engagera et fera un esclandre à la Chambre des lords, conclut John Keith, rêveur.

A minuit sonné, les deux hommes furent les derniers à quitter le restaurant. Axel se préparait à héler un cab mais Keith retint son geste. La voiture du banquier, un cabriolet, stationnait à quelques pas de la porte. Le cocher devait attendre, depuis plus de trois heures, l'apparition du jeune homme.

— Je vous porte à votre hôtel, dit Keith, en réveillant d'un vigoureux coup de canne sur le dos le vieux domestique, endormi sur son siège.

Axel trouva que c'était façon un peu rude de la part de celui qui, tout au long de la soirée, s'était apitoyé sur les gens du peuple.

4

Londres était encore mal remise de la fièvre du couronnement et les cantonniers effaçaient les macules de la fête, quand Axel Métaz rejoignit les Fontsalte et les Ribeyre de Béran, pour prendre avec eux la route de Newhaven, traverser la Manche et gagner Dieppe, où l'attendaient Elise et ses fils.

Il fit, auparavant, un détour par Oxford Street pour acheter la poupée que possédaient déjà toutes les fillettes londoniennes : la reine Victoria dans sa toilette du couronnement. Il l'offrirait à Alexandra. Il choisit aussi un châle de cachemire pour Elise et, dans Burlington Arcade, un pot à tabac pour Louis Vuippens.

Les circonstances firent d'Axel le premier auditeur neuf de Charlotte et de Flora. Encore sous le coup des visions fastueuses, des découvertes et des douces émotions vécues pendant les cérémonies et réceptions du couronnement, sa mère et sa marraine se relayèrent avec volubilité, rapportant tous les épisodes de ces journées, décrivant les toilettes, les attitudes, n'omettant aucun détail du cérémonial du couronnement, auquel elles avaient eu le privilège d'assister, dans l'abbaye de Westminster.

— Regarde les invitations officielles que nous avions reçues de la reine elle-même, dit Charlotte en mettant sous les yeux de son fils une lettre signée par Victoria et le duc de Norfolk, chambellan chargé du protocole.

Par ce message, la souveraine conviait les destinataires à paraître, le 28 juin de l'an 1838, à l'abbaye de Westminster, pour « Nous rendre personnellement hommage lors de Notre Royal Couronnement ».

— Nous ferons encadrer ces documents historiques, dit Flora.

— Nous étions placées juste derrière les pairesses du royaume. Ces grandes dames étaient littéralement couvertes de bijoux, précisa Charlotte.

— Et, quand la reine reçut sa couronne des mains de l'archevêque de Canterbury, elles coiffèrent toutes la leur d'un même geste. La reine se tourna vers les quatre points cardinaux tandis que sonnaient les trompettes d'argent et qu'on entendait, au loin, les coups de canon pour annoncer à la foule, répandue autour de l'abbaye et dans les rues, que Victoria était reine couronnée, commenta Flora, l'œil brillant, tandis que Blaise et Claude souriaient, enchantés du ravissement durable de leurs épouses.

— Ce fut un instant très émouvant et je ne fus pas la seule à verser une larme, confessa Charlotte.

— Jamais plus je ne verrai autant de diamants, d'émeraudes, de rubis énormes scintiller sur les couronnes des pairs et pairesses, sur les colliers, les bracelets et les diadèmes, reprit Flora, clignant des cils comme si le rappel de cette scène suffisait à l'éblouir encore.

— Ce fut, en effet, un prodigieux spectacle, bien que la mise en scène laissât à désirer. Certains acteurs, et la reine elle-même, semblaient ne pas connaître leur rôle, révéla Fontsalte.

— Moment exceptionnel, tout de même, et assez flatteur pour nous. Quand nous sommes entrés dans l'abbaye, derrière Soult, précédé de hérauts d'armes, il y eut un mouvement de curiosité et, même, des murmures chaleureux, ajouta Ribeyre.

— Comme la reine paraissait fragile. Elle faisait effort pour tenir le globe et le sceptre, et supporter cette couronne qui est, paraît-il, si lourde, reprit Mme de Fontsalte.

— Elle était plus à l'aise au bal, entourée de ses dames d'honneur, admit Flora.

— Car il y eut trois bals de la cour, Axel. Et nous étions invitées. Quel dommage que tu n'aies pas vu ma robe. Je peux dire que ma toilette fut remarquée. Et, à la cinquantaine dépassée[1], j'ai eu encore mon petit succès. Un colonel des Gardes, écuyer de la reine, gaillard à tunique rouge et moustache rousse, m'a fait valser à deux reprises. Blaise était un peu jaloux, minauda Charlotte.

— Victoria n'a pas dansé la valse. Il paraît qu'une reine ne peut être serrée d'aussi près par un homme, mais elle a dansé le quadrille avec grâce, dit Flora.

— L'orchestre était fameux, dirigé par le Viennois Johann Strauss[2], auteur de plusieurs valses que dansèrent nos dames dans les bras de nos anciens ennemis, aussi entreprenants au bal qu'à la guerre, dit Ribeyre, avec un clin d'œil à Axel.

— Oh ! nos deux généraux ne manquèrent pas de cavalières, Axel. Toutes les duchesses et les pairesses voulaient danser avec les Français. Ils ont ici une réputation d'amants inégalables, persifla Mme Ribeyre de Béran.

— Ces Anglaises, que je croyais pudibondes, ont en effet de ces regards pour les hommes ! s'indigna Charlotte.

— Blaise et moi, nous ne les avons pas trouvées très séduisantes : sèches, compassées et, pour tout dire, dépourvues d'aisance. Rivarol avait vu juste quand il écrivait : « Les Anglaises semblent avoir deux bras gauches », cita Ribeyre.

N'eût été l'apparition de l'adjudant Trévotte annonçant que, les bagages chargés, on pouvait se mettre en route, le récit des événements des derniers jours aurait pu longtemps se poursuivre, un détail rapporté par Charlotte rappelant un souvenir à Flora, une réflexion de Ribeyre en appelant une de Fontsalte.

— Et vous, Titus, qu'avez-vous retenu de ces belles journées ? demanda Axel.

— Que les Anglais ne savent pas faire la cuisine mais qu'ils savent boire, tudieu ! Difficile de les suivre, quand ils mélangent bière et whisky ! Mais j'ai battu un de leurs champions au jeu de fléchettes, dans un pub, et j'ai gagné

1. Largement dépassée, puisque Charlotte est née en 1781.

2. Johann Strauss I (1804-1849), compositeur et chef d'orchestre des bals de la cour d'Autriche, qui fit de nombreuses tournées en Europe, notamment à l'occasion de bals de cour.

une pièce d'argent qu'on a frappée pour le couronnement, dit Titus.

Tirant cette monnaie de sa poche, il ajouta :

— Je l'offrirai à mon neveu. Si, toutefois, nous passons par Meursault en rentrant, acheva-t-il, avec un regard au général Fontsalte qui déciderait de l'itinéraire et d'un arrêt éventuel en Bourgogne, ce qu'espérait le vieux soldat.

— Nous, nous rapportons une médaille frappée spécialement pour les invités de la reine. Lord Surrey en a jeté à poignées dans l'église, sitôt la reine couronnée. Ce fut une vraie bousculade. Tout le monde voulait un souvenir ! Flora a donné un coup d'éventail à une duchesse qui lui marchait sur les doigts...

— Le dernier coup d'éventail nous a valu la guerre avec le bey d'Alger, rappelez-vous ! plaisanta le général Ribeyre.

— Mais je rapporte trois médailles ! Une pour Elise, une pour Aricie, une pour moi, dit fièrement sa femme.

Charlotte avait manqué de combativité et ne rapportait qu'une médaille commémorative, qu'elle n'était pas prête à lâcher, non plus que la pièce d'or de cinq livres que lui avait offerte son mari. Dessinée par William Wyon[1], cette pièce était la plus forte des monnaies frappées à l'occasion du couronnement. On y voyait Victoria guidant le lion britannique.

Dans la berline en route vers Newhaven, Charlotte et Flora voulurent savoir comment Axel avait passé son temps. Il tut ce qu'il avait appris de la tragédie des Moore et sa décevante tentative de revoir Janet, qu'en d'autres temps Charlotte eût tant aimé lui voir épouser. Il s'étendit, en revanche, sur ses visites aux musées, ses promenades dans Londres, qu'il définit comme une capitale immense, parsemée de monuments magnifiques, de belles demeures, témoignages de la fortune et de la puissance britanniques.

— C'est aussi une ville malodorante, où la misère affleure les beaux quartiers, où sont commis beaucoup de crimes, où l'on peut aisément se livrer à tous les vices, corrigea-t-il.

1. 1795-1851. Fils et élève du graveur Peter Wyon, il grava les monnaies de l'empire britannique de 1825 à 1850, ainsi que de nombreuses médailles commémoratives. E. Bénézit, *Dictionnaire des peintres, sculpteurs, dessinateurs et graveurs*, Gründ, Paris, 1976.

Le Vaudois dit regretter n'avoir eu le temps de se rendre ni en Ecosse, à Abbotsford, pour voir le château néo-gothique de Walter Scott, ni à Newstead Abbey, près de Nottingham, où il aurait voulu visiter la demeure ancestrale de lord Byron et se recueillir sur la tombe du poète. Il avoua, aussi, sa déception d'avoir appris que l'abbaye de Fonthill, autrefois propriété de William Beckford – familier du pays de Vaud, où il s'était lié d'amitié avec le fameux médecin lausannois Frédéric Scholl –, était passée en des mains étrangères quatre ans avant l'effondrement, en 1826, de la tour de trois cents pieds élevée par l'esthète. L'auteur fantasque de *Vathek*, œuvre qu'admirait fort Chantenoz, vivait maintenant à Bath, où il s'était, comme à son habitude, rendu insupportable à ses voisins.

Bercées par le roulement de la berline, épuisées par les festivités londoniennes et les couchers tardifs, constatant que Blaise, Claude et Axel s'entretenaient de sujets moins frivoles que ceux qui occupaient encore leur esprit, Charlotte et Flora s'endormirent dès que l'on fut sorti de Londres.

Axel crut alors utile de rapporter à son père et à son ami les confidences de John Keith. Il découvrit que les deux généraux étaient mieux informés que lui de la grogne latente et de la misère du bas peuple britannique. Pendant leur séjour, Blaise et Claude avaient eu des contacts avec un ancien du service des Affaires secrètes et des Reconnaissances. Ce bonapartiste fidèle avait fondé, à Londres, un bureau de transitaire maritime, couverture commode pour un observateur qui avait adressé régulièrement des rapports à Louis Napoléon, pendant son exil aux Etats-Unis en 1836, après la malheureuse tentative de Strasbourg.

— Que déduire de tous ces mécontentements additionnés ? Que fera le peuple britannique ? demanda Axel.

— Mon cher enfant, sachez qu'au contraire de la France, l'Angleterre est capable de faire des révolutions sans effusions de sang, dit Blaise.

Les voyageuses, réveillées par un cahot plus violent que les autres, ayant réclamé un arrêt, l'équipage vaudois fit étape dans une auberge. Trévotte refusa de quitter la berline, stationnée dans la cour du relais, par crainte des voleurs, qui pullulaient sur cette route fréquentée par les voyageurs fraîchement débarqués du continent ou en chemin pour s'y rendre. Blaise lui fit porter de quoi se restaurer et le groupe se mit à table.

A peine les Fontsalte et les Béran avaient-ils entamé leur repas qu'un coup de sifflet, impératif mais familier, les fit sursauter.

— Titus demande de l'aide, s'écria Blaise en quittant son banc, suivi par Ribeyre et Axel.

Dès le seuil de l'auberge, les trois hommes comprirent que l'adjudant était aux prises avec des lascars qui, l'ayant jeté à bas de son siège, tentaient de s'emparer de la berline, toujours attelée. Vite relevé, Trévotte avait déjà étendu net, d'un coup de sa jambe de bois bien placé, un des voleurs qui se roulait sur le sol en gémissant, les mains entre les jambes. Mais les trois compagnons du blessé, brandissant des couteaux, n'entendaient pas renoncer, d'où le signal de Titus.

— Chacun le sien, lança Ribeyre à Blaise et Axel. Et servez-vous, ajouta-t-il en désignant des outils appuyés contre un abreuvoir.

Ribeyre se saisit d'une pioche, Axel d'une pelle, Blaise d'un râteau et tous trois, d'un même élan, passèrent à la contre-attaque. Trévotte avait décroché une des lanternes de la berline et, s'en servant comme d'une massue, venait de mettre hors de combat un deuxième adversaire qui gisait, la figure en sang. Les deux autres, surpris par la violence de la réaction, ne pensaient plus qu'à fuir, mais Ribeyre, plus prompt qu'eux, avait déjà fermé le portail de la cour. Faisant des moulinets avec sa pioche, il avança, résolu, sur les agresseurs, cernés par Blaise et son fils, bien décidés, eux aussi, à corriger les agresseurs de Titus. Pour la première fois de sa vie, Axel frappa délibérément un homme d'un coup de pelle sur la tête, tandis que Blaise lançait son râteau dans les jambes du dernier fuyard, qui s'étalait aux pieds du général Ribeyre. Avec une parfaite désinvolture et une souplesse dont Axel n'aurait pas cru ce quinquagénaire capable, Ribeyre sauta à pieds joints sur la poitrine du malfaiteur, qui exhala un râle et perdit connaissance.

— J'ai entendu craquer ses côtes, dit Axel, ennuyé.

— Claude ne pèse pas lourd, et puis, les côtes, ça se recolle ! dit Blaise.

— En tout cas, bien joué, Axel, tu as eu ton homme. Sûr qu'il aura des maux de tête pendant quelque temps ! complimenta Ribeyre.

Sous le regard des clients de l'auberge qui, encadrant Flora et Charlotte, bouche bée, avaient suivi de loin la bataille, Blaise s'en fut remplir un seau à l'abreuvoir et doucha successivement les quatre malandrins. Trois se relevèrent mais le dernier, qui avait servi de tremplin à Ribeyre, resta étendu, se tenant la poitrine et gémissant.

— Ne va-t-il pas mourir ? demanda Flora, inquiète.

L'aubergiste, de fort méchante humeur, choisit ce moment pour protester.

— Je vais envoyer chercher le shérif. Ça ne peut pas se passer comme ça, messieurs. Ces garçons ne méritaient pas une telle correction, pour une simple algarade avec un cocher !

D'un seul mouvement, Blaise et Claude happèrent le tenancier aux aisselles, le soulevèrent et, après un balancement, le jetèrent à plat ventre dans l'abreuvoir. Voyant agir avec décision des hommes qu'ils supposaient habitués à se battre, les témoins de la scène se gardèrent d'intervenir. Quand survint l'épouse de l'aubergiste, une jeune femme plutôt jolie qui bredouillait des mots incompréhensibles en se tordant les mains, Blaise, tel un bonimenteur, fournit à l'assemblée l'explication que personne ne demandait.

— Mesdames, messieurs, cette auberge est un guet-apens permanent, car les loustics que nous avons rossés sont au service du gargotier qui baigne sous vos yeux. Ils se tenaient tous quatre dans les écuries quand nous sommes arrivés, prêts à faire leur mauvais coup. N'est-ce pas exact, ma belle ? conclut le général en secouant la jeune femme qui sanglotait.

— Tais-toi, tais-toi ! cria l'aubergiste à sa femme en s'extirpant, non sans mal, de son bain.

Si l'épouse se tut, deux des malfaiteurs, vigoureusement encouragés aux confidences par Titus et Blaise, se montrèrent plus loquaces. Ils confessèrent publiquement qu'ils ne faisaient, en effet, qu'obéir aux consignes du patron. Prendre tout ce qu'on peut aux étrangers, ne rien voler aux Anglais !

— Patriotique discrimination qui aggrave le cas de cette canaille ! s'exclama Ribeyre en repoussant l'aubergiste dans l'abreuvoir d'où, résigné, il ne tenta plus, cette fois, de sortir.

Tous les clients de l'auberge commençaient à rire franchement, bien certains qu'après un tel intermède l'aubergiste n'oserait pas présenter les additions. Plusieurs affirmèrent que ce n'était pas la première tentative de vol perpétrée dans la cour de cette auberge, cible favorite des voleurs de grand chemin.

— Qu'allez-vous faire, maintenant ? demanda, morte d'inquiétude, la femme du tenancier.

— Nous allons reprendre notre route, ma bonne dame, et vous laisser en compagnie de ces vilains. Mais peut-être allons-nous mettre le feu à l'auberge, histoire de purifier un lieu entaché de tant de crimes, lança Ribeyre, avec un clin d'œil à ses amis.

La malheureuse se jeta à genoux, aux pieds du général, le suppliant d'épargner son foyer. Elle implora l'indulgence de tous, invoquant le sort de ses enfants, disant que son mari la tuerait si l'auberge était détruite. Elle s'engagea même à ne plus tolérer qu'on détroussât les voyageurs. Elle plaida si bien que Charlotte approcha d'un pas décidé et la releva.

— Nos maris ne sont pas si méchants. Ce sont des généraux français qui reviennent du couronnement de votre reine. Ils ne vous feront aucun mal. N'ayez pas peur. Mais prenez vos enfants et plantez là votre voleur de mari ! Ce n'est pas une vie que la vôtre !

La femme sécha ses yeux au coin de son tablier et baisa la main de Charlotte.

— Ecoutez-moi, laissez-le avec ces malotrus qui ont peut-être du sang sur les mains, répéta Mme de Fontsalte en se dégageant.

La femme, les yeux baissés, secoua la tête et reprit la main de Charlotte.

— Même s'il va en enfer, il faudra que je le suive, madame. Seule une femme peut comprendre cela, lâcha-t-elle à voix basse, sans retenir ses larmes.

— Je comprends, dit doucement Charlotte.

Puis, tirant de sa manche un mouchoir bordé de dentelle, elle le mit dans la main de la femme.

— Essuyez vos jolis yeux, gardez le mouchoir… et souvenez-vous tout de même de mon conseil, dit-elle, presque aussi émue que la malheureuse.

— Allez, la représentation est terminée, mesdames, messieurs. Nous laissons cette bande à vos soins. En route, cria Blaise en entraînant sa femme et Flora vers la berline.

Une fois la voiture lancée, les commentaires fusèrent. Les trois hommes et Flora furent unanimes pour approuver l'intervention de Charlotte, assez fière d'avoir joué un rôle dans le dénouement d'une aventure qui aurait pu tourner au tragique.

— Mais, bon sang, qu'est-ce qui retient cette jolie fille près de ce gargotier détrousseur ! dit Ribeyre.

— L'amour, pardi, clamèrent d'une même voix Charlotte et Flora, ce qui déclencha le rire de leurs maris et leur valut des baisers.

— C'est égal ! dit Axel, qui n'avait pas de femme à mignoter. J'ai tout de même frappé un homme assez fort pour lui fendre le crâne !

— Les bandits anglais ont la tête dure, mon garçon. Et tu feras pire à la guerre, commenta Ribeyre.

— J'espère bien qu'Axel ne fera jamais aucune guerre, dit Charlotte.

Quand la berline fut amarrée sur le vapeur en partance pour Dieppe, les voyageurs virent arriver Trévotte dans leur cabine, tout sourires.

— Votre repas ayant été interrompu, j'ai pensé à prendre à ce bandit d'aubergiste de quoi vous restaurer ! Pendant que le général avait la bonté, exagérée à mon avis, de donner des explications à ces béjaunes, j'ai visité le garde-manger et la cave de cette canaille.

Ce disant, Titus tira d'un grand sac de toile un jambon, enveloppé dans un torchon, un fromage de Stilton, une énorme miche de pain et quatre bouteilles de porto.

— C'est tout ce que j'ai trouvé comme breuvage acceptable. Bien sûr, j'aurais pu prendre un tonnelet de bière mais, comme l'a dit autrefois un de mes ancêtres bourguignons, « la bière est une boisson malheureuse » et les Anglais n'ont de vin que les nôtres, qu'on ne sert pas dans les relais de poste.

— Mais ce sont des victuailles volées, mon bon Titus, observa Flora, malicieuse.

— Voler un voleur n'est pas voler, c'est faire justice, madame, répliqua Trévotte, sentencieux.

Approuvé par les généraux et Axel, prêts à faire honneur à l'en-cas inespéré, au contraire de Flora et de Charlotte, à qui le roulis ôtait l'appétit, l'adjudant reçut sa part du butin.

La traversée eût été belle et aisée si la pluie et le vent ne s'étaient mis de la partie, à quelques encablures du port de Dieppe. Ce fut par grand frais et sous l'ondée que la berline débarqua les voyageurs devant l'hôtel Royal, où ils retrouvèrent Elise et ses enfants.

La cure avait été bénéfique à Mme Métaz de Fontsalte, comme à ses fils. Les garçons exhibaient, sous un léger hâle dû au soleil et à l'air marin, de belles joues rondes et roses. Quant à Elise, Axel la trouva pimpante, gaie, désirable et plus tendre à son égard qu'elle ne l'avait été depuis que les époux vivaient comme frère et sœur. Tandis que Vincent, avec l'assurance de ses trois ans et demi, racontait avec fougue, son œil le plus clair brillant de plaisir, ses exploits sur les galets, son frère Bertrand ne faisait que bafouiller en battant des mains, comme s'il admirait l'assurance, l'aplomb et la facilité d'élocution de son aîné.

Pour la première fois depuis qu'il était père, Axel ressentit une vague fierté. Ce bambin robuste, aux cheveux bruns, au regard vairon, bien campé sur ses jambes et, d'après sa mère, d'une intrépidité qui frisait la témérité, promettait d'être un vrai Vaudois.

— Ce qu'il ne vous dit pas, observa Elise, c'est qu'il nous a fait une épouvantable frayeur le jour où, ayant échappé à la surveillance de Marie-Blanche, il a grimpé dans la barque d'un pêcheur, au moment où celui-ci mettait son bateau à l'eau. Et voilà notre Vincent seul avec cet homme, qui ne découvre son passager clandestin qu'à pleine mer, enfin, à cent brasses au moins de la plage.

— C'était beau d'aller sur l'eau. Ça balançait et le monsieur ramait bien droit. Sûr qu'on aurait pu traverser la mer comme papa !

— Heureusement que nous avons eu à faire à un homme sensé. Lui-même père de famille, habitué aux incartades de ses propres enfants. Il a tout de suite reconduit Vincent à terre. Marie-Blanche, que j'ai rudement sermonnée, pleurait...

— Et le monsieur pêcheur est venu me voir le demain.

— Pas le demain, le lendemain, rectifia Elise.

L'enfant négligea l'intervention et poursuivit son récit.

— Il m'a invité chez lui. J'y ai allé avec Marie-Blanche. On a mangé des grandes crêpes avec du miel, des crêpes bien mieux bonnes que celles qu'on donne à l'hôtel. Et je me suis amusé avec son petit garçon, qui s'appelle Riton et qui sait faire des bateaux avec des morceaux de bois ! Quand je serai grand, je serai pêcheur de gros poissons, comme Riton ! conclut l'enfant, péremptoire.

La mésaventure nautique du petit-fils l'emporta, dans un premier temps, sur le récit du séjour londonien de la grand-mère. Elise dut, néanmoins, subir une version du couronnement de Victoria qu'Axel trouva sensiblement améliorée. Flora, assez éprouvée par le mal de mer, se taisait, laissant la vedette à son amie. Elle ne fut pas sans remarquer le sourire un peu moqueur de l'épouse d'Axel. Elise, femme instruite, avait beaucoup voyagé avec son père, au cours de sa jeunesse. Elle connaissait Londres, les mœurs et les rites britanniques. Aussi pensa-t-elle que les ébahissements de sa belle-mère étaient ceux d'une Vaudoise qui ne s'était jamais éloignée de son lac.

Les retrouvailles entre belle-mère et bru, dont tous savaient, dans le cercle Fontsalte, qu'elles n'éprouvaient l'une pour l'autre que des sentiments mitigés, eussent cependant été presque chaleureuses si Charlotte s'était dispensée, dans son récit détaillé de la cérémonie de Westminster, de condamner la partialité religieuse des souverains britanniques.

— Après avoir été ointe des saintes huiles, la reine a juré, devant l'archevêque de Canterbury, « de maintenir la religion réformée protestante telle qu'elle est établie par la loi » ! Or, la reine compte, parmi ses sujets, de plus en plus de catholiques, ne serait-ce que les Irlandais. Alors, pourquoi cet ostracisme, cette ignorance dédaigneuse de l'Eglise romaine ? Victoria n'est-elle reine que des protestants ? s'indigna, *a posteriori*, Mme de Fontsalte.

A peine cette phrase avait-elle été prononcée qu'Axel lut, sur le visage soudain crispé et dans le regard méprisant de sa femme, l'annonce d'une de ces discussions dont il redoutait, autant que Blaise, les débordements. Avant qu'il n'ait eu le temps de désamorcer ce casus belli, Flora s'empressa d'apporter de l'eau au moulin de son amie.

— Ce serment m'a offusquée, moi aussi. Même si la religion anglicane, ce curieux mélange, est religion d'Etat, une reine doit être au-dessus des lois et accorder le même intérêt spirituel à tous ses sujets. D'autant que, Charlotte a raison de le dire, car des dames anglaises nous l'ont assuré, de plus en plus de protestants penchent du côté de Rome. Même s'ils ne reconnaissent pas encore l'autorité du Saint-Père, des pasteurs portent le surplis pendant les offices, font agenouiller les fidèles pour leur donner ce qu'ils nomment enfin la Sainte Eucharistie, rétablissent l'usage des cierges et de l'encens...

— Et parlent, même, d'instituer le célibat des pasteurs, compléta Charlotte, avec un sourire malicieux.

Prévoyant – peut-être même, souhaitant – la réaction de sa bru, elle se préparait à l'escarmouche avec un secret plaisir et ajoutait une provocation à l'autre.

Axel, soupçonnant que ces joutes théologiques entre sa mère, catholique militante, et sa femme, fille de pasteur, avaient pris, chez Charlotte tout au moins, un aspect ludique, intervint vivement :

— Ce serment, qui vous scandalise, est prêté par tous les souverains anglais au jour de leur couronnement. Et cela, depuis qu'un des leurs, Henri VIII, qui voulait se débarrasser de sa femme pour en épouser une autre et avoir un enfant, et dont le pape Clément VII refusa d'annuler le mariage, rompit avec Rome et se fit proclamer seul chef de l'Eglise d'Angleterre, expliqua-t-il, pensant ainsi atténuer la charge maternelle.

— Que serait aujourd'hui un catholicisme sans Rome ! lança Blaise pour appuyer son fils.

— D'autant plus que les protestants qui regardent du côté de Rome constituent une infime minorité de déçus de l'évangélisme, de l'utilitarisme et autres doctrines en isme, plus ou moins fumeuses, qui foisonnent actuellement outre-Manche, s'empressa d'ajouter Ribeyre en fixant son épouse, afin de l'inciter à abandonner le sujet.

Elise, tout aussi combative que sa belle-mère, était mieux armée, en tant que fille de pasteur, sur le plan théologique. Elle avait été informée, dès 1836, par son père, de la crise qui secouait l'Eglise d'Angleterre. Henri Delariaz, conférencier invité en 1835, à Oxford, pour soutenir son ami John Keble, théologien, professeur de poésie qui prônait une rénovation liturgique et apostolique de l'Eglise d'Angleterre, menacée par une mainmise exagérée du Parlement, était rentré assez perplexe de son dernier séjour à Oxford. Certains professeurs, étudiants ou ministres adhérents du mouvement d'Oxford, né au lendemain du sermon *Apostasie nationale*, prononcé par Keble en 1833, regardaient en effet un peu trop, au goût du ministre suisse, du côté de Rome. Dans les milieux ecclésiastiques, on citait même le cas de John Henry Newman[1] qui disait avoir trouvé dans la lecture des Pères de l'Eglise des raisons d'adhérer à certains dogmes du catholicisme romain. Le pasteur Delariaz et sa fille, zélateurs, dans le canton de Vaud, de l'Eglise nationale, désapprouvaient fermement cette fatale dérive.

— Un certain nombre d'éléments vous manquent, ma chère mère, pour apprécier la situation religieuse en Angleterre, dit Elise d'un ton sentencieux.

Axel reconnut le débit lent et sec dont sa femme usait dans ses moments de colère contenue.

— Flora et moi, nous en avons assez appris récemment pour nous faire une opinion, chère Elise. Ainsi il est de notoriété publique que, dans la campagne anglaise, les pasteurs font toujours cause commune avec le gros propriétaire du lieu, le *squire* comme ils disent, et avec le chef des autorités communales, nous dirions chez nous le syndic. Ce trio, « d'un conservatisme étroit », d'après une personne catholique que nous avons rencontrée, a pour principal but de maintenir les paysans et leur famille dans un état d'ignorance complète et de sujétion.

— Mais voyons, c'est tout le contraire, le ministre est souvent le maître d'école dans les villages. Les enfants apprennent à lire dans la Bible, chère mère! répliqua Elise, agacée.

— Eh! bien sûr, qu'ils sont maîtres d'école! Ils s'assurent ainsi le monopole de l'éducation, lança Flora.

1. 1801-1890. Converti au catholicisme en 1845, il fut ordonné prêtre à Rome, en 1847, devint recteur de l'université catholique de Dublin. Il fut nommé cardinal en 1879.

— Celle qu'ils donnent aux enfants vaut bien celle que dispensent les régents. Elle est certainement plus saine et meilleure que celle imposée aux enfants papistes par les jésuites, dit Elise, ne cherchant plus à dissimuler son courroux.

— Les jésuites savent éveiller l'intelligence des enfants! ma petite. Ce qui n'est pas le fait des pasteurs anglais, et d'autres sûrement, qui tiennent les lumières sous le boisseau du calvinisme!

Avant qu'Elise, dressée, ait eu le temps de répliquer, Flora relaya Charlotte.

— Et ce n'est pas tout! La femme d'un magistrat, protestante celle-là, dont le mari milite pour le fameux mouvement d'Oxford, nous a confié combien son mari avait été scandalisé quand il s'était aperçu, dans son village, que les aumônes sont différemment réparties entre les pauvres qui assistent aux offices et ceux qui n'y vont pas! Nos huguenots vaudois sont heureusement moins sectaires, acheva Flora, essoufflée.

Axel, craignant que la discussion ne devînt de plus en plus aigre, vola au secours d'Elise.

— Ces cas d'abus de pouvoir, que citent ma mère et Flora, sont certainement rares. La plupart des ministres remplissent exactement leur devoir envers Dieu et leur prochain, dit-il.

— Et, bien souvent, ne percevant que de très modestes bénéfices, vivent comme les plus pauvres de leurs ouailles, ajouta Blaise.

— Sauf ceux qui, ayant épousé une femme riche, délèguent leurs fonctions à un vicaire ignorant, mènent à Londres une existence mondaine et ne viennent dans leur paroisse que pour chasser le renard avec le lord de l'endroit, vociféra Flora, venimeuse.

Elise saisit l'allusion perfide – son père ayant épousé en secondes noces une Bernoise fortunée dont les toilettes et les dépenses lors du jubilé de 1835 avaient fait scandale chez les pasteurs genevois – et elle quitta brusquement son siège. Droite, rigide, telle l'Athéna guerrière, elle foudroya la marraine d'Axel et sa belle-mère d'un regard acéré.

— Je vois que le milieu huppé et médisant, qui semble avoir été votre seule fréquentation en Angleterre, n'a pas eu l'heur de vous rendre, l'une et l'autre, plus tolérantes. La charité chrétienne, dont vous faite si grand cas, et que, moi, je pratique, m'interdit de poursuivre cette vaine querelle qui n'a rien de théologique. Il m'est douloureux de constater que, plus de deux siècles et demi après la Saint-Barthélemy, un fond de haine à l'encontre des réformés subsiste encore chez certains papistes ! Bonne nuit, chère mère, et à vous aussi, Flora. Que le Seigneur nous inspire à tous prudence de langage, générosité de pensée, fraternité de cœur.

Ayant ainsi clos ce que Ribeyre appela plus tard un sermon, Elise quitta le salon, laissant confuses et sans voix ses deux interlocutrices.

Blaise, irrité par ce nouvel incident, se tourna vers Charlotte et Flora. Voyant son œil noisette virer au brun, elles comprirent toutes deux que le général n'était pas d'humeur à entendre leurs commentaires.

— Le voyage et la traversée vous ont fatiguées, mesdames, vous feriez bien, comme Elise, d'aller dormir, suggéra-t-il.

Le ton était d'un ordre.

— Vous avez raison, Blaise. Nous sommes fatiguées et cette discussion m'a épuisée, dit Charlotte en se dirigeant vers la porte.

Flora lui emboîta le pas, après avoir embrassé son mari.

— Ne vous attardez pas trop, vous-mêmes, dit-elle, prévoyant que les trois hommes allaient boire et fumer en commentant la dispute.

Axel apprécia, cette nuit-là, de ne pas dormir dans la même chambre que sa femme. Une telle algarade, au temps où il partageait la couche d'Elise, lui eût valu des retombées coléreuses contre les papistes en général, sa mère en particulier, et une critique acerbe de sa propre passivité. En tant que fidèle de la religion réformée, n'aurait-il pas dû soutenir sa femme contre sa mère !

Pensif, il ralluma sa pipe et se tourna vers son père et Ribeyre, occupés à bourrer la leur.

— Nous venons d'assister à un nouvel épisode des guerres de religion, dit-il, se forçant à prendre la dispute à la légère.

— « Les querelles ne dureraient pas longtemps si le tort n'était que d'un côté[1] », cita Ribeyre en posant une main affectueuse sur l'épaule d'Axel.

— Buvons à nos vaillantes épouses qui combattent pour un même et seul Dieu ! conclut Blaise en levant son verre.

La campagne française était belle en cet été 1838 et les attelages des Fontsalte la traversèrent au petit trot, dans le temps des moissons, sous un soleil de feu. Comme l'avait espéré Trévotte, le général ordonna une étape à Meursault, ce qui fournit à Flora et à Charlotte un nouvel auditoire et l'occasion de réciter aux accueillants vignerons, parents de Titus, une version plus affinée que les précédentes du couronnement de la reine Victoria. La recommandation d'Axel à sa mère et à sa marraine, de ne plus évoquer désormais « l'ostracisme religieux » du serment royal, évita toute irritation chez Elise. La fille du pasteur eut même la courtoisie, qu'apprécia son mari, de feindre une attention soutenue au récit de Charlotte et de Flora, qui n'était plus, pour elle, inédit ! Le repas, digne de la table du Téméraire, le bouquet suave et chaleureux du vin doré que servirent les hôtes engendrèrent, chez les voyageurs, la même bonne humeur qui préside aux agapes bourguignonnes. Quand les berlines reprirent, le lendemain, la route de Lausanne, l'altercation de Dieppe semblait, depuis longtemps, oubliée. On vit même Charlotte et sa bru partager, au relais de Dijon, un pain d'épice en forme de cœur. Ribeyre fit observer à Axel combien lui paraissait symbolique, presque eucharistique, cette manducation gourmande !

Les voyageurs, maintenant pressés de regagner leurs pénates, décidèrent d'éviter Genève et de prendre au plus court pour Lausanne, en passant le col de la Givrine, à plus de mille deux cents mètres d'altitude. La saison rendait praticable cette route de montagne, étroite et sinueuse, que la neige couvrait, parfois, dès le commencement de l'automne.

Quand apparut dans la descente, passé le village de Saint-Cergue et les derniers lacets, le Léman bleu, lové au pied des montagnes de Savoie, amphithéâtre de rocs et de

1. La Rochefoucauld, *Maximes*, 1675.

forêts ouvert sur le pays de Vaud, Axel eut la gorge nouée par l'émotion. Ses compagnons de voyage, Blaise et Claude, les femmes occupant l'autre berline, furent aussi sensibles à la beauté unique du site offert à leurs regards et le dirent chacun à sa façon. Axel, lui, se tut. Trop de poètes, de Rousseau à Byron, avaient tenté de définir en termes choisis, parfois lyriques, ce décor magique, pour que toute émotion traduite en mots ne parût banale, pédante, vaine ou répétitive. Chez ce Vaudois, les retrouvailles avec son lac après une absence produisaient une sorte de saisissement exquis, une allégresse sensuelle, le bien-être que procure une profonde aspiration après une contrainte, l'indicible sensation, quasi cosmique, de se trouver en parfaite harmonie avec la nature, le retour à l'équilibre entre physique et mental, que confère l'absence de désir.

A partir de Nyon, sur la route côtière, Axel voulut apprécier l'état du vignoble, ordonné sur les parchets, où les hommes, fossoir en main, s'activaient au retersage[1] et chassaient la mauvaise herbe.

— Si le temps chaud se maintient, la vendange sera précoce, observa-t-il, avant de réclamer un arrêt pour voir de près et palper, entre pouce et index, le grain de raisin nouveau-né, à la pulpe encore ferme mais prête à se gorger de suc.

Une inquiétude lui vint cependant en découvrant, au bas de certains ceps, les anneaux grisâtres du pourridié, maladie de la vigne qui avait, depuis quelques années, tendance à s'étendre. Sur un parchet désert, proche de la route, il arracha un échalas pour examiner sa pointe enterrée. Comme il le craignait, il la trouva humide, moisie et couverte de minuscules champignons blancs. Il repiqua l'échalas et vint reprendre place dans la berline. Blaise, qui avait suivi son manège, curieux, l'interrogea.

— Que vous a dit ce piquet ? demanda-t-il, sachant combien les vignerons sont attentifs aux signes sibyllins que la vigne adresse à ses servants.

1. Deuxième et léger labour « ayant pour but d'ameublir et de soulager le sol, souvent très durci par le piétinement des ouvriers ayant travaillé aux effeuilles ». *Manuel pratique du vigneron*, Jaques Bonjour, viticulteur à Hauteville-sur-Vevey, librairie Eugène Vodoz, Vevey, 1891.

— Il m'a dit que, cette année, le blanc s'est mis à la vigne de la Côte. C'est une moisissure qui fait dépérir les ceps. Elle vient de l'humidité souterraine profonde qui remonte à la surface. Quand il fait très chaud, comme aujourd'hui, elle exhale une condensation, à vingt ou trente centimètres du sol, ce qui provoque des moisissures au pied des ceps. Mais cela n'arrive que si le drainage du parchet a été négligé ou si des infiltrations d'eau sont passées inaperçues. J'espère que Lavaux est épargné et que Samuel, en qui je n'ai plus pleine confiance, comme autrefois en mon parrain Simon, a bien nettoyé les coulisses[1] afin que nos vignes soient convenablement drainées, au contraire de celle que je viens de voir, expliqua Axel, visiblement préoccupé par son diagnostic.

Le soir même, après s'être séparé des Fontsalte et des Ribeyre de Béran à Lausanne, Axel, Elise et leurs fils retrouvèrent Rive-Reine, bien aise, après un long voyage, de goûter la fraîcheur du soir sur la terrasse-jardin de leur maison. Le regard perdu dans les étoiles, Elise tendit le bras et prit tendrement la main de son mari.

— Ne sommes-nous pas heureux ainsi, chez nous ? demanda-t-elle.

— Nous devons être heureux en effet, concéda Axel, en qui montait ce soir le désir de posséder, comme autrefois, cette femme dans le plein éclat de sa maturité.

— Nous devons, dites-vous ! Comme si cela impliquait un choix, un effort, une volonté, s'étonna-t-elle.

Comme Axel ne répliquait pas, elle abandonna la main de son mari pour joindre les siennes en un geste de prière.

— Nous devons surtout remercier Dieu, chaque jour, pour ce qu'il nous octroie de bonheur en ce monde, où l'on compte encore tant de misère, reprit-elle avant de réciter, les yeux clos, un psaume d'action de grâce.

L'oraison achevée, se tournant vers le fauteuil de rotin occupé par Axel, elle fut stupéfaite de le trouver vide. Son mari s'était éclipsé. Alors qu'elle s'interrogeait sur cette attitude, un clapot sur la rive l'incita à s'avancer au bord de la terrasse qui dominait le lac. Elle vit Axel, courbé sur

1. Ruisseaux ou canalisations de drainage.

les avirons de sa petite barque détachée du ponton, qui s'éloignait, glissant sur un champ d'étoiles, reflet du ciel de juillet.

— Il est parfois étrange, murmura-t-elle, sans comprendre.

Cette nuit-là, Axel Métaz décida de se mettre, dès le lendemain, à la recherche de Marthe Bovey.

Il consacra d'abord deux jours à ses vignes. Il vérifia le drainage, exigea de Fornaz qu'il approfondît les coulisses jusqu'à trouver l'humidité et lui fit préparer une potion au vitriol vert, qu'on utiliserait pour arroser le pied des ceps en cas d'apparition du pourridié. Régis Valeyres, l'intendant, le chef du chantier aux barques et tous ceux qui approchèrent M. Métaz les jours suivant son retour d'Angleterre, trouvèrent le maître de Rive-Reine peu souriant, encore moins loquace que d'habitude. Louis Vuippens ne fit qu'entrevoir son ami, entre deux visites à ses malades.

Marthe Bovey avait laissé entendre, lors de leur brève rencontre à Nyon, qu'elle prendrait, en août, les eaux d'Yverdon. Sous prétexte d'affaires à conclure avec des marchands de vins et des hôteliers de la station, redevenue à la mode depuis la rénovation complète de l'établissement de bains, M. Métaz annonça à sa femme et à ses collaborateurs qu'il s'absentait quelques jours. Il fit, un matin, atteler son cabriolet de laque aubergine, legs d'Adriana, et prit seul la route du lac de Neuchâtel. Il dormit, la première nuit, à Echallens et quitta la ville dès l'aube, pour atteindre Yverdon au crépuscule. Située à l'extrémité sud du lac de Neuchâtel, cette belle cité de trois mille habitants, arrosée par la Thièle, devait autant sa réputation à ses sources bienfaisantes, autrefois captées par les Romains, qu'à l'illustre pédagogue Henri Pestalozzi, mort depuis onze ans, mais dont l'héritage intellectuel et moral ainsi que la méthode élémentaire d'éducation continuaient à inspirer de nombreux maîtres d'école à travers l'Europe. De 1805 à 1825, le château médiéval, construit en 1 135 par Conrad de Zaehringen, avait abrité le fameux institut Pestalozzi, où se trouvèrent rassemblés, certaines années, plus de cent trente élèves, venus de Suisse, d'Allemagne, de France, d'Italie, d'Espagne, de Russie et, même, des Etats-Unis.

Installé à l'hôtel de Londres, Axel Métaz se renseigna sur le mode de vie des curistes et apprit qu'on les rencontrait, se rendant aux bains, dès les premières heures de la matinée, alors qu'entre onze heures et midi, et l'après-midi, à partir de quatre heures, les dames et les messieurs, faisant assaut d'élégance, se promenaient en devisant dans le beau parc thermal, à moins qu'ils ne préfèrent marcher un quart d'heure pour atteindre les rives du lac et son superbe point de vue.

Se fier au seul hasard pour organiser une rencontre avec une femme est optimisme de poète. Axel, pratique et déterminé, préféra se rendre à l'hôtel des Bains, où logeaient la plupart des curistes aisés, notamment les femmes seules, qui avaient moins besoin d'immersions dans l'eau sulfureuse à vingt-quatre degrés que de distractions. On accordait, en général, aux stations thermales un large crédit pour leur discrétion concernant les échanges amoureux, le plus souvent adultérins. Axel n'ignorait pas que sa mère, alors épouse de Guillaume Métaz, et Blaise de Fontsalte s'étaient, autrefois, donné rendez-vous aux bains de Loèche, où Chantenoz les avait surpris. Ce souvenir stimulait sa démarche et endormait ses derniers scrupules. Le concierge de l'hôtel des Bains lui ayant appris que Mme Bovey était « aux soins », Axel rédigea un message. Il proposait à la belle rousse de partager avec lui, ce jour, le repas de midi ou celui du soir dans le meilleur restaurant de la ville, situé place du Château. Il attendrait la réponse à l'hôtel de Londres.

Le message vint dans l'après-midi, alors qu'il commençait à se morfondre. Mme Bovey acceptait l'aimable invitation de M. Métaz de Fontsalte. Elle l'attendrait, à six heures, dans le hall de son hôtel.

Cette acceptation réjouit le Vaudois. Le premier pas étant franchi, il se promit d'avancer avec circonspection mais sans dissimuler qu'il n'avait pas l'intention de jouer les amoureux transis bien longtemps. Il fit néanmoins un effort de toilette, arborant pour la circonstance un complet de cheviotte grise, acquis à Londres, chez un faiseur de Savile Row. Chemise blanche et cravate floue de soie gris clair, bottines de chevreau, à empeignes de toile du même ton que la cravate, lui composèrent une tenue, peut-être un peu sévère mais distinguée. Le miroir lui renvoya l'image d'un homme mûr de haute taille, large carrure, hanches étroites, cheveux bruns aux ondulations naturelles, dans laquelle sa mère eût reconnu avec émotion le portrait en pied de Blaise de Fontsalte au même âge. Seule coquetterie pour un premier rendez-vous, Axel prit soin, en se rasant, de réduire ses favoris niellés de fils blancs. Plutôt que faire appeler un des landaus dont usaient curistes et touristes pour leurs promenades, il fit atteler son cabriolet, l'hôtel des Bains étant assez éloigné du centre de la ville. A peine avait-il mis pied à terre, devant le perron de l'hôtel, que Mme Bovey s'avança, comme si elle ne souhaitait pas que leur rencontre eût lieu dans le hall, devant des gens qu'elle devait côtoyer chaque jour.

Ce n'est qu'au restaurant, quand elle ôta le léger mantelet qui lui couvrait les épaules, qu'Axel put détailler la toilette de son invitée, une robe mauve moulante, au décolleté profond, clos par une berthe de dentelle blanche qui ombrait, d'un friselis captieux, les dômes blancs des seins. Les manches étroites de mousseline blanche mettaient en valeur des bras superbes. Comme Axel portait les yeux sur la toison rousse, volumineuse et bouclée de Marthe, la jeune femme le pria d'oublier sa coiffure, l'humidité des bains la rendant encore plus indisciplinée que d'habitude. Dès qu'ils eurent passé commande, Mme Bovey invita Métaz à raconter son voyage en Angleterre et le couronnement de Victoria. Axel se contenta d'émettre quelques vagues considérations sur l'atmosphère de Londres pendant ces journées de fête.

— Quant au couronnement de la reine, à Westminster, ma mère, mieux que moi, pourra vous faire rapport d'un événement que je n'ai pas, personnellement, vécu. Elle a l'intention de donner prochainement une conférence sur le sujet au cercle des Dames de Lausanne. Je la prierai de vous envoyer un carton.

Après un échange de banalités, sur les bienfaits supposés de la cure thermale dont Mme Bovey attendait qu'elle la protégeât d'un catarrhe hivernal, sur le charme d'Yverdon et les grands mérites d'Henri Pestalozzi – la curiste avait visité sa bibliothèque –, Axel se résolut à une approche plus personnelle. Fixant avec insistance de son regard vairon les yeux pers de Marthe, il livra un premier assaut.

— Sachez, madame, que je ne suis pas venu à Yverdon pour parler de l'Angleterre mais pour vous voir, dit-il en lui prenant la main qu'elle avait posée sur la table.

La jeune femme, sans brusquerie, se dégagea, puis, après un rapide coup d'œil circulaire qui l'assura de l'indifférence des autres dîneurs, elle glissa, timide, ses doigts sous ceux d'Axel et sourit.

— Ainsi, monsieur, alors que nous nous connaissons à peine, vous me portez assez d'intérêt pour faire le voyage d'Yverdon ?

— Le mot intérêt est impropre et ne saurait définir l'attirance que je ressens pour votre personne, depuis le jour où je vous ai aperçue au cours de M. Sainte-Beuve, l'hiver dernier, dit-il en lui caressant le bout des doigts.

Le service interrompit un instant ce badinage. Quand la servante se fut éloignée, Marthe, coudes sur la table et mains jointes sous le menton, posa sur Axel un regard à la fois tendre et réprobateur.

— Votre poursuite n'est pas très charitable. Je suis veuve, je suis seule et vous êtes en puissance d'épouse et père de famille…

— D'une certaine façon, que vous entendrez sans m'obliger à vous en dire davantage, je suis, madame, aussi veuf que vous ! coupa Axel d'une voix grave.

— Dois-je comprendre, monsieur, que vous n'aimez plus votre femme ?

— Disons qu'au sens charnel du terme, mon épouse n'est plus… aimable, qu'elle s'en accommode très bien, ce qui n'est pas mon cas, madame.

Mme Bovey, déroutée par cette franchise brutale, presque grossière, en tout cas stupéfiante chez un homme de l'éducation de M. Métaz, s'adossa à sa chaise, comme pour s'éloigner d'une menace.

— En somme, ce que vous cherchez, c'est une suppléante, qui assume le devoir conjugal qu'une malheureuse épouse ne peut plus remplir ! On ne saurait être plus galant homme !

Axel, conscient d'être allé trop loin, surtout trop vite, vida son verre et attaqua, sans un mot, les filets de féra qu'on venait de servir. Marthe Bovey finit par l'imiter et tous deux respectèrent un silence pénible, jusqu'à ce que les assiettes soient nettes.

Axel fit signe au sommelier de remplir les verres. Il but posément, déclara l'yvorne de bon lignage et s'efforça au naturel.

— Vous eussiez sans doute préféré que je débite des fadaises pendant tout le repas, que je vous adresse demain une lettre sirupeuse, que je vous assure de la pureté de mes sentiments, alors que nous savons, l'un et l'autre, où en viennent toujours un homme et une femme, privés de saines étreintes et qui se plaisent à être ensemble. Vous m'avez reproché tout à l'heure de n'être pas charitable à votre égard ! Je le suis, au contraire, en étant franc, loyal, direct. En vous disant, sans déclarations patelines à la Tartufe : « Vous êtes belle, vous êtes désirable, vous êtes libre, nous sommes l'un et l'autre sevrés des plaisirs de l'amour. Soyons amants, madame et... »

— Et n'en parlons plus ! acheva Marthe, sèchement.

Après une hésitation elle renonça à quitter la table par crainte du scandale.

— N'en parlons plus, en effet, puisque je ne suis pas agréé ! Oubliez ma honteuse, ma triviale proposition de mâle en rut, mais que cela ne vous empêche pas de commander une meringue glacée, spécialité de la maison, conclut Axel, dont la désinvolture apparente cachait autant de gêne que de colère.

Le repas s'acheva dans la contrainte et M. Métaz reconduisit Mme Bovey à son hôtel, sans qu'aucun des deux prononçât une parole.

Devant le perron, Axel, redevenu cérémonieux, baisa la main de la veuve, avec un sourire plus ironique que contrit.

— Je ne pense pas que nous ayons jamais l'occasion de nous revoir tête à tête. Je quitterai Yverdon demain, madame.

Désemparée par l'épilogue de cette soirée, qu'elle avait imaginée romantique, car elle eût accepté une cour de bon aloi, sans préjuger de l'avenir, elle demeura un instant les bras le long du corps. Puis, des curistes approchant, elle se résolut à l'adieu :

— Vous avez tout gâché, murmura-t-elle, les yeux embués de larmes, avant de gravir le perron sans se retourner.

Furieux contre lui-même, honteux, conscient de s'être inutilement avili, il fouetta son cheval, traversa la ville au grand galop et demanda au portier de l'hôtel de lui faire monter une bouteille de son meilleur vin blanc et de le réveiller à l'aube. « C'est Vuippens qui a raison. Le seul exutoire, dans mon cas, est l'amour vénal », conclut-il, dès le troisième verre.

C'est à Vuippens qu'il conta, trois jours plus tard, ce qu'il nomma avec amertume la défaite d'Yverdon. Axel n'omit aucun détail et le médecin se retint de rire.

— Tu t'es conduit comme un imbécile et un goujat. Tu devrais cependant connaître un peu mieux les femmes, Axel ! Même les plus faciles, les plus dévergondées, les moins enclines à la romance, exigent que nous enveloppions le désir d'un voile sentimental. Sans être dupes, elles veulent entendre les mots qui subliment l'acte et font croire à l'engagement du cœur. Pour certaines, l'étape obligée du conter fleurette, du marivaudage, même hypocrite et niais, est la dernière expression de pudeurs défuntes. Elles ne cèdent pas au mâle mais au soupirant. Et toi, tu vas avec la brutalité d'un soudard, héritage du sang Fontsalte, sans doute, demander tout de go à une veuve de la bonne société, dont tu supposes, sans preuves, qu'elle supporte aussi mal que toi l'absence de copulation, de te livrer son corps comme tu lui proposerais un travail dans tes vignes ! Une maîtresse ne s'embauche pas comme une effeuilleuse, Axel.

— La parade nuptiale n'est pas mon genre. Et puis, je trouve que c'est tromper une femme que lui donner à penser qu'on est subitement amoureux d'elle, qu'on est séduit par son intelligence, ses goûts littéraires ou artistiques, sa distinction, alors qu'on ne souhaite que la mettre dans son lit au plus tôt ! Elle devrait comprendre et dire, avec autant de franchise, si elle accepte la partie ou non ! dit Axel, s'animant.

— Apparemment, ta veuve rousse l'a refusée, ce qu'aurait fait toute femme soucieuse de sa dignité, y compris la moins prude. Les femmes, Axel, ne fonctionnent pas physiologiquement comme nous. Chez elles, sexe, cœur, esprit, c'est tout un ! Ne fais pas cette tête ! Ce soir, je t'emmène à Lausanne dans une maison où les filles sont saines, gaies, adroites, jolies et prendraient pour raillerie outrageante toute déclaration enamourée, car elles ont le cœur ailleurs que dans leur lit, dit le médecin.

Axel accepta la proposition d'un hochement de tête puis, se souvenant que son ami et Zélia semblaient avoir établi des relations plutôt tendres, il l'interrogea.

— Mais, toi, où en es-tu avec Zélia ?

— Une sorte d'amitié amoureuse, mon vieux. Je me suis juré de n'y toucher que le jour où elle sera ma femme légitime.

Axel haussa les sourcils.

— Je sais. Pour toi qui connais la Tsigane, la chose te semble un peu cocasse. Mais je tiens à ce que Zélia, justement parce qu'elle appartient à une caste méprisée de nos bons citoyens suisses, ait une position morale et sociale évidente. En faire ma maîtresse, ce qui ne manquerait pas de se savoir, serait ajouter à l'ostracisme dont les Tsiganes sont l'objet chez nous.

— Lui as-tu proposé le mariage ?

— Certes, plusieurs fois, Axel. Elle refuse toujours. Cependant je sais qu'elle a pour moi un attachement authentique et profond, une tendresse presque animale, mais elle dit : « Je ne suis pas épousable. Si vous m'épousiez, les miens diraient que c'est par charité, et ce serait insultant, les vôtres vous montreraient du doigt. »

Le visage du médecin s'assombrit, il prit le bras de son ami.

— Bien qu'elle soit assez libre et dénuée de préjugés pour devenir ma maîtresse au moindre signe, le seul moyen que j'aie encore de lui prouver la sincérité de mes sentiments est de la respecter. Alors, comme toi, je dois aller contenter la bête ailleurs, mon vieux !

Axel, qui connaissait l'absolue droiture de Louis, lui envoya une bourrade, manifestation d'émotion contenue.

— Martin Chantenoz verrait, dans les condamnés que nous sommes aux étreintes vénales et à l'amour platonique, un sujet pour Eschyle, dit Axel.

— Ou pour Aristophane ! rétorqua Louis Vuippens en riant.

A la fin de l'été, Axel Métaz était guéri de la honte née de sa mésaventure d'Yverdon et se souciait peu de rechercher Marthe Bovey. Charlotte lui confia un jour que la belle veuve, qui fréquentait le Cercle des Dames de la rue de Bourg, figurait parmi ses auditrices lors de la conférence qu'elle avait donnée sur le couronnement de la reine Victoria, événement intellectuel et mondain dont les journaux s'étaient fait l'écho.

— Marthe Bovey m'a demandé de tes nouvelles et voudrait savoir si tu accepterais de louer ton yacht *Ugo* avec un bon équipage, pour une promenade d'une journée, sur le Léman. Elle veut offrir une croisière à quelques orphelins, dont elle s'occupe, je dois le dire, avec un dévouement édifiant. Elle-même n'ayant pas eu d'enfant et, d'après ce que j'ai cru comprendre, étant dans l'incapacité d'en mettre au monde, ce pourquoi semble-t-il elle ne se remarie pas, trouve grande satisfaction à distraire ces malheureux petits.

— Chère mère, mon *Ugo* n'est pas un bateau conçu pour embarquer un groupe d'enfants probablement turbulents. Nous risquerions l'accident, peut-être le drame. Dites à Mme Bovey qu'elle s'adresse plutôt à la société nautique d'Ouchy, dont les bateaux sont équipés pour la sécurité des promeneurs. Dites-lui aussi mon regret sincère de ne pouvoir satisfaire son désir et transmettez-lui mes hommages respectueux, dit Axel avec sérieux.

Ainsi, la belle rousse tentait, par un biais astucieux, de lui faire savoir qu'elle pardonnait l'offense d'Yverdon, qu'elle était prête à renouer des relations que lui-même ne désirait plus. De surcroît, si Mme de Fontsalte n'avait pas, comme souvent, mal interprété une confidence, la dame entendait faire connaître à l'amant éventuel l'absence du risque de conséquences de relations intimes avec elle.

Le soir même, Axel révéla à Louis Vuippens l'offensive de la belle rousse.

— Que comptes-tu faire ? demanda le médecin.

— Lui laisser, à jamais, un souvenir éblouissant et le regret de n'avoir pas capitulé à Yverdon, dit M. Métaz.

5

Les premiers jours d'août 1838, les journaux avaient révélé que l'ambassadeur de France en Suisse, le duc de Montebello, venait de demander au Directoire fédéral l'expulsion du prince Louis Napoléon. Le prince était revenu clandestinement de son exil américain, un an plus tôt, pour recueillir, le 5 octobre 1837, le dernier souffle de sa mère, la reine Hortense. Il résidait, depuis, au château d'Arenenberg.

Louis Napoléon ne pouvait plus évoquer la piété filiale qui l'eût retenu près de la sépulture maternelle, puisque le corps de la belle-sœur de Napoléon avait été transféré à Rueil et reposait, depuis le 8 janvier 1838, comme la défunte reine de Hollande l'avait souhaité, près du mausolée de sa mère, l'impératrice Joséphine, dans la chapelle de la Malmaison.

Dans sa note au Directoire fédéral, le représentant de Louis-Philippe dénonçait la mansuétude des autorités helvétiques à l'égard d'un ennemi déclaré de la monarchie : « Après les événements de Strasbourg et l'acte de généreuse clémence dont Louis Napoléon avait été l'objet, le roi des Français ne devait pas s'attendre qu'un pays ami, tel que la Suisse, et avec lequel les anciennes relations de bon voisinage avaient été naguère si heureusement rétablies, souffrirait que Louis Bonaparte revînt sur son territoire et, au mépris de toutes les obligations que lui imposait la reconnaissance, osât y renouveler de criminelles intrigues et avouer hautement des prétentions insensées, et que leur folie même ne peut plus absoudre depuis l'attentat de Strasbourg. »

Blaise de Fontsalte et Claude Ribeyre de Béran qui, depuis leur escapade strasbourgeoise, avaient rompu toutes relations avec le prétendant, savaient cependant que Louis Napoléon ne renonçait pas à ses ambitions.

A Rive-Reine, au soir d'une partie de chasse au canard sur le lac, les deux généraux évoquèrent, devant Axel, le conflit diplomatique provoqué par la note française.

— Quand Napoléon Auguste, fils de notre ami Lannes et deuxième duc de Montebello, par la gloire héritée de son père, soutient que Louis Napoléon fait publier en Allemagne des pamphlets contre Louis-Philippe et qu'Arenenberg est un « centre d'intrigues », il n'a pas tort. Seulement, il oublie que le prince est bel et bien citoyen de Thurgovie, donc Suisse depuis six ans, et possède même un brevet de capitaine de l'armée fédérale. On ne voit pas comment les Suisses, si jaloux de leur indépendance, accepteraient d'expulser un de leurs ressortissants, observa Ribeyre.

— Cette citoyenneté est tout de même un peu équivoque et la France a beau jeu de se plaindre, car il est difficile d'admettre que Louis Napoléon se dise à la fois Suisse et prétendant au trône de France, s'étonna Axel.

Il saisit un journal posé sur un guéridon, l'ouvrit et lut :

— « Qu'il se dise Français toutes les fois qu'il conçoit l'espérance de troubler sa patrie au profit de ses projets, et citoyen de Thurgovie quand le gouvernement de sa patrie veut prévenir le retour de ses criminelles tentatives », voilà ce qu'écrit, en bonne logique, l'ambassadeur de France, compléta Axel.

— En tout cas, nous allons vers une épreuve de force. Il serait cocasse que la France et la Suisse en viennent aux armes. Une division française fait mouvement vers la frontière suisse, sans doute pour intimider les Genevois, dont on dit qu'ils sont prêts à opposer un refus catégorique à l'exigence française, précisa Claude.

Au cours des jours suivants, la note du duc de Montebello provoqua une vive agitation dans la Confédération. On vit même circuler des pétitions, portant des milliers de signatures, pour exiger « une résistance énergique aux prétentions de la France ». La Diète fédérale, bien embarrassée par la demande française, commença par nommer une commission qui fut chargée d'examiner le cas Louis Napoléon. Les commissaires, divisés entre partisans et adversaires du prince, incapables d'arrêter une attitude commune, décidèrent de ne rien décider et renvoyèrent l'affaire à l'Etat de Thurgovie. Ce dernier, par la voix de son député à la Diète, fit savoir que le Grand Conseil du canton repoussait, de la manière la plus positive, la demande tendant à ce que le prince quittât le territoire de la Confédération, « vu que Louis Napoléon Bonaparte a obtenu le droit de bourgeoisie dans le canton de Thurgovie, et qu'en suite de la naturalisation qu'il a acceptée et d'après la Constitution de l'Etat de Thurgovie et la législation française, il n'est et ne peut être que citoyen de Thurgovie ». Les députés à la Diète de Genève et de Vaud, MM. Jean-Jacques Rigaud et Charles Monnard, furent aussi d'avis de repousser la demande française.

L'intervention du Vaudois Charles Monnard, homme sage et résolu, fut particulièrement appréciée. « Il n'y a personne en Suisse qui sympathise, ni avec la personne de Louis Napoléon ni avec ce qu'il veut appeler fastueusement sa cause. Nous n'avons ici aucune affection personnelle mais il faut voir, derrière l'homme dont on nous demande l'expulsion, une cause ; la cause, c'est la volonté d'abaisser la Suisse ; l'occasion, on l'a fait naître, et si celle-ci échappait, on en aurait bientôt trouvé une autre pour se plaindre de nous. N'attendons pas qu'on ait trouvé un motif fondé de plainte. »

« Il s'agit pour la Suisse d'être ou de n'être pas ; pour la nation, il n'y a pas d'honneur sans indépendance. Si nous cédons, si nous obéissons aux ordres de la France, nous continuerons peut-être de végéter, mais nous n'existerons pas. »

« Pour la France, la question est de peu de gravité, en proportion de ce qu'elle est pour la Suisse. Or, si la Suisse résiste, fondée sur son droit, la France, la grande nation, voudra-t-elle écraser un petit peuple qui se refuse à céder à des exigences qu'il trouve injustes ? »

« Nous devons, avec toute la fermeté possible et en même temps avec la plus grande modération, repousser la demande de la France. Et cette demande, nous la repousserons tous également, ceux qui regardent Louis Napoléon comme citoyen suisse et ceux qui ne voient en lui qu'un étranger, placé sous la protection du droit d'asile. Céder aujourd'hui, ce serait se résoudre à céder toujours. »

Le vote ayant fait apparaître, à la Diète, une majorité de dix-huit cantons sur vingt-deux pour le rejet de la demande française, le Directoire fédéral fit savoir au duc de Montebello que la Suisse refusait d'envisager l'expulsion d'un de ses nationaux.

— Va-t-on aller jusqu'à la guerre avec la France ? demanda Elise à son mari, immédiatement mobilisable comme officier de l'élite.

— Louis Napoléon est un hôte encombrant, certes, et sa bourgeoisie thurgovienne, bien que réelle en regard du droit international, est plus honorifique que fondée, mais Charles Monnard a raison, quand il se place sur le terrain des principes. La souveraineté de la Suisse doit être affirmée, confirmée et défendue, même si la cause est douteuse, dit Axel.

En réponse au refus suisse, le gouvernement français s'estima convaincu « qu'après un peu trop de bruit, peut-être, la France finira par obtenir satisfaction, sans avoir besoin de recourir à la force », mais donna l'ordre de former des bataillons de guerre sans retard, à Lyon, Besançon et Belfort.

L'incident se développa jusqu'en automne, sujet de toutes les conversations, tandis que grandissait la menace d'un conflit, que tous les gens sensés qualifiaient de stupide, voire suicidaire.

Quand une dépêche de Paris, publiée par la *Gazette de Lausanne* le 28 septembre, révéla : « L'affaire de Suisse a vivement préoccupé les esprits à la Bourse. On commence à craindre un fort mouvement de baisse si la réponse de la Diète reste négative », les banquiers suisses se réjouirent. Les spéculateurs craintifs commençaient à convertir la rente française en actions étrangères disponibles sur les places de Zurich et de Genève.

Dans le même temps, on apprit, en Suisse romande, que douze mille soldats français cantonnaient dans le pays de Gex, que le préfet inspectait la frontière, escorté par une escouade de gendarmes. Le général Antoine Aymard qui, en 1834, avait sauvagement réprimé l'insurrection des canuts lyonnais, commandait cette armée, mobilisée contre la Suisse. Il venait d'adresser, aux troupes réunies dans les départements de l'Ain, du Jura, du Doubs et de la Haute-Saône, un ordre du jour belliqueux : « Soldats qui marchez les premiers, la cause que vous allez défendre est celle du bon droit et de l'honneur français ; le roi et la patrie ont les yeux fixés sur vous, soyez dignes d'eux en marchant toujours sur les traces de vos aînés et en continuant à maintenir dans vos rangs cette bonne discipline qui est le nerf de nos armées et qui fait gagner les batailles. » Ces rodomontades, destinées à impressionner ceux que le général français nommait « ses turbulents voisins », irrita fort les Genevois. Bien que peu enclins, dans leur majorité, à soutenir Louis Napoléon, dont M. James Fazy, qui tenait le neveu de Napoléon pour un vrai républicain, avait été l'actif complice dans l'affaire de Strasbourg, les membres du Conseil d'Etat et les syndics répondirent par une proclamation de refus et la mobilisation de la milice. Le canton de Vaud ne fut pas en reste et deux brigades vaudoises, commandées par le colonel Guiger de Prangins, se préparèrent à gagner Genève et la frontière française. On vit quelques foudres de guerre parader à Vevey.

Le lieutenant Métaz, rappelé avec l'élite, rencontra, rue de Lausanne, des citoyens en armes qui se rendaient chez le coutelier François Mayor pour faire affûter leur sabre. Il vit aussi des épouses en larmes escorter les mousquetaires de la première compagnie, en route pour Lausanne, tandis que d'autre miliciens, sans doute moins pressés d'en découdre, buvaient le coup de l'étrier place du Marché, en attendant l'ordre de départ.

Les Veveysans ignoraient encore la vanité de cette agitation guerrière. Dès le 20 septembre, en effet, le prince Louis Napoléon avait adressé une lettre au Petit Conseil et au Conseil d'Etat de Thurgovie, dans laquelle il déclarait qu'il quitterait de son propre mouvement le territoire de la Confédération, dès qu'il aurait reçu ses passeports pour l'Angleterre, via l'Allemagne. Cela, afin de prévenir des collisions qui pourraient résulter de la demande de son renvoi adressée à la Suisse par le gouvernement français. Le prince concluait ainsi son message : « En quittant, aujourd'hui volontairement, le seul pays où j'avais trouvé, en Europe, appui et protection, en m'éloignant des lieux qui m'étaient devenus chers à tant de titres, j'espère prouver au peuple suisse que j'étais digne des marques d'estime et d'affection qu'il m'a prodiguées. Je n'oublierai jamais la noble conduite des cantons qui se sont prononcés si courageusement en ma faveur et, surtout, la généreuse protection que m'a accordée le canton de Thurgovie restera profondément gravée dans mon cœur. »

« Il semble, publia la *Gazette de Lausanne* du 2 octobre, que ce qui a déterminé la décision du prince est l'information reçue de Paris qu'en cas de refus d'accéder à la demande de la France, l'occupation immédiate d'une partie de la Suisse était décidée et qu'à cet effet toutes les mesures étaient prises, de concert avec toutes les puissances. »

Le 5 octobre, le correspondant parisien de la *Gazette* rapportait : « Le *Journal des débats* s'empresse, ce matin, de déclarer au nom du ministère que l'affaire suisse est terminée, que le cabinet a obtenu ce qu'il demandait et que la retraite définitive de Louis Napoléon Bonaparte lui suffit. »

Ainsi, les miliciens helvètes regagnèrent leurs foyers, sans avoir à tirer leur sabre du fourreau. Qu'importe, on s'était senti bien ensemble, entre confédérés prêts à mourir pour Mère Helvétie, que la France avait toujours été autorisée à courtiser, jamais à étreindre.

La poussée de fièvre patriotique vécue par la Suisse au cours de l'automne prit fin, à Vevey, dans le temps des vendanges. Pour Axel Métaz, la récolte fut, cette année-là, médiocre, bien que ses vignes, comme la plupart de celles de Lavaux, eussent été épargnées par le pourridié, jusque-là contenu dans le vignoble de la Côte.

Les vignerons savent que la vigne a parfois de ces lassitudes, que n'expliquent pas toujours les fluctuations climatiques. Simon Blanchod, le défunt parrain d'Axel, pieux huguenot, supposait que le Seigneur entendait ainsi rappeler aux vignerons qu'en dépit de leurs soins, la nature, obéissant à son créateur, se montrait tantôt généreuse et docile, tantôt parcimonieuse et rétive. « Attention, la vigne est confuse », répétait Simon Blanchod, citant le prophète Joël. Axel, en bon Vaudois, savait combien est aléatoire la fortune du vigneron. Il admettait que la vigne, déjouant malicieusement les prévisions des plus expérimentés, ne livrât pas le bon cru promis par le grain, à moins qu'elle ne ridiculisât les Cassandre en donnant plus de meilleur vin que n'en peuvent contenir leurs tonneaux !

Plus que la modicité de la récolte, un malaise subit de Charlotte attiédit la joie des vendangeurs, lors du ressat traditionnel à Rive-Reine. Mme de Fontsalte, qui avait tenu à danser le picoulet, ronde endiablée qui demande du souffle et des jambes, quitta brusquement la farandole sur la place du Marché, fit trois pas vers un banc et s'effondra, sans connaissance. Alexandra, dont Charlotte venait de lâcher la main, ne perdit pas son sang-froid et courut prévenir Louis Vuippens qui bavardait avec Zélia, assise sur les marches de la Grenette.

Avant que le médecin fût près d'elle, Charlotte avait repris conscience et se plaignait d'une égratignure au coude, qu'elle s'était faite en tombant. Déjà, une servante de l'hôtel de Londres lui tendait un petit verre de lie, tandis qu'on l'aidait à s'asseoir.

Vuippens demanda aux gens de s'écarter, tâta le pouls de Mme de Fontsalte, lui demanda si elle respirait aisément, lui fit étendre le bras et voulut encore savoir si elle se sentait assez gaillarde pour marcher jusqu'à la maison de son fils.

Charlotte, ayant répondu qu'elle se sentait tout à fait bien et mettait son malaise sur le compte de la danse trop rapide pour elle, déclara qu'elle n'entendait pas quitter la fête.

— Très bien, dit Louis, mais restez tranquille. Le picoulet n'est plus de votre âge. Et allez, au moins, jusqu'à l'hôtel pour desserrer votre corset.

— Voyez-vous ce garçon, que j'ai vu naître et qui se mêle de mon corset ! lança Charlotte en riant.

Blaise de Fontsalte et Axel, qui se trouvaient de l'autre côté de la place, arrivèrent, eux aussi prévenus par Alexandra. La vue de sa mère plaisantant avec ceux qui l'entouraient rassura Axel mais non le général.

— C'est la troisième fois, depuis cet été, que votre mère perd connaissance après un effort. Vuippens lui a conseillé de ménager son cœur mais elle se croit inusable et n'en fait qu'à sa tête.

Comme le médecin approchait, Axel l'interpella :

— Pourquoi ne m'as-tu pas parlé des malaises de ma mère ? demanda-t-il, un peu sèchement.

— Parce qu'elle ne veut pas que l'on s'inquiète pour elle. Elle m'a défendu d'en parler à quiconque, dit le médecin.

En questionnant le général, Vuippens et Flora – elle avait été témoin de la première syncope de son amie –, Axel apprit que sa mère, peu après le voyage en Angleterre, s'était trouvée mal, à Lausanne, en arrivant sur l'esplanade de la cathédrale, en haut de la série des escaliers du Marché. Elle avait été victime d'un nouvel évanouissement après la conférence qu'elle avait donnée au Cercle des Dames de la rue de Bourg.

— Ton diagnostic ? demanda Axel, se tournant vers son ami.

— Usure du cœur, mon vieux. Ta mère est âgée de cinquante-sept ans. On lui accorde dix ans de moins et, comme tu sais, elle veille à ça. Mais son organisation interne est bien celle d'une femme de cinquante-sept ans qui ne veut rien céder à la vieillesse. Etant parfaitement ingambe, elle entend vivre comme à trente ans et, de surcroît, se sentirait déshonorée de reconnaître la fatigue inhérente à son activité mondaine. Lausanne est une cité faite de rues fortement pentues et d'escaliers qui éprouvent les cœurs faiblissants, expliqua Vuippens.

— Mais ces syncopes, ne peut-on les prévenir ? demanda Axel.

Blaise, qui dissimulait son inquiétude, intervint :

— Ces syncopes, elles ne les sent pas venir et, quand elle reprend conscience, elle trouve toujours de quoi expliquer ce qu'elle nomme ses vapeurs ! Le fait est que ces malaises ne laissent pas de trace, sinon une grande fatigue, qu'elle ne prend pas non plus en considération. J'essaie par tous les moyens de la forcer au repos mais elle n'est pas dupe de mes initiatives et me dit : « Les gens sont vieux quand on les traite comme des vieux ! » C'est sa phrase, conclut Blaise.

— Que peut-on craindre ? Ne me cache rien, ordonna Axel à Louis, dès que Fontsalte se fut éloigné pour rejoindre sa femme.

— Je crois que son cas relève assez exactement de ce que nous nommons, depuis peu entre médecins, le syndrome d'Adams-Stokes. C'est un ralentissement du pouls qui va jusqu'à la syncope et qui serait dû, si l'on en croit les deux médecins irlandais Robert Adams et William Stokes, qui ont étudié et défini ce syndrome, à des pauses ventriculaires, c'est-à-dire à un défaut de synchronisme entre les contractions des oreillettes et celles des ventricules.

— Mais est-ce un risque mortel ? voulut savoir Axel.

— Eh bien, ta mère risque de ne pas revenir d'une syncope si la pause ventriculaire se prolonge, mon pauvre vieux ! Tout à l'heure, son pouls a mis plusieurs minutes avant de redevenir normal et, je l'avais déjà constaté quand ton père m'a fait appeler après le dernier incident, ses pulsations restent lentes, trop lentes.

— Existe-t-il un remède à cela ?

— Nous disposons de stimulants cardiaques. Mais il faut les administrer au bon moment. Ta mère est censée ne pas se séparer d'une fiole que je lui ai donnée, mais je crains bien qu'elle ne la laisse dans un tiroir ! Elle est heureuse et se croit éternelle. Elle m'a dit l'autre jour : « Mon petit Louis, il n'y a que les gens malheureux qui meurent du cœur ! Moi, je suis heureuse. »

— Belle et riche nature que celle de ma mère, non ?

— Si elle doit, un jour, rester dans une syncope, ce qu'on va tout de même essayer de lui éviter, elle passera du bonheur de vivre dans l'inconnu de la mort, sans même s'en apercevoir, Axel. C'est une grâce que nous devrions à tous nous souhaiter, conclut le médecin en entraînant son ami vers un buffet où l'on servait le vin de la commune, qui ne valait pas celui de Belle-Ombre.

Mme de Fontsalte, que son fils observait maintenant d'un regard différent, se laissa convaincre par Flora de renoncer à l'organisation de la traditionnelle fête de famille, en fin d'année, à Beauregard. Celle-ci eut lieu chez les Ribeyre de Béran et fut une réussite. Le seul incident que l'on retint fut le fait de Martin Chantenoz. Deux fois, au cours du repas, le vieux professeur renversa son verre en tentant de le saisir. On mit cela sur le compte de sa maladresse proverbiale mais Aricie s'abstint d'en sourire comme les autres convives. Un peu plus tard, elle se confia à Axel. La vue de son mari baissait de mois en mois. Elle devait maintenant lui faire la lecture et écrire sous sa dictée, aucun verre de lunettes n'étant assez puissant pour lui assurer une vision suffisante.

— L'ophtalmologiste que nous avons vu à Genève, sur le conseil de Louis Vuippens, est assez pessimiste. Mon pauvre Martin encourt une cécité complète. Si, tout à l'heure, il a renversé son verre et posé son pain dans son assiette et non sur la table, c'est parce que son regard est devenu trouble, expliqua Aricie.

— Ce que vous me dites me peine beaucoup. Je n'imagine pas que mon vieux maître, dont j'ai souvent plaisanté la myopie, devienne aveugle. Ne plus lire, ne plus écrire ! Ce doit être pour lui un vrai malheur.

— C'est pourquoi il hésite, bien qu'il en ait fort envie, à accepter le cours de philosophie que lui propose le principal de la pension Sillig. C'est un établissement très huppé et on laissera toute liberté à Martin pour enseigner ses théories esthétiques qui, vous le savez, n'ont pas toujours eu l'heur de plaire à l'Académie !

— Il doit accepter, Aricie ! Son immense savoir est dans sa tête. Il n'a pas besoin de notes pour donner un cours et sa parole a toujours captivé ses auditeurs, dit Axel, bien certain que son mentor tomberait dans une noire mélancolie s'il cessait toute activité pédagogique.

— Parlez-lui ainsi, Axel. Il vous aime comme un fils et n'attend qu'un encouragement de votre part pour rendre sa réponse au principal de Bellerive, conclut Mme Chantenoz.

L'institut Bellerive, plus connu comme pension Sillig, fonctionnait depuis peu à Vevey. Son fondateur, Edouard-Frédéric Sillig[1], originaire de Frankenthal, en Saxe, avait fait des études de théologie à Meissen, avant d'opter pour l'enseignement. Professeur à l'institut Venel, à Orbe, puis au collège de Champel, à Genève, où Chantenoz l'avait connu, il avait fondé, dès 1836, une école à La Tour-de-Peilz. Le succès rencontré par son enseignement l'avait bientôt incité à louer la propriété Bellerive, dans le quartier de l'entre deux villes. Des parchets de vigne entouraient la belle maison de maître que M. Sillig avait

1. 1804-1871.

transformée en internat, afin d'accueillir des pensionnaires. A l'ouverture des cours, en 1836, l'établissement n'avait reçu que deux inscriptions, mais, très vite, la réputation du pédagogue n'étant plus à faire, les élèves s'étaient présentés. L'institut connaissait un tel succès, depuis la rentrée 1838, que M. Sillig devait loger les internes chez des particuliers, dans les maisons voisines de Bellerive. Les premiers collégiens avaient été des Vaudois, mais les fils de riches étrangers constituaient maintenant la majorité des pensionnaires.

Agé de trente-quatre ans, Edouard Sillig appliquait dans son institut la fameuse maxime de Juvénal *mens sana in corpore sano*[1] et exigeait de ses élèves la pratique des sports dont le pédagogue se faisait le promoteur : gymnastique, canotage, natation, excursions pédestres en montagne, aux rochers de Naye ou à la dent de Jaman, et, l'hiver, concours de luge. Telles étaient les activités physiques imposées à des garçons dont Sillig s'engageait à faire non seulement l'instruction mais aussi l'éducation, au sens large du terme. Dans l'ambiance, à la fois libre et studieuse, d'un collège anglais, se formait une élite : des gentlemen à la mode suisse[2]. La devise de M. Edouard, comme l'appelaient les élèves, résumait sa philosophie : « L'homme le plus heureux est celui qui a suffisamment de volonté pour faire tout le bien qu'il a résolu de faire. »

1. Ame saine dans un corps sain.

2. Entre 1838 et 1871, la pension Sillig compta parmi ses élèves le baron Albert de Dietrich, futur maître de forges à Niederbronn; Geoffrey Wedgwood, de la famille du célèbre porcelainier anglais; Ernest et Charles Baedeker, de Coblenz, fils de Karl, l'éditeur de guides de voyage; John Pierpont Morgan, futur banquier new-yorkais; les princes Louis et Victor-Napoléon, petits-fils de Jérôme Bonaparte. Comme ses oncles, Auguste et Leopold, l'écrivain Guy de Pourtalès fut, lui aussi, pensionnaire à l'institut Bellerive, de 1893 à 1897. Dans son journal de 1881 à 1912, publié sous le titre *Chaque mouche a son ombre* (Gallimard, Paris, 1980), il brosse un tableau sans complaisance de ce pensionnat cosmopolite. A la mort d'Edouard Sillig, en 1871, l'un de ses fils, Edwin (1844-1934), lui succéda à la tête de l'institut, qui fut, plus tard, transféré à Villars-sur-Ollon. Il semble que l'établissement ferma ses portes au cours de la Première Guerre mondiale.

Encouragé par Axel et Louis Vuippens, le professeur Chantenoz accepta la chaire offerte à Vevey et s'en trouva fort satisfait.

Au commencement de l'année 1839, Martin, qui devait maintenant se déplacer une canne à la main, avait déjà suscité chez ses élèves allemands, américains, italiens et suisses, un certain intérêt pour la réflexion philosophique. A ces fils de gens fortunés, cocolés, comme disent les Vaudois, par des mères faibles et que des pères, conscients de l'insignifiance, parfois de la veulerie de leur rejeton, exilaient chez Sillig avec l'espoir qu'on leur ferait « sentir le mors », Martin Chantenoz proposait des principes simples et clairs, offrait des perspectives séduisantes pour l'esprit, éveillait chez les paresseux assez de curiosité pour qu'ils se décident à ouvrir des livres autres que des romans libertins. Fidèle à l'atticisme qu'il avait enseigné à plusieurs générations d'étudiants, le professeur était plus à l'aise dans cette coûteuse pension que dans un collège soumis à la férule des pasteurs. Il enseignait un humanisme qui l'eût fait accuser d'athéisme en proclamant avec Protagoras : « L'homme est la mesure de toute chose » et en assenant à ses élèves le principe socratique suivant lequel chaque individu doit trouver sa vérité en lui-même. Dans le même temps, il initiait les garçons à la richesse des textes grecs et latins, à la beauté inégalée de la statuaire antique. Il s'appliquait, pour ces enfants de grands bourgeois – chez qui fleurissaient les amitiés particulières, quand ils ne s'adonnaient pas à l'onanisme, travers que l'on préférait ignorer, aussi bien dans les familles qu'au collège –, à déculpabiliser le corps par la maîtrise des instincts, à maintenir en tout comportement le respect de soi-même et de l'autre. Mettant l'intime dignité de l'être au-dessus de tous les plaisirs, il démontrait aussi, à travers ses penseurs préférés, qu'il n'est point nécessaire d'être austère pour être sage ni de se mortifier pour bénéficier de la bienveillance de Dieu. Il aurait plutôt dit « des dieux », mais la tolérance dont jouissait son enseignement peu orthodoxe connaissait, même chez Sillig, des limites.

Au bout de quelques mois, les plus doués de ces héritiers présomptifs d'affaires prospères ou de fortunes établies reconnaissaient la frivolité, l'égoïsme, souvent la niaiserie, du comportement des privilégiés. Certains de ces garçons, venus s'asseoir sans enthousiasme sur les bancs de l'institut et qui n'attendaient, depuis le lendemain de leur arrivée, que le moment de quitter Bellerive pour retrouver le confort et les jouissances réservés à ceux de leur caste, découvraient que la vie peut offrir des perspectives plus exaltantes que chausser les bottes de son père.

Jamais le mentor d'Axel n'avait été aussi libre de développer sa pensée, jamais son enseignement n'avait été aussi inspiré, aussi charpenté, aussi fécond. Le jour où il fit à ses élèves un cours sur Rabelais, qu'il conclut en disant que le rire, « le propre de l'homme », est une voie d'accès au divin, certains maîtres trouvèrent le propos osé, mais dix garçons, le même soir, s'offrirent à raccompagner chez lui ce maître à la vue déficiente.

En mars 1839, quand on apprit, chez les Fontsalte, qu'en France les élections avaient été favorables à l'opposition, qui venait d'envoyer à la Chambre deux cent quarante-sept députés, alors que le parti du gouvernement n'obtenait que deux cent vingt et un sièges, Blaise prédit de mauvais jours pour Louis-Philippe. La chute du ministère Molé, qui avait succombé aux attaques de Guizot et de Thiers, et un coup de main tenté, le 12 mai, contre l'Hôtel de Ville et la Conciergerie par quelques artisans du faubourg Saint-Antoine conduits par Augustin Blanqui et Armand Barbès, révolutionnaires combatifs déjà plusieurs fois condamnés, confirmèrent ses prévisions. La seule victime de cette émeute sans lendemain ayant été un jeune officier, le lieutenant Drouineau, Blaise et Ribeyre stigmatisèrent l'action de Barbès, riche créole, et de son ami Blanqui.

— Ce ne sont pas de vrais républicains mais des insensés, qui font bon marché de la vie des innocents pour tenter d'imposer des idées dont la pureté, croyez-moi, Axel, est sujette à caution, dit le général Fontsalte.

Attachés à l'âpre loyauté des combats, comme la plupart des nobles devenus soldats de l'Empire, les derniers de la chevalerie méprisaient les terroristes et les fauteurs de troubles.

Les Veveysans, peu préoccupés par les récents événements parisiens, eurent, ce printemps-là, matière à se réjouir. Avec le legs important que venait de faire à Vevey un de ses enfants, M. Vincent Perdonnet, la municipalité allait recevoir de quoi poursuivre les embellissements de la cité. L'ancien agent de change avait fait fortune à Paris mais ne s'était jamais désintéressé de sa ville natale. A l'âge de soixante et onze ans, ce financier, important actionnaire des chemins de fer construits en France, avait tenu, dans une lettre adressée à la municipalité de Vevey, un discours plein de noblesse et de mélancolie.

« Ai-je été choisi par la Providence pour faire les adieux de ma famille à cette cité qui lui fut si chère! Si aucun de ceux qui me survivront ne doit habiter au milieu de vous, chers Concitoyens, qu'au moins je ne meure pas avant de vous avoir laissé un témoignage non équivoque de mon attachement; qu'au moins j'emporte dans le tombeau la douce pensée d'avoir été utile à ceux que j'aimai toujours comme des frères. » Ce témoignage était un legs de cent soixante mille francs de Suisse, accepté, au nom de la municipalité, le 18 avril 1839, par M. F. Couvreu, syndic, en présence du notaire F. Dupraz et de M. H. Morier, secrétaire de la municipalité.

Cette donation authentique se composait d'une grande maison dite « des pressoirs » sise à Vevey, rue des Terreaux, de trois belles vignes, de plusieurs prés et de traites sur des établissements financiers de Paris. Le capital devant, selon le vœu du donateur, « rester intact », c'était une rente annuelle de plus de cinq mille francs dont disposerait la municipalité, pour effectuer, au cours des années à venir, des travaux et aménagements dont M. Perdonnet avait tenu à établir personnellement la nomenclature.

Le syndic devrait veiller à ce que les rues soient toujours propres et dégagées, que soient régulièrement balayées les promenades et la place du Marché. Il faudrait maintenir les horloges « en parfait état, en exigeant qu'elles soient réglées sur le temps moyen et qu'elles ne le soient jamais sur le temps vrai ». On devrait veiller à ce que l'ordre règne sur les foires et marchés, à ce que les rivages du lac soient partout d'un accès facile et jamais encombrés. Il conviendrait de désigner un autre lieu que celui dit derrière l'Aile, pour permettre « le lavage à grande eau du linge des lessives ». Le mieux serait de construire une buanderie publique, avec séchoirs et étendages. M. Perdonnet, s'inspirant des Romains, demandait également l'érection de colonnes milliaires, de « bancs-reposoirs couverts », pour les promeneurs, de « poteaux à bras indicateurs des lieux où conduisent les chemins vicinaux ». Il proposait la démolition de la porte orientale de la ville, la création de bouteroues, « proprement taillés en pierre dure », pour protéger de l'agression des chars et voitures les bâtiments et les piétons ; la construction d'une glacière municipale, où chacun viendrait s'approvisionner en glace ; d'un bâtiment où les noyés pourraient « recevoir des secours prompts, utiles et efficaces » ; de « bains-froids publics à établir sur les bords du lac », d'un « grand réservoir général des eaux, destiné à l'alimentation des fontaines publiques ».

Dans sa lettre de donation, M. Perdonnet s'intéressait, aussi, au clocher de la Grenette « dont l'horloge ne marche peut-être aussi irrégulièrement, que parce qu'elle repose sur le bois ». Il conseillait de l'abattre « quand on aura adopté un plan nouveau de cette façade du bâtiment, et de le rétablir, s'il est jugé nécessaire ». Les Veveysans, qui avaient déjà bénéficié, dans le passé, des largesses occasionnelles de l'agent de change, notamment lors de la fête des Vignerons de 1833, quand il avait invité à une gigantesque collation huit cents figurants, portaient une grande estime à M. Perdonnet. Cependant, le fait qu'il veuille araser le clocher de la Grenette et qu'il doutât de l'utilité d'une horloge, certes versatile, mais qui réglait la vie des Veveysans depuis 1808, suscita quelque grogne aux alentours de la place du Marché.

Une autre exigence du donateur fit sourire et donna lieu à discussions passionnées. Le changement des noms de rues et un nouveau numérotage des maisons. M. Perdonnet demandait de « substituer aux noms, la plupart bizarres, des rues, des noms en quelque sorte immuables, des noms topographiques, tels que ceux-ci : rue du Lac, promenade du Rivage, rue d'Italie, rue du Simplon, rue de Lausanne, ou bien des noms qui rappelleraient d'anciennes limites, d'anciennes destinations de la localité, comme seraient : rue des Anciens-Fossés-de-la-Ville, place de l'Ancien-Port[1]. »

1. Ce sont les noms qui désignent, aujourd'hui encore, la plupart des rues de Vevey.

Après avoir proposé quantité d'autres appellations, M. Perdonnet ajoutait : « On s'interdira de la façon la plus absolue et sans aucune exception [ce dernier membre de phrase était souligné] les noms de personnes, ceux qui seraient tirés de circonstances politiques ou religieuses, ceux qui, de leur nature, seraient sujets à changer, par suite de révolutions, ou qui pourraient, dans d'autres temps et sous l'influence d'autres opinions, réveiller des impressions fâcheuses. Cette exclusion est de rigueur et j'y attache une grande importance », concluait le donateur[1].

A Rive-Reine, on passa une soirée à inventer des noms de rue, par manière de plaisanterie. Les vieux Veveysans, comme Chantenoz, trouvaient un peu impertinentes les exigences de M. Perdonnet.

— Cet homme est un vaniteux. Il veut marquer la postérité de son empreinte, dit-il.

— Afin qu'on dise, dans un siècle ou deux : « C'est M. Perdonnet qui a fait ceci et cela », renchérit Elise.

— En Amérique, les rues ne sont généralement désignées que par des numéros, je trouve ça commode et anonyme, dit Régis Valeyres.

— Tu parles comme le comptable que tu es. Rien n'est aussi triste et sec qu'un chiffre. Et puis toutes les villes seraient pareillement numérotées et perdraient leur personnalité. Ce serait la fin du terroir. Perdonnet a raison. Encore que j'aurais bien imaginé une rue Louis-Vuippens, médecin dévoué, une rue Martin-Chantenoz, poète et philosophe, dit Louis en riant.

— Eh bien ! moi, je trouve que Perdonnet est un sage. Les noms qu'il propose, inspirés de la topographie, sont évocateurs de notre cité et d'aucune autre. Et je suis, comme lui, partisan de ne jamais utiliser des noms de personnes. Là est la vanité des familles que dénoncent Martin et Elise, déclara Axel.

1. Cette volonté ne fut pas respectée. Plusieurs rues de la ville ont été nommées d'après des personnalités, comme la pianiste Clara Haskil, le peintre Steinlen, le pasteur Ceresole. M. Vincent Perdonnet a donné, malgré lui, son patronyme au quai-promenade qui va de la place du Marché au jardin Sina, du nom d'un autre bienfaiteur de Vevey.

Au lendemain de la Saint-Jean, Axel dut se rendre à Genève, pour témoigner, devant un magistrat, qu'il ne s'opposait pas, en tant que parrain d'Alexandra, à l'adoption de l'orpheline par M. et Mme Pierre-Antoine Laviron.

Dans une cité où régnait encore le seigneur Barrême, dénoncé autrefois par Voltaire[1], où l'on calculait au plus juste, avec une méfiance calviniste de la dépense futile, où le goût atavique du profit l'emportait parfois sur la charité, on ne parlait que du nouvel impôt sur la fortune, institué par la loi du 8 juin 1838 qui venait seulement d'entrer en application le 31 mai[2]. Rue des Granges, à la Corraterie et dans les rues basses, on commentait, en attendant son tour, la convocation, par la Chambre des comptes, des citoyens que cette institution estimait possesseurs d'une fortune au-dessus de cinq mille francs. Bien que depuis longtemps annoncé, l'événement agaçait.

Pierre-Antoine Laviron mit Axel au fait des dispositions d'une loi qui, bien qu'elle touchât directement les patriciens, ne lui paraissait pas aussi injuste que le disaient, à mots couverts, les gens de sa classe.

— Après tout, reconnut Pierre-Antoine, si l'on veut que le gouvernement ait les moyens financiers d'acheter de nouveaux fusils pour notre milice, d'entretenir les fortifications, d'assainir les rives du lac, de percer de nouvelles voies, d'améliorer la distribution d'eau, d'éclairer nos rues au gaz de houille, comme à Londres et Paris, il faut bien que nous participions à l'effort financier. Et cela, d'autant plus gracieusement que l'hôtellerie, le commerce, la banque et la Fabrique seront les premiers bénéficiaires d'une meilleure sécurité et des embellissements de la ville.

1. Il écrivait de Genève : « On y calcule et jamais on y rit. L'art de Barrême est le seul qui fleurit. « *La Guerre de Genève*, poème burlesque écrit en 1767 et que Voltaire, alors âgé de soixante-treize ans, voulait confidentiel. Le manuscrit, volé, fut diffusé, à Genève et à Paris, par La Harpe, poète protégé du philosophe, avec la complicité de Mme Denis, nièce et maîtresse de Voltaire.

2. *Recueil authentique des lois et actes du gouvernement de la République de Genève*, tome XXIV, année 1838, imprimerie G. Fick, rue de la Corraterie, Genève.

Le calcul de cet impôt sur les fortunes, aussi nommé taxe des Gardes, pour les besoins de la cause civique, tenait compte aussi bien de la valeur des propriétés ou de leur usufruit que des baux, loyers, rentes, legs, successions, transmissions, etc. Le texte que le banquier mit sous les yeux de son ami était clair :

« Toutes les fortunes au-dessus de cinq mille francs sont soumises à une taxe, destinée spécialement à pourvoir aux dépenses que nécessite la sûreté de l'Etat : à cet effet, elle est nommée taxe des Gardes.

« Tous les Genevois y sont soumis.

« Les parents de cinq enfants en sont exemptés du tiers, tant qu'ils ont les enfants à charge. Les parents de huit enfants sont exemptés des deux tiers.

« Les étrangers, domiciliés depuis plus d'un an à Genève, y sont soumis aux mêmes conditions s'ils possèdent plus de cinq mille francs et exercent une activité lucrative. »

Il était précisé que la taxe serait « levée sur tous les biens des contribuables en quelques lieux qu'ils existent ». Etaient exemptés dans l'évaluation des biens : les outils de travail, les collections relatives aux arts et aux sciences, les meubles meublants et les immeubles situés dans le canton.

L'article 303 de la loi apportait un léger correctif : « Tout individu, dont la fortune ne dépasse pas cinquante mille francs, ne paye rien sur les premiers cinq mille francs. Il paye un demi pour mille sur l'excédent. »

L'article 304, en revanche, inquiétait les Genevois. Pour des gens qui ne font pas étalage de leur fortune, ne révèlent jamais le montant de leurs avoirs, même aux plus intimes, trouveraient impudent qu'on osât y faire allusion, ne cherchent pas à connaître les comptes des autres, sauf s'ils doivent, en affaires, s'assurer de la solvabilité d'un client, la procédure présentait de forts risques d'indiscrétion et, pour certains, un caractère franchement inquisitorial.

« La taxe des Gardes sera reçue par deux membres du Conseil d'Etat désignés par ce corps », avaient décidé les législateurs. Certes, on entendait offrir aux contribuables quelques garanties sur le sérieux, la réserve et l'impartialité des percepteurs. « Avant d'exercer leurs fonctions, les Conseillers désignés prêteront serment de garder le secret le plus absolu sur les paiements dont ils auront eu connaissance, et de ne laisser percer, en aucune manière, leur opinion sur la suffisance ou l'insuffisance des dits paiements, dans leur rapport avec la fortune présumée des contribuables », précisait la loi. Cette dernière exigence paraissait des plus justifiées dans une ville où « de 1600 à 1775, les deux cent trente-deux personnes qui firent partie du Petit Conseil appartenaient à quatre-vingt-dix familles[1]. »

— Dans notre vieille société genevoise, tout le monde connaît tout le monde et je comprends que nos concitoyens répugnent à faire confidence de leur fortune à des gens qu'ils côtoient tous les jours au cercle, rencontrent en ville, au théâtre ou dans les salons, admit Pierre-Antoine.

— La loi fait cependant confiance aux contribuables pour estimer eux-mêmes leur fortune et calculer leur impôt, fit observer Axel.

— Puis, il lut : « C'est en présence seulement des deux conseillers d'Etat désignés que les citoyens convoqués par la Chambre des comptes déclareront à haute voix et signeront au registre, que sur leur honneur et conscience, la somme qu'ils vont déposer en argent ou en billets est égale ou supérieure à celle qu'ils doivent payer en vertu de la présente loi. »

Et le législateur, soucieux d'éviter les marchandages, ajoutait :

— « Les susdits conseillers d'Etat prendront connaissance du montant des sommes apportées par les contribuables, auxquels cependant ils ne pourront faire aucune observation. »

Quant aux sommes payées, elles seraient « incontinent versées dans un coffre fermé par deux serrures, dont une des clefs restera entre les mains du syndic, président de la Chambre des comptes, l'autre dans celles du Procureur général ».

Comme il fallait aussi décourager les tricheurs, l'article 310 constituait une menace pour ceux qui tenteraient de se dérober. Ils seraient « taxés définitivement par une commission, composée de neuf membres pris au sort dans le Conseil représentatif et les membres du Conseil d'Etat ». Ainsi, toute la ville apprendrait ce que les avaricieux mauvais citoyens voulaient dissimuler !

1. *Une ville-église, Genève, 1535-1907*, Georges Goyau, Librairie académique Perrin et Cie, Paris, 1919.

Pierre-Antoine donna ensuite un aperçu des éléments constitutifs de l'impôt. D'abord, tous les Genevois domiciliés dans le canton et les étrangers établis depuis plus d'un an avaient à payer une taxe dite personnelle de trois francs vingt-cinq centimes par an.

Dans le calcul de la contribution, la loi entendait que l'on tînt compte, aussi, du train de vie. Ainsi, les gens ayant des domestiques devaient payer quatre francs pour le premier; dix francs pour le deuxième; quinze pour le troisième, ensuite sept francs de plus par domestique supplémentaire. Et, pour tous les foyers « où le nombre des domestiques dépasse celui des maîtres », la taxe serait de moitié plus forte. Les chars et voitures étaient également taxés : sept francs par voiture à un cheval, quatorze par voiture à plus d'un cheval. Et le barème précisait : « Si la voiture est suspendue : douze francs par voiture à un cheval, vingt-quatre francs par voiture de plus d'un cheval. Etait considéré comme "suspendu" tout char ou voiture sur ressorts. »

En revanche, les propriétaires de voitures qui habitaient toute l'année la campagne ne payaient que demi-taxe. Un impôt frappait également les billards : soixante-dix francs pour un billard installé dans un lieu public, tel un café; quarante-six francs s'il appartenait à un cercle privé.

La Fabrique n'était pas épargnée par le fisc. L'impôt annuel sur les maisons de commerce allait de dix-huit à soixante-treize francs et sur les maisons d'orfèvrerie de sept à vingt-sept francs. Un établisseur payait de trois francs soixante-dix centimes à dix-huit francs, un chef d'atelier trois francs dix centimes, un guillocheur trois francs soixante-dix centimes.

Tout marchand horloger, bijoutier ou orfèvre, ayant des ouvriers, devait acquitter, chaque année, une taxe de « quatre-vingts centimes pour ceux sur l'or, quarante centimes pour ceux sur l'argent ».

Les deux hommes commentaient encore le bien-fondé de cet impôt quand Alexandra entra en coup de vent dans le salon et se jeta au cou de son parrain.

— D'où viens-tu, ainsi essoufflée? demanda Axel, abandonnant sa main à la jeune fille qui s'assit, désinvolte, sur l'accoudoir du fauteuil qu'il occupait.

— On m'a dit à la banque que tu étais ici, alors je me suis dépêchée de rentrer... Est-ce que tu dors ici ce soir?

Restes-tu avec nous, demain ? Je ne t'ai pas vu depuis les vendanges... et comment va ta maman ? Son cœur ?

La volubilité de sa filleule amusa Axel. Alexandra, maintenant grande et belle fille, semblait habitée par une extraordinaire force vitale.

— Tu viens de la banque ! s'étonna M. Métaz.

— J'y vais chaque après-midi, pour lire les dépêches de nos correspondants étrangers et les bulletins des agents de change. C'est très instructif, sais-tu !

— Alexandra se prépare à entrer dans la banque, Axel. Elle sera mon associée dès qu'elle aura atteint la majorité légale, puisque son adoption est maintenant légalisée, intervint Pierre-Antoine.

— Oui, parrain. Dans trois ans, on appellera la banque Banque Laviron, Cottier, Cornaz et compagnie. Le matin, j'assisterai au chapitre, dit-elle, enthousiaste.

Axel Métaz nota que la jeune fille usait déjà du terme par lequel les associés désignaient la réunion du matin, au cours de laquelle ils décidaient, entre eux et sans témoins, des arbitrages.

Imaginer sa filleule en banquière, sans doute la première femme dans cette profession, à Genève, lui parut de la plus haute fantaisie. « Dans trois ans, elle aura changé d'avis, de goûts », se dit-il, pour se rassurer. « Elle sera peut-être même mariée et mère de famille », pensa-t-il encore, cette fois avec un certain déplaisir.

Pendant que le banquier traversait le salon pour tirer le cordon qui convoquait les domestiques, Alexandra prit son parrain par le cou, lui donna un baiser sur la tempe et lui murmura à l'oreille :

— Si tu m'emmenais, demain, pique-niquer à Mon-Repos ? On serait tous les deux. Tu verrais la belle demeure à l'italienne que les Anglais nomment Perle du lac[1] et que tous les Genevois admirent. Elle a été

---

1. Erigée en 1830, au milieu d'un parc splendide, au bord du lac, sur la commune de Sécheron, la villa Bartholoni devint, en 1926, propriété de la Société des Nations. Elle abrite aujourd'hui le musée d'Histoire des sciences. Dans son livre *Bâtir la campagne, Genève 1800-1860* (Genève, 1988), Leila El-Wakil révèle tout des origines, de la construction et de l'histoire de la Perle du lac, ainsi qualifiée par l'Anglais Wilsdorf, de passage à Genève.

construite pour M. Bartholoni, le grand financier. C'est lui qui a fondé le conservatoire de musique et j'ai joué devant lui, il y a peu. Il fait si beau, et puis j'ai quelque chose à te montrer, ajouta-t-elle, câline.

Axel consentit et Alexandra disparut, tandis que le valet entrait avec un plateau pour servir l'apéritif.

— Que fait-elle de ses journées, depuis qu'elle a achevé ses études à l'Ecole supérieure de jeunes filles ? demanda Axel à Pierre-Antoine.

— Vous savez que le Collège et l'Académie ne reçoivent que des garçons. Alors, les filles qui veulent devenir savantes doivent trouver à s'instruire seules ou presque. Alexandra a un précepteur, professeur de philosophie et d'esthétique à l'Académie. Ce cumul est possible depuis que la loi sur l'Académie de Genève a ôté à la vénérable Compagnie des pasteurs toute influence sur l'instruction publique. Ce professeur guide donc ses études et organise des rencontres avec les maîtres les plus qualifiés dans les matières que votre filleule veut posséder à fond, les mathématiques, la haute comptabilité, ce qu'on appelle aujourd'hui la géographie politique, les sciences, qui apportent le progrès, etc. Certains de nos savants donnent aussi des cours publics, comme Marc-Auguste De la Rive, le physicien, ou Alphonse de Candolle, botaniste comme son père, notre célèbre Augustin Pyramus. Alexandra ne manque pas un cours, non plus que les conférences de la Société de Lecture. Et puis, elle a son piano. Elle lui consacre trois heures chaque jour. Elle ne va plus au conservatoire que pour chercher des partitions ou visiter ses anciens professeurs qui avouent, eux-mêmes, n'avoir plus rien à lui apprendre, expliqua avec fierté Pierre-Antoine.

— Et comment se distrait-elle ? voulut encore savoir Axel.

— Elle recherche peu les distractions, sinon les concerts et l'opéra, quand on en donne. Elle aime courir la campagne, monter au Salève et se baigner aux bains de l'Arve avec Zélia, qui lui apprend à jouer du couteau comme un apache, sous prétexte qu'une jeune fille doit pouvoir défendre elle-même sa vertu ! Et puis, comme c'est la coutume dans nos familles, Alexandra a sa société du dimanche. Elle reçoit ici ses amies, des jeunes filles dont nous connaissons bien les parents. Ces demoiselles jouent des comédies, font de la musique, déclament des poèmes, parlent anglais, boivent du thé et de l'orangeade et, j'imagine, échangent des confidences sur d'éventuels prétendants, compléta le banquier.

Le même soir, pendant le dîner auquel plusieurs amis des Laviron, agents de change, juristes, membres du Conseil représentatif, avaient été conviés, on abandonna vite le sujet de l'impôt sur la fortune pour aborder un thème plus inquiétant : l'augmentation constante du nombre des catholiques et des étrangers dans le canton de Genève.

— Le jour est peut-être proche, dit un avocat connu pour son attachement à l'Eglise nationale, où nous serons en minorité dans ce qu'on ne peut déjà plus nommer la Rome protestante.

— Et cet afflux continu d'étrangers est tout à fait gênant. Quand on traverse la ville, nous ne voyons que des figures qui ne sont pas d'ici et n'entendons que des langues impossibles à reconnaître, jeta Mme Laviron.

— Il y a deux ans, Marc-Antoine Fazy-Pasteur a proposé au Conseil représentatif un moyen de contrecarrer l'établissement des étrangers, de protéger nos traditions qui se perdent, mais sa proposition est restée lettre morte, constata une dame.

— Seul, Alphonse de Candolle a eu le courage de dire à haute voix au Conseil représentatif ce que tous les Vieux-Genevois pensent, rappela un membre de cette institution.

— Ah ! et qu'a-t-il dit ? demanda Axel, intéressé.

— Sa phrase s'est gravée dans mon esprit, monsieur. Il a dit : « Nous recrutons trop vite une population étrangère, qui ne nous convient pas dans toutes ses parties, qui ne s'amalgame pas assez avec les nationaux, qui nous jette dans une telle augmentation de délits et de paupérisme, et qui nous fait payer quelques avantages matériels par un abaissement de force intérieure et par un obstacle au développement intellectuel. » N'a-t-il pas raison ? conclut le magistrat.

L'approbation fut générale et on tomba d'accord pour que les autorités genevoises choisissent désormais les immigrants en fonction de leur comportement. Après maintes considérations, il fut admis que les Suisses venus d'autres cantons et les Allemands étaient des gens acceptables ; en revanche, il fallait tout faire pour décourager Savoyards et Français de s'installer à Genève !

Axel Métaz, bien que Vaudois, connaissait l'histoire de la république de Genève. Il eut envie de rappeler que ce furent autrefois des étrangers, les huguenots français notamment, qui initièrent les Genevois à l'horlogerie et fondèrent la Fabrique, que des huguenots lombards créèrent des banques, tandis que des huguenots savoyards enseignaient la vinification aux vignerons romands. Mais Axel se tut, peu soucieux d'allumer une controverse sous le toit de ses amis.

Il se rendait à l'appartement qu'il occupait maintenant chez les Laviron lors de ses séjours à Genève, quand une porte s'ouvrit sur son passage. Alexandra, en robe d'intérieur, apparut sur le seuil de sa chambre.

— Tout à l'heure, parrain, je t'ai promis de te montrer quelque chose. Veux-tu venir un instant ?

— Ce n'est pas une heure chrétienne pour rendre visite à une jeune fille, dit-il en entrant néanmoins dans la pièce.

Mme Laviron avait tenu à ce qu'Alexandra, « que Juliane eût aimée comme une petite sœur », occupât la chambre de sa défunte fille. Par un étrange lapsus, depuis l'installation de la jeune fille dans cette pièce contiguë à la salle d'études, la femme du banquier s'était surprise plusieurs fois, et non sans émotion, à appeler Juliane la filleule d'Axel. Anaïs, larmes aux yeux, s'était confessée à son mari de cette usurpation inconsciente qui la troublait profondément. Puis elle avait pris l'habitude, chaque fois que la chose arrivait, d'aller au cimetière mettre des fleurs fraîches sur la tombe de sa fille « pour se faire pardonner sa confusion ».

Alexandra, traitée comme la fille de la maison, jouissait d'un parfait bien-être et portait une affection sincère à ses parents adoptifs, évitant avec tact de trop s'immiscer dans les souvenirs de leur défunte fille.

Quelques jours avant la visite d'Axel, Anaïs Laviron, grave et cérémonieuse, avait remis à Alexandra les livres, des cahiers et des notes de travail de Juliane. « Puisque tu fais les mêmes études qu'elle, cela pourra te servir », avait-elle commenté.

Après avoir, en guise de préambule, rapporté ce qui précède à son parrain, Alexandra prit sur un guéridon un grand album, qu'elle ouvrit aussitôt.

— Vois ce que j'ai trouvé dans l'herbier de Juliane, que Manaïs m'a donné pour le continuer, dit-elle en tendant le livre ouvert à Axel.

Sur le feuillet présenté, il vit, fixées par une faveur, des fleurs séchées et reconnut aussitôt l'écriture de Juliane : « Pétales de la rose qu'Axel m'a offerte, à Vevey, le 19 avril 1828, jour où j'ai été marraine de la grande barque qui porte mon nom. Comme j'aurais voulu, ce jour-là, partir sous la voile latine, seule avec lui, pour une longue navigation. »

Sans un mot, Alexandra tourna la page et désigna la suivante. Là encore, sous une autre fleur, Juliane avait écrit : « Renoncule cueillie, le 11 juin 1831, aux Pâquis, le jour où Axel et moi, revenant de chez M. de Sellon, nous sommes baignés au lac, avant le pique-nique. Comme il était beau et je crois un peu troublé de me voir dévêtue, si près de lui. »

Axel, décontenancé et ému, resta un moment silencieux, ne sachant que dire. Ces fleurs décolorées, prêtes à tomber en poussière, lui révélaient soudain combien il avait été peu attentif à l'amour que lui portait Juliane.

Alexandra, devinant le serrement de cœur de son parrain, le prit par le cou tendrement.

— Elle t'aimait très fort, Juliane... et toi, l'aimais-tu aussi ?

— Je l'aimais bien, oui, dit Axel, ayant conscience, pour se dérober, de prononcer une banalité édulcorante.

— Si elle n'était pas morte à Paris, vous auriez pu vous marier, n'est-ce pas ? renchérit l'adolescente.

— Nous n'avions jamais évoqué ce sujet mais peut-être m'aurait-elle accepté pour mari, en effet, concéda-t-il.

— Et alors, tu serais devenu banquier... et très riche, parrain, conclut Alexandra en lui posant un baiser sur la joue.

La désinvolture de ce dernier propos n'était qu'un moyen pour rompre la gêne qu'Alexandra devinait chez Axel.

— Demain, tu veux toujours aller pique-niquer avec moi, aux Pâquis ? demanda-t-elle, soudain alarmée.

— Mais bien sûr. Pourquoi n'irions-nous pas ? Bonne nuit.

Quand elle se retrouva seule et porte close, Alexandra remit l'herbier en place. Elle s'endormit en pensant qu'une belle jeune fille avait été amoureuse de son parrain et qu'il l'aurait épousée plutôt qu'Elise. Elle envoya un baiser au portrait de Juliane, qui souriait, mélancolique et complice, dans un cadre tarabiscoté, suspendu au pied du lit.

Le lendemain, en fin de matinée, Alexandra parut rayonnante, plus femme que jamais, en toilette d'été. Elle avait choisi une robe bleu clair à pois blancs, dont l'ample décolleté dégageait les épaules. Très ajusté, le bustier mettait en valeur la minceur de la taille et les rondeurs jumelles des seins. La jupe ample, dite balayeuse, virevoltait à chaque enjambée. Enserrés dans la conque d'organdi d'une capeline, un visage aux traits fins, un regard à la fois sombre et radieux conféraient à cette orpheline la grâce et le mystère d'une héroïne romantique.

Elle fit atteler son cheval, un anglo-arabe à robe noire, au tilbury, la nouvelle voiture anglaise mise à sa disposition par son père adoptif. Zélia y chargea deux paniers couverts de torchons et un coffret à couverts. Refusant les rênes à son parrain, Alexandra prit le chemin de la rive droite, par le pont des Bergues. Cet équipage, léger et élégant, ne passa pas inaperçu. Il était rare, à Genève, qu'on vît une femme conduire une voiture rapide alors qu'un homme dans la force de l'âge se trouvait à son côté. Très droite sur son siège, le buste haut, les coudes levés, Alexandra drivait d'une main ferme un animal nerveux, dont elle se faisait obéir sans élever la voix.

— Je suis certain que les gens me prennent pour un infirme, remarqua Axel en riant.

— Les gens ! Nous n'allons pas nous soucier de ce qu'ils pensent. Le temps est magnifique ! Vois comme le lac est bleu et nous allons en promenade... comme des amoureux, lança-t-elle.

Ils remontèrent, au petit galop, le quai des Bergues, au milieu des passants désapprobateurs. A aucun moment, ni l'un ni l'autre ne fit allusion à leur conversation de la veille.

Après avoir admiré la belle villa de M. Bartholoni, dont l'avant-corps à quatre colonnes superposées et galerie s'élève au faîte d'un large escalier jusqu'au toit-terrasse, les promeneurs gagnèrent la berge des Pâquis. Alexandra, après un instant d'observation, désigna un grand saule.

— Là, nous serons à l'aise pour pique-niquer, dit-elle avec autorité. J'ai une faim de loup, ajouta-t-elle en engageant le tilbury sur la grève.

La jeune fille étendit sur le gazon couverture et nappe, puis tira des paniers le repas préparé rue des Granges.

— Ne sommes-nous pas bien, ici ? demanda-t-elle, ingénument. N'as-tu pas faim ? Zélia n'a prévu que de l'eau. Tu aurais peut-être voulu boire du vin ?

Il éluda les questions d'un mouvement de tête et d'un sourire. Alexandra venait d'ôter sa capeline, libérant ainsi sa coiffure à bandeaux. Il la trouva dans la fraîcheur de ses dix-sept ans d'une beauté exemplaire.

— Sais-tu que tu es belle, Alexandra ? dit-il pour s'évader de ses souvenirs.

— Oui, je le sais, parrain. Et puis, je suis aussi intelligente, instruite et riche. Je sais tout cela, dit-elle.

Elle jeta en riant son os de poulet dans le lac.

— Mais tu n'es pas modeste, constata Axel.

— Tu penses bien que je n'irais pas parler ainsi devant n'importe qui, parrain. Mais, toi et moi, c'est la même chose. Pas de fausse modestie entre nous. Toi aussi, tu es beau, intelligent et riche. Et tu le sais, pas vrai ?

— Tu déparles, comme dirait Pernette.

Axel eût préféré un autre lieu, l'ombre d'un autre arbre, un journée moins ensoleillée. Le souvenir du pique-nique aux Pâquis, huit ans plus tôt, avec Juliane Laviron, le rendit soudain silencieux et mélancolique. Ce jour-là, l'étoffe mouillée d'une tunique lui avait révélé les formes de la jeune fille, alors qu'elle sortait du bain. Pour la première fois, il avait désiré celle qui devait mourir l'année suivante.

« Pourquoi donc cette diablesse d'Alexandra qui, par l'herbier de Juliane, connaît cet épisode de ma vie, a-t-elle voulu me conduire ici ? » se demanda-t-il.

La jeune fille remarqua l'absence de son parrain qui, à demi allongé, appuyé sur un coude, fixait l'horizon de son regard vairon, comme s'il s'attendait à voir surgir une barque fantôme.

— On dirait Tristan guettant le retour d'Yseult ! dit-elle avec intention.

— Yseult ne revient jamais, Alexandra, dit-il doucement.

— Mais il peut arriver qu'elle se réincarne, s'écria-t-elle d'une voix rauque en se jetant à son cou pour lui plaquer, sur la bouche, le plus maladroit et le plus tendre des baisers.

Suffoqué, Axel repoussa violemment la jeune fille, qui roula sur le gazon. Se couvrant le visage de ses bras croisés, elle se mit à pleurer en silence. Aussi décontenancé par le baiser de sa filleule que par ses larmes, il l'obligea à s'asseoir près de lui et, quand elle posa la tête sur son épaule, il ne s'en écarta pas. Partagé entre l'émotion indignée et la colère, il tira son mouchoir et essuya les yeux d'Alexandra. Elle murmura un merci plaintif et son sourire chagrin le bouleversa. Attacher de l'importance à un geste dont l'audace même révélait peut-être l'innocence, prononcer un sermon moralisateur, se fâcher, jouer l'offensé, convaincrait Alexandra qu'il prenait son élan au sérieux. Aussi choisit-il la franche et froide considération.

— Qu'est-ce qui t'a pris, de m'embrasser ainsi, petite folle ?

— Pardonne-moi, je t'ai vu si triste, tout à l'heure, que j'ai eu envie de te montrer que je t'aime très fort... plus comme une petite fille, tu comprends ?

— Je comprends que tu confonds des sentiments qui, c'est un fait grammatical, sont exprimés par un seul et même verbe, dit-il. Aimer habille bien des attachements divers, de l'amour maternel à l'amour passion, en passant par l'amour filial et...

— Me prends-tu pour une dinde ? coupa-t-elle en se redressant.

— Il vaut mieux que je te prenne pour une dinde que pour une effrontée, Alexandra !

— Ne pourrais-tu me prendre, tout simplement, pour ce que je suis : une fille de dix-sept ans, amoureuse de son parrain ? dit-elle, retrouvant son aplomb coutumier.

— Si j'acceptais de te prendre pour ce que tu dis, je ne te reverrais pas de sitôt, conclut-il d'un ton sec.

— Très bien ! Je ne te donnerai plus que des baisers de nourrice, comme ça ! dit-elle, redevenue rieuse, en effleurant de ses lèvres tièdes la joue d'Axel.

Lui, plus troublé et perplexe qu'il ne voulait se l'avouer, elle, satisfaite d'avoir franchi le pas qui la libérait d'une équivoque artificieuse, tous deux savaient, maintenant, que leurs rapports seraient autres que ce qu'ils avaient été jusque-là.

Quand ils regagnèrent la rue des Granges, au milieu de l'après-midi, feignant l'oubli d'un incident sans importance, ils offraient l'image édifiante d'un parrain d'âge mûr, revenant d'une promenade hygiénique avec sa jolie filleule. Mais Axel, mal à l'aise, décida d'écourter son séjour et prit, le même soir, le bateau pour Vevey.

Pendant plusieurs jours, il s'interrogea pour savoir s'il rapporterait ou non au fidèle Louis Vuippens l'incident des Pâquis. Il décida finalement de n'en rien faire. Il partageait désormais un secret avec Alexandra. Le souvenir de ce baiser inacceptable, émoi volatil, perdrait son charme composite aussitôt que révélé.

6

Chaque année, en septembre, les vignerons nettoyaient les brantes, graissaient la vis du pressoir et les essieux des chars, purifiaient les grands foudres de chêne où fermenterait, sur lie, le vin nouveau. Sur les berges du lac, les commis des négociants rinçaient, avant de les remplir d'eau claire, les tonneaux destinés au transport des crus vers les tavernes, auberges, bars à vin, épiceries. Il s'agissait de faire gonfler et se resserrer les douves des fûts vides qui, disjointes, eussent laissé échapper le sang de la vigne. Une odeur douceâtre de rinçure vineuse se répandait alors au bord du lac, devant la place du Marché, et le roulement des fûts sur les galets effrayait les canards, qui s'éloignaient de la rive en nasillant. Sous un soleil tiède, toute la ville se préparait à la fête séculaire de l'automne, la vendange.

A Rive-Reine comme ailleurs, on supputait l'importance de la récolte, tandis que Samuel Fornaz, de plus en plus taciturne, recevait, avec l'intendant Régis Valeyres, les hommes et les femmes venus se faire embaucher pour la proche cueillette. La réputation de sérieux et de générosité des Métaz dispensait Axel de mettre une annonce dans le journal, ou une affichette au temple, pour recruter vendangeurs et vendangeuses. Ceux qui, d'année en année, certains depuis l'enfance, cueillaient le raisin dans les vignes de cette famille étaient assurés d'un bon salaire et, surtout, d'un ressat copieux, bien arrosé et gai, quand la grappe serait rendue au pressoir.

Martin Chantenoz ne s'intéressait au vin qu'au moment où l'on remplissait son verre et rechignait à monter à Belle-Ombre avec Axel, depuis que sa trop faible vision le privait du spectacle lacustre, qu'il avait si souvent commenté de façon lyrique. Du lac, gemme changeante, sertie dans le cirque des montagnes, tantôt émeraude, tantôt lapis-lazuli, parfois opale, plus rarement, sous l'orage, calcédoine cendrée, Martin connaissait toutes les teintes. Admettre qu'il ne les distinguait plus eût augmenté son affliction. Aussi, son ancien élève ne l'invitait-il plus à gravir les parchets jusqu'à sa maison des vignes. En revanche, le professeur passait, presque chaque soir, à Rive-Reine en revenant de la pension Sillig pour, disait-il, oublier la spéculation philosophique et deviser avec des humains aux préoccupations plus concrètes en vidant avec ses amis une bouteille de saint-saphorin ou d'épesses.

En le voyant arriver, joyeux, sa canne à la main, Axel comprit, ce soir-là, que le professeur détenait une information cocasse ou d'importance. Après s'être heurté à plusieurs meubles, avoir deux fois trébuché sur les marches de la terrasse, Martin s'assit, guidé par Louis Vuippens, autre visiteur quotidien. Le professeur ne les fit pas languir.

— Savez-vous qui est à Vevey en ce moment, mes bons amis ? Victor Hugo, oui, Victor Hugo soi-même, accompagné d'une créature qui n'est pas Mme Hugo, je vous l'assure. D'ailleurs, il voyage incognito et le couple se fait appeler M. et Mme Gaud. Ceux qui se demandent pourquoi ce nom plutôt qu'un autre devraient comprendre aisément que cela correspond, en phonétique, à la dernière syllabe de Hugo. Les voyageurs, venus de Fribourg, sont arrivés hier, au milieu de l'après-midi, et le poète est aussitôt monté à l'église Saint-Martin.

— Pour faire ses dévotions ? risqua Vuippens, ironique.

— Non, Louis, pour méditer, m'a dit la vieille qui fait office de bedeau, devant les caveaux de Ludlow et Broughton, ces deux Anglais, amis de Cromwell, qui sont venus mourir chez nous, à la fin du XVIIe siècle, après avoir condamné à mort Charles Ier. Il paraît qu'il a pris quantité de notes dans un carnet et qu'il a marmonné contre les réformés, nous accusant d'avoir dépouillé et « fait un nettoyage barbare » – ce seraient ses propres mots – de l'ancienne église catholique. Il semblait regretter l'absence d'autels, chapelles, reliquaires, statues de saints, vitraux édifiants.

— Tous les catholiques qui visitent Saint-Martin disent la même chose. Il subsiste dans le papisme un goût païen des idoles ! jeta Elise, abandonnant son ouvrage au crochet pour se mêler à la conversation.

— Il est vrai que les premiers calvinistes ont détruit de belles œuvres de l'art chrétien, observa Vuippens.

— Le vrai chrétien n'a aucun besoin d'art dans les temples, Louis. Rien ne doit distraire de la prière et de la méditation, reprit Mme Métaz.

— Permettez à un protestant de vous dire, chère Elise, que, sans les papes, qui ont fait décorer les sanctuaires catholiques par Michel-Ange, Raphaël, Vinci et d'autres, nous n'aurions pas aujourd'hui le fabuleux plafond de la Sixtine ni bien d'autres merveilles. Tiens, nous n'aurions même pas une représentation du massacre de saint Maurice et de la légion thébaine, si Urbain VIII n'avait demandé au Bernin d'illustrer, de manière grandiose, d'une peinture aujourd'hui célèbre, cet épisode qui appartient à l'histoire du Valais, riposta Chantenoz en s'animant.

Pour couper court à ces échanges, dont il redoutait les développements, Axel relança son vieux mentor sur la visite de Victor Hugo à Vevey.

— Le poète doit-il séjourner longtemps chez nous ?

— Il est reparti pour Lausanne à quatre heures cet après-midi. Ce matin, il a visité le château de Chillon. Il a voulu voir le cachot de Bonivard mais, plus respectueux que Byron, il n'a pas gravé son nom sur la colonne de l'enchaîné, rapporta Martin. Et puis, hier soir, après le souper, si j'en crois deux de mes élèves qui habitent l'entre deux villes, il aurait arpenté la rive jusqu'à La Tour-de-Peilz, compléta-t-il.

Elise ajouta une information :

— Ma voisine, Mme Chavan, qui rentrait au clair de lune de chez sa mère, souffrante, a vu, au bord du lac, un bel homme brun, au front sévère, vêtu d'une redingote noire, qui, bras croisés sur la poitrine, fixait le lac ou la dent d'Oche. Il semblait absorbé dans la contemplation du paysage éclairé par la lune. Il lui a cependant jeté un regard au passage. « Un de ces regards masculins qui vous déshabillent », m'a-t-elle dit. Mais il est vrai que Lisette Chavan croit que tous les hommes la convoitent. Peut-être était-ce le poète ?

— Probable ! s'exclama Chantenoz. C'est un homme qui se retourne sur tous les jupons. En tout cas, Vevey lui a plu. Il a trouvé notre ville jolie, propre, anglaise – on peut se demander pourquoi ! – et chaude par rapport à Lausanne, a-t-il dit au propriétaire de l'hôtel de Londres, qui ne l'avait pas, d'abord, reconnu bien que son portrait soit fort répandu[1].

— Nous aurions été heureux de l'inviter au Cercle du Marché, s'il s'était, au moins, fait connaître, regretta Vuippens.

— J'ai lu dans la *Revue suisse* que le poète doit se présenter pour la troisième fois à l'Académie française. Les critiques estiment qu'il y a sa place, observa Axel.

— Parlons-en, de l'Académie ! s'écria Chantenoz, soudain excité. Des cuistres, des courtisans, ces bicorneux ! Savez-vous qu'ils ont préféré donner le Grand prix offert par Napoléon Gobert, filleul de l'empereur, à Augustin Thierry plutôt qu'à notre Sismondi, membre associé de l'Académie des sciences morales depuis 1833 ! Jean-Charles, qui va sur ses soixante-six ans, a derrière lui une œuvre considérable, une œuvre d'historien européen, une œuvre dont s'inspirent déjà les économistes[2]. De l'*Histoire des Républiques italiennes* jusqu'à l'*Histoire des Français*, en passant par ses *Etudes sur l'économie politique*, cela

---

1. Accompagné de sa maîtresse, Juliette Drouet, Victor Hugo était arrivé le 5 septembre à Bâle. Le couple avait notamment visité Zurich, Lucerne, Thoune, Berne, Fribourg, pour arriver à Vevey le 20 septembre, à seize heures. Le 21 au matin, Victor Hugo se rendait à Chillon puis revenait à Vevey, qu'il quittait à quatorze heures pour Lausanne. Le 22, à Ouchy, il avait, avec Juliette, pris le bateau pour Genève. Le poète a raconté ce voyage dans ses lettres à sa femme et à son ami, le peintre Louis Boulanger. *Voyages en Suisse*, L'Age d'Homme, Lausanne, 1982.

2. Il semble que Karl Marx, qui cite Sismondi dans son *Manifeste communiste*, se soit inspiré de certaines des théories économiques du Genevois, qui prônait déjà l'intervention de l'Etat pour une protection sociale des travailleurs.

représente tout de même autre chose que les *Récits des temps mérovingiens*, qui valurent à M. Thierry la place de bibliothécaire du duc d'Orléans ! Qu'on ait couronné un historien romantique qui publia, il y a dix ans, une *Histoire de la conquête de l'Angleterre par les Normands*, fondée sur un faux, qu'il prit pour argent comptant, démontre la partialité du jury ou sa totale incompétence, conclut rageusement Martin.

— Les académiciens français, mon cher, sont conservateurs par nature. Le fait même qu'on les dise immortels les incite au conservatisme ! Jean-Charles Sismonde, qui préfère se faire appeler Sismondi, s'est trop compromis avec les carbonari réfugiés à Genève. Rappelez-vous, il les recevait, parfois les cachait, chez lui, à Chêne. Il leur distribuait des subsides, leur procurait des passeports. Et puis ne s'est-il pas déclaré partisan du mariage civil, n'a-t-il pas, récemment, demandé la dissolution de la Compagnie des Indes ? Que peuvent penser des académiciens français d'un philosophe dont l'influence politique est reconnue, qui se mêle de leur donner des conseils touchant à la colonisation de l'Algérie et souhaite une prompte reconnaissance du droit des Maures, tandis que les bandes d'Abd el-Kader massacrent les colons de la Mitidja ! Ne cherchez pas ailleurs, Martin. Il y avait là de quoi priver notre Sismondi des dix mille francs du prix Gobert, pécule qu'il eût aimé recevoir, étant donné son peu de ressources, expliqua Vuippens.

— Ces Arabes, dont le sort émeut Sismondi, peut-être s'en prendront-ils un jour aux Suisses, puisqu'une société concessionnaire genevoise a créé un premier village qui va recevoir cinquante familles de colons à Aïn-el-Arnat, à une heure et quart de marche de Sétif. Pierre-Antoine Laviron, qui n'a pas la fibre colonialiste, a cependant donné son obole pour la construction d'une église et d'un presbytère. D'après ce qu'affirment les fondateurs de la Compagnie des colonies suisses de Sétif, installée 257, rue des Granges, à Genève, on peut faire pousser des céréales, notamment du froment « à barbe dure », cultiver les arbres fruitiers, élever du bétail, dit Axel qui, sollicité, avait refusé d'acquérir des actions d'une entreprise coloniale installée dans une contrée qui ne connaîtrait peut-être jamais la paix.

Le fait que son ami et banquier lui ait confié, avec une grimace significative, que le futur village suisse serait ceinturé par un fossé et protégé de parapets « pour prévenir tout maraudage », prouvait assez que la vie à Aïn-el-Arnat ne serait pas de tout repos !

La visite de Victor Hugo, la déconvenue de Sismondi et les affaires d'Algérie furent vite oubliées, car les détails sur les événements sanglants qui s'étaient déroulés à Zurich, le 6 septembre, commençaient à être révélés. Il s'agissait d'une véritable révolution, qui venait de jeter à bas le gouvernement issu de la régénération politique de 1830. Déjà, la création d'une université laïque – certains disaient même d'esprit libre penseur – agitait depuis un an les milieux conservateurs zurichois. La nomination, à la direction de l'Ecole normale, d'un Allemand dont le but avoué était de former « des éducateurs pratiques, de vraies personnalités entièrement indépendantes de l'Eglise » avait transformé la grogne des protestants en colère. Quand, au mois de février, le gouvernement avait nommé à la chaire de théologie de l'université le professeur David Friedrich Strauss[1], qui tenait les Evangiles pour des fables et venait de publier une *Vie de Jésus* un peu trop humaine, un Comité de défense de la foi avait fait circuler des pétitions exigeant la révocation de ce théologien dévoyé. Devant l'ampleur des protestations, le Conseil d'Etat avait mis à la retraite le professeur Strauss avant même son premier cours.

Cette concession faite aux conservateurs, loin de réduire l'agitation, avait encouragé les réclamations. Depuis l'été 1839, l'opposition demandait que soient respectés, à l'université comme ailleurs, les principes de la religion réformée et le retour, à la direction de l'Enseignement supérieur, de protestants de stricte obédience. Quinze mille personnes s'étaient rassemblées le 2 septembre à Kloten, pour appuyer ces exigences. Le bruit ayant couru que le gouvernement radical, désorienté, avait sollicité l'assistance d'autres cantons gouvernés par des radicaux pour juguler, par la force, la fronde religieuse, les pétition-

1. 1808-1874. Théologien et exégète allemand, disciple de Hegel. Sa *Vie de Jésus* fut traduite par Littré.

naires s'étaient armés et, le 6 septembre, près de dix mille hommes étaient arrivés à Zurich, pour assiéger le palais du gouvernement. La milice cantonale, peu impressionnée par les cantiques que chantaient les manifestants, avait ouvert le feu, tuant sept paysans, en blessant d'autres. Empochant leurs livres de psaumes et brandissant leurs armes, les pétitionnaires, indignés par la réaction des radicaux et la violence sanguinaire de la répression, étaient passés à la contre-attaque. Le nombre et la foi étant de leur côté, le gouvernement prit la seule décision sage et envoya le conseiller d'Etat Hegetschweiler annoncer la démission collective du Conseil d'Etat. Le pauvre homme n'avait pas eu le temps de lire la proclamation censée assurer le retour au calme. Une balle anonyme l'avait couché, raide mort, sur le pavé de la place Fraumünster. Un nouveau Conseil d'Etat, comportant une majorité de conservateurs, venait d'être élu et reconnu, non sans quelques réticences, par la Diète fédérale.

— Il fallait bien s'attendre qu'un jour ou l'autre l'outrecuidance des radicaux laïcisants suscitât une saine réaction des fidèles, dit Elise.

Mme Métaz savait par son père, membre éminent du consistoire bernois, combien certains radicaux des cantons, dits régénérés, s'employaient à rogner le pouvoir que les pasteurs exerçaient encore dans l'instruction publique.

Elle fut, pour une fois, unanimement approuvée.

Comme chaque année, les vendanges supplantèrent bientôt toute autre préoccupation et l'automne s'acheva dans l'effervescence du négoce. Vevey, sitôt le raisin pressé et le vin nouveau mis en cuves, connaissait l'afflux des acheteurs, qui allaient, de cave en cave, déguster les crus de l'année précédente avant de passer commande. C'était aussi la saison où les producteurs de fromage de la Gruyère, les fruitiers, ainsi qu'on nommait les maîtres fromagers, empilaient les meules en tonneaux sur la place du Marché, avant de les confier aux barques des Métaz et autres armateurs lacustres, qui les transporteraient à Lausanne, Morges, Nyon, mais aussi en Savoie, d'où elles partiraient pour l'Italie. La plupart des cargaisons étaient destinées à Genève, d'où les fromages seraient expédiés vers Lyon, Paris, Marseille, même l'Angleterre et, disait-on depuis peu, vers les Etats-Unis. Chaque année, des milliers de meules de gruyère à la croûte grenue, ocrée comme vieux parchemin, que les Gruériens appelaient morge, transitaient par Vevey. Les vieux bacounis citaient encore l'année 1804, au cours de laquelle ils avaient convoyé, à partir de Vevey, vingt-deux mille quintaux de fromage de la Gruyère[1].

Les fabricants de chocolat et de biscuits, comme tous ceux qui disposaient de produits négociables, profitaient de cette animation commerciale qui, de marchés en foires, se prolongeait parfois jusqu'aux fêtes de fin d'année. Les vignerons dont les vins étaient connus et appréciés recevaient les acheteurs, marchands de vin en gros, hôteliers, restaurateurs, venus parfois de lointains cantons dépourvus de vignobles. Pendant cette période, Elise, parfaite maîtresse de maison, présidait avec grâce les dîners que son mari donnait à Rive-Reine, en l'honneur d'importants clients venus de Lucerne, de Fribourg ou de Genève, car bon nombre de grossistes livraient aux hôteliers et taverniers les vins vaudois, souvent plus prisés des consommateurs que les cépages genevois qui, malgré leurs jolis noms – Folle blanche, Roussette, Mondeuse, Salvagnin ou Clairette –, surprenaient le palais par une légère acidité, autrefois dénoncée par lord Byron.

Aussi, quand cessaient les visites et que le vin d'un an était, tout ou partie, vendu, on était bien aise, chez les vignerons, de passer douillettement les journées froides de décembre en attendant les réjouissances de Noël.

Pour le cercle des Fontsalte, qui englobait depuis toujours les Chantenoz, Vuippens, les Ribeyre de Béran et, depuis moins longtemps, les Laviron, parents adoptifs d'Alexandra, le dîner du 1er janvier constituait une réunion familiale chaleureuse. Charlotte n'ayant pas eu de nouveau malaise au cours des mois écoulés, c'est à Beauregard que l'on se réunit pour célébrer l'avènement de l'an 1840 et échanger les cadeaux traditionnels.

1. « En octobre 1724, Ulrich-Willy Dousse, de Treyvaux, avait expédié 400 tonneaux, soit 3 000 pièces de fromage à Lyon », rapporte Jean-Pierre McDonald dans *les Promenades romandes de Monsieur Pencil*, Imprimeries réunies, Lausanne, 1984.

Au cours de ces agapes familiales, dans lesquelles Axel Métaz voyait, sans oser le dire, une manifestation formelle et routinière, on évoqua l'heureuse issue de la Révolution de septembre à Zurich et le complot récemment déjoué dans le Tessin.

— Les carbonari font encore parler d'eux. On les croyait cependant tous expulsés, observa Flora.

— Vous voyez bien qu'il n'en est rien et celui que l'on vient d'arrêter dans le Tessin, le Lombard Ciani, est un redoutable terroriste, dit Elise.

— D'après ce qu'a rapporté en novembre la *Gazette de Lausanne*, ce Ciani, naturalisé tessinois, avait formé le projet d'enrôler un certain nombre de jeunes égarés et de marcher avec eux contre Locarno, siège du gouvernement. Mais, comme souvent, ces apprentis sorciers furent trahis par un des leurs et les autorités, informées à temps de ce complot, prirent des mesures propres à le faire échouer. Quand les énergumènes se présentèrent en ville, la population les accueillit les armes à la main, tandis que la milice protégeait le palais du gouvernement, rapporta Fontsalte.

— C'est néanmoins une affaire très grave, car on a découvert que ce complot devait allumer une véritable guerre civile dans le Tessin et que Blanqui, le révolutionnaire récemment arrêté à Paris, était en relation avec les carbonari et les meneurs tessinois. D'autres anarchistes l'attendaient, dit-on, dans le Valais, où ils auraient, à l'instigation du Français, suscité des émeutes en espérant les étendre à toute la Suisse, précisa Ribeyre.

— Blanqui est loin et en prison mais d'autres agitateurs sont ici. Je pense à ces Allemands du Deutscher Bildungsverein junger Handwerker, organisation basée à Lausanne mais qui dispose de relais à Vevey, Yverdon, Morges, Nyon, Aigle et ailleurs. Ces étrangers, socialistes ou communistes, sont des amis du vieux Buonarroti, tels Auguste Becker, Georges Kehrwand, négociant, et Monnier, le pharmacien de Nyon qui, en 1834, encouragea les Polonais à passer en Savoie, ajouta le général Fontsalte.

— A Vevey, nous avons aussi notre agitateur professionnel, un Allemand, Wilhelm Weitling. Il incite les ouvriers à exiger une retraite, réclame la création d'un impôt sur la fortune, comme à Genève, et aussi la transformation des maisons de cure en ateliers cantonaux, précisa Axel, informé par Samuel Fornaz.

— Tous ces gens constituent, en fait, l'aile marchante des radicaux conduits par Druey, constata Blaise.

Martin Chantenoz qui, depuis un instant, polissait ses verres de lunettes, intervint.

— Vous rendez-vous compte qu'au cours des vingt dernières années le monde a plus changé qu'en trois siècles ? dit-il.

Un silence respectueux invita le professeur à poursuivre.

— D'abord, l'avancement prodigieux des sciences, qui nous réserve la surprise d'applications inattendues. Prenez la machine à vapeur, qui meut maintenant les trains et les navires : elle n'en est qu'à ses balbutiements. Déjà, elle a réduit considérablement la durée des voyages et, l'espace étant lié au temps, elle a, dans l'absolu, raccourci les distances. Elle diminue aussi la peine des hommes qui travaillent à bras, ce qui ne va pas sans chômage et colère chez les ouvriers. La mécanisation de l'industrie textile et, même, de l'horlogerie genevoise, a déjà des conséquences perverses. Quand, en 1832, les tisserands zurichois incendièrent l'usine d'Uster, première filature équipée de métiers mécaniques, qui comprit l'avertissement ? Et puis, *verba volant* va devenir la devise du télégraphe. Depuis que les savants Ampère et Arago ont mis au point ce qu'ils nomment l'électroaimant, le télégraphe électrique est prêt à fonctionner. Dans quelque temps, il remplacera le télégraphe optique et les nouvelles voleront instantanément de ville en ville. Une révolution à Paris sera connue dans l'heure à Lausanne, avant que le gouvernement ait eu le temps d'en prévoir les répercussions. Croyez-moi, nous allons vers une sorte d'asservissement des forces naturelles qui, domptées et disciplinées, transformeront les conditions de vie des hommes et la société tout entière, dit Martin.

— Vous croyez sincèrement à de tels changements ? demanda Mme Laviron.

— Nous sommes à la veille de grands bouleversements, madame. Sans faire appel à la Pythie, on peut aussi prévoir de nouveaux conflits entre les peuples européens, car les nationalismes qui ont abattu Napoléon vont maintenant s'opposer et se combattre. Et cela d'autant plus que les rivalités commerciales vont, du fait de la facilité des communications, s'exacerber. Et n'oublions pas que les sciences, qui devraient n'apporter que bien-être à l'humanité, fourniront, aussi, des armes nouvelles, plus meurtrières sans doute que celles que nous connaissons. La sagesse décroît quand la puissance augmente, commenta Chantenoz.

— La philosophie n'est-elle plus la mère de toutes les sciences, comme vous me l'avez enseigné ? demanda Axel, persifleur.

— Mon garçon – le professeur usait souvent de ce vocable, comme au temps où Axel était son élève –, le XIXe siècle est, certes, l'héritier des Lumières, mais c'est un siècle pratique qui, par l'avancement des sciences, va faire passer nos sociétés du spéculatif intellectuel au concret trivial de la vie quotidienne. Pour employer un mot neuf, que l'on commence à lire sous la plume des polygraphes sorbonnards, ce siècle sera réaliste. Aujourd'hui, les hommes ont soif de bonheur, plus que de gloire ou de pouvoir. Ils veulent l'égalité de jouissance, même si l'inégalité de condition subsiste et subsistera !

— Mais qui donnera au peuple cette égalité de jouissance dont vous parlez ? demanda, sourcils froncés, Pierre-Antoine Laviron.

— Le peuple la prendra, sans demander avis à personne, cher ami, répliqua Martin.

— Mais alors, ce sera...

— La révolution, parbleu !

— Pourquoi une révolution ? Les Vaudois ne sont pas malheureux. Il suffit de les regarder. Ils mangent à leur faim, non ? Ils vont danser et boire, les jours de fête, dit Flora.

Son mari lui jeta un regard de tendre commisération et Chantenoz reprit la parole.

— Nous n'avons, dans notre petite société privilégiée, qu'une vision très superficielle et incomplète des choses, Flora. Il y a, chez nous, beaucoup de paysans malheureux et endettés, trop d'assistés et le nombre des indigents augmente tous les mois. J'ai vu, à l'Académie, les derniers recensements. On compte, dans le canton, dix-huit mille assistés, pour environ cent quatre-vingt mille habitants. Soit un dixième de la population. Parmi les dix-huit mille assistés, dix mille sont incapables de pourvoir à leur nourriture et mille cinq cents se trouveraient en état de « pauvreté héréditaire », comme l'a écrit un fonctionnaire, précisa le professeur.

— Mais comment en est-on arrivé là ? demanda Blaise, intrigué.

— Les autorités disent que l'âge, la maladie, les revers de fortune, des familles trop nombreuses, l'immoralité, l'imprévoyance, la paresse aussi, la prodigalité chez certains, l'ivrognerie chez d'autres, constituent les vraies causes d'indigence. Et cela coûte cher à la communauté, plus de trois cent mille francs par an, mes amis.

— A Vevey, observa Axel souriant, les assistés sont, si j'ose dire, plus gâtés qu'ailleurs. Ils reçoivent trente-huit francs cinquante-cinq, tandis qu'à Lausanne ils ne perçoivent que vingt-quatre francs quarante et à Oron neuf francs trente-cinq seulement.

— Mieux vaut être pauvre à Vevey qu'à Oron, ironisa Flora.

— Comme la situation devient préoccupante, le colonel Nicollier, de Vevey, offre cent francs à qui fera la meilleure proposition « sur les moyens de diminuer le nombre des pauvres ».

— Ce ne sont pas ces pauvres-là qui feront la révolution ! Ce sont les étrangers que nous accueillons par charité ! lança avec humeur Mme de Béran.

— Quand cessera-t-on de laisser entrer en Suisse n'importe qui ! Que ces gens aillent faire la révolution chez eux, à Paris, à Bologne ou à Turin mais qu'ils nous laissent en paix ! s'indigna Charlotte.

— Nous autres Vieux-Genevois, comme on nous appelle, qui avons connu les horreurs de la Révolution genevoise de 1782, puis celles de la Révolution française, l'annexion, les désordres du Directoire, avant d'avoir à supporter les conséquences des guerres de l'Empire, nous sommes bien décidés à ne plus laisser les étrangers fomenter des troubles chez nous, comme le firent les Polonais en 1834. Ainsi, notre police surveille particulièrement un certain Louis Duglas, fabricant de clefs de montres du quartier

Saint-Gervais, chez qui se réunissent des anarchistes lyonnais, qui ont fui leur ville après avoir participé à la révolte des canuts. On dit que ces jacobins attardés se rassemblent dans une salle obscure, éclairée seulement par deux bougies, et qu'ils invoquent « l'esprit créateur et vivificateur, l'intelligence universelle ». Ils se racontent, m'a-t-on dit, les entretiens privés qu'ils auraient avec les esprits des philosophes défunts ! Un nommé Werner, encore un proscrit allemand, ancien affidé des Illuminés de Weishaupt, remplit l'office de grand prêtre. Tous les membres du groupe se disent ennemis déclarés de la royauté et des privilèges sociaux. Ils veulent l'égalité sociale absolue, la mise en commun de tous les biens. A cause de cela, on les appelle communistes, conclut le banquier.

— Il faut aussi se défier des radicaux qui, par démagogie, sont souvent les complices actifs ou passifs des révolutionnaires étrangers, dont les Fazy et les Druey comptent se servir pour arriver au pouvoir. J'ose espérer, ma chère Charlotte, que les Lausannois sont, eux aussi, sur le qui-vive, dit Mme Laviron.

— Oh ! les Lausannois, chère amie, n'ont, pour l'instant, qu'une préoccupation, la construction du Grand-Pont. Il était temps que les travaux commencent, car on tergiverse pour des questions de gros sous depuis que les plans d'Adrien Pichard ont été adoptés, en décembre 1836, dit Mme de Fontsalte.

La conversation étant lancée sur les embellissements de Lausanne, chacun, dans le brouhaha des échanges, apporta sa contribution.

La capitale du canton de Vaud, important carrefour commercial en concurrence avec Vevey, comptait maintenant près de quinze mille habitants. La ville aux sept collines, aux rues pentues, parfois pavées, pâtissait, à cheval sur le Flon, d'une situation qui faisait son charme. Le Flon, gros ruisseau venu du Jorat, traversait les communes du Mont et d'Epallinges, avant d'entrer dans Lausanne et d'aller se jeter dans le Léman, près de la Maladière, dans la plaine de Vudy. Il coupait la ville en deux par une profonde ravine. Depuis qu'un membre du Grand Conseil vaudois, M. Correvon, avait déclaré avec sérieux, en 1838, que sur la route de l'Italie à Calais subsistait « un point intolérable, la traversée du Flon[1] », on sentait l'urgence de mettre en train le plan d'aménagement de Lausanne. Il y régnait en effet, d'un bout de l'année à l'autre, une intense circulation, qui provoquait sur les voies principales d'énormes embouteillages et de fréquents accidents. Plus de mille chars traversaient chaque jour la ville, passage obligé sur les itinéraires Jura-Valais et Genève-Berne. A l'intérieur de la cité, pour se rendre de Saint-François ou de Montbenon à Saint-Laurent, c'est-à-dire des quartiers sud à ceux du nord, les convois devaient descendre un chemin abrupt jusqu'au Flon, franchir le ruisseau à gué et remonter, sur la rive opposée, par une pente raide. Le projet, préparé par l'ingénieur cantonal Adrien Pichard[2], neveu du landammann Pidou, diplômé à Paris de l'Ecole polytechnique et de l'Ecole impériale des ponts et chaussées, paraissait grandiose et audacieux. Il consistait à lancer sur le ravin du Flon un pont de cent quatre-vingts mètres de portée, établi à vingt-cinq mètres au-dessus du ruisseau, sur une double rangée d'arches. Il en coûterait, disait-on, cent trente mille francs à la ville de Lausanne et deux cent soixante-dix-sept mille francs au canton de Vaud. De plus, pour éviter aux Lausannois l'inconvénient des charrois qui rendaient leurs rues bruyantes et dangereuses, l'ingénieur avait fait admettre la création, autour de la ville, d'une grande route de ceinture, que le percement d'un tunnel sous la Barre et le comblement du vallon de la Louve rendraient « presque horizontale ».

C'est sur les plans d'Adrien Pichard qu'avait déjà été construit le grand pénitencier de Béthusy. Conçu comme les plus modernes prisons des Etats-Unis il était, depuis son inauguration, en 1824, fréquemment visité par des architectes européens, curieux de voir ce superbe édifice d'avant-garde. C'est encore Pichard qui avait encouragé l'architecte Henri Fraisse à édifier la nouvelle Grenette de

1. Cité par André Lasserre dans son article « la Construction du Grand-Pont à Lausanne, étape vers la révolution de 1845 ? », *Revue historique vaudoise*, LXXXIV, année 1976, Lausanne.

2. 1790-1841. Celui que ses contemporains ont nommé « le grand remodeleur de Lausanne », mourut pendant les travaux du Grand-Pont, qui fut achevé, en 1844, par l'architecte Henri Fraisse.

Lausanne. Avec ses quatre-vingt-quatorze colonnes carrées en grès, hautes de dix mètres, et ses quarante-deux mètres de côté, elle servait non seulement de halle aux grains, sa destination première, mais aussi, certains jours, sous tentures et girandoles, de salle des fêtes et banquets.

La cité, qui accueillait chaque année de plus en plus de touristes, pouvait maintenant les héberger dans un palace comparable aux grands hôtels de Londres ou de Paris, l'hôtel Gibbon, du nom d'un des plus prestigieux historiens britanniques, auteur de *l'Histoire de la décadence et de la chute de l'Empire romain*, qui avait passé de nombreuses années à Lausanne chez son ami Georges Deyverdun. Cet établissement de cent quarante lits offrait, au sommet d'une succession de terrasses, « une vue incomparable sur le lac et les Alpes ». Il avait été bâti en deux ans par Henri Fraisse, place Saint-François, sur l'emplacement d'un grand parc, propriété de Mme Grenier, née de Molin de Montagny. Dans ce havre de verdure harmonieusement dessiné, les pèlerins admirateurs de Gibbon pouvaient visiter, comme autrefois William Beckford et lord Byron, le pavillon dit la Grotte, souvent occupé par l'historien anglais, qui aimait à méditer sous les acacias. L'architecte, respectueux du souvenir du grand écrivain, avait conservé ces beaux arbres, sous lesquels folâtraient maintenant les touristes.

Louis Vuippens, pour qui Vevey, qui ne comptait que quatre mille cinq cents habitants, supplantait Lausanne par son décor, son élégance et le point de vue que la ville offrait sur les montagnes de Savoie, s'empressa de révéler, avec un rien de chauvinisme, que sa ville n'était pas en reste. Après avoir rappelé les embellissements en cours, grâce au legs Perdonnet, il expliqua que la transformation du château de l'Aile, élevé à la place des antiques halles de Vevey et qui portait encore le nom d'un relais de 1545, était en cours. L'ancienne auberge, propriété de la commune, avait été vendue en 1680 à Adam Chatelain, qui l'avait cédée à Vincent Hertner, d'une famille de marchands de Saint-Gall établis à Lyon et à Genève. Hertner avait flanqué l'édifice banal de tours inutiles, propres cependant à le faire passer pour demeure seigneuriale et nommer pompeusement château. En 1698, le neveu de Hertner,

Jean-Martin Couvreu de Deckersberg, un Flamand, banquier à Londres puis à Lyon, devenu bourgeois de Vevey, avait reçu la bâtisse en héritage et s'y était installé.

— C'est un descendant de ce Jean-Martin, Jacques-Edouard Couvreu, qui a décidé de transformer le château de l'Aile, pour y accueillir sa future femme, une Genevoise, révéla Vuippens, avant de donner les détails que tout le monde espérait.

— Comme Perdonnet, reprit-il, Couvreu a fait, l'an dernier, un legs important à Vevey, car il veut concourir à l'embellissement de la ville. Il participe à la construction d'un nouveau quai, qu'on nomme déjà promenade de l'Aile, et vient d'y faire établir un limnimètre, appareil destiné à indiquer le niveau des eaux du lac. En tant que médecin, je dois reconnaître que cet homme a le souci de la santé et du bien-être de ses contemporains. Il a financé la fondation de l'Asile des jeunes filles pauvres et abandonnées en 1828 ; il soutient de ses deniers l'hospice du Samaritain et la maison des convalescents du Petit-Clos et c'est à lui que l'on doit l'organisation de cours du soir pour les ouvriers. Il veut faire du château de ses ancêtres une résidence confortable, d'une architecture originale.

— Il semble qu'il y ait un peu de vanité dans tout cela. M. Couvreu veut jouer au châtelain du Léman, dit Elise, acide.

Vuippens négligea l'interruption.

— Comme il a vécu en Angleterre, Couvreu a peut-être été influencé par Walter Scott. Il a vu Kenilworth, ou d'autres bâtisses médiévales du même genre, qui relèvent du néo-gothique anglais. En tout cas, il a fait appel à l'architecte Philippe Franel[1], un Veveysan qui, après consultation de Jacques-Louis Brocher, de Genève, a établi un projet très flatteur. Le Lausannois Henri Perregaux[2] a été chargé de la distribution et de la décoration intérieures.

---

1. On lui doit, entre autres constructions, à Vevey, la maison du Conseil, le collège secondaire et l'hôtel des Trois-Couronnes.

2. 1785-1850. Architecte de l'Etat de Vaud de 1829 à 1835. On lui doit, entre autres constructions néo-classiques, l'église allemande de la Mercerie, l'abbaye de l'Arc, à Montbenon, l'hôtel de ville de Mou-

Axel, comme tous les bourgeois de Vevey, suivait de près les transformations de sa ville.

— L'an dernier, dit-il, Couvreu a demandé et obtenu de la municipalité l'autorisation d'ouvrir des fenêtres et de créer des balcons sur les façades de son château. Les travaux devraient bientôt commencer.

— La pose de la première pierre doit avoir lieu le 16 mars et j'y suis invité, dit Chantenoz.

Ceux qui avaient eu le privilège de voir les plans, ou de s'entretenir avec le propriétaire, savaient que le bâtiment projeté serait cantonné de tourelles carrées et comporterait deux étages sur rez-de-chaussée, abrités sous un vaste toit à croupe avec épis de faîtage. Côté lac, le rez-de-chaussée surélevé, éclairé par de hautes portes-fenêtres, ouvrirait sur une terrasse cernée d'un garde-corps. Les ferronneries, remplacées par des éléments de fonte moulée, offriraient aux regards des passants des trilobes aveugles, des rosaces, des baies irrégulières, en arc Tudor. Des arabesques orneraient les balustres des balcons. Les façades, tant côté lac que celle donnant sur la place du Marché, seraient de maçonnerie crépie, sur un soubassement de molasse.

— Et l'aménagement intérieur, sera-t-il digne des façades ? demanda Charlotte.

— D'après le peu que je sais, l'intérieur a été conçu dans le même style gothique et un soin extrême a été apporté à la décoration. On y verra, dans l'escalier, des peintures murales imitant le marbre, dans le hall, des pilastres toscans, partout des stucs néo-gothiques, dans les salons et pièces d'apparat, des plafonds à caissons et des frises, qui rappelleront les festons de crème dont les pâtissiers agrémentent les pièces montées, dit Vuippens.

— Je sais, moi, que le grand salon sera pourvu d'une cheminée en marbre de Carrare, que les parquets, commandés à Vevey, seront marquetés de motifs de bois clair et que l'on verra, partout, aux chambranles des portes et aux encadrements de fenêtres, une profusion de moulures, de dais de stuc tarabiscotés. Bref, si M. Couvreu n'avait pas

don, l'église réformée de La Sarraz et les églises catholiques de Bottens et de Lausanne.

renoncé aux créneaux et aux mâchicoulis, sa demeure eût ressemblé à un château fort d'opéra ! confirma Chantenoz[1].

Les fêtes de fin d'année s'achevaient de la plus heureuse façon quand, au cours du dernier repas pris en commun au soir du 2 janvier, un commis de la poste aux lettres vint remettre une dépêche à Flora.

— Ça vient de Rome ! Sûr que ce sont les vœux de Tignasse ! Pour une fois, elle n'aura pas oublié, dit Mme de Béran en ouvrant le message.

A peine eut-elle porté les yeux sur le papier que son visage blêmit.

— Mauvaise nouvelle ? s'enquit Charlotte vivement en allant vers son amie.

— Le mari de Rosine... il est mort, mort et enterré. Ma sœur ne peut vivre seule à Rome. Il faut qu'elle revienne au pays, hoqueta Flora.

Mme Ribeyre de Béran n'avait jamais eu d'affection particulière pour son beau-frère mais on doit à tout mort l'offrande d'une larme. Elle ne retint pas les siennes.

Pendant la soirée, on ne fit qu'évoquer le destin du disparu. Julien Mandoz, rescapé du massacre des Tuileries le 10 août 1792, avait fait une belle carrière dans la garde pontificale. Promu capitaine peu de temps avant sa retraite, il devait laisser à sa veuve un honnête pécule. Son frère Pierre, qui, en 1792, servait dans le même bataillon que lui, avait eu moins de chance. Le premier fiancé de Flora figurait parmi les six cents Gardes-Suisses tombés, le 10 août, sous les haches et les piques des émeutiers parisiens.

On se souvint que Tignasse avait accompagné son mari, en 1821 à Lucerne, lors de l'inauguration du monument

1. Le château de l'Aile, une des curiosités de Vevey, est considéré comme « l'une des constructions majeures du néo-gothique vaudois et même une œuvre de précurseur pour l'ensemble de la Suisse ». *Le Moyen Age romantique au pays de Vaud, 1825-1850*, Bisseger, *Bibliothèque historique vaudoise,* numéro 79, Lausanne, 1985. Cette curieuse demeure fut habitée, par intermittence, entre 1947 et 1975, par l'écrivain français Paul Morand. Très endommagé par manque d'entretien, le château a été acquis en 1988 par la Ville de Vevey, qui doit en faire, après restauration, un centre culturel. La dernière propriétaire, Mme Couvreu de Blonay, y résidait encore en 1995.

élevé par les Suisses aux martyrs de 1792. Julien appartenait alors à la délégation de la garde pontificale envoyée par le pape Pie VII. Axel n'avait pas revu Rosine, dite Tignasse, depuis cette date. Un rapide calcul le rendit mélancolique et confus. Cette veuve récente qui l'avait initié, l'année de ses quatorze ans, au plaisir élémentaire de l'amour, était maintenant âgée de soixante-cinq ans. Il appréhenda la rencontre d'une si vieille dame, dont il eût voulu garder l'image d'autrefois, celle d'une femme vive et ardente, dont les cuisses blanches le troublaient si fort, quand, moins innocemment qu'il ne le pensait alors, elle troussait robe et jupons pour gravir l'échelle, dans son épicerie, à La Tour-de-Peilz.

A la veille de la quarantaine, Axel Métaz, chez qui le sang bouillant des Fontsalte réveillait souvent un désir de femme, souffrait de ne plus connaître l'abandon confiant, la vraie griserie du plaisir, la tendre complaisance qu'aurait pu offrir une maîtresse, mais que les prostituées, chez qui il refusait maintenant d'accompagner Louis Vuippens « pour contenter la bête », ne pouvaient dispenser. Il avait cru, un moment, que la brève possession d'une fille soumise apaisait les sens et libérait l'esprit de toute animalité. Or, plus lui manquait l'élection d'un être, la joute amoureuse, l'exploration patiente d'une sensualité inconnue, la découverte d'un désir à satisfaire, que l'étreinte prompte à libérer l'homme d'une pesante surabondance de vie. Seule une femme éprise pouvait transmuer cet apaisement des sens en extase partageable. En fait, lui manquait la passion. Et cela, Axel, quadragénaire aux tempes grisonnantes, l'avait compris en découvrant l'inacceptable amour d'Alexandra.

Depuis l'audacieux baiser donné à son parrain, sous un saule des Pâquis, l'été précédent, la jeune fille se gardait de toute démonstration de familiarité. Sans rien laisser paraître, Axel en éprouvait d'autant plus de dépit que sa filleule – « trop grande et trop fluette à dix-sept ans révolus », jugeait, en médecin et en homme, Vuippens – était plus charmante que belle, élégante, radieuse et, à son égard, d'une désinvolture agaçante et voulue. Quand, après trois jours passés près d'elle à Beauregard, il regagna Vevey avec Elise, il estima avoir perdu la chance de vivre un fol amour avec l'orpheline. Chance et amour qu'il eût été malséant de regretter.

Le maître de Rive-Reine s'obstinait à considérer que les hasards de la vie lui avaient donné deux pères successifs. Par une sorte d'affectueuse loyauté à l'égard de celui qui l'avait nourri et élevé, il adressait chaque année des vœux à Guillaume Métaz. Installé depuis bientôt vingt ans aux Etats-Unis, où il avait fondé une nouvelle famille et bâti une enviable fortune dans le commerce et les affaires, le Vaudois, devenu citoyen américain, répondait ponctuellement.

Sa longue lettre annuelle, livrée à Rive-Reine fin janvier 1840, constituait une sorte de chronique de grand bourgeois bostonien. Protestant, libéral, membre du Liberty Party, émanation de l'American Anti-Slavery Society, Guillaume Métaz était, dans son milieu, celui du grand négoce, un de ces hommes dont on appréciait à la fois la circonspection et la pugnacité.

Après avoir, une fois de plus, déploré qu'Axel ne se fût pas encore décidé à traverser l'Atlantique pour lui rendre « l'ultime visite » qu'il espérait, Guillaume rappelait son âge, soixante-huit ans, et signalait que, depuis 1838, les vapeurs de la British and American Steam Navigation, reliaient régulièrement Londres à New York en moins de vingt jours. Le *Great Eastern*, un navire anglais de 1 600 tonnes, avait même accompli la traversée en quinze jours. Cela sous-entendait qu'Axel n'avait plus aucune raison de différer un voyage « qui serait la seule preuve de l'affection filiale que tu dis encore me conserver », écrivait Guillaume.

« Puisque ma santé semble t'intéresser, ajoutait-il, sache que je remercie, chaque jour, le Seigneur de la maintenir et de me laisser assez de force, malgré une attaque de goutte par-ci par-là, pour m'occuper de mes nombreuses affaires, voyager, militer pour l'abolition de l'esclavage, honteuse pratique que les planteurs du Sud nomment, par euphémisme, institution particulière et se soucient peu de réformer.

« A ce propos, j'ai dû rompre toute relation avec les parents de mon gendre Lewis Calver, le mari de Blandine. Ces propriétaires de plantations établies au bord du Mississippi, en Louisiane, achètent et vendent des Noirs comme s'il s'agissait de bêtes de somme. Ils louent même, dix ou vingt dollars la journée, des dogues dressés pour rattraper les esclaves marrons, c'est-à-dire ceux qui brisent leurs chaînes et s'efforcent de gagner les Etats du Nord, où l'esclavage n'existe pas. Une fois repris, les fugitifs sont fouettés, isolés de leur famille. Il arrive même qu'on leur coupe je ne sais quel tendon du mollet, pour les empêcher de courir.

« Mon gendre, qui commande maintenant en second un *gunboat* de la Marine des Etats-Unis, a participé, l'été dernier, à la capture d'un navire négrier espagnol, *Amistad*, dont la cargaison humaine s'était révoltée. Les Noirs, après avoir tué les officiers et les membres de l'équipage, naviguaient dans les eaux américaines, pour tenter de rejoindre un port du Connecticut, où ils comptaient recouvrer la liberté. Les marins, originaires des Etats du Sud, comme mon gendre, étaient d'avis de pendre les meneurs de la mutinerie et de rendre les autres Noirs à leurs propriétaires, des planteurs cubains[1]. Tu admettras que ce sont des mœurs d'un autre âge et, bien que Blandine soit peinée par mon attitude, je ne puis continuer à fréquenter des esclavagistes, de plus en plus décriés et dont je condamne les façons, ce qui va quelquefois à l'encontre de mes intérêts matériels.

« Néanmoins, notre tâche sera rude, car les esclavagistes sont puissants dans ce pays. Depuis l'admission dans l'Union de l'Arkansas, en 1836, et du Michigan, en 1837, le pays compte vingt-six Etats, c'est-à-dire treize Etats esclavagistes et treize Etats sans esclaves. C'est là un équilibre hypocritement voulu, que de nombreux politiciens, financiers et industriels du Nord souhaitent maintenir, pour des raisons variées. Le Liberty Party va présenter un candidat à l'élection présidentielle, qui aura lieu en novembre prochain. Nous avons désigné James

1. Le cas des cinquante-six mutins de l'*Amistad* fut évoqué devant la Cour suprême. John Quincy Adams, qui avait été le sixième président des Etats-Unis, plaida leur cause et obtint leur libération le 9 mars 1841. La plupart des esclaves libérés ce jour-là demandèrent à retourner en Afrique.

G. Birney[1], du Kentucky. C'est un ancien marchand d'esclaves repenti : il connaît donc bien le système sudiste. Certes, il n'a aucune chance d'être élu président des Etats-Unis, mais il fera entendre la voix de la conscience américaine que trop de gens s'appliquent à étouffer. »

Cet engagement de Guillaume dans la lutte contre l'esclavage plaisait à Axel. Le goût de la liberté pour tous, le respect de la personne humaine, sans considération de race, de nationalité ou de classe sociale, étaient vertus vaudoises, que Guillaume Métaz lui avait tôt inculquées.

Il apparaissait aussi, dans sa lettre, que le Veveysan américanisé n'avait rien perdu du bon sens pratique vaudois et, réaliste, se défiait des utopies « comme d'un philtre propre à endormir les consciences, à parer la réalité de couleurs factices, à masquer tout ce que le quotidien a de terre à terre, à faire rêver la vie au lieu d'accepter de la vivre telle que Dieu nous l'accorde ou nous l'impose ». Aussi Guillaume Métaz se moquait-il de ces Européens « qui voient l'Amérique comme une terre promise et débarquent, pleins d'illusions, pour fonder, ici où là, des communautés autarciques sans avenir ». Il disait avoir visité plusieurs de ces groupes, soutenus financièrement par Robert Owen, un industriel et philanthrope écossais, qui assurait à ses ouvriers de bons salaires, des logements confortables, des écoles pour leurs enfants. Le tsar Nicolas Ier et de nombreux philosophes socialistes avaient admiré cette expérience, qu'Owen souhaitait reproduire et développer aux Etats-Unis en s'appuyant sur des luthériens dissidents. « Je suis allé voir ces émigrés, qui désirent acquérir des instruments aratoires, des outils, des matériaux de construction, naturellement à crédit », écrivait Guillaume. « J'aurais aimé, en bon chrétien, leur faciliter les choses, mais ils n'offrent aucune garantie de paiement, sinon sur des récoltes à venir, ou sur les ventes futures d'objets manufac-

1. L'élection donna les résultats suivants : Henry Harrison, du parti des whigs, l'emporta dans dix-neuf Etats sur vingt-six, avec 1 274 624 suffrages populaires, et fut élu neuvième président des Etats-Unis. Van Buren, président sortant, qui se représentait, obtint 1 127 781 suffrages, tandis que l'anti-esclavagiste Birney ne trouvait que 7 000 électeurs pour soutenir sa cause.

turés, alors que les manufactures ne sont pas sorties de terre ! A New Harmony, dans l'Indiana, à Yellow Springs, dans l'Ohio, à Shelby, dans le Tennessee, j'ai retrouvé les mêmes rêveurs, en train de tirer des plans sur la comète, les même hommes, ardents et durs au travail, suant sang et eau pour nourrir les adeptes, et les mêmes paresseux qui les regardent faire. Ces bons bougres se disent communistes, parce qu'ils mettent tout en commun, même les femmes, parfois ! Ils n'ont aucun sens des affaires et refusent d'admettre ce qu'il est aisé de constater à toutes les époques et sous toutes les latitudes, à savoir que l'homme ne travaille, n'avance, ne se dévoue que s'il y trouve intérêt et profit. Je ne suis donc pas entré en affaire avec eux, sachant, par avance, que je ne retirerai pas ma mise. J'ai préféré leur laisser une obole et m'en aller. Le seul acte charitable que l'on puisse accomplir à leur égard est de les détromper et de les ramener dans notre société active, pleine d'imperfections certes, mais où celui qui veut se donner de la peine tire un honnête profit de son travail, sans avoir à le partager avec les bons à rien. »

Cette analyse sociale fit sourire Axel, qui retrouvait chez Guillaume ce sens aigu de l'économie, ancré dans son caractère. Dans son enfance, Axel avait entendu cent fois le mari de sa mère répéter : « L'homme qui ne se rend pas utile à la société, si modestement que ce soit, mais en fonction de ses forces et capacités, mérite d'être abandonné à son sort. Chacun doit gagner son pain à la sueur de son front. »

L'Américain concluait en donnant des nouvelles de Blandine et de sa fille Emily, qui allait sur ses quatre ans. Il annonçait aussi les fiançailles de l'aînée des filles issues de son second mariage. « Johanna-Caroline, qui a maintenant dix-sept ans, est d'une beauté à faire tourner la tête d'un aveugle. Au bal des débutantes, qui marque ici l'entrée d'une jeune fille de la bonne société dans le monde, elle a été remarquée par le fils unique du premier banquier de Boston. Elle doit l'épouser l'été prochain et j'aurai, enfin, un gendre selon mon cœur, capable de prendre la suite de mes affaires. Si tout va comme je le souhaite, je pourrai donc quitter ce monde l'âme sereine », concluait Guillaume.

Axel Métaz relut plusieurs fois la longue lettre de Guillaume et la rangea, avec les précédentes, dans un tiroir de son bureau. L'existence lointaine de cet homme qui, pendant les dix-huit premières années de sa vie, avait été son père, lui paraissait aujourd'hui irréelle. De l'exilé, il ne pouvait s'entretenir avec quiconque, depuis que Simon Blanchod et Pierre Valeyres avaient quitté la vie. Bien des vieux, à Vevey, devaient se souvenir de M. Guillaume, mais aucun n'aurait jamais fait allusion à ce mari trompé, car le marquis de Fontsalte jouissait de l'estime des notables et Charlotte, sa légitime épouse, ne suscitait plus, vingt ans après son divorce, la moindre critique. Seule la mère Chatard, avec un rien de perfidie et croyant mettre Axel mal à l'aise, se risquait parfois à lui demander des nouvelles de son « ancien père américain ». N'eût été l'âge de la vieille commère, Axel l'eût vertement rabrouée, mais il se contentait de répondre que l'exilé avait complètement oublié Vevey et les Veveysannes ragoteuses !

En février, l'Europe, attendrie, apprit le mariage d'amour de la reine Victoria avec le prince Albert de Saxe-Cobourg. A entendre Charlotte et Flora commenter l'événement, on eût cru que la reine d'Angleterre était une proche parente ! Les deux amies prirent une journée pour rédiger une dépêche de félicitations et des vœux de bonheur, qu'elles expédièrent à la souveraine en dépit des quolibets de Chantenoz et de Vuippens. Charlotte et Flora croyaient maintenant fermement, à force d'enjoliver leurs souvenirs de 1838, que Victoria les avait personnellement invitées à son couronnement ! Axel, plein d'indulgence pour l'anglomanie de sa mère, dut écrire à Londres, à John Keith, le banquier correspondant de Laviron, pour qu'il rassemblât et envoyât les journaux rapportant la cérémonie nuptiale.

A la grande stupéfaction des moqueurs, chacune des Lausannoises reçut, un mois plus tard, une lettre de Buckingham Palace. Bien que laconique et sans doute rédigé par un secrétaire, le message n'en portait pas moins la signature de Sa Majesté : « La reine, très satisfaite des sentiments exprimés à l'occasion de son mariage par la marquise de Fontsalte, accepte les souhaits de bonheur qui lui ont été respectueusement adressés. » Un texte identique parvint à la baronne Ribeyre de Béran qui, comme Charlotte, s'empressa de faire encadrer ce royal accusé de réception !

Un événement d'une autre importance allait, quelques semaines plus tard, animer les conversations du cercle Fontsalte. M. Thiers qui, depuis un certain temps, conduisait des tractations secrètes avec le gouvernement britannique, venait d'annoncer, le 12 mai, à la Chambre des députés, que le roi Louis-Philippe avait décidé de faire ramener en France les restes de Napoléon Ier. Bien que mécontents d'être mis devant le fait accompli, les députés avaient voté, à une immense majorité, le retour des restes de l'empereur.

Cette décision, attendue depuis des années par les bonapartistes, ne pouvait que réjouir Blaise de Fontsalte et Ribeyre de Béran. Les deux généraux n'eurent cependant de cesse de connaître les noms des soixante-cinq députés qui avaient voté contre la décision royale. Une semaine plus tard, ils ne cachèrent pas une nouvelle indignation, quand leur parvint, de Londres, l'assurance que le gouvernement anglais ne s'opposait plus, depuis des années, à la restitution à la France du cercueil de l'empereur. L'ex-roi Joseph, ayant sollicité ce geste de lord Palmerston, s'était entendu répondre : « Il suffit qu'on nous le demande, mais aucun gouvernement français ne l'a jamais fait ! »

Depuis la mort du proscrit, en mai 1821, tous les bonapartistes fidèles à sa mémoire, plus encore ceux qui, généraux ou grognards, avaient participé à sa prodigieuse aventure et partagé sa gloire, souhaitaient le rapatriement des restes de Napoléon. Pour ces nostalgiques de l'Empire, leur chef devait, suivant sa volonté dernière exprimée, à Sainte-Hélène, devant Bertrand et Montholon, reposer « au bord de la Seine, au milieu du peuple français que j'ai tant aimé ».

Les anciens des Affaires secrètes et Reconnaissances, comme Blaise et son ami, qui avaient si souvent approché l'empereur et restaient dépositaires de secrets que rien ni personne ne pourrait jamais leur arracher, ne cessaient de rappeler, parfois avec véhémence, à leurs anciens compagnons d'armes passés au service de la monarchie restaurée, qu'ils devaient obtenir la restitution, par les Anglais, du corps de l'empereur. Tous se plaisaient à dire, sans preuves, que le retour des restes de Napoléon Ier restait « une exigence profonde du peuple ».

On se souvenait, bien sûr, que les démarches effectuées au lendemain de la mort de Napoléon par Madame Mère, puis par Bertrand et Montholon étaient restées sans effet, les Britanniques ayant même envisagé un moment de transporter le cercueil de l'exilé en Angleterre, pour en faire l'ornement d'un musée !

Depuis 1822, de nombreuses tentatives avaient été faites pour obtenir, des souverains successifs et des gouvernements en place, la restitution à la France « des cendres de l'empereur Napoléon déposées en terre d'exil ».

Ni Louis XVIII ni son successeur Charles X, renvoyé par la Révolution de 1830, n'avaient cédé aux pétitionnaires. L'avènement de Louis-Philippe, le 9 août 1830, souverain réputé moins rancunier et plus libéral, avait ranimé les espoirs des bonapartistes, mais il avait fallu attendre le 22 février 1834, après que la statue de Napoléon eut retrouvé sa place sur la colonne Vendôme, pour que, trois nouvelles pétitions ayant été déposées, la question du retour des cendres de l'empereur fût à nouveau évoquée devant les députés. Cette fois, les élus avaient accepté de transmettre les pétitions au Conseil des ministres. Un premier pas avait ainsi été franchi mais le ministère avait classé le dossier sans donner d'explication. Les agissements du prince Louis Napoléon, comploteur et prétendant avoué, incitaient le gouvernement à écarter la gloire de l'oncle, pour ne pas stimuler les ambitions du neveu !

D'après les informations connues de Blaise et de Claude, le Retour des Cendres – quelques journaux l'écrivaient maintenant avec une majuscule – ne pourrait être organisé avant la fin de l'année 1840. Il fut décidé, au cours d'une réunion à Beauregard, qu'on irait, en famille, à Paris pour assister aux cérémonies, déjà annoncées par les journaux, et qu'on emmènerait Alexandra, dont ce serait le premier grand voyage. Discret et généreux, Blaise de Fontsalte se rendit quelques jours plus tard à Genève pour faire savoir aux derniers grognards du café Papon encore valides qu'il leur offrirait voyage et séjour en France, à l'occasion du retour des cendres de l'empereur.

— Nous devons cette ultime faveur à ceux dont Bonaparte a façonné le destin, hier fait de courage, de souffrances et de gloire, aujourd'hui de dénuement, de solitude et d'amertume, dit Blaise, approuvé par tous.

Ils lurent, quelques jours plus tard, sans grande surprise, dans la *Gazette de Lausanne* du 26 mai, que M. Noverraz, ancien valet de chambre de l'empereur Napoléon, s'était rendu à Paris, dans le but de demander un passage sur les bâtiments qui devaient se rendre à Sainte-Hélène pour y recueillir les cendres du grand homme. Le journaliste précisait : « Le bateau partira le 7 juillet de Toulon, pour un voyage de 4 030 miles. Le retour est prévu fin novembre. »

Blaise de Fontsalte et Claude Ribeyre de Béran se félicitèrent de l'initiative de Jean-Abram Noverraz, qu'ils tenaient tous deux en grande estime, et furent heureux d'apprendre, un peu plus tard, qu'Adolphe Thiers, président du Conseil, avait donné son accord pour que le Vaudois participât à la mission. La fidélité sans concession de Jean-Abram Noverraz pour « son seul maître » – il avait refusé les fonctions offertes par deux souverains en disant : « Celui qui a servi l'empereur ne doit plus jamais servir » – était ainsi reconnue et récompensée. Il serait des rares anciens proscrits volontaires de Sainte-Hélène qui s'en iraient recevoir des Anglais les restes de Napoléon.

Ce bel homme de cinquante ans, d'une extrême dignité, ne s'était pas satisfait de la retraite dorée que lui valait le legs de l'empereur. Bon citoyen, il s'était, dès son retour de Sainte-Hélène, en 1821, mis au service de l'armée de son canton. Promu capitaine de dragons, il avait commandé, le 3 août 1833, à Bâle, le détachement de la cavalerie vaudoise requis par l'armée fédérale pour mettre fin au conflit entre citadins et campagnards bâlois. Querelle sanglante, qui avait abouti à la séparation du canton de Bâle en deux demi-cantons, Bâle-Ville et Bâle-Campagne.

A la mi-juillet, quand on sut que la *Belle Poule*, frégate de soixante canons, escortée de la corvette *Favorite*, avait quitté Toulon pour Sainte-Hélène, Blaise de Fontsalte et Claude Ribeyre de Béran se rendirent à Genève, pour tenir la promessse faite aux grognards désargentés du café

Papon et leur porter le viatique qui leur permettrait d'aller à Paris assister au retour des cendres de l'empereur. A cette occasion, ils rencontrèrent un colonel de leurs amis, qui revenait de Toulon, où il avait assisté, le 7 juillet, à l'embarquement des privilégiés en partance pour Sainte-Hélène.

— Vous ne pouvez imaginer le nombre de ceux qui ont la nostalgie de l'Empire que nous avons connu, dit-il.

Une foule considérable avait, en effet, assisté à l'appareillage des deux bateaux, dans l'espoir d'apercevoir ceux qui, par fidélité, avaient vécu la proscription avec l'empereur et s'en allaient accomplir l'ultime et pieuse mission. A Toulon, des centaines de bonapartistes avaient acclamé les rares privilégiés qui embarquaient sur la *Belle Poule*, dont le général Bertrand, ex-grand maréchal de la cour impériale qu'accompagnait son fils cadet, Arthur Bertrand, né à Sainte-Hélène. « Le seul Français qui soit entré dans l'île sans la permission de Hudson Lowe », avait dit Mme Bertrand en mettant son fils au monde ! Trop âgé pour faire un voyage qui promettait d'être éprouvant, le comte de Las Cases, auteur du fameux *Mémorial de Sainte-Hélène*, avait délégué son fils, le baron Emmanuel de Las Cases. Blaise de Fontsalte n'avait pas grande estime pour ce rejeton du mémorialiste, devenu député du Finistère en 1831 et, depuis, assez bon courtisan pour s'être vu confier des missions diplomatiques, en Haïti notamment. Aux bonapartistes qui le trouvaient un peu trop monarchiste Las Cases fils aimait à rappeler qu'il avait, de justesse, échappé, en 1825, à Paris, à un attentat ourdi par Hudson Lowe, le geôlier de Napoléon, qu'il avait frappé d'un coup de cravache à Londres, en 1821, parce qu'il refusait de se battre en duel !

Le général Gaspard Gourgaud, ancien aide de camp de l'empereur, était aussi du voyage. Possesseur envié de l'épée que Bonaparte portait aux Pyramides, il était estimé de tous les vétérans parce qu'il avait eu le front de porter, sous Louis XVIII, un toast à l'empereur, alors exilé à l'île d'Elbe, et surtout parce qu'il avait vengé l'honneur de la Grande Armée en blessant grièvement en duel M. de Ségur, auteur d'un ouvrage odieux, plein de calomnies sur Napoléon et ses soldats.

Ceux qui avaient servi Napoléon jusqu'à sa mort éveillaient autant de curiosité que de sympathie, notamment Louis-Etienne Saint-Denis, dit Ali, qui n'était mameluck que de nom mais dont tous les bonapartistes savaient qu'il avait été le meilleur et le plus fidèle des serviteurs de l'empereur et, souvent, le très scrupuleux copiste des Mémoires du proscrit. Avec Louis Marchand, autre fidèle, Achille-Thomas Archambault, le cocher, Pierron, le cuisinier, avait embarqué Jean-Abram Noverraz, le Lausannois. Un prêtre replet, l'abbé Coquererau, confesseur de la reine Marie-Amélie, épouse de Louis-Philippe, faisait fonction d'aumônier de l'expédition.

Lorsque les deux vaisseaux seraient sortis de la rade, on allait être sans nouvelles d'eux pendant des semaines.

Après ce printemps réparateur, l'été apporta une émotion moins flatteuse aux bonapartistes. Depuis qu'il s'était résolu à quitter la Suisse, en octobre 1838, Louis Napoléon menait à Londres, grâce à l'héritage de sa mère, la reine Hortense, un train princier, dans un bel hôtel de Carlton Gardens. Servi par dix-sept domestiques, entouré de fidèles, le neveu de l'empereur courtisait des ladies, troussait des actrices et des danseuses, caracolait à Hyde Park fréquentait le Carlton Club, s'habillait comme un dandy et mûrissait des complots. S'inspirant du conseil légué par sa mère, de ne se dévoiler « qu'à l'heure opportune », il attendait l'occasion de réussir ce qu'il avait raté à Strasbourg, en 1836. Apprenant que Louis-Philippe autorisait le retour en France du corps de l'empereur mort à Sainte-Hélène, il s'écria, assurèrent plus tard les informateurs anglais de Blaise de Fontsalte : « Ce ne sont pas seulement les cendres, ce sont les idées de Napoléon qu'il faut ramener. » Or, ces idées-là étaient développées dans un ouvrage que Louis Napoléon avait publié l'année précédente sous le titre *Des idées napoléoniennes*. Quand on sut que le prince de Joinville, troisième fils de Louis-Philippe, irait, à bord de la frégate la *Belle Poule*, recueillir à Sainte-Hélène le cercueil du grand homme, le fils d'Hortense imagina d'armer un navire et d'arraisonner, en pleine mer, la frégate corbillard afin de s'emparer de la dépouille de son oncle ! Des gens sages le convainquirent de n'en rien faire et, dès lors, Louis Napoléon ne se préoccupa plus que de prendre le pouvoir en France, pour accueillir l'empereur, mission prestigieuse qu'on ne pouvait laisser à Louis-Philippe.

C'est pourquoi, au cours de la nuit du 5 au 6 août, le prince, accompagné de ses complices habituels, dont Persigny, Parquin, Laborde, Montholon et le docteur Conneau, d'une petite troupe qui s'était procuré, à Londres, une aigle enchaînée, représentation vivante de la foi impériale, avait traversé la Manche à bord d'un vapeur anglais et débarqué sur la plage de Wimereux. De là, on avait marché sur Boulogne, après un salut ému à la colonne de la Grande Armée, sur laquelle les royalistes avaient eu l'outrecuidance de remplacer la statue de Napoléon regardant l'Angleterre par un boule surmontée d'une fleur de lys !

Comme autrefois à Strasbourg, il s'agissait de soulever la garnison, d'ameuter la population et de marcher sur Paris, pour bouter hors de ses palais la monarchie louis-philipparde. Mais les soldats du 42e régiment de ligne, cantonné à Boulogne, ne s'étaient pas plus laissé convaincre que ceux du 46e de régiment de ligne de Strasbourg, six ans plus tôt ! Le prince, tireur approximatif, avait blessé d'une balle de pistolet, destinée au capitaine Col-Puygelier, le simple grenadier Geoffroy ! Arrêté sans ménagement, il avait été conduit sous bonne escorte à Paris. Les mille fusils achetés à Birmingham n'avaient même pas été débarqués !

Quand Blaise de Fontsalte et son ami Ribeyre apprirent, par la presse, cette échauffourée bouffonne, ils furent consternés. Depuis l'affaire de Strasbourg, les deux généraux restaient sourds à tous les appels que les partisans de Louis Napoléon lançaient périodiquement aux anciens officiers d'Empire ayant assumé des responsabilités particulières dans les services de renseignements. Néanmoins, les deux amis, contrairement aux détracteurs du prince, tenaient le fils d'Hortense pour un homme intelligent, résolu et courageux.

Par leurs informateurs, les généraux surent bientôt que le complot avait été connu de Guizot, ambassadeur de France à Londres, et que le débarquement de Wimereux n'avait pris personne au dépourvu. La presse anglaise ridiculisait l'expédition bonapartiste et son promoteur, que le

Sun conseillait, non sans grossièreté, de mettre en pension dans un asile d'aliénés[1] !

Conduit à la forteresse de Ham, le prince n'en sortit que pour comparaître, le 28 septembre, à Paris, devant la Chambre des pairs, qui le condamna, le 6 octobre, à la prison perpétuelle, tandis que ses complices Montholon, Lombard, Parquin et Persigny se voyaient infliger vingt ans de réclusion. Le docteur Conneau s'en tirait avec cinq ans de la même peine et, honneur insigne, était admis à purger sa condamnation au fort de Ham, en compagnie du prince.

— Mon Dieu, la prison à vie ! Quelle cruauté désespérante, pour un homme de trente-deux ans, dit Charlotte, émue, en apprenant par la *Gazette de Lausanne* l'épilogue judiciaire d'une équipée qui amusait toutes les cours d'Europe.

— Pour les princes, ma chère, la perpétuité ne dure jamais très longtemps, dit Ribeyre de Béran.

— Il est certain que nous entendrons encore parler de lui, compléta Blaise.

— Et la malheureuse aigle, embarquée avec les comploteurs, l'a-t-on mise en cage ? demanda Flora, qui s'intéressait aux rapaces.

— Cette aigle, dont on a découvert qu'elle était un mâle, et non femelle impériale, est retournée en Angleterre, à bord de l'*Edinburgh Castle*, le vapeur qui avait conduit les conjurés, précisa Blaise.

— Et les marins ont donné un nom à ce bel oiseau, un instant compromis, dit Ribeyre de Béran. Ils l'ont appelé Fiasco !

1. André Castelot, *Napoléon III*, tome I : *Des prisons au pouvoir*, Librairie académique Perrin, Paris, 1973.

7

La France et les Parisiens attendaient, avec une ferveur patriotique inconnue à ce jour, le retour des cendres de Napoléon. Blaise et Charlotte de Fontsalte, les Ribeyre de Béran et Axel Métaz, accompagné de sa filleule Alexandra, arrivèrent à Paris le 2 décembre 1840. Les deux généraux ne manquèrent pas d'évoquer, en ce jour d'anniversaires conjoints, le couronnement de l'empereur et la victoire d'Austerlitz.

Sans relations, les amis n'auraient pu se loger dans la capitale, qui regorgeait de nostalgiques et d'éclopés de l'Empire, venus de toutes les provinces et, même, de l'étranger. Comme Blaise et Claude le leur avaient promis, quatre habitués du café Papon de Genève, officiers demi-solde, avaient pu faire le voyage de Paris en diligence, grâce à la générosité des deux généraux. Ribeyre de Béran leur obtint même des places dans la nef de l'église des Invalides où seraient célébrées, le 15 décembre, les funérailles de l'empereur.

Les Vaudois apprirent, le lendemain de leur installation, que la *Belle Poule*, la frégate de soixante canons commandée par le prince de Joinville, qui rapportait la dépouille de Napoléon, était entrée, le 30 novembre, dans le port de Cherbourg.

Il fallait maintenant attendre l'arrivée à Paris de ceux qui venaient de toucher Cherbourg, pour tout connaître de l'exhumation de Napoléon. Le ministère de M. Thiers, premier artisan de la restitution des restes de l'empereur à la France, avait été défait par la volonté de Louis-Philippe, alors que la *Belle Poule* venait à peine de quitter Toulon pour Sainte-Hélène. Si le maréchal Soult présidait le nouveau Conseil des ministres, l'homme qui comptait désormais était M. François Guizot. L'ancien ambassadeur de France à Londres, protestant rigide, devenu ministre des Affaires étrangères, avait souvent manifesté une grande défiance à l'égard des bonapartistes. Dès son arrivée au ministère, il avait donné des ordres pour que les membres de la mission envoyée à Sainte-Hélène n'aient aucun contact avec les Français avant la réception officielle des restes de l'empereur à Paris.

Blaise et Ribeyre, toujours bien renseignés, surent très vite que le nouveau gouvernement regrettait l'initiative du précédent, car le retour des cendres et l'intérêt populaire qu'il semblait déjà susciter ne pouvaient que renforcer le parti bonapartiste et encourager Louis Napoléon à renouveler des tentatives, jusque-là malheureuses, quand elles n'étaient pas ridicules. Enfermé au fort de Ham, le prétendant ne pouvait nuire. Néanmoins, depuis l'arrivée de la *Belle Poule* à Cherbourg, la surveillance du prince avait été renforcée.

Les jours qui suivirent furent, pour les bonapartistes, des jours glorieux, une sorte de réhabilitation patriotique dont l'histoire tiendrait compte. Les Français, versatiles et ingrats, qui avaient souvent, par critiques et sarcasmes, plus affligé les anciens des armées napoléoniennes que les tracasseries de la police royale, acclamaient maintenant l'empereur mort, comme il ne l'avait jamais été de son vivant. Et cela, bien que le pouvoir se fût ingénié à décourager toutes les initiatives des municipalités riveraines, qui souhaitaient organiser des cérémonies tout au long de la Seine, du Havre à Paris. Vaines, cependant, furent ces interdictions mesquines car, dès que la *Belle Poule* accosta, des milliers d'hommes et de femmes, de toutes conditions, défilèrent devant le cercueil sur lequel la municipalité cherbourgeoise fit déposer une couronne de lauriers en or.

Le 8 décembre, la foule était encore plus dense, pour assister au transbordement du corps sur le vapeur à roues *Normandie*, qui porta le cercueil et les membres de la mission, à qui il avait été interdit de descendre à terre jusqu'au Val-de-la-Haye, où les restes de l'empereur furent placés à bord du petit vapeur la *Dorade 3*, dont la décoration funèbre, avec panaches et plumeaux, parut de si mauvais goût que le prince de Joinville, lui-même, la fit réduire. Cela tenait au fait que le corbillard flottant, sorte de temple grec avec colonnes et cariatides, dont la toiture portait, aux quatre angles, l'aigle impériale aux ailes éployées, n'était pas au rendez-vous !

Escorté par six autres vapeurs de même type, crachant une épaisse fumée noire, la *Dorade* remonta la Seine jusqu'à Courbevoie. Sur les rives, des dizaines de milliers de gens saluèrent le passage de la flottille au cri de « Vive l'empereur ! ». Sur plus de trois cents kilomètres, les villes et villages pavoisés firent la haie pour le mort qui revenait d'exil. Rouen, à qui le pouvoir refusa une escale, avait dressé un arc de triomphe fleuri de vingt-cinq mètres de haut, qui exhaussait le pont de la cité. On avait aussi dressé des tribunes, mobilisé les musiques, les gardes nationaux, les écoles et, derrière l'évêque, qui bénit la *Dorade* au passage, le clergé en chasuble et tout ce que la ville comptait de personnalités.

Si Charlotte, Flora et Alexandra, peu disposées à piétiner dans la neige, qui tombait par intermittence, et à souffrir la morsure de la bise, furent confiées aux bons soins d'Axel, les généraux, ayant endossé leur meilleur uniforme, se rendirent à Courbevoie, où Napoléon devait retrouver le sol de France. Ils suivirent ensuite le cortège, jusqu'aux Invalides, parmi les anciens de la Garde impériale.

Le char funèbre à quatre roues pleines, dans lequel fut glissé le cercueil, leur apparut comme un mausolée mobile, dans le goût antique. Ce prodigieux monument de bois doré, de verre et de toiles peintes, atteignait onze mètres de hauteur. Sur un socle de deux mètres s'élevait un long piédestal, précédé d'anges présentant au peuple la couronne de Charlemagne. Quatorze vestales aux longues robes soutenaient, des bras et de la tête, un immense bouclier, doré à l'or fin. Sur ce pavois des triomphes antiques reposait un cénotaphe d'ébène, drapé de crêpe violet. Ce n'était qu'un cercueil postiche, la bière contenant le corps de l'empereur étant dissimulée aux regards, sous les tentures du piédestal, ce que beaucoup regrettèrent.

Les deux généraux, qui avaient vécu les heures douloureuses de l'abdication, le départ humiliant vers La Rochelle, la dernière tromperie de Fouché, l'épisode de l'île d'Aix, le geste méprisable de Louis XVIII s'associant à l'Anglais pour déporter l'empereur à Sainte-Hélène, ne pouvaient que s'exalter à la vue de cette pompe impériale restaurée. Napoléon Bonaparte, tel le Phénix, ressuscitait dans les cœurs et les esprits. Ce corps, inerte depuis près de vingt ans, ballotté sur le char monumental que tiraient seize chevaux caparaçonnés d'or, devenait corps mystique plus encore que glorieux. Tout au long du parcours à travers la capitale, sur les avenues empruntées par le convoi, le peuple de Paris, plus chaleureux que recueilli, semblait vouloir expier par les ovations, les paroles de la *Marseillaise* entonnées spontanément, les attentions tardives et de circonstances à l'égard des anciens soldats de l'Empire, ses abandons, ses lâchetés, son opportunisme. Le mort illustre, qui lui avait pris tant de sang, lui avait aussi légué des institutions, des lois, des codes, des écoles, des trésors artistiques, dont la monarchie usait sans vergogne. Figé dans la mort, impavide et muet mais étrangement présent, l'empereur contraignait la plèbe à cet instant de dignité et de grandeur.

Quand le cortège eut passé sous l'Arc de triomphe, tout frémissant de drapeaux et d'oriflammes, il descendit les Champs-Elysées, jalonnés de mâts, d'aigles perchées sur des colonnes, d'étendards, de trophées. Sur le pont Louis XVI, place de la Concorde, devant la Chambre des députés, tandis que tonnaient les canons, la même foule proclamait la fierté retrouvée d'appartenir à la nation qui avait donné au monde un grand capitaine, doublé d'un législateur génial.

Un tel enthousiasme tirait des larmes à ceux qui, ayant combattu pour le Corse sur tous les champs de bataille d'Europe, eussent mérité, dans les tribunes, les premières places, plus souvent attribuées aux ralliés à la monarchie, courtisans, prébendiers du jour, fonctionnaires d'un régime habile à se parer d'une gloire empruntée à contrecœur et par démagogie.

Blaise et Claude, très émus, retrouvèrent ce jour-là de vieux camarades de combat et furent reconnus par d'autres anciens, arborant comme eux l'insigne d'origine, modèle impérial, de la Légion d'honneur, qui les distinguait des décorés mondains de Charles X et Louis-Philippe.

Lors du dernier bivouac sur l'esplanade des Invalides, où l'on avait érigé, alternant avec des pots à feu fumeux et malodorants, les statues plus ou moins ressemblantes des maréchaux défunts, Blaise et son ami se virent entourés, devant l'effigie de Ney, par d'autres vétérans. Balafrés de Waterloo, borgnes de Wagram, manchots de Marengo, culs-de-jatte de Leipzig, tous ceux qui pouvaient encore marcher se tenaient à l'écart, toisant avec dédain les gardes nationaux. Aussi droits et raides que le permettaient rhumatismes et ankyloses, frissonnant dans leurs uniformes délavés, comparant leurs décorations, ils échangeaient des souvenirs. Tel, qui avait laissé la moitié de ses doigts et un pied dans les glaces de la Berezina, évoquait les visions d'enfer de la campagne de Russie, tel autre, les aisselles meurtries par ses vieilles béquilles, citait les mots que lui avait adressés l'empereur en le décorant de la Légion d'honneur, à Eylau, un troisième rappelait au général Fontsalte qu'il faisait partie du bataillon qui avait porté le corps de Desaix au Grand-Saint-Bernard.

La plupart de ces grognards ne purent assister à la remise officielle du corps de l'empereur au roi Louis-Philippe par son fils le prince de Joinville, l'accès à l'église Saint-Louis étant réservé aux gens de cour, aux dignitaires royalistes et aux invités du gouvernement. Fontsalte et Ribeyre avaient obtenu des places dans le sanctuaire, où les attendaient, depuis deux heures, leurs épouses grelottantes et parfaitement scandalisées par le brouhaha de salon, les conversations mondaines, le manque de recueillement des officiels, dont la plupart, anti-bonapartistes, paraissaient fort contrariés. Ils venaient de découvrir, à travers la ferveur et l'enthousiasme d'un peuple innombrable[1] qu'ils croyaient définitivement acquis à la monarchie, combien la royauté restait vulnérable.

1. Les chroniqueurs de l'époque ont estimé qu'un million de personnes, au moins, se trouvèrent, un moment, réunies sur le passage du convoi et place des Invalides.

A trois heures, la cérémonie prit fin et, aussitôt, l'accès de l'église devint libre. Ceux et celles qui piétinaient depuis des heures la boue glacée, dans le vent et sous la neige, purent, enfin, dans la bousculade, approcher du catafalque. A la tombée de la nuit, les Fontsalte et les Ribeyre furent bien aise de retrouver Axel et Alexandra pour aller dîner, tandis que des milliers de Parisiens se pressaient encore autour de l'église où le cercueil de l'empereur resterait exposé plusieurs jours.

Contrairement à ce qu'escomptait le gouvernement français, l'intérêt porté par le peuple au retour des cendres de Napoléon ne retomba pas, une fois les cérémonies officielles terminées. Devant l'église des Invalides, les foules se renouvelaient d'heure en heure, de jour en jour. Le service d'ordre avait bien du mal à canaliser ceux et celles qui voulaient approcher du cercueil de l'empereur, le toucher, parfois le baiser, déposer des fleurs ou, plus sobrement, se recueillir à proximité[1]. C'est ainsi qu'Axel et sa filleule purent voir à leur tour, sous la nef des Invalides illuminée, le catafalque, couvert d'un drap constellé d'abeilles impériales, sur lequel, à l'invitation de Louis-Philippe, le général Bertrand avait déposé l'épée de Napoléon et le général Gourgaud le chapeau de Bonaparte.

Comme pour entretenir et prolonger cet engouement nostalgique des citoyens pour l'Empire défunt, on vendait au coin des rues des textes de circonstance, notamment une copie clandestine du long poème que M. Victor Hugo avait envoyé à M. Thiers, le 15 décembre, et aussi une *Ode à Napoléon*, œuvre d'un jeune écrivain de La Nouvelle-Orléans, Victor Séjour, quarteron, ami d'Alexandre Dumas. Ce Louisianais de vingt-trois ans avait fait de brillantes études dans une institution de sa ville natale, l'académie Sainte-Barbe, fondée par un Noir, avant d'être

1. Victor Hugo, qui suivit les funérailles de l'empereur, note dans ses *Carnets*, à la date du 23 décembre : « Depuis la translation du cercueil, l'église des Invalides est ouverte à la foule, qui la visite. Il y passe chaque jour cent mille personnes, de dix heures du matin à quatre heures du soir. » Un siècle plus tard, dans la nuit du 15 au 16 décembre 1940, les cendres de Napoléon II, duc de Reichstadt, restituées à la France par les Allemands, furent déposées aux Invalides, dans Paris occupé.

envoyé à Paris par ses parents. Blaise de Fontsalte estima ce jeune homme peu rancunier puisqu'il vénérait celui qui, en 1803, avait vendu la colonie de la Louisiane aux Etats-Unis!

Elise ayant refusé le voyage de Paris, sous l'habituel prétexte qu'elle ne pouvait laisser les garçons seuls avec Françoise et Pernette, incapables de se faire obéir de l'irascible Vincent, Alexandra s'était instituée, dès le départ de Lausanne, cavalière attitrée de son parrain. Ravie de tenir ce rôle, elle avait tout de suite rétabli avec Axel la tendre complicité qu'il croyait dissoute depuis le baiser des Pâquis. Baiser prémédité, pensait-il maintenant, qui, en un éclair, avait changé le caractère de leur relation, car il laissait présager un plus grand abandon.

Un soir, alors que Charlotte et Flora, fatiguées, refusaient de quitter l'hôtel, Blaise conseilla à son fils d'emmener Alexandra dîner au Grand-Véfour, au Palais-Royal, où l'on servait vermicelles et poitrine de mouton accompagnée de haricots. Mme de Béran, dont Axel redoutait, depuis toujours, la perspicacité, ajouta, malicieuse :

— C'est ça. Allez dîner en amoureux! ce qui combla d'aise la jeune fille.

Souvent, sous prétexte de montrer à l'orpheline des lieux ou des monuments de Paris que les autres membres de l'expédition connaissaient déjà, Axel et Alexandra sortaient seuls.

En marchant rue de la Paix, en s'extasiant devant les vitrines de Mellerio dits Meller, ce qui ranima chez Axel le souvenir d'Adriana et de son Turc, en déambulant sur les boulevards ou au long des quais de la Seine, Alexandra lui prenait le bras, lui tendait la main pour descendre ou monter dans un fiacre, se blottissait contre lui dans la foule, quand ils se trouvaient distancés par les Fontsalte et les Ribeyre de Béran, isolement qui n'était pas toujours le fait du hasard.

Un soir de grand froid, comme ils arpentaient le trottoir de la rue de Rivoli d'un pas vif pour rejoindre les autres, après s'être attardés au Petit Saint-Thomas, le grand magasin de nouveautés de la rue du Bac, où Alexandra avait acheté des bas, des gants et un châle de l'Inde, des fêtards les saluèrent gaiement d'un :

— Allez vite vous mettre au chaud, les amoureux !

— Sûr que ces gens pensent que je suis un vieux beau qui vient d'enlever une pensionnaire. Un Faust qui débauche une Marguerite, lança Axel en riant, car une telle confusion le flattait.

Le lendemain, Alexandra s'éclipsa, tôt le matin, pour se rendre chez un coiffeur à la mode. Elle réapparut les cheveux dressés en chignon strict.

— Cette coiffure te donne dix ans de plus, ma petite ! s'écria Charlotte.

Flora renchérit :

— C'est une coiffure trop sérieuse, pour ton âge !

Un clin d'œil de la jeune fille à son parrain et ce dernier comprit l'intention, qu'elle s'empressa de confirmer quand ils se retrouvèrent seuls dans un fiacre.

— Maintenant, je puis passer pour une maîtresse mieux assortie, n'est-ce pas ? dit-elle en l'embrassant.

Troublé plus que de raison, Axel n'émit qu'un :

— Cesse donc de dire des bêtises, Alexandra !

Il ne put s'empêcher de lui rendre un baiser avunculaire, qu'un cahot du fiacre dévia de la joue à la commissure des lèvres.

Ce jour-là, il fut bien près de céder au charme enjôleur de sa filleule.

Fort heureusement, le séjour se terminait et, le lendemain, au moment de prendre place dans les berlines, Axel choisit, ostensiblement, de voyager avec Blaise et Ribeyre, les trois femmes s'installant dans l'autre voiture. A chaque étape, Alexandra, qu'il s'attendait à trouver boudeuse, se montra, au contraire, enjouée, pleine d'attentions pour Charlotte et Flora. Elle se comporta avec Axel en filleule respectueuse. Il en fut d'autant plus irrité qu'il savait cette pose punitive.

Au lendemain de son retour à Vevey, Axel Métaz dut répéter, pour Louis Vuippens, les Chantenoz et le pasteur Duloy, le récit complet de son séjour à Paris, dont Elise et ses fils avaient eu, la veille, la primeur. Il compléta, par des souvenirs et anecdotes personnels, les comptes rendus publiés par les journaux sur les cérémonies de la restitution des cendres de Napoléon, que ses amis avaient lus avec plus ou moins d'intérêt.

Au moment de quitter Rive-Reine, le médecin prit son ami à part, tandis que Martin, Aricie et le vieux pasteur s'en allaient vers leur domicile, à petits pas prudents, sur les pavés givrés de la rue du Sauveur, devenue depuis peu, par la volonté du philanthrope Perdonnet, rue du Lac.

— J'ai rencontré ta belle rousse de Lausanne, la semaine dernière, dit Louis, en préambule. C'est elle qui m'a abordé et s'est fait reconnaître. Elle m'a, d'emblée, demandé de tes nouvelles, puis elle a ajouté : « La dernière fois que j'ai parlé à M. Métaz de Fontsalte, il y a longtemps, il m'a dit, au cours d'une conversation à bâtons rompus, que vous êtes son meilleur ami. » « S'il vous a dit que je suis le meilleur de ses amis, je le suis, madame », ai-je répondu. Et elle a enchaîné en faisant un très visible effort, comme si les mots lui brûlaient les lèvres : « Puisque vous êtes son meilleur ami, glissez-lui, à l'écart de toute oreille indiscrète, que je regrette de m'être sottement conduite, autrefois, à Yverdon, et ajoutez, bien que cela puisse vous paraître osé et même inconvenant de ma part, que la vie d'une femme est grise quand l'amour ne l'éclaire plus. » Sur ce, le visage brusquement empourpré par un érythème pudique qui en disait long sur le coût d'une telle confidence, elle a tourné les talons, sans même me dire au revoir ! acheva Vuippens.

Axel, un instant abasourdi, se mit à rire.

— Elle ne manque pas d'audace, la coquine, dit-il, assez flatté que Marthe Bovey fût allée jusque-là pour tenter de renouer une relation dont elle semblait accepter, maintenant, l'aboutissement refusé deux ans plus tôt.

Louis prit affectueusement son ami par le bras et l'entraîna jusqu'à son cabriolet. Le cheval du médecin frissonnait sous la couverture et, la conversation des deux hommes se prolongeant malgré la température hivernale, il se mit à piaffer, frappant le pavé d'un sabot impatient. Louis n'en poursuivit pas moins, à l'intention de son ami :

— Tu es attendu, mon cher. La dame est prête à se rendre à tes conditions. Apparemment, elle n'a pas trouvé mieux ! L'abstinence doit la travailler, elle aussi ! Puisque tu ne te satisfais plus de la copulation hygiénique et vénale, qu'attends-tu pour te jeter dans la couche d'une veuve sevrée de tendresse ?

— Tu sais les complications qui peuvent en découler, Louis. Je veux épargner toute peine à Elise et protéger sa dignité d'épouse. Je ne veux pas qu'on puisse dire, en cas d'indiscrétion – or, il y en a toujours, dans un pays comme le nôtre –, que Mme Métaz est une femme trompée par son mari. Voilà ce qui me retient.

— Tu n'as peut-être pas tort. Sais-tu qu'autrefois, en Suisse, quand deux femmes réclamaient le même homme et que le crime de bigamie était prouvé, les tribunaux ordonnaient que le corps du bigame fût partagé en deux parts égales !

— Brr ! Voilà qui devait faire hésiter les Casanova !

— Aujourd'hui, nous sommes un pays civilisé. Il suffit d'être discret et, comme disait mon père, le boulanger, de faire ça hors du canton ! Tu vas assez souvent à Genève et en Valais pour trouver un lieu de rendez-vous, non ? En tout cas, mon vieux, si une telle femme me faisait pareille avance, j'y courrais. Elle m'a paru encore plus belle, plus pulpeuse, plus désirable qu'autrefois. Elle ressemble à la Pallas de Botticelli, tu vois le tableau, celle qui console le Centaure ! Enfin, tu feras ce que tu voudras ! Moi, j'ai transmis le message ! conclut le médecin en montant dans sa voiture qui s'ébranla avant même qu'il eût saisi les rênes.

Cette invite de Marthe Bovey laissa Axel perplexe. Avant de gagner sa chambre, dans la demeure silencieuse – Elise ne l'avait même pas attendu pour lui souhaiter le bonsoir –, il s'assit au salon devant un feu de bois mourant, vida le reste de la bouteille de dézaley dans son verre, ralluma sa pipe et se mit à réfléchir. Cette relance de la jolie veuve pourrait lui permettre de conjurer un plus grand danger, qui avait nom Alexandra.

Tout dormait à Rive-Reine quand il se persuada que, pour se défendre d'une telle attirance physique, une autre femme ferait l'affaire. Il décida d'attendre le printemps pour revoir Marthe Bovey. Elle avait mis des mois avant de se manifester, il n'allait pas se jeter à ses pieds, aussitôt son appel reçu, tel un amoureux transi !

Les jours qui suivirent furent consacrés à l'accueil de Rosine Mandoz, la sœur de Flora, veuve du garde pontifical. Après liquidation de ses affaires romaines, elle venait de louer un appartement dans un des quartiers huppés de

Lausanne, place Saint-François. Axel embrassa Tignasse avec émotion. Sous ses cheveux blancs, aussi drus et frisés qu'au temps où ils étaient de jais, elle lui apparut, telle une petite femme sèche, chagrine, à qui, contrairement aux souvenirs qu'ils avaient échangés lors de leur précédente rencontre au tir fédéral d'Aarau, en 1824, il eût été indécent de rappeler abruptement le passé. Et cependant, le visage maigre et strié de rides de l'Italienne restait éclairé, lumière disproportionnée, par ce regard de braise qui impressionnait autrefois les clients de l'épicerie Jardin des Gourmandises, à La Tour-de-Peilz.

A l'issue du repas de fin d'année, auquel Tignasse fut naturellement conviée, Axel tint à prouver à celle qui l'avait initié avec une fougue rustique aux gestes de l'amour qu'il n'oublierait jamais une expérience souhaitable à tous les garçons. Hors de toute présence étrangère, il montra à Rosine le sucre d'orge que l'épicière, rejoignant alors son mari à Rome, lui avait laissé en souvenir de leurs égarements amoureux. Rangée dans un étui de bois et revêtue de son emballage d'origine, la friandise rancie fut aussitôt reconnue par la sœur de Flora.

— C'était en 1815, souffla Axel.

— Mon Dieu, mon ami, cela fait plus de vingt-cinq ans… et tu te rappelles encore le Jardin des Gourmandises ?

— Ce fut pour moi, Rosine, le premier jardin des délices.

— Tais-toi, Axel ! Une vieille femme ne peut plus entendre ces choses !

— Moi aussi, je suis vieux, Rosine ! Voyez mes cheveux blancs ! dit Axel en posant un doigt sur sa tempe.

— Ah, vaurien de Vaudois, vieux à quarante ans ! C'est avec ça, et maintenant, que tu vas plaire aux jeunes filles, comme autrefois le jeune garçon plut à la femme mûre qui aurait pu être ta mère, dit Mme Mandoz retrouvant le sourire.

— Et ce fut bien ainsi, n'est-ce pas ? demanda-t-il.

— Ce fut bien ainsi, oui, admit-elle d'un voix voilée.

D'un geste sûr, Axel rompit le sucre d'orge en deux parts égales et en tendit une à Tignasse qui reçut, larmes aux yeux, cette relique, gage désuet d'un secret partagé.

Depuis leur retour de Paris, Blaise de Fontsalte et Claude Ribeyre de Béran avaient attendu de revoir Jean-Abram Noverraz, pour savoir comment s'était passée à Sainte-Hélène l'exhumation des restes de l'empereur. Ils se fiaient peu aux comptes rendus des journaux, essentiellement consacrés aux cérémonies parisiennes. L'ancien valet de Napoléon n'avait pas assisté aux funérailles des Invalides. Fatigué, brisé par une succession d'émotions fortes, il était, semblait-il, rentré de Paris en Suisse sans s'attarder. Dès le lendemain de son arrivée à Lausanne, il avait été assailli par ses amis et relations, curieux de connaître, eux aussi, ses impressions. Méthodique et conscient d'être le témoin privilégié d'un événement exceptionnel, M. Noverraz avait tenu le journal de son voyage à Sainte-Hélène. Il n'avait pas hésité à le confier aux deux généraux[1].

Le Vaudois rapportait que, le mercredi 7 octobre 1840, à huit heures du soir, la vigie de la *Belle Poule* avait signalé l'île de Sainte-Hélène. « Le lendemain matin nous étions en vue de Longwood, notre ancienne habitation. Il est impossible d'exprimer ce que j'éprouvais. Nous passâmes près de cet affreux rocher, où j'avais été plusieurs fois à la chasse aux chèvres. Tout l'équipage considérait cet affreux pays dans un grand silence », écrivait-il.

Le 9 octobre, à neuf heures du matin, l'ancien valet avait débarqué avec le général Bertrand, Emmanuel de Las Cases et Marchand. Tous quatre s'étaient immédiatement rendus au tombeau, dans le vallon où, sous les arbres, dix-neuf ans plus tôt, ils avaient assisté à la mise en terre de Napoléon. « Nous l'avons trouvé comme nous l'avions laissé [le tombeau] excepté qu'il n'y a plus qu'un des anciens saules debout, les quatre autres sont tombés de vieillesse. On en avait planté plusieurs, ainsi que des cyprès. [...] Le gardien nous a reconnus et a bien voulu

1. Ce document a été aimablement communiqué à l'auteur par M. Silvio Corsini, conservateur de la Réserve précieuse de la Bibliothèque cantonale et universitaire de Lausanne. S'il a respecté le style de Noverraz, l'auteur s'est cru autorisé à rectifier l'orthographe hautement fantaisiste du narrateur. Il a également dû ponctuer le texte pour le rendre plus intelligible à un lecteur de notre temps.

nous donner des branches du saule qui reste debout, ainsi qu'à chacun un morceau des vieux troncs. Nous avons été heureux d'avoir été des premiers. Quant à ce que j'ai éprouvé, je le laisse [à imaginer?] aux personnes qui ont du sang dans les veines. »

Les quatre s'étaient ensuite rendus à Longwood et Noverraz décrivait l'état des lieux. « En arrivant à l'entrée de l'ancien corps de garde, une femme est venue nous demander si nous avions un permis. A quoi, ayant répondu que non, elle ne devait pas nous permettre de passer. Le hasard a voulu que se trouvât, à cet instant, une femme qui avait été nourrice de deux enfants de Mme de Montholon, qui dit qui nous étions. On nous laissa entrer. Cette femme nous expliqua que l'on faisait payer, aux personnes qui n'avaient pas un passe du gouverneur, une finance de trois chalins [shellings?] par personne. Arrivés près de la maison, nous avons été dans une consternation bien pénible en voyant l'état de dégradation où est l'habitation du Grand Homme. Sa chambre à coucher, son cabinet, son cabinet de bains et notre cabinet de service sont transformés en une écurie. Les plafonds sont enlevés de manière que nos chambres, qui étaient au-dessus, sont détruites. La pièce qui lui servait de salon et dans laquelle il est mort, on y a établi un moulin, que l'on fait mouvoir du dehors par quatre chevaux. Le salon d'attente, la salle de billard servent de grange à battre la graine, la bibliothèque, la salle à manger ne sont pas utilisées. Nos petits jardins sont tous détruits, il ne reste qu'un seul arbre de ceux que j'ai plantés. C'est un pêcher, qui est bien malade. Il avait cependant encore quelques fleurs. »

Pendant plusieurs jours, les membres de la mission, officiellement accueillis par le gouverneur anglais et le consul de France, visitèrent les lieux où Napoléon avait vécu ses dernières années, puis vint la nuit du 14 au 15 octobre et l'exhumation du corps de l'empereur.

Blaise et son ami, imaginant aisément l'intense émotion qui avait dû présider à cet acte intervenant exactement vingt-cinq ans, jour pour jour, après l'arrivée de l'empereur déchu dans sa prison océane, demandèrent à Trévotte, aussi curieux et ému qu'eux, de leur lire le texte de Noverraz, ce que l'adjudant fit lentement, d'une voix grave.

« Le 14, à minuit, les personnes qui devaient assister à l'exhumation de l'empereur étaient réunies auprès du tombeau. Dix minutes après, on a frappé le premier coup de pique, pour enlever la grille du tombeau. Il pleuvait et il faisait très froid. On avait préparé une machine pour enlever la pierre [tombale ?] et le cercueil, les pierres qui fermaient le tombeau. La terre était un peu affaissée et très sèche. A sept pieds de profondeur, on est arrivé au ciment qui recouvrait la pierre. Il était très dur à piquer. Ce sont les Anglais qui ont fait tous les travaux, qui ont été parfaitement dirigés par [le nom a été effacé sur le manuscrit] et exécutés. Après avoir été sorti, le cercueil a été porté sous une tente, qui avait été dressée pour en faire l'ouverture. Deux factionnaires étaient à l'entrée et personne n'eut la permission d'entrer, que les personnes désignées par le gouvernement. Les Anglais, seuls, devaient tout exécuter. Tout était prêt pour faire l'ouverture, qui fut faite par le même homme qui l'avait fermé le 8 mai [1821]. Le plombier que nous avions emmené aida à ressouder (la bière de fer-blanc). Le corps de l'empereur avait très peu souffert. La figure et les mains étaient très fermes, l'uniforme était aussi bien conservé, le crachat *[sic]*, les ordres idem. On voyait l'épaulette gauche, la droite était couverte d'une blancheur comme d'une fine soie, ainsi que tout le tour du cercueil. Le petit chapeau était sur ses genoux. On apercevait, entre ses jambes, deux têtes d'aigles, ses bottes étaient blanches. On n'a pas cherché à découvrir les vases qui renfermaient le cœur et l'estomac. »

Le cercueil, « ouvert à midi cinq minutes », avait été définitivement clos dès l'achèvement des formalités de restitution du corps et les procès-verbaux signés. Sous la pluie battante, le nouveau cercueil de bois d'ébène, au chiffre de l'empereur, apporté par la *Belle Poule*, avait été placé sur un char funèbre et recouvert d'un drap violet, lui aussi venu de France. Tiré par quatre chevaux et encadré par les militaires en garnison sur l'île, le corbillard avait traversé Jamestown jusqu'au quai, où le prince de Joinville attendait de prendre officiellement possession du corps. Le cercueil avait été, aussitôt, embarqué sur la *Belle Poule*, tandis que tonnaient les batteries de Sainte-Hélène et que les vaisseaux français tiraient des salves d'honneur.

Noverraz notait encore : « Les Anglais ont montré dans cette circonstance des sentiments d'une franche et sincère religion. Tous les habitants de l'île étaient en deuil. » Bien d'autres détails, concernant ses souvenirs de l'île et le voyage de retour vers la France, figuraient dans le journal de M. Noverraz, dont Fontsalte fit prendre copie.

— Bonaparte est rentré chez lui. Nous n'avons plus rien à désirer, observa Ribeyre de Béran.

— Il eût mieux valu le laisser sur son île. Tout seul au milieu de l'océan, dit Titus, qui n'avait vu dans les fastes funéraires de Paris que l'hommage hypocrite d'un gouvernement désireux de réconcilier les bonapartistes avec la monarchie.

— Peut-être avez-vous raison, adjudant Trévotte. Le rocher aride de Sainte-Hélène était une sépulture incomparable, olympienne, pharaonique, plus grandiose que le dôme des Invalides, hors d'atteinte des touristes nécrophiles et des thuriféraires démagogues, admit Blaise.

— Vous oubliez que Napoléon souhaitait reposer au bord de la Seine, au milieu du peuple français, rappela opportunément le général Ribeyre.

— En tout cas, maintenant, l'empereur est vraiment mort. Les Anglais l'avaient fait mourir mais les royalistes l'ont tué ! conclut Trévotte.

Quand les montagnes de Savoie ne conservèrent plus qu'un bonnet de neige et que la vigne fut taillée après les premiers labours, Axel n'eut aucune difficulté à se procurer l'adresse de Mme Bovey. La veuve habitait seule, servie par un couple de vieux domestiques, une grande maison de ville, près de la place de la Riponne. Il se rendit à Lausanne, comme souvent pour ses affaires, et, tôt le matin, chargea un commissionnaire de déposer chez la dame un billet laconique : « Le visiteur d'Yverdon, informé par son meilleur ami, sera cet après-midi, à trois heures, à la bibliothèque de l'Académie. » Quatre mois s'étaient écoulés depuis le message qu'elle lui avait fait transmettre par Vuippens et la veuve, déçue ou humiliée de ne pas obtenir une réponse rapide, avait pu changer d'intention.

Bien qu'il s'en morigénât, se trouvant ridicule comme un collégien, c'est le cœur battant que M. Métaz, la quarantaine sonnée depuis la veille, 21 avril, s'installa, dès deux heures et demie, dans la bibliothèque, pour attendre celle qu'il avait si familièrement convoquée. Afin de se donner la contenance nécessaire en ce lieu, il se fit prêter par le bibliothécaire un ouvrage de M. Sainte-Beuve, contenant le roman autobiographique *Joseph Delorme*, qui venait d'être acquis par l'Académie. Mme Bovey, qui connaissait les usages, se présenta avec dix minutes de retard. Après un rapide coup d'œil, suivi d'une esquisse de sourire, elle s'assit, sans ôter son manteau, à l'autre bout de la salle et se fit porter les journaux anglais. Axel l'observa un moment. Comme Vuippens, il la trouva encore plus belle que lors de leur rencontre d'Yverdon. Elle avait le feu aux joues, ce qu'il aurait pu mettre au compte de la chaleur dégagée par un gros calorifère de faïence, mais il se plut à imaginer, chez la jeune femme, le même embarras fiévreux qu'il ressentait. Impatient, il rendit bientôt son livre et s'en fut attendre dans son cabriolet, stationné sous un arbre, sur l'avenue qui conduisait au château Saint-Maire, siège du gouvernement. Dès que Marthe apparut sous le porche, il détacha son cheval et vint à sa rencontre. La rue était déserte et la jeune femme, sans un mot, prit place dans la voiture que Métaz dirigea aussitôt vers le chemin de Montmeillan, qui se perdait dans la campagne.

Tout de suite, il lui prit la main, qu'elle déganta sans un mot, et lui sourit. Ce contact, ces pressions échangées, puis l'enlacement de leurs doigts, scellèrent une décision qu'ils n'étaient pas encore prêts à désigner par des mots.

— Qu'allez-vous penser de moi ? dit-elle oppressée.

— Je pense que vous avez eu diablement raison de parler à mon ami Louis et, surtout, de ne pas me tenir rigueur d'un aussi long silence. Après Yverdon, ma fierté m'interdisait de vous revoir, après votre message mélancolique, j'ai craint une nouvelle rebuffade si... Enfin, je prends votre présence comme un pardon.

— Oh, un pardon ! A Yverdon, j'ai été sotte comme une oie blanche, voulez-vous dire. Embrassez-moi, souffla-t-elle brusquement en offrant ses lèvres.

Toute histoire d'amour commence par un baiser et quand Axel arrêta son cheval sous les frondaisons printanières, il sut qu'il trouverait, chez Marthe, ce qu'il attendait d'une maîtresse douce et caressante.

Au mépris de toute prudence et sans qu'elle y trouvât à redire, il mit son cheval au trot et, par des chemins cahoteux mais détournés, le cabriolet descendit vers Ouchy. Il évita le port, les abords du château, l'hôtel de l'Ancre, le débarcadère, lieux fréquentés par les promeneurs et les touristes.

Après un temps de trot rapide sur la route côtière, c'est au pas qu'il engagea le cabriolet sous une voûte de verdure ombrant un chemin creux.

— C'est là ma maison, dit-il bientôt en désignant, sous les arbres, au bord d'une rivière murmurante, le vieux moulin qui n'avait jamais abrité que des amours secrètes et des proscrits.

— Comment l'appelez-vous ?

— Le moulin sur la Vuachère, Marthe. Personne n'y vient jamais et je suis seul à en posséder la clef, que voici, dit-il en la lui tendant.

Elle apprécia ce geste, qui contenait une promesse de durée.

La serrure grinça très fort, bruit qu'interpréta Axel comme un avertissement, à la fois cri d'alarme et mise en garde, au seuil du havre des adultères. Mais le désir qui le tenaillait, l'envie qu'il avait de posséder cette femme attrayante et épanouie, dont les premiers baisers révélaient l'abandon et la riche sensualité, fit qu'il prit Marthe dans ses bras, pour lui faire franchir le seuil comme une épousée. Il la déposa sur le grand lit où, depuis sa grand-tante Mathilde Rudmeyer, tant d'amants clandestins s'étaient grisés.

Ils s'aimèrent jusqu'au crépuscule, jusqu'à ce que Marthe avoue, heureuse et à l'aise dans sa nudité vénusienne, « la tête me tourne ». Il la reconduisit à la Riponne, après qu'ils fussent convenus de se retrouver au moulin, le jeudi suivant.

— Gardez la clef, dit-il, au moment de la séparation.

— Pourrais-je aller mettre un peu d'ordre, discrètement dans la semaine, et porter quelques provisions ? demanda-t-elle.

Il acquiesça, sachant qu'une maîtresse se plaît à donner au lieu de rendez-vous un cachet conjugal.

En trottant vers Beauregard, où il s'était annoncé pour le dîner, M. Métaz, le corps satisfait et l'esprit délié, se sentait à l'aise dans son rôle d'amant d'une belle veuve rousse faite pour partager, avec la simplicité des êtres sains, toutes les voluptés, en n'y mêlant pas plus de sentiment qu'il ne souhaitait.

— Trévotte a rapporté du marché de la Palud deux ombles chevaliers qu'il a cuits au meursault et il y a une tourte au fromage, comme tu aimes, en entrée, annonça Charlotte en accueillant son fils.

— Parfait, mère. J'ai une faim de loup !

— Comment vont les affaires des vapeurs ? demanda Blaise.

Il croyait que son fils sortait d'une réunion d'actionnaires. Axel se garda de le détromper.

— Depuis que nous avons doté le *Léman II* d'une coque de fer, il y a deux ans, ce qui l'a allégé, et que la puissance de sa machine est passée de soixante à septante-six chevaux, ce qui nous a tout de même coûté deux cent huit mille francs de France, l'*Helvétie* a été construit par les Genevois. Il sera lancé le 27 mai prochain et entrera en service en août. Ce sera le plus grand et le plus beau bateau qu'on ait vu sur le Léman. Sa carène effilée, de quarante-huit mètres de long, offre une silhouette superbe. Ce sera aussi le plus rapide. Avec ses tubes bouilleurs et sa machine à cylindres oscillants, qui développe cent vingt chevaux, il battra aisément l'*Aigle* et le *Léman II*, car il transportera huit cents passagers à vingt-trois kilomètres à l'heure !

— Diable, quelle concurrence ! s'exclama le général qui possédait quelques actions de la Société du *Léman II*, déjà endettée de plus de quatre-vingt mille francs !

— Hélas ! D'ailleurs M. Vincent Perdonnet nous a bien prévenus dans sa *Notice sur les bateaux à vapeur du lac Léman* qu'il vient de publier. « Tandis que l'*Helvétie* fera recette l'*Aigle* et le *Léman* vont tenir la chandelle[1] », voilà ce qu'il a écrit, cita Axel.

---

1. Imprimerie des Frères Blanchard, Lausanne, 1840. Cité par Edouard Meystre dans *Histoire imagée des grands bateaux du lac Léman*, Payot, Lausanne, 1972.

— Et alors ? interrogea Blaise.

— La sagesse commande de s'entendre entre *Aigle* et *Léman* pour contrer *Helvétie*. Nous avons donc préparé un pacte et la société de l'*Aigle* va, l'hiver prochain, au chantier de Genthod, faire habiller le bateau d'une coque en fer très effilée. On fera venir des chaudronniers d'Angleterre. Si tout va bien, l'*Aigle* marchera, lui aussi, à vingt-trois kilomètres à l'heure[1]. En attendant, peut-être, de n'en faire plus qu'une, les deux sociétés se sont entendues pour baisser les tarifs et pour accélérer, aux arrêts, les opérations de radelage.

— Ce transbordement par mauvais temps est une épreuve pour les passagers, surtout pour les passagères, que le vent trousse et décoiffe. C'est même une opération dangereuse, surtout quand, le bateau ayant pris du retard, les radeleurs ont vidé force bouteilles pour faire passer le temps ! observa Charlotte.

— Le mieux, bien sûr, serait de construire de grands pontons permettant aux bateaux d'accoster, pour débarquer et embarquer directement leurs passagers à partir de la terre ferme, comme cela se fait aux appontements du Molard, à Genève. Mais ces constructions coûtent cher et les communes ne perdent pas une occasion de percevoir des droits nouveaux, dit Axel.

— Tout cela te donne bien du souci, mon petit, compatit Mme de Fontsalte.

— Oui. Et surtout, cela va m'obliger à venir, presque chaque semaine, à Ouchy, où se tiendront réunions sur réunions, tant que nous n'aurons pas obtenu la fusion des sociétés du *Léman* et de l'*Aigle* en une seule, pour faire pièce à la compagnie de l'*Helvétie*, dit Axel, prévoyant ses futures rencontres avec Mme Bovey.

— Tu n'auras qu'à t'installer ici. Tu es toujours le bienvenu, tu sais, proposa Charlotte.

— On ne sait jamais longtemps à l'avance le jour et l'heure de ces réunions, ni surtout leur durée. Aussi irai-je plutôt loger au moulin, répondit Axel, établissant un alibi libératoire.

---

1. Il ne dépassa jamais vingt-deux kilomètres à l'heure, abandonnant à l'*Helvétie* la suprématie en matière de rapidité.

Il quitta Beauregard à dix heures de la nuit, pour rentrer à Vevey. Il eût renoncé à regagner Rive-Reine si la lune, jaune et bien ronde dans un ciel sans nuages, n'avait éclairé sa route. Rassuré par les fortes lanternes du cabriolet, Icare, le jeune anglo-arabe, successeur du vieux Ténèbre, mis à la retraite dans les prés d'Hauteville, eût, même sans lune, conduit à bon port son maître. Axel connaissait chaque toise d'un chemin cent fois parcouru. Les quatre lieues qui séparaient Lausanne de Vevey se franchissaient plus aisément depuis l'élargissement d'une route qui, tantôt agrippée au flanc des collines, serpentait d'un vignoble à l'autre, tantôt, festonnant comme un ivrogne au bord du lac, épousait le contour des criques. Le plus mauvais passage, mais aussi la partie de la route qui offrait la plus belle vue sur le lac, restait le franchissement du village perché de Saint-Saphorin. A partir de la crique où les garnements venaient, l'été, se baigner sans caleçon, ce qu'interdisaient les règlements communaux, la route, subitement étrécie, remontait jusqu'à l'église, juchée sur son promontoire, puis redescendait vers Vevey par l'ancienne voie romaine, restaurée au Moyen Age, qui se glissait sous deux voûtes gothiques, avant de dévaler, en lacets, vers le lac.

Ce fut sous la seconde voûte que surgit soudain, face au cabriolet et sans qu'Axel l'eût entendue venir, une voiture aux lanternes voilées, tirée par deux chevaux noirs. Le cocher, un être immense, couvert, bien que la nuit d'avril fût d'une agréable tiédeur, d'une houppelande de bure et encapuchonné comme un frileux, retint son attelage en même temps qu'Axel tirait sur les rênes pour arrêter son cheval. Sans un mot, le cocher éleva les guides et ses chevaux reculèrent avec un tel ensemble qu'on les eût pris pour mécaniques. Le passage étant ainsi dégagé, Axel s'y engagea plus vite qu'il n'eût voulu car son cheval, oreilles rabattues, signe de frayeur, s'élança sur la pente avec un hennissement courroucé. Mais au passage, la vive lueur de la lanterne de son cabriolet révéla au Vaudois, derrière la vitre du coupé arrêté dans l'ombre, le visage d'une femme, voilée comme une musulmane. En un éclair, il croisa un regard fixe et intense, un regard dont il ne sut dire plus tard s'il était dur, tendre ou douloureux. Un regard dont il s'interdit, sur-le-champ, d'imaginer qu'il était vairon. Un regard qui lui rappela cependant, comme la voiture de laque noire, les chevaux de jais et le sombre cocher, l'étrange équipage qu'il avait croisé, au crépuscule, au soir du tir fédéral de Lausanne. Quatre années s'étaient écoulées depuis cette troublante rencontre, qu'il avait mis des semaines à effacer de sa mémoire. Axel Métaz, Vaudois au solide bon sens, n'avait jamais cru aux fantômes. Sortant, les sens comblés, des bras d'une créature bien vivante, il s'interdit d'imaginer plausible la rencontre hallucinante d'une morte. Adriana, princesse tsigane, châtelaine des ténèbres, reposait à Fontsalte-en-Forez depuis dix ans.

La semaine suivante il retrouva Marthe au moulin, où ils passèrent ensemble leur première nuit. Dans les bras de l'ardente veuve, l'épisode cauchemardesque de Saint-Saphorin perdit toute sa substance démoniaque.

Fin avril, le cercle Fontsalte au complet choisit de se déplacer à Genève, pour accompagner Martin Chantenoz. La Société de Zofingen, dont il avait été l'un des fondateurs de la section vaudoise, tenait à honorer un professeur de philosophie et d'esthétique que l'Académie de Genève, trop longtemps soumise à la vénérable Compagnie des pasteurs, avait, pour de mesquines considérations politiques, laissé partir à l'Académie de Lausanne. A cette occasion, Chantenoz se réjouit de rencontrer, parmi les étudiants de Zofingen, un certain Henri-Frédéric Amiel, qu'il avait eu, un temps, comme élève, quand il enseignait à Genève. Bien que devenu orphelin très jeune, ce garçon maintenant âgé de vingt ans avait réussi à terminer, en juin 1837, ses études au Collège de Genève, après avoir remporté de nombreux prix, parmi lesquels un premier prix de version latine, un premier prix d'histoire et de géographie, et un accessit de version grecque, toutes matières que prisait fort l'ancien mentor d'Axel Métaz. Amiel, qui avait réussi brillamment l'année précédente son baccalauréat de lettres, se préparait à passer celui de sciences physiques et naturelles. On lui prêtait l'intention de voyager en France et en Italie, de parfaire ses connaissances dans les universités de Paris et de Heidelberg, peut-être de Berlin.

Le fait que ce sujet d'élite se destinât à la carrière de professeur de philosophie et d'esthétique, qu'il fût orphelin et qu'il s'intéressât à la poésie ne pouvait que conforter l'intérêt que lui portait déjà Chantenoz. Henri-Frédéric avait publié son premier poème, à l'âge de dix-sept ans, sous le titre *l'Orphelin*, dans le journal *le Fédéral* du 9 novembre 1838. Le professeur Chantenoz imaginait donc cet étudiant doué comme une sorte de double intellectuel neuf.

Au soir de la réunion de Zofingen, les Laviron, qui portaient estime et affection au professeur, donnèrent en son honneur un dîner rue des Granges. Plusieurs maîtres de l'Académie et savants genevois avaient été conviés, mais on attendit le départ des invités de marque pour charger Alexandra de remettre à Martin le cadeau de ses amis intimes. Il s'agissait d'une canne à pommeau d'or sculpté. L'orfèvre genevois, à la demande des commanditaires, qu'Axel avait inspirés, s'était attaché à reproduire avec art une effigie d'Athéna, dressée sur un socle en forme de triangle équilatéral. La phrase fameuse, gravée au fronton du temple de la déesse, à Saïs, s'enroulait en lettres grecques autour de la base du pommeau. Chantenoz, à qui son ancien élève l'énonça pour lui montrer qu'il n'avait rien oublié de son enseignement, la traduisit pour l'assemblée : « Je suis tout ce qui a été, tout ce qui est, tout ce qui sera, et mon voile, jamais aucun mortel ne l'a encore soulevé. » Puis, terrassé par l'émotion, il ôta ses lunettes et se mit à en polir les verres, prétexte à tirer son mouchoir pour essuyer une larme.

La canne passa de main en main et Alexandra, qui, au contraire d'autres, ne cachait pas son ignorance de la symbolique grecque, s'étonna qu'on eût donné à la déesse un tel piédestal.

La question tira Chantenoz de l'émoi où le plongeait la générosité de ses amis et la somptuosité du cadeau.

— Plutarque nous l'a expliqué, Alexandra, dans son traité *Isis et Osiris*, pages peu connues de ses *Œuvres morales*. Il dit : « Les Pythagoriciens ont donné au triangle équilatéral le nom d'Athéna, née du cerveau de Zeus et appelée Tritogénie, parce que les perpendiculaires abaissées des trois angles sur les bases les divisent en parties égales. » Voilà. Si tu veux en savoir plus, questionne ton parrain. Il a étudié cela, autrefois, et peut-être s'en souvient-il mieux que de la prononciation du grec ancien! acheva Martin en riant.

Bien qu'elle n'osât en souffler mot, Elise jugea comme manifestation de paganisme cette célébration, à laquelle les Laviron, connaissant la méfiance du professeur Chantenoz à l'égard des « hommes noirs à rabat blanc », n'avaient même pas convié un pasteur, qui eût donné une dimension spirituelle à la fête.

Ces festivités avaient fait perdre de vue à tous l'effervescence politique qui régnait à Genève depuis quelques semaines. Les congratulations achevées, le sujet vint naturellement dans la conversation d'après dîner. Les exigences des radicaux, de plus en plus agressifs, menaçaient, au dire de certains, les institutions mêmes de la République.

Sous l'autorité du Premier syndic, Jean-Jacques Rigaud, un libéral sage et conciliant, en poste depuis 1825, le gouvernement avait déjà fait des concessions aux radicaux. Rigaud et ses amis prônaient « le progrès graduel », c'est-à-dire sans bouleversements, ce qui ne plaisait guère aux radicaux entraînés par James Fazy et pas davantage aux réformateurs libéraux, plus modérés que les fazystes mais plus ouverts aux idées nouvelles que les libéraux à l'ancienne mode, qui détenaient le pouvoir. Les revendications de ces deux groupes politiques portaient essentiellement sur l'indépendance de la commune de Genève par rapport à la République, c'est-à-dire à l'Etat de Genève. Certains, décidés à provoquer une mutation nécessaire, proposaient que le Conseil représentatif se transformât en Assemblée constituante pour étudier une nouvelle Constitution.

James Fazy avait profité des circonstances pour publier une brochure intitulée *D'une organisation municipale pour la ville de Genève*, et un avocat, nommé Cougnard, réclamait la révision immédiate de la loi municipale afin que cesse « l'état d'inégalité dans lequel se trouvait la ville », ce qui risquait, un jour prochain, affirmait-il, de susciter une agitation politique irrépressible. D'autres exigeaient, déjà, la modification du régime électoral.

Le 19 février 1841, les deux tiers des membres du Conseil représentatif avaient soutenu le Conseil d'Etat en votant un texte qui renvoyait à cinq ans la révision municipale que bon nombre de citoyens souhaitaient voir étudier, sinon immédiatement comme Cougnard, du moins à bref délai.

Les réactions des radicaux, des libéraux réformateurs et de ceux qui n'avaient en vue que les intérêts de la Ville, furent immédiates et, le 3 mars 1841, une pétition, revêtue de neuf cent cinquante signatures, avait été remise au Premier syndic.

Ce mouvement prit aussitôt le nom de sa date de formation : association du Trois-Mars. Il avait à sa tête les chefs libéraux, le docteur Mayor, MM. Pons, Delapalud et Gide.

D'après Pierre-Antoine Laviron, qui avait adhéré au mouvement dès sa création, les pétitionnaires se recrutaient, certes à Saint-Gervais et dans la basse ville, mais aussi dans les milieux du négoce, de la Fabrique et parmi les intellectuels. Des artistes, comme les peintres Joseph Hornung, à crinière léonine et barbe de prophète, et Alexandre Alméras, des hommes de lettres, comme Antoine-Désiré Carteret, qui avait encouragé l'expédition ratée des Polonais contre la Savoie, en 1834, le poète J-A. Petit Senn, le colonel fédéral Rilliet-Constant, des avocats, des architectes, des greffiers, des médecins et, même, des banquiers, qu'on ne pouvait suspecter de radicalisme, avaient signé la pétition.

Les pétitionnaires demandaient une modification « concertée » de la Constitution, une réforme du système électoral, l'extension du droit de suffrage, la diminution des effectifs des deux Conseils, une meilleure organisation du pouvoir législatif et sa séparation formelle du pouvoir exécutif, la réduction du mandat des membres du Conseil législatif, la reconnaissance du droit de pétition et, aussi, la création d'un Conseil municipal, responsable devant les citoyens.

Les libéraux modérés, du type Laviron, qui souhaitaient une évolution en douceur vers des institutions plus démocratiques, se sentirent vite débordés par l'aile gauche du mouvement, essentiellement composée des radicaux les plus exigeants, entraînés par James Fazy. Ce dernier n'entendait pas être frustré d'une véritable révolution, laquelle ne pouvait, d'après lui, trouver sa pleine légitimité que dans la fièvre populaire.

Axel approuva la réflexion du banquier, qui regrettait déjà son adhésion à un mouvement empreint, à l'origine, de volonté réformatrice et de sagesse politique mais que James Fazy, révolutionnaire extrémiste, détournait adroitement à son profit.

— Le Trois-Mars est pour ce sectaire, suppôt des carbonari, des terroristes et féru de la doctrine communiste, un honorable paravent derrière lequel il compte, à l'aise, fomenter révoltes et violences pour se pousser sur le devant de la scène politique. Car cet homme ne peut supporter l'idée qu'il est possible, et souhaitable pour le bien de la cité, d'obtenir par des réformes graduelles, concertées et dans la paix publique, ce qu'il entend arracher d'une façon spectaculaire par la force et l'émeute, constata avec amertume le banquier.

— En réalité, dit Chantenoz, Fazy sait bien que seule une révolution de rue peut le porter au pouvoir, sa véritable ambition. Toute réforme pacifique désamorce son action et le laisse à son rang de tribun révolutionnaire d'une minorité braillarde et naïve. Il se trouve dans la même situation que Druey dans le canton de Vaud.

Fazy, renchérissant sur les demandes des pétitionnaires du Trois-Mars, exigeait, en effet, le remaniement immédiat des institutions, le suffrage universel, l'autonomie municipale grâce à un conseil de ville électif, le changement de la Constitution de 1814. Et cela, parce que « le peuple », entité vague que le tribun semblait tenir en laisse comme un gros dogue méchant, le désirait fortement !

— Nous avons déjà entendu chanter ce refrain, lors du jubilé de la Réformation, en 35, commenta Elise.

Elle détestait Fazy, partisan de la laïcisation de l'Instruction publique, que l'on disait appuyé par le curé Vuarin et toute la communauté catholique.

— Antoine Elisée Cherbuliez, dans ses *Lettres à un Américain*, que vient de publier un journal genevois, répète que les Genevois, heureux et prospères sous le régime actuel, tiennent les membres de l'association du Trois-Mars pour une poignée de trublions irresponsables, dit Aricie, qui partageait le point de vue d'Elise.

Les articles de Cherbuliez agaçaient les réformateurs modérés, devenus les otages des extrémistes radicaux.

— Je connais bien Cherbuliez, dit Martin. C'est un brave homme de lettres, qui semble dépourvu de clairvoyance politique. La violence de ses propos révèle une curieuse faiblesse de caractère et une nervosité chronique !

Elise semblait se contenir mais son mari devinait, à sa mine boudeuse, les sentiments qui l'agitaient. Chez la fille du pasteur Delariaz veillait toujours ce conservatisme calviniste, propre aux mainteneurs les plus intransigeants de l'Eglise nationale. Ceux-là mêmes qui avaient vilipendé les momiers et décrié le mouvement du Réveil, considéré comme encourageant la création de sectes dissidentes. Pour Elise, un ministre devait être accepté et reconnu, non seulement comme le pasteur, au sens de conducteur de troupeau, donc des âmes, mais aussi comme le gérant des intérêts moraux, politiques, parfois économiques, du pays. Ainsi, cette femme cultivée, que l'on pouvait croire d'esprit ouvert, étonna-t-elle ses amis en s'insurgeant, soudain avec violence, contre les exigences démocratiques du mouvement du Trois-Mars.

— Ce sont les mêmes que celles autrefois présentées en France par le tiers état. Elles ont conduit à la Révolution. Je trouve très juste cette réflexion d'un visiteur anonyme de notre pays, publiée il y a quelques mois[1] : « La culture des temps modernes, cita-t-elle de mémoire, découvre de secrètes sympathies entre l'âme humaine et les merveilles de la création ; elle produit Byron. Le tiers état est l'élément anti-poétique de ce monde ; il produit des chemins de fer, des bateaux à vapeur et des Constitutions. »

Chantenoz fut le premier à s'insurger.

— Mais c'est rétrograde en diable ! Il est temps de comprendre que le monde a changé, Elise. Nous traînons encore d'étranges habitudes, dont il faudra bien se débarrasser, de crainte de passer pour des attardés de la civilisation. Déjà, notre méfiance à l'égard des chemins de fer nous fait traiter de timorés par toute l'Europe ! Et ce n'est pas tout ! Un exemple veveysan : comment conçoit-on, à l'époque du télégraphe électrique, de l'éclairage au gaz des cités, que nous entretenions encore, dans nos villes, un

1. *La Veveysane*, jeudi 24 décembre 1840, « Souvenirs d'un voyage en Suisse».

guet de nuit ? A Vevey, quatre citoyens sont encore payés par la municipalité pour dormir le jour et troubler, la nuit, le sommeil de leurs contemporains. Chaque heure, sous prétexte d'assurer les citoyens que tout est calme, ils poussent des cris de sauvages, annoncent l'heure écoulée et invitent ceux qu'ils ont brutalement tirés du sommeil à se rendormir, jusqu'à ce qu'ils les réveillent à nouveau... une heure plus tard !

— Et cela coûte mille six cent soixante francs par an ! précisa Vuippens.

— A Lausanne, comme à Genève, il n'y a qu'un guetteur, posté sur la tour de la cathédrale. Il est surtout là pour alerter les pompiers en cas d'incendie, observa Blaise.

Charlotte, plus indulgente que Martin, se souvint d'un poème, publié par un défenseur du guet :

Guet, pauvre guet, tu cries :
Trois heures ont sonné.
Malgré le froid, tu t'appuies
Et tu essuies
La sueur sur ton front sillonné !

On applaudit en riant la diseuse et la sortie d'Elise contre le progrès eût été oubliée si Alexandra, qui d'habitude ne se mêlait pas aux discussions, n'était intervenue.

— Puisque le professeur Chantenoz s'intéresse aux chemins de fer, je puis lui apporter quelques précisions récentes. La France, notre voisine, possède déjà quatre cent trente-quatre kilomètres de voies ferrées et l'Angleterre plus de deux mille. Et il est vrai qu'en Suisse nous en sommes encore à nous interroger sur l'utilité d'une telle invention, dit la jeune fille.

— On déplore trop d'accidents ! Des déraillements, même des collisions. Ce n'est pas encore un moyen de transport, sûr, décréta Aricie.

— Chaque jour, la sécurité fait des progrès. Les Anglais ont mis au point un système de sémaphores qui, en bout de ligne et à tous les embranchements, indique au conducteur si la voie est libre. Bras du sémaphore levé, ligne fermée ; bras incliné à quarante-cinq degrés, prudence ; bras abaissé, toute vitesse autorisée. Et la nuit, c'est un code lumineux par lanternes. Lumière blanche, voie libre; lumière rouge, danger; lumière verte, avancer prudemment. Depuis que ce système est en vigueur, il y a beaucoup moins d'accidents, expliqua Axel.

— Et, depuis peu, une invention que les Anglais nomment *block system* empêche deux trains se trouvant sur la même voie, dans l'espace qui sépare deux signaux, de se rencontrer ou de se rattraper, compléta Alexandra.

— Notre Alexandra croit, comme moi, au développement du chemin de fer à l'échelle européenne, intervint Pierre-Antoine, pour soutenir sa fille adoptive.

— D'ailleurs, des Genevois qui disent n'y pas croire achètent des actions des compagnies étrangères, n'est-ce pas ? reprit la jeune fille, invitant le banquier à prouver son assertion.

— Eh oui ! C'est le cas de notre cher Rodolphe Töpffer. Vous vous rappelez qu'il a publié, en 1838, un pamphlet intitulé *Du progrès dans ses rapports avec le petit bourgeois et les maîtres d'école*[1], dont une des premières phrases m'avait assez frappé pour que je la retienne : « Progrès et choléra, choléra et progrès, deux fléaux inconnus aux anciens », écrivait-il. Eh bien, il a demandé à son banquier de lui acheter des actions des chemins de fer de Birmingham, Derby et Manchester. Un homme qui déteste les chemins de fer peut ne pas détester, en revanche, de gagner des « écus luxuriants » en plaçant son argent sur l'engin abhorré[2] !

Laissant Genève à ses incertitudes politiques, que Chantenoz voyait déboucher sur une de ces révolutions qu'il aimait à prédire, Lausannois et Veveysans regagnèrent leurs pénates.

Si l'on ne parlait pas, à Vevey, de bouleversements constitutionnels, on discutait ferme, en revanche, des

---

1. Publié pour la première fois en 1835, ce texte fut repris en 1852 dans *Mélanges*, édité par Joël Cherbuliez, éditeur à Paris et à Genève. En 1983, les éditions Le Temps-qu'il-fait, 1, rue Lenôtre, 16100 Cognac, ont réédité ce délicieux pamphlet du grand humoriste genevois.

2. Lettre au pasteur César-Henri Monvert, de Neuchâtel, datée mai 1838. *Un bouquet de lettres de Rodolphe Töpffer*, choisies et annotées par Léopold Gautier, Payot, Lausanne, 1974.

impôts nouveaux qui allaient frapper tous les citoyens au porte-monnaie, ce qu'aucun Vaudois n'apprécie !

Le déficit communal avait atteint, en 1840, vingt-sept mille quatre cent cinquante-huit francs. Ce qui, pour un total de dépenses courantes de quarante-deux mille francs, auxquels il convenait d'ajouter quinze mille francs de dépenses extraordinaires, constituait une inquiétante proportion. Les dépenses extraordinaires étaient dues, principalement, à la participation communale dans la construction d'une nouvelle route vers Châtel-Saint-Denis, au solde du coût du bâtiment du nouveau collège, à la réparation de la prison, à l'aménagement du quai du Rivage et de la buanderie.

— Que serait-ce, sans le legs de M. Perdonnet, qui rapporte plus de cinq mille francs par an, sans le don de trois mille francs de M. Collet et sans les mille francs perçus lors de l'attribution d'un droit de bourgeoisie ? s'indigna Elise.

Régis Valeyres, intendant des Métaz, se devait de détailler le budget. Il souligna que les cultes coûtaient à la commune mille deux cents francs dont, s'étonna-t-il, quatre-vingt-quatorze francs de vin et de pain de messe ! Le gros poste de dépense restait l'Instruction publique, près de quinze mille francs, et les salaires des fonctionnaires municipaux, près de sept mille francs.

— La route de Vevey à Châtel-Saint-Denis n'est pas un luxe, dit le médecin qui, hiver comme été, passait son temps sur les chemins. Non seulement elle évite la montée de Chaux en conduisant par une pente douce de Vevey à Jongny, mais elle offre aux environs de ce village un des plus beaux points de vue de la Suisse.

— Et puis ce sera, pour les cantons de Vaud et de Fribourg, un avantage considérable en ce qui concerne le transport des vins, des planches, des fromages et de tous les produits de commerce, admit Axel.

— L'impôt est urgent et sa perception difficile, si l'on en juge par les décisions municipales. Comme l'a écrit un citoyen à *la Veveysane*, « il ne s'agit pas d'un impôt momentané pour couvrir une dépense extraordinaire, mais il s'agit d'un impôt pour couvrir les dépenses courantes, qui tendent à augmenter plutôt qu'à diminuer ;

c'est assez dire qu'il est à craindre que l'impôt, quel qu'il soit, durera toujours », cita Régis Valeyres.

La municipalité ayant réduit la somme à percevoir à onze mille francs, étaient d'abord imposés les propriétaires d'immeubles et de terrains. Puis on doublait la participation des parents aux frais de scolarité de leurs enfants et un impôt, dit personnel, devenait applicable à six catégories de citoyens qui, suivant leurs biens estimés, paieraient de douze à cinquante francs par an.

La perception de l'impôt fut décrétée et les contribuables s'en acquittèrent en rechignant. Réaction commune aux contribuables de tous les temps, il était dans la nature de ces terriens de maugréer, chaque fois qu'ils devaient ouvrir leur porte-monnaie pour donner de l'argent, sans rien recevoir de palpable ou de comestible !

TROISIÈME ÉPOQUE

Terre de violences

1

Axel, installé dans une relation qu'il estimait toute de connivence physique avec Mme Bovey, avait retrouvé l'alacrité des mâles à l'aise dans leur peau. Marthe prodiguait avec fougue et tendresse toutes les démonstrations charnelles de l'amour, sans en manifester le sentiment. Leur accord, bien qu'Axel se leurrât quant aux silences de sa maîtresse, reposait sur une ségrégation contre nature entre la chair et l'esprit. C'est cependant l'échange de leurs regards qui les avait poussés l'un vers l'autre, trois ans plus tôt, à l'Académie, alors que discourait M. Sainte-Beuve. Lors de leur première étreinte, Marthe dissimulant sa confusion et retenant ses larmes, c'est le regard vairon d'Axel, étrange conjonction d'un œil clair et d'un œil sombre, qui avait atténué son embarras.

Au commencement de l'été 1841, tandis qu'Axel Métaz se félicitait devant Louis Vuippens d'avoir enfin trouvé, avec une partenaire idéale, les plaisirs de l'amour sans l'amour, Marthe, conquise, découvrait l'amère et sainte passion d'aimer sans le dire et sans inspirer l'amour.

Pour ne pas donner à cette aventure la forme d'une liaison établie, M. Métaz refusait toute périodicité à leurs rencontres. Quand il souhaitait voir Marthe, s'ils n'avaient pas fixé un nouveau rendez-vous lors de leur dernière réunion, ce qu'il évitait de faire de façon régulière, il se rendait tôt le matin à Lausanne et convoquait sa maîtresse pour l'après-midi au moulin. Ne lui avait-elle pas dit : « Pour vous, je serai disponible à tout instant du jour et de la nuit. Je ne sors jamais de chez moi avant onze heures le matin. » La seule concession – imprudente aux yeux de Louis Vuippens – que Métaz avait faite, était de laisser à Marthe la clef du moulin sur la Vuachère.

— Je ne veux tout de même pas traiter cette femme estimable comme une fille de joie qu'on emmène à l'hôtel, avait rétorqué l'amant de la veuve rousse.

Confortablement installé dans ce commerce égoïste, Axel se sentait, paradoxe amoral, plus à l'aise que par le passé en présence d'Elise. A Rive-Reine, son comportement de mari et de père gagnait en naturel. N'éprouvant plus pour Elise ce désir de femme qui l'avait souvent tenaillé au moment de leur séparation du soir, les rapports entre les époux étaient maintenant aussi libres que ceux entre frère et sœur vivant sous le même toit. Ils avaient, peu à peu, retranché de leur vocabulaire conjugal les mots tendres et puérils dont usent, dans l'intimité, les couples unis.

Axel Métaz refusait de considérer l'équivoque de cette sérénité dans laquelle il était installé.

Le 18 juillet, une colère soudaine de la nature alarma les vignerons veveysans.

A neuf heures du matin, le vent du sud-ouest – que les Veveysans nomment simplement le vent, comme s'il avait primauté sur tous les autres – se mit à souffler, d'abord en rafales, puis d'une façon continue, atteignant tout à coup une force que, de mémoire de Vaudois, on ne lui avait jamais connue. Le lac en fureur se hérissa de vagues de vingt à trente pieds qui, déferlant sur les berges, les entamèrent avec fureur, faisant s'effondrer les remblais, creusant des brèches, abattant des arbres. Le flot, escaladant la terrasse-jardin de Rive-Reine, enfonça deux portes-fenêtres, roula des graviers jusque dans le salon, vint rebondir au bas de l'escalier intérieur. Bientôt, une pluie d'orage, drue et cinglante, ajouta, sous un ciel obscurci par des nuages d'encre, à la frayeur des riverains. Toute la famille Métaz s'était déjà réfugiée au premier étage. Françoise gémissait et priait. Il ne pouvait s'agir, d'après elle, que d'un signe avant-coureur de l'Apocalypse, de la fin du monde. Le maître de maison, aidé de Lazlo et Marie-

Blanche qui n'avaient pas peur des éclairs, risqua une sortie et réussit à fermer les épais volets de bois du rez-de-chaussée. Axel et le Tsigane coururent ensuite jusqu'aux écuries où les chevaux, affolés, ruaient dans les bat-flanc, l'eau jusqu'aux paturons, douchés par les gouttières ouvertes par la tempête entre les tuiles disjointes du toit.

Bien qu'Elise, serrant contre elle le petit Bertrand, apeuré, eût demandé à son fils aîné de s'éloigner de la fenêtre, Vincent, debout sur une chaise, le nez collé à la vitre de la salle d'études, en haut de la maison, était seul à trouver le spectacle réjouissant. Le petit garçon à l'œil vairon, qui aurait sept ans en décembre, battait des mains chaque fois qu'une vague plus forte que les autres submergeait, dans le jardin, le bassin aux dauphins où flottaient, démantelées, les chaises de jardin.

— Ça, c'est le Bon Dieu qui se met en colère. Peut-être veut-il avertir les bambins qui n'obéissent pas à leur maman, dit Françoise en obligeant le petit garçon à descendre de son perchoir.

L'effronté Vincent haussa les épaules.

— C'est pas le Bon Dieu, c'est le vent. Papa l'a dit tout de suite, ce matin. Il a dit : « Avec ce temps trop chaud, si le vent se lève, nous aurons un orage et ça pourra faire du mal dans les vignes. » Faut penser au raisin, tiens ! conclut l'enfant.

Vers midi, la tempête se calma et les eaux du lac libérèrent les berges. Le soleil glissa bientôt, entre les nuages en déroute, des rayons qui asséchèrent les flaques. Déjà, tout Vevey était dans les rues pour constater les dégâts, qui paraissaient importants. L'eau du Léman, refluant dans les venelles et sur les places proches de la rive, y déposait en se retirant des nappes de boue et de gravier. De nombreuses caves étaient inondées, des toitures avaient été soulevées, parfois emportées, des arbres déracinés, et le glacis, récemment construit au bas de la place du Marché, était en partie détruit. Sur le chantier des bateaux, l'antique enseigne Métaz et Rudmeyer, respectueusement conservée par Axel, gisait dans la boue, entre deux barques en construction, couchées sur le flanc, le lac en fureur ayant abattu les étais.

Ceux qui s'en tiraient sans dommages s'apitoyaient sur les dégâts causés au nouveau quai de l'Aile, dû à la générosité de M. Perdonnet. Un bloc de marbre de cinquante quintaux avait été déplacé de neuf mètres et l'énorme muraille, solidement construite, apparaissait trouée en plusieurs endroits comme un fromage de la Gruyère. Il en était de même de la terrasse du château de La Tour-de-Peilz qui, après avoir résisté pendant de longues années aux efforts des vagues, montrait cinq larges brèches, par lesquelles l'eau drainait la terre des plates-bandes. On racontait qu'à Saint-Saphorin les habitants des maisons situées au bas du village avaient dû abandonner leurs demeures qui menaçaient de s'écrouler.

De Villeneuve à Vevey et de Vevey à Cully la tempête avait sévi avec la même intensité. La route de Lausanne était coupée au creux de Plan et à Glérolles et trois bateaux s'étaient fracassés contre les rochers. Les anciens se souvenaient du gros orage de 1817, qui avait duré plusieurs jours pendant lesquels le niveau du lac était monté de quinze pouces. Mais, cette année-là, le vent ne s'en était pas mêlé avec autant de fureur.

Tandis que les femmes, aidées de Lazlo, nettoyaient et remettaient de l'ordre à Rive-Reine, Axel, accompagné de Samuel Fornaz et de Régis Valeyres, se rendit dans ses vignes. En montant à Belle-Ombre, qu'il voulut voir la première, les trois hommes ne rencontrèrent que des vignerons consternés. De nombreux murets s'étaient effondrés, entraînant la terre des parchets. Les ceps déracinés gisaient sur les pentes ravinées, tels des cadavres ou des blessés au lendemain d'une bataille. Les murets les plus résistants disparaissaient sous la terre qui avait glissé d'un parchet sur l'autre. Les sentiers étaient devenus ruisseaux, les gondoles[1] obstruées n'évacuaient qu'un maigre filet d'eau.

Assuré, comme autrefois son parrain Simon Blanchod, que Belle-Ombre jouissait d'une protection spéciale du dieu Bacchus, Axel découvrit avec soulagement que sa plus belle vigne, haut perchée, était à peu près intacte. Le vent, pour marquer son passage, s'était contenté d'arra-

1. Nom que donnent aux petits fossés de drainage les vignerons vaudois.

cher la tonnelle de glycine qui protégeait la petite terrasse des rigueurs du soleil. Belle-Ombre, bien qu'elle fût une des plus vastes vignes de la commune de Chexbres, ne couvrait que deux cent cinquante toises, soit une demi-pose, c'est-à-dire environ un quart d'hectare. Mais c'est elle qui, depuis toujours, produisait le meilleur vin. Les autres vignes des Métaz, les Paluds et la Grand'Vigne, avaient souffert et, comme l'exprima Samuel Fornaz sans grande subtilité, « la vendange prendrait tout juste le temps d'un déjeuner de soleil ».

Axel jeta un regard peu amène à ce gaillard, qu'une déception amoureuse avait rendu irascible et ivrogne. Il le conservait à son service par respect pour le vieux père Fornaz, dont Samuel était le seul soutien.

Après avoir donné des ordres et indiqué la manière de panser ses vignes blessées, maussade et évaluant ses pertes, le Vaudois tint à demeurer seul un moment dans sa maison des vignes, avant de regagner Rive-Reine. La limpidité de l'air, le lac bleu indigo reflétant un ciel à peine plus clair, le chaud soleil de juillet, fidèle à l'été un instant interrompu, les oiseaux qui s'abattaient en piaillant, joyeux, sur les grappes qu'on ne cueillerait pas, agaçaient le Vaudois. Un dieu hypocrite et moqueur voulait faire douter les pauvres vignerons de la réalité du désastre, leur donner à penser que la tempête de la veille n'avait été qu'un cauchemar collectif. Par chance, la thébaïde de Belle-Ombre avait été épargnée.

Quelques jours plus tard, M. Métaz apprécia que Marthe Bovey compatît à l'infortune du vigneron. Elle le fit en termes choisis, prudents et amicaux, s'interdisant les mots tendres, les apitoiements caressants qui eussent révélé à son amant la force et la sincérité d'un sentiment qu'il refusait.

Les vendanges 1841 furent modestes, dans une grande partie du vignoble de Lavaux. La tempête de juillet, responsable d'un manque à gagner pour tous ceux qui vivaient de la vigne, fut étudiée par plusieurs météorologues éminents et par un naturaliste vaudois, M. Blanchet. Le savant expliquait doctement : « Le vent du sud-ouest, venant de Genève, appartient à la catégorie des grands courants horizontaux, qui commencent à souffler dans les régions supérieures de l'atmosphère avant de se déchaîner dans les régions inférieures. »

— On s'en moque bien, que la science explique nos malheurs ! Seul le Bon Dieu sait d'où ils viennent, commentait Françoise.

— Tout ce qui vient de Genève est mauvais, même le vent ! disait Pernette qui, ne connaissant que la vaudaire, avait appris à Lazlo le dicton veveysan : « Vaudaire d'au matin fa véri les moulins ; vaudaire de la né fa chelzi les golliés[1]. »

Le vin de Belle-Ombre prit, du fait de la pénurie, une valeur supérieure à celle de l'année précédente. En attendant la fermentation hivernale et le transvasage de février, nécessaire pour oxygéner le vin, enlever la lie corrompue et, parfois, la remplacer par une autre, dernière étape de la vinification, Axel n'eut pas à faire d'effort pour placer son cru, connu et apprécié dans les cantons limitrophes du pays de Vaud. Il dut, en revanche, se rendre à Genève pour obtenir de quelques architectes et bâtisseurs, grands consommateurs de pierre de Meillerie et bois de charpente, le règlement de factures impayées. Aux dommages causés à Rive-Reine, au vignoble et au chantier des bateaux, s'ajoutait la perception de l'impôt communal, toutes dépenses qui l'obligeaient à ces démarches humiliantes. Pierre-Antoine Laviron aurait pu se charger de ces rappels mais la fierté vaudoise retenait Axel de s'étendre sur les conséquences financières d'une colère de la nature supportée comme telle par tous les vignerons.

Lors d'un séjour à Genève, fin novembre, il trouva la ville à nouveau en proie à la fièvre politique. La situation, que le cercle Fontsalte avait connue quelques mois plus tôt, se serait développée en palabres, réunions de comités, pamphlets et rassemblements épisodiques à la Coulouvrenière, jusqu'au moment où les premières réformes graduelles eussent été annoncées, si les passions n'avaient pas été attisées par ce qu'on nommait depuis quelque temps l'affaire des couvents d'Argovie. L'incident remontait au commencement de l'année en cours.

1. Vaudaire du matin fait tourner les moulins ; vaudaire du soir fait sécher les flaques d'eau.

Au mépris du Pacte fédéral, ciment patriotique de la Confédération qui garantissait, par son article 12, l'existence des communautés religieuses catholiques et la conservation de leurs biens, le Grand Conseil argovien, composé de radicaux anticléricaux, avait décidé, le 13 janvier 1841, la fermeture de huit couvents installés sur le territoire cantonal, sous prétexte que moines et nonnes se mêlaient de politique ! Le gouvernement argovien voyait la main des papistes dans un soulèvement paysan qui avait endeuillé le district catholique de la vallée de la Reuss. La répression avait fait neuf morts chez les émeutiers et Augustin Keller, anticlérical forcené, s'était écrié, devant le Grand Conseil d'Argovie : « Aussi loin que s'étend l'ombre d'un moine, l'herbe ne pousse plus. »

— C'est faire de nos braves religieux des disciples d'Attila, afin d'attirer sur eux la vindicte des anti-papistes ! s'était indignée Charlotte en apprenant ce qui se passait en Argovie.

Comme tous les catholiques suisses, elle n'avait pas été totalement satisfaite en découvrant, au mois d'avril, que si la Diète fédérale avait ordonné et obtenu la réouverture de quatre couvents de femmes, elle se résignait, au mépris de ses propres règles, à la suppression de quatre monastères d'hommes. Quant à la restitution des biens confisqués, plus de six millions de francs, dont les Argoviens entendaient disposer pour les besoins des églises, des écoles et de l'assistance publique, elle apparaissait fort aléatoire. Malgré l'émotion soulevée par les décisions iniques du gouvernement argovien dans d'autres cantons et, même, au-delà des frontières helvétiques, la Diète s'était accommodée, par souci d'apaisement, d'une sorte de jugement de Salomon qui ne fut jamais bonne justice. L'outrecuidance argovienne était ainsi absoute. Cette entorse au Pacte fédéral incitait maintenant les uns au radicalisme absolu, les autres, opposés aux idées nouvelles, à un ultramontanisme actif.

Les tribunaux avaient, certes, innocenté tous les religieux incriminés mais les autorités argoviennes assuraient sans rire que leur « conviction morale » suffisait à établir l'ingérence des moines dans la politique cantonale. Les gouvernements radicaux de Berne, de Thurgovie, du Tessin et de Bâle-Campagne approuvaient cette attitude en affirmant que les couvents constituaient des foyers d'opposition à l'ordre démocratique nouveau ! En revanche, Lucerne – les conservateurs y avaient remporté en mai les élections au Grand Conseil et fait adopter une nouvelle Constitution – et d'autres cantons, à majorité catholique, condamnaient le sectarisme des cantons régénérés, susceptible de rallumer, en Suisse, une guerre de religion.

Les radicaux genevois ne cachaient pas leur sympathie pour les Argoviens. Ils avaient, aussitôt, désapprouvé le Conseil représentatif de la République qui, entérinant la décision de la Diète fédérale, réclamait, en sus, le strict respect de l'article 12 du Pacte. Cette nouvelle cause de tension entre les radicaux et le gouvernement s'était traduite par des manifestations, au cours desquelles des orateurs avaient fait un amalgame démagogique entre les revendications politiques, déjà connues, et l'indispensable fermeté protestante, face au catholicisme qui allait se développant dans la cité de Calvin.

Le zèle débridé de l'abbé Vuarin n'était pas étranger au mécontentement des Genevois. L'intrépide curé de Genève avait fondé une école à Plainpalais et appelé comme enseignants des frères de la Doctrine chrétienne. Il venait d'acquérir récemment des bâtiments situés entre la route de Carouge et la rue des Grands-Philosophes, où il comptait installer un hôpital, un orphelinat tenu par des sœurs de Saint-Vincent-de-Paul et une école pour adultes, animée par des frères. Ainsi, peu à peu, les papistes confortaient le droit de cité que la République de Genève avait été contrainte de leur reconnaître en 1815, après l'annexion des vingt-deux communes catholiques enlevées à la Savoie par le traité de Turin. En élargissant son territoire, la République avait définitivement perdu son aura de Rome protestante. On comptait déjà, dans le canton, plus de vingt-cinq mille catholiques face à trente-quatre mille protestants. Depuis 1822, la population papiste avait augmenté de plus de 35 %, alors que le nombre des protestants demeurait à peu près stable. De quoi inquiéter fortement la vénérable Compagnie des pasteurs, d'autant plus que James Fazy et les radicaux proposaient de rendre constitutionnelle la liberté religieuse.

En attendant, les autorités se défendaient d'encourager l'implantation des papistes. L'additif au budget de 1837 n'avait alloué que mille six cent cinquante francs pour l'entretien des écoles primaires catholiques, alors que Genève avait, cette année-là, consacré plus de dix-sept mille francs au Musée académique, huit mille francs à la Société des Arts, cinq mille deux cents francs à l'Exercice de l'Arquebuse, de la Carabine et de la Navigation, dépensé treize mille neuf cent vingt-neuf francs pour faire pivoter sur son piédestal la statue de Jean-Jacques Rousseau, afin que le philosophe tournât désormais le dos à la ville et regardât vers le lac!

A partir de la mi-novembre, on avait constaté une inquiétante recrudescence de la tension. Le Conseil d'Etat, informé des agissements des meneurs radicaux, avait aussitôt levé des troupes pour assurer le maintien de l'ordre lors de la réunion du Conseil représentatif, avancée au 22 novembre, sous la pression de nombreux élus sensibles à la détérioration du climat urbain. Force fut de constater que les miliciens appelés ne répondaient que partiellement et sans aucun enthousiasme civique aux convocations. Les défections se révélèrent bientôt si nombreuses qu'une compagnie de chasseurs, rassemblée à la porte de Rive, se trouva réduite à son capitaine, quatre sous-officiers et sept soldats! Il fut malaisé de trouver, dans Genève, sept cents hommes décidés à défendre les autorités légales contre d'éventuels émeutiers.

Il fallut convoquer les bataillons du premier district, plus deux compagnies de grenadiers, et accepter des volontaires, dits embrigadés, pour garder l'hôtel de ville que des excités tentèrent vainement d'investir au cours de la nuit du 21 novembre. D'autres, qui avaient reçu pour consigne des meneurs radicaux de s'emparer des tours de Saint-Pierre, afin de sonner les cloches au moment opportun pour appeler le peuple à l'action, échouèrent aussi dans leur tentative insurrectionnelle. La Clémence demeura muette et la Cloche des heures ne fit que rythmer, comme toujours, l'écoulement des instants fastes ou tragiques.

Le 22 au petit matin, Axel rêvassait encore dans la chambre qu'il occupait lors de ses séjours à Genève, chez les Laviron, quand il fut tiré de sa somnolence par une sourde rumeur qui montait de la Treille. Il se hâta de s'habiller et sortit, bien certain que la foule qui affluait vers la promenade se préparait à investir l'hôtel de ville où siégeait le Conseil représentatif. Quelques pas entre les groupes de blousiers[1], réunis sous les marronniers défeuillés, et des propos perçus au passage confirmèrent ses craintes. Les ouvriers de Saint-Gervais et des gens des rues basses, excités par des orateurs qui se réclamaient de l'association du Trois-Mars mais usaient de la plus rude dialectique radicale, invitaient les Genevois à passer à l'action violente pour faire aboutir, sur l'heure, des revendications que le Conseil représentatif tardait à satisfaire. Il aperçut James Fazy au milieu d'un groupe d'indécis, au pied de la montée de la Treille. C'était la première fois qu'il approchait cet homme, chez qui les aristocrates genevois voyaient la réincarnation de Robespierre et Fouquier-Tinville confondus.

M. James Fazy, descendant de riches manufacturiers d'indienne, eût aisément passé pour un simple commis aux écritures, sans l'assurance pleine d'insolence qu'il affichait. Mains aux revers de sa redingote, cambré, torse proéminent, il ne perdait pas un pouce de sa taille et parlait sans hausser le ton mais avec une véhémence contenue. Parfois, il rejetait sur la tempe gauche une mèche de cheveux bruns et lisses, dissidente d'une coiffure plate, étudiée pour dissimuler une calvitie naissante. Axel remarqua, derrière les lunettes à monture de fer, un regard dur sous d'épais sourcils en accent circonflexe. La moustache, dense et tombante, atténuait un peu le volume d'un nez lourd de potentat oriental.

Le Vaudois rejoignit ces gens, moins déterminés que d'autres à recourir à la violence, et entendit Fazy minimiser les risques pour les décider à l'action. « Les deux tiers de la milice ne répondent pas et refusent de s'armer. Que pourront faire cinq cents hommes opposés à sept ou huit mille citoyens ! Le peuple est calme et ferme : c'est l'attitude de la force ! » lança-t-il à l'adresse des miliciens qui, à quelques pas de là, observaient l'évolution de la situation.

Un officier qui venait de reconnaître Axel Métaz, rencontré chez les Laviron deux jours plus tôt, dit :

1. Ouvriers portant la blouse bleue, vêtement de travail traditionnel, à Genève, à cette époque.

— Il se fait des illusions et raconte aux gens des histoires. Le syndic de la Garde, Louis Turrettini, que conseille le colonel Dufour, estimé de tous les Genevois, fera respecter l'ordre.

Bientôt, des nouvelles filtrèrent de l'hôtel de ville.

Devant le Conseil représentatif, en séance depuis dix heures, le Premier syndic, Jean-Jacques Rigaud, rassuré par la dernière adresse portant trois mille deux cent cinquante-quatre signatures de citoyens modérés, avait exposé la situation. Les pétitionnaires, tout en maintenant l'exigence de réformes démocratiques, affirmaient que celles-ci pouvaient être acquises « par le concours régulier des pouvoirs constitutionnels ». La plupart des conseillers semblaient admettre, enfin, la nécessité de réunir une Assemblée constituante si l'on voulait éviter que le peuple ne s'affranchît lui-même et par la violence d'une tutelle politique que les radicaux présentaient comme insupportable.

Les citoyens rassemblés autour de la maison commune et sur la Treille ayant appris, avec satisfaction, l'heureuse évolution de la majorité du Conseil, beaucoup s'apprêtaient à retourner à leurs occupations quand un nouveau bruit, faisant état d'un ajournement probable des décisions, suscita un regain de colère, habilement exploité par les amis de Fazy. « Vous voyez bien qu'on vous lanterne ! Tous à l'hôtel de ville ! Faut aller les déloger ! » cria un excité, tandis qu'un autre tentait de recruter des blousiers pour un nouvel assaut des tours de Saint-Pierre.

Quand on apprit au Conseil représentatif cette résurgence de la menace, le Premier syndic Rigaud décida, pour éviter l'effusion de sang et faire pièce aux amis de Fazy, prêts à s'emparer du pouvoir par la force, de céder aux revendications des réformateurs qui voulaient une évolution sans révolution. Il fit adopter, sur-le-champ, une résolution prévoyant la convocation prochaine d'une Constituante, élue par tous les citoyens, le Conseil d'Etat devant soumettre, dans un délai de quinze jours, le mode d'élection de cette assemblée. Les délégués élus seraient chargés d'élaborer une Constitution qui, mesure nouvelle, serait soumise à l'appréciation des citoyens. Quand le député Gide, membre éminent du Trois-Mars, eut confirmé, penché à une fenêtre, les fermes décisions du

Conseil, le calme revint et les miliciens purent, sans heurts notables, dégager les abords de la fontaine de l'hôtel de ville, point de ralliement habituel des manifestants.

Un moment plus tard, ayant regagné la rue des Granges, Axel Métaz rapporta à Pierre-Antoine Laviron les événements dont il venait d'être témoin. Le banquier, déjà informé, l'entraîna sur la terrasse de son hôtel qui, comme la plupart des belles demeures de la rue des Granges, dominait la montée de la Treille.

— Voyez-vous, mon ami, sous Rigaud, Genève vient de connaître vingt-cinq ans de bonheur. Nous avons mangé notre pain blanc d'aristocrates ! A dater de ce jour, nous entrons dans une ère nouvelle, pleine d'incertitudes mais aussi d'espérances. Notre ami Chantenoz a raison de nous rappeler, souvent, que le monde a changé. Le pouvoir ne peut plus être le monopole de la classe possédante. La classe productive s'instruit et veut participer aux décisions. Si vous considérez les gouvernements, composés de vingt-huit membres, qui se sont succédé à Genève depuis 1814, vous ne relèverez que soixante-cinq noms différents ! C'est dire que les mêmes familles se partagent le pouvoir depuis vingt-sept ans !

— Je crois que les conservateurs intransigeants sont maintenant dessillés, dit Axel.

— Croyez-vous ? Considérez maintenant la Fabrique, honneur, prestige, richesse de Genève. Elle est en crise grave, du fait d'une mécanisation inéluctable et, même, nécessaire, des ateliers. Mais nos manufactures souffrent du manque de commandes pour écouler l'augmentation sensible de la production des montres. Grâce aux machines inventées par Georges Leschot, on peut, aujourd'hui, construire une montre en moins de temps et à meilleur prix qu'autrefois. Cela n'empêche pas nos cabinotiers de fournir, à ceux qui peuvent payer le prix, les plus belles montres faites à la main. Mais pour rendre l'usage de la montre accessible à plus de gens, il faut, d'abord, laisser nos fabricants utiliser l'or au titre qu'ils souhaitent. Il faut supprimer le titre obligatoire de l'or à 18 carats, qui régit la Fabrique depuis 1814. On peut même utiliser du plaqué, pour les gens à petits moyens. Les politiciens radicaux demandent la pleine démocratie en politique, nous devons l'accepter et même la souhaiter en matière de commerce et d'affaires. Pourquoi ne pas commencer par la démocratisation de la montre ? C'est la proposition de Cherbuliez, qu'on ne peut taxer de radicalisme.

L'entrée d'Alexandra mit fin à cette conversation.

— Alors, parrain, on a fait la révolution, ce matin ! Moi, j'ai tout vu de ma fenêtre.

— Et qu'as-tu vu, de si extraordinaire ? demanda Axel.

La jeune fille eut le regard rieur qu'il lui connaissait depuis l'enfance.

— J'ai vu le peuple et M. Fazy. Le souverain et le serviteur ! Mais ces rôles, parrain, ne sont-ils pas échangeables ?

Cette boutade prouvait que la jeune fille n'était pas dépourvue de sens politique. Cela amusa les deux hommes.

Après le déjeuner, pris en commun, Alexandra accompagna son parrain jusqu'au quai, où était amarré l'*Ugo*, à bord duquel Axel devait rentrer à Vevey. Alexandra lui prit la main tendrement.

— Parrain, je dois te faire une confidence.

— Tu as un amoureux ? interrompit Axel en riant.

— Tais-toi, tu sais bien qui j'aime, non ?

— Alors, ta confidence ? éluda Axel.

— Il s'agit de Zélia. Depuis longtemps, nous allons herboriser ensemble, au Salève et ailleurs. Souvent, le docteur Vuippens vient avec nous. Il s'entend très bien avec Zélia et c'est lui qui l'encourage à se faire herboriste. Elle a l'instinct des plantes, comme beaucoup de gens de son peuple, mais ton ami lui enseigne la science des plantes et leurs noms savants et comment les utiliser pour soigner telle ou telle affection. Manaïs a demandé à son pharmacien de faire travailler Zélia dans son laboratoire, de temps en temps, pour qu'elle se familiarise avec la fabrication des onguents et des sirops. Naturellement, Zélia aurait dû te demander la permission de faire cela et, moi, j'aurais dû t'en avertir.

— Elle aurait dû en effet, concéda Axel.

— Tu ne vas pas lui faire des remontrances ! Tu sais, je n'ai plus besoin d'une gouvernante pour m'accompagner partout. Zélia est une femme intelligente, plus instruite qu'il ne paraît. Je l'aime beaucoup et je veux l'aider à sortir de la condition domestique. Dans un an, jour pour jour, j'aurai vingt ans et j'entrerai en possession de tous mes biens. J'ai décidé que j'achèterai une boutique, en ville, pour créer une herboristerie, dont Zélia aura la libre disposition. Qu'en penses-tu, parrain ?

— Si tu as décidé, comme tu dis, qu'importe ce que j'en pense ! A ta majorité, tu seras libre, en effet, de dépenser ton argent à ta guise. Mon rôle de tuteur sera terminé. Et, d'ailleurs, tu es déjà mademoiselle Alexandra Cornaz-Laviron, fille de banquier, répliqua Axel.

Alexandra perçut l'amertume du propos et en fut bouleversée. Elle prit Axel par le cou et l'embrassa plusieurs fois.

— Tu es ce que j'ai de plus cher au monde et ce que tu penses compte plus que tout ce que d'autres, ensemble, peuvent penser, murmura-t-elle, câline.

M. Métaz se dégagea doucement de l'étreinte de sa filleule.

— En ce qui concerne tes projets pour Zélia, je pense que tu es généreuse. Ce sera une bonne action que lui offrir une herboristerie... à condition qu'elle n'abandonne pas tout pour retourner dans ses Carpates natales. Car elle est fantasque, Zélia ! Comme tous les Zigeuner. Je les connais !

— Je sais, parrain. Je sais que tu connais bien les Tsiganes. Je sais même qu'un jour tu es allé chez eux, loin, au milieu de l'Europe. Il y a longtemps déjà que je sais cela, dit Alexandra, attendrie.

— C'est Zélia qui t'a raconté ça ?

— Oui. Mais je sais qu'elle ne m'a pas tout dit. Qu'il y a des secrets entre les Tsiganes et toi. En tout cas, elle t'aime, Zélia. Pas comme une femme amoureuse, ne va pas t'imaginer ! Plutôt, elle te vénère, Zélia. Elle m'a dit, un soir : « Axou – c'est comme ça qu'elle t'appelle, quand on n'est que nous deux – je le suivrais jusqu'en enfer, s'il avait besoin de moi ! »

— Eh bien ! C'est une agréable perspective, dit Axel, affectant de prendre sur le mode badin la déclaration de la Tsigane, ainsi rapportée par Alexandra.

Il mit le pied sur le chemin-planche, se préparant à embarquer sur son bateau dont le bacouni avait déjà largué une amarre. La jeune fille le retint par le bras.

— Tu sais, moi aussi, je te suivrais jusqu'en enfer, parrain, dit-elle avec fougue.

Axel se retourna vers elle et, à son tour, lui prit la main.

— Tu serais même capable de m'y envoyer, dit-il, avant de sauter sur le pont du voilier.

Elle attendit que le bateau s'éloignât du quai, voiles déployées en oreilles. Axel lui fit un signe de la main, auquel elle répondit en lui envoyant un baiser du bout des doigts.

— Vous avez là une bien jolie demoiselle, et bien écarabillée[1], bien alanguée[2], monsieur Métaz, dit le marin.

— Nous devons nous hâter, pour attraper le morget[3] dès son premier souffle, dit Axel, pour couper court à ce genre de considérations privées.

Les vignerons de Lavaux passèrent décembre dans leurs vignes. Il s'agissait de parfaire la remise en état des parchets hâtivement remblayés après la tempête de juillet. Par temps sec, Axel, appliquant les principes inculqués par Simon Blanchod, faisait enlever la terre sur trois pieds de large et un demi-pied de profondeur, au bas de chaque parchet. Chargée dans des hottes, la terre était ensuite montée en haut de la vigne et étalée. Ce travail était plus délicat qu'il ne paraissait au profane, car l'ouvrier devait éviter de trop enfoncer son outil afin de ne pas exposer la racine des ceps à être découverte par la première pluie, ce qui eût été fatal à la vigne. Il fallait aussi dépiquer les échalas, les nettoyer, puis les mettre à tremper, pendant trois jours, dans un bain d'eau sulfatée. « Pas plus de cinq kilos de sulfate de cuivre pour cent litres d'eau », conseillait Axel Métaz.

Belle-Ombre bénéficiant de ce que les vignerons nomment un terrain léger, par contraste avec certaines terres, dites fortes, de Lavaux, Axel savait qu'un pied de vigne ne donnait pleinement que pendant une quinzaine d'années

1. Eveillée.

2. Loquace, qui s'exprime aisément. On dirait, familièrement : qui a la langue bien pendue.

3. Brise de terre venant du nord sur la côte vaudoise. Elle souffle régulièrement par temps calme, du coucher du soleil au lendemain matin.

alors qu'à la Grand'Vigne il pouvait conserver toute sa vigueur durant un demi-siècle. Il devait donc prévoir, chaque année, pour sa vigne préférée, le renouvellement d'une partie des ceps. Une année avant celle prévue pour l'arrachage, les réformés devaient être taillés à ruine, comme disait Blanchod, c'est-à-dire métaillés en termes vaudois. Au lieu de laisser un seul bouton par sarment, on en laissait deux ou trois, si bien que le cep, pour son ultime vendange, son chant du cygne, offrait un tiers de plus de raisin qu'à l'ordinaire. Les pieds de vigne arrachés s'en allaient sécher dans le bûcher de Rive-Reine. La dernière grâce qu'ils feraient au vigneron serait de parfumer ses feux d'hiver.

Quand on fit, dans le cercle Fontsalte, le bilan de cette année, on convint qu'elle n'avait pas apporté d'autre désastre qu'une tempête exceptionnelle. En regardant au-delà de leurs frontières, les Vaudois avaient de quoi se dire privilégiés.

La France voisine, comme la nommaient les Laviron, avait connu une nouvelle agitation politique et l'opposition républicaine, prête à tout pour abattre la monarchie, s'était servie d'une correspondance apocryphe du roi et de faux *Mémoires*, attribués à la baronne de Fenchères. Plus grave encore, le duc d'Aumale, fils du roi, qui rentrait d'Algérie à la tête de son régiment, le 17e légers, avait échappé de justesse à un attentat le 13 septembre. L'assassin, nommé Quénisset, homme de main d'une société secrète communiste, ayant pour organe le *Journal du peuple*, avait été arrêté sur-le-champ. Le roi Louis-Philippe avait lui-même essuyé, sans dommages, les coups de pistolet d'un autre assassin, nommé Damès, le 15 octobre de l'année précédente. Ces gestes criminels prouvaient que l'agitation des esprits, consécutive à l'augmentation des impôts, entretenue avec audace par des polygraphes irresponsables se disant républicains, risquait à tout moment de dégénérer. Déjà, des émeutes avaient été réprimées à Clermont-Ferrand et à Toulouse.

A Genève, l'évolution sans révolution, réclamée par les modérés, semblait se mettre en place. En deux tours, les 14 et 21 décembre, les Genevois avaient élu leurs députés à la Constituante. Le cens électoral supprimé, plus de onze mille électeurs avaient été inscrits sur les listes. On s'étonna, et M. Laviron le premier, que sept mille deux cent vingt-six citoyens seulement prennent part à une consultation qui, contre toute attente, avait tourné à l'avantage des conservateurs, assurés de détenir la majorité à la Constituante. Sur cent quinze sièges de députés, les conservateurs s'en adjugeaient cinquante-cinq, contre trente et un aux libéraux et radicaux. Situation toute nouvelle, vingt-neuf catholiques accédaient à l'assemblée, ce qui réjouissait l'abbé Vuarin. A ces élus tout neufs, radicaux et conservateurs allaient s'empresser de faire la cour, car on ne savait trop de quel côté ils pencheraient ! Le syndic Rigaud avait été élu, comme le colonel Dufour, par les beaux quartiers, mais Saint-Gervais avait désigné les radicaux les plus avancés. Même si James Fazy, qui se croyait populaire, apparaissait comme le plus mal élu de tous les députés, Antoine Carteret, Viridet et Castoldi, considérés rue des Granges comme des extrémistes dangereux, siégeaient avec lui.

Tandis que ces représentants du peuple, désignés par le suffrage universel, allaient préparer une nouvelle Constitution, qui ne serait pas soumise à la ratification des citoyens avant l'été, la crise économique débordait de la Fabrique et atteignait d'autres activités industrielles et commerciales. Dans ce climat, les rivalités politiques menaçaient de virer à la haine. Des banquiers ultramontains avaient déjà réussi à mettre en faillite un quincaillier et un liquoriste, ardents militants fazystes !

Le canton de Vaud – certains citoyens attentifs et informés, comme Axel Métaz et ses amis, le soupçonnaient – vivait une période d'attentisme politique. Lors de l'affaire d'Argovie, le Grand Conseil avait délégué à la Diète extraordinaire, réunie à Berne, à la demande de cinq cantons catholiques, Henri Druey et Benjamin Weiss, deux radicaux.

Au risque de décevoir ses partisans, Druey n'avait pas approuvé les radicaux argoviens et s'était prononcé pour le respect du Pacte fédéral. Tout en admettant que le gouvernement d'Argovie eût le droit de fermer les établissements religieux qui menaçaient sa sécurité intérieure, il avait voté la réouverture des couvents, sauf ceux de Muri et Wettingen, que l'on disait compromis dans l'insurrection paysanne de janvier. En revanche, il avait exigé que les ressources provenant de la sécularisation des biens conventuels fussent affectées à des institutions catholiques. Ceux qui le savaient partisan de la laïcisation de l'enseignement et de « la séparation confessionnelle des Eglises pour ce qui concerne la religion seulement », ne furent pas étonnés de cette attitude. Cependant celle-ci mécontenta les gouvernements des cantons à majorité radicale et libérale. Cela valut au politicien vaudois d'être caricaturé en capucin par le *Charivari*, et l'on vit parfois des crayons anonymes ajouter, sous la devise du canton de Vaud – Liberté et Patrie –, le mot Moine ! Mis en minorité au Grand Conseil vaudois, Druey, qui se réservait pour d'autres combats, avait rendu son mandat de délégué à la commission spéciale nommée par la Diète pour étudier le litige argovien.

Au cours des fêtes de fin d'année, Axel constata que Druey avait, au moins, le mérite de réunir dans une même détestation Elise, la protestante, qui reprochait au tribun de s'être montré trop favorable aux nonnes et aux moines fauteurs de troubles, et Charlotte, soutenue par Rosine et Flora, les trois catholiques daubant sur l'hypocrisie politicienne d'un homme qui ménageait la chèvre et le chou par souci électoral.

Le docteur Vuippens n'éprouvait pas une sympathie particulière pour le meneur radical mais approuvait ce dernier quand il soutenait que l'Etat devait être organisé sans tenir compte de la religion des citoyens.

— Le peuple suisse, qu'il soit argovien, vaudois, bernois, valaisan, genevois ou d'autres cantons, n'est pas mûr pour accepter ce que la sagesse politique commande : la séparation de l'Eglise et de l'Etat, dit le médecin.

— Je trouve que Druey fait preuve de lucidité et de courage, même si des arrière-pensées électoralistes conditionnent, en partie, son action. Il a condamné le sectarisme des radicaux argoviens qui excitent les passions religieuses. En fait, il redoute ce que peu de gens voient venir : la sécession des cantons catholiques. Croyez-moi, mes amis, l'affaire d'Argovie est le premier acte d'une révolution qui trouvera, ailleurs, son aliment, lança Chantenoz.

— Encore une révolution, Martin ! Tu ne sais promettre autre chose ! s'écria Charlotte.

Cette nouvelle prophétie pessimiste du professeur, tombant dans l'euphorie d'une fin de journée où l'on avait bien mangé et bien bu, déchaîna l'hilarité.

— Nous en reparlerons l'année prochaine, si je suis encore là pour savourer mon triomphe ! lança, d'un ton rogue, le mari d'Aricie.

Comme personne ne relevait, il poursuivit avec véhémence :

— D'ailleurs, n'est-ce pas un indice du mécontentement que la grève et les violences de nos ouvriers tailleurs veveysans, en novembre dernier ? Rappelez-vous, ils étaient quarante, excités par un de leur corporation venu de Neuchâtel. Ils ont abandonné leurs ateliers et signifié avec brutalité à leurs patrons qu'ils voulaient une augmentation de salaire d'après le tarif qu'ils avaient remis au préfet. C'est seulement quand ils ont injurié et menacé de leur poing leurs compagnons qui continuaient de travailler, que les autorités ont réagi, rappela Martin.

— En deux jours, tout a été réglé. Une vingtaine de ces braillards ont été expulsés de la ville, certains sans payer leur logeur. Les autres sont retournés au travail, penauds et contrits ! Non, mon cher Martin, tant qu'il n'y aura que des trublions de cette espèce et, en face d'eux, des citoyens décidés à protéger leur quiétude, nous n'aurons pas de révolution à redouter, dit Elise avec assurance.

— Dieu vous entende, ma chère fille, commenta Charlotte.

Les premiers jours de janvier 1842 furent marqués par un événement que le rédacteur de *la Veveysanne* qualifia avec exagération de « combat naval ». L'affaire, qui divertit fort les Vaudois, eut pour théâtre le lac Léman, devant la grève de Promenthoux, près de Nyon. Une barque, montée par quatre Savoyards, avait accosté, et ses occupants, ayant mis pied à terre, s'activaient pour charger du sable et du gravier. En agissant ainsi, ils entraient en infraction avec les consignes gouvernementales interdisant « que l'on dégarnisse les rives des matériaux nécessaires à l'entretien des routes cantonales ». Sable et gravier étant rares, les agents voyers devaient trop souvent faire extraire et concasser des pierres, ce qui donnait lieu à des frais importants. C'est pourquoi la maréchaussée veillait jalousement à la protection des matériaux gratuitement fournis par le Léman. Un gendarme, ayant surpris les Savoyards en plein travail, les interpella et leur intima l'ordre de se retirer, sous peine d'amende. Non seulement les bateliers étrangers ne tinrent aucun compte de l'avertissement mais ils insultèrent et menacèrent durement le gendarme, tandis que le patron de la barque, allant quérir son fusil, le chargeait et tirait sur le représentant de l'ordre, éberlué. Ayant senti le vent de la balle, le gendarme, armé de la carabine réglementaire, riposta aussitôt, sans toucher le Savoyard qui rechargea son fusil avec l'intention de mieux ajuster son tir. Le Vaudois crut sage d'aller quérir du renfort et, une demi-heure plus tard, une chaloupe, montée par trois robustes gendarmes rameurs commandés par un sergent intrépide, sortit du port de Nyon et, longeant la côte de Prangins, vint surprendre les Savoyards, toujours occupés à remplir leur bateau. A la vue du vaisseau de la maréchaussée, les délinquants se hâtèrent de hisser la voile pour gagner le large. Après une poursuite, au cours de laquelle les biceps des gendarmes l'emportèrent sur la brise lacustre, les fuyards, craignant d'être tirés comme des canards par les braves militaires vaudois, amenèrent leurs voiles et baissèrent pavillon. Capturés avec leur barque, les quatre étrangers furent conduits à Nyon et immédiatement enfermés dans la prison du château. Pour pimenter l'aventure et valoriser l'exploit de la gendarmerie, on fit courir le bruit, sur le port de Nyon, que des amis des bateliers incarcérés étaient en route pour venir les délivrer. Les veilleurs, postés toute la nuit sur la côte, attendirent vainement l'apparition d'une escadre savoyarde.

Aux sourires et quolibets que suscita le « combat naval de Nyon », succéda, en février, un grand moment de tristesse. La mort, à Lausanne, d'Henri Durand, jeune poète veveysan de vingt-quatre ans, affligea tous ceux qui appréciaient son talent, sa piété profonde et sa gentillesse. Elève du collège de Vevey puis étudiant de l'auditoire de Belles-Lettres de l'Académie de Lausanne, il avait quitté Vevey en 1840 pour étudier la théologie à Tübingen, capitale du

Wurtemberg. Rentré malade de son séjour étranger, il n'avait cessé de décliner, sous l'effet d'une atteinte de poitrine. Chantenoz, qui avait été l'un de ses maîtres, se rendit aux obsèques du jeune poète et entendit les étudiants de la Société de Zofingen, dont le disparu avait été un animateur, entonner l'hymne écrit par Juste Olivier, après que le professeur Alexandre Vinet eut prononcé l'oraison funèbre.

Au soir de cette journée de deuil, Martin Chantenoz s'arrêta à Rive-Reine où l'attendait Aricie. Après avoir rapporté les funérailles du poète, au cours desquelles il avait revu bon nombre de ses anciens collègues de l'Académie, le professeur s'épancha :

— Les meilleurs vers de Durand sont ceux qu'il a dédiés au Léman, à notre Léman. Ecoute, petit Vincent, dit-il en attirant contre lui le fils aîné d'Axel.

Et il se mit à réciter devant l'enfant, attentif :

> *— Léman, roi de nos lacs ! dont le bord magnifique*
> *Sous le pied des grands monts courbe son arc [magique*
> *Miroir de notre amour, – je veux chanter encor*
> *Ton onde où le soleil baigne ses ailes d'or.*

Vincent, qui souvent accompagnait le professeur à demi aveugle pour le guider dans de courtes promenades, observa gravement que cela ressemblait à de la musique et demanda si c'était difficile d'écrire en vers.

— Dans quelque temps, je t'apprendrai. Mais en attendant, je te donnerai des poésies à apprendre et à réciter. Et tu as raison, un beau poème, c'est de la musique, petit ! dit le professeur.

Le 30 avril, Vevey vécut un événement mondain qui allaït confirmer la vocation touristique de la ville la plus harmonieuse et la plus coquette de la côte vaudoise, « la favorite du Léman », disait Chantenoz. En invitant une centaine de Veveysans à inaugurer son nouvel hôtel des Trois-Couronnes, élevé sur l'emplacement du domaine des Belles-Truches, à deux cents pas de Rive-Reine, M. Gabriel Monnet se classa, d'emblée, parmi les maîtres de l'hôtellerie lémanique. Cet homme d'une parfaite civilité, soucieux du contentement de ses clients, avait acquis une solide réputation professionnelle dans son précédent établissement de la rue du Simplon, la vieille auberge des Trois-Couronnes, dont il venait de transférer l'enseigne, en lettres d'or, au fronton de son nouvel hôtel.

Depuis longtemps, on savait, en ville, que M. Monnet avait jeté son dévolu sur l'ancienne maison forte, occupée, en 1350, par Antoine des Belles-Truches, au lendemain de son mariage avec Catherine de Blonay, fille d'un noble châtelain vaudois. La demeure – certains disaient encore le château par référence aux vestiges d'un donjon médiéval – avait été maintes fois remaniée au fil des siècles. Les Montfaucon, les Gingins, les Joffrey, nobles propriétaires terriens, s'y étaient succédé avant qu'elle ne revienne à de riches roturiers. Aussitôt acquise par M. Monnet, la bâtisse fut rasée et, en moins d'une année, on vit grandir, sur le terrain libéré en bordure du lac, un splendide immeuble, de loin le plus imposant de la ville, dont on voyait la façade crémeuse, percée de cent fenêtres, de La Tour-de-Peilz et de fort loin sur le lac.

Axel Métaz et ses amis figuraient parmi les invités. Aucun membre du petit cercle n'avait imaginé, avant ce jour, qu'il allait découvrir une résidence capable de rivaliser, en élégance et en confort, avec les palaces des grandes capitales européennes. Côté rue d'Italie, l'hôtel offrait, en retrait de la chaussée, une large façade austère. Un péristyle à colonnes abritait l'entrée, d'où une volée de marches conduisait au vaste hall de réception, meublé dans le goût anglais et abondamment pourvu de canapés, de fauteuils et de banquettes. Les visiteurs le traversèrent pour accéder à plusieurs salons, au bar, au fumoir, au restaurant, à un jardin d'hiver. Au-delà de ce dernier espace, décoré de plantes vertes, de grands bouquets de fleurs coupées et éclairé par de larges baies vitrées, on retrouvait le plein air, sur une grande terrasse couverte de gravier blanc. De ce promontoire, le regard embrassait le plus beau panorama qu'on pût imaginer. A gauche, proches et familières : les Préalpes vaudoises, le Cubly, la dent de Jaman, les rochers de Naye ; vers le fond du lac : les sommets des Alpes valaisannes, les sept pointes des dents du Midi, la dent de Morcles, la pyramide du mont Catogne, les névés du Velan ; du côté du couchant : la plaine liquide s'étirant jusqu'à Genève; en face : l'amphithéâtre des montagnes de Savoie, la dent d'Oche, le Grammont, que d'autres appelaient aussi la Chauményi, les Jumelles, le Blanchard. On devinait, fondues dans les exhalaisons vaporeuses du Léman, Villeneuve, le Bouveret, les carrières de Meillerie, Saint-Gingolph. Quand ils approchèrent de la balustrade de pierre fermant la terrasse conquise sur l'eau, les Métaz constatèrent que le Léman léchait le mur de soutènement et le bas d'un escalier conduisant au quai privé, où pourraient s'amarrer les bateaux de promenade.

— Comme à Venise, cet hôtel a une porte de terre et une porte d'eau, constata M. Métaz, à qui Elise fit remarquer que le bassin aux dauphins cracheurs, qui occupait le centre de la terrasse ombragée par des platanes, était une copie agrandie du bassin de Rive-Reine.

A l'invitation du propriétaire, les hôtes furent conviés à revenir dans le hall, qu'ils n'avaient fait que traverser. On y servait maintenant des rafraîchissements, ce qui donna le temps aux Métaz et à leurs amis d'apprécier l'architecture intérieure de l'hôtel, inspirée, disait-on, par M. Gabriel Monnet au maître d'œuvre. Aux deux extrémités de ce grand salon dallé d'une mosaïque de marbres colorés, qui s'étirait sur toute la longueur du bâtiment, des cheminées de marbre blanc surmontées de grandes glaces et deux fontaines, dont les eaux chuchotaient en chutant mollement dans des vasques d'albâtre, créaient un agréable sentiment d'intimité et de confort. Mais, levant les yeux, ce qu'admirèrent le plus les invités fut l'immense verrière cloisonnée qui coiffait les quatre étages, à quarante-cinq pieds au-dessus du hall de réception. Sur le pourtour de cette nef, ruisselante de lumière, couraient, à chaque étage, de larges galeries supportées par d'élégantes colonnes. Ces promenoirs, flanqués de balustrades ouvragées, ouvraient sur les appartements et les suites côté lac, ou sur les chambres côté ville[1]. Murs crème, pilastres de stuc et chapiteaux à filets d'or, escalier monumental à

1. L'hôtel des Trois-Couronnes est resté, tout au moins en ce qui concerne l'architecture et, partiellement, le décor intérieur, tel qu'il était en 1842.

rampe de cuivre sur fer forgé, boiseries d'acajou, lustres à pendeloques de cristal, uniforme vert bouteille des chasseurs, gilet rayé de jaune des valets, queue-de-pie des maîtres d'hôtel, veste blanche des serveurs, robe noire à collerette brodée et diadème de dentelle amidonnée des femmes de chambre : tout respirait le luxe, l'opulence de bon ton, le raffinement, le bien-être.

— Un tel palais manquait à notre ville, monsieur. La cuisine est en tout point digne du décor, et le service de qualité. Nul doute que les têtes couronnées vont affluer chez vous, ce qui sera une bonne chose pour la réputation de Vevey, dit Axel en prenant congé du maître de céans, à l'issue d'un excellent dîner.

— Une bonne chose, aussi, pour les affaires, dit le premier bijoutier de la ville, approuvé par plusieurs commerçants.

— A propos de têtes couronnées, nous avons, depuis quelques jours, à Vevey, les enfants de la reine María Cristina d'Espagne et de M. Muñoz, son époux morganatique. La reine et son mari, qui sont actuellement à Paris, ont été tellement séduits par notre petit coin qu'ils auraient l'intention d'acheter un terrain pour construire un palais, dit un municipal.

Comme chaque fois qu'il était question d'une famille royale, Charlotte intervint.

— Comme elle doit être malheureuse d'être séparée des filles qu'elle eut du roi Fernando VII, cette mère. On dit que ce général Espartero, vainqueur des carlistes et partisan d'Isabel II, la jeune reine, fille aînée de María Cristina, a forcé celle-ci à lui céder la régence et qu'il retient prisonnières Isabel et sa sœur, Luisa Fernanda, dit Charlotte, apitoyée.

— Mais, ma chère Dorette, Agustín Fernando Muñoz, officier de la Guardia de Corps, un fort bel homme, que la María Cristina au tempérament de feu épousa en secret trois mois après la mort de Fernando VII, lui a donné plusieurs autres enfants. Ce sont ceux qu'ils nous ont laissés à Vevey, précisa Blaise.

— Nous irons les voir, ces pauvres petits, décida Flora, aussitôt approuvée par son amie.

Annette Bonnaveau, ancienne cuisinière devenue épicière-poète, personnalité locale aimée de tous les Veveysans, chez qui les messieurs allaient acheter leurs cigares, avait assisté à l'inauguration des Trois-Couronnes. Elle livra, quelques jours plus tard, la saynète que la visite de l'hôtel lui avait inspirée, sous le titre *l'Anglais et le Veveysan*, ce qui amusa beaucoup ses lecteurs.

L'Anglais ayant demandé s'il pourrait loger à l'hôtel des Trois-Couronnes s'entendait répondre :

Monsieur, l'hôtel, quoique très vaste,
Maintenant est toujours plein,
Allez-y donc en toute hâte,
Et n'attendez pas à demain.

Et, comme l'étranger se renseignait sur les monuments à visiter, s'étonnant que Vevey fût vantée dans le guide Murray, le Veveysan déclamait :

La raison la voici, Monsieur ! Dans notre ville
Nous sacrifions tout à l'embellissement ;
Et préférant toujours l'agréable à l'utile,
Nous marchons à grands pas au perfectionne-
[ment ;
Quant aux monuments, aux hommes de génie,
Nous en avons, Monsieur, comme s'il en pleuvait !
[...]
D'abord en monuments, nous avons la Grenette,
Le Poids-du-Foin et le Puits-Perdonnet ;
Des hommes distingués ma liste est toute prête,
Mais ils sont très nombreux... et puis l'hôtel Mon-
[net
Pourrait être trop plein si Monsieur ne s'empresse[1] *!*

Les vers de mirliton de l'épicière de la rue d'Italie agaçaient Chantenoz mais ses amis n'y voyaient qu'une naïve intention de chanter les charmes de Vevey.

1. Cette pièce a été publiée le 26 août 1842 par *la Veveysanne*.

Avec le développement du tourisme, la ville attirait, en effet, de plus en plus d'étrangers. Les Anglais parcouraient la Suisse le guide Murray en main, les Allemands restaient fidèle à Ebel, les Français arrivaient avec le récent guide Joanne, *Itinéraire descriptif et historique de la Suisse*, publié par la librairie Hachette, sous couverture de toile bleue.

Adolphe Joanne, journaliste dijonnais installé à Paris, avait commencé à parcourir la Suisse, à pied, à l'âge de vingt et un ans. Au cours de sept étés, à partir de 1834, il s'était appliqué, avec méthode et scrupules, à tout noter de ses découvertes et des adresses à conseiller. Chaussé de gros souliers, vêtu d'un pantalon et d'une blouse de toile, muni d'un bâton ferré, il escaladait les montagnes, imitant le Genevois Horace Bénédict de Saussure qui, en 1787, avait été l'un des premiers à atteindre le sommet du mont Blanc. Une giberne attachée sur le dos contenait tout son bagage et ses papiers. Le guide Joanne, nettement plus complet et précis que celui de l'Allemand Ebel, dont la première édition datait de 1795, connaissait un franc succès. Les Veveysans les plus chauvins reconnaissaient qu'il donnait aux voyageurs une juste image de la géographie et de l'histoire de la Suisse, bien qu'il accordât, selon certains, une trop large place aux légendes locales ! Le fait de procéder par itinéraires à suivre et qu'une carte routière fût annexée à l'ouvrage facilitait son utilisation.

M. Joanne citait naturellement, en plus des points de vue, des curiosités, des moyens de transport, les hôtels et les prix pratiqués. Dans ce domaine, le canton de Vaud pouvait s'enorgueillir de posséder une catégorie d'établissements modernes et confortables. Avec les Trois-Couronnes à Vevey, l'hôtel Gibbon à Lausanne, l'hôtel du Cygne à Montreux et l'hôtel Byron, récemment ouvert à la Combaz, près du château de Chillon, haut lieu très visité, les étrangers trouvaient à se loger dans les meilleures conditions. L'hôtel Byron, construit entre Montreux et Villeneuve, sur un coteau verdoyant, comptait quatre-vingt-dix-huit lits et proposait à sa clientèle des services originaux. On y donnait des bains de petit-lait et d'eau minérale aux dames, soins corporels qui plaisaient à Charlotte de Fontsalte, toujours à l'affût des procédés nouveaux capables de protéger la femme des outrages du temps.

Aussi entraînait-elle souvent Blaise et les Ribeyre de Béran pour une semaine au Byron, d'où les deux généraux partaient chasser le chamois en Valais, pendant que leurs épouses trempaient dans le lait écrémé !

C'est au cours d'un de ces séjours que Charlotte eut une nouvelle syncope. Flora tenait de Vuippens la façon d'agir en telle circonstance. Elle allongea son amie, lui releva les jambes, ouvrit toutes grandes les fenêtres, lui aspergea le buste d'eau fraîche et lui fit avaler la potion préparée par le médecin. Cette fois encore, le malaise n'eut d'autre conséquence qu'une grande fatigue et Mme de Fontsalte fit promettre à Flora de n'en rien dire à son mari quand il rentrerait de la chasse. Ainsi, cette perte de connaissance qui, le remarqua Flora, avait duré plus longtemps que les précédentes, fut ignorée de tous, comme le voulait la malade.

Quelques jours plus tard, alors que le cercle Fontsalte s'était rassemblé à Rive-Reine, après avoir entendu un concert donné à l'église Saint-Martin par un fameux organiste anglais de passage à Vevey, la nouvelle tragique de la catastrophe de chemin de fer qui venait d'endeuiller la France apporta aux détracteurs du train un argument propre à justifier leur défiance.

Le 8 mai, sur la ligne Paris-Saint-Germain-en-Laye, ouverte en 1837, un train, dont les wagons étaient surchargés de voyageurs revenant de voir les Grandes Eaux dans le parc du château de Versailles, s'était disloqué, avant de dérailler à Bellevue. Du fait de l'affluence, deux locomotives avaient été attelées pour tirer le convoi. Alors que le train roulait à pleine vitesse, un essieu de la locomotive de tête s'était brutalement rompu, entraînant le déraillement de la machine. La seconde locomotive avait escaladé la première tandis que, par suite de l'arrêt brutal, dix-huit wagons de bois venaient s'écraser contre le tender. Les cinq premiers, empilés les uns sur les autres, démantelés, brisés comme coques de noix, avaient aussitôt pris feu. Les premiers témoins accourus décrivirent des scènes hallucinantes, les pompes manquant d'eau pour éteindre l'incendie, d'où jaillissaient, en hurlant, des torches vivantes qui s'abattaient sur les talus. Le bilan officiel était de cinquante-cinq morts et cent un blessés mais on le disait inférieur à la réalité. Parmi les victimes se trouvait l'amiral Dumont d'Urville, le marin qui avait ramené en France les restes de Lapérouse et découvert, en 1840, la terre Adélie.

Aricie avait, depuis longtemps, fait le siège d'Elise pour lui faire partager son horreur des trains. Les deux femmes furent les premières à proclamer qu'on ne les ferait jamais monter dans un wagon de chemin de fer.

— Depuis qu'en 1837, l'ingénieur William Fraisse a décrété qu'il serait plus économique d'établir un chemin de fer entre le lac de Neuchâtel et le lac Léman, plutôt que de remettre en état le vieux canal d'Entreroches, on nous rappelle périodiquement que le train facilite les communications et les échanges commerciaux. Il faut espérer que les autorités vaudoises ne se laisseront pas circonvenir par les commerçants et que le projet de M. Fraisse sera oublié, dit Mme Métaz.

— Ce qui vient d'arriver en France va leur donner à réfléchir! ajouta Aricie.

Charlotte et Flora, qui avaient déjà voyagé en chemin de fer, trouvaient fort timorées les deux opposantes mais, étant donné l'ampleur de la tragédie ferroviaire française, elles s'abstinrent de toute réplique.

— Reprendriez-vous le train, maintenant? demanda, provocante, Elise à sa belle-mère.

— Oui.

— Quand vous irez à Fontsalte, prendrez-vous le train, de Lyon à Saint-Etienne? ajouta Aricie, affinant la provocation.

— Je le prendrais demain, sans hésitation ni crainte. Et je le prendrai sans doute lors de notre prochain voyage. Je prie saint Christophe et je vais rassurée, dit Charlotte en montrant la médaille d'or qui tintinnabulait au milieu de quelques autres, attachées à son sautoir.

— Saint Christophe n'est pas mécanicien! On dit que ceux du train qui a déraillé étaient anglais, comme leurs machines. Ce qu'il y avait de mieux, en somme! Et l'on voit le résultat! répliqua Mme Métaz.

— Je suis sûre que le Seigneur est contre les chemins de fer, manifestation mécanique de la vanité humaine, assena Aricie, sans un sourire.

Au cours d'un été particulièrement pluvieux, les journaux apportèrent, avec une macabre régularité, leur lot de tristes nouvelles.

Ce fut, d'abord, le 25 juin – deux semaines après que les citoyens de Genève eurent adopté la nouvelle Constitution démocratique, qui assurait l'indépendance communale et l'extension du suffrage universel –, la mort, à Chêne, de Charles de Sismondi, à l'âge de soixante-neuf ans. Depuis des années, le philosophe, déçu par l'évolution politique de la République et la montée du radicalisme, souffrait d'une affection de l'estomac. Il accusait la cuisine anglaise, dont des « soupes qui sont tantôt de la colle forte, tantôt quelque farine bouillie dans de l'eau sans beurre, des légumes bouillis sans accommodement, semblent inventés pour triompher de l'estomac le plus robuste ». Le sien n'y avait, semble-t-il, pas résisté. Alliée à la contrariété quotidienne que provoquaient, chez un homme qui avait combattu la Constitution adoptée par le peuple, les nouvelles politiques de sa ville, l'affection rapportée d'Angleterre l'avait achevé, disaient ses amis.

Sismondi qui, quelques jours avant sa mort, corrigeait encore les épreuves de son *Histoire des Français*, léguait aux Européens une œuvre considérable. Ami de Mme de Staël, qu'il avait accompagnée en Italie, il laissait aussi le souvenir d'un érudit attentif à l'évolution du monde. Généreux et hospitalier pour les proscrits, militant pour l'abolition de l'esclavage, historien scrupuleux, agronome imaginatif, il pouvait entrer dans le Panthéon dont Martin Chantenoz regrettait que la Confédération ne se fût pas dotée.

— Toute la Suisse devrait porter le deuil de ce penseur, dit le professeur à son retour des funérailles de Sismondi, inhumé au cimetière de Chêne.

Trois semaines plus tard, le 13 juillet, la France prenait le deuil du duc d'Orléans, fils aîné du roi Louis-Philippe et héritier présomptif du trône de France, victime d'une mauvaise chute sur le pavé parisien. Alors qu'il allait prendre congé de son père, à Neuilly, avant de partir pour une inspection militaire à Saint-Omer, le prince, qui se trouvait seul dans son phaéton attelé de quatre chevaux, avait demandé, au bout de la route des Ternes, un changement d'itinéraire à son cocher. Les chevaux s'étaient emballés et le prince, voyant qu'on ne pouvait les maîtriser, avait sauté de sa voiture. Mais il était tombé lourdement sur le pavé. Relevé avec une fracture du crâne, il avait expiré quatre heures plus tard, dans la maison d'un épicier, chez qui les témoins de l'accident l'avaient déposé[1].

La disparition de Jean-Dominique Larrey, légendaire chirurgien en chef de la Grande Armée, mort à Lyon le 25 juillet, atteignit tous les vétérans des guerres de l'Empire. Le médecin, âgé de soixante-seize ans, avait contracté une pneumonie lors d'une mission d'inspection en Algérie et avait succombé, malgré les soins de ses confrères. L'adjudant Trévotte considérait qu'il lui devait la vie, au prix d'une jambe, car il avait été l'un des premiers opérés, sur le champ de bataille, par désarticulation, méthode que prônait Larrey. Cette chirurgie d'urgence permettait en quelques secondes l'amputation d'un membre sans qu'on eût à scier les os, opération qui nécessitait des instruments, prenait du temps et immobilisait les chirurgiens. A la Berezina, on avait vu Larrey, toujours au cœur du combat, opérer des blessés sans descendre de son cheval. Des milliers de grognards devaient la vie à ce praticien intrépide, républicain convaincu, qui avait joui de la confiance de Bonaparte, puis de celle de Napoléon, bien qu'il ait su parfois tenir tête à l'empereur, qu'il se vantait de connaître « comme sa poche ». Sa carrière de chirurgien militaire, commencée à l'armée du Rhin, en 1792, s'était achevée à Waterloo. C'est Larrey, alors aide-major, qui avait pansé, à Altenkirchen, le 4 juin 1796, la première blessure bénigne d'un jeune officier de cavalerie nommé Blaise de Fontsalte.

1. Le duc d'Orléans, qui était âgé de trente-deux ans, quitta la vie en présence de la famille royale, aussitôt prévenue du drame. La maison de l'épicier Cordier fut acquise, quelques jours plus tard, par le roi et, le 21 août 1842, on posa sur son emplacement la première pierre de la chapelle Saint-Ferdinand. Aujourd'hui situé 25, boulevard Pershing, cet oratoire, construit dans le style néo-byzantin, par Lefranc et Fontaine, a été classé monument historique.

— Je ne l'ai jamais rencontré que dans une ambulance. A Lauterbourg, quand j'ai reçu un coup de biscaïen prussien ; aux Pyramides, pour une estafilade due au poignard d'un mamelouk ; sous les murs de Castel Ceriolo, en 1800, parce qu'un Autrichien m'avait entamé la cuisse avec son sabre, rappela le général, avec un sourire mélancolique.

Aussi voulut-il, avec Claude Ribeyre de Béran, se rendre à Lyon, pour s'incliner devant la dépouille de ce grand serviteur de l'Empire, promu par les grognards providence du soldat. Titus, lui aussi plein de gratitude, conduisit la berline. Tous trois revinrent des obsèques avec un nouveau grief contre le maréchal Soult. Bien que connaissant parfaitement les mérites de Larrey, son courage, sa prodigieuse habileté de chirurgien, ses titres de professeur au Val-de-Grâce et ses fonctions de chirurgien en chef des Invalides, le ministre de la Guerre avait refusé à Hippolyte Larrey, fils du défunt, l'inhumation que souhaitait son père, dans le jardin de l'infirmerie des Invalides. « Ce genre de sépulture est réservé aux maréchaux de France et aux gouverneurs », avait répondu Soult avec hauteur[1].

— Quel rancunier ! Soult n'a pas pardonné à Larrey d'avoir innocenté les trois mille jeunes recrues accusées de mutilations volontaires, en 1813, au lendemain de la bataille de Bautzen. Souviens-toi de l'affaire, qui fit grand bruit. Toutes nos Marie-Louise[2] portaient des blessures aux doigts. Soult et Oudinot se disaient assurés qu'il s'agissait de mutilations volontaires et voulaient faire fusiller tous ces garçons. L'empereur demanda à Larrey de présider un comité de chirurgiens militaires, pour expertiser les louches blessures de plus de deux mille fantassins. Larrey les sauva du peloton d'exécution en affirmant à Napoléon qu'aucun des jeunes blessés n'était coupable, et que les rares blessures douteuses avaient été constatées sur de vieux et vaillants soldats qu'on ne pouvait soupçonner, rappela Ribeyre.

---

1. Larrey fut inhumé au cimetière du Père-Lachaise mais, le 15 décembre 1992, cent cinquante ans après sa mort, son vœu fut enfin exaucé. Il repose, depuis cette date, dans la crypte des gouverneurs, aux Invalides.

2. Nom familier donné aux conscrits appelés en 1813, pendant la régence de l'impératrice Marie-Louise.

— Je m'en souviens : Soult demanda que l'on désignât alors quatre fantassins douteux, qu'il ferait passer par les armes pour l'exemple, compléta Blaise.

— Et le malin Larrey fit désigner quatre vieux briscards que l'empereur ne pouvait envoyer au peloton. Ce jour-là, sans opérer et sans être dupe, Larrey a encore sauvé de nombreuses vies. Soult ne le lui a jamais pardonné, répéta le général Ribeyre.

Comme Blaise et les officiers des Affaires secrètes et des Reconnaissances, il savait à quoi s'en tenir sur les mutilations absoutes des Marie-Louise. La vue de plus de vingt mille morts, prix de la victoire de Bautzen sur les Russes et les Prussiens, en avait effrayé beaucoup et conduit plus d'un à se tirer une balle dans la main ou à se couper un doigt.

En rentrant à Lausanne, les deux généraux trouvèrent leurs épouses et Aricie Chantenoz fort frivolement occupées au choix des toilettes qu'elles étrenneraient lors des auditions, réceptions et bal du concert helvétique, manifestation musicale, civique et patriotique, qu'il revenait au canton de Vaud d'organiser cette année-là, au mois d'août.

— Depuis des semaines, on ne parle ici que d'enterrements ! Cette fête nous réconciliera avec la vie, observa Charlotte.

— Tu as raison, laissons les morts enterrer les morts, ajouta Flora, qui venait de décider sa sœur Rosine à clore son deuil pour participer à la fête fédérale de la musique.

— N'empêche que la mort moissonne beaucoup, ces temps-ci, chez les grands de ce monde, constata Aricie, morose.

— Oh ! les petits ne seront pas oubliés par la camarde. On sent qu'elle rôde, comme une hyène, augura Tignasse d'une voix sépulcrale.

2

De toutes les villes du canton, Vevey fut, en 1842, celle qui fournit le plus de choristes au vingt-troisième concert de la Société helvétique de musique, organisé à Lausanne.

Depuis le mois de février, trente et un garçons et filles répétaient avec application, à Saint-Martin, le *Stabat Mater* de Rossini et le *Lobgesang* de Mendelssohn, œuvres chorales inscrites au programme, avec la *Symphonie n° 5* de Beethoven. Il en était de même dans plusieurs cités vaudoises, d'Aigle à Yverdon et de Morges à Payerne, où l'on pratiquait le chant. Il s'agissait de rassembler, en plus de cent quatre-vingt-deux musiciens, sous la baguette d'Ernest Mascheck, violoniste pragois et chef renommé, cent trente-huit soprani, cent seize alti, cent trente-deux ténors, cent trente-huit basses et neuf solistes. Au total cinq cent trente-trois chanteurs et chanteuses, effectif jamais atteint depuis le premier concert de la Société helvétique de musique, en 1808, à Lucerne. Les artistes se produiraient, à partir du 3 août, sous les voûtes de la cathédrale de Lausanne[1]. Le fait de transformer la cathédrale en salle de concert, où serait donnée de la musique

1. Dans son ouvrage, qui fait référence, *la Musique dans le canton de Vaud au XIXe siècle*, publié par la *Bibliothèque historique vaudoise*, volume XLIV, Payot, Lausanne, 1971, Jacques Burdet donne des comptes rendus détaillés et précis de plusieurs concerts helvétiques.

profane, ne plaisait pas à tous. Mais l'ancienne église catholique, consacrée à Notre-Dame en 1275 par le pape Grégoire X, devenue temple protestant après la fameuse dispute dogmatique d'octobre 1536, était la seule enceinte assez vaste pour recevoir exécutants et public dans une cité de quatorze mille habitants.

Comme le tir fédéral, le concert helvétique était une manifestation patriotique propre à exalter l'esprit confédéral, à prouver que l'union des différences de langues, de religions, de cultures restait le ciment inaltérable qui avait fait de vingt-deux cantons souverains une nation. Lors des tirs fédéraux, les meilleurs fusils, délégués par chaque canton, se mesuraient face aux cibles ; lors des concerts helvétiques, un canton invitait les autres à venir confirmer et affermir, en musique et en chantant, l'antique alliance du Grütli. Cette manifestation artistique, d'une ampleur populaire inusitée, revêtait pour les Helvètes un aspect mystique, souvent dissimulé par respect humain ou crainte d'être incompris des étrangers attirés par la grande fête de la musique.

Les Fontsalte, qui ne perdaient jamais une occasion de réunir parents et amis à Beauregard, accueillirent, pour une semaine, Elise et son mari, les Chantenoz, les Laviron et leur fille adoptive. Les Ribeyre de Béran et Rosine Mandoz, voisins immédiats, furent de toutes les sorties et Vuippens fit plusieurs apparitions quand il sut que Zélia accompagnait Alexandra.

Charlotte se souvenait que Lausanne avait déjà eu l'honneur d'organiser le concert helvétique en 1823. On avait joué la *Symphonie n° 103* de Haydn et un oratorio de Beethoven, *Christ au mont des Oliviers*. Cette fois-ci, on comptait sur la présence de M. Mendelssohn et de Cécile, sa jeune épouse. Le compositeur était un habitué du pays de Vaud, où il avait fait plusieurs séjours. M. Rossini, invité lui aussi par les organisateurs, avait exprimé son regret de ne pouvoir se déplacer, à cause d'un mauvais état de santé, mais il avait envoyé des instructions pour l'interprétation de son *Stabat Mater*. Cette œuvre, commandée au compositeur italien par un banquier madrilène qui voulait l'offrir à un couvent espagnol, avait été créée à Paris, le 7 janvier de la même année, à l'Opéra. Son succès se propageait déjà à travers l'Europe et les Suisses seraient parmi les premiers à la révéler aux mélomanes.

On murmurait, rue de Bourg et dans cercles et salons, que la première répétition, le 16 juillet, avait été décevante. Faire jouer et chanter, juste et ensemble, sept cent quinze exécutants constituait un défi majeur. La soliste, Mlle Ernst Seidler, prima donna de l'opéra de Vienne, et le célèbre corniste Baer, de Zurich, n'avaient, disait-on, pas caché leur inquiétude.

Indépendamment de la manifestation musicale, se tenait, aussi, la réunion annuelle de la Société helvétique de musique. Le lundi 1er août, sous une pluie persistante, le président du concert, le conseiller d'Etat Jacquet, et les autorités vaudoises accueillirent les délégués confédérés. L'artillerie du Gymnase et de l'Ecole moyenne avait mis deux batteries en action et des salves annoncèrent l'arrivée des délégations de Berne, de Fribourg, du Valais et d'autres cantons. Rassemblés derrière le drapeau de la Société, confié depuis un an à la section lausannoise, et entraînés par la musique de la milice, les confédérés se rendirent au Cercle du Tirage où eut lieu la réception officielle. L'après-midi, sous le soleil enfin revenu, toutes les personnalités descendirent à Ouchy, pour recevoir les représentants de Genève qui débarquaient du *Léman*. De nombreux bateaux escortaient le vapeur sous grand pavois. Bannières et musique en tête, le cortège gravit la pente raide qui conduit à la promenade de Montbenon. Tout au long du parcours, quantité de femmes élégantes et de messieurs endimanchés acclamèrent les Genevois.

Les organisateurs, contraints de loger cent soixante-dix délégués des cantons, avaient accédé au vœu de M. Alexandre Vinet, professeur à l'Académie, en distribuant, pour la dernière répétition générale, trois mille billets gratuits aux Lausannois qui n'auraient pas les moyens de payer vingt-cinq batz[1] pour assister à l'un des concerts publics. Partout, en ville, on vendait le portrait du chef d'orchestre, des médailles souvenir, des programmes et des partitions des œuvres qui seraient interprétées.

1. Environ deux francs cinquante centimes suisses.

Le 3 août, à deux heures et demie de l'après-midi, le cercle Fontsalte au grand complet se rendit au premier concert, à la cathédrale, en espérant qu'il serait meilleur que la répétition générale du matin, qualifiée de cacophonique par les experts.

Avant même que le chef apparût dans le sanctuaire, où se pressaient plus de deux mille auditeurs, les Fontsalte et leurs amis jouirent d'un spectacle grandiose. Dans la nef illuminée, deux cents jeunes choristes, en robe et voiles blancs, se tenaient en amphithéâtre derrière l'orchestre, tandis que, sur les bas côtés, s'étageaient les rangs de leurs compagnons, vêtus de noir et portant en sautoir le ruban rouge brodé d'une lyre d'or, insigne de la Société.

Cette fois-ci, les amateurs furent satisfaits. L'orchestre interpréta la *Symphonie n° 5* de Beethoven, « avec feu et sans hésitation », écrivit le lendemain un critique. Les chœurs rendirent avec scrupule le *Stabat Mater* de Rossini. A l'entracte Elise, Charlotte et Alexandra, musiciennes confirmées, furent priées de donner leur avis, tout en profitant des rafraîchissements offerts aux dames.

Charlotte, catholique, se dit déçue par l'interprétation.

— Nos musiciens et nos choristes n'ont pas su rendre l'ampleur dramatique, l'émotion grandiose, la piété confiante, presque gaie, parfois, de ce *Stabat Mater*. Mais quelle beauté dans l'alternance de l'orchestre, des soli et des chœurs ! Dommage que les interprètes n'aient pas eu l'occasion de répéter plus souvent avant de se produire ! dit-elle.

— Ma chère, la seule estrade où se tiennent les demoiselles a coûté 2285 francs, la location de la cathédrale et l'hébergement des confédérés 7850 francs. Le canton ne pouvait faire plus, dit Chantenoz.

Elise, protestante que le culte de la Sainte Vierge exaspérait, condamna l'œuvre elle-même :

— M. Rossini ne fait pas de la musique d'église mais, comme d'habitude, de l'art lyrique ! D'ailleurs, à Paris et à Vienne, c'est dans les salles d'opéra que l'on joue cette œuvre. Je conçois mal que ces harmonies théâtrales et grandiloquentes puissent inciter les catholiques à la méditation et à la prière, conclut-elle avec un regard du côté de sa belle-mère.

— Et toi, Alexandra, que penses-tu ? demanda Axel à sa filleule, qui n'eût peut-être pas eu l'audace de donner spontanément son avis après les aînées.

— J'ai entendu à Genève une bien meilleure interprétation de la cinquième de Beethoven... et avec moins de musiciens, commença-t-elle. Mais, en revanche, je trouve magnifique le *Stabat Mater*. Certains mouvements, comme le *Quando corpus*, chanté par le chœur sans accompagnement, vous transportent. A mon humble avis, il ne faut pas juger cette œuvre du point de vue religieux. Nous autres, protestants, sommes habitués aux airs mièvres des hymnes et au récitatif des psaumes. L'essentiel, au temple, est l'invocation, la prière. La musique n'est que support négligeable. Or, la pompe de l'Eglise catholique romaine revêt toujours un aspect théâtral, la musique a sa place en tant que telle dans cette liturgie. Et M. Rossini s'y complaît. Il y a, dans ce que nous avons entendu, une puissance harmonique qui évoque le drame de la mère souffrante et, aussi, des airs pleins de sérénité, où les voix seules s'élèvent en sons purs. Moi, parrain, je trouve ce morceau très beau. Certains accords m'ont fait frissonner, acheva la jeune fille.

— Frissonner ! Vraiment, persifla Elise.

L'entracte terminé, le silence obtenu, on écouta, cette fois avec un respect religieux, l'interprétation par l'orchestre et les chœurs de *Lobgesang*, symphonie-cantate écrite deux ans plus tôt à Berlin par Félix Mendelssohn Bartholdy, et dédiée à Frédéric Auguste II, roi de Saxe. L'œuvre célébrait aussi le quatre centième anniversaire de l'invention de l'imprimerie, événement capital dans l'histoire de l'humanité, que certains protestants tenaient pour aussi important que la Réforme.

Le musicien, considéré par les mélomanes d'Europe et d'Amérique comme le plus grand compositeur vivant, se tenait au premier rang de l'assistance. Les Vaudois étaient d'autant plus flattés par cette présence que l'artiste et sa femme rentraient d'Angleterre, où, le 20 juin, le musicien avait joué, devant la reine Victoria et le prince Albert, ses *Romances sans paroles*, après avoir dirigé une exécution publique de sa *Symphonie en la mineur*. Ce petit homme, mince et élégant, de trente-trois ans, dont les boucles brunes, toujours ébouriffées, attiraient le regard des dames, avait même été invité – ce qui fit se pâmer Charlotte et Flora – à prendre deux fois le thé chez la reine. On rapportait que cette dernière, accompagnée au piano par son mari, avait chanté, sans une fausse note, une mélodie italienne signée Mendelssohn, mais dont le compositeur avoua qu'elle avait été écrite par sa sœur, Fanny !

Les paroles de l'hymne en honneur du roi de Saxe – tirées des Ecritures, traduites en français par le pasteur Louis Roux – et la sobriété séraphique, teintée de romantisme, de la musique valurent au compositeur l'approbation générale et des acclamations de la part des auditeurs protestants. On entendit même, au verset « tout ce qui respire loue le Seigneur », plusieurs fois clamé par le chœur et répercuté par les voûtes de Notre-Dame, des enthousiastes manifester, par des « ah ! » et des « oh ! » intempestifs, leur admiration. Alexandra, qui n'était pas de ceux-là, au contraire d'Elise et d'Aricie, glissa à son parrain qu'elle avait, de beaucoup, préféré Rossini, ajoutant que, depuis qu'il s'était fait luthérien, le compositeur des *Romances sans paroles*, pièces qu'elle jouait avec tant de plaisir, s'essayait à la musique liturgique comme s'il oubliait qu'il était l'auteur de la divine ouverture du *Songe d'une nuit d'été*.

— On dit cependant, ajouta-t-elle, que M. Mendelssohn est en train d'écrire la suite de cette musique de scène, qui doit accompagner la pièce de Shakespeare[1].

Le lendemain, seuls les messieurs, sauf Chantenoz, se rendirent au banquet, leurs épouses goûtant peu ces agapes populaires au cours desquelles on devrait subir quantité de discours, où il serait question de politique plus que de musique. Les organisateurs avaient cru bien faire en dressant d'immenses tables de cent couverts sous la Grenette. Chaque tablée avait à se partager quatre jambons, quatre langues fumées, quatre pâtés, six plats de chapons rôtis, deux rosbifs, deux culottes de veau, des salades vertes et italiennes, des tourtes. La municipalité offrait une bouteille de vin d'Yvorne par convive.

1. L'ouverture date de 1826. L'ensemble fut créé en 1843.

Blaise et Axel racontèrent, plus tard, que le service avait été fort déficient, qu'on ne trouvait ni eau ni sel, ni poivre ni moutarde et qu'on avait dû manger tous les mets dans la même assiette !

Les deux généraux et Axel n'attendaient pas d'un tel banquet des jouissances gastronomiques. Comme beaucoup de Vaudois, ils pensaient que le radical Henri Druey, devenu président du gouvernement vaudois, profiterait de ce rassemblement de confédérés pour développer ses thèses politiques, c'est-à-dire le droit du peuple à la révolution, revendication démagogique qui inquiétait tant les conservateurs encore majoritaires au Grand Conseil. Pour une fois, Druey, que l'on disait maintenant dépassé par les plus avancés de ses amis radicaux, Kehrwand, Cottier, Leresche, partisans d'une action révolutionnaire de type socialiste, ne fit nulle allusion à la politique intérieure du canton. Son intervention fut des plus formelles et sans aucune originalité de pensée ni de style. Le tribun, après avoir rappelé que la fonction de toutes les sociétés fédérales était de « réunir en un seul et indissoluble faisceau », celui de la nationalité suisse, « les peuplades des cantons si différents d'origine, de langage, de religion, d'institutions et de mœurs », fit une seule allusion aux dissensions persistantes, depuis l'affaire des couvents d'Argovie, entre cantons catholiques, conservateurs, et cantons protestants, libéraux, dits régénérés. « Ces réunions, dit-il, sont plus que jamais nécessaires au moment où la Suisse est tellement divisée sous d'autres rapports. Ah ! si d'anciens liens devenaient impuissants à maintenir l'union qui fait la force, du moins aurions-nous déjà serré de nouveaux nœuds d'affection et préservé la patrie de déchirements funestes. » Druey conclut par une série d'envolées lyriques sur la musique. « Tout comme le chant des oiseaux semble le précurseur de la voix humaine, ne dirait-on pas que cette divine harmonie, la musique tant instrumentale que vocale, nous initie à la langue immortelle qui se parle dans les cieux ? » dit-il avec chaleur.

— Ne manque que la bénédiction de Mgr Yenni ! remarqua ironiquement Blaise, qui avait noté, comme tous les catholiques, l'absence de l'évêque de Lausanne, Genève et Fribourg.

Quelques jours plus tard, le second concert public permit aux auditeurs d'entendre la *Symphonie concertante*, de Wilhelm Maurer, un fragment de *Lucie de Lammermoor*, de Donizetti, et *Il Bravo*, de Mercadante. Ce fut un plein succès, orchestre et chœurs ayant atteint, hélas au moment de se séparer, une meilleure homogénéité !

Mais ce qu'attendaient, sans le dire, la plupart des bourgeoises, plus mondaines que mélomanes, était le grand bal de clôture, dit bal constitutionnel. La municipalité lausannoise avait aimablement prêté la Grenette, dont la salle décorée par le peintre Joseph Bonnat, un Français qui enseignait le dessin à Lausanne, pouvait accueillir des centaines de danseurs.

Ce soir-là, toutes les femmes élégantes arboraient une toilette neuve, leur cavalier ayant souvent abandonné la redingote pour le frac et le pantalon à sous-pied, dont la mode se généralisait. Charlotte portait une robe de satin broché lilas, décolleté ovale et manches longues, car elle pensait qu'une femme de plus de cinquante ans doit cacher ses bras. Flora, qui restait brune en dépit des années, avait choisi une robe de tarlatane et tulle rose, à volants, garnie de blonde au décolleté. Aricie, plus stricte que ses amies, était en taffetas gris perle, tandis qu'Elise, qui n'avait pas voulu faire de frais, enlevait avec beaucoup de grâce une robe du soir, déjà portée, de percale blanche aux décolleté rectangulaire et manches ballonnées, le bas de la jupe étant agrémenté de deux bandes de broderie, que Charlotte qualifia de démodées. Quant à Alexandra, dont c'était le premier grand bal, elle avait été parée par la première couturière genevoise, celle de Mme Laviron. Sa robe de serge de soie beige rosé à motifs marron – encolure ronde, manches longues et collantes surmontées d'un mancheron plat – mettait en valeur sa minceur, son buste modeste mais haut et ferme. Elle lui valut beaucoup de compliments des mères de fils à marier. Toutefois, parmi ces derniers, plusieurs, impressionnés par la haute taille de la filleule de M. Métaz, renoncèrent à lui demander une danse. Tandis qu'Alexandra valsait, rayonnante, dans les bras de son parrain, Flora observa que la demoiselle avait choisi une coiffure à la Sévigné, qui lui donnait dix ans de plus que son âge !

Cette nuit-là, le couple le plus remarqué fut celui formé par le docteur Louis Vuippens et Zélia. La Tsigane, son opulente chevelure brune relevée en un chignon retenu par deux peignes d'écaille, s'était confectionné, elle-même, une robe où Axel vit une série de réminiscences bohémiennes. Un corsage noir décolleté, aux manches pagode garnies de deux volants constellés de fleurs rouges, une ample jupe noire ornée, dans le bas, de trois volants identiques à ceux des manches et un fichu rouge, en pointe, broché de motifs noirs et frangé de soie du même ton, composaient une toilette insolite et aguichante, qu'aucune des demoiselles présentes n'eût osé porter.

Depuis leur jeunesse étudiante, Axel Métaz n'avait jamais vu son ami Louis faire montre d'un tel entrain. Danser avec Zélia, habitée par tous les rythmes, dont l'instinct animal, la frénésie et l'allégresse primitive réclamaient un cavalier doué et résistant, constituait une sorte de performance physique. On fut unanime à reconnaître dans le cercle Fontsalte que le médecin s'en tirait admirablement, même s'il devait reprendre souffle entre deux mazurkas !

Axel, qui souhaitait un aparté avec Zélia, l'invita pour une valse lente.

— Tu n'as jamais été aussi belle, Zélia, dit-il revenant au tutoiement qui était de règle chez les Tsiganes entre amis.

— Belle, je ne sais, mais heureuse, oui. Jamais je n'ai été aussi heureuse que ce soir et c'est à toi que je le dois.

— La tribu, les grandes routes, Koriska ne te manquent pas ?

— Peut-être est-ce moi qui leur manque, murmura la Tsigane.

— Tu ne vas pas t'enfuir, quitter ce pays où tu as trouvé la paix et une vie stable ? Tu n'as plus personne à servir chez les tiens. Alors ? Alexandra m'a dit que tu voulais devenir herboriste. C'est un beau métier, Zélia, qui permet de soigner ceux qui souffrent. Nous allons tous t'aider à réussir. Vuippens le premier, dit doucement Axel.

Au nom du médecin, il sentit la main de Zélia se crisper sur son épaule et des larmes apparurent dans les yeux noirs de la jeune femme.

— Ah ! Louis ! Sais-tu que je l'aime !

— Lui t'aime aussi... je crois, hésita Axel, craignant de compromettre son ami.

— Mais il ne veut pas de moi, Axou. Non, il ne veut pas de moi ! dit-elle avec rage, l'œil déjà sec et flamboyant.

— Mais je ne comprends plus ! Ne t'a-t-il pas proposé le mariage ? s'étonna Métaz.

— Le mariage, oui, mais rien avant ! Il dit qu'il y va de ma dignité. Il me respecte comme une fiancée ! Le mariage ! Tu me vois, moi, la bohémienne, épouse du médecin de Vevey ! Mais trois jours après, il n'a plus de malades à soigner, Louis ! On ne lui fait plus confiance ! On le montre du doigt, le mari de la Jenisch !

— Ce sont des histoires d'un autre âge, Zélia. Nous sommes dans un pays démocratique, les citoyens sont libres, et il y a des lois pour protéger les étrangers. Et puis, quand tu joues les gouvernantes de la rue des Granges, tu n'as plus rien d'une bohémienne.

— Je serai toujours une Tsigane... et je n'ai pas honte de l'être. Ce sont les autres, qui me donnent de la honte, Axou, dit-elle, calmée.

— Regarde Lazlo, il est adopté par tous, à Vevey. Il est même en train de devenir plus vaudois qu'un Vaudois et je m'occupe de le faire naturaliser. A Rive-Reine, on le considère comme de la famille. J'aimerais bien qu'il épouse Marie-Blanche...

Un éclat de rire de Zélia l'interrompit.

— Ça, sûr qu'il va marier Marie-Blanche ! Faudra bien ! Il lui a fait un bébé, Lazlo, à Marie-Blanche ! C'est le moyen qu'ils ont trouvé pour décider le vieux paysan de la Gruyère à donner sa fille à un Jenisch ! Dans quatre mois, pft ! il sera là, l'enfant de l'amour !

La jubilation de Zélia s'effaça aussi soudainement qu'elle était apparue. C'était la façon d'être de la Tsigane : tous les sentiments, du plus profond désespoir à la folle gaieté, en l'espace d'une seconde.

Axel, qui depuis longtemps était persuadé, comme Elise, que la jeune bonne dormait plus souvent dans le lit de Lazlo que dans le sien, fut tout de même stupéfait. Il devrait faire face à la réaction de sa femme ! Mais la valse allait finir et il tenait à convaincre l'ancienne suivante d'Adriana de se comporter raisonnablement.

— Tu ne vas pas renoncer à l'homme que tu aimes, à une profession utile et honorable, pour retourner à ta vie de hasards et de turpitudes, non ? insista Axel, qui devinait chez la Tsigane une mystérieuse réticence à s'engager formellement.

Elle se taisait, dansant les yeux clos, comme si elle voulait ne rien savoir de ce qu'il évoquait.

— Bon sang, réponds-moi ? Renonce à ta vie errante… ou disparais. Je ne veux pas que tu fasses souffrir Louis. Tu entends ? dit-il en la secouant, au risque de se faire remarquer des autres danseurs.

La valse s'achevait. Il ne lui restait qu'à reconduire Zélia à la table des parents et amis, où Vuippens attendait en bavardant avec Martin Chantenoz, qui ne dansait pas.

La Tsigane prit le bras d'Axel pour traverser la salle et il fit une dernière tentative :

— Tu ne seras donc jamais sûre de toi et de tes sentiments, espèce de sauvage ! Tu m'as dit tout à l'heure que tu étais heureuse. Que faut-il de plus pour te convaincre que, maintenant, ta vie est avec nous, Zélia ?

— Il faut que certaines choses s'accomplissent, Axou, glissa-t-elle, mystérieuse.

Avant la fin du bal, Charlotte de Fontsalte voulut faire un tour de valse avec son fils.

— Dis-moi, mon garçon, que se passe-t-il entre Vuippens et ta Tsigane ? Est-elle sa maîtresse ? On pourrait le penser à les voir danser ensemble, demanda-t-elle.

— Je souhaiterais qu'elle le fût, maman. Mais les affaires de cœur des Tsiganes ne sont jamais aussi simples que ça. Vuippens est discret là-dessus et Zélia vient d'un autre monde. Il faut attendre et voir venir.

— Attendre quoi ? s'étonna Charlotte. Qu'il soit chauve et qu'elle se remette à voler des poules ! Je sais par expérience que toute attente est du temps perdu qui ne se rattrape pas, mon garçon.

Axel se mit à rire franchement. Sa mère, qui ne souhaitait que voir heureux tous ceux qu'elle aimait, partageait encore les préjugés populaires à l'égard des Tsiganes.

— Tu dis « il faut attendre » ! Mais attendre quoi ? dit-elle, revenant à la charge.

— Attendre que certaines choses s'accomplissent, dit Axel d'une voix sourde, avec un sourire sibyllin.

— En voilà du mystère, pour la chose la plus simple du monde. Je vais confesser Louis, dit-elle, péremptoire, comme l'orchestre se taisait.

— Je vous en supplie. N'en faites rien. Ces choses-là le dépassent, nous dépassent, mère.

Charlotte, soudain inquiète, sourcils froncés, fixa alternativement l'œil clair et l'œil sombre de son fils, comme pour saisir une vérité absente des mots.

— A t'entendre, on dirait qu'il s'agit d'une affaire de vie ou de mort, dit-elle gravement.

— Peut-être est-ce le cas. Avec les Tsiganes, on ne sait jamais, murmura Axel.

Le concert helvétique de Lausanne avait été un succès, « même une réussite pécuniaire ». La manifestation laissait un bénéfice modeste de trois cent un francs mais la section lausannoise de la Société helvétique de musique en sortait sans dette ! Le 19 août, un rédacteur de *la Veveysanne*, tirant les leçons de cette fête fédérale de la musique, confirmait certaines constatations énoncées par Alexandra. « Le moment est venu de le reconnaître : le culte protestant a trop négligé chez nous le secours de la musique. Elle n'a point avancé du même pas que la prédication », écrivait le journaliste. Et il concluait : « Il faut que la musique sacrée soit belle pour contrebalancer les chants énervants du théâtre. Il faut que la musique guérisse les maux qu'elle a pu faire. »

Ces phrases déplurent à Elise Métaz de Fontsalte. La jeune femme déniait à la musique toute place au temple, au contraire de son mari, qui dit partager l'opinion du journaliste, tout en regrettant, comme Martin Chantenoz, la bigoterie niaise qui consistait à proposer la musique sacrée comme antidote à l'opéra !

— Avec de telles idées, les papistes ont beau jeu de nous traiter de cuistres hypocrites, dit le professeur.

L'abondante vendange de 1842, sa haute qualité firent oublier la modicité de la récolte de l'année précédente. Ce fut une bénédiction pour Lavaux où de nombreux vignerons s'étaient endettés afin de replanter leur vigne en partie dévastée par la tornade de juillet 1841. Le char[1] se négociait maintenant entre quatre-vingt-dix et cent francs et les quarante-six marchands de vin de Vevey se livraient à des surenchères pour prendre des options sur les meilleurs crus qui seraient commercialisés en 1843.

Le président de la Confrérie des Vignerons de Vevey fut le premier à féliciter les propriétaires, dont les efforts méritaient récompense. « La culture des vignes soumises à l'inspection de notre société offre certainement, depuis quelques années, de notables améliorations. On les reconnaît, surtout, dans celles où l'on a remplacé le système des provignures par des plantations de chapons. On ne rencontre guère, comme jadis, des vignes mal alignées, mal espacées, couvertes de souches informes, qui faisaient regretter le sol qu'elles occupaient[2] », dit-il, lors de la remise des primes à cinquante vignerons qui, suivant le classement des experts, reçurent de trente à six francs.

A Rive-Reine, le ressat fut des plus gais et un peu folâtre, car les journaliers embauchés pour la vendange s'en retournaient chez eux avec, en poche, un bon salaire.

Comme toujours, on entendit évoquer, dans les conversations, la mémoire de ceux qui avaient quitté la vie depuis la dernière vendange et, aussi, les heurs et malheurs des vivants, naissances, mariages, drames et coups de fortune, procès en cours pour un bornage ou un legs contesté, mérites de ceux qui avaient gradé[3] dans la milice au dernier camp de Thoune.

Martin Chantenoz, toujours prolixe à la fin d'un banquet, se réjouit de l'élection à l'Académie française de Victor Hugo et s'apitoya sur la disparition de Brummel, le fameux dandy, mort pauvre et abandonné, en France.

Axel se souvint avoir entrevu cet ami de lord Moore en 1816, à Calais, où il s'était réfugié pour fuir ses créanciers. Elizabeth Moore lui avait rendu une brève visite avant

1. Ancienne mesure de capacité. Le char de Vevey représentait six cent soixante-dix litres.

2. Cité par Jacques Dubois, dans son article sur le vignoble vaudois, *Cent cinquante ans d'histoire vaudoise, 1803-1953, Bibliothèque historique vaudoise*, volume XIV, librairie Payot, Lausanne, 1953.

3. Accédé à un grade supérieur dans l'armée ou la gendarmerie.

d'embarquer pour l'Angleterre avec Janet et son jeune amant vaudois. Ce souvenir de vingt-cinq ans lui mit le vague à l'âme. Il se sentit soudain las, vieux, étranger à son passé, dont il pouvait rappeler les images mais non ranimer les sensations vécues. Ces instants, dilués par le temps, puis figés par la mémoire, avaient un goût écœurant de soupe froide. « N'existe-t-il de réalité que le moment présent ? » se demanda-t-il.

Il considéra les joyeuses tablées : les vendangeurs, à qui bonne chère et vin donnaient du verbe et de l'audace, la main à l'assaut de la taille des servantes émoustillées ; Elise, sa belle épouse aux formes pleines, dont plus d'un devait lui envier la possession nocturne ; sa mère, à qui il voyait pour la première fois la bouche froncée des vieilles femmes ; Blaise, dont la toison intacte semblait faite de copeaux d'argent ; Chantenoz, son vieux maître voûté, ratatiné comme une figue sèche, dont le regard, derrière les lunettes insuffisantes, errait, sans voir, de l'un à l'autre ; les sœurs Baldini, de plus en plus ressemblantes, encadrant Ribeyre, raide, sec et chauve ; les Laviron, couple archétype de la rue des Granges, Pierre-Antoine, stable comme un menhir, avec sa coiffure de surnuméraire, une raie partageant ses cheveux gris plaqués, Anaïs, réservée, mais s'efforçant à la complaisance avec les journaliers, gens du peuple dont elle partageait, une fois par an, la table et le menu ; Vuippens qui, en l'absence de Zélia – « en voyage » avait-on dit – s'ennuyait assez pour faire la conversation à la femme du pasteur, et tous les autres, qui tenaient, comme lui-même, Axel Métaz, vigneron fortuné, entrepreneur vaudois, bourgeois de Vevey, un rôle assigné, dans cette tragi-comédie de durée indéterminée qu'on nomme la vie.

Axel eut soudain conscience qu'Alexandra, assise à l'autre bout de la table d'honneur, le fixait, comme pour pénétrer ses pensées. Elle lui fit une grimace enfantine. Il répondit par un sourire et s'absorba dans le découpage, mission et privilège du maître de céans, de l'énorme tourte au raisin qu'on venait de présenter aux convives. C'est alors qu'Elise, prévenue par Pernette que Vincent « faisait le bougillon » et refusait de dormir, demanda l'aide d'Alexandra pour qu'elle aille calmer le garçonnet. En se dirigeant vers la maison, la jeune fille marqua un bref arrêt derrière la chaise de son parrain.

— Elise m'a dit de te rappeler, en passant, que le moment est venu d'annoncer la nouvelle que tu sais, glissa-t-elle rapidement.

Puis elle ajouta, plus gravement :

— N'oublie pas que, dans un mois, j'aurai vingt ans. Manaïs veut me faire une grande fête. Alors, tu seras là ?

— J'y serai, Alexandra. C'est promis.

Axel attendit que Lazlo, promu maître d'hôtel, passât près de lui.

— Le moment est venu, mon brave. Va chercher Marie-Blanche et amène-la.

Le Tsigane s'inclina et s'en fut. Il revint, un instant plus tard, tirant par la main une servante rétive, dont le ventre trahissait une proche maternité. Le maître de Rive-Reine fit tinter son verre pour obtenir le silence et l'attention de ses invités.

— Mes amis, j'ai trois bonnes nouvelles à vous annoncer, dit-il en se levant. D'abord M. Lazlo Isnakis, notre majordome, ici présent, vient d'obtenir sa naturalisation. Il est suisse. Désormais, ce n'est plus un Jenisch, comme on dit chez nous, mais un citoyen vaudois, comme vous et moi.

Il y eut un moment de stupeur, puis les applaudissements, d'abord clairsemés et hésitants, devinrent ovation. Axel fut rassuré : le plus difficile était fait.

— Les autres nouvelles ? cria quelqu'un.

— Ensuite, M. Lazlo Isnakis et Mlle Marie-Blanche Métayer, cousine de Pernette, se marieront, jeudi prochain, à Vevey. Comme Lazlo est catholique et Marie-Blanche protestante, ce qui ne les a pas empêchés de se mettre d'accord, ainsi que vous le voyez, pour fonder une famille...

Des rires et des vivats interrompirent un instant Axel, tandis que Marie-Blanche, rouge de confusion, commettait le geste maladroit de relever son tablier pour se voiler le visage, ce qui rendit sa grossesse encore plus évidente. Les rires et les bravos redoublèrent et Axel dut retenir la jeune femme par la main pour l'empêcher de fuir.

— Je disais donc que leur union sera bénie à Saint-Martin, par M. le Pasteur Albert Duloy et, aussi, à la chapelle catholique de la rue d'Italie par M. le Curé François Sublet. Dans la corbeille des mariés nous déposons un trousseau pour Marie-Blanche et, pour que Lazlo se sente vraiment vaudois, dix toises de vigne, derrière Chenevières. Quant à la troisième nouvelle, vous la connaissez déjà, c'est l'arrivée prochaine d'un petit Vaudois ou d'une petite Vaudoise à Rive-Reine.

— Ouf ! dit-il en s'asseyant, après un clin d'œil complice au bon pasteur Duloy, qui avait empêché Mme Métaz de Fontsalte de chasser Marie-Blanche et Lazlo de Rive-Reine, quand elle avait appris que la servante attendait un enfant du Tsigane.

Quand vint le moment de lancer le picoulet, Axel fit un signe à Elise et les époux, respectant la tradition, entraînèrent la farandole vite formée jusqu'à la place du Marché. Il remarqua qu'Alexandra, assise près de Martin Chantenoz, ne quittait pas la table. Il comprit qu'elle avait choisi de tenir compagnie au professeur afin qu'Aricie pût participer à la danse endiablée qu'une cécité quasi complète interdisait à son époux.

Si la vigne était, pour Axel Métaz, d'un bon rapport, les sources minérales de Fontsalte, dont les eaux étaient maintenant mises en bouteilles et livrées dans la Loire et les départements limitrophes, assuraient aux Fontsalte de bons revenus. Tous les deux mois, Blaise et Charlotte passaient une semaine à Fontsalte-en-Forez pour suivre les progrès de l'embouteillage, qui avait nécessité la construction d'un atelier à proximité des sources et l'embauche d'un contremaître et de plusieurs ouvriers.

Pendant les séjours foréziens, Charlotte jouait à la châtelaine et recevait comme telle les propriétaires terriens à particule des environs, amis d'enfance de Blaise. Certains de ces hobereaux enviaient une réussite qualifiée d'industrielle, depuis qu'on chargeait, chaque jour, à la gare d'Andrézieux, des centaines de bouteilles d'eau qui portaient, à travers tout le sud-est de la France, le nom de Fontsalte, imprimé en grande anglaise verte sur une étiquette blanche où l'on pouvait lire aussi « Eau naturellement gazeuse et bicarbonatée. Elle est recommandée aux dyspeptiques par la Faculté. Facilite la digestion ».

Axel avait obtenu qu'on vendît l'eau de Fontsalte dans une épicerie de Vevey, rue du Panorama, où elle concurrençait maintenant les eaux minérales de Duffoug-Favre et Forrer. Le commerçant proposait de l'eau de Vichy, de l'eau de Seltz et fabriquait des limonades gazeuses au citron, à l'orange, à la bergamote et, même, à la rose !

De jour en jour, la prospérité de Vevey s'affirmait. En plus des touristes aisés, nombreux depuis l'ouverture de l'hôtel des Trois Couronnes, l'industrie se développait. La création des Ateliers de constructions mécaniques[1] – par le fils d'un charpentier qui avait quitté sa famille à dix-sept ans pour faire un tour d'Europe éducatif, M. Benjamin Roy[2] – inaugurait, au pays de Vaud, le travail des métaux. M. Roy croyait à l'avenir du fer comme matériau de construction depuis qu'il avait vu, en Angleterre, en Belgique et en Italie, tout ce qu'on fabriquait à partir de barres et de tôles de ce métal. Il croyait aussi au chemin de fer, que la Suisse finirait bien par adopter, comme tous les pays voisins. La première entreprise capable de fournir des rails en quantité enlèverait des marchés importants. Il convenait donc de se préparer à une production rentable. A vingt-quatre ans, Roy apparaissait aux Veveysans comme un entrepreneur téméraire et le métallurgiste ne trouvait pas aisément, auprès des banques locales, les concours financiers nécessaires. Axel, au contraire de ses amis, estimait que cet homme, jeune et volontaire, éton-

1. L'entreprise acquit une renommée internationale et employa jusqu'à sept cents ouvriers. Elle a fourni à Electricité de France, en 1977, pour son usine de Sainte-Hélène (Haute-Savoie), des pompes-turbines de 80 000 kW qui fonctionnent sous 950 mètres de chute (record mondial), ainsi qu'une vingtaine de ponts tournants, destinés aux centrales nucléaires françaises. Ce sont les Ateliers mécaniques de Vevey qui ont réalisé la coiffe de la fusée Ariane, de nombreux réservoirs sphériques pour navires méthaniers, du matériel ferroviaire pour les chemins de fer marocains, des gabarits pour Charleston et le portique géant de Quincy (U.S.A.). Les Ateliers, qui avaient cessé leur activité en 1993, l'ont reprise en 1995, pour satisfaire de nouvelles commandes.

2. 1818-1892.

nerait ses concitoyens dont la méfiance à l'égard de toute nouveauté relevait parfois de la lubie. N'avait-il pas, déjà, mis au point une turbine à roue horizontale qui augmentait sensiblement, par un meilleur brassage de l'eau, le rendement des moulins et des scieries. Un autre artisan, devenu industriel, M. Lubach, produisait maintenant dans ses ateliers plus de vingt mille paires de gants par an, qui étaient expédiées à Genève, en France et, même, en Angleterre. On avait aussi mécanisé la production des tuiles et Axel Métaz envisageait l'achat d'un taille-pierre, inventé par un maçon zurichois, M. Pfister. Cette machine, mue par la vapeur, taillait le marbre comme la molasse et paraissait bien meilleure qu'une machine semblable, utilisée par les Ecossais dans les carrières de Glasgow.

Toujours attentif aux applications réalistes du progrès, M. Métaz n'hésitait pas à investir dans les entreprises nouvelles en prenant ici et là, avec prudence et après s'être informé, des participations dont il espérait tirer profit. Cette faculté qu'on lui reconnaissait de se glisser, avant les autres, dans les bonnes affaires, en acceptant des risques calculés, il la devait à son éducation. C'était la part de sagesse vaudoise instillée par Guillaume Métaz, alliée, chez Axel, à la témérité atavique des Fontsalte.

Tôt le matin, deux semaines après la fête de la vendange, Louis Vuippens se présenta à Rive-Reine, un grand paquet plat sous le bras. Axel, qui travaillait seul dans son cabinet, ne cacha pas sa surprise de voir son ami le visiter à cette heure-là :

— Tu as tué ton dernier patient ? demanda-t-il en lui donnant l'accolade.

— Ils sont solides, les bougres, pour résister à mes soins ! répliqua le médecin, entrant dans le jeu.

Puis il déposa avec précaution son paquet sur le bureau.

— C'est un cadeau pour toi, Axel. Je l'ai rapporté de Paris le mois dernier, quand je suis allé m'informer des nouvelles médications contre le choléra, dit-il.

— Un cadeau !

Axel ôta prestement l'emballage et fit apparaître une gravure encadrée. C'était une excellente reproduction d'un tableau d'Ingres représentant Thétis, la belle néréide, future mère d'Achille, agenouillée à demi nue au pied d'un Jupiter en majesté et lui caressant la barbiche. Dissimulée dans un nuage, la jalouse Junon semblait suivre avec attention le manège de la nymphe.

— Thétis était la plus belle des filles de Nérée et, si je me souviens de ce que m'a enseigné Chantenoz, Jupiter eût volontiers cédé à cette aguicheuse, sans l'intervention de Junon et de quelques autres.

— Exact. Ingres a fait de Thétis une femme superbe mais, en tant que médecin, je puis te dire qu'elle est goitreuse comme une Valaisanne… Le reste est irréprochable.

— Grand merci, mais pourquoi ce cadeau, Louis ? En quoi l'ai-je mérité ?

— Ah ! Je vais te dire, mon frère, c'est une sorte de mise en garde… artistique.

— Une mise en garde ! Que veux-tu dire ?

— Je veux dire, ô vigneron jupitérien, que la belle, quoique maigre, Alexandra est folle amoureuse de toi. Elle te regarde avec les yeux de Thétis câlinant Jupiter. D'où mon présent. L'autre soir, au ressat, je l'ai encore observée. Elle ne te quitte pas des yeux, avec cet air un peu niais que le peintre à donné à sa néréide. Quand tu daignes lui sourire, son visage s'illumine.

— Tu déparles, comme dirait Pernette !

— Non, Axel. Et tu le sais. Cette petite t'aime depuis le jour fatal de 1829 où sa mère s'est noyée et où tu l'as recueillie. Elle avait sept ans. Ta Junon-Elise ne s'y est pas trompée. Elle a expédié la fillette à Genève. Mais, aujourd'hui, Alexandra est une femme, Axel.

— Bon, admettons ! Que veux-tu que j'y fasse ? Je ne la rencontre que lors de mes séjours à Genève et je me garde d'encourager…

— Ah ! tu vois que tu sais à quoi t'en tenir, veinard !

— Veinard ! Dis plutôt malchanceux. Je ne peux tout de même pas mettre ma filleule dans mon lit pour lui faire plaisir, dit Axel, agacé.

— En général, quand on met une femme dans son lit, filleule ou pas, c'est toujours pour lui faire plaisir ! Mais, trêve de faux-fuyants. Alexandra est malheureuse : elle me l'a dit.

— Elle t'a dit qu'elle est amoureuse de moi et malheureuse ! A toi !

— Mon vieux, les papistes se confessent à leur curé, les protestantes, à leur médecin !

— Et qu'a-t-elle dit ? s'enquit Axel, se souvenant du baiser des Pâquis.

— Elle a su je ne sais comment, par Anaïs Laviron sans doute, qui a accompagné Elise chez des médecins genevois, que toi et ta femme ne pouvez plus coucher ensemble. Alors, tu penses, elle est candidate pour jouer les doublures !

— C'est insensé !

— C'est touchant, veux-tu dire. Elle m'a même confié qu'elle te réserve sa virginité. Elle a ajouté, avec un air farouche : « Lui ou personne ! » C'est-y pas beau comme une tragédie grecque ! acheva Louis en riant.

— Dieu merci, j'ai Marthe, qui se comporte exactement comme je le souhaitais, assez égoïstement je dois le reconnaître. Les sens apaisés, je suis à l'abri d'un désir soudain de femme, qui pourrait me conduire à faire des bêtises avec Alexandra. Désormais, je la tiendrai à distance. Et, au besoin, comme elle est discrète, je lui dirai que j'ai une maîtresse, comme ça...

— Ah ! tu me plais ! On peut dire que tu connais les femmes ! D'abord, je t'ai parlé sous le sceau du secret médical, et tu ne dois même pas laisser entendre à ta filleule que je t'ai parlé d'elle et fait la moindre confidence. Ensuite, je te déconseille fortement de lui révéler l'existence de la belle rousse. Alexandra irait lui jeter un verre de vitriol à la figure que ça ne m'étonnerait pas outre mesure ! Tu ne sais pas ce dont est capable la femme la plus sensée quand elle croit avoir perdu toutes ses chances de l'emporter sur une rivale. Prends garde, Axel. Les femmes ne se manient pas comme des brantes !

— Je crois tout de même avoir un certaine expérience de la vie. J'ai connu d'assez étranges spécimens du sexe faible pour me faire une idée du comportement possible d'une femme, répliqua Axel avec un peu d'humeur.

— Erreur, mon vieux. On ne peut généraliser ni déduire le comportement de l'une par rapport à l'autre. Les femmes sont, au sens exact du terme, incomparables. C'est ce qui les rend à la fois attrayantes et imprévisibles. Chacune est une pièce unique, comme une sculpture de Praxitèle ou de Pradier. Et l'expérience ne sert à rien. Combien d'hommes expérimentés ont été perdus par les femmes ! Hein, depuis Adam ?

— Adam n'avait pas d'expérience : Eve était la première femme qu'il approchait ! lança Axel en riant.

— Eh bien, nous sommes tous des Adam face à des Eve inédites. Souviens-toi de ça et médite devant Thétis et Jupiter, mon frère ! conclut Vuippens en se dirigeant vers la porte.

Axel le retint d'un geste.

— Et où en es-tu, s'il te plaît, avec l'ardente Zélia ?

— Je t'en parlerai un autre jour. Mes malades m'attendent, dit le médecin, éludant ainsi la question.

Un drame stupide allait bientôt faire oublier les craintes suscitées chez Axel par les révélations et la mise en garde de Vuippens. Un soir de novembre, Mme Métaz venait de gagner sa chambre après avoir joué quelques pièces au piano et Axel lisait près du feu, dans le salon, quand la cloche de la grille, close à cette heure-là, fut violemment agitée. Souvent des gamins, au retour d'une répétition de chant, ou des fêtards attardés tiraient la chaîne par amusement. Aussi, les domestiques étant rentrés dans les communs, Axel attendit de nouveaux tintements pour se déranger. Ceux-ci se répétèrent bientôt avec vivacité. Axel se saisit d'un crésu à l'huile, l'alluma, le mit dans une lanterne et sortit de la maison. La nuit était froide et humide. Le brouillard du lac, répandu dans la ville, rendait flous les contours des bâtiments et voilait les quinquets de la rue du Lac, l'artère la mieux éclairée de Vevey. En traversant la cour pavée, Axel reconnut derrière la grille le cabriolet de sa mère et distingua le visage de l'adjudant Trévotte entre deux barreaux. « Il est arrivé quelque chose à ma mère », pensa-t-il aussitôt, prêt à entendre une mauvaise nouvelle.

Les salutations furent brèves et Titus divulgua sans atermoiements la raison de cette visite nocturne.

— La générale m'envoie vous prévenir que le professeur Chantenoz est au plus mal. Elle souhaite que vous veniez à Lausanne. Je peux vous emmener !

— Martin ! Que lui arrive-t-il ? dit vivement Axel.

— Il est tombé dans l'escalier du Marché en revenant de l'Académie. On croit bien qu'il s'est fendu le crâne. En tout cas, quand j'ai quitté Beauregard, le général m'a dit qu'il n'parlait toujours pas ! Faudrait aussi que j'aille prévenir le docteur Vuippens à La Tour, mais je sais pas trouver sa maison, ajouta l'adjudant.

Axel ouvrit la grille, fit entrer Trévotte et grimpa au premier étage pour prévenir sa femme et prendre un paletot. Il trouva Elise en chemise de nuit sur le palier. Elle avait entendu grincer la grille et voulait savoir de quoi il s'agissait. Axel l'informa en trois phrases et rejoignit Trévotte. A La Tour-de-Peilz, le médecin était absent de chez lui, « en visite », dit la servante que Métaz tira du sommeil. Axel, qui ne faisait aucune confiance à cette femme pour transmettre un message verbal, griffonna quelques lignes, pour inviter Vuippens à se rendre au plus vite à Beauregard. Il précisa qu'il s'agissait de Chantenoz et non de sa mère. Puis Trévotte lança le cabriolet sur la route de Lausanne.

L'adjudant ne ménagea ni le cheval ni la voiture, qui manqua à plusieurs reprises de quitter la route, la clarté des lanternes rebondissant sur le brouillard, ce qui effrayait l'animal. Axel ne vit qu'au dernier détour les lumières de Beauregard, arche paisible, postée au flanc de la colline, au-dessus d'Ouchy.

Blaise reçut son fils sans vaines effusions.

— Notre pauvre Martin est dans la chambre d'amis. Votre mère et Aricie sont près de lui, ainsi que le médecin que des passants ont alerté. Car il a dégringolé toute une volée de l'escalier du Marché. Il n'a pas repris connaissance. Le médecin pense à une fracture du crâne ou, même, de la colonne vertébrale, car il est sans réflexe et gémit dès qu'on le déplace. Montez vite le voir.

A son entrée dans la chambre, Axel trouva sa mère agenouillée près du lit et tamponnant doucement, avec un linge mouillé, le visage du professeur, d'une pâleur effrayante. Aricie tenait une cuvette, qui tremblait dans ses mains. De grosses larmes glissaient sur ses joues.

— Il ne s'est trouvé personne pour l'accompagner quand il a quitté l'Académie ! C'est à peine croyable. Ces étudiants d'aujourd'hui n'ont aucune éducation. Laisser un aveugle descendre l'escalier du Marché ! Quel abandon criminel ! s'insurgea Mme de Fontsalte avant même d'embrasser son fils.

— Je lui avais dit : « J'irai te chercher à cinq heures, car la nuit tombe tôt », mais, comme toujours, impatient, il ne m'a pas attendue. Quand je suis arrivée à l'Académie, on m'a dit qu'il était parti seul. Je l'ai retrouvé chez l'apothicaire de la Palud, où les gens qui l'avaient vu tomber l'ont transporté, expliqua Aricie entre deux sanglots.

Puis elle ajouta :

— C'est de ma faute, ce qui arrive. Je ne dois plus le laisser sortir seul. Il ne voit pas ses pieds. Vous pensez, il a dû manquer une marche et... oh ! mon Dieu, pourvu qu'il guérisse !

Le médecin, qui tenait le poignet du blessé, salua Axel d'un signe de tête et, répondant à l'interrogation muette de ce dernier, constata à voix basse, pour ne pas être entendu des femmes :

— Le pouls file, file. A peine si je le sens encore.

— Vuippens est prévenu, dit Axel à sa mère, toujours penchée sur Martin, dont les traits se creusaient, avec une crispation des paupières et des lèvres, signe de souffrance, estima Axel, désemparé.

Blaise, qui avait suivi son fils, lui toucha l'épaule.

— Venez. Laissons les femmes s'occuper de lui avec le médecin. J'ai vu assez de blessés de la colonne vertébrale pour savoir qu'il n'y a, hélas, pas grand-chose à faire. Si la moelle épinière s'écoule par la fracture, c'en est fait, mon petit. Je crains le pire, Axel, pour votre vieux maître.

Quand Vuippens arriva, une heure à peine après Axel, l'état de Martin Chantenoz semblait stationnaire. Le poète ne gémissait plus mais son visage, parfois secoué par des tics nerveux, révélait une souffrance latente. Ses membres, en revanche, restaient inertes, et ses doigts, dans la main d'Aricie, ne réagissaient à aucune pression. Louis s'entretint avec le médecin, puis demanda aux femmes de quitter la chambre et requit Axel et Blaise pour soulever avec précaution le blessé. Il voulait voir et palper son dos, couvert d'ecchymoses. La tête eût basculé sur la nuque si Vuippens ne l'eût retenue en constatant une forte tuméfaction entre les deux épaules.

— Couchez-le doucement, dit-il en ôtant l'oreiller, afin que le blessé reposât complètement à plat sur le matelas.

— Alors ? dit Axel.

— Il y a lésion grave, ou fracture, au rachis, comme l'indique la quadriplégie que mon confrère a déjà constatée. Il aurait pu mourir sur le coup, dit le médecin.

— Et que peux-tu faire ? demanda Axel, anxieux.

— Mon pauvre vieux, pas grand-chose ! Tenter de lui faire avaler un peu de calomel à doses fractionnées mais je crains bien que ce ne soit impossible et, si nous y parvenons, sans effet.

— Une saignée, peut-être, proposa l'autre médecin.

— A quoi bon ? Ne nous leurrons pas. C'est une question d'heures, peut-être de minutes. Il y a déjà paralysie du diaphragme. Martin est perdu. Il n'est plus conscient, mon pauvre vieux, acheva Vuippens en posant une main affectueuse sur l'épaule de son ami.

Le médecin lausannois confirma d'un hochement de tête.

— L'issue de ce genre d'accident est, hélas, ordinairement funeste. Nous sommes impuissants devant ces fractures indirectes, reconnut le praticien.

— Rappelle les femmes, je vais leur parler, dit Vuippens.

Quand Aricie et Charlotte, pâles et défaites, apparurent, le regard plein d'interrogations, Louis les prit l'une et l'autre par le bras.

— Il y a très peu de chances pour que le professeur se rétablisse et, s'il devait se rétablir, mes pauvres amies, il resterait sans doute paralysé des quatre membres et ses fonctions de nutrition seraient fortement altérées. Alors, courage. Veillez-le, je reste à côté. Et si le moindre mouvement se produit, appelez-moi.

— Mais tu ne peux donc rien faire ! Pas de remède, rien ! dit Charlotte, véhémente.

— Je vais préparer une solution de calomel et nous tenterons de la lui faire avaler. Surtout, ne le déplacez pas, ne lui soulevez ni la tête ni même un bras, ajouta-t-il, avant de quitter la pièce avec Axel, Blaise et le médecin.

A peine les quatre hommes étaient-ils descendus au salon que Charlotte les rappela.

— Venez vite. Il a l'air de se détendre, cria-t-elle dans la cage d'escalier.

Vuippens eut un regard pour Axel que ce dernier interpréta aisément. Tous gravirent les marches prestement.

Vuippens posa sa main sur la poitrine de Martin, tandis que son confrère cherchait le pouls du blessé. Axel sut, avant que Louis ne l'annonçât d'un voix enrouée par l'émotion, que son vieux maître venait de le quitter à jamais. Les traits maintenant détendus, libéré de toute souffrance, comme rajeuni, Martin Chantenoz semblait exhiber, comme un défi à la mort, le sourire narquois du sceptique qu'il avait toujours été. Tandis que Blaise et Louis emmenaient Aricie, soudain défaillante, et Charlotte en pleurs, Axel s'approcha du lit et baisa tendrement le front de son mentor.

Trois jours plus tard, au cimetière Saint-Martin à Vevey, sous la pluie froide de novembre, on mit en terre le professeur, poète méconnu sauf, autrefois, de quelques grands maîtres comme Goethe et Byron.

Le matin même, lors d'une cérémonie sollicitée par l'Académie, à la cathédrale de Lausanne, on avait entendu plusieurs oraisons funèbres, prononcées par d'éminents collègues du défunt mais, au moment de l'inhumation, seuls les membres du cercle Fontsalte entouraient la tombe qu'Axel fit recouvrir d'une simple dalle de granit. Quand le pasteur Duloy eut donné la dernière bénédiction à son vieil ami, Axel, dominant son chagrin, récita d'une voix ferme une épigramme funéraire que Martin Chantenoz avait fait, en d'autres temps, traduire du grec, non sans peine, à son élève. Le disparu, comme Sainte-Beuve, la considérait comme « une des plus gracieuses » de Léonidas de Tarente.

— « O tertre, de quel mort dans la nuit tu caches les os ! Quelle tête, ô terre, tu as engloutie ! Le bien-aimé des Charites blondes, un grand objet pour toutes les mémoires : Aristocratès. Il savait, Aristocratès, tenir au peuple d'agréables discours, sans s'attirer, lui, noble, des sourcils contractés ; il savait aussi, dans les libations de Bacchos, diriger sans querelle le babil en commun qu'entretiennent les coupes ; il savait au milieu des étrangers comme de ses compatriotes, se montrer plein d'accueil. O terre aimable, tel était l'homme que tu possèdes mort ! »

Tous les assistants, bien sûr, avaient spontanément remplacé le nom de l'Athénien par celui de l'ami qu'ils pleuraient.

3

Au jour de l'An 1843, le deuil resserra, autour d'Aricie, le cercle Fontsalte. Le souvenir des fêtes passées en compagnie du professeur rendit encore plus douloureuse son absence. On ne fit, au cours du repas traditionnel, servi à Rive-Reine, que rappeler ses boutades, citer ses aphorismes, évoquer ses diatribes contre la bêtise des contemporains et les théories fumeuses d'intellectuels révolutionnaires qui se prenaient pour nouveaux guides du peuple.

Mme Chantenoz maîtrisait son chagrin et supportait avec dignité son veuvage, bien qu'elle se reprochât encore d'avoir, lors du fatal séjour à Lausanne, où le couple avait conservé un pied-à-terre, laissé Martin seul un moment à l'Académie. Basil, le fidèle valet anglais, dont les attentions avaient souvent agacé le défunt professeur, connaissait mieux que tous le désarroi caché d'une femme qui avait su rester, dans la vie conjugale, la maîtresse autrefois élue avec passion par Martin Chantenoz. Chaque soir, le domestique et sa maîtresse priaient ensemble pour le repos de l'âme d'un homme que Basil vénérait, bien que le professeur n'eût jamais évalué la qualité d'un attachement sincère et exempt de servilité. Lors des nuits sans sommeil, Aricie mettait de l'ordre dans les papiers de son mari, destinés à Axel, l'ancien élève devenu disciple préféré.

Martin avait souvent répété, en effet, qu'il désirait léguer ses « gribouillis » à Axel, ainsi que sa collection des philosophes grecs, reliée en maroquin havane, et l'édition rare des tragédies de Shakespeare, héritée de son oncle. Les centaines de vers, sonnets, odes, élégies qu'il avait, en vingt ans, dédiés à Aricie pour chanter son amour, restaient propriété de la dédicataire. Mme Chantenoz tenait à respecter les volontés de son mari mais elle souhaitait mettre un peu d'ordre dans les derniers textes philosophiques que le professeur avait dû lui dicter depuis qu'une cécité quasi complète l'empêchait d'écrire lisiblement.

Axel Métaz devait souvent faire effort pour se persuader que son mentor reposait sous une dalle, au cimetière Saint-Martin. Chaque soir, quand les élèves de la pension Sillig, jeunes gens élégants et de bonne éducation, remontaient la rue du Lac pour se rendre à la promenade de l'Aile, où les demoiselles de la bourgeoisie allaient prendre l'air avec leur gouvernante, ou jouer au volant, il s'attendait à voir, comme autrefois, arriver le maître qui lui avait dispensé sans restriction son savoir. D'humeur folâtre ou bougonne, toujours porteur d'une nouvelle publiée par les journaux étrangers que lui lisait sa femme, prêt à raconter la dernière bévue d'un cancre qu'il tentait d'initier à Platon, ou vouant aux gémonies les radicaux, excitateurs sournois d'une révolution que les conservateurs ne voyaient pas venir, le professeur avait institué le rite quotidien du flacon de vin blanc partagé avec son ancien élève. Souvent, Vuippens, ses visites aux malades terminées, s'était arrêté à Rive-Reine pour « barjaquer » avec ses amis.

Maintenant, les soirs où le médecin ne passait pas, Axel Métaz se sentait misérable, désorienté, « moindre » aurait dit le défunt, qui usait de termes du patois vaudois condamnés par les cuistres académiques. N'étant pas homme à boire seul, M. Métaz voyait avec angoisse arriver cette heure vide, qu'il ne savait comment meubler. Cette vacuité le rendait sombre, irritable, et ses fils en faisaient parfois les frais, quand Elise les envoyait « distraire papa », attention dont il n'était point dupe. Le temps autrefois imparti à la conversation, parfois à la discussion animée, lui paraissait inutile et inutilisable. Il errait de son cabinet de travail au salon, ouvrait un livre pour le reposer aussitôt, allait jusqu'aux écuries, prenait prétexte d'une lettre à remettre au commis des postes pour marcher jusqu'à La Tour-de-Peilz en observant, tel un touriste, le manège des canards, des foulques et le couple de cygnes récemment offert à la ville par une princesse allemande. A cette heure-là, les lavandières, occupées en pépiant à ramasser la lessive mise à sécher sur les berges, saluaient le maître de Rive-Reine et lui trouvaient l'air mélancolique. Axel levait son chapeau devant chacune et, parfois, ce qui attestait un désœuvrement chagrin, s'arrêtait près des femmes, dont il connaissait les familles. Il s'informait des fiançailles de celle-ci, de la santé du père de celle-là, du sort d'une troisième, dont la grange avait brûlé. Puis il regagnait sa demeure et, en attendant l'heure du souper, restait seul dans son cabinet de travail, à s'imprégner de l'atmosphère romantique et désenchantée du tableau de Caspar David Friedrich *Deux hommes contemplant la lune*, héritage récent de Martin Chantenoz, livré par Aricie. Le professeur attachait à cette œuvre – copie ou double, son propriétaire ne l'avait jamais su – une grande valeur symbolique. La trouée lumineuse de la lune, qu'observaient les deux hommes peints de dos – « le maître et son disciple », commentait naguère Martin avec un clin d'œil –, accentuait le mystère de l'abîme rocheux, noyé de brouillard, qui s'ouvrait devant les promeneurs, sous un arbre mort déjà à demi déraciné et prêt à choir dans le gouffre. Le gouffre inexploré et insondable du néant, où se dissolvait toute vie humaine. C'est devant cette toile qu'Axel se retrouvait au plus près, par la pensée, du mentor disparu.

Certains soirs, il passait un moment au nouveau Cercle de la Convenance, modeste rival du fameux Cercle du Marché, où l'on appréciait la présence, trop peu fréquente, de ce membre, dont tout le monde savait qu'il cotisait par courtoisie et non par goût de la société qu'on y rencontrait. Là, Axel apprenait toutes les préoccupations des commerçants veveysans. Ceux-ci se félicitaient du percement des nouvelles rues des Chenevières et du Clos, qui conduisaient de l'entrée orientale de la ville à la rue du Panorama, même si certains soutenaient qu'on aurait dû épargner la vieille porte de Bottonens, dernier vestige des remparts, abattue par les agents voyers. Un membre, qui avait des intérêts chez les fruitiers de la Gruyère, proposait que tout ce qui faisait commerce de fromage au pays de Vaud s'unît en une société, comme venaient de le faire, en France, les fabricants de fromage de Roquefort en créant une marque unique, Roquefort Société. Ce groupement avait vendu, l'année précédente, soixante-quinze mille quintaux de fromage et comptait doubler les ventes en dix ans !

On parlait aussi de l'arrivée, à Vevey, d'un nouvel épicier, M. Henri Nestlé, qui, dans sa modeste boutique ouverte « en Rouvenaz », vendait une moutarde de sa fabrication, propre à rivaliser avec celle de Dijon, que l'on consommait depuis la fin du XVIIIe siècle. On trouvait aussi chez lui des graines, les nouvelles lampes à pétrole, des engrais artificiels, et les gens informés rapportaient qu'il allait fabriquer du gaz liquide. Personne n'eût pris cette information au sérieux si ce célibataire de vingt-neuf ans, fils d'un vitrier de Francfort-sur-le-Main, n'était entré en amitié, dès son arrivée à Vevey, avec le savant botaniste Jean-Baptiste Schnetzler, professeur d'histoire naturelle au collège de la ville.

Axel avait même perdu, un temps, l'envie de voir sa maîtresse et, quand il s'en fut à Lausanne relancer la discrète Marthe Bovey, il apprécia que la jeune femme lui fît des condoléances. Elle avait été informée par les journaux et par des amis de l'Académie du décès accidentel et brutal du professeur Chantenoz et savait combien son amant était attaché à cet homme. Deux semaines après ces retrouvailles, quand il rejoignit une nouvelle fois Marthe au moulin sur la Vuachère, où les amants se rendaient séparément, Marthe conduisant un coupé qu'elle dissimulait dès son arrivée sous un hangar attenant au moulin, il trouva sa maîtresse anxieuse, presque apeurée.

— Tout à l'heure, quand je suis arrivée, j'ai vu du bout de l'allée, sous les arbres, une voiture noire, arrêtée devant le moulin. Ce n'était pas la vôtre. J'ai donc rebroussé chemin et suis retournée sur la route d'Ouchy, au-delà du carrefour et j'ai attendu. L'attente ne fut pas longue et j'ai vu venir la voiture, une belle berline lustrée à souhait. Elle était conduite par un cocher énorme, statufié aurait-on dit. Un vrai géant, barbu, avec des cheveux longs et noirs, vêtu d'une houppelande brune, qui descendait jusqu'à la croupe du cheval. Le cheval aussi était noir, une robe de jais, et démesurément grand. Une race inconnue chez nous, sans doute. De loin, j'avais d'abord pensé à une incursion de votre épouse. Peut-être avait-elle découvert nos relations et voulait-elle se rendre compte de ce qu'il en était. Mais la vue de cet équipage étranger m'a rassurée. Enfin, m'a d'abord rassurée, parce que après...

— Après, quoi, que s'est-il passé ? interrompit Axel, presque brutal.

Marthe ne tint pas compte de cette vivacité. Femme de sang-froid, elle reprit le fil de son rapport :

— Je pensais que la voiture, au débouché du chemin, tournerait du côté d'Ouchy, aussi m'étais-je arrêtée sur le chemin en direction de Lutry. Mais c'est la direction que prit l'équipage et, au passage, j'ai vu dans la voiture une femme voilée de noir, mais complètement voilée. Je ne lui ai vu que les yeux, car elle aussi m'a regardée. Oh ! Axel, quel regard ! Un regard de désespérée, mais un regard... comment dirais-je, un regard de pierre, oui, presque des yeux de statue antique, vous savez ces pupilles de lapis-lazuli, d'émeraude ou d'onyx que les sculpteurs grecs mettaient dans les orbites de leurs déesses. Vous voyez ce que je veux dire, n'est-ce pas ?

— Je vois. Mais ne vous inquiétez pas, Marthe, ce sera quelque touriste étrangère, qui aura voulu voir où conduit ce chemin. Savez-vous qu'autrefois il y avait une auberge par ici ? Les vieux guides la citent. Rassurez-vous, il ne s'agit pas de quelqu'un de mes relations, dit-il, dissimulant son trouble.

— En tout cas, il n'y avait pas de message sous la porte quand je suis entrée au moulin, compléta-t-elle, tandis qu'Axel lui ôtait son manteau, tirait ses gants et commençait à déboutonner sa blouse.

Il ne put s'empêcher, entre deux étreintes, de s'interroger sur cette femme voilée, apparue pour la troisième fois sur son chemin. Car la description de Marthe ne laissait aucun doute, l'étrange équipage était bien celui qu'il avait croisé à Lausanne, lors du tir fédéral de 1836, et l'an dernier, à Saint-Saphorin, une nuit d'hiver. Même s'il avait admis que les deux premières apparitions n'avaient eu, en fait, aucun point commun et relevaient d'une réminiscence hallucinatoire établissant des ressemblances qui n'existaient pas, le récit de Marthe réduisait l'explication à néant. La mystérieuse femme voilée à la voiture noire s'était montrée en plein jour, près de son moulin, à celle qu'il était censé aimer. S'il advenait qu'une autre rencontre se produisît, il ferait tout pour arrêter la berline noire et interroger sa passagère.

La grande réception prévue, à Genève, chez les Laviron, pour célébrer, le 22 novembre 1842, les vingt ans de leur fille adoptive, avait été reportée, à la demande d'Alexandra, dès l'annonce du décès de Martin Chantenoz. La nouvelle date retenue, le 21 mars 1843, avait été choisie par la jeune fille et Anaïs Laviron. Ce jour-là, Pierre-Antoine Laviron aurait soixante-dix ans et inaugurerait, entouré d'amis et de confrères, les nouveaux bureaux de sa banque privée, rue de la Corraterie. Au cours de l'année écoulée, il avait acquis une des neuf maisons construites, entre 1827 et 1832, sur les plans de l'ingénieur cantonal Guillaume Henri Dufour, alors colonel fédéral, et de l'architecte Samuel Vaucher. Le vieil immeuble, proche de la tour Thelusson, dont la banque occupait depuis le commencement du siècle le rez-de-chaussée et l'entresol, n'offrait aucune possibilité d'extension et les locaux, trop exigus, ne suffisaient plus pour abriter l'une des plus importantes banques privées de la ville. Le nombre et la qualité des clients, suisses ou étrangers, qui confiaient leurs avoirs à la banque Laviron-Cottier exigeaient que l'on conservât l'adresse la plus prestigieuse de Genève et qu'on y aménageât, dans le cadre cossu d'une résidence moderne, des bureaux et des salons d'accueil confortables, où se dérouleraient les entretiens les plus confidentiels.

Depuis le commencement de l'année, Genève avait vécu des moments agités. Les radicaux, déçus de n'avoir pas accédé au pouvoir par le suffrage universel réclamé à grands cris, avaient tenté, au cours de la nuit du 13 au 14 février, de le conquérir par force et violence. Mais le gouvernement, démocratiquement installé, avait ramené les émeutiers à la raison.

La Constitution, adoptée au suffrage universel par le peuple genevois en juin 1842, avait institué ce que les libéraux modérés et les radicaux eux-mêmes demandaient depuis longtemps : une démocratie représentative. Avec ses cent vingt-trois articles, la Constitution nouvelle proclamait la souveraineté du peuple, garantissait les libertés individuelles, celles de la presse et de l'enseignement, autorisait la création d'industries et de commerces, confirmait l'inviolabilité du domicile et de la propriété privée, octroyait aux citoyens le droit de pétition et les rendait, enfin, tous égaux devant la loi. Un Grand Conseil, composé de cent soixante-seize membres, élus pour quatre ans, au suffrage universel, exerçait le pouvoir législatif, et le Conseil d'Etat, véritable gouvernement de la République, composé de treize membres, détenait le pouvoir exécutif, avec droit d'initiative et de veto suspensif si une proposition émanant du Grand Conseil n'était pas approuvée. Le Conseil d'Etat avait autorité sur l'armée, la police, les tribunaux, l'Instruction publique et les cultes. C'est le gouvernement qui approuvait ou refusait la nomination des curés de l'Eglise catholique.

Les premières élections au suffrage universel avaient été favorables aux conservateurs, qui avaient enlevé quatre-vingt-onze des cent soixante-seize sièges au Grand Conseil, les radicaux ne comptant que trente-deux élus, dont Fazy et les plus excités de ses amis. C'était insuffisant pour peser sur le destin du canton, étant donné que les cinquante-trois catholiques appelés à siéger soutiendraient le gouvernement présidé par Jean-Jacques Rigaud, Premier syndic. Aucun radical n'ayant été désigné au bureau du Grand Conseil et au Conseil d'Etat, les conservateurs genevois espéraient que la prudente politique réformatrice du précédent régime serait poursuivie, cette fois, avec l'assentiment d'une forte majorité de citoyens.

C'était compter sans le dépit des radicaux qui, ayant pris leurs désirs pour des éventualités prometteuses, se voyaient tenus à l'écart de la direction des affaires. Quand on leur faisait observer, avec un peu d'ironie, que Genève était devenue, comme ils le souhaitaient, une véritable démocratie, ils répondaient, amers et courroucés : « une démocratie sans démocrates ! » Etant sous-entendu qu'eux seuls pouvaient prétendre à ce titre, souvent dévoyé par les minoritaires démagogues, avides de pouvoir.

Quand on en vint à l'élection des membres du Conseil municipal, créé par la nouvelle Constitution, le *Journal de Genève*, organe de l'opposition radicale, soutint une coalition de radicaux et d'anciens membres de l'association du Trois-Mars, libéraux modérés. Cette stratégie électorale s'était révélée bénéfique pour les extrémistes, car une cinquantaine de candidats, dits libéraux, furent élus contre une trentaine de conservateurs. M. James Fazy et ses amis purent, enfin, se réjouir. Si le gouvernement de la République était aux mains des conservateurs, les onze membres du Conseil administratif, exécutif du Conseil municipal, élus par les conseillers municipaux, livraient la cité de Calvin aux radicaux. Les libéraux modérés, qui avaient aidé à leur élection, étant devenus d'aimables figurants !

James Fazy le savait mieux que quiconque : celui qui ne détient pas tous les pouvoirs n'a pas le pouvoir. Aussi, après avoir lancé la *Revue de Genève*, un journal plus agressif que le *Journal de Genève*, sur lesquels les radicaux ne pouvaient plus compter pour contrer les feuilles conservatrices – *le Fédéral* et le *Courrier de Genève* –, le meneur radical choisit le temps où le Grand Conseil discutait de la loi sur l'administration du Conseil d'Etat, pour tenter une action révolutionnaire en soulevant le faubourg Saint-Gervais contre les conservateurs de la haute ville. Les articles 24 à 26, définissant les pouvoirs de la police et organisant la surveillance des étrangers, déplaisaient particulièrement aux amis de M. Fazy et constituaient, pour le bon peuple, de beaux épouvantails réactionnaires.

Le 13 février, la Treille avait été envahie par la foule des opposants, tandis que des embrigadés – citoyens volontaires, défenseurs du gouvernement, armés de pistolets et de poignards, au dire de leurs adversaires – se mettaient en place pour tenter de maintenir l'ordre. Vers seize heures, pendant la séance du Grand Conseil, des manifestants avaient cerné l'hôtel de ville et, la menace se précisant, le gouvernement avait fait sonner le tocsin, tandis que les milices arrivaient à la rescousse des embrigadés et que la gendarmerie prenait position devant la salle du Conseil.

La loi sur l'organisation du Conseil d'Etat ayant été votée par quatre-vingt-neuf voix contre trente, la nouvelle s'était répandue sur la Treille. Les gens du faubourg Saint-

Gervais avaient découvert leurs armes et, obéissant sans doute à un plan préconçu, avaient édifié, avec des charrettes et des poutres, des barricades au pont de Bel-Air et au pont des Bergues. Au cours de la nuit suivante, une centaine d'insurgés avaient lancé un coup de main sur la poudrière de l'Observatoire mais, les brigades leur ayant barré le chemin, les sectionnaires – membres des sections armées du parti radical – avaient remonté la rue Verdaine, pour tenter d'atteindre leur but en empruntant la promenade Saint-Antoine et la rue des Chaudronniers. Les miliciens et les embrigadés qui attendaient de pied ferme avaient dû faire usage de leurs armes pour arrêter la marche des émeutiers. On avait dénombré trois morts et de nombreux blessés. La tentative de révolution populaire inventée par les radicaux ayant échoué, les émeutiers avaient regagné Saint-Gervais pour panser leurs plaies, tandis que les meneurs découvraient avec amertume que le peuple genevois, dans sa majorité, refusait l'aventure.

Au matin du 14 février, de nombreux Genevois avaient appris avec stupeur les événements de la nuit. Comme les barricades subsistaient, le gouvernement avait fait occuper le quartier Saint-Gervais par les miliciens et les volontaires des brigades, refusant de négocier avec les radicaux tant que les barricades ne seraient pas levées. Les insurgés, plus amers que contrits, ayant compris qu'ils n'avaient aucune chance de changer le gouvernement par la force, avaient déposé les armes. Pour apaiser les esprits, le Conseil d'Etat avait aussitôt fait savoir qu'il proposait une amnistie au Grand Conseil. Celle-ci avait été votée et appliquée dès le lendemain. En renonçant aux poursuites contre les meneurs, en démobilisant les milices, en refusant toute intervention fédérale, le gouvernement cantonal avait agi avec sagesse. Le Vorort fédéral, rendu méfiant, avait néanmoins placé Genève sous la surveillance des cantons voisins jusqu'au 10 mars.

Quand, le 19 mars, Axel et Elise arrivèrent à Genève, avec parents et amis, pour fêter les vingt ans d'Alexandra, le calme régnait dans la cité. L'alerte de février avait été chaude et Pierre-Antoine Laviron tira, pour Axel, la leçon des sanglantes échauffourées :

— Nous savons tous, maintenant, que les affrontements de plus en plus durs entre radicaux et conservateurs peuvent, du jour au lendemain, nous conduire à une guerre civile fratricide. Certes, le gouvernement a triomphé, avec fermeté et intelligence, d'un embryon de révolution et il va poursuivre son action réformatrice dans le calme. Les prochaines élections nous diront si la majorité des Genevois reste fidèle à cette politique. Espérons que les *Lettres sur la démocratie en Suisse*, que vient de publier Cherbuliez, donneront à réfléchir à ceux qui prônent le radicalisme, et aussi aux libéraux modérés qui refusent de voir Fazy tel qu'il est, un habile politicien, épris de pouvoir personnel. Lui et ses amis veulent, avant tout, se débarrasser des familles de la haute ville, qui ont fait de Genève ce qu'elle est. Croyez-moi, Axel, cet ambitieux reprendra, dès que les circonstances s'y prêteront, et sans ménager les biens et les vies – il l'a montré en envoyant à la mort, le 13 février, quelques braves garçons de Saint-Gervais –, un combat qu'il dit profitable aux Genevois, peuple sur lequel il voudrait un jour régner, tel un monarque !

— Il faut reconnaître que votre gouvernement conservateur refuse de tenir compte de l'existence d'une minorité, dont on devrait, au moins, prendre les avis, au lieu de l'ignorer avec autant de superbe. On ne peut, dans une ville comme Genève, méconnaître les aspirations d'une partie active de la population, attachée aux idées républicaines. Peut-être faut-il, parfois, une menace de révolution pour accélérer le changement ! dit Axel avec un sourire.

— Vous connaissez mes sentiments, qui ne sont pas toujours partagés par mes voisins de la rue des Granges. Je suis pour détruire ce qui est mauvais et pour conserver ce qui est bon. Non pas tout rejeter, comme Fazy, ou tout garder, comme Cherbuliez. C'est une position difficile à tenir, dans ma situation, vous le comprenez, Axel.

— La position de l'honnête homme devient difficile quand les antagonismes politiques débouchent sur la violence. Mais c'est tout à votre honneur, Pierre-Antoine, vous qui êtes...

— Au bout de la route, dites-le, mon ami ! Septante ans dans deux jours, alors que s'ouvre une nouvelle ère pour ma banque ! Vous allez voir la plus moderne des banques privées de Genève et, aussi, la première qui verra siéger une femme parmi les commanditaires. Car, demain, tenez-vous bien, Alexandra entre à la banque Laviron-Cottier, qui devient, du fait de la commandite ajoutée, la banque Laviron Cottier Cornaz et Cie. Et, surtout, qu'on ne mette plus de trait d'union, ai-je dit à mon imprimeur ! lança Laviron, enthousiaste, avec un rire de carillon.

Axel savait depuis longtemps que sa filleule s'intéressait de près aux affaires financières mais il n'avait pas imaginé qu'elle pût, un jour, devenir banquière, le mot n'existant pas plus que la chose à Genève. Le premier moment de stupeur passé, il réagit :

— Mais c'est impossible, Pierre-Antoine ! Une femme dans une banque privée ! Comment peut-on imaginer une chose pareille ? Vos associés n'admettront jamais qu'une fille de vingt ans se mêle d'opérations financières. Je les vois et les entends d'ici.

— Détrompez-vous, mon ami. Alexandra est, aujourd'hui, à la tête d'un gros capital, très gros même, puisque les héritages joints de son père, le notaire, de sa mère et de sa tante, ont, depuis dix ans qu'ils m'ont été confiés, produit de beaux intérêts, lesquels ont toujours été réinvestis. Elle apporte donc à la banque une participation de soixante-cinq mille livres, ce qui lui donnerait le pas sur les autres associés, si nous voulions le faire valoir, mais ce n'est pas le cas pour le moment.

— Mais vos associés peuvent fort bien refuser l'admission d'un nouveau commanditaire, insista Axel.

— Naïf Vaudois que vous êtes ! Mes associés, tous parents ou alliés de mon épouse, sont des gens pour qui l'argent prime tout. Ils sont nés dans la banque, qui est leur véritable famille. Je les connais bien, allez ! Leur susceptibilité disparaîtra devant une saine augmentation de capital. Ils accepteront la commandite avec le sourire et la commanditaire avec une déférence hypocrite. Peut-être même feront-ils mine de l'ignorer, étant donné qu'elle n'est pas de mon sang, mais une enfant adoptée. Mais nous sommes préparés, votre filleule et moi, à ce genre de situation !

— Je connais le fier caractère d'Alexandra. Ce sera intenable, car elle voudra donner son avis, dit Axel avec vivacité.

Pierre-Antoine soupira, lissa ses cheveux d'une main blanche et potelée, une main quasi féminine, aux doigts fuselés, dont il était fier. M. Métaz réagissait comme un homme dont l'aisance est le fruit d'un travail quotidien et obstiné, pas comme le capitaliste, pour qui l'argent, le sien et, si possible, celui des autres, travaille ! Le banquier se résolut à faire effort pour convaincre le Vaudois :

— Les avis de mes associés ne sont pas négligeables, certes, mais comme ils participent beaucoup plus modestement que moi au capital de la banque, je suis celui qui, en fin de compte, décide, même si toutes les décisions du conseil doivent être prises à l'unanimité. De plus, ils savent qu'étant mon unique héritière, Alexandra deviendra, à ma mort, l'une des plus grosses fortunes de Genève et la commanditaire principale de la banque privée. Ils trembleront, au contraire, qu'elle ne demande la dissolution de la société et s'en aille avec sa fortune après leur avoir rendu leurs commandites, expliqua Laviron.

— Mais elle n'a que vingt ans ! observa encore Axel, qui ne voulait pas se rendre.

— La loi ne fait aucune référence à l'âge et au sexe des associés d'une banque à nom collectif ou en commandite, Axel. Elle impose, seulement, que figure au conseil un membre de chacune des familles constituant le collège des associés. Ce n'est pas un droit héréditaire, ni une succession automatique, car il s'agit toujours de cooptation. Quand un associé disparaît, si aucun membre de la famille ne veut lui succéder, la banque restitue aux héritiers la commandite de leur parent, c'est-à-dire le capital qu'il a placé dans la banque. Je vous rappelle que les associés d'une banque privée sont, indéfiniment, responsables sur leurs biens de la gestion des fonds à eux confiés par les déposants. Ce qui explique que nous n'acceptons pas l'argent du premier venu. Vous le savez, nos nouveaux clients sont toujours, si j'ose dire, parrainés, par d'anciennes pratiques. Nous ne faisons pas de prêts. Notre fonction étant la gestion de fortune, nous devons nous appliquer à faire fructifier le patrimoine de ceux qui nous font confiance. C'est aussi pourquoi nous ne risquons pas leurs capitaux dans des opérations hasardeuses. Comme disait un de nos plus fins et scrupuleux banquiers genevois, M. Odier, nous investissons l'argent de nos clients « au plus près de notre conscience ».

— Je sais tout cela et, aussi, que votre banque a été fondée au lendemain de la Révolution française, dit Axel, un peu agacé par ce cours sur la banque genevoise.

— Mais ce n'est pas la plus ancienne banque privée. Les Lombard, les Hentsch, les Lullin, les Odier étaient déjà installés. Mon père et mon beau-père ne firent que les imiter, convint-il à regret, mais avec la fierté de rappeler que les Laviron et les Cottier figuraient parmi les maisons de banque qui avaient survécu aux guerres, aux révolutions, aux crises.

Pierre-Antoine aimait à citer – et donner en exemple de sérieux et de maîtrise professionnelle – la banque Lombard Odier et Cie, fondée en 1798 par deux cousins, Henri Hentsch, commerçant à Nyon, et Jean-Gédéon Lombard[1], de Genève. Ce dernier, maintenant âgé de quatre-vingts ans, membre éminent du consistoire, dont les avis étaient toujours très écoutés, avait été mêlé à la vie politique genevoise dans les temps difficiles de la Révolution française. Ses contemporains reconnaissaient qu'à cette époque, comme membre du Conseil administratif puis de la Chambre des comptes et ensuite de la Société économique, il avait rendu de signalés services à Genève « en sauvant les traditions, les institutions sociales et le culte pendant l'occupation française [2] ». Au fil des années, et après plusieurs changements d'associés, la banque était connue, depuis 1830, sous l'appellation Lombard Odier et Cie [3].

Laviron, un peu dérouté par le silence plein de réticences de son ami, développa son discours.

1. 1763-1848. Il était le descendant d'un des fils de Teodoro Lombardi. Les deux frères avaient quitté leur village de Tortorella, province de Salerne, en 1573, chassés par les persécutions religieuses, pour s'installer à Genève, où ils avaient fait commerce de chevaux.

2. *Chronique de la famille Lombard de Tortorella*, par Augustin Lombard, édition hors commerce, Genève, 1983.

3. Cet établissement financier privé, de renommée internationale, toujours géré par les descendants des fondateurs, célébrera, en 1998, le deux centième anniversaire de sa création.

— Voyez-vous, Axel, toute banque privée digne de ce nom, dont les associés sont conscients de leurs responsabilités, doit être prête à réagir, d'un jour à l'autre, parfois dans l'heure, aux événements susceptibles d'avoir des conséquences financières de nature à peser sur les placements qu'elle a effectués pour le compte de ses déposants. Or, Alexandra a plus d'instruction et de subtilité que mes cinq associés réunis. Elle possède non seulement quatre langues, mais aussi des connaissances scientifiques, mathématiques et, j'ose dire, politiques, lui permettant d'évaluer l'influence que pourront avoir les conflits, les dernières inventions, les nouvelles machines sur telle ou telle industrie. Elle sait très bien qu'elle devra, d'abord, se contenter d'apporter des informations au conseil, comme le ferait une employée chargée de lire les journaux étrangers, de dépouiller les dépêches de nos correspondants, de suivre de près l'évolution des marchés boursiers et les fluctuations des changes. Quand les autres auront constaté les avantages que la banque tire d'une telle collaboration, quand, grâce aux rapports de ma fille adoptive, nous aurons fait les meilleurs choix et réussi quelques bons placements, alors, les commanditaires, convaincus de son efficacité, lui demanderont, eux-mêmes, son avis sur les opérations envisageables. Elle deviendra, dès lors, une associée précieuse et à part entière. Ce n'est qu'une question de patience et Alexandra est assez fine mouche pour manœuvrer avec diplomatie. Elle ne donnera pas d'avis péremptoires mais procédera, comme elle sait si bien faire, par suggestions voilées, par insinuations bien étayées.

— J'admets les compétences que vous lui reconnaissez mais, que voulez-vous, je ne vois pas Alexandra dans la banque ! Je suis surpris qu'elle trouve à ces jongleries financières et au cours des changes un intérêt ou un amusement. C'est une pianiste remarquable, elle est riche, pourquoi s'engage-t-elle dans un pareil métier ? N'est-ce pas uniquement par affection pour vous et Manaïs ?

— Détrompez-vous, Axel. Votre filleule a deux passions : la musique et les mathématiques. Elle vous dira que notes et chiffres vont de pair. Ses deux modèles sont une certaine Sophie Germain, qui fut, paraît-il, la première mathématicienne française, et M. Frantz Liszt. Elle est faite ainsi. Comme moi, vous ne souhaitez, j'imagine, que la voir heureuse, n'est-ce pas ? Alors, laissons-la suivre la voie qu'elle a, elle-même, choisie, conclut le banquier.

Comme si l'entrée en scène de l'intéressée avait été d'avance réglée, Alexandra, avec la vivacité qu'elle mettait dans tous ses mouvements, franchit à cet instant la porte du salon et se jeta au cou de son parrain.

— Alors, tu sais ? J'entre demain à la banque. Je viens chercher Péa – c'est ainsi qu'elle nommait son père adoptif – parce que les associés sont arrivés et que nous devons signer l'acte de fondation de la nouvelle banque. Viens avec nous. Il peut, n'est-ce pas ? demanda la jeune fille, s'adressant à Pierre-Antoine.

— Si aucun des commanditaires ne s'y oppose, bien sûr. Axel est de la famille... et, qui plus est, un de nos déposants, dit Pierre-Antoine, radieux.

Personne n'osa s'opposer à la présence de M. Axel Métaz, parrain de la nouvelle commanditaire. Cela valut à Axel la lecture fastidieuse d'un acte comprenant dix-sept articles qui, comme tous ceux du même genre à Genève, était placé sous le patronage, sinon sous la responsabilité, du Tout-Puisssant : « Au nom de Dieu, Amen ! »

Suivait un préambule, annonçant que Pierre-Antoine Laviron, négociant, demoiselle Alexandra Laviron-Cornaz, fille adoptée du précédent, rentière, et cinq autres messieurs, dont Axel ne retint rien, sinon qu'ils se nommaient tous Cottier-Blachet ou Cottier-Vedry, avaient décidé de former « pour une durée de cinq ans, une société en commandite pour exercer, sur la place de Genève, le commerce de banque, sous la raison de Laviron Cottier Cornaz et Cie et sous la gestion de Pierre-Antoine Laviron et Edmond Cottier, qui auront seuls la signature sociale, demoiselle Alexandra Laviron-Cornaz disposant d'une procuration jusqu'à ce que le collège des associés lui reconnaisse la signature sociale ».

Il était révélé que le capital social serait de deux cent mille livres, fournies, à raison de quatre-vingt mille livres, par Pierre-Antoine, soixante-cinq mille livres, par Alexandra, quinze mille livres, par Edmond Cottier, les quatre autres associés apportant, chacun, dix mille livres. L'acte précisait que les associés, n'ayant aucune responsabilité de gestion, ne pourraient « en aucun cas être assujettis à aucune perte excédant leur compte de fonds de commandite ». Il était également prescrit : « Dans aucun cas l'un des gérants ne fera une confiance qui excéderait cinquante mille livres sans obtenir l'assentiment des associés », et encore : « Les gérants s'interdisent toute spéculation pour leur propre compte, sous peine que la perte en soit appliquée au débit du compte du contrevenant et le bénéfice au crédit des profits et pertes de la société. »

A l'issue de la signature, Pierre-Antoine offrit une coupe de champagne à ses associés et au magistrat du tribunal de commerce, dont la présence avait été requise. Alexandra, rayonnante, tenait le rôle d'hôtesse. Pour Axel Métaz, les cousins Cottier semblaient tous sortis du même moule. A part quelque légères différences de taille, d'embonpoint, de calvitie, ils portaient redingote grise, pantalon noir étroit, gilet de piqué blanc strictement boutonné. Du gousset de l'un pendait une châtelaine à glands de soie, les autres restant fidèles à la chaîne d'or, feston des bedaines financières. Depuis des générations, ces hommes entretenaient un maintien de puritain courtois, une componction distinguée, une bonhomie distante avec les personnes étrangères à leur milieu. Aux vanités pétillantes des nouveaux riches, ils opposaient une sorte d'humilité condescendante, sachant qu'ils disposaient du pouvoir de conférer aux affairistes chanceux honorabilité et prestige, s'ils décidaient d'accueillir leurs capitaux dans une banque privée ancienne et de haute réputation. A les voir ainsi, on ne pouvait douter de leur rectitude morale et de leur conscience professionnelle. Considérés comme époux et pères irréprochables, ils se gardaient de tout étalage intempestif de leur fortune et siégeaient dans les conseils d'administration de la caisse d'Epargne, des compagnies des bateaux à vapeur ou des sociétés de bienfaisance. Il leur arrivait même de financer de leurs propres deniers la construction d'oratoires ou d'infirmeries, car, depuis que Jean-Gabriel Eynard avait donné l'exemple, on se devait, dans la banque, de sacrifier à la philanthropie. Les plus ouverts acceptaient que leur fils, avant qu'il ne leur succède au conseil des associés, fît des études originales, pratiquant, un temps, des activités plus coûteuses que lucratives, donc honorables, comme l'archéologie, la géologie, l'alpinisme, disciplines dans lesquelles Saussure, l'un des leurs, s'était illustré.

Edmond Cottier, cousin germain de Mme Laviron et cogérant de la banque, un géant chauve et rubicond, portant lunettes de fer, se dit enchanté de voir, avec Alexandra, le charme de la jeunesse entrer au conseil. Les autres s'abstinrent de tout commentaire et se mirent à bavarder entre eux, n'ayant, semble-t-il, rien à dire à leur nouvelle associée! Lors de la lecture de l'acte, un seul avait voulu savoir si la loi autoriserait une femme à détenir la signature sociale d'une banque. Le juge au tribunal de commerce avait répondu que, la loi étant muette sur ce point, on devait considérer que tout ce qui n'est pas interdit est autorisé et qu'en conséquence rien ne s'opposait au rôle qui pourrait être, un jour, dévolu à Mlle Alexandra Laviron-Cornaz.

— Ils vont me guetter dès le premier chapitre – comme tu sais, c'est ainsi qu'on nomme ici la réunion quotidienne et matinale des sept associés – mais je saurai les manœuvrer, glissa-t-elle à son parrain, l'œil mutin.

Le même jour, dans l'après-midi, le Tout-Genève de la finance se rendit à l'invitation de Pierre-Antoine Laviron pour inaugurer, rue de la Corraterie, le nouvel immeuble qui abritait, derrière la façade sévère d'un hôtel XVIIIe habilement restauré, les nouveaux locaux de sa banque. Deux conseillers d'Etat, plusieurs députés au Grand Conseil, des juristes, des publicistes, beaucoup de femmes élégantes se mêlèrent aux banquiers, amis et concurrents de Pierre-Antoine. On reconnut même trois élus radicaux, membres du Conseil représentatif de la ville de Genève.

— Ne manque que M. Fazy pour que la fête soit complète! dit Ribeyre de Béran qui, avec sa femme et les Fontsalte, était arrivé en fin de matinée.

Pierre-Antoine en profita dans son discours d'accueil pour annoncer que sa fille adoptive entrait, comme nouvelle commanditaire, dans sa banque, ce qui, estima-t-il, devait constituer une petit révolution, les femmes n'ayant pas été admises, jusque-là, dans les conseils de banque.

Il fut contredit mezza voce par un jeune homme à barbiche noire, banquier à Nyon, qui glissa à Axel et Alexandra que, vingt ans plus tôt, sa mère était entrée au conseil de la banque – qu'il présidait maintenant – pour assurer la présence du nom, après le décès de son mari.

— J'avais deux ans, alors, et ma mère m'a tenu la place au chaud, dit-il en offrant son bras à Alexandra, car la visite des lieux commençait.

Axel laissa passer la foule des invités et attendit un instant, dans le hall, avant d'emprunter à son tour le bel escalier de chêne ciré qui conduisait aux étages. Dans cette antichambre de la banque dallée de marbre, le visiteur ne voyait qu'un seul comptoir d'acajou, derrière lequel officiait, portant sur un visage glabre les stigmates de son écrasante responsabilité, M. Louis, le caissier. Cet homme, rigide et vertueux, avait été séduit par le calvinisme strict et la théorie de la prédestination, prêchée autrefois à Genève par le pasteur anglais John Darby. En attendant le retour du Christ, il militait chez les darbystes genevois. Lui faisant vis-à-vis, de l'autre côté du hall, se trouvait, derrière un pupitre, l'huissier chargé de l'accueil et de la surveillance. Nul ne pouvait accéder aux étages sans l'autorisation de cet homme, un robuste gaillard, qui avait servi dans le régiment suisse de Hollande.

De part et d'autre de l'escalier, au pied duquel montaient la garde deux nègres de bronze enturbannés, chacun élevant au-dessus de sa tête un flambeau orné de volubilis dorés, commençaient deux couloirs parallèles chichement éclairés. Ces coursives conduisaient à des parloirs, où les fondés de pouvoir recevaient ceux qui se proposaient de confier la gestion de leur patrimoine à la banque. Suivant les informations recueillies, puis vérifiées, la valeur et la réalité des patronages avancés, le candidat serait présenté à Pierre-Antoine Laviron ou à Edmond Cottier ou, encore, très courtoisement éconduit. L'un de ces parloirs dépouillés comme des confessionnaux disposait d'une sortie ménagée dans le corridor d'un immeuble commercial de la rue de la Cité. Ainsi, le déposant soucieux de discrétion pouvait quitter la banque ou y entrer, s'il était attendu, sans passer par l'entrée principale de la Corraterie. Celle-ci, au faîte d'un perron à cinq marches, était close par une immense porte à deux battants de chêne laqués vert bouteille et agrémentés de poignées et heurtoirs en bronze doré représentant – c'était un choix d'Alexandra – des cygnes du Léman.

Sous les lumières du hall, les boiseries prenaient un ton chaud et les marbres des reflets de porcelaine. Le terme « temple de la finance » semblait qualifier au mieux ce décor sobre et cossu, d'où émanait un sentiment composite de mystère, de solidité, de puissance et de pérennité. On devinait que des secrets chiffrés entraient là pour n'en plus sortir. Ici, le luxe tenait plus à la qualité des matériaux qu'à l'originalité de l'architecture et du mobilier. Il ne pouvait manquer d'inspirer confiance aux déposants.

Au premier étage régnait, au contraire, une atmosphère quasi monacale. Au long des couloirs aux murs crémeux, sur des parquets de chêne clair en partie couverts par un chemin marron à motifs beiges qui absorbait le bruit des pas, ouvraient les bureaux. Axel pénétra dans celui de Pierre-Antoine et reconnut la longue table de noyer patiné, derrière laquelle il avait toujours vu le banquier, et le même fauteuil de bois aux accoudoirs polis et décolorés par l'usage, mobilier d'une rigueur calviniste que M. Laviron avait hérité de son père et auquel il restait attaché comme un ouvrier à ses outils. « Un bureau n'est pas fait pour se prélasser ou rêver, disait-il, mais pour accomplir, chaque jour, l'ouvrage que le Seigneur attend de vous en reconnaissance de ses bienfaits. » Un siège dur, au dossier droit, une table grande et nette, un encrier de cristal taillé, à couvercle de vermeil, des plumes, un sous-main aux angles de cuir râpé, dont le buvard, changé une fois par an, offrait l'image d'une nébuleuse noire sur fond vert, des murs nus suffisaient à cet homme, qui dispensait volontiers aux siens confort et luxe superflu. Seul élément de décor, qu'Axel reconnut aussi : un des étranges tableaux que peignait Anicet, le défunt fils du banquier. D'un torrent de lave pâteuse et sanguinolente, glissant d'un volcan entre des rocs déchiquetés, émergeaient des mains crispées par la souffrance, que les ensevelis tendaient vers un ciel serein où folâtraient des anges indifférents. Axel comprit pourquoi M. Laviron avait choisi d'avoir toujours sous les yeux cette œuvre d'un fils douloureusement méconnu. Indifférent, lui aussi l'avait été, et maintenant, chaque fois qu'il levait les yeux de son travail, la toile fantastique ravivait son remords.

En sortant de la cellule du banquier, M. Métaz se heurta à sa filleule, toujours au bras du Nyonnais barbichu, chevalier servant du moment. A la vue de son parrain, elle remercia le jeune homme et l'abandonna pour prendre la main d'Axel.

— Viens, que je te montre mon antre, dit-elle en l'entraînant à l'autre bout du couloir.

La pièce, éclairée par une haute fenêtre, donnait sur la Corraterie. Un fin voilage tamisait la lumière et des doubles rideaux de damas vert céladon créaient, avec deux bergères couvertes d'un reps assorti aux tentures, une ambiance douillette et raffinée. Dès le seuil de cette pièce, dont le parquet disparaissait sous un tapis d'Orient, Axel admit que labeur et féminité n'étaient pas incompatibles.

Sur l'une des cloisons était fixé un grand planisphère, sur les autres le visiteur identifia une gouache de Jakob Eggli, *Vevey, vue de la terrasse Saint-Martin*, et une *Barque du Léman, voiles en oreilles*, aquarelle offerte par François Aimé Louis Dumoulin, défunt professeur de dessin, à son élève. Métaz parcourut les titres des ouvrages serrés sur les rayons d'une bibliothèque d'acajou. Droit international, commercial, maritime, rapports sur les chemins de fer anglais et français, recueils de jurisprudence, voisinaient avec des numéros de la *Revue encyclopédique*, de la *Bibliothèque universelle de Genève*, et des traités parmi lesquels il repéra les *Nouveaux principes d'économie politique* de Sismondi et plusieurs *Mémoires* publiés par la Société de physique et d'histoire naturelle de Genève, signés Auguste De la Rive. L'un d'entre eux retint son attention, car il traitait des récentes découvertes faites sur l'électricité, dont Martin Chantenoz, peu avant sa mort, affirmait que cette force nouvelle remplacerait un jour la vapeur.

— Tu t'intéresses à ces choses ? demanda Axel, étonné, en montrant l'ouvrage.

— Et comment ! L'électricité est un fluide encore un peu mystérieux, contenu dans la matière. Mais les savants estiment que, demain, il pourra fournir de la lumière aux maisons et de l'énergie aux machines. Or, tu le sais, le développement de l'éclairage des villes au gaz de houille – puisque nous avons sur la Corraterie le premier des trois cents candélabres prévus pour éclairer d'ici quelques mois les rues de Genève – nécessite de grands investissements financiers. Les banques tirent profit de l'usage industriel et domestique que l'on fait du gaz. Péa a déjà pris des parts dans la société d'ingénieurs français et anglais qui ont soumissionné pour l'installation de l'éclairage public. Cela coûte cher mais la société concessionnaire a vingt années d'exploitation garantie contre le versement annuel de quatre pour cent d'intérêt. Ces travaux terminés, on envisage d'entreprendre l'éclairage des particuliers. Pour ce faire, les ateliers doivent produire des canalisations, des candélabres, des lanternes, des vannes, des becs et je ne sais quoi encore, c'est pourquoi nos placements dans les mines de plomb et de cuivre seront certainement d'un bon rapport. Ils deviendront encore meilleurs si les savants réussissent à capter, et à discipliner, le fluide électrique. Voilà pourquoi je m'intéresse à ces choses, parrain !

Axel, ébahi, découvrait une Alexandra nouvelle, pragmatique, plus instruite qu'il ne l'imaginait, entreprenante, presque masculine dans sa façon d'aborder les affaires, de traiter des rapports qu'elle établissait avec assurance entre les découvertes scientifiques et l'argent nécessaire à la mise en œuvre de leurs applications.

Achevant sa visite des lieux, il fut étonné d'y trouver une table de travail semblable à celle de Laviron. Le seul élément décoratif posé sur ce meuble austère était un petit bronze de Pradier.

— Phryné remettant ses voiles. Elle est belle, non ? dit la jeune fille.

— Très belle en effet, dit Axel, amusé, en caressant de l'index ce corps nu d'une parfaite élégance.

— Si Phryné remet ses voiles, c'est qu'elle les a ôtés ! Sais-tu pourquoi, toi si versé en histoire grecque ?

— On raconte que cette superbe courtisane, à la fois maîtresse et modèle de Praxitèle, poursuivie pour impiété, risquait une sévère condamnation quand son avocat eut l'idée de la dénuder en plein tribunal. Devant des formes d'une telle perfection, les juges, qui étaient aussi des hommes, renoncèrent à condamner. Et Phryné, acquittée, remit ses voiles. Voilà ce qui a inspiré M. Pradier dont le modèle préféré fut longtemps, dit-on, l'actuelle maîtresse de M. Victor Hugo, l'actrice Juliette Drouet.

— Si Phryné avait été maigre et laide comme moi, on l'eût mise en prison, commenta Alexandra avec une moue.

— Tu n'es ni laide ni maigre, et le barbu qui t'a offert son bras tout à l'heure avait l'air de te trouver à son goût, dit Axel.

Puis il enchaîna, considérant la table de travail de sa filleule :

— Pourquoi as-tu choisi un tel meuble ? demanda-t-il.

— C'est la table du grand-père Cottier. Le père de Manaïs. C'est elle qui me l'a offerte. Difficile de refuser, hein ! Mais heureusement, le fauteuil de bois était inutilisable, alors j'en ai acheté un, capitonné de cuir, plus confortable. Essaie-le, dit-elle à son parrain.

Axel s'assit, fit pivoter le siège, le trouva très accueillant. Avant qu'il ait pu le quitter, la jeune fille s'était laissée tomber sur ses genoux et lui passait les bras autour du cou.

— Tu ne peux pas savoir comme je suis heureuse aujourd'hui. Entrer à vingt ans dans la banque me ravit. Je sens que je vais apprendre, ici, des choses qu'on ne peut apprendre ailleurs. Je vais rencontrer des gens importants, des étrangers, des Français surtout, qui préfèrent placer leurs économies à Genève plutôt que chez eux, où les riches ne sont jamais tranquilles. Péa m'a dit que je lui servirai d'interprète, car son allemand est passable mais son italien détestable et son anglais trop littéraire. Il m'a aussi promis de m'envoyer les vieux beaux irascibles, pour que je les amadoue !

Pendant ce verbiage, Axel essayait vainement de se débarrasser de son agréable fardeau, sans y parvenir. Ce corps souple et nerveux, dont il percevait la tiédeur à travers la soie de la robe, la fragrance fraîche et suave dont usait Alexandra, le troublaient.

— Allons, allons, lève-toi. Si quelqu'un entrait et nous trouvait ainsi ! Tu n'es plus une fillette que l'on prend sur ses genoux, Alexandra, dit-il, s'efforçant au ton sévère.

— Ah ! ne gâche pas mon plaisir. Je suis heureuse, je veux l'être, je le serai ! Alors, parrain, embrasse-moi, sinon je reste là jusqu'à ce qu'on nous cherche... et qu'on nous trouve !

Axel se leva sans effort mais la jeune fille, suspendue à son cou, jambes repliées, ne mit pas le pied au sol, si bien qu'il se vit debout, avec Alexandra dans les bras.

— Voyons, sois raisonnable, ne m'oblige pas à te laisser choir comme un paquet. Tu ne fais pas une banquière sérieuse ! dit-il, à bout d'arguments.

— Embrasse-moi et nous continuerons la visite, dit-elle, soudain étrangement sérieuse.

Résigné, il lui posa un baiser rapide sur la joue.

— Ah ! non, c'est pas de jeu. Pas comme ça. C'est un baiser de nourrice, ça. Je veux un vrai baiser... comme celui que je t'ai donné aux Pâquis, tu t'en souviens ?

S'il s'en souvenait !

Il se tut et Alexandra interpréta parfaitement son silence. Elle se laissa glisser à terre, planta résolument ses yeux dans le regard vairon de son parrain et lui tendit ses lèvres.

— Un seul baiser mais un vrai, murmura-t-elle en fermant les paupières.

Il fit ce qu'il s'était promis de ne pas faire. Il enlaça sa filleule et le baiser qu'ils échangèrent les laissa l'un et l'autre un instant désemparés, comme s'ils prenaient soudain conscience de la gravité du geste et du moment. Alexandra émergea la première.

— Je sais maintenant que tu peux m'aimer comme une femme. Mon bonheur est complet. Je suis heureuse, répéta-t-elle en lui caressant la joue du bout des doigts.

— Puisque tu as obtenu ce que tu voulais, diablesse, et qui n'engage à rien, fais-moi visiter la maison, dit Axel, retrouvant assez de maîtrise pour banaliser cet instant de faiblesse.

Elle lui tendit une main qu'il prit et ils quittèrent la pièce. Les invités, répandus dans l'immeuble, commençaient à descendre l'escalier pour regagner le hall où avait été dressé un buffet.

— Viens voir, la seule pièce intéressante est le salon. Quand les associés, nos sieurs, comme on dit ici, en parlent, on a le sentiment qu'ils écrivent le mot avec un grand S, ironisa la jeune fille.

Dans cette pièce, à peine plus vaste qu'un bureau, dont une immense table ovale et sept sièges à dossier de cuir occupaient la plus grande partie, se tenait chaque matin, à huit heures et demie, la réunion des associés commanditaires. Les initiés disaient le chapitre, à cause de l'atmosphère quasi religieuse qui présidait à ces entretiens entre associés, derrière une porte capitonnée de cuir et hors de toute présence étrangère. Malgré ces protections, les commanditaires s'entretenaient le plus souvent à voix basse. Après examen attentif des informations livrées par les fondés de pouvoir et de celles, plus confidentielles encore, recueillies par l'un ou l'autre des sieurs, au cours d'un dîner dans une ambassade étrangère, d'une réception mondaine, d'un entretien avec un membre du Grand Conseil au Club de la Terrasse, d'un propos saisi au vol entre deux agents de change, on décidait, non sans discussions, remarques des uns, réticences des autres, des placements les plus sûrs à effectuer le jour même, des transferts à opérer, des liquidations à prévoir, des déports à renouveler, des reports à envisager, tout cela en évitant, par des manœuvres trop voyantes ou des arbitrages insolites, d'attirer l'attention de la concurrence. La clientèle internationale entendait, en effet, que les opérations conduites à son profit soient, pour toutes sortes de raisons avouables ou non, entourées de discrétion. On murmurait en ville que Laviron-Cottier et Cie effectuait des placements pour le compte du Vatican, grand propriétaire immobilier romain, aussi bien que pour celui du Shah de Perse, qui se préparait à céder à la Russie deux ports sur la Caspienne, mais personne n'aurait pu confirmer ou infirmer ces rumeurs. Les chauffeurs, brigands de triste mémoire, eussent-ils brûlé les pieds de Pierre-Antoine qu'ils n'en auraient pas su davantage !

— Je ne t'imagine pas prenant la parole dans ce cénacle. Que vas-tu leur dire ? demanda Axel.

— Mon rôle, dans un premier temps, sera simplement d'écouter, avec attention et respect, ces messieurs. Tout ce que me demande Péa, c'est de compléter les renseignements réunis par les fondés de pouvoir. Je lis des journaux et des livres que ces gens ne lisent pas. Par mes amies musiciennes, je fréquente, à Genève, des familles étrangères qu'ils ne connaissent pas et je sais mieux qu'eux comment on fabrique le gaz de houille, en France, en Angleterre, combien et quel genre de fils sont nécessaires pour faire fonctionner un télégraphe électrique, tu comprends ?

— Je comprends que tu crois ces messieurs ignares, or ils ne le sont pas. Certains sont bibliophiles, d'autres fort connaisseurs en agriculture ou construction de bateaux, Alexandra ! dit vivement Axel, trouvant sa filleule outrecuidante.

— Ils ne sont pas ignares, parrain, ils sont d'un autre temps ! Tous ont plus de soixante ans. Leurs connaissances datent d'avant la vapeur et la mécanisation des ateliers du textile. C'est pourquoi ils restent méfiants devant les chemins de fer, dont les actions en France et en Angleterre sont de bon rapport. Mais je te raconterai comment se passeront les choses. Et ne sois pas inquiet pour moi. Ces messieurs savent que j'ai apporté soixante-cinq mille livres à la banque. Une telle somme se respecte, dit Alexandra en posant sur Axel un regard où se lisait, mêlée de commisération, la tendre gratitude qu'inspiraient à la jeune fille les craintes de son parrain.

A peine eurent-ils rejoint, dans le hall, les autres invités rassemblés autour du buffet dans un brouhaha mondain, qu'Anaïs Laviron se précipita vers sa fille adoptive.

— Où étais-tu passée ? J'ai envoyé Zélia à ta recherche. Tout le monde te réclame, viens.

Alexandra, avec une mimique de résignation à l'intention de son parrain, disparut dans l'assistance, où Axel retrouva Elise, les Fontsalte et les Ribeyre de Béran. Aricie n'avait pas eu le cœur de faire le voyage et Vuippens s'était décommandé, une de ses patientes se préparant à mettre au monde des jumeaux. Axel, sans en rien dire à quiconque, trouvait Alexandra trop sûre d'elle-même. Elle n'imposerait pas aussi aisément ses compétences particulières et ses vues aux associés de Pierre-Antoine qu'elle avait imposé à un homme ayant deux fois son âge un baiser amoureux.

Le lendemain soir, les jeunes gens invités à la célébration des vingt ans de Mlle Alexandra Laviron-Cornaz, dont on rapportait qu'elle venait d'entrer dans la banque de son père adoptif, furent tous charmés par la grâce de la jeune fille. Et cependant, la beauté d'Alexandra ne se remarquait pas au premier regard. La plupart de ses amies, encore célibataires, témoignaient de la robustesse du type helvète. Bien en chair, teint de pêche, avec l'assurance que confèrent la naissance et la fortune, elles exhibaient toutes les apparences de la bonne santé qu'entretiennent un climat sain, une nourriture fortement lactée et ce qu'il faut d'exercice. Les marches autour du Salève et les bains dans l'Arve, dès la belle saison, assuraient fermeté du mollet, aisance du mouvement. On devinait, chez ces filles à marier, les futures porteuses d'enfants, et les garçons, que ne transportaient pas des passions morfondantes ou exclusives, trouvaient parmi ces demoiselles bien dotées des épouses dociles et fidèles. On s'arrangeait pour qu'inclination, raison, fortune se confondent et cela faisait d'excellents ménages et de beaux rejetons. Auprès de ces filles, Alexandra, qui souvent les dépassait en taille, paraissait sèche et plate, si plate qu'une de ses compagnes lui avait un jour conseillé de bourrer sa brassière de boules de coton pour se donner des rondeurs artificielles là où les naturelles faisaient défaut ! Elle avait ri et répondu qu'elle se souciait peu de paraître ce qu'elle n'était pas. Ceux qui prenaient le temps de l'observer lui trouvaient des traits d'une irréprochable régularité, un nez fin légèrement busqué, un large front, des dents d'une blancheur éblouissante, un regard gris-vert, mobile, franc, assuré. Le regard d'une femme que les hommes n'impressionnent pas.

Le matin de la célébration de ses vingt ans, tout avait commencé par un office au temple de la Fusterie car, avait dit Mme Laviron, « Dieu ne doit pas être absent de cette journée ». Un déjeuner avait ensuite réuni les seuls intimes rue des Granges et l'on avait porté des toasts à la jeune fille, mais aussi à Pierre-Antoine, qui comptait un demi-siècle de plus que sa pupille, « dix fois l'âge de raison », lui avait fait observer celle-ci en lui offrant la dernière création de Vacheron Constantin, une montre en or, la plus plate – et la plus élégante par sa sobriété – réalisée à ce jour par les cabinotiers de Saint-Gervais.

Le cadeau des Laviron à leur fille adoptive avait été à la mesure des consolations et du bonheur teinté de mélancolie qu'Alexandra leur apportait, un tilbury arrivé d'Angleterre quelques jours plus tôt et un anglo-arabe pour le tirer. Mais ce qu'attendait avec le plus d'impatience Alexandra était le présent que ne pouvait manquer de lui faire son parrain. Elle fut comblée et ne put retenir un cri de joie en ouvrant l'écrin qu'Axel lui tendit. Il avait commandé lui-même chez Gallopin une pierre de lune birmane, montée sur or blanc. Un pendentif pour jeune fille, certes, mais qu'elle reçut en femme.

La réception du soir et le bal qui la prolongea plurent autant aux aînés qu'à la jeunesse. Les vieux amis des Laviron, parents ou grands-parents des garçons et des jeunes filles qui avaient répondu à l'invitation d'Alexandra, apprécièrent qu'il se trouvât encore, rue des Granges, à Genève, une famille où l'on savait recevoir avec la noble simplicité et les façons raffinées qu'ignoreraient toujours les grimpions[1].

Alexandra se devait d'ouvrir le bal de ses vingt ans avec son père adoptif, qui ne put, en la reconduisant à son parrain, dissimuler son émotion.

— Merci, mon ami, de nous avoir donné cette fille, dit-il simplement, avant de se détourner pour essuyer, d'un revers de main, une larme qu'il ne pouvait contenir.

Au fil des années, Axel avait découvert que cet homme, rigoureux mais pondéré, habile en affaires, expert en science bancaire et monétaire, était aussi un humaniste dépourvu d'affectation. Intelligent et plus subtil qu'il ne paraissait, peut-être à cause de sa stature massive et de sa coiffure démodée, Laviron avait compris, avant la plupart de ses confrères, conservateurs craintifs, que le monde et la société étaient en train de changer et que les gens de sa classe devraient faire abandon de privilèges, parfois injustifiables, afin que de plus modestes accèdent à une vie meilleure. Son engagement de 1841 dans l'association du Trois-Mars lui avait valu quelques inimitiés. Il trahissait sa classe, avait-on dit. Depuis, ses détracteurs avaient souvent fait amende honorable, avant de se rallier aux libéraux modérés. Seuls des Genevois de cette trempe feraient aboutir les justes réformes qui rendraient caduques les tentatives révolutionnaires des Fazy et autres radicaux. Tout cela, Axel le rappela à Alexandra, pendant un tour de valse.

Les Métaz et les Fontsalte se retirèrent tôt, Elise et Charlotte se disant fatiguées, mais Claude Ribeyre de Béran et Flora firent partie du dernier quadrille. Le soleil se levait quand les dernières voitures descendirent la rue de la Cité.

Avant d'aller dormir, Alexandra fit atteler le tilbury dont elle avait maintenant l'usage et, aidée de Zélia, y chargea les bouquets qui lui avaient été envoyés la veille. Malgré les objections de la Tsigane, que l'absence de Vuippens avait rendue morose, elle s'en fut seule au cimetière des Rois et inonda de fleurs la tombe de Juliane.

---

1. Arrivistes sans manières, qui tentaient de pénétrer la bonne société et de s'installer dans les hôtels de la haute ville.

4

Au cours de l'été 1843, Axel Métaz passa de beaux après-midi sur le lac, avec Vincent, à bord de l'*Ugo*. A neuf ans, le garçonnet en paraissait douze et affichait une vitalité que la vieille Françoise qualifiait d'exténuante. Musclé, toujours gai, hardi, infatigable, il grimpait aux arbres comme un écureuil, escaladait les murets tel un cabri. Insensible aux bosses et aux égratignures, il allait, les genoux couronnés et des ampoules aux mains, sans jamais se plaindre. Pernette tentait chaque matin, en trempant un peigne dans l'eau, de discipliner sa chevelure brune et bouclée, afin qu'il fût présentable au collège, d'où il revenait, deux ou trois fois par semaine, avec des punitions, pour s'être battu pendant la récréation, avoir enfoncé de la mie de pain dans les encriers ou libéré, en pleine classe, une demi-douzaine de souris capturées dans les écuries familiales. Qui lui parlait de son regard vairon encourait des représailles. S'il s'agissait d'un garçon de son âge, Vincent, qui avait lu *Ivanhoé*, proposait un duel à l'échalas, derrière Saint-Martin, quand il ne réagissait pas, sur l'instant, à coups de poing. Il ne traitait pas les filles moqueuses avec plus de clémence. Il leur tirait les cheveux jusqu'à ce qu'elles demandent pardon en pleurant. Avec les adultes qui, d'un ton patelin, s'inquiétaient de savoir « s'il voyait clair quand même », ses réactions se bornaient à une incongruité du genre, « j'y vois assez pour voir que vous avez le nez comme une pomme de terre », constatation souvent assortie d'une langue tirée. Depuis que la mère Chatard s'était permis une remarque sur son « regard de chien de berger », lors d'une rencontre chez l'épicière, Vincent décochait un pied de nez à la vieille commère, chaque fois qu'il la croisait.

Axel, qui comme son fils avait autrefois souffert des réflexions des gens sur son regard vairon, se montrait plein d'indulgence quand on lui rapportait les gestes violents ou les insolences de Vincent.

Quant à Blaise, qui retrouvait avec plaisir et émotion, chez ce petit-fils robuste et audacieux, la force vive et les intransigeances des Fontsalte, il eût plutôt encouragé Vincent à châtier les outrecuidants qui osaient une remarque sur son regard bicolore, atavisme dont il devait être fier. Bertrand, le benjamin, caractère doux et facile, admirait son aîné, dont les audaces le réjouissaient et l'effrayaient à la fois, car, caractère sensible et réfléchi, il envisageait toujours les pires conséquences aux incartades de son frère.

Elise exigeait qu'on ne laissât jamais Vincent sans surveillance, les jours de congé scolaire. Aussi était-elle rassurée quand Axel emmenait son fils en promenade, en voiture ou en bateau. L'enfant, que son père et le bacouni initiaient aux manœuvres, n'était jamais aussi heureux que les matins où, sous forte brise, le bateau filait, voiles gonflées, vers Villeneuve, au bout du lac. Devant le quai animé, d'où partaient les diligences pour l'Italie et aussi la Dame-du-Lac, grande voiture qui assurait le transport des voyageurs arrivés par les bateaux à vapeur vers Aigle, Bex et les fameux bains de Lavey, Axel amarrait l'*Ugo*. Le temps de déguster une glace à la vanille ou au cassis à la maison de ville et de flâner devant les boutiques et l'on rembarquait. A moins que, l'heure du repas étant venue, Axel n'en profitât pour commander une truite ou une carpe, poissons qu'on ne trouvait nulle part ailleurs qu'à Villeneuve, cité coquette, dont le décor majestueux, à l'entrée de la gorge du Rhône, avec en toile de fond les sommets du Valais, inspirait quantité de peintres.

Il arrivait aussi qu'on allât goûter, au milieu des touristes étrangers, dans le grand salon de l'hôtel Byron, où Vincent découvrit que le rocking-chair était une sorte de balançoire. Plusieurs fois, les navigateurs jetèrent l'ancre devant le château de Chillon, forteresse pleine de mystères que l'enfant, infatigable questionneur, aimait à parcourir en serrant fort la main de son père, tandis que le guide racontait, avec force détails effrayants, l'histoire de Bonivard l'enchaîné et le martyre des vingt-sept sorciers et sorcières exécutés, au pied du donjon, entre le 9 juin et le 26 septembre 1613.

C'est le mariage de Lazlo et la maternité de Marie-Blanche qui avaient rapproché Axel de son fils. En effet, depuis qu'il était lui-même père d'un gros garçon, teint mat et duvet noir, le Tsigane, compagnon favori de jeu et de promenade de Vincent, consacrait plus souvent ses heures de liberté à son foyer qu'au fils aîné de son maître. Axel ayant offert au couple deux pièces et un appentis dans les communs, Lazlo s'employait à rendre les lieux plus confortables pour sa petite famille. Tandis que Marie-Blanche confectionnait rideaux ou couvre-pieds, son mari rabotait, clouait, peignait en chantant, avec l'ardeur qu'il mettait en toute chose. Presque chaque soir, il montait jusqu'au carré de vigne offert par M. Métaz. Au ressat des vendanges, le pasteur Duloy avait perçu l'offrande de cette terre comme symbole d'un enracinement du nomade. C'est dans cet esprit qu'Axel avait fait ce don et c'est ainsi que le Tsigane l'avait reçu. Visiter sa petite vigne, le raclet en main, enlever les mauvaises herbes, redresser les échalas, solliciter au moment de la taille des conseils, que les vignerons voisins donnaient maintenant sans réticence, prouvaient que le bohémien avait opté pour la vie sédentaire. Les jours de marché, plus personne n'osait désigner Marie-Blanche comme la femme du Jenisch depuis que Lazlo avait rossé d'importance un maraîcher mal embouché. Les dernières méfiances de ceux qui prenaient tous les Tsiganes, sinon pour des voleurs d'enfants, au moins pour des pilleurs de poulaillers, tombèrent quand, un samedi, Lazlo et Marie-Blanche furent conviés à célébrer, dans la famille d'un tonnelier, les fiançailles de la fille de la maison. Ce soir-là Lazlo dansa avec toutes les femmes invitées, sans que personne y trouvât à redire.

La société veveysanne eût joui en toute bonne conscience de l'alternance routinière et sereine du labeur quotidien et des simples plaisirs domestiques, mode de vie auquel les Vaudois étaient fort attachés, si l'affaire des couvents d'Argovie, que l'on croyait terminée, n'avait rallumé, entre cantons catholiques conservateurs et cantons libéraux protestants, une querelle devenue plus politique que religieuse.

La rotation, prescrite par le Pacte fédéral de 1815, entre les trois cantons directeurs, Zurich, Berne et Lucerne, conférait à ce dernier, depuis le 1er janvier 1843 et pour deux ans, la fonction de Vorort, c'est-à-dire la direction des affaires fédérales. Désormais, c'est à Lucerne que se réunissait la Diète fédérale, dont le chef du gouvernement lucernois était, de droit, président. Or, si Berne et Zurich, cantons « régénérés », étaient dirigés par des radicaux, Lucerne, qui s'était, par une contre-révolution, débarrassé d'un gouvernement radical, venait de réintégrer le camp des cantons conservateurs. Le clergé catholique avait repris, à Lucerne, l'influence perdue, et le nonce du pape qui, sous le régime radical, avait dû quitter la ville pour s'établir à Schwyz, avait regagné son évêché. Comme il fallait s'y attendre, les délégués des cantons catholiques demandèrent, au cours de l'été, que la Diète fédérale considérât à nouveau l'affaire des couvents d'Argovie. La Diète extraordinaire de 1841 avait rendu un jugement de Salomon en exigeant la réouverture de trois couvents de femmes, Fahr, Gnadental et Baden, mais en se résignant, au mépris du Pacte fédéral, à voir les Argoviens supprimer un couvent de femmes, Hermetschwil, et quatre monastères d'hommes, Muri, Wettingen, Baden et Bremgarten.

Pour désamorcer une nouvelle querelle, le gouvernement d'Argovie venait d'accepter, le 31 août, la réouverture du quatrième couvent de femmes, mais s'opposait catégoriquement à autoriser la réouverture des monastères d'hommes, considérés comme foyers de sédition antiradicale. La Diète, où les catholiques restaient minoritaires, s'étant déclarée satisfaite, on avait rayé la question des couvents d'Argovie de l'ordre du jour, au grand dam des opposants. Douze cantons, représentant soixante-dix-huit pour cent du peuple suisse, s'étaient prononcés pour la clôture d'un dossier qui n'aurait jamais dû être ouvert si le Pacte fédéral avait été strictement respecté par tous.

Henri Druey, député du canton de Vaud, n'avait pas laissé passer l'occasion de servir un de ces arguments ambigus dont il avait le secret en proclamant : « Le radicalisme, tout en attachant un grand prix à l'observation des formes, ne saurait cependant leur sacrifier le fond. Il reconnaît donc au peuple le droit d'exercer sa souveraineté à chaque instant, comme il le veut, sa volonté suprême ne pouvant pas être liée par la Constitution, qui est un acte de cette volonté et non un contrat. »

Lors d'une des habituelles réunions du cercle Fontsalte, Axel, évoquant cette prise de position de Druey, observa :

— Si la Constitution fédérale n'est qu'un chiffon de papier, que les gouvernements cantonaux n'ont plus à respecter quand le peuple en décide autrement, que représente désormais l'alliance confédérale ?

Charlotte de Fontsalte et Flora Ribeyre de Béran, catholiques militantes, furent encore plus choquées par la désinvolture de la majorité de la Diète. Elles approuvèrent la protestation des cantons catholiques, comme l'initiative de M. Siegwart-Müller, le Lucernois, qui s'était rendu à Vienne pour signifier au chancelier Metternich que les sept cantons catholiques conservateurs – Schwyz, Uri, Unterwald, Zoug, Fribourg, Lucerne et Valais – avaient l'intention « de se séparer des confédérés parjures à l'alliance et continuer à vivre à sept sous l'égide du Pacte fédéral ».

C'était la première fois que les cantons non régénérés, et qui ne souhaitaient point l'être, envisageaient une sécession, qui ferait éclater la Confédération et risquait de provoquer un conflit européen, le délégué des sept séparatistes ayant sollicité, disait-on, l'aide de l'Autriche et de la France, en cas d'affrontements armés.

Axel tenta d'imaginer ce qu'aurait dit Martin Chantenoz devant une telle menace. Il commenta cette situation avec Elise et tous deux tombèrent d'accord pour reconnaître que les journaux des deux bords ne faisaient qu'attiser la querelle et que l'article le plus sensé avait été publié par la *Gazette de Lausanne*, sous le titre « Décadence de la Suisse ». Pour Vuippens, qui lisait peu les journaux, Axel relut des passages de ce texte à haute voix :

— « Deux partis divisent la Suisse, l'un et l'autre invoquent la patrie et se plaisent à la tourmenter. Les uns, pour retenir le pouvoir, se cramponnent aux fauteuils qu'ils occupent, sans s'inquiéter de l'ébranlement que leur résistance peut causer dans l'Etat. Les autres embrassent la liberté mais bientôt ils l'étouffent et la forcent à venir expirer dans leurs bras. Partout, la religion se mêle à la politique mais c'est pour l'asservir. Un fanatisme sombre énerve l'Etat et divise l'Eglise; il aiguiserait au besoin le poignard sur l'autel. On ne sait bientôt plus quelles voix il faut entendre, quelle main doit vous garder. On paraît se plaire à opposer nos cultes l'un à l'autre; Rome à Calvin et le prêche à la messe. Le Directoire fédéral prend le nom de Vorort catholique, et sa gazette officielle ne semble reconnaître que cette confession, comme si tous, catholiques ou protestants, n'adoraient pas le même Dieu et n'étaient pas les enfants d'une même patrie.

« Quelques journaux dégouttent l'injure et, oubliant sans cesse leur mission de conciliation et de paix, ils irritent les passions au lieu de les calmer. Le lendemain d'un combat, ils se traînent encore sur le champ de bataille et s'ils rencontrent un charbon mal éteint, ils le ramassent en souriant et le lancent pour ranimer le feu au milieu de la foule étonnée.

« Longtemps la Suisse a paru petite, parce qu'elle était assise. Pourquoi faut-il qu'aujourd'hui elle ne puisse se mettre debout sans affaiblir sa Constitution et ses mœurs ?

« La Suisse a-t-elle bien réfléchi où peuvent la conduire de pareils éléments ? Oublie-t-elle que les mauvais jours peuvent arriver pour elle, et qu'un peuple mal uni est toujours une proie facile ? »

— Martin aurait approuvé cette analyse et il nous eût annoncé une guerre imminente entre les cantons, dit Vuippens, avec un sourire teinté de nostalgie.

— Dieu fasse que la sagesse l'emporte et qu'on cesse toutes ces rodomontades, avant qu'il ne soit trop tard, conclut Elise.

C'est dans ce climat de tension persistante qu'Axel, en l'absence de Blaise et de Claude, partis chasser dans les Grisons, dut accompagner, mi-septembre, à Genève, sa mère, Flora et Tignasse. Les trois femmes voulaient assister aux funérailles de l'abbé Jean-François Vuarin, l'intrépide curé de Genève, mort le 8 septembre, à l'âge de soixante-quatorze ans.

Ce prêtre savoyard qui, dès 1799, disait en catimini la messe à Genève, ce qui lui avait valu une lapidation et de nombreux déménagements avant que le culte catholique ne fût imposé par la France impériale, jouait, depuis la Restauration, un rôle important. Même si les protestants les plus sectaires menaçaient les bambins dissipés d'appeler Vuarin, présenté comme le diable papiste qui achetait les enfants pour les expédier en France, l'abbé Vuarin imposait le respect. Intelligent, d'une moralité exemplaire et d'une droiture jamais prise en défaut, l'ecclésiastique parlait franc et affirmait ses convictions avec une âpreté et une véhémence qui l'avaient rendu antipathique à de nombreux Genevois. Face à l'intolérance, il affichait une intolérance plus grande encore et se montrait implacable dès qu'il s'agissait de défendre le culte catholique, introduit à Genève en 1815 par le traité de Turin. Les dispositions de ce traité, qui assurait, face au gouvernement genevois, la légalité de la religion catholique, Vuarin s'en était toute sa vie servi comme d'une arme, pour alimenter des chicanes, parfois mesquines, avec les autorités. On lui reconnaissait aussi le génie de la provocation et rien ne semblait autant le réjouir qu'un pasteur dans l'embarras ! Le peintre Joseph Hornung, membre du Trois-Mars, convoqué pour faire le portrait de l'abbé sur son lit de mort avait dit : « En vérité, voilà bien la figure d'un homme qui est mort en paix. »

Genève fit de grandioses funérailles à son curé et les catholiques n'eurent pas longtemps à attendre pour connaître le nom de son successeur. Dès le lendemain de la mise en terre du prêtre, Mgr Pierre-Tobie Yenni, évêque de Genève, Lausanne et Fribourg, annonça que, suivant le vœu souvent exprimé par le défunt, le nouveau curé de Genève serait son vicaire, l'abbé Etienne Marilley, un Vaudois né à Châtel-Saint-Denis, au foyer d'un serrurier père de sept enfants. Cette nomination avait été, déjà, recommandée par le comte Crotti, ministre de Sardaigne, au nonce apostolique en Suisse.

L'abbé Marilley, âgé de trente-neuf ans, carrure de paysan, jovial et bonhomme, regard pétillant, avait été l'élève des jésuites, au collège Saint-Michel, à Fribourg, avant de devenir précepteur chez les Gottrau de la Riedera, une riche famille aristocratique. Il avait été ordonné en 1831, après quatre années de théologie chez les jésuites, suivies de deux années de séminaire. D'abord vicaire à Berne, puis à Echallens, il avait été, une première fois, envoyé à Genève, auprès du curé Vuarin. Les Genevois, qui l'appréciaient, avaient regretté qu'il les quittât deux ans plus tard pour devenir directeur au séminaire de Fribourg. Ils s'étaient réjouis de son retour, en 1839, comme premier vicaire du curé de Genève. Qu'il succédât à Vuarin paraissait donc naturel à l'immense majorité des catholiques genevois, sauf à un groupe d'intrigants où l'on rencontrait, au côté d'un prêtre mondain, des protestants convertis et certains curés, dont les ambitions avaient été déçues. Cette désignation ne plaisait pas, non plus, aux protestants, pour qui l'abbé Marilley apparaissait comme le continuateur intransigeant de la politique du curé Vuarin. Quant au Conseil d'Etat genevois, dont la ratification était indispensable pour que la nomination du nouveau curé devînt légale et effective, il eût préféré un prêtre d'origine genevoise, plutôt qu'un Vaudois, ancien élève des jésuites, bêtes noires des radicaux et dont on craignait déjà, dit le Premier syndic Rigaud à Mgr Yenni, « qu'il ne continue un système dont nous avons gémi pendant près de trente années » !

Axel n'avait pas revu Alexandra depuis le mois de mars, à cause de ses occupations qui le retenaient à Vevey, mais aussi parce qu'il redoutait l'obstination amoureuse de sa pupille, autant qu'il doutait de sa capacité à résister à ses avances. Sa liaison avec Marthe Bovey, née de la rencontre de deux sensualités épicuriennes et continuée par habitude, ne le contentait plus. Le commerce d'amitié conjugale entretenu avec Elise ne le satisfaisait pas davantage. Il avait cru ces relations complémentaires : elles n'étaient que fragments hétérogènes d'un bonheur tronqué. Au fil des mois, il s'était résigné à admettre que le plaisir est incomplet sans l'amour. Or, Alexandra offrait l'amour et promettait le plaisir. Axel ne pouvait récuser le premier mais s'interdisait le second.

En dépit de ses craintes, il fut heureux de retrouver sa filleule, à l'aise dans sa situation de banquière. Elle avait su, en quelques mois, capter la confiance des associés de Pierre-Antoine, qui lui demandaient maintenant de faire chaque matin la synthèse des informations reçues des Bourses étrangères, des dépêches des correspondants particuliers, des articles traitant de l'industrie, des mines et du commerce international.

— Le dimanche, je suis souvent invitée chez un Cottier ou chez un autre, car tous ont des fils ou des petits-fils à marier ! Si je cherchais un mari, je n'aurais, parrain, que l'embarras du choix, dit-elle à Axel.

— Tu devras, un jour où l'autre, te choisir un époux, ma petite. La plupart de tes amies sont déjà mariées. Tu es, d'après Anaïs qui s'y connaît, un des plus beaux partis de la place de Genève, développa M. Métaz.

— Je n'ai pas de chance ! Le seul homme que je voudrais pour mari est déjà marié, dit-elle, avec une feinte désinvolture.

Axel comprit parfaitement qu'il s'agissait de lui.

— Et bien marié ! dit-il en riant.

— Ça, j'en suis moins sûre ! répliqua Alexandra, avec une moue pleine de sous-entendus, tandis que son regard, comme celui de tous ceux qui tentent de fixer, les yeux dans les yeux, un être au regard vairon, allait de l'œil clair à l'œil sombre de son parrain.

Axel, informé par Vuippens de ce que savait Alexandra de ses relations conjugales, rompit la conversation et, alléguant l'heure de rentrer à Vevey, rejoignit sa mère, Flora et Tignasse, qui papotaient avec Anaïs Laviron.

Le voyage à bord de la grande berline des Métaz, conduite par Lazlo, fut un enchantement. Sous le soleil d'après-midi, le Léman, calme et bleu, offrait le spectacle, assez rare, que les Vaudois nomment fontaines ou chemins. L'eau lisse semblait parcourue par des courants de surface sinueux, qui ridaient mollement le lac à certains endroits. Ce phénomène était attribué par M. Blanchet, savant naturaliste, « à de petits courants d'air perpendiculaires, qui frappent la surface du lac ». Les bacounis, moins scientifiques, voyaient dans ces chemins ceux de la bise qu'ils annonçaient.

Les vignobles de la Côte et de Lavaux arrivaient à leur pleine maturité et cascadaient sur les parchets, tel un épais tapis vert, que striait la blancheur des murets. Entre les feuilles des ceps, les lourdes grappes de raisin proclamaient la proximité de la vendange. Partout, on apprêtait les chars et les brantes en imaginant plus aisément le volume déjà apparent de la récolte que la qualité du vin qu'on en tirerait.

Axel avait prévu de faire étape à Lausanne, pour déposer sa mère et ses amies, avant de continuer sa route vers Vevey. Quand on fut en vue de Beauregard, Charlotte et Flora supputèrent, en plaisantant, la date de retour de leurs maris, se risquant à dire, sans le croire un instant, que ces parties de chasse lointaines n'étaient peut-être qu'alibis dissimulant des frairies d'anciens soldats d'où les gotons villageoises ne devaient pas être absentes. Blaise et Claude avaient promis de rapporter des peaux de marmottes, rongeurs qui pullulaient dans le nord des Grisons. Leurs épouses en feraient des manchons.

— Voilà une bonne semaine qu'ils sont partis. Peut-être sont-ils déjà rentrés, dit Tignasse.

La réponse vint avant même que Lazlo ne franchît le portail de Beauregard, quand ils virent venir sur la terrasse, au-devant de la voiture, l'adjudant Trévotte, encore en tenue de chasse, avec une barbe de trois jours et l'air ennuyé.

Tandis que Lazlo aidait les femmes à descendre, Titus, avant même de saluer les voyageuses, tira Axel à l'écart.

— Un grand malheur est arrivé, monsieur Axel ! Un grand malheur, répéta le vieux soldat.

— Quel malheur, parlez ! Un accident ?

Charlotte et Flora, entendant Axel prononcer le mot accident, se précipitèrent sur Trévotte.

— Quel accident ? Le général a eu un accident ? s'écria Mme de Fontsalte, d'une voix perçante.

Elle fut aussitôt rassurée en voyant son mari apparaître sur le perron, lui aussi en costume de chasse, la barbe sale, les yeux rouges, ce qu'elle mit sur le compte de l'insomnie.

— C'est mon mari qui a eu un accident ? jeta Flora, affolée, courant vers Fontsalte, figé sur la deuxième marche du perron.

Elle s'arrêta au pied de l'escalier que le général acheva de descendre en lui ouvrant les bras, confirmant par ce geste toutes ses craintes.

— Il est blessé, blessé gravement ? demanda Axel, resté près de sa voiture.

Trévotte, dont la grosse moustache et les lèvres tremblaient, hésita trop longtemps à répondre pour que le mot qu'il refusait de prononcer ne s'imposât à l'esprit d'Axel Métaz.

— Il est… mort ?

D'un signe de tête, Titus confirma.

— Comment est-ce arrivé, grand Dieu ? Titus, un accident de chasse ?

— Oh ! monsieur Axel, c'est le fils du colonel Wildenberg, l'ami de votre père et du général Ribeyre, qui l'a tué. Un accident, un affreux accident, acheva Trévotte, dont les larmes disaient soudain toute la détresse.

Un silence contraint, que troublaient seuls les sanglots de Flora et de Charlotte, assises et blotties l'une contre l'autre sur les marches du perron, s'abattit sur cette terrasse où s'épanouissaient, superbes et absurdes, les roses de septembre.

Fontsalte, vieillard accablé, dont Tignasse broyait les mains avec nervosité, car il venait, d'une phrase, de révéler l'ampleur du drame dont il avait été témoin, jeta un regard de supplicié à son fils. Axel comprit cet appel, vint prendre affectueusement le bras de Blaise et l'entraîna sur la terrasse, tandis que Trévotte, Lazlo et les domestiques de Beauregard obligeaient Flora, soutenue par Charlotte et Rosine, à entrer dans la maison.

Le récit de la mort du comte Claude Ribeyre de Béran, Blaise le devait à son fils. Il l'entreprit avec courage.

— Nous étions, à l'aube, en battue, au pied d'une colline, près de Susch, au confluent de l'Inn et de la Susasca, en Engadine. Un traqueur de notre ami, le colonel Wildenberg, avait, dès l'aube, rembuché[1] un vieux sanglier mais, on ne le sut que plus tard, il n'avait pas repéré, dans un taillis impénétrable, une autre bauge, occupée par une compagnie d'une douzaine de cochons. Quand la sonnerie de commencement de battue retentit, la harde, conduite par une vieille laie, sortit des fourrés et le vieux mâle la suivit. J'étais à mon poste et Ribeyre au sien, à deux cents pas de moi, sur le même sentier. Entre nous deux se tenait Arnaud de Wildenberg, le fils de l'ami qui nous avait invités à chasser sur ses terres. Nous étions tous ventre au bois, comme il se doit, guettant le débucher qui pouvait favoriser l'un ou l'autre, car il y avait plusieurs coulées habituel-

1. Repéré à la bauge.

lement empruntées par les sangliers au dire des traqueurs grisons. C'est Ribeyre qui vit, le premier, arriver la compagnie dans son secteur. Tireur irréprochable mais souvent téméraire, il s'est, suivant son habitude, agenouillé et, sans hâte excessive, a mis en joue le premier ragot[1]. Car il ne tirait jamais les laies, comme ça, « par principe », disait-il.

Au rappel de ces instants, la voix de Blaise se brisa et il dut faire effort pour continuer.

— La bête, touchée au bon endroit, en plein poitrail, a continué sa course. Je l'ai vue traverser le chemin, entre Claude et Arnaud. Elle s'est affalée à vingt pas derrière nous. A ce moment, la compagnie étant passée sans que j'aie tiré, car posté comme j'étais je ne pouvais rien faire, le vieux mâle grommelant est apparu, lancé en pleine vitesse sur la coulée en pente. Ribeyre, qui n'avait pas eu le temps de recharger son arme, voyant débouler le grand noir à dix pas de lui, s'est jeté derrière un arbre en criant : « A toi, Arnaud ! » Bon Dieu, Axel, ce furent ses dernières paroles.

Fontsalte se tut, terrassé par l'émotion, les yeux pleins de larmes. Il se reprit avec effort pour achever son récit.

— D'abord, le jeune Wildenberg, qui savait se tenir au poste, hésita, comme je l'aurais fait, à mettre en joue, à cette distance, le sanglier. Je l'entendis même maugréer : « Trop loin. » Mais le vieux sanglier, sans doute aguerri, parce que rescapé d'autres battues, se mit au ferme[2] et se retourna, prêt à faire face aux chiens, qui arrivaient dans le layon comme des furieux, poussés par les traqueurs. La bête se présentait bien, de trois quarts arrière. C'est alors que je vis Arnaud avancer vivement vers le sanglier et lâcher son coup. Mais il ne put voir Claude qui, ayant rechargé, sortait, accroupi, de derrière son arbre, pour tirer la bête qui se présentait à lui de trois quarts avant, la meilleure posture, dans sa zone de tir. Le vif écart que fit le sanglier surpris découvrit mon pauvre ami… la maudite balle du pauvre Wildenberg lui traversa le cœur…

Axel entoura de son bras les épaules de son père et l'embrassa, ce qui ne lui était encore jamais arrivé. Les deux

1. Jeune mâle.
2. Marqua l'arrêt, sur la défensive.

hommes demeurèrent un moment silencieux, le regard perdu sur le lac où le soleil couchant composait des irisations changeantes, bouquet final d'une belle journée d'automne.

—Il est mort... sur le coup? voulut savoir Axel.

—Oh! peut-être une minute ou deux plus tard, dans mes bras. Jamais je n'oublierai son regard étonné. Il semblait dire : « Pourquoi m'a-t-on fait ça? » Et puis il m'a souri, de son sourire ironique, il a serré faiblement ma main et s'en est allé!

— Je plains aussi les Wildenberg, père et fils, dit Axel.

— Ils sont effondrés. On a dû enlever le fusil d'Arnaud : il voulait se faire justice sur-le-champ. J'ai mis un moment à le persuader qu'il n'était en rien responsable et que cette manie qu'avait mon vieux Ribeyre, souple comme un chat, de s'accroupir pour tirer, expliquait qu'il l'avait aperçu trop tard, derrière le sanglier. C'est la fatalité, mon garçon. Vingt fois, Claude avait été taquiné par la mort pendant nos campagnes et il a fallu qu'il meure ainsi, bêtement! La chasse, Axel, est le plus ancien et le plus noble exercice de l'homme dans la nature. Chasser exige, certes, la connaissance du gibier, mais aussi la prudence et le respect des règles. Surtout lors des battues, ajouta le général, avant de s'éloigner de quelques pas, les yeux au ciel, en frappant de son poing droit sa paume gauche, geste de révolte et de colère contre la perfidie divine.

Axel attendit en silence que son père revînt près de lui.

— Maintenant, dit le général en se redressant, je dois rejoindre Flora et Charlotte. Et puis, si vous le voulez bien, nous organiserons les funérailles de Claude.

— Vous l'avez ramené ici!

— Il est là-haut, dit Fontsalte en désignant une chambre du premier étage, dont les persiennes étaient closes.

Comme Axel se taisait, imaginant le voyage des Grisons au pays de Vaud, avec ce mort dans la berline, Blaise reprit :

— Oui, nous l'avons ramené dans ma voiture, avec le colonel Wildenberg, qui a tenu à dire lui-même à Flora qu'il assume toute la responsabilité du drame et combien sa famille est affligée.

Quand Axel Métaz pénétra dans la chambre mortuaire, où, quelques mois plus tôt, Martin Chantenoz avait rendu le dernier soupir, il vit le général Ribeyre apprêté pour sa dernière parade. Trévotte, aidé d'Aricie, que Blaise avait envoyé quérir dès son retour à Beauregard, dans la matinée, avait fait la toilette du mort. On lui avait passé son meilleur uniforme et épinglé sur la poitrine sa croix de commandeur de la Légion d'honneur. Cet officier n'avait jamais failli, au contraire d'autres généraux d'Empire qui avaient renié leur empereur pour une prébende monarchique. Il affichait dans la mort le même sourire dédaigneux et l'orgueilleuse dignité qu'il avait toujours opposés aux pleutres et aux parjures.

Le colonel Gustav de Wildenberg, officier d'état-major d'origine suisse, formé par son compatriote le général Jomini, avait servi Bonaparte, depuis la campagne d'Egypte, et Napoléon, jusqu'à Waterloo. Appelé au service des Affaires secrètes et des Reconnaissances par Ribeyre, il était devenu l'ami de ce chef, à la fois autoritaire et bienveillant qui, à l'exemple de l'empereur, pardonnait toujours une erreur, jamais une négligence. Depuis 1815, Wildenberg vivait dans le château familial des Grisons. Axel vit, debout derrière Flora, à genoux sur un prie-Dieu, la tête dans les mains, un grand vieillard sec et droit, en vêtements de deuil. Devant le Vaudois, le colonel se reprocha, comme il l'avait déjà fait devant la veuve du général, d'avoir posté son fils entre ses deux amis.

— Il n'existe pas de plus grand malheur pour un homme que tuer accidentellement un ami, dit-il.

Bien que son fils n'aie en rien enfreint les règles de la battue, il ne pouvait l'innocenter tout à fait. C'était la balle d'Arnaud et pas une autre qui avait porté la mort au compagnon d'armes qu'il vénérait et que Blaise aimait comme un frère.

Flora, après un moment de faiblesse, fit face au malheur. Elle eut pour Wildenberg, rencontré une seule fois, à Paris, lors du retour des cendres de l'empereur, des mots apaisants, et quand le père, humilié, demanda pardon au nom de son fils, elle eut assez de grandeur d'âme pour les absoudre l'un et l'autre.

Plus tard, quand se répandit la nouvelle de la mort du général Ribeyre, tout ce que le pays de Vaud comptait d'anciens bonapartistes se rendit à Beauregard, pour un dernier et sincère hommage au soldat exemplaire. Au jour des funérailles, les derniers grognards du café Papon firent le voyage de Lausanne pour assister au service religieux et les autorités vaudoises déléguèrent plusieurs membres du Conseil d'Etat et un piquet de miliciens, qui escortèrent le corbillard de l'église au cimetière. Le colonel Wildenberg tint à porter lui-même, derrière le char funèbre, le coussin de velours cramoisi sur lequel Blaise avait épinglé les décorations de son ami.

Amputé de Ribeyre et de Chantenoz, le cercle Fontsalte entra dans une période de complète atonie. Les survivants semblaient fuir les réunions, même si Charlotte, par une nouvelle disposition de la salle à manger, avait éliminé les chaises vides. Au cours de l'été, elle vint à Rive-Reine confier à son fils l'inquiétude que lui inspirait, depuis la disparition de Ribeyre, le comportement de Blaise. Le général ne paraissait guère qu'à l'heure des repas et passait des heures dans son cabinet de travail, à classer les notes et mémoires rédigés avec son ami défunt, sans trouver le courage de poursuivre seul la tâche entreprise à deux. Lui, si actif d'ordinaire, restait, certains jours, assis tout l'après-midi dans un fauteuil d'osier, sur la terrasse de Beauregard, à fixer le Léman. Quand sa femme, ou Trévotte, lui adressait la parole, il sursautait, comme si le son d'une voix le rappelait soudain aux réalités d'un univers qu'il avait déjà fui.

Axel tentait vainement, de temps à autre, de l'entraîner comme autrefois dans une partie de pêche ou de chasse, mais le général trouvait toujours une excuse pour différer. Devant l'insistance de son fils, il finit par lui confier qu'il n'avait plus goût à rien et que la seule chose qui le rattachait encore à la vie était la responsabilité qu'il avait d'assurer le bien-être de Charlotte. Le docteur Vuippens affirmait que le temps ferait accepter à M. de Fontsalte la perte de son ami et qu'il reprendrait goût à l'existence. Le médecin conseilla d'amener souvent Vincent, le petit-fils préféré de Blaise, à Beauregard. Cela aiderait peut-être le vieux général à retrouver, au spectacle de cette jeune et ardente vie, un sens à la sienne. C'est ainsi que l'aîné des enfants Métaz fit de fréquents séjours à Beauregard où, peu à peu, Blaise entreprit de lui raconter, en la parant des couleurs d'un conte, ce qui était racontable à un enfant de dix ans de l'épopée impériale qu'il avait vécue.

Au ressat des vendanges, rendez-vous social obligé entre propriétaires vignerons et vendangeurs, Aricie fit part d'une décision qui allait l'éloigner définitivement du cercle Fontsalte. Après avoir mis de l'ordre dans les papiers du professeur Chantenoz, qu'elle avait confiés à Axel, suivant ainsi la volonté de Martin, elle annonça à ses amis qu'elle se retirait chez les dames diaconesses de Saint-Loup, communauté religieuse protestante fondée en 1842, à Echallens, par le pasteur Louis Germond. Ce ministre de l'Eglise libre avait été victime d'exactions de la part de coreligionnaires protestants, partisans de l'Eglise nationale, qui avaient saccagé l'oratoire, installé dans le rez-de-chaussée de l'antique château des Montfaucon, devenu propriété de la commune en 1816, et détruit sa bible. Le pasteur, homme de bien et de conviction, entendait compenser l'activité des religieuses catholiques, installées dans la région. L'institution des dames diaconesses avait pour but, en effet, d'assurer aux malades, surtout aux plus démunis d'entre eux, des soins quotidiens « dans un esprit marqué par l'amour et l'esprit d'évangile mais sans prosélytisme ». A cet effet, il convenait de faire des diaconesses des infirmières, sans négliger leur formation spirituelle. Aricie, instruite et pieuse, était une précieuse recrue pour la jeune communauté.

Quand elle vint faire ses adieux à Charlotte, celle-ci s'enquit du sort réservé à Basil, le valet des Chantenoz. Mme de Fontsalte l'eût volontiers embauché car Benjamin et Gertrude, ses vieux domestiques, souhaitaient se retirer dans leur village du pays de Joux.

— Basil, qui ne m'a jamais quittée, me suit à Echallens. La communauté a besoin d'un homme à tout faire et d'un jardinier. Il nous rendra de grands services, dit-elle.

Louis Vuippens se dit étonné par la décision d'Aricie, dont la beauté hiératique restait, à quarante-deux ans, intacte.

— Elle aurait encore pu offrir quelques belles nuits à un troisième mari ! dit-il à Axel.

— Figure-toi qu'elle a eu, depuis la mort de Martin, plusieurs demandes en mariage et qu'elle a éconduit tous les prétendants en disant, ce qui m'a beaucoup touché, que mon vieux maître lui avait laissé un souvenir tellement éblouissant que toute relation avec un autre homme lui paraîtrait fade et désespérante.

— Belle déclaration d'amour *post mortem*. Cette femme était donc une véritable amoureuse, reconnut le médecin.

Le fait qu'Aricie se retirât du monde ouvrit une nouvelle brèche dans le cercle Fontsalte. Lors du dîner de fin d'année, Charlotte dut, encore, ôter un siège autour de la table familiale. Flora, malgré son deuil, tint à être présente, sachant combien Blaise devait souffrir de l'absence de Claude, son ami depuis le collège d'Effiat, son camarade de combat, complice de toutes ses aventures. Faire parler Fontsalte du Ribeyre de Béran qu'elle n'avait pas connu adoucissait sa peine. A chaque rencontre, depuis la mort de son mari, ils évoquaient, bien sûr, le disparu. C'était leur façon de maintenir vivante la mémoire de celui que la mort avait saisi par surprise, intact et fier.

L'année 1844, commencée dans la torpeur qui succède aux chagrins, n'apparut porteuse d'aucune espérance nouvelle à M. Métaz. Il devait consacrer de plus en plus de temps aux affaires, Vevey, lieu d'échanges animé, recevant un flux commercial accru depuis l'ouverture de la nouvelle route de Châtel-Saint-Denis et les travaux entrepris pour améliorer la circulation dans le district. Comme de nombreux hommes d'affaires et commerçants de la ville, M. Métaz, en tant que transporteur lacustre, réclamait la création d'un port. On agitait la question depuis plus de vingt ans, sans que municipalité, district et négociants veveysans parviennent à un accord. Maintenant, le port devenait une absolue nécessité économique. Vevey n'ayant point d'asile sûr à offrir aux bateaux à vapeur, ceux-ci avaient établi une station à Villeneuve, si bien que le transit des voyageurs et des marchandises, en provenance de Genève et des villes riveraines, à destination du Valais et de l'Italie, échappait à Vevey. Il arrivait même fréquemment que les vapeurs brûlent Vevey, pour éviter un radelage supplémentaire, et s'en aillent débarquer au bout du lac touristes et fret, ce qui obligeait les premiers à prendre une voiture pour atteindre Vevey et les grossistes de la ville à prendre livraison, à Villeneuve, des marchandises et produits commandés par les détaillants.

Lors d'une réunion des commerçants, industriels et bateliers de Vevey, Axel Métaz fit observer qu'en plus des inconvénients déjà connus, la création d'une nouvelle route, prévue entre Morges et Moudon, attirerait à Morges le transit de Genève vers Berne en permettant aux rouliers d'éviter les côtes de Montbenon et de Chalet-à-Gobet, que redoutaient tous les conducteurs de chars et de diligences, même si l'ouverture du Grand-Pont de Lausanne facilitait maintenant le franchissement du Flon. Vevey pâtirait de ce nouveau détournement de trafic. Si la ville ne se dotait pas, rapidement, d'un port, elle se trouverait bientôt isolée des axes du grand négoce, privée de sa situation privilégiée de carrefour commercial, fondement de sa prospérité depuis l'Antiquité.

M. Perdonnet, bienfaiteur de la ville, qui militait depuis longtemps pour l'établissement d'un bassin pouvant accueillir les bateaux, adressa, au commencement du mois de mai, un nouvel appel au Conseil communal, demandant que l'étude du port fût reprise et, cette fois, menée à son terme.

Comme lors des précédentes discussions, les partisans d'un port creusé dans le bas de la place du Marché, à proximité de la douane et des sièges des grossistes, s'opposèrent à ceux qui, pour des raisons de sécurité, voyaient le port à l'orient de la ville, au-delà de l'hôtel des Trois-Couronnes. On savait déjà, par d'anciennes études de l'ingénieur Dufour, que le bas-fond du lac, en bas de la place du Marché, était « mobile et glissant », ce qui rendait aléatoire l'établissement de digues et de jetées. Il se trouva des gens, peu attachés à la beauté du site, pour proposer que le bassin fût creusé dans la grand-place même, ce qui détruirait le lieu considéré par tous comme un des plus beaux décors citadins de la côte vaudoise. Axel, comme tous les propriétaires de la rue du Lac, condamnait ce projet incongru, dont la réalisation eût fait courir un danger permanent d'inondation à Rive-Reine. Un ingénieur affirmait, en effet, dans son rapport : « Les maisons de la rue du Lac, dite du Sauveur, seront compromises, du moment que le lac, poussé avec furie par le vent sud-est contre la jetée orientale du port, entraînera au loin les atterrissements retenus par les nombreux pilotis plantés à ce dessein au pied des terrasses, atterrissements qui auront d'autant plus de peine à se reproduire, qu'ils rencontreront un nouvel obstacle sur leur chemin, les jetées du port. »

On en revint aux conclusions déjà maintes fois évoquées : le meilleur emplacement pour un port veveysan restait l'orient de la cité, à la limite de l'entre deux villes, dans un quartier qui végétait et connaîtrait, du fait de cette construction, une nouvelle animation. Le bassin pourrait être conquis sur le lac, dont le fond, à cet endroit, paraissait stable, et cela sans gêne pour les propriétaires riverains. De plus, les installations portuaires seraient protégées par le rivage de La Tour-de-Peilz, ce qui permettrait aux bateaux surpris par le mauvais temps de se mettre rapidement et facilement à l'abri. Restait le coût et, surtout, le financement des travaux. Pour cela, il faudrait faire appel « à la fortune particulière et au patriotisme des citoyens de Vevey ».

Cette nouvelle tentative pour doter la ville d'un port provoqua la création d'une commission d'étude, dont Axel Métaz accepta de faire partie. Convaincu que le développement de la cité, et de ses propres affaires, passait par la création d'un bassin, il se dit prêt à s'engager financièrement, avec d'autres bourgeois de la ville, comme MM. Perdonnet, Couvreu et Blanc.

Ce surcroît de travail lui convenait, car il avait, depuis un an, le sentiment de vivre d'une façon des plus routinières. L'emploi de ses jours, comme ceux de tous les vignerons de quelque importance, était d'abord réglé par les saisons et travaux de la vigne, mais l'exploitation des carrières de Meillerie, le transport des pierres, obligeaient Axel à de fréquentes inspections. Il devait, aussi, passer chaque jour au chantier des barques, où l'on construisait, bon an mal an, une demi-douzaine de grandes barques, des cochères et des bateaux de promenade. Trouver du fret pour ses propres cochères nécessitait souvent des déplacements, l'établissement de contrats, une surveillance du personnel. A cela s'ajoutait l'examen des comptes des sociétés dont il était actionnaire, celle des bateaux à vapeur notamment. Régis Valeyres, homme sûr, intendant dévoué et travailleur, assumait la comptabilité générale mais les relations commerciales restaient le domaine exclusif de M. Métaz.

Ses relations avec Mme Bovey, autre routine, pensait Axel certains jours, avaient évolué, sans qu'il y prît garde, vers une forme de délassement du corps et de l'esprit. Dans ses rapports avec Marthe, la part de sensualité animale, après la fougue des premiers mois, s'était amenuisée au profit d'entretiens amicaux et confiants. Intelligente et instruite, grande liseuse, ainsi qu'elle l'avouait, Marthe amenait son étrange amant à parler de sujets plus intellectuels et plus élevés que la taxe sur les vins, les salaires des carriers, la qualité des bois de charpente ou la concurrence féroce à laquelle se livraient les compagnies de bateaux à vapeur. Près de cette belle femme, douce et tendre, discrète, douée d'humour, qui n'avait jamais enfreint leur contrat et ne tentait pas d'obtenir plus de son amant qu'il ne voulait donner, Axel éprouvait bien-être et sécurité. Elle lui apportait ce dont un grand travailleur, la quarantaine révolue, responsable d'une famille et de plusieurs entreprises, a besoin – la détente physique et le repos mental. Plus d'une fois, Axel, fatigué, s'était endormi après l'étreinte, sur la poitrine de sa maîtresse. Marthe goûtait ces moments d'abandon qui lui donnaient l'illusion d'être aimée, d'être plus qu'un corps qu'on prend et qu'on laisse, sitôt le désir assouvi.

Peu à peu, Axel en était venu à lui confier certains de ses soucis, comme il lui avait avoué son chagrin après la mort de Chantenoz et celle, plus récente, de Ribeyre de Béran. Mme Bovey, qui participait à la vie mondaine, intellectuelle et artistique de la société lausannoise, lui glissait parfois des informations utiles, sur tel ou tel politicien ou négociant, sur un procès en cours, une intrigue à l'université où conservateurs et libéraux s'affrontaient régulièrement. Elle lui rapporta le petit scandale, né de l'attribution de la chaire de philosophie du droit et d'économie politique au patriote italien Luigi Amadeo Melegari. Cet ancien carbonaro, connu sous le pseudonyme d'Emery, arrivé en Suisse avec Mazzini, avait échappé en 1836 à l'expulsion, quand, pour satisfaire les puissances de la Sainte-Alliance, la Diète fédérale avait décidé l'éloignement des agitateurs étrangers du territoire helvétique. L'installation officielle du nouveau professeur avait eu lieu le 22 mai, dans la grande salle de la bibliothèque de l'Académie, où Axel et Marthe s'étaient vus pour la première fois pendant le cours de M. Sainte-Beuve sur Port-Royal. La jeune femme avait assisté à la solennité académique au milieu d'une foule d'invités.

— Tout le corps académique était présent, ainsi que plusieurs membres du Conseil de l'Instruction publique. Nous avons entendu le discours du conseiller d'Etat Jacquet, puis celui de M. le Recteur Chapuis, professeur de théologie dogmatique. Discours assez étrange car le recteur, après avoir vanté les mérites de M. Melegari, a pronostiqué au récipiendaire les dégoûts qu'il ne manquera pas d'éprouver à cause des obstacles qu'on rencontre, paraît-il, dans la carrière professorale, rapporta-t-elle.

— On ne voit pas de quoi se plaindraient, aujourd'hui, les professeurs. Depuis que l'Académie a été restaurée aux frais des contribuables vaudois, ils n'ont plus qu'à se rendre, chaque trimestre, chez le receveur pour percevoir leur traitement, ironisa Axel.

— On dit beaucoup que ce sont les conservateurs qui ont proposé M. Melegari. N'est-ce pas étonnant, étant donné ses antécédents révolutionnaires ? On dit aussi que le Conseil de l'Instruction publique n'a pas soutenu cette candidature mais qu'il s'est trouvé au Conseil d'Etat une majorité de cinq membres pour l'approuver. J'ai d'ailleurs remarqué, comme bien d'autres, l'absence du conseiller Muret qui, en sa qualité de président du Conseil de l'Instruction publique, aurait dû se trouver à côté du recteur, compléta Marthe Bovey.

— Melegari avait été nommé, l'an dernier, pour trois ans, professeur extraordinaire. On aurait dû normalement attendre l'expiration de ce délai pour lui confier une chaire de professeur ordinaire, précisa Axel, qui avait eu connaissance, par Martin Chantenoz, des remous suscités à l'Académie par l'arrivée de Melegari.

— L'important, n'est-ce pas la loyauté et les compétences de ce professeur, Axel ? Tous les proscrits que le pays de Vaud a hébergés ne sont pas des fanatiques dangereux, comme Mazzini ou Buonarroti. L'Académie s'est félicitée d'avoir accueilli, pendant deux ans, le poète polonais Adam Mickiewicz. Tous les étudiants se souviennent de ses cours de littérature latine, dit Mme Bovey.

— Le professeur Chantenoz tenait Mickiewicz pour un grand poète et un grand patriote. Il était son ami mais Melegari est encore en relation avec le moine apostat Bonamici, auquel François Begoz a eu bien tort de donner sa fille, répliqua Axel avec humeur.

— Bonamici vient de reprendre l'imprimerie de Marc Ducloux aux escaliers du Marché. Et Louis Secrétan-Keller est un de ses bailleurs de fonds. Alors, cet ancien carbonaro, marié à une Vaudoise et ayant pignon sur rue, ne fait plus peur à personne. Quant à M. Melegari, il a aussi opté pour la Suisse. Il la veut pour patrie et on ne saurait reprocher à cet homme de grande érudition de souhaiter libérer le Piémont de l'emprise autrichienne et de vouloir l'unité de l'Italie. D'ailleurs, je puis vous assurer que son discours fut, en tout point, remarquable et sensé. Il s'est appliqué à démontrer, avec éloquence, l'union intime qui existe entre la philosophie du droit, l'économie politique et la philosophie morale. Il s'est attaché à faire, ce qui n'est pas d'un révolutionnaire, l'histoire du droit de propriété, de l'homme arrivant à la conscience de son individualité, de sa liberté, de sa personnalité, quand il agit sur la matière, se l'approprie au moyen du travail. Il m'a beaucoup rappelé le Napolitain Giambattista Vico et ses *Principes de la philosophie de l'histoire*, développa Marthe.

— Je ne connais pas Vico, confessa Axel, toujours surpris par les connaissances philosophiques de sa maîtresse.

— Je vous apporterai son *Autobiographie*. Vous verrez combien ce penseur, qui était apprécié par Goethe, que vous aimez tant, a expliqué, d'une façon rationnelle, le développement de l'humanité.

Il arrivait aussi que Marthe Bovey abordât des sujets d'actualité plus terre à terre. C'est ainsi qu'un soir de juin, elle mit Axel en garde contre une pratique, maintenant répandue chez les négociants et industriels de Vevey, qui consistait, par souci d'économie, à confier le courrier à des employés des bateaux à vapeur, plutôt qu'à la poste. Marthe, qui fréquentait le foyer du directeur des Postes, à Lausanne, confia à Axel ce qu'elle avait appris chez ses amis :

— Il s'agit surtout de l'*Aigle* et du *Léman*, dans lesquels vous m'avez dit avoir des intérêts. Or, ils sont depuis peu sous surveillance, car le commis des Postes à Vevey a écrit, le 12 mai, au directeur à Lausanne pour l'informer que plusieurs entrepreneurs et commerçants de chez vous – peut-être en faites-vous partie – préfèrent confier leurs envois de valeur et leur courrier pour Genève et les villes côtières à des bateliers ou mécaniciens des vapeurs plutôt que recourir aux services des Postes. Ce détournement de courrier, bien difficile à combattre, est qualifié de contrebande par l'administration des Postes et les contrebandiers seront poursuivis, voilà ce que j'ai appris, dit-elle avec un sourire malicieux.

Axel remercia en riant et fit son profit de l'information. Il était, en effet, deux fois coupable, d'abord comme actionnaire du *Léman* et de l'*Aigle*, véhicules de la contrebande, ensuite parce qu'il confiait, effectivement, du courrier, non à des employés subalternes mais aux capitaines des bateaux qu'il connaissait.

— Il faut comprendre les commerçants, Marthe. Une bonne-main faite à un batelier coûte moins cher que l'affranchissement postal. Les Postes exigent dix centimes pour porter une modeste lettre de Vevey à Genève ! Si vous avez quelque influence sur le directeur des Postes, conseillez-lui de baisser ses tarifs, dit Axel.

— De l'influence, je pourrais en avoir ! Mais je préfère encore vous prêter dix centimes pour m'écrire une lettre, ce que vous n'avez jamais fait, plutôt que demander quoi que ce soit à cet homme, mari d'une de mes amies, répliqua Mme Bovey en riant.

Ce soir-là, en quittant Marthe pour regagner Beauregard où il avait promis à sa mère de passer la soirée avec Blaise, Axel eut pour sa maîtresse un élan de tendresse si spontané qu'elle en fut à la fois surprise et ravie. Les femmes reconnaissent l'amour à ses baisers.

5

Par beau temps, Axel Métaz préférait se rendre à Genève à bord de son voilier plutôt qu'emprunter le vapeur ou la diligence, qui partait deux fois par jour de Lausanne. Il aimait naviguer avec Paulin Tabourot, un jeune bacouni dont le défunt Pierre Valeyres avait dit un jour : « Prends-le, c'est un bon. » Ce garçon de vingt-cinq ans comptait dix années de service sur les cochères des Métaz. Robuste, peu bavard, poli, il faisait preuve de « bon esprit », reconnaissait Elise. Devenu batelier attitré de l'*Ugo*, Paulin prenait son rôle au sérieux, entretenait avec soin le yacht, rendait mille services, bien conscient d'occuper une situation privilégiée auprès du maître de Rive-Reine. Ses anciens camarades des cochères, aux paumes calleuses, souvent gercées par la manœuvre des cordages mouillés et la manutention des pierres, se moquaient de ses mains trop blanches de « marin de promenade ».

Axel appréciait les moments de solitude, loin de l'agitation, des bavardages et des sollicitations de ses familiers. Le Léman et son bateau lui offraient ces escapades oniriques, des heures de silence, entre le ciel et l'eau, au cours desquelles il maîtrisait au mieux ses pensées, approfondissait sa réflexion sur la vie, méditait un thème qui lui tenait à cœur, affinait un projet, évaluait les profits à attendre et les risques d'une affaire. Belle-Ombre lui procurait semblable bien-être mais trop de souvenirs restaient attachés à la maison des vignes pour qu'il pût éluder longtemps les images des événements qui s'y étaient déroulés.

Par une belle journée de fin septembre 1844, il mit à la voile pour se rendre à Genève, où il aurait à étudier, avec un architecte, une importante fourniture de pierre de Meillerie et de bois de charpente. L'*Ugo* amarré au quai de l'Ile, près du bateau des lavandières, rieuses et pépiantes, qui le saluèrent de quolibets inaudibles, il s'en fut déposer son bagage rue des Granges, chez les Laviron, puis il rejoignit Pierre-Antoine à la Corraterie. Avant de fournir les matériaux demandés par les bâtisseurs d'un nouvel ensemble immobilier, derrière les Pâquis, il tenait, en Vaudois prudent, sinon méfiant, à s'assurer de la solvabilité du client. Le banquier le rassura et, comme Axel s'informait du sort de sa filleule, M. Laviron lui confia qu'Alexandra réussissait fort bien dans son rôle de banquière. Elle apportait chaque matin au conseil sa fraîcheur et sa grâce primesautière, auxquelles ses associés devenaient d'autant plus sensibles que les renseignements livrés par la jeune fille étaient précis et utiles.

— Je ne sais comment elle s'arrange mais elle obtient des informations que nous serions bien incapables de nous procurer aussi vite. Ainsi, ce rapport sur la *Situation financière de l'Etat de l'Ohio*, rédigé par Alexis Lombard[1], qui explique pourquoi les fonds de l'Etat de l'Ohio ont éprouvé une baisse incompréhensible, étant donné ce que l'on connaît des richesses de ce territoire. On sait maintenant que les marchés de New York et d'ailleurs avaient été alarmés par une décision d'emprunt de cinq cent mille dollars, prise assez inconsidérément, en 1842, par la législature de l'Ohio. Tous les financiers craignaient que l'Etat de l'Ohio, ne pouvant plus honorer ses paiements, ne fît banqueroute, comme l'Etat du Mississippi, qui avait biffé une partie de sa dette, causant un grave préjudice aux prêteurs. Grâce à Alexandra, qui a eu accès au rapport de M. Lombard avant tout le monde, nous avons pu rassurer nos déposants. Certains d'entre eux avaient lu, dans les journaux étrangers, les dangers que fait courir aux prê-

1. Aimablement communiqué à l'auteur par le descendant du rapporteur, M. Thierry Lombard, associé, banque Lombard Odier et Cie.

teurs la dépréciation du papier monnaie américain et redoutaient que nos placements n'en pâtissent. Or, les experts les plus sérieux estiment, comme mon estimé confrère M. Lombard, que la crise du papier monnaie américain est terminée et qu'il est permis, comme il l'a écrit, « de regarder l'avenir avec plus de confiance et de croire à un retour décidé vers de meilleures dispositions envers les créanciers des Etats américains ».

Axel se déclara enchanté d'apprendre qu'Alexandra se tirait aussi bien de ses missions.

— Bien sûr, on dit chez les agents de change que l'entrée d'une femme dans la banque est contre nature. Mais à cela je réplique ce que m'a soufflé Alexandra. Le gouvernement français vient d'autoriser les femmes à exercer la médecine et la dentisterie, ce qui permet de penser qu'elles peuvent aussi bien s'occuper de finance, domaine qui ne met pas la vie des patients en cause ! dit Pierre Antoine, ponctuant sa phrase d'un rire sonore.

— Encore que de mauvais placements puissent conduire un banquier au suicide ! observa Axel.

Le soir, au dîner, on cessa de parler banque et finance pour s'intéresser au sort de l'abbé Marilley, successeur désigné du curé Vuarin, nommé par l'évêque, Mgr Yenni, mais récusé par le Conseil d'Etat de Genève. Le refus de ratifier la nomination du prêtre suscitait, chez les catholiques genevois, déception et colère. L'évêque, fort mécontent, avait fait savoir au gouvernement qu'il ne se considérait plus lié par la convention de 1820, qui soumettait la nomination des curés à l'approbation du Conseil d'Etat, et que l'abbé Marilley était bel et bien curé de Genève, que cela plût ou non au gouvernement qui, d'ailleurs, ne trouvait rien à lui reprocher. Les Laviron avaient beaucoup d'affection et d'estime pour la mère et le père d'Axel, catholiques pratiquants, aussi se gardèrent-ils de critiquer Mgr Yenni, à qui la Constitution reconnaissait un droit qu'elle ne lui permettait pas d'exercer ! Comme on ne pouvait pas traduire l'abbé Marilley devant un tribunal, le gouvernement avait, d'abord, suspendu le paiement de la mense épiscopale et le traitement du curé de Genève, puis, le 15 juin, avait décidé l'expulsion du prêtre. Réfugié à l'évêché de Fribourg, l'abbé Marilley, qui avait reçu l'institution canonique de son évêque, administrait sa paroisse genevoise à distance, par l'intermédiaire d'un vicaire.

— Malgré les interventions du nonce et de l'ambassadeur de Sardaigne et, surtout, les protestations des catholiques genevois, les autorités ne cèdent pas et Mgr Yenni refuse de désigner un autre prêtre pour succéder à Vuarin. Cela fait très mauvais effet, reconnut Mme Laviron.

— Et vaudra peut-être quelques déboires électoraux aux conservateurs. Nous avions bien besoin de ça ! Les catholiques sont déjà très montés, et avec juste raison, contre l'Union protestante[1], dont le but avoué est de combattre le papisme par tous les moyens, y compris les plus douteux, reconnut Pierre-Antoine.

Axel Métaz ignorait à peu près tout de la société à laquelle le banquier venait de faire allusion. Alexandra, dont les sentiments religieux étaient des plus tièdes et qui suivait les offices pour ne pas déplaire à ses parents adoptifs, fut enchantée de pouvoir stigmatiser le sectarisme de certains protestants.

On commençait à évaluer l'influence de cette Union protestante, société secrète fondée en 1842. Elle s'était dévoilée en invitant ses membres à se rendre à la cathédrale Saint-Pierre, le 11 décembre 1843, pour assister à un service d'action de grâces en mémoire d'un événement vieux de deux cent vingt-cinq ans : la résistance victorieuse des Genevois aux troupes du duc de Savoie. Cette fête de l'Escalade[2], commémoration patriotique tombée en désuétude, avait été ressuscitée sous forme d'une

1. Dans le bulletin de la Société d'histoire et d'archéologie de Genève, Pierre-Alain Friedli a publié, en 1982, une excellente étude sous le titre *l'Union protestante genevoise (1842-1847); une organisation de combat contre l'envahissement des catholiques*.

2. Cette fête commémore la résistance victorieuse des Genevois, au cours de la nuit du 11 au 12 décembre 1602, quand les troupes du duc Charles-Emmanuel de Savoie, commandées par d'Albigny, tentèrent de prendre la ville par surprise en escaladant les remparts. Chaque année, à la date anniversaire de cet événement cher au cœur des Genevois, est organisée une reconstitution historique haute en couleur. La cavalcade et le cortège qui parcourent la ville sont composés de citoyens genevois, acteurs et figurants, en costumes d'époque. Un assaut des remparts, à la porte Neuve, clôt les festivités.

grande manifestation anti-catholique. Si l'Union protestante était, à cette occasion, sortie de la clandestinité, le bon peuple ignorait toujours les noms de ses dirigeants. On savait seulement, par une brochure de M. Louis Rilliet de Constant, protestant, ancien du mouvement du Trois-Mars et libéral convaincu, qu'il s'agissait « d'une association occulte, composée de sections, dirigée par un comité central. Chaque section est de huit personnes au moins, et de quinze, au plus. Ces personnes se connaissent entre elles mais ne connaissent ni le nombre des sections ni leur composition, c'est-à-dire que les sociétaires n'ont aucun moyen de savoir avec qui ils sont et combien ils sont. A la tête de cet ensemble mystérieux est un comité, plus mystérieux encore, il est interdit de révéler les noms de ceux qui le composent; il se renouvelle fréquemment, dit-on, mais un profond secret est imposé sur ces mutations[1] ».

Pierre-Antoine Laviron, qui avait vainement sollicité l'adhésion, savait que l'idée de cette croisade était d'un pharmacien, François Bruno, et que le comité central de l'Union, créée au cours d'une réunion qui avait rassemblé quarante-deux personnes chez un certain Chenaud, épicier aux Eaux-Vives, était présidé par le pasteur Jacques Martin. On disait que l'avocat Paul-Elisée Lullin, membre du Conseil représentatif, et Théodore Maunoir faisaient partie des membres influents. L'Union avait pour but essentiel de maintenir, à Genève, la prédominance de la religion réformée en régénérant le protestantisme, en freinant par tous les moyens l'immigration catholique. Les statistiques démontraient, en effet, les progrès continus du catholicisme dans la cité de Calvin. Genève, qui comptait en 1822, 38,7 % de catholiques, avait vu ce chiffre passer à 42,7 % en 1837. Le recensement de 1842 révélait qu'en cinq années la communauté catholique s'était encore augmentée de deux mille quatre cent quatre-vingts fidèles, alors que la communauté protestante n'en avait recruté que sept cent vingt. En cet année 1844, la République contenait près de 45 % de papistes!

1. *De l'Union protestante,* Rilliet de Constant, Genève. Chez les principaux libraires et chez Vaney, imprimeur, rue Verdaine, 1844.

— Si la progression se poursuit, les protestants seront en minorité avant la fin du siècle, diagnostiqua Alexandra.

Pour lutter contre le catholicisme, l'Union protestante entendait purifier les mœurs des protestants, interdire la consommation d'alcool, lutter contre ce que bon nombre de Genevois considéraient comme un « envahissement concerté, dirigé par des forces étrangères ».

Les sectionnaires n'hésitaient pas à calomnier les catholiques, présentés comme des voleurs d'enfants, les accusant de fréquenter les bals masqués pour attenter à la vertu des demoiselles protestantes, de profiter des loteries et des jeux pour corrompre les mœurs, de diffuser des livres libertins, d'ouvrir des établissements d'enseignement à modeste écolage[1], pour attirer les enfants des familles protestantes.

Quant aux méthodes pour freiner l'envahissement catholique, les Laviron, comme Alexandra, les condamnaient, car elles prônaient la discrimination religieuse entre les travailleurs. L'Union conseillait, en effet, aux employeurs de remplacer leurs ouvriers et leurs employés catholiques par des protestants, aux maîtresses de maison de n'engager que des domestiques appartenant à la religion réformée et aux consommateurs protestants de retirer leur clientèle aux commerçants catholiques. Il était toutefois recommandé aux membres de l'Union d'agir discrètement, pour ne pas effaroucher les protestants qui désapprouvaient ces méthodes. L'Union dénonçait, en outre, la trop forte proportion de papistes chez les maçons et même dans la gendarmerie ! Elle proposait que la nationalité genevoise ne fût plus accordée aux étrangers catholiques et engageait ses adhérents fortunés à soutenir de leurs deniers l'accession des protestants peu fortunés à la bourgeoisie et tous ceux qui pourraient acquérir des immeubles et des commerces vacants, afin de les soustraire aux catholiques.

— L'homme sage est Louis Rilliet de Constant dont la courageuse brochure sur l'Union va éclairer les protestants sensés, dit Pierre-Antoine. Il est de ceux qui, comme moi, cher Axel, dites-le à votre mère s'il vous plaît, désapprouvent l'action d'une organisation qui calque sa hiérarchie et

1. Prix que paient les parents pour envoyer leurs enfants à l'école.

use des méthodes chères aux carbonari, aux brigades de sûreté, à toutes les sociétés secrètes cherchant à conquérir une influence politique. Car les arrière-pensées de ces gens sont politiques. Rilliet de Constant soutient que l'Union dévoie le protestantisme et le pousse à sa perte « en transportant le fond dans la forme ; en changeant le spiritualisme, son essence, en un matérialisme mesquin ». Et il a encore raison, quand il écrit que ce n'est pas « en refusant un domestique catholique, en enlevant des chalands à un magasin catholique » qu'on assurera la pérennité de notre religion, qui est d'abord service de Dieu et des âmes, tolérance, amour du prochain, observa gravement le banquier.

Après quarante-huit heures passées à Genève, Axel se préparait à regagner Vevey, quand Alexandra, qu'il n'avait vue qu'en famille chez les Laviron, proposa de l'accompagner jusqu'à son bateau.

— J'ai à te parler de Zélia, lui glissa-t-elle.

En descendant la rue de la Cité au bras de son parrain, la jeune fille livra ce qui la préoccupait :

— Zélia me semble bizarre, ces temps-ci. Depuis un mois, elle s'absente plus souvent que d'habitude. Parfois pour trois ou quatre jours, avec l'accord de Manaïs, bien sûr. Elle dit qu'elle va herboriser dans le Jura, seule contrée où l'on trouve certaines plantes pareilles à celles de son pays. Elle veut montrer ces herbes au pharmacien des Laviron, chez qui elle apprend les pommades et les onguents. Je trouve imprudent de la laisser partir seule dans les campagnes mais elle ne tient aucun compte de mon avis. C'est une tête dure !

— Je t'avais mise en garde. Les Zigeuner sont imprévisibles. Elle peut très bien disparaître sans donner d'adresse. Mais que dit Louis Vuippens ?

— Il dit qu'il faut la laisser agir à sa guise et ne pas lui poser trop de questions, dit Alexandra.

— Il a raison. Inutile de faire preuve de curiosité, elle répondrait par un mensonge, une fable abracadabrante. Chez les Tsiganes, le mensonge est une forme d'expression poétique. Ils ont l'art d'embellir ce qui est laid, de noircir, de rendre tragiques les situations banales, de déguiser le sens d'un événement, pour qu'il coïncide avec ce qu'ils voudraient qu'il fût, expliqua Axel.

— Mais je sais qu'elle m'aime beaucoup, qu'elle ne veut pas me quitter, qu'elle est aussi très attachée au docteur Vuippens ! Elle paraît tout à fait sincère, insista la jeune fille.

— Elle l'est certainement, au moment où elle dit cela. Mais va savoir quelle sera sa sincérité suivante !

Le couple atteignait le quai de l'Ile et Alexandra allait faire, comme toujours, des adieux trop tendres à son parrain, quand retentirent des cris et des appels au secours. Ce tapage venait de la berge du Rhône, plus précisément du bateau-lavoir, près duquel était amarré l'*Ugo*.

En un éclair, Axel comprit que le ponton des lavandières se disloquait et coulait, tel un vaisseau canonné. Les femmes, précipitées à l'eau, couraient grand risque de se noyer si on ne les secourait pas dans l'instant. Il se débarrassa prestement de sa redingote, la tendit à Alexandra, courut jusqu'au quai et plongea sur son élan dans l'eau froide du Rhône. Déjà, des femmes empêtrées dans leurs jupes se débattaient en hurlant, car le courant rapide les éloignait de la berge. Du quai, on pendait des échelles et celles qui savaient nager s'en approchaient en implorant qu'on les aide à regagner la terre ferme.

Axel, bon nageur, saisit une jeune fille que le Rhône entraînait, puis une seconde, qui tentait de maintenir la tête hors de l'eau, et les amena jusqu'à l'*Ugo* où elles se hissèrent avec l'aide de Paulin. Premier à se jeter à l'eau, le bacouni avait déjà repêché une lavandière, qui gisait à demi évanouie sur le pont.

— Combien étiez-vous dans le lavoir ? Vite, réponds, demanda Axel à l'une des rescapées.

— Dix-sept, dit une fille en grelottant.

Paulin s'était remis à l'eau et Axel l'imita, pour rattraper une femme que le courant emportait vers la Coulouvrenière. Elle suffoquait, prête à se laisser couler, quand il la rejoignit. Comme, dans son affolement, elle gênait les mouvements du nageur, Axel se souvint du conseil du père Valeyres. Sans ménagement, il saisit la fille par les cheveux et, lui maintenant la tête hors de l'eau, la ramena aisément au quai où des témoins tendaient des bras secourables.

Quand on fit l'appel, avant d'emporter à l'hôpital trois lavandières très éprouvées par leur baignade, on s'aperçut qu'une seule des femmes manquait. Entre-temps, le bateau-lavoir, dont le plancher s'était brutalement ouvert sous les laveuses, avait coulé, et seul son toit, couvert de tuiles, émergeait encore.

— Celle qui manque est peut-être restée coincée dessous, dit Paulin.

— Allons voir ! dit Axel.

Avant de plonger avec son marin, il ordonna aux trois hommes courageux qui, comme lui et le bacouni, s'étaient mis à l'eau au lieu de rester à donner des conseils ou à se lamenter sur la berge, d'arracher les tuiles et d'ouvrir le toit du lavoir.

L'inspection sous l'eau ne révéla aucune présence humaine et, tandis que s'éloignaient, emportées par le fleuve, les épaves dérisoires du naufrage, draps, pièces de linge, planches, hottes, paniers, baquets, M. Métaz et le bacouni reprirent pied sur le quai. Alexandra, blême et admirative, jeta sur les épaules de son parrain la redingote qu'il lui avait confiée.

— Tu vas attraper un rhume, dit-elle, maternelle, en lui essuyant le visage et les cheveux avec son châle.

Fuyant les félicitations des témoins et les remerciements des rescapées, Axel et Paulin sautèrent à bord de l'*Ugo* pour passer des vêtements secs. Alexandra les suivit, trouva la bouteille de lie et servit une rasade d'alcool aux deux hommes. Après cet épisode, Axel, pressé de mettre à la voile pour Vevey, écourta les effusions. Alexandra le vit partir à regret, après avoir vainement tenté de lui faire différer son départ, sous prétexte de prendre un peu de repos. Droite et mince au bord du quai, tandis que l'*Ugo* prenait la brise, elle échangeait encore avec Axel des signes affectueux quand un journaliste l'interpella. Il voulait connaître le nom des deux hommes qui se trouvaient à bord du yacht et dont le courage méritait, dit-il, une citation dans les colonnes du *Journal de Genève*.

Alexandra savait qu'une publicité de ce genre déplairait à Axel. Elle se contenta de répondre qu'il s'agissait de son parrain et d'un marin de Vevey.

— Qui est votre parrain, jolie demoiselle, le vieux, je suppose ? demanda le balourd polygraphe.

Alexandra lui sourit d'un air bizarre, en plissant les paupières, et, avant que le garçon eût pu parer son geste, elle lui posa les deux mains à plat sur la poitrine et le poussa dans le Rhône, où il s'affala dans une gerbe d'eau savonneuse, ce qui amusa beaucoup les curieux.

On apprit le soir même, à Genève, que le brigadier Gleizette avait vu, de la fenêtre de la gendarmerie à la Coulouvrenière, la lavandière qui manquait à l'appel portée par le Rhône. Il s'était aussitôt jeté à l'eau mais n'avait pu, en dépit de ses efforts, la rejoindre, tant le courant était rapide et les remous contraires. Le corps de la malheureuse fut retrouvé le lendemain, 15 septembre 1844, au moulin de Cartigny, où le fleuve l'avait porté. Elle laissait deux orphelines.

Dès l'été avait repris l'effervescence politico-religieuse déclenchée par l'affaire des couvents d'Argovie. Ce différend, que la Diète fédérale ne savait comment apaiser, empoisonnait depuis longtemps les relations confédérales en exacerbant les rivalités entre les cantons dits régénérés et les autres. La querelle religieuse n'était plus qu'un écran dissimulant l'agressivité des radicaux, désireux d'imposer, partout, une démocratie de leur fabrication, face à la résistance des conservateurs attachés à un système d'essence aristocratique et à des valeurs traditionnelles, seuls capables, d'après eux, de faire à la fois le bonheur du peuple et le salut des âmes.

Déjà, au printemps précédent, les deux partis s'étaient violemment opposés, dans le Valais, au cours d'une brève mais meurtrière guerre civile. Ce n'était pas la première.

En 1839 le bas Valais, entreprenant, actif, dont les habitants jouissaient d'un bon niveau d'instruction, avait rejeté la tutelle majoritaire du haut Valais, paysan, rustique et traditionaliste, en optant pour la division du Valais en deux demi-cantons, à l'exemple de Bâle et d'Appenzell. La Diète fédérale avait alors exigé la réunification, mais les deux gouvernements demi-cantonaux, ne pouvant se mettre d'accord sur une nouvelle Constitution préparée par des délégués fédéraux, hauts Valaisans et bas Valaisans s'étaient affrontés les armes à la main. Les paysans du haut battus, le canton avait été réunifié en 1840.

L'année suivante, les radicaux du bas Valais, qui se réclamaient de Jeune Suisse, s'étaient emparés du pouvoir cantonal, par un coup de main audacieux qui avait surpris tout le monde. Depuis 1841, un gouvernement provisoire tentait de mettre au point une nouvelle Constitution. Le fait que celle-ci dût comporter la création d'un tribunal central, apte à juger « les affaires criminelles et de presse », avait bientôt donné à penser aux Valaisans que les radicaux et leur aile marchante, Jeune Suisse, semblaient redouter la liberté accordée aux journaux d'informer, comme bon leur semblait, les citoyens. On avait commencé à douter de la sincérité de ces démocrates, et les élections au suffrage universel avaient rendu la majorité aux conservateurs. Les agitateurs de Jeune Suisse, refusant le suffrage des urnes et le gouvernement légalement élu, suscitaient des troubles que le Directoire fédéral, Berne et Vaud, se gardèrent de condamner, la sympathie des radicaux allant plutôt aux trublions qu'aux autorités légitimes.

Au mois de mai 1844, espérant renouveler leur exploit de 1841, les militants de Jeune Suisse s'étaient armés et retranchés dans la partie basse du canton, où ils comptaient le plus d'électeurs, terrorisant ceux qui s'opposaient à leur action, incendiant et commettant de stupides exactions. Les paysans du haut Valais avaient vu dans la réduction de cette nouvelle dissidence une occasion de reprendre en main les destinées du canton. Ils s'étaient armés à leur tour et, sous les ordres du colonel Kalbermatten, étaient descendus de leurs montagnes, du Val-d'Illiers, de Verrosaz et de Salvan, pour châtier les rebelles et montrer aux bas Valaisans qu'à défaut d'instruction ils possédaient des muscles et du courage. Attaqués à Ardon, repoussés sur Riddes, puis dans le défilé du Trient, les insurgés avaient été battus le 22 mai, laissant neuf morts sur le terrain et plus de cent cinquante prisonniers aux mains des troupes du haut Valais, auxquelles s'étaient joints des bas Valaisans, décidés à couper la retraite aux membres encore combatifs de Jeune Suisse.

Le 23 mai, les troupes de Kalbermatten étaient entrées à Saint-Maurice, le 24, elles avaient occupé, sans coup férir, Monthey, Vouvry et Saint-Gingolph. Le 27 mai, *la Patrie, gazette suisse, démocratique et sociale*, journal veveysan, avait reconnu, tout en renversant les rôles : « La contre-révolution est maintenant consommée en Valais. » La feuille radicale accusait « le parti aristocratique et prêtre » d'avoir fomenté cette guerre civile et reprochait aux partisans de Kalbermatten de ne s'être livrés « à aucun acte de violence, afin de pouvoir se présenter en libérateurs et se donner tous les honneurs et tous les avantages d'une pacification ». Si ces assertions ne reflétaient guère la vérité des faits, on ne pouvait nier, en revanche, que les conservateurs valaisans, groupés au sein de Vieille Suisse, un mouvement capable de faire pièce aux agitateurs de Jeune Suisse, avaient adroitement tiré parti de l'affaire et détenaient, depuis, les leviers de l'Etat.

Dès le déclenchement des hostilités, le Grand Conseil vaudois – où les radicaux étaient assez puissants pour que l'on prît leurs vœux en considération et les libéraux-conservateurs trop timorés pour ne pas accepter de compromis – avait envoyé les bataillons de miliciens d'Yverdon et d'Orbe, ainsi que deux compagnies de mousquetaires de Vevey, « aux frontières du Valais ». Il s'agissait, officiellement, d'une mission humanitaire pour « empêcher les excès, l'effusion prolongée du sang ou l'anarchie en Valais ». En vérité, il fallait protéger les membres de Jeune Suisse des représailles que pourrait exercer le gouvernement légal du Valais. Seul l'article 4 du Pacte fédéral, interdisant toute immixtion d'un canton dans les affaires intérieures de ses voisins, avait retenu les radicaux les plus avancés, et le Grand Conseil vaudois s'était contenté d'envoyer aux dirigeants valaisans M. Louis Ruchet, conseiller d'Etat, capitaine d'état-major, ami d'Henri Druey, avec mission « d'exprimer le vif désir » que les autorités vaudoises avaient « de contribuer à la pacification des esprits ». M. Ruchet avait été éconduit sans considération par les Valaisans, qui avaient fait savoir qu'ils n'avaient pas besoin de conseils pour régler leurs affaires.

La situation était à peine stabilisée en Valais qu'une nouvelle, venue de Lucerne, avait attisé la colère des protestants libéraux et de leurs alliés radicaux contre les conservateurs et les catholiques des cantons dont ils ne contrôlaient pas les institutions.

Le Grand Conseil de Lucerne avait, en effet, décidé d'appeler sept religieux de la Compagnie de Jésus pour les charger de l'enseignement de la théologie à l'Académie. Les autorités lucernoises s'étaient assuré l'approbation de la curie romaine, avant de prendre une initiative qui passait, à juste titre, pour une provocation. Avant même que les jésuites aient été désignés par leur Compagnie, le Conseil d'Etat d'Argovie demanda, le 24 juin, à la Diète fédérale d'ordonner l'expulsion immédiate de tous les jésuites présents dans la Confédération et d'en interdire définitivement l'accès aux religieux de cet ordre. Cette demande n'ayant eu qu'un faible écho, le 20 août, la Diète avait rejeté la proposition argovienne qui n'avait obtenu que deux voix, celle du délégué d'Argovie et celle du représentant du demi-canton de Bâle-Campagne.

Cette résurgence de l'hostilité des radicaux et de certains de leurs alliés libéraux contre les catholiques, motivée par l'appel des jésuites à Lucerne, provoqua la colère de Charlotte de Fontsalte et de ses amies, Flora et Rosine, les « duettistes veuves », comme les nommait l'irrévérencieux docteur Vuippens.

Blaise de Fontsalte, comme le défunt Claude Ribeyre de Béran, était, certes, un authentique chrétien mais il refusait au clergé le brevet de sainteté que les papistes naïfs leur décernaient trop aisément. Il estimait qu'un homme peut faire son salut sans l'intermédiaire des prêtres, piétaille d'une Eglise hiérarchisée, dont les membres consacraient souvent au temporel les forces et les ressources qui eussent été mieux employées à l'apostolat. Il avait, en revanche, une vénération pour les oratoriens de Riom, dont il avait été, comme son compagnon d'armes, l'élève à l'Ecole royale militaire d'Effiat, mais il ne cachait pas, depuis qu'il vivait en Suisse, sa sympathie pour le protestantisme, son dépouillement et le respect que les pasteurs portaient aux Ecritures. Aussi, comme Ribeyre, s'était-il toujours appliqué à modérer les réactions de son épouse catholique quand l'Eglise romaine et son clergé souffraient d'exactions ou d'ostracisme de la part des protestants, qu'ils fussent radicaux ou conservateurs.

Depuis la mort de son mari, Flora, pratiquante réservée, était devenue militante vindicative. Avec Tignasse et Charlotte, elle formait maintenant un trio prêt à la dispute avec quiconque osait attaquer les prêtres, les évêques, le pape, l'administration vaticane.

— Mais enfin, dit Mme de Fontsalte à son fils, de passage à Beauregard, que reproche-t-on aux pères jésuites ? J'aimerais assez savoir pourquoi ces religieux, généralement érudits et pauvres, si bons éducateurs de la jeunesse, sont haïs par les radicaux anticléricaux plus que les autres ecclésiastiques.

Blaise intervint en se saisissant du journal *la Patrie*, posé sur le guéridon.

— Oh ! les Argoviens sont assez explicites. Voici ce que l'un d'eux, M. Augustin Keller, un député catholique de l'Etat d'Argovie, a dit devant la Diète fédérale, le 20 août. Attention, je ne dis pas qu'il a raison ni même qu'il est honnête ni même qu'il est un vrai catholique, s'empressa d'ajouter le général, pour prévenir les réactions de son épouse et des amies présentes.

Ayant chaussé ses lunettes, Blaise se mit à lire :

— « Nulle part, le jésuitisme n'a respecté la paix confessionnelle. Là où des frères vivaient en paix, il a voulu la guerre. C'est dans les républiques surtout qu'il est dangereux, à cause de l'absolutisme qu'il prêche et met en pratique. Il ne veut personne au-dessus de lui. Les révérends pères ont avancé ce que personne n'ose avancer, et nié ce que personne n'ose nier ; avec le probabilisme ils ont tout justifié et leur *directio intentionis* et leur *reservatio mentalis* ont tout permis, ont tué le remords, la conscience. Ils ont érigé en principe le mensonge et l'équivoque. Comment une république pourrait-elle subsister avec de pareils principes, lorsque l'essence de la vie républicaine gît dans la confiance et l'amour, la tolérance, la fidélité, le respect de la foi jurée ? » Et ce monsieur a conclu, ajouta Blaise, allant au bout du compte rendu : « Si l'on n'éloigne pas les jésuites, la patrie marche à grands pas sous le rapport religieux, moral et politique, au-devant du dernier jour de sa destinée. » Voilà ce que les Argoviens pensent des membres de la Compagnie de Jésus, conclut le général en repliant le journal.

— Stupide ! s'écria Charlotte.

— Diffamatoire ! constata Tignasse.

— Ce Keller est un faux catholique, un homme de paille des radicaux ! C'est lui qui a demandé, autrefois, la suppression des couvents en Argovie, comme il exige maintenant l'expulsion des jésuites, fulmina Flora.

— Je vais demander à l'évêque de l'excommunier, reprit Charlotte.

— C'est cela ! Nous allons recueillir les signatures des catholiques du canton et nous le ferons excommunier, confirma Tignasse.

Quelques jours avant le commencement des vendanges, Mme de Fontsalte et ses amies, dûment prévenues par leur curé, se rendirent à Fribourg pour assister à la signature entre le provincial des jésuites, le père Gaspard Rothenfluh, et les représentants lucernois de la convention qui confiait aux religieux la direction du séminaire de Lucerne, leur déléguait des fonctions primordiales dans l'enseignement secondaire et les autorisait à exercer leur apostolat en ville.

Lors du ressat, invités des Métaz et vendangeurs ne manquèrent pas d'évoquer les dangers que faisait courir à l'unité de la Confédération la querelle qui se développait et que semblaient entretenir à plaisir les feuilles des deux partis. Le pasteur Duloy venait de fêter son quatre-vingtième anniversaire, ce qui amplifiait encore l'autorité morale que les protestants veveysans lui reconnaissaient et l'affectueux respect que lui portaient les catholiques. Il s'employa, comme toujours, à calmer les esprits :

— Mes amis, nous ne devons pas perdre de vue que la Confédération helvétique, notre patrie à tous, protestants, catholiques et même juifs, auxquels on vient de rendre, enfin, les droits civiques qu'on leur avait enlevés en 1816, compte à ce jour deux millions et demi d'habitants, dont environ soixante pour cent sont protestants et quarante pour cent catholiques. Or, les cantons à dominance catholique sont entourés de cantons protestants, ce qui donne aux citoyens catholiques un sentiment d'encerclement, dans lequel ils voient maintenant une menace pour leur religion et leurs choix politiques. Il faut savoir aussi que Schwyz, Uri, Unterwald, Zoug, Lucerne, Valais et Tessin, n'ont que fort peu de fidèles de la religion réformée. A Fribourg et à Soleure, les neuf dixièmes des habitants sont catholiques, comme les deux tiers des citoyens de Saint-Gall. Berne compte quarante-six mille catholiques sur quatre cent dix mille âmes et Genève est maintenant aux deux tiers catholique. En revanche, notre pays de Vaud ne possède que quatre paroisses catholiques pour cent quarante-quatre paroisses protestantes, alors que l'Argovie, d'où sont venues toutes les difficultés que nous connaissons, compte quatre-vingt-un mille catholiques pour cent quatre-vingt-trois mille habitants. On peut donc imaginer et comprendre que, dans un canton où près de la moitié des citoyens appartiennent à l'Eglise de Rome, la suppression des couvents ne soit pas unanimement approuvée, en dépit de ce que voudraient nous faire croire les athées et ceux de nos frères protestants qui, comme Henri Druey, souhaitent une laïcisation complète de l'Etat et de l'Instruction.

— Mais les jésuites, monsieur le Pasteur, qui viennent d'être appelés à Lucerne, sont-ils aussi ennemis du progrès qu'on le dit ? demanda Charlotte, escomptant une claire appréciation du vieux sage qu'elle connaissait depuis l'enfance.

— Ah ! ma pauvre Charlotte, il y aurait beaucoup à dire sur cette cohorte indépendante, qui se veut la première légion du Christ. Si les jésuites respectent le pape, ils n'obéissent qu'à leur propre hiérarchie et ne reconnaissent aucune autorité épiscopale. Leur grand maître est élu par les profès[1] de la Compagnie. On le nomme général des jésuites, ce qui confère déjà à l'ordre un aspect militaire. Les jésuites sont puissants parce qu'ils s'enveloppent d'un mystère qui grandit leurs œuvres, qu'elles soient patentes ou ténébreuses. Mais ils sont peu nombreux en Suisse. Deux cent soixante-dix-huit, m'a-t-on dit, qui se trouvent principalement à Fribourg, où ils possèdent le fameux collège Saint-Michel, dans le Valais, où ils ont encore deux collèges, et à Schwyz.

— Ils sont maintenant à Lucerne. On leur a confié l'enseignement de la jeunesse, constata Elise Métaz avec humeur.

Charlotte prit la parole avec autorité :

— N'est-ce pas une bonne chose, pour cette jeunesse ? Les pères jésuites ne sont-ils pas des éducateurs expérimentés ? Ils enseignent depuis 1547 et ont formé les élites de plusieurs nations, ma chère ! Et nous savons tous combien les étudiants qui sortent du collège Saint-Michel de

1. Religieux ayant prononcé leurs vœux définitifs. Chez les jésuites : ceux qui ont fait le quatrième vœu.

Fribourg forment un contraste frappant par leur foi, leurs connaissances, leurs méthodes de travail, leurs mœurs, avec les garçons des universités corrompues de France et d'Allemagne. Combien d'enfants de riches familles étrangères ne sont-ils pas envoyés aux jésuites de Fribourg ou de Soleure, non seulement pour être bien instruits mais aussi bien éduqués ? Pour qu'ils apprennent l'art de se comporter avec honneur, efficacité et courage, dans toutes les circonstances de la vie, ma petite Elise.

L'interpellée se préparait à répliquer mais un regard de son mari la dissuada d'en rien faire et, comme les fifres et les tambourins appelaient pour le picoulet, la discussion se trouva close.

Alors que les invités quittaient la table, Albert Duloy s'approcha d'Axel.

— J'ai appris qu'au dernier camp de Thoune, tu as payé[1] tes galons de capitaine. Félicitations, mon garçon.

— Il était temps ! A quarante-trois ans, je viens de quitter la Landwehr pour passer dans le Landsturm. En cas de guerre, je ne serai plus bon qu'à garder les dépôts de munitions, plaisanta Métaz.

— Dieu veuille, mon brave Axel, qu'on ne t'en demande jamais davantage ! dit le pasteur en soupirant.

Les craintes de ceux qui, comme M. Duloy, redoutaient que la querelle ne débouchât, un jour prochain, sur des violences, furent confirmées le 8 décembre, quand l'opposition radicale se manifesta à Lucerne, par une prise d'armes destinée à renverser le gouvernement cantonal. Cette rébellion, ouverte à cinq heures et demie du matin par des hommes décidés à s'emparer de l'arsenal, avait été préparée de longue main car, simultanément à l'action intérieure, quelques centaines de partisans, recrutés en Argovie, à Soleure et à Bâle-Campagne, avaient pénétré sur le territoire lucernois pour se joindre aux insurgés que commandaient des officiers argoviens. Très vite mobilisée, la milice lucernoise avait réagi et rencontré la colonne des révoltés au pont de l'Emme. La fusillade avait fait huit morts et le corps franc avait battu en retraite, tandis qu'en

1. Reçu.

ville la tentative de coup de force était anéantie et de nombreuses arrestations opérées, dont celle du docteur Steiger, meneur radical connu. Des Lucernois libéraux, opposés à la présence des jésuites dans leur canton, avaient néanmoins fait passer leurs sentiments patriotiques avant toute autre considération. Ils s'étaient volontairement engagés au côté des troupes qui défendaient le gouvernement. Cette attitude d'alliés politiques, respectueux de la légalité, irrita les radicaux, plus encore que la déroute du corps franc. Ainsi fut démontré aux citoyens de bonne foi que la chasse aux jésuites n'était, pour les radicaux, qu'un fallacieux prétexte à mobiliser leurs troupes et prendre le pouvoir que leur refusaient encore les urnes.

Dans le cercle Fontsalte, l'affaire de Lucerne fut commentée avec véhémence mais Elise et Charlotte tombèrent d'accord pour déplorer ces affrontements et la violation par des corps francs étrangers de la souveraineté d'un canton. En revanche, l'épouse d'Axel ne put réprimer un sourire en découvrant que la fureur de sa belle-mère contre les radicaux était fortement augmentée par le fait que les révolutionnaires lucernois avaient choisi le 8 décembre, jour consacré par les catholiques à la Vierge Marie, pour lancer leur attaque !

Lors d'un nouveau séjour obligé à Genève, entre Noël et le jour de l'An, Axel Métaz eut tout loisir de constater que le rejet des jésuites constituait bel et bien un argument auquel, ici comme ailleurs, le peuple paraissait sensible. Le 29 décembre 1844, alors qu'il se préparait à regagner Lausanne avec les Laviron et Alexandra pour le dîner rituel à Beauregard, une « assemblée antijésuitique » fut organisée à l'hôtel de ville. Il s'y rendit avec sa filleule, pour se faire une idée de l'influence des meneurs radicaux et du comportement des Genevois. Malgré le froid vif et la morsure de la bise noire qui soufflait depuis deux jours, plus de trois cents personnes s'étaient rassemblées devant la maison commune, pour entendre M. James Fazy proclamer, sans rire, que les jésuites étaient « des agents de l'étranger, dont l'apparition dans un canton est toujours prélude à l'asservissement » et qu'il fallait au plus vite « éloigner ces ennemis dangereux ». La foule, galvanisée par le tribun, le nomma aussitôt par acclamation président d'une Société de sûreté générale, dont on ne voyait pas l'utilité, la République n'étant nullement menacée! Réplique de la société fondée en 1830, la veille d'une révolution, cette association pourrait, le moment venu, soutenir M. Fazy et ses amis, dont tout Genève connaissait les ambitions.

— M. Fazy est très habile. En appelant les jésuites, les Lucernois ont offert aux radicaux une arme d'autant plus efficace que le peuple protestant ignore tout de ces religieux. Il est donc facile d'en faire des auxiliaires de la réaction, des ennemis du progrès, des ultramontains, des agents de l'étranger travaillant pour le compte des derniers monarques absolus d'Europe, dit Axel.

— Et cela est d'autant plus aisé que les jésuites ont le goût du secret et se comportent souvent comme des conspirateurs. Ainsi, il est impossible de savoir d'où cette Compagnie, dont les membres font vœu de pauvreté – et ils sont pauvres en effet –, tire ses ressources financières et où sont placés les fonds qu'elle détient, dit Alexandra.

Comme ils regagnaient la rue des Granges, toute proche, tandis que la foule des badauds s'écoulait, un blousier leur proposa une nouvelle feuille, publiée chaque lundi à Genève, *l'Antijésuite*.

Axel acheta le journal, se promettant de le montrer à sa mère, déjà fort agacée par un récent feuilleton de la *Gazette de Lausanne* qui, sous le titre *les Catholiques et les Huguenots*, n'était pas tendre pour les papistes.

Avant de passer le portail de l'hôtel Laviron, Alexandra se serra contre son parrain et l'informa d'une nouvelle restée jusque-là confidentielle.

— Parrain, je vais être amenée à faire un long voyage. En janvier, je m'embarque pour les Etats-Unis, où nous voulons nous assurer les services d'une banque correspondante, comme à Londres et à Rotterdam. Le collège des associés m'a confié cette mission et j'aurai plaisir à découvrir l'Amérique. Seulement, pendant au moins trois mois, je ne te verrai pas et cela me navre, tu sais.

— Mais tu pars seule! s'inquiéta Axel.

— Non, pas tout à fait, le collège a proposé à John Keith, de notre maison de Londres, de m'accompagner. Il sait mieux que moi le droit anglo-saxon et me sera fort utile. Péa dit qu'il est fils de lord et triste comme un jour sans pain!

— Je le connais, c'est un homme charmant, de grande distinction, un parfait gentleman. Et, ce qui ne gâche rien, plutôt beau garçon. Tu auras un cavalier charmant, ma fille.

— J'aimerais mieux que ce soit toi, mon cavalier ! Ne peux-tu venir aussi ? Tu m'as dit plusieurs fois que M. Guillaume Métaz, que tu considères encore comme un père, attend ta visite depuis plusieurs années. Viens avec moi, minauda Alexandra.

— Depuis des années, en effet, j'ai promis à l'homme qui m'a élevé de lui faire visite mais le moment est mal choisi, Alexandra, trop de chantiers, trop d'affaires me retiennent ici. Irai-je jamais en Amérique ?

— Nous voyagerons sur le *Britannia*, un immense vapeur anglais de la compagnie Cunard, qui transporte plus de cent passagers en moins de deux semaines, de Liverpool à Boston, compléta la jeune fille, enthousiaste.

Comme Axel se taisait, elle l'embrassa tendrement.

— Je penserai à toi tous les jours et je t'écrirai toutes les semaines, parrain, ajouta-t-elle en montant le perron.

— Tu me manqueras, reconnut-il, plus ému qu'il ne laissait paraître.

On sut, dès les premières semaines de 1845, que l'expulsion des jésuites devenait, après l'affaire des couvents d'Argovie, le nouveau cheval de bataille des radicaux à travers toute la Confédération. Partout se développaient des assemblées populaires et les militants se démenaient pour convaincre les tièdes et les indifférents de prendre parti. La presse révélait la création d'un comité central antijésuite et, dans tous les cantons, circulait une pétition pour exiger de la Diète fédérale la mise hors la loi de la Compagnie de Jésus et l'expulsion de ses membres. De jour en jour, la fièvre montait dans toutes les réunions politiques, et l'annonce de l'ouverture d'une Diète extraordinaire, le 24 février, donna le sentiment aux ennemis des jésuites qu'ils allaient l'emporter. Il s'agissait, dans chaque canton, de désigner des délégués pour cette assemblée et, surtout, de dicter à ces représentants des consignes précises quant à l'opinion cantonale qu'il conviendrait d'exprimer et le sens des votes auxquels ils devraient prendre part. Ces choix suscitèrent bientôt, dans les Grands Conseils cantonaux, de rudes confrontations entre conservateurs, libéraux, radicaux et anticléricaux de tous bords.

Les Métaz, comme beaucoup de Vaudois, pensaient que leur Grand Conseil s'en tiendrait à la position prise lors de la Diète fédérale ordinaire de 1844, c'est-à-dire à la sage réserve qui avait fait rejeter la demande d'expulsion des jésuites présentée par l'Argovie, et que leurs délégués condamneraient l'intervention des corps francs, contraire au Pacte fédéral de 1815.

— Il ne s'agit pas, fit observer Louis Vuippens, d'aller à une guerre certaine, pour en éviter une possible !

Les notables veveysans croyaient, comme d'autres, que le régime libéral et démocratique, sous lequel vivait le canton depuis 1831, mettait celui-ci à l'abri des aventures extrémistes. Ils ignoraient que les membres du Conseil d'Etat et du Grand Conseil, magistrats honnêtes et bien-pensants, apparaissaient aux gens du peuple, aux habitants des campagnes, aux paysans surtout, gens frustes et peu instruits, comme des intellectuels doctrinaires, héritiers des aristocrates, indifférents aux préoccupations des citoyens modestes.

Ces élus avaient cependant, depuis la régénération de 1831, fait du bon travail, rendu la prospérité au canton, mis en vigueur un Code pénal et un Code de procédure pénale acceptés par tous, réorganisé les milices maintenant classées parmi les meilleures à inclure, en cas de conflit, dans l'armée fédérale, donné force de loi au mariage civil contracté devant les pétabossons communaux, libéré la presse de toute censure, sinon de toute influence partisane. Dans le domaine de l'Instruction publique, on constatait aussi d'importants progrès. L'Académie avait recruté de grands maîtres – comme Alexandre Vinet ou Mickiewicz – et reçu Sainte-Beuve. L'Ecole normale, fondée en 1833, formait des régents partout appréciés. L'Asile des aveugles, fondé en 1842 par Mlle Elisabeth Cerjat – qui avait retrouvé la vue grâce à une opération nouvelle de la cataracte – et M. William Haldimand, était une institution exemplaire, dont Lausanne tirait une juste fierté. En ce qui concerne la religion, en revanche, subsistaient dans toutes les classes de la société des rancœurs tenaces depuis qu'en 1839 le Grand Conseil, suivant en partie les exigences des radicaux qui voulaient une Eglise démocratique, avait aboli la confession de foi, règle doctrinale datant de la tutelle bernoise. L'Eglise protestante restait dépendante de l'Etat, même si les législateurs avaient enlevé aux pasteurs la direction de l'Académie et des collèges.

Les Métaz et leurs amis furent étonnés d'apprendre que, depuis le 29 décembre, jour de la manifestation antijésuitique de Genève, à laquelle Axel avait assisté, M. Louis-Henri Delarageaz, un autodidacte devenu arpenteur puis député en 1841, fondateur des phalanstères vaudois, ami de Proudhon et de Fourier, avait créé dans le pays de Vaud une « Association patriotique pour résister aux progrès de la réaction ». Cette association, dont personne ne voyait le bien-fondé, aucune « réaction » ne menaçant le pouvoir établi, avait lancé une pétition qui, à la stupeur des bien-pensants, venait de recueillir trente-deux mille signatures. C'était beaucoup dans un canton qui comptait cent quatre-vingt mille habitants. Le succès de cette consultation encouragea les radicaux. Ils rassemblèrent à Yverdon, Villeneuve, Cully, Morges et Cossonay, des foules considérables, qui acclamèrent Delarageaz et ses amis et reprirent la formule sans nuance : « Tous ceux qui ne sont pas contre les jésuites sont pour », c'est-à-dire des mauvais citoyens, suppôts de la réaction, ennemis de la patrie !

Le Grand Conseil, réuni le 11 février à Lausanne, ne se laissa pas impressionner, non plus que le Conseil d'Etat, par la mobilisation populaire orchestrée par les représentants d'une minorité qui exploitaient sans vergogne la crédulité des uns et l'ignorance des autres. Les conseillers décidèrent de voter suivant leur conscience et, par cent trois voix contre soixante-trois, refusèrent la caution cantonale à ceux qui exigeaient l'expulsion immédiate des jésuites. Les délégués vaudois à la Diète extraordinaire, dont la date était maintenant fixée au 20 mars, Henri Druey et l'avocat Georges-François Briatte, tous deux partisans de l'expulsion des jésuites, devraient taire leur propre opinion et joindre leurs voix à celles des libéraux modérés afin que l'on usât de persuasion et non de méthodes autoritaires pour convaincre les Lucernois de se débarrasser sans plus tarder des jésuites, dont la présence créait tant de discorde à travers la Confédération.

Axel Métaz, prévenu par le commandant de la milice, comprit que les choses n'en resteraient pas là. Il prit, le

13 février, avec Vuippens, le chemin de Lausanne où, disait-on à Vevey, les pétitionnaires de l'Association patriotique de M. Delarageaz commençaient à se rassembler au Casino, à envoyer des émissaires dans les villages pour convaincre les gens d'exiger du Grand Conseil qu'il revînt sur sa décision et ralliât, au nom du canton tout entier, le camp de ceux qui voulaient à tout prix bouter hors des frontières les hommes noirs, loups-garous papistes, bourreaux de la démocratie, ces jésuites d'où venait tout le mal !

Les deux amis trouvèrent la ville, où le Grand-Pont sur le Flon, récemment inauguré, facilitait la circulation intérieure, en pleine effervescence. Quand ils virent, au Casino, lieu de réunion habituel, Henri Druey, Eytel et Delarageaz prendre la parole devant des citoyens dont ils tentaient de canaliser la surexcitation à leur profit, la même pensée vint à l'esprit d'Axel et de Louis. Métaz fut le premier à la traduire avec une tendre ironie :

— Si notre bon maître Chantenoz était encore avec nous, il dirait : « Cette fois-ci, mes bons amis, la révolution radicale est en marche. »

— Le tout est de savoir si elle réussira ou sera jugulée, dit le médecin.

Le soir, à Beauregard, où ils dînèrent avec Blaise et Charlotte, les Veveysans envisagèrent les évolutions possibles de la situation.

— Ce sera comme en décembre 1830, le Grand Conseil va se démettre, on vous fabriquera une autre Constitution, qui ne sera ni meilleure ni pire que la précédente, il y aura des élections. S'il en sort une majorité radicale, M. Druey deviendra le potentat du canton, si les conservateurs, alliés aux libéraux modérés, l'emportent encore une fois, on recommencera la révolution dans deux ou trois ans, dit le général.

Comme il achevait ce pronostic, Trévotte apparut dans le salon.

— On allume des feux sur le Signal[1] : c'est pour ameuter

1. Situé à six cent quarante-sept mètres d'altitude, au-dessus de Lausanne, sur la colline de Sauvabelin, le Signal est une sorte de promontoire, « rocher en forme de hache », qui constitue le plus beau belvédère du bassin du Léman. *Dictionnaire géographique et statistique du canton de Vaud*, librairie F. Rouge et Cie, Lausanne, 1921.

les gens des villages. Sûr que ça va se battre autour du château, mon général, dit l'adjudant.

— Allons voir ça, proposa Blaise en allumant sa pipe.

— Allez prendre un mauvais coup ! s'inquiéta Charlotte.

Avant de quitter la maison, le général prit la grosse canne dont il usait en promenade et en proposa de semblables à son fils et au médecin. L'un et l'autre acceptèrent, car l'expérience des révolutions vaudoises leur avait enseigné que le bâton incitait au respect les galopins, toujours prêts à profiter d'un tumulte pour s'en prendre à la bourse des bourgeois.

La ville était toute bruissante de discussions animées. A chaque coin de rue, place de la Riponne, à la Palud, place Saint-François, sur le Grand-Pont, on palabrait avec véhémence. La nuit de février, fraîche et claire, semblait grosse d'un événement violent. Le vent, qui avait frôlé les cimes enneigées, piquait le visage mais ne décourageait pas les hommes et quelques femmes emmitouflées de suivre en tapant la semelle les discours de citoyens saisis par une soudaine vocation d'orateur. L'imagination souvent stimulée par le dézaley ou l'yvorne, ils improvisaient sur les thèmes antijésuites avec une telle volubilité que beaucoup de gens sensés s'esclaffaient. Ces rassemblements rappelaient ceux de 1830 et les feux allumés sur le Signal indiquaient clairement que la journée du lendemain amènerait des renforts aux manifestants, dont certains proposaient déjà de monter au château, dans le cas où le Conseil d'Etat s'y réunirait comme le bruit en courait.

— Allons dormir, proposa Blaise, après un tour de ville. Il ne se passera rien avant demain.

Le 15 au matin, le Conseil d'Etat prit un arrêté qui, « pour maintenir l'ordre légal », mettait de piquet toutes les troupes du canton. Affichée et assortie d'une proclamation au peuple, cette mesure suscita aussitôt une réaction coléreuse des citoyens, descendus depuis la veille dans les rues. Des groupes tentèrent d'intercepter les militaires, décidés à rejoindre leur poste. Des soldats et des officiers furent molestés. Druey et ses amis, craignant des affrontements sanglants, tentaient de calmer leurs partisans, mais les gens jugeaient la mobilisation militaire humiliante et on parlait d'état de siège. Quand apparurent les villageois, appelés par les feux du Signal, carabiniers de Lavaux, paysans armés de fourches, de haches, de bâtons, de pieux appointés, Axel et Vuippens, tôt levés, comprirent que la journée pourrait être chaude. Le bataillon Chapuis fermait la place de la Riponne et celui d'Echallens défendait le château, où siégeait le Conseil d'Etat. Les manifestants de la veille, devenus émeutiers prêts à en découdre, suivant les ordres des meneurs, avaient quitté le Casino et marchaient vers la troupe, dont Axel Métaz remarqua tout de suite l'indécision. Un instant plus tard, le bataillon Chapuis, sommé de se joindre à la foule armée, qui montait vers le château, obtempéra après une brève hésitation. « Nous sommes avec vous », criaient les militaires.

— Si la milice abandonne le gouvernement, rien n'empêchera les radicaux de triompher. Une fois de plus, la minorité active soumettra la majorité par la menace. Est-ce une démarche démocratique ? demanda Blaise.

— Il en est toujours ainsi, chez nous, Blaise, par haine de l'aristocratie ou de ce qu'il prend pour telle, le peuple suit, sans réfléchir, ceux qui s'arrogent le droit de le conduire, sans se poser de questions quant à leur sincérité et leur compétence, expliqua Vuippens.

Axel, qui s'était avancé avec la colonne des émeutiers en marche vers le château, reconnut plusieurs radicaux veveysans. Cent trente citoyens de Vevey, lui dit-on, venaient de se joindre aux Lausannois. Il constata avec déplaisir la présence, au côté des révoltés, d'un groupe de communistes allemands qui, bien qu'étrangers, ne paraissaient pas les moins vindicatifs. Cette fois-ci, les chefs du parti radical n'avaient rien laissé au hasard. Les feux, allumés la veille sur le Signal, étaient attendus par leurs troupes. Les jésuites, à leur corps défendant, avaient frotté l'allumette incendiaire. Après s'être assuré que la cour du château ne serait pas investie, Axel revint vers son père et Louis.

— A mon avis, tout est consommé. Jules Eytel voulait envahir le château et jeter dehors les conseillers d'Etat mais le malin Druey s'est interposé en annonçant la démission du gouvernement et en demandant aux gens de se réunir à Montbenon, rapporta-t-il.

Tous trois suivirent la foule, qui semblait douter d'une victoire si vite acquise. Mais Druey, monté sur une échelle, la confirma. Tous ses collègues, membres du Conseil d'Etat, étaient démissionnaires. Il proposa aussitôt la composition d'un gouvernement provisoire, dont il serait le président. Ovationné, donc élu, M. Druey venait de réussir, enfin, la révolution qu'il espérait depuis quinze ans, sans qu'une goutte de sang vaudois eût été versée. Cette victoire, dite du peuple, fut saluée par cent un coups de canon qui, pour certains, en faisaient présager d'autres, moins innocents.

Quand Blaise, Axel et Vuippens rapportèrent les événements à Charlotte qui, en compagnie de Flora et de Tignasse, attendait anxieusement à Beauregard, Mme de Fontsalte eut un mot de parfaite aristocrate :

— En 1831, le canton avait, paraît-il, été régénéré, aujourd'hui, il est dégénéré !

On lui fit crédit de cet à-peu-près drolatique, au seuil de l'ère radicale.

Celle-ci avait commencé le soir même, comme il fallait s'y attendre, par une « proclamation au peuple vaudois[1] » du gouvernement provisoire, hâtivement fabriqué à Montbenon.

« Le Grand Conseil n'ayant répondu que d'une manière bien insuffisante au vœu des trente-deux mille pétitionnaires, qui demandent l'expulsion des jésuites de la Suisse entière, la généralité des citoyens s'en est profondément émue ; les masses populaires sont accourues au chef-lieu, où elles ont donné essor au plus vif mécontentement ; celles des milices arrivées à Lausanne, sur l'appel du gouvernement, n'ont pas hésité à faire cause commune avec leurs concitoyens. Le Conseil d'Etat, éclairé sur les véritables dispositions du peuple vaudois, s'est empressé d'abdiquer en masse, après avoir convoqué le Grand Conseil pour demain, à onze heures du matin. »

Cette manière de présenter les choses n'était ni tout à fait exacte ni tout à fait mensongère, ce qui fit dire à Blaise de Fontsalte que M. Druey avait appris, de ces mêmes jésuites qu'il condamnait, l'art subtil de la restriction mentale. Dire la vérité, certes, mais seulement une partie de la vérité !

1. Datée du 14 février 1845 et signée « Le gouvernement provisoire ».

La proclamation confirmait : « Le nombre immense des citoyens présents à Lausanne s'est réuni en assemblée populaire générale sur la place de Montbenon. Là, cette assemblée a immédiatement nommé un gouvernement provisoire. » Pour faire accepter par ceux qui n'appartenaient pas au « nombre immense de citoyens présents à Lausanne » ce bel exemple de génération spontanée d'un gouvernement dont les membres étaient, sans doute, depuis longtemps désignés par Henri Druey, le texte radical concluait, au nom des nouveaux conseillers d'Etat : « Exécuteurs d'une volonté supérieure, nous nous confions sans réserve à votre patriotisme. »

Après la dissolution du Grand Conseil et la convocation des assemblées électorales, les radicaux confirmèrent leur intention de « mettre fin aux lenteurs qui, dans les communes populeuses, faussaient l'expression du vœu populaire ». Les assistés qui, jusque-là, n'étaient pas électeurs, reçurent le droit de vote et le droit d'initiative fut reconnu à tous les citoyens en matière constitutionnelle et législative. Pour rassurer les Vaudois, M. Druey s'empressa de déclarer que le nouveau régime, bien que d'inspiration socialiste, n'avait nulle intention de nationaliser le sol ni de détruire la propriété privée. Il voulait au contraire « chercher à la démocratiser et à la généraliser ».

Le 24 février, les assemblées électorales élirent un nouveau Grand Conseil qui, le 6 mars, donna la composition du gouvernement de Druey. On y retrouvait tous ceux qui avaient conduit et canalisé la révolte : MM. Henri-Louis Delarageaz, Georges-François Briatte, Charles Veillon, Henri Fischer, Louis Blanchenay, Louis Bourgeois, Jacques Veret. Tous appartenaient au précédent Conseil d'Etat ou au Grand Conseil.

Ceux qui, dans le camp radical, virent en Druey, dès les premiers jours de la révolution, un ambitieux jouant les modestes, avide de pouvoir personnel, racontaient que leur chef de file se croyait investi par Dieu pour diriger le destin du pays de Vaud. D'autres, qui suivaient son action et lisaient ses écrits, savaient qu'il n'avait jamais été embarrassé pour expliquer ses changements de conception de la vie politique.

Louis Vuippens ne cachait pas ses sympathies pour les radicaux modérés qui, opposés à un bouleversement de type communiste, souhaitaient cependant un réel progrès social, qui améliorerait le sort des gens défavorisés. En revanche, il tenait Druey pour un être versatile et opportuniste.

— Il a fort bien conduit son affaire, au cours de cette révolution qui voit le triomphe de sa cause. Mais nous avons remarqué qu'il s'est prudemment tenu à l'écart de l'Association patriotique de Delarageaz, qui a fait tout le travail. Nous ne l'avons pas vu, non plus, dans les assemblées bruyantes de Villeneuve ou de Morges. Cela parce qu'il voulait être au moment opportun « un point de ralliement », ce sont ses propres mots[1], dit le médecin.

— On lui doit en tout cas une révolution sans morts ni blessés. Et, de cela, nous pouvons lui être reconnaissants car la pétition sur laquelle Druey s'est appuyé représentait une vraie volonté populaire, observa Axel.

— C'est assez drôle de voir Druey dans sa proclamation mettre en avant cette pétition qui l'aurait décidé à prendre la tête du mouvement. On oublie qu'en 1829, vingt-sept pétitions, portant quatre mille cent quatre-vingt-dix-sept signatures, exigeaient une modification du système électoral, assez injuste à l'époque. M. Druey, alors membre du Grand Conseil, estima que ces pétitions devaient être écartées. Je me souviens de ses paroles qui, en ce temps, m'avaient fort étonné. Il avait déclaré : « Où irions-nous si nous nous laissions entraîner par des pétitions ? Où serait le pilote de l'Etat ? Les factions ne s'en serviraient-elles pas pour atteindre leur but ? Les adresses sont un empiétement sur le pouvoir du Grand Conseil ! » Il y a donc les bonnes et démocratiques pétitions et les mauvaises et indésirables pétitions ! ricana Vuippens.

— Je me suis laissé dire par un fonctionnaire du Grand Conseil que la fameuse pétition aux trente-deux mille

1. Lettre d'Henri Druey à Mme Piguet « commencée le 29 avril 1845, et qui n'était pas achevée le 5 mai suivant : elle compte deux cents pages in-4° », écrit M. Auguste Reymond dans le texte de présentation de ce récit-plaidoyer de Druey, déposé à la Bibliothèque cantonale vaudoise. Ce texte a été publié dans la *Bibliothèque universelle et Revue suisse*, cent vingt-sixième année, tome CIV, Lausanne, 1921.

signatures n'en comporte que vingt-neuf mille soixante-neuf exactement et qu'une pétition opposée en a rassemblé deux mille cinq cent trente-deux. Il semble que les radicaux aient fait une addition un tantinet fallacieuse, dit Blaise.

Quelques jours plus tard, alors que les élus vaudois commençaient l'étude d'une nouvelle Constitution, Lucerne, qui ne montrait nul empressement à se débarrasser des jésuites, était attaquée pour la seconde fois par des corps francs, recrutés dans les cantons radicaux. Conduits par Ulrich Ochsenbein, un avocat radical de Berne, le docteur Robert Steiger, le colonel Rothpletz, commandant des milices d'Argovie, et le major Buser, de Bâle-Campagne, dotés d'artillerie et bien armés, trois mille cinq cents hommes, avaient pénétré sur le territoire lucernois, avec l'intention de renverser le gouvernement du canton catholique. Aidés par des bataillons d'Unterwald et d'Uri, les forces de Lucerne avaient, en trois jours, mis les assaillants en déroute. Les corps francs avaient laissé cent cinq morts sur le terrain, beaucoup de blessés et mille huit cents prisonniers. Les radicaux avaient chèrement payé leur mépris du Pacte fédéral.

Cette action inqualifiable, plus qu'aucune identité de religion et d'opinion politique, souda les sept cantons catholiques. Le bruit courut bientôt que Lucerne, Uri, Schwyz, Unterwald, Zoug, Fribourg et le Valais avaient conclu, deux ans plus tôt, lors d'une assemblée secrète tenue aux bains de Rothen, près de Lucerne, un traité défensif et d'assistance mutuelle. On ajoutait, sans en avoir la preuve, que ces gouvernements envisageaient, aussi, de se séparer d'une Confédération qui reniait le plus sacré de ses principes fondateurs. Que la souveraineté d'un seul des cantons catholiques fût menacée et la sécession des sept deviendrait effective.

Pudiquement nommée alliance séparée, ou Sonderbund, une telle initiative était de nature à faire éclater la Confédération. Si cela devenait, un jour, calamiteuse réalité, les vénérés signataires du Pacte du Grütli, en 1291, jailliraient de leur tombe pour maudire et châtier les saboteurs d'une entité patriotique unique et exemplaire.

6

Le Léman a parfois des sautes d'humeur meurtrières. Il arrive qu'au printemps, sous un ciel serein, la vaudaire jaillisse comme une furie de la gorge du Rhône et jette de courtes, mais violentes, bouffées coléreuses sur le lac. Les bacounis redoutent ces coups de vent, que rien n'annonce mais qui sont capables de déchirer une voile, de briser une vergue, d'abattre un mât, parfois de renverser un bateau pris par le travers.

C'est ce qui se produisit le 22 avril 1845, entre six et sept heures du soir. Une grande barque, partie du port d'Ouchy vers la Savoie, avec trente passagers et une demi-douzaine de jeunes chevaux, qu'un marchand savoyard venait d'acheter au pays de Vaud, fut soudain brutalement giflée par le vent. Effrayés par le balancement du bateau et les claquements des voiles, les chevaux se précipitèrent sur le même bord de la barque, qui chavira, précipitant animaux et passagers dans le lac. Axel Métaz revenait, au même moment, de Meillerie, avec un chargement de pierre destiné à Vevey. Il ordonna au patron de sa barque d'abattre les voiles latines et de mettre le bateau face au vent, le temps que passe la bourrasque. Tandis que les bacounis, fort inquiets pour la lourde cargaison de pierre, manœuvraient avec promptitude, tous virent, au loin, une barque se coucher sur le lac et montrer sa quille. Le vent étant tombé aussi soudainement qu'il s'était levé, Axel fit rétablir la voilure pour porter secours aux naufragés. Des pêcheurs étaient déjà sur les lieux. Ils avaient recueilli plusieurs passagers, vu les chevaux se débattre, nager vers une berge trop éloignée, lutter contre la fatigue, puis couler. En interrogeant les rescapés, Axel eut bientôt la certitude que douze ou quinze personnes manquaient à l'appel, dont le marchand de chevaux, noyé avec toutes ses bêtes.

— Il avait plus de cinq mille francs dans son portefeuille ! dit un aide du maquignon, avec un rien de concupiscence malsaine dans le regard.

Penché sur le lac redevenu calme, l'homme fruste scrutait l'eau glauque, qui venait d'engloutir, avec la barque d'Ouchy, les Savoyards et les chevaux, le magot du marchand.

Indigné, un carrier le prit aux épaules et fit mine de le pousser dans le Léman.

— Si tu veux aller par le fond chercher les sous de ton patron, je vas t'aider !

L'imbécile évita le plongeon grâce à l'intervention d'Axel, qui retint le geste de l'ouvrier.

— Laisse cet homme. Son âme infecterait le Léman, dit Métaz, méprisant.

Le soir même, de retour à Rive-Reine, Axel raconta le naufrage de la barque d'Ouchy à ses fils, afin de leur enseigner la prudence en toute circonstance, même par grand beau temps, sur un lac dont les caprices étaient, depuis toujours, imprévisibles.

Comme il s'étonnait de n'avoir pas vu Louis Vuippens depuis plusieurs jours, Métaz fit seller son cheval et, après le repas du soir, prit la route de La Tour-de-Peilz. Chemin faisant, sur la berge, il admira le coucher de soleil du côté de Genève et se mit à penser au retour, sans doute prochain, d'Alexandra. Fidèle à sa promesse, la jeune fille avait écrit chaque semaine. Dans sa dernière lettre, comme dans les précédentes, elle disait sa confiance dans le développement industriel et commercial des Etats-Unis mais reconnaissait avec Tocqueville, qu'elle avait lu attentivement pour préparer son voyage : « Le drame des pays démocratiques c'est qu'on y aime trop les idées générales. » Ayant un sens aigu du concret, elle s'étonnait que l'affairisme le plus fougueux, parfois le moins humain, pût aller de pair, chez les Américains, avec des discours filandreux où les bons sentiments pour le prochain semblaient l'emporter sur la course au dollar, occupation primordiale de tout un chacun.

« L'Amérique est un pays fabriqué de toutes pièces, écrivait-elle encore, où tous ceux qui débarquent ont pour but unique de faire fortune dans les meilleurs délais. D'où cette activité, opiniâtre et débordante, que stimule l'exemple de réussites aussi faramineuses qu'inattendues. »

Tout cela, Axel l'avait déjà appris par sa correspondance avec un des hommes qui avaient su faire fortune en Amérique, Guillaume Métaz. Mais ce qui l'avait le plus intrigué dans le dernier message de sa filleule était le post-scriptum : « Je serais bien étonnée que le cher John Keith ne demandât pas ma main avant que nous touchions Liverpool. D'après ce qu'il laisse entendre de ses amies anglaises – ses flirts, comme il dit – elles seraient encore plus maigres et plus laides que moi ! Dès le premier jour, j'ai découragé ce garçon charmant et financier matois de me faire la cour, établissant d'emblée nos rapports sur le terrain professionnel. Mais l'autre soir, lors d'un dîner tête à tête, il m'a dit : « Vous avez, mademoiselle Alexandra, un visage intéressant. » D'après la délicieuse lady Astor, qui est devenue mon amie, cela équivaudrait à une déclaration ! »

Axel, que l'amour de sa filleule embarrassait autant qu'il le tentait, le flattait, l'attendrissait, éprouvait depuis la lecture de cette confidence épistolaire, mise en post-scriptum comme pour en atténuer l'importance, un sentiment mitigé. Voir Alexandra conjurer son impossible amour pour son vieux parrain – il allait fêter son quarante-quatrième anniversaire – par un mariage étranger, le laissait perplexe et, plus encore, insatisfait.

Ces réflexions l'avaient conduit devant la maison de Louis Vuippens. Il mit pied à terre et apprit par la vieille servante de Louis que « le docteur avait été appelé en consultation hors du canton ». Le praticien avait donné à entendre que son absence pourrait être longue. Ses patients devraient s'adresser à son confrère, le docteur Fluer, rue du Port. Bien qu'étonné de n'avoir pas été prévenu par Louis, sans doute pris par l'urgence, Axel Métaz rentra chez lui.

Deux jours plus tard, il se rendit à Lausanne. Le propriétaire de la barque naufragée souhaitait que le chantier Rudmeyer et Métaz s'occupât du renflouement de son bateau. Axel devait discuter des conditions techniques et financières de cette opération. Il déposa un message chez Marthe Bovey – lui donnant rendez-vous, le soir même, au moulin où il passerait la nuit, puisque ses affaires le retiendraient le lendemain à Lausanne – et s'en fut dîner à Beauregard. Blaise l'accueillit avec une mine inquiète. La nuit précédente, Charlotte avait eu un nouveau malaise. Elle s'en remettait, semblait-il, sans dommage mais préférait garder la chambre. Axel monta voir sa mère qui lisait, adossée à ses oreillers, une table à thé à son chevet. La vue d'une coupe, emplie de biscuits et de boules de chocolat, rassura Axel sur l'état de santé de cette gourmande.

— Ne me regarde pas, mon petit, je dois être laide à faire pleurer. Flora a tenté de me coiffer mais ce n'est pas très réussi. Demain, je serai debout et le coiffeur viendra.

Elle déclara se sentir assez bien, « comme après une petite faiblesse ». Axel entretint sa mère de ses fils, du travail de renflouement qu'il allait entreprendre, et dit regretter que Vuippens ne fût pas là au moment où la malade avait besoin de soins.

Mme de Fontsalte s'apitoya d'abord sur les victimes de la catastrophe du 22 avril, rapportée le lendemain par la *Gazette de Lausanne*, puis ajouta qu'elle n'avait aucun besoin de consulter le médecin, le remède ordonné par Vuippens étant efficace.

— Louis est un très bon médecin. Son diagnostic est sûr. Aussi ne suis-je pas étonnée que ses confrères l'appellent en consultation quand ils se trouvent devant un cas difficile, dit-elle, sans paraître attacher d'importance à l'absence du praticien.

Axel connaissait assez sa mère pour percevoir tout ce que leur entretien avait eu, jusque-là, de conventionnel. Cela préparait, retardait peut-être, une confidence plus grave. Il pensa tout naturellement que Mme de Fontsalte, fanfaronne, hésitait à lui confier qu'elle se sentait plus mal qu'il ne paraissait. Il tenta de provoquer l'aveu, la questionnant sur cette « petite faiblesse », en vérité une nouvelle syncope, mais Charlotte l'arrêta :

— J'ai un souci, en effet, mais il ne vient pas de ma santé. Elle est ce qu'elle est et je suis prête à la mort, notre lot commun. Non, mon petit, ne sois pas inquiet pour ta mère. Mais j'ai quelque chose à te demander.

— Oui, mère, demandez !

— Eh bien, Axel, je t'en prie, je t'en conjure, ne fais pas souffrir Marthe.

— Mais pourquoi me dites-vous cela ? fit-il, interloqué.

— Parce que je sais que Marthe Bovey est ta maîtresse depuis des mois. Je ne juge personne, ni toi ni elle. Mais ce qu'elle vit aujourd'hui, je l'ai vécu. Seulement, l'homme que j'attendais m'aimait et cela s'est conclu par un merveilleux bonheur. Or, toi, tu n'aimes pas Marthe. Elle le sait et l'accepte, je ne sais pourquoi ! Alors, je te dis, je te demande, Axel, ne la fais pas souffrir, voilà. C'est tout !

— Non, ce n'est pas tout, mère. Comment avez-vous appris nos relations ? demanda Axel, visiblement contrarié.

Charlotte but une demi-tasse de thé et se résolut à satisfaire la curiosité de son fils.

— Il y a une semaine environ, je suis allée au moulin sur la Vuachère. Je voulais voir si rien ne manquait, linge de toilette, savon, vins, etc., puisque tu dis y dormir seul de temps en temps.

— Mais...

— J'ai conservé une clef du moulin, par prudence. La Vuachère peut déborder. On nous en préviendrait, certes, mais si tu es à Vevey ou à Genève, comment vite intervenir ? Bon, j'ai été tout à fait étonnée de trouver la porte ouverte, de voir un cabriolet dans le hangar et un cheval dans l'écurie. Plus étonnée encore de trouver Marthe Bovey en train de mettre de l'ordre dans une maison qui, pardonne-moi, sentait la femme. Elle m'a dit que tu venais de la quitter.

— Et c'est elle qui vous a révélé nos relations, en conclut Axel.

— Que voulais-tu qu'elle fît ! Nous avons longtemps parlé. Entre femmes, on se dit des choses que les hommes n'ont pas à entendre. Nous avons aussi pleuré, pourquoi le cacher. Et je l'ai quittée en lui disant que je te parlerais de notre rencontre mais en l'assurant que je n'en dirais mot à quiconque, pas même à Blaise. Mais si Elise vient à apprendre cela, tu seras fort gêné.

— Elise n'a jamais mis les pieds au moulin. Elle dit la maison lugubre, insalubre à cause de la rivière, déclara Axel avec assurance.

— Elle déteste surtout le moulin parce que, depuis tante Mathilde, il a abrité trop d'amours adultères – dont les miennes... – et continue de le faire, semble-t-il ! lança Charlotte en riant.

Etant au fait de la situation conjugale de son fils, et n'ayant jamais eu de réelle affection pour sa belle-fille protestante, Mme de Fontsalte admettait qu'Axel eût une maîtresse. Elle ne redoutait qu'un scandale, que les bonnes âmes veveysannes ne manqueraient pas de rapprocher de celui causé par la génération précédente. Elle entendait déjà la vieille Chatard proclamer : « Les chiens font pas des chats ! » et l'épicière ajouter : « Ces hommes au regard vairon sont des créatures du diable ! »

— Nous continuerons à être discrets... Et puis, si Elise l'apprend, nous verrons bien ! J'ai des arguments pour la calmer, dit Axel avec humeur.

Charlotte considéra un moment son fils, l'œil mi-clos, jaugeant la sincérité de sa désinvolture.

— Le pire danger n'est peut-être pas Elise, mon garçon, finit-elle pas articuler lentement.

— Quel autre danger voyez-vous ? Marthe n'a ni mari, ni amant, ni frère !

— Mais toi, Axel, tu as une filleule ! Alexandra est folle de toi. Elle n'avait pas dix ans que je le savais déjà. C'est, chez elle, comme une maladie ! Si elle apprenait qu'Elise et toi vous ne pouvez plus... enfin, tu comprends, et que tu as une maîtresse, Dieu sait ce qu'elle inventerait. Prends garde, Axel.

— Il est possible qu'Alexandra se marie bientôt, dit-il pour rassurer sa mère.

— C'est ce qui peut arriver de mieux. Encore qu'une fille comme Alexandra peut envisager le mariage comme alibi suffisant pour cacher une relation coupable avec l'homme qu'elle aime et ne peut épouser, dit Charlotte.

— Vous lui prêtez beaucoup de perversité, mère. Alexandra est une femme droite et fière. Elle s'abuse sur la qualité du sentiment qu'elle me porte et tout cela s'arrangera. J'ai le double de son âge. Voyez mes premiers cheveux blancs, dit Axel, le doigt sur la tempe.

— Martin a dû, autrefois, t'enseigner que les Grecs, qui n'avaient pas nos hontes devant les choses de la chair, considéraient la passion amoureuse d'une jeune fille pour un homme mûr comme une des plus exquises formes d'amour qui se pût imaginer. Inclination saine, belle et pure, parce que désintéressée et fatalement limitée dans le temps. Et ce n'est pas à toi et à Tignasse que j'apprendrai que les jeunes garçons recherchent et trouvent la parfaite, tendre, j'allais dire maternelle, initiatrice, parmi les amies de leur mère !

Stupéfait, Axel répondit :

— Mais comment ce secret...

Négligeant l'interruption, Charlotte enchaîna :

— Alors, Axel, sois prudent, sois loyal, sois généreux et, si tu le peux, sois heureux mais ne fais pas souffrir Marthe. Elle est de cristal, pure, transparente et fragile, acheva Mme de Fontsalte en se laissant aller sur ses oreillers, fatiguée par cette conversation.

Axel la vit sourire avec effort et, quand il s'approcha pour l'embrasser, les rides, la bouche froncée, le regard las de cette femme, qui était sa mère, lui parurent appartenir à une très vieille dame.

Après cet entretien, il ne pensait plus qu'au moment où il devait, un peu plus tard, retrouver Marthe au moulin. Il eût volontiers écourté le repas mais Blaise l'entretint longuement du projet d'un officier français, qui avait autrefois combattu pour l'indépendance de la Grèce. Le lieutenant Touret voulait faire élever, à Athènes, un monument à la mémoire de ses compagnons philhellènes français et suisses, morts pour la Grèce. Parmi les Helvètes se trouvaient plusieurs Genevois, le docteur Amster, mort à Minos en juillet 1822 ; le capitaine Gabriel Rival, tombé à Athènes le 1er janvier 1827, et aussi Doutier, de Lausanne, tué lors des combats de Tri Perghi, le 6 mai 1827 ; Louis Chevalier, d'Orbe, tué à Peta le 16 juillet 1822 ; Knaupp, de Cully, mort à Patras en 1829 ; des Zurichois, comme Meyer et Brumbacher, morts en défendant Missolonghi avec lord Byron, le 2 décembre 1822 ; Werndlie, tombé à Peta, le 16 juillet 1822 ; Ernst, de Winterthur, mort à Athènes le 5 décembre 1825.

— Tous ces braves méritent que l'on conserve en Grèce leur souvenir. Claude qui, comme moi, avait vécu ces combats meurtriers, eût certainement souscrit au projet du lieutenant Touret, comme je viens de le faire. Des Genevois, des Zurichois ont déjà envoyé leur obole et je suis chargé de recevoir celle des Vaudois. Vous voyez où je veux en venir, mon cher garçon, acheva le général avec un sourire.

Axel mit aussitôt la main à la poche et tendit au général un billet de cent francs, sa participation au mémorial philhellène.

En se hâtant, à la nuit tombée, vers le moulin, l'amant de Marthe Bovey se demandait si la jeune femme lui ferait spontanément confidence de sa rencontre fortuite avec Mme de Fontsalte ou s'il devrait lui-même évoquer le sujet.

Cette interrogation se révéla sans objet. La porte du moulin était close, aucune lumière ne brûlait à l'intérieur, la maison était vide. Marthe, qui toujours précédait Axel au rendez-vous, pour allumer le feu dans la cheminée, préparer un plateau avec des verres et du vin et même, depuis quelque temps, bourrer ses pipes, comme il le lui avait appris, avait, semble-t-il, renoncé à leur rencontre. Un court instant, il imagina un simple retard, mais une enveloppe cachetée, sans aucune suscription compromettante, placée sur le porte-pipes posé sur la commode, attira son attention. Il l'ouvrit et, pour la première fois, vit l'écriture de Marthe, une anglaise élégante et assurée.

« Très cher ami, Madame votre mère m'ayant surprise ici, alors que nous venions de nous séparer, je crois qu'il serait désormais imprudent de nous revoir en ce lieu, peut-être même de nous revoir. Adieu ou au revoir. A votre choix. M. »

Axel choisit une pipe déjà bourrée, disposa un lit de branchettes dans la cheminée, y coucha une bûche et, de la même allumette, enflamma le bois et le tabac.

Il s'interdit toute déception. Après tout, Marthe Bovey se comportait exactement comme le prévoyait leur contrat et comme il l'avait toujours voulu. Aucune trace de sentiment dans ce message laconique. Un sorte d'indifférence polie. C'était à lui de décider si l'on continuait cette bizarre liaison ou si on l'interrompait sans plus d'explication ni manière. Cet « Adieu ou au revoir, à votre choix », donnait à entendre que Marthe n'avait aucune préférence, qu'elle acceptait avec une parfaite équanimité la décision que prendrait son amant.

Et cependant, il eût aimé qu'elle fût là ce soir, belle, sereine, à la fois attentive et réservée, comme elle savait l'être, recevant ses confidences sans jamais les solliciter, apaisante et naturelle avec cet air de passante autonome et désinvolte qui accorde sans donner. Marthe jouait si bien ce rôle, souhaité par Axel, que l'amant égoïste se trouvait maintenant frustré de ce qu'il avait rejeté. Charlotte avait dit à son fils « Ne fais pas souffrir Marthe », mais c'est lui qui, soudain, souffrait de n'être pas aimé comme il avait interdit qu'on l'aimât.

En un instant, sa décision fut prise. Il dispersa les braises, les noya d'un cruchon d'eau et quitta le moulin. La nuit d'avril lui parut fraîche et la brise des collines fleurie, légère et parfumée. Il alluma les lanternes de son cabriolet et grimpa au trot jusqu'à la Riponne. Sonner à cette heure à la porte principale de Mme Bovey eût attiré l'attention de toute la domesticité. Il contourna la maison et l'approcha dans l'ombre, côté jardin. Derrière les portes-fenêtres du rez-de-chaussée brillaient des lumières. M. Métaz, tel un Roméo audacieux, franchit la haie de troènes qui fermait le jardin, se glissa, évitant de faire crisser le gravier, jusqu'à la terrasse et vint jeter un regard dans le salon. La lumière réduite aux seuls candélabres eût été pauvre mais un grand feu brûlait dans une cheminée de marbre blanc, à laquelle faisaient face deux fauteuils, dont les hauts dossiers interdisaient de voir s'ils étaient occupés.

« Je me conduis comme un voleur », se dit Axel, déjà prêt à la retraite, quand le hasard le favorisa. Une domestique entra dans le salon portant un plateau, qu'elle déposa sur un guéridon près d'un fauteuil. La femme s'attarda, bavardant avec la personne assise, puis se retira. Un instant plus tard, l'occupant du fauteuil fit un mouvement pour saisir une tasse et Axel reconnut la main et le bras de Marthe.

« Elle est certainement seule », se dit-il et il s'enhardit à frapper le carreau de sa chevalière. Marthe se pencha derrière le dossier de son siège, regardant du côté de la fenêtre sans éventer la présence de l'intrus ni se déranger. Il renouvela son geste et, cette fois, la jeune femme se leva, approcha prudemment de la porte-fenêtre. Dès qu'elle eut reconnu le visiteur, elle ouvrit et le fit entrer comme s'il était tout naturel qu'Axel se présentât ainsi, tard dans la soirée, sans être annoncé et autrement qu'à la porte.

— Mon Dieu, c'est assez inattendu de vous voir, chez moi, à cette heure-ci, dit-elle en le guidant vers le fauteuil voisin de celui qu'elle venait de quitter, où elle reprit place.

— Une heure avant que je trouve votre billet, au moulin, ma mère m'avait tout raconté et je voulais vous dire que vous pouvez compter sur son absolue discrétion, révéla aussitôt le fils de Charlotte.

— Je le crois, en effet. Il serait désastreux pour votre famille que l'on découvrît le genre de relations que nous entretenons depuis tantôt cinq ans, dit Mme Bovey, dont la maîtrise mondaine impressionna Axel.

Brusquement, il prit la main de Marthe, avec une ferveur qui, par sa brutalité même, surprit la jeune femme.

— Marthe, je suis venu vous dire que vous m'êtes devenue indispensable. Et, pour répondre à votre billet, mon choix est de continuer à vous voir. Voilà !

Mme Bovey dissimula son émoi et retira lentement sa main.

— Ce que je vous apporte, Axel, n'importe quelle femme en bonne santé, pas trop laide et libre peut vous l'offrir. J'ai accepté vos conditions et, au fil des mois, je me suis aperçue qu'elles m'agréent.

— Ces conditions sont stupides et d'un égoïsme dont je devrais avoir honte. Marthe, je vous ai obligée à commencer par où les vrais amants finissent. J'ai nié les sentiments et, aujourd'hui, les sentiments se dévoilent. Pardonnez-moi et acceptez mon…

— Taisez-vous, Axel. Il est trop tôt pour user de certains mots. Ils sont vains et trompeurs, tant que ce n'est pas le cœur qui les crie. Mais, bien sûr, nous continuerons à nous voir, aussi souvent que vous le voudrez. J'en suis ravie. Maintenant, vous devez vous retirer. Ma femme de chambre attend, sans aucun doute, que je la sonne pour fermer les persiennes. Partez par où vous êtes venu, c'est le mieux.

— Puis-je espérer vous voir, la semaine prochaine, au moulin, Marthe ?

— Je viendrai quand vous voudrez. Vous savez que je vous appartiens, dit-elle dans un souffle.

Axel la prit dans ses bras, l'embrassa longuement avec tendresse et, passant ses mains dans les boucles rousses, l'ébouriffa.

— Nous reprendrons tout depuis le commencement, je voudrais que vous soyez, enfin, heureuse, Marthe, promit-il, joyeux.

Trop émue pour parler, elle lui rendit son baiser et le poussa vers la porte-fenêtre. Quand Axel eut disparu dans l'ombre du jardin, Marthe Bovey retourna s'asseoir devant le feu qui se mourait et se mit à pleurer doucement. Celle qui tenait, depuis si longtemps, son amour dissimulé allait peut-être le voir partagé. Elle savait déjà qu'elle serait comblée et malheureuse.

Lors de son retour à Vevey, Axel Métaz, soucieux d'établir avec Marthe Bovey une relation amoureuse plus sincère et plus complète, avait réfléchi à la manière de prévenir les indiscrétions et de protéger la quiétude du moulin sur la Vuachère. Ce havre qu'il aimait, différemment de sa maison des vignes, avait-il, lui aussi, une mémoire ? Ce que Martin Chantenoz nommait l'esprit des lieux, que seuls les êtres doués d'une sensibilité particulière peuvent percevoir et identifier. Les mystérieux effluves des passions que le moulin avait abritées, les serments à jamais inaudibles, échangés sous les vieilles poutres, l'écho muré des geignements lascifs des amants, leurs rires impudiques et les sanglots des ruptures, s'étaient-ils transmués, par la pure alchimie du temps, en un fluide composite, fragrance irrespirable par qui ne s'abandonnait pas, corps et âme, à l'amour.

« Pour avoir profané le temple en le réduisant à un banal abri du seul plaisir charnel, peut-être me suis-je attiré la vengeance des dieux », se dit Axel, dont l'atticisme hérité de son défunt mentor restait donnée de référence.

Bien qu'il ne fût pas de ces Vaudois superstitieux, qui croyaient aux servants capricieux, c'est, inconsciemment, pour conjurer le sort qu'il désirait faire du moulin un asile raffiné où Marthe et lui se sentiraient à l'aise, hors du monde. Aussi, dès son retour à Rive-Reine, inventa-t-il un mensonge. Il informa Elise qu'il avait loué le moulin à un couple, se réservant une chambre qu'il occuperait lors de ses séjours de plus en plus fréquents à Lausanne, où l'appelaient de nouvelles affaires. Elise trouva bon que cette maison, humide et isolée, fût occupée en permanence. Axel lui fut reconnaissant d'une telle discrétion.

Le même soir, Louis Vuippens reparut à Rive-Reine, une heure avant le repas. Axel le trouva pâle, les joues creuses et faisant effort pour plaisanter avec Bertrand, le benjamin des Métaz. Le médecin accepta de partager le repas de ses amis après avoir expliqué qu'il rentrait d'un voyage très éprouvant, ayant été appelé en consultation en Suisse alémanique. Il opposa le secret professionnel à Elise quand elle voulut savoir quel genre de malade et de maladie il avait eu à soigner.

Le dessert expédié, Axel, trouvant un peu étrange le comportement du médecin, l'entraîna sur la terrasse, où les deux amis avaient l'habitude de se retirer, dès les premiers beaux jours, pour fumer et boire un verre de lie. En l'absence d'Elise, accaparée par une réunion des dames patronnesses de l'Asile pour jeunes filles, Vuippens devança toutes les curiosités d'Axel.

La première nuit de mai, claire et d'une douceur printanière, se prêtait aux confidences. Un reflet frisant de la lune sur le lac reliait la rive vaudoise à la côte savoyarde par un sillage lumineux, et la pénombre qui baignait la terrasse de Rive-Reine enrobant les êtres et les choses, conférait au décor familier une sérénité rassurante. Le crépitement cristallin de l'eau, dans le bassin aux dauphins, donnait toute sa valeur au silence.

Louis tapota, pour évacuer la cendre, le fourneau de sa pipe éteinte sur le talon de sa bottine et précisa, d'emblée, que ce qu'il allait révéler à Axel semblait relever de la pure fantasmagorie.

— Il s'agit de la résolution d'un mystère que tu auras du mal à croire. Si je parle, c'est avec l'assentiment de Zélia, qui m'a dit « souffrir de dissimuler plus longtemps, au seul homme que sa maîtresse eût aimé, une vérité douloureuse » : ce sont ses propres termes.

Axel, intrigué par tant de précautions oratoires et comprenant qu'il ne pouvait s'agir que d'une affaire relative à ses amours passées avec sa demi-sœur, fronça le sourcil. En plein jour, le médecin eût vu l'œil clair de son ami au regard vairon s'assombrir, signe de crainte ou de courroux.

— Parle, dit simplement Métaz en se carrant dans son fauteuil, tel le passager d'une voiture qui se prépare à subir les cahots du chemin.

— Eh bien, tout d'abord, je sais où allait Zélia quand elle s'absentait plusieurs jours de chez les Laviron, ainsi que te l'ont dit Alexandra et Anaïs.

— Elle explique qu'elle va herboriser dans le Jura, ce qui n'a rien d'étonnant quand on connaît cette étrange fille, intervint Axel.

Vuippens hocha la tête :

— C'est un mensonge et tiens-toi bien, mon vieux. Zélia rendait visite à...

— A Adriana, coupa vivement Axel en se penchant soudain vers son ami.

Les accoudoirs du fauteuil, violemment saisis, gémirent sous la pression des mains puissantes du Vaudois.

Ce fut au tour de Vuippens d'être interloqué.

— Comment... tu sais qu'Adriana est vivante !

— Savoir n'est pas le verbe qui convient, dit posément Axel, dominant son trouble. Je ne le savais pas, non, mais quelque chose en moi subodorait un mystère de ce genre, depuis les apparitions d'une femme voilée à l'œil vairon lors du tir fédéral de 1836 à Lausanne, une nuit de décembre, à Saint-Saphorin et, l'an dernier, près du moulin sur la Vuachère où je devais rejoindre Marthe. Ma raison refusait d'admettre la survie cachée d'Adrienne mais une bizarre et inexprimable intuition me persuadait que, chair ou fantôme, elle hantait encore notre monde. Et, depuis, j'ai cru revoir cette femme dans son cabriolet de laque noire, à Nyon et même, un jour, au petit matin, à Vevey. Chaque fois, je t'ai fait part de ce que je croyais être une hallucination, un subterfuge de la mémoire, une fourberie de la Némésis. Tu t'es donc bien moqué de moi, quand tu m'as conseillé de lire l'ouvrage du doyen Bridel sur les loups-garous et nos superstitions vaudoises... toi qui savais !

— Non, Axel : je ne savais pas encore. Il a fallu que Zélia me demande de l'accompagner, non dans le Jura, mais je ne sais où, peut-être bien dans le Valais, pour que j'apprenne l'incroyable vérité.

— Tu as vu Adriana ? jeta Axel, à nouveau excité.

— Oui, mon pauvre ami, je l'ai vue. Zélia a voulu la montrer à un médecin de plus. La science ne peut rien pour elle, hélas. Je ne puis, comme les autres, que fournir des drogues et des onguents pour apaiser un peu la souffrance de cette femme. C'est horrible !

— Horrible ? Pourquoi ? Parle !

— Un chancre lui mange le visage, Axel. Seul son regard vairon demeure intact, pareil au tien. Crois-moi, j'ai vu, depuis que j'exerce, des blessés et des malades de toute sorte, j'ai vu des mutilations hideuses, des plaies repoussantes, des noyés gonflés comme des outres, des carriers de Meillerie écrasés, comme poulet à la diable, sous des tonnes de rochers, je n'avais jamais imaginé pareille ruine, pareille dissolution purulente d'un visage. Ravage de la syphilis, mon ami. Tu comprends pourquoi cette femme, que tu as connue belle et triomphante, ne veut plus se montrer à quiconque. Elle a fait briser tous les miroirs de sa maison, vit voilée dans la pénombre, se terre honteusement. Ah ! ne cherche jamais à la revoir, Axel. Tu deviendrais fou !

Les deux hommes demeurèrent un moment silencieux. Le médecin, se rappelant l'épouvantable vision, admira le sang-froid avec lequel son ami accueillait la stupéfiante révélation. Axel, se refusant à imaginer la laideur décrite par le médecin, avait beaucoup de questions à poser.

— Mais comment vit-elle ?

— Elle ne manque de rien. Le peu que j'ai vu de sa résidence m'a paru d'un luxe et d'un confort inouïs. Elle dispose, je crois, d'une fortune considérable et reste la reine invisible d'un mystérieux royaume perdu dans les Carpates. La diaspora tsigane, tu le sais mieux que moi, est répandue à travers toute l'Europe. Adriana a succédé à sa mère, que tu as connue à Koriska.

— Oui. Zichy de Tilna, le Bulebassa.

— C'est ça. Les Russes, qui avaient anéanti la province, en ont été chassés et la forteresse incendiée, qui t'avait si fort impressionné, est, depuis peu, reconstruite. Adriana va s'y retirer. Seuls, dit-elle, les gens de sa tribu posséderaient, à l'entendre, le moyen, sinon de lui restituer un visage, du moins de lui assurer une fin supportable. C'est à Koriska qu'elle veut mourir. Et, à mon avis, elle n'aura pas longtemps à attendre. La magie tsigane, foutaise d'un autre âge, n'en pourra pas plus pour elle que notre science médicale. En attendant, elle est servie par d'étranges domestiques, vêtus de bure, et gère des affaires dont nos banquiers genevois, affirme Zélia, ne peuvent soupçonner l'importance. Et puis ta demi-sœur fait de la musique. J'ai vu chez elle des orgues gigantesques, qu'envieraient toutes les cathédrales. J'ai même cru comprendre qu'elle compose des hymnes pour une chorale à sa dévotion.

— Et, tout cela, dans le Valais ? demanda Axel, incrédule.

— Dans le Valais ou ailleurs ! J'ai voyagé les yeux bandés et de nuit, sous bonne garde des amis de Zélia, qui ne sont guère accommodants. J'ai pensé au Valais, non pas à cause de la durée du voyage, qui m'a paru interminable, mais en devinant que la berline empruntait des routes pentues, de mauvais chemins et, aussi, à cause de l'accent de quelques personnes que j'ai vaguement entendues parler quand nous changions de chevaux aux relais. J'ai compté une demi-douzaine de relais, c'est bien plus qu'il n'en faut pour aller jusqu'au Grand-Saint-Bernard. Mais peut-être a-t-on voulu m'égarer.

— Les Zigeuner sont de rusés compères, Louis. On a aussi bien pu te conduire en Savoie, en Bourgogne ou sur le Salève, commenta Axel.

— Peut-être, mais la légèreté et la fraîcheur de l'air m'ont rappelé le climat des montagnes où nous allons chasser le chamois. Si je crois m'être trouvé dans un coin perdu du Valais, je n'en mettrais pas ma main au feu, Axel. Et puis, j'ai décidé de ne pas chercher à en savoir plus. Cette malheureuse a droit au silence et à l'oubli du monde.

Une autre question, qu'Axel aurait d'abord posée s'il n'avait été aussi troublé, vint aux lèvres du Vaudois :

— Mais comment a-t-elle échappé à la pendaison, à Londres, en 1831 ? Et qui avons-nous inhumé dans le caveau des Fontsalte, deux ans plus tard ? demanda-t-il, prenant soudain conscience de l'énormité de la tromperie dont Blaise et lui avaient été victime.

— C'est l'autre partie, la première, en fait, du mystère de la survie d'Adriana. Tu as vu sa mère à Koriska, m'as-tu raconté autrefois. Tu sais que Blaise est son père et le tien. Mais t'es-tu jamais demandé qui était son grand-père ?

— En vérité, la question ne m'est jamais venue à l'esprit, reconnut Axel.

— Eh bien, le vrai grand-père d'Adriana – pas le mari gitan de la mère de Zichy – était un duc, apparenté à la famille royale d'Angleterre. Un grand voyageur, sorte d'explorateur, m'a-t-on dit, qui, dans les Carpates, avait rencontré, une princesse tsigane, la mère de la châtelaine de Koriska que tu as connue. Or, d'après Zélia, au cours du procès en espionnage des Tsiganes, une copie de certains documents, irréfutables et compromettants, fut remise aux descendants de ce gentleman, dont l'un appartenait alors au cabinet britannique. Ces informations devaient être portées à la connaissance du roi, de la cour et du public, si Adriana n'était pas laissée en vie et rendue à la liberté, d'une façon ou de l'autre.

— Mais Lazlo assista, libre et d'assez loin, à l'exécution de sa maîtresse. C'est lui qui me l'a rapportée, intervint Axel.

— Lazlo n'a pas été mis dans le secret et les gens de sa tribu l'ont, depuis, renié, rayé de la mémoire collective des Tsiganes. C'est comme s'il était mort, parce qu'il s'est intégré à notre société, précisa Vuippens. Quant à Adriana, elle ne pouvait être graciée. Mais au matin de la pendaison, des sbires de la police secrète lui substituèrent une autre prisonnière qui, sans doute droguée et inconsciente, fut conduite au gibet. Comme la loi exige que les femmes condamnées à mort aient, en Angleterre, la tête couverte d'un drap, personne ne soupçonna la substitution...

— Et qui fut cette victime ? Sans doute cette inconnue que nous avons déposée dans le caveau des Fontsalte ?

— Pas une inconnue pour toi, Axel. Une certaine Miska, servante d'Adrienne et amie intime de Zélia, fut pendue à la place de sa maîtresse, précisa Vuippens.

— Le procédé est assez laid mais ne me surprend guère, dit Axel avec une moue de dégoût.

— Vivre dans l'état où se trouve Adriana aujourd'hui n'est pas vivre. Il eût mieux valu la laisser exécuter, Axel. Et puis, Miska eût été déportée, comme Zélia, et Dieu sait ce qu'il fût advenu d'elle, dit Vuippens.

— Zélia, qui aimait Miska comme une sœur, et peut-être même un peu plus, doit en vouloir à sa maîtresse pour cet échange de vie à la mode antique, observa Métaz.

— Chez les Tsiganes, tu le sais, on ne doit jamais prononcer le nom des morts, sinon ils se manifestent méchamment. Zélia ne parle jamais de cette Miska. Tout ce qu'elle m'a dit c'est qu'elle-même a accepté de reprendre du service auprès d'Adriana, pour accompagner sa princesse jusqu'au tombeau. Ces femmes étranges ont ce genre de dévouement insensé. Au jour où nous sommes, Adriana, Zélia et les autres doivent rouler vers Koriska. Tu ne verras plus jamais, je crois, la femme voilée au regard vairon ni sa voiture noire. Quant à Zélia, elle m'a promis de revenir pour ne plus me quitter « quand les choses seront accomplies », comme elle dit.

Ils observèrent un nouveau silence, comme pour prendre le temps de revenir à la réalité d'une nuit rassurante, après cette incursion, par la pensée et les mots, dans un univers ténébreux. Axel, le premier, parla.

— Tu ne connais pas ces gens comme moi, Louis. Si Adriana veut que Zélia la suive dans la mort, elle l'obtiendra. Au besoin par la force, en la faisant immoler sur sa tombe. Rien n'a jamais retenu ma demi-sœur, dénuée de scrupules, d'arriver à ses fins. Tu en as la preuve avec l'exécution de Miska. Ce que nous considérons comme mœurs barbares est accepté chez les Zigeuner. La vie d'une suivante est sans valeur, comparée à celle d'une princesse, futur Bulebassa de sa tribu. Je ne suis pas certain qu'on ait eu besoin de droguer Miska pour la conduire au supplice. Elle a peut-être bien accepté de perdre sa misérable vie pour que fût épargnée celle, plus précieuse, d'Adriana. C'est pourquoi rien ni personne ne pourra sauver Zélia, si Adriana en décide autrement, Louis.

— Si, Axel, deux choses peuvent la sauver : l'amour sincère qu'elle me porte et... le poison que je lui ai donné, pour en finir avec la sorcière si elle se sent menacée, dit Vuippens, brutal et résolu.

Axel Métaz eut une moue dubitative.

— S'il faut, j'irai la tirer moi-même de ce monde infernal des Carpates Blanches que tu as visité avec Chantenoz, autrefois. D'ailleurs, Zélia, à qui j'ai dit ma détermination, m'a donné un sauf-conduit pour entrer à Koriska si nécessaire. Regarde, dit le médecin en mettant sous les yeux de son ami un médaillon d'or, qu'Axel reconnut aussitôt.

— Tiens ! Le cher saint Pertinent aurait-il encore cours ? dit-il, ironique, en reconnaissant, gravé dans le métal précieux, le macabre symbole des Zigeuner de Koriska : une tête de mort portant une rose dans les dents.

Déçu par l'incrédulité de son vieil ami, Louis Vuippens se leva et quitta la terrasse avec un au revoir sec. Axel n'eut pas un geste pour le retenir.

Cette nuit-là, M. Métaz ne dormit pas. Trop de questions le tinrent éveillé jusqu'à l'aube. Lazlo était-il au courant de l'existence d'Adrienne ? Et Zélia, depuis combien de temps savait-elle ? N'avait-elle pas été envoyée à Vevey par la défigurée pour exercer une sorte de surveillance sur lui-même et les siens ? Vuippens lui ayant fait promettre le plus absolu secret, il ne pouvait même pas révéler à Blaise qu'une domestique étrangère reposait dans le caveau familial des Fontsalte, en Forez ! Axel ne pouvait dominer son imagination à la pensée du visage d'Adriana, rongé par un chancre hideux. Quant au médecin amoureux, il devrait, comme lui-même autrefois, subir les sortilèges de la thaumaturgie tsigane avant de retrouver sa lucidité, son libre arbitre et d'admettre qu'il avait aimé une chimère.

Le lendemain, un peu de fraîcheur fut apportée à Rive-Reine par la visite impromptue d'Alexandra. La jeune fille, rentrée quelques jours plus tôt des Etats-Unis, n'avait pu attendre un voyage de son parrain à Genève pour le revoir et offrir les cadeaux rapportés aux Veveysans. Axel trouva sa filleule changée, moins primesautière, mûrie, appliquant, lui sembla-t-il, dans ses rapports familiers le même sérieux qu'elle mettait aux affaires. Il remarqua son élégance nouvelle, empruntée à la mode américaine, qui donnait aux femmes plus d'aisance dans des tailleurs à longue veste et jupe assez courte pour découvrir, quand elles marchaient, la pointe de la bottine.

La voyageuse avait renoncé à la coiffure à la Sévigné pour en adopter une plus sévère, « surtout plus facile et plus rapide à reconstituer le matin, dans un pays où tout le monde est pressé », compléta-t-elle, après une remarque de son parrain. Ses longs cheveux bruns, réunis en bandeaux sur les côtés de la tête, formaient un écrin entrouvert sur le mince visage aux pommettes hautes. Un léger fard avivait son regard bleu. Axel apprécia qu'elle eût transporté pour lui un pot à l'effigie de George Washington, plein d'un odorant tabac de Virginie au goût de miel, et une pipe indienne. Elise reçut une minaudière de Tiffany et Bertrand un bonnet de castor, « semblable à ceux que portent les trappeurs du grand Nord », précisa la jeune fille. Quant à Vincent, il battit des mains en découvrant une locomotive jouet, « l'exacte reproduction de la Tom Thumb, construite par Peter Cooper et qui tire les convois entre Philadelphie et Charleston », expliqua encore Alexandra.

Le jouet ouvrit la conversation sur les chemins de fer, dont le développement était considérable aux Etats-Unis et aussi en France. Les actions de la Compagnie du Nord atteignaient sept cent trente-cinq francs et l'on achevait la construction de la voie ferrée entre Paris et Tours.

— C'est en décembre qu'aura lieu l'ouverture de la première station suisse, à Bâle, où aboutira la ligne des chemins de fer d'Alsace, dit Axel.

— Ce sont, comme toujours, les Suisses alémaniques qui, les premiers, ont compris que le train est un moyen de transport qui supplantera bientôt chars et diligences. Les banquiers bâlois se sont déjà réunis, pour étudier un chemin de fer suisse central, qui relierait le réseau français à ceux d'Allemagne et d'Italie, le Nord au Midi, l'Est à l'Ouest. Pourvu que les cantons s'entendent pour accomplir cette œuvre nécessaire à la Confédération ! dit Alexandra.

— Les pays qui ont un gouvernement central, où sont prises les grandes décisions, ne connaissent pas nos rivalités cantonales, tous ces atermoiements stériles, constata Axel.

— Nos libertés cantonales nous protègent des choix des autres. Ce qui est bon pour la Suisse alémanique n'est pas forcément bon pour la Suisse romande. Et personne, dans le pays de Vaud, ne tient à voir le chemin de fer cracher ses fumées dans nos paysages, dit Elise, péremptoire.

Alexandra se retint de répliquer mais Axel traduisit sa pensée.

— Le jour viendra, peut-être plus tôt qu'on ne pense, d'une sage révision du Pacte fédéral de 1815. J'espère que les esprits éclairés, tout en maintenant l'autonomie des cantons, doteront alors la Suisse d'un parlement et d'un gouvernement fédéral, pour que le pays tout entier soit, enfin, représenté par un seul pouvoir et parle d'une seule voix aux puissances étrangères, dit M. Métaz.

Au cours d'un aparté, il s'empressa de poser à sa filleule la question soulevée par le post-scriptum de sa dernière lettre des Etats-Unis :

— Alors, ce cher John Keith, t'a-t-il ou non demandé ta main ?

La jeune fille prit le temps de la réflexion en posant sur son parrain un regard tendre et mélancolique.

— John ferait un époux très convenable, si j'avais envie de me marier, mais voilà : j'aime ailleurs, tu le sais, dit-elle.

Axel, comprenant l'allusion, haussa les épaules, bien décidé cette fois à être clair, brutal, afin de mettre un terme à l'adulation agressive d'Alexandra.

— Tu es stupide ! A vingt-trois ans une femme doit se défaire des amours enfantines. Tu n'as rien à espérer, rien à attendre de ta folie. Le seul amour que je puis accepter de toi est une sorte d'amour filial, fait de tendre confiance, même de complicité. Mais rien de plus. Tu dois le comprendre.

La jeune fille lui prit la main et le fixa de son regard clair.

— Je l'ai compris, parrain. Au cours des mois passés loin de toi, j'ai beaucoup appris en observant les hommes et les femmes. Je sais maintenant que le vrai plaisir d'amour est d'aimer. Que l'amour peut subsister sans échanges charnels. Et c'est ainsi que, désormais, je t'aime. Et cela, personne ne peut m'en empêcher. Un jour, tu auras besoin de moi et je serai là, conclut-elle, sérieuse.

— En attendant ce jour incertain, les choses sont claires entre nous. Embrasse-moi, dit Axel, ému.

Alexandra s'exécuta avec douceur.

— Mais tu n'as pas répondu à ma question. John Keith s'est-il ou non déclaré ? insista Axel.

— Plusieurs fois, avec un tact exquis et la même gravité qu'il met à proposer un investissement risqué à un spéculateur, dit Alexandra en riant.

— Et alors ! Qu'as-tu répondu ?

— La vérité ou presque.

— C'est-à-dire ?

— Je lui ai répondu : « J'ai noyé mon cœur dans le Léman ! » murmura Alexandra, narquoise, en montrant le lac.

Une des premières décisions du gouvernement vaudois, issu de la Révolution du 14 février et présidé par Henri Druey, avait été d'exiger de tous les fonctionnaires publics un acte formel d'allégeance au nouveau régime. Quels que soient leur rang et leur secteur d'activité, les employés de l'Etat avaient eu cinq jours pour adhérer, par avance, à toutes les résolutions que pourraient prendre les autorités radicales. Ceux, peu nombreux, qui ne s'étaient pas engagés dans le délai imparti, avaient été considérés comme démissionnaires et, sur-le-champ, remplacés par des hommes sûrs.

Elise Métaz, éprise de justice sociale, libérale et attentive au sort des défavorisés, s'était discrètement réjouie de l'éviction des conservateurs. Elle jugea la demande d'allégeance aux radicaux justifiée, du point de vue politique. Son mari l'estima peu démocratique et génératrice de rancœurs.

— Ma chère, vous ne devriez pas oublier que les pasteurs sont considérés dans notre canton, depuis la loi ecclésiastique du 14 décembre 1841, comme des fonctionnaires de l'Etat. Le précédent régime avait supprimé la confession helvétique et exclu les laïques des corps constitués de l'Eglise, sans accorder la liberté des cultes. Le nouveau gouvernement vient de rappeler, dans une circulaire, que la condition de fonctionnaire d'Etat prime sur celle de fonctionnaire d'Eglise. Nos pasteurs vont devoir, eux aussi, prêter serment de fidélité aux radicaux, dit Axel, caustique et provocateur.

— C'est pour en délibérer que le clergé vaudois tient demain, 6 mai, à Vevey, une conférence générale. Je saurai, le soir même, ce qu'il en sortira, car je dois en informer mon père. Il est certain que l'exigence du gouvernement provisoire va diviser les ministres de l'Eglise nationale, dit Elise, un peu gênée.

Dès lors, la question religieuse prit le pas, dans le canton, sur les contingences politiques dans l'élaboration de la nouvelle Constitution. Au cours de la réunion de Vevey, Axel l'apprit par sa femme qui connaissait de nombreux pasteurs, les ecclésiastiques présents adoptèrent une pétition destinée au Grand Conseil, qu'ils décidèrent de soumettre à tous les ministres de l'Eglise nationale. En quelques jours, cette pétition, qui sollicitait la liberté des cultes, recueillit deux cent vingt-sept signatures mais, le 20 mai, le Grand

Conseil l'écarta, comme une quarantaine d'autres de même nature. La nouvelle Constitution de l'Etat de Vaud ne comporterait pas d'article reconnaissant la liberté religieuse individuelle et tous les pasteurs qui officieraient dans des assemblées autres que celles de l'Eglise nationale seraient privés du salaire versé par l'Etat.

La première conséquence de cette décision, qui imposait aux pasteurs les mêmes obligations qu'aux fonctionnaires, fut la démission de l'Académie de M. Alexandre Vinet, professeur de théologie, dont la réputation avait, depuis longtemps, passé les frontières de la Confédération. Le retrait de ce maître à penser des étudiants, érudit tolérant, homme intègre, zélateur de la liberté de culte, humaniste et philosophe, consterna les intellectuels et ennuya les politiciens radicaux, sensibles à un tel désaveu de leur politique.

Quelques jours plus tard, le 26 mai, cent cinquante pasteurs se réunirent à Lausanne et signèrent un mémoire de protestation, qui recueillit deux cent vingt et une signatures. Le gouvernement n'en tint aucun compte et quand, fin juillet, la nouvelle Constitution fut achevée, les pasteurs constatèrent que leurs observations et doléances restaient lettre morte. Les radicaux, dont l'autorité virait au despotisme, décidèrent de tester, sans plus attendre, la résistance des récalcitrants. Le texte de la Constitution devait être soumis à l'approbation des citoyens le dimanche 10 août. Il fut demandé à tous les pasteurs de lire en chaire, le dimanche précédent, une proclamation du Conseil d'Etat, visant à inciter le peuple à approuver les nouveaux articles constitutionnels. Une quarantaine de ministres, outrés par le fait qu'un gouvernement osât se servir de la chaire comme tribune de propagande politique et tentât de tromper les citoyens en leur donnant à penser que la Constitution nouvelle avait l'aval de leurs pasteurs, refusèrent de procéder à la lecture exigée. Furieux, les membres du Conseil d'Etat détachèrent dans les églises des laïques, chargés de lire la proclamation. Cette initiative causa, en plus d'un temple, un véritable scandale. A Lausanne, des pasteurs quittèrent leur église, suivis des fidèles, et dirent l'office en plein air. Or, les pasteurs de l'Eglise nationale, salariés de l'Etat, considérés par la loi comme officiers civils, se devaient d'obéir au pouvoir sans tergiverser. Ceux qui ne l'avaient pas fait le dimanche 3 août furent taxés de rébellion. Le Conseil d'Etat, face à cette fronde inattendue des pasteurs, réagit en adressant, le 6 août, à tous les préfets et à toutes les municipalités, une circulaire annonçant sa ferme intention de sanctionner « cette conduite des pasteurs et des suffragants qui n'est pas en harmonie avec le caractère dont ils sont revêtus, celui de ministre de l'Eglise nationale évangélique réformée, garantie, salariée et régie par l'Etat ». Le Conseil d'Etat affirmait qu'il « ne saurait tolérer qu'on méconnaisse ainsi l'autorité du gouvernement » et qu'il importait « de faire sentir la puissance de la loi à ceux qui s'en écartent et en méconnaissent l'esprit ».

En attendant d'être jugés par les classes[1], suivant la procédure prescrite par la loi ecclésiastique, les pasteurs désobéissants tinrent, en réponse à l'autorité politique, à expliquer leur attitude aux fidèles, dans une circulaire que signèrent aussi les deux cent vingt et un réfractaires du 26 mai.

Après avoir répété qu'ils ne voulaient pas être « des hommes de parti », ils ajoutaient : « Mais si l'on veut faire une Eglise esclave du bon plaisir du gouvernement, dont les pasteurs puissent être transformés, au gré du pouvoir, en prédicateurs politiques, presque en crieurs publics, et dont les membres soient obligés quand ils viennent au temple, d'entendre tout autre chose que ce qu'ils y cherchent, nous ne sommes pas amis d'une telle Eglise; ce n'est pas là l'Eglise à laquelle appartiennent nos affections et notre ministère. » Quant à la qualification de rebelles et d'ennemis de l'Eglise nationale, décernée par le gouvernement, les pasteurs paraissaient sans crainte : « Que le pays, et surtout, que le Seigneur, juge sur ce point entre nous. » Tandis qu'une commission ecclésiastique conduisait une enquête préliminaire sur les diverses manières qu'avaient eues les ministres de refuser la lecture de la proclamation gouvernementale, Elise Métaz, en tant que fille de pasteur, tentait de s'entremettre avec d'autres dames patronnesses de l'Eglise protestante pour que les pasteurs rebelles fassent amende honorable dans l'intérêt de la religion réformée. Elle ne

1. Groupements régionaux de pasteurs, chargés de la direction et de l'administration de l'Eglise nationale vaudoise, alors étroitement dépendante du gouvernement.

rencontra que peu de succès dans ces démarches, auxquelles Axel, qui donnait raison aux frondeurs, refusa de s'associer.

Le dimanche 10 août 1845 consomma la défaite des opposants, quand la nouvelle Constitution fut approuvée par dix-sept mille six cent soixante-douze citoyens, contre l'avis de dix mille trente-cinq, qui la refusèrent.

Les radicaux du Conseil d'Etat, considérant cette majorité comme flatteuse, obtinrent aussitôt du Grand Conseil les pleins pouvoirs pour régler la question ecclésiastique, qui empoisonnait les relations entre Vaudois. Les quarante-trois ministres qui avaient refusé de lire la proclamation gouvernementale, bien qu'absous par leurs pairs des classes, furent suspendus à la demande de Druey, que certains nommaient ironiquement l'évêque du canton de Vaud, d'autres le pape de Montbenon !

Moins d'un mois plus tard, à l'issue d'une nouvelle réunion tenue à Lausanne, cent cinquante-trois pasteurs envoyèrent leur démission au gouvernement, pour manifester leur solidarité avec les sanctionnés. Le Conseil d'Etat, toujours aussi hargneux, les somma de reprendre leurs fonctions sans tergiverser. Une quarantaine obtempérèrent, pour ne pas abandonner leurs paroissiens car ceux qui s'obstineraient au-delà du 4 décembre seraient rayés du rôle des ministres de l'Eglise nationale et livrés à leur sort, sans plus de façon. Quant aux quarante-cinq pasteurs qui avaient refusé de lire la proclamation gouvernementale du 3 août, ils apprirent, le 3 novembre, les sanctions définitives du Conseil d'Etat. Un seul pasteur était suspendu pour un an, sans traitement, quatre autres l'étaient pour trois mois, quarante pour un mois. Le pasteur Colomb, de Vevey, se voyait en outre infliger une peine accessoire des plus mesquines. Il était « reculé de deux degrés sur le tableau des ministres impositionnaires » et voyait, de ce fait, son traitement réduit !

M. Henri Druey avait tenu à entériner les lettres, sèches et dédaigneuses, adressées aux punis, de la même façon qu'il s'était personnellement occupé du déplacement des pasteurs suspects, sans tenir compte de leur situation familiale ni de leurs convenances. Il avait destitué sans explication le pasteur Monnerat, qui refusait son déplacement. Plusieurs sanctionnés rejoignirent les rangs des démissionnaires, imités en cela par des professeurs de l'Académie, institution que bon nombre d'étudiants désertèrent.

C'est au cours de ces jours troublés, alors que beaucoup de fidèles se posaient un cas de conscience, que le professeur Alexandre Vinet, avec le courage qu'il mettait à défendre ses convictions et la modération dont restaient empreintes ses interventions, prit la plume. « Je m'adresse à tous les pasteurs », écrivit-il. « Je plaide pour la meilleure forme, la seule bonne à mon sens, d'un principe que les pasteurs démissionnaires et non démissionnaires ont professé et défendu. Ce principe est celui de la liberté de l'Eglise, et même, en général, de la liberté religieuse. » Et, après avoir justifié l'attitude de ceux qui refusaient de servir un pouvoir politique quel qu'il fût, Vinet ajoutait : « En dehors de tous les systèmes, il y a un fait : plus de cent pasteurs, presque tous peu aisés ou pauvres, plusieurs chargés de famille, tous attachés de cœur à leur paroisse, la plupart affectionnés au système national, rompant avec leurs intérêts, avec leurs affections, avec leurs opinions, pour suivre le devoir, consomment ce sacrifice dans les circonstances les plus propres à leur en faire savourer toute l'amertume. » Et le théologien concluait avec élégance : « Du reste, satisfait d'avoir répandu notre cœur, nous nous réduisons volontiers au silence. »

— Un grand homme, Vinet, un esprit noble et fier, commenta Axel après avoir lu le texte publié, ironie blessante pour les radicaux, par Stanislas Bonamici, imprimeur à Lausanne, moine défroqué et ancien carbonaro, qu'ils avaient autrefois protégé, au mépris des lois contre les agitateurs étrangers !

Elise ne cacha pas son amertume devant l'issue d'un conflit politico-religieux qui réduisait de cent quarante-quatre à quatre-vingt-sept le nombre des paroisses de l'Eglise nationale en pays de Vaud.

— Je sais, déjà, que les exclus projettent de fonder une Eglise libre, ce qui ne va pas manquer de susciter des troubles, comme à Lausanne, où l'on s'est battu devant l'oratoire de la rue Mauborget, et à Echallens, où de jeunes excités ont saccagé la chapelle des Diaconesses. Aricie a eu très peur de ces garçons avinés, dit-elle.

— Ma chère, étant donné que M. Druey a soutenu les assaillants de Mauborget en disant qu'ils n'avaient fait que corriger des dissidents orgueilleux et qu'il a interdit au procureur général de poursuivre les saccageurs d'Echallens, ce qui a conduit ce magistrat loyal à démissionner, nous allons vers un renouveau de la querelle religieuse, entre protestants orthodoxes et ceux que M. Druey et ses amis nomment, avec mépris, méthodistes, observa Axel.

— C'est bien ce que craignait mon père. Etaler ainsi nos divisions fratricides devant les méthodistes et catholiques, de plus en plus arrogants, est une faute grave et confère une sorte de séduction au papisme hiérarchisé. Même Alexandra, cependant élevée dans la religion réformée, accompagne maintenant votre mère à la messe, quand elle se trouve un dimanche avec elle. Et savez-vous ce qu'elle m'a répondu, avec son insolence habituelle, quand je lui ai fait remarquer qu'elle pourrait s'abstenir d'assister à des cérémonies romaines ? Elle m'a dit quelle trouve « à la pompe catholique un charme entraînant », cita Mme Métaz avec humeur.

Axel sourit et fit observer que les Vaudois, comme les autres citoyens suisses, auraient bientôt à faire face à de plus grands événements que celui qui venait de compromettre l'unité de l'Eglise nationale au pays de Vaud.

— Blaise m'a appris, hier, que le pacte entre les cantons conservateurs qui refusent l'expulsion des jésuites, accord dit du Sonderbund, jusque-là tenu secret, commence à être connu. L'assassinat à Lucerne, cet été, de M. Leu, d'Ebersol, membre du Grand Conseil, ardent défenseur des jésuites, par un certain Jacob Müller – il vient d'être arrêté et a expliqué que Casimir Pfyffer[1] lui a offert cinquante mille francs pour tuer Leu – ne va pas calmer la haine que l'on sent monter entre les partis, dit Axel.

1. Casimir Pfyffer, avocat à Lucerne, chef du parti libéral lucernois, membre du Grand Conseil de 1826 à 1867, président de la Cour d'appel de 1832 à 1841, fut arrêté à la suite de cette déclaration. Il reconnut avoir rencontré Müller mais nia avoir été informé de son projet criminel. Il fut remis en liberté le 21 novembre 1845 après quinze jours de détention. Les radicaux lucernois avaient, dans un premier temps, présenté la mort de M. Leu, père de cinq enfants, assassiné dans le lit conjugal pendant son sommeil, comme un suicide. Les médecins et les enquêteurs établirent sans peine le meurtre avoué un peu plus tard par son auteur. La suspicion dont Pfyffer fut l'objet ne freina en rien sa carrière, il devint député à la Diète et fut membre du Tribunal fédéral de 1848 à 1863.

— Non plus que la condamnation à mort de Jacques Robert Steiger, un des meneurs de l'affaire des corps francs de 44. Les gendarmes lucernois l'ont, paraît-il, aidé à s'évader. Ils ont bien fait. Le docteur Steiger est un vrai libéral. Il a été reçu en héros à Zurich, ajouta Elise, satisfaite.

Axel savait que sa femme, influencée par son père, membre éminent du consistoire de Berne et libéral engagé, militait pour l'expulsion des jésuites. Elle réprouvait, aussi, la fermeté des tribunaux lucernois. Au cours de l'été, les magistrats avaient prononcé plus de cinq cents condamnations, allant de dix ans de travaux forcés à dix mois de la même peine, contre les émeutiers radicaux, complices des corps francs venus d'autres cantons. Aussi le Vaudois s'abstint-il de poursuivre la conversation, sur un thème où le désaccord avec son épouse devenait de plus en plus flagrant.

N'était la vision imaginaire, parfois obsédante, de la malheureuse Adrienne, cet hiver-là et le printemps de 1846 furent, pour Axel Métaz, d'heureuses saisons. Il était conscient d'avoir, enfin, trouvé l'équilibre depuis que ses relations avec Marthe Bovey avaient changé de registre et de ton. Aussi passait-il de plus en plus de temps hors de Rive-Reine, sans que son épouse, fort occupée par les affaires de la paroisse, qui devait faire face aux défections des fidèles en direction de l'Eglise libre, y trouvât à redire et même, pensait-il certains jours, s'en rendît compte.

Un événement, dont les Vaudois ne perçurent pas tout de suite l'importance, fut rapporté, fin mai, par tous les journaux suisses. Le 25 du mois, le prince Louis Napoléon, condamné à l'internement à vie au fort de Ham après son malencontreux débarquement et le soulèvement raté de Boulogne, le 6 août 1840, s'était évadé.

Blaise, toujours informé par le réseau bonapartiste, donna des détails à son fils, lors d'une partie de pêche.

— Louis Napoléon, qui a gagné l'Angleterre, s'est, m'a-t-on dit, installé à Londres, dans un hôtel de Jermyn Street. Le soir même de son arrivée, il a dîné chez lady Blessington, en compagnie du comte d'Orsay et de quelques amis, précisa même le général.

Le prince, entré au fort de Ham le 7 octobre 1840, avait patienté près de six années, dans un confort très acceptable, avant de tenter l'évasion qui venait de réussir.

— Le premier devoir de tout prisonnier politique n'est-il pas de s'évader ? remarqua Axel.

— Certes ! Et les détails de l'évasion princière prêtent à sourire, commenta Blaise.

Le général connaissait bien la forteresse d'où le neveu de Napoléon venait de s'éclipser.

— Le fort de Ham, reprit Fontsalte, est une sinistre forteresse du XVe siècle, ceinturée de remparts reliés par quatre tours d'angle. Au fil des siècles, plusieurs prisonniers de marque ont tenté l'évasion. Certains réussirent en se laissant glisser par des meurtrières du rempart, au bout de draps noués ou d'une corde fabriquée de leurs mains. Louis Napoléon se souciait peu de telles acrobaties risquées. Il est, lui, sorti par la grande porte, à la barbe de trois geôliers et de soixante sentinelles !

— Cette façon de fausser compagnie ne manque pas de panache, souligna Axel.

— Il faut tout même savoir que l'évasion avait été bien préparée et que le prince fut aidé par un brave maçon, Alphonse Pinguet, dit Badinguet. Un déguisement permit au prisonnier de franchir, une planche sur l'épaule, le poste de garde et d'aller attendre sur la route de Saint-Quentin, devant le cimetière de Ham, le cabriolet loué par son valet. Parti du fort à sept heures du matin, le prince déjeuna à trois heures à Valenciennes, avant de prendre, tout simplement, muni d'un passeport belge, le train pour Bruxelles et, de là, une voiture pour Ostende ! Le 27 mai, comme je vous l'ai dit, il dînait à Londres, en bonne compagnie !

— Et, naturellement, il va aussitôt rassembler ses partisans, pour une nouvelle tentative de prise du pouvoir en France, imagina Axel.

— C'est probable mais, cette fois-ci, les anciens de l'Empire, dont les rangs s'amenuisent au fil des années, ne s'engageront plus au côté d'un tel homme. Il lui faudra recruter parmi les déçus de la monarchie et, sans doute, parmi les républicains. Et, s'il échoue encore une fois, ce qu'on peut craindre, il sera pris comme ce joli poisson ! conclut Fontsalte en tirant de l'eau une perche frétillante et argentée.

Axel se trouvait à Lausanne le 11 juin 1846, quand on vit un convoi de trois grandes voitures poussiéreuses, surchargées de bagages franchir le Grand-Pont. C'est dans cet équipage que le célèbre écrivain anglais Charles Dickens et sa famille firent leur entrée en ville.

L'auteur de *The Pickwick Papers, Oliver Twist* et *Nicholas Nickleby*, ouvrages traduits en français, lus et appréciés en Suisse romande, était accompagné de sa femme, Kate, de sa belle-sœur, Georgina, de six enfants, dont l'aîné avait neuf ans et le plus jeune sept mois. Trois servantes, deux valets et un petit chien blanc, fort turbulent, qu'on appelait Timber, complétaient la tribu.

Tout ce monde s'en fut loger, provisoirement, à l'hôtel Gibbon, à Saint-François. M. Dickens passa, ainsi, sa première nuit sur le domaine de la Grotte, autrefois habité par son illustre confrère et compatriote, l'historien Edward Gibbon. Le séjour au bord du Léman avait été recommandé à Dickens, alors âgé de trente-quatre ans et en état dépressif, par un médecin genevois installé à Londres, le docteur Alexandre Marcet. Ce praticien, naturalisé anglais en 1800, avait épousé la fille d'un riche commerçant suisse devenu banquier britannique, Anthony Francis Haldimand, dont le fils William était l'ami de Dickens et résidait à Lausanne depuis dix-huit ans.

Le célèbre auteur était attendu non seulement par la famille de William Haldimand, mais aussi par une importante colonie britannique, composée de gens fortunés, de quelques originaux des deux sexes, qui trouvaient sur les rives du Léman, chanté par Byron et Shelley, un climat agréable, une nation paisible, une société aimable et cultivée.

Contrairement à ce que croyaient encore bon nombre de Lausannois, William Haldimand n'était pas anglais de souche bien qu'il eût l'allure et les manières d'un baronet. C'était un Yverdonnois né à Londres, où son père avait fondé un établissement financier devenu prospère. Formé par cet homme d'affaires, William, entré à la banque à l'âge de seize ans, avait montré de telles capacités qu'il était devenu, à vingt-cinq ans, l'un des directeurs de la Banque d'Angleterre. Parfaitement intégré à la société britannique, il avait bientôt obtenu un siège au Parlement pour représenter le comté d'Ipswich, de 1820 à 1826. Ayant augmenté sensiblement la fortune paternelle, M. Haldimand avait décidé, en 1827, en raison d'une santé fragilisée par le climat insulaire, de revenir, en rentier et en philanthrope, « vivre le reste de son âge » au pays natal.

A Lausanne, il habitait avec sa famille le Denantou, un vaste domaine des bords du lac, situé à l'ouest du port d'Ouchy. Les Lausannois estimaient cet homme généreux, fondateur, en 1843, avec Elizabeth Jeanne Cerjat, autre Anglo-Suisse, et Henri Hirzel, de l'Asile des aveugles.

William Haldimand appartenait à cette catégorie d'hommes du monde cultivés, qui recherchent la compagnie des intellectuels et usent avec intelligence de leur fortune, pour faciliter la vie de leurs semblables moins bien lotis.

Charlotte de Fontsalte, qui fréquentait le salon de Mme Haldimand, avait un jour entendu le maître de maison expliquer : « Les gens à leur aise, les oisifs, les riches ne sont qu'une infime minorité dans ce monde et, pourtant, cette minorité semble se figurer que le monde a été fait pour elle ; il est vrai que trop souvent les apparences lui ont donné raison, mais il faut se placer à un autre point de vue. »

Et c'est sans doute en fonction de cet « autre point de vue », que William Haldimand, imitant en cela le mécène genevois Gabriel Eynard, philhellène convaincu et actif, s'était autrefois porté caution pour une somme de cinq cent mille francs de l'exécution du contrat qui confiait à l'amiral anglais, lord Cochrane, le commandement de la flotte engagée, contre Turcs et Egyptiens, dans une coûteuse guerre de libération de la Grèce.

Blaise de Fontsalte n'avait aucune sympathie particulière pour les Anglais et les anglomanes, non plus que pour les gens trop riches, qui pratiquaient les bonnes œuvres de façon spectaculaire. Il reprochait à Haldimand et à deux de ses richissimes amis les coûteuses fantaisies qu'ils s'étaient offertes à l'issue d'un pari. William Haldimand, Charles Cerjat et Vincent Perdonnet avaient, en effet, parié, sacrifiant au mauvais goût qui menaçait depuis quelque temps l'architecture vaudoise, de faire construire, à Lausanne, de fausses ruines d'aspect aussi authentique que des vraies. Haldimand avait donc érigé une tour médiévale à demi détruite au bord du lac, près de sa propriété; Cerjat avait construit un donjon sur sa terre de Rovéréaz, tandis que Perdonnet dressait, dans le parc de son domaine de Mon Repos, une tour néogothique et finançait avec ses amis la construction d'une abbaye de même style, dite de Sainte-Cécile-aux-Champs, ainsi que le creusement de grottes à Jouxtens-Mézery[1].

— Les sommes dépensées pour ces antiquités factices, élevées à la vanité de leur bâtisseurs, eussent été mieux employées à secourir les indigents, dans une ville où l'on compte plus de mille trois cents personnes assistées par la Bourse des pauvres de la commune, fit observer le général à son fils, de passage à Beauregard, au moment où, partout en ville, on évoquait la présence de Charles Dickens.

Après quelques jours passés à l'hôtel Gibbon, les Dickens louèrent, pour dix livres ou deux cent cinquante francs de Suisse par mois, la villa Rosemont, agréable résidence entourée d'un parc autrefois nommé Petit Bien[2]. Dans le jardin, un pavillon de deux pièces permit de loger les domestiques. Dickens donna tout de suite aux Lausannois l'impression qu'il s'installait pour longtemps. Il fit bientôt venir de Londres des meubles et ses bibelots familiers pour décorer son bureau, une pièce située au premier étage de la maison, dont le balcon donnait sur le lac.

Le 27 juin, le bruit se répandit dans les salons de la rue de Bourg que M. Dickens, ayant reçu d'Angleterre encre, plumes d'oie et plusieurs mains du papier bleu sur lequel il aimait écrire, allait se mettre au travail. Il entreprit en effet, aussitôt, la composition de *Dombey and Son*. Il écrivait, sut-on par les fournisseurs, de dix heures du matin à deux heures de l'après-midi. Le premier chapitre de l'ou-

1. La tour Haldimand existe toujours, sur la promenade d'Ouchy; la tour Perdonnet est visible au parc Mon Repos; seule la ruine construite par Cerjat a été détruite.

2. Cette villa, construite pour Mme veuve Angélique de Charrière, fut aussi habitée par la nièce de la propriétaire, Roseline de Constant. A la mort de Mme de Charrière, ses héritiers vendirent la maison à M. Antoine Miéville, fondateur de la *Gazette de Lausanne*, qui la revendit, en 1827, à M. Jean Voix, lequel la céda, en 1856, à un Français résidant jusque-là au Brésil. Ce dernier l'occupa jusqu'en 1920.

vrage fut terminé en juillet : on l'apprit, avec émotion, par une indiscrétion du gérant de la poste, chargé d'expédier le manuscrit en Angleterre.

Ce fut, d'une manière plus mondaine, par une demoiselle anglaise, venue cacher à Lausanne un chagrin d'amour incoercible et dont Charlotte s'était fait une amie, que l'on sut à Beauregard les raisons véritables du séjour suisse de l'écrivain.

— Il règne en Angleterre, actuellement, une grande agitation politique, à cause des droits sur les blés, dont tout le monde demande l'abrogation. M. Robert Peel, notre Premier ministre, a prononcé à ce sujet un important discours, pour demander le retour au libre-échange. M. Dickens, qui pense comme M. Peel, avait choisi de faire campagne dans cette affaire. Il n'avait rien trouvé de mieux que se faire journaliste au *Daily News*, pour défendre ce qu'il appelle les victimes d'un système social égoïste, c'est-à-dire les pauvres et les gens qui, comme son propre père autrefois, sont mis en prison quand ils ne peuvent pas payer leurs dettes ! Charles est un sentimental, qui se souvient de son enfance épouvantablement pauvre. Il croit que tous les misérables sont de braves gens et que tous les riches sont des exploiteurs et des jouisseurs égoïstes ! C'est un peu simplet, ne trouvez-vous pas ? dit l'insulaire.

— Personne, mieux que lui, n'a su raconter la triste vie des indigents dans une grande ville. La misère est une réalité que les nantis ne soupçonnent pas ou, ce qui est pire, ne veulent pas voir quand ils connaissent son existence, dit sèchement Axel, qui assistait à l'entretien.

Charlotte intervint.

— On dit qu'il a réellement vécu tout ce qu'il prête à ses personnages…

— Je crois bien qu'il exagère un peu, coupa l'Anglaise. Il y a assez d'institutions charitables, financées par des gens aisés en Angleterre, pour aider les miséreux sans qu'il soit utile d'imposer leur vue à tout le monde ! Et puis M. Dickens est très susceptible. Ainsi, bien que les propriétaires du *Daily News* l'aient promu, d'emblée, rédacteur en chef aux appointements mirifiques de deux mille livres par an, Charles n'a pas su s'entendre avec eux. Savez-vous qu'il ne leur reconnaissait pas le droit d'intervenir dans la conduite politique du journal ! Or, ces gens sont les propriétaires et, lui n'était que l'employé ! Aussi Dickens a-t-il démissionné au bout de trois semaines.

— C'était faire preuve de caractère ! Un esprit de sa qualité, un écrivain de sa réputation ne peut se voir dicter des consignes par des ignares, qui ne pensent que finance et conservatisme, observa Axel.

— Si les gens qui paient ne peuvent plus commander, dans un journal comme ailleurs, où allons-nous ! souffla l'Anglaise.

Charlotte, pour prévenir une discussion, demanda si M. Dickens n'avait pas, aussi, brigué une fonction officielle.

— Il espérait, en effet, après tous ses succès littéraires, obtenir du gouvernement un poste honorable. Mais il semble qu'en politique l'ingratitude soit preuve d'indépendance. Charles n'a rien obtenu. C'est, peut-être, pour oublier sa déception et aussi parce qu'on le dit fatigué et un peu revenu de la chose littéraire, qu'il a choisi votre beau lac.

Charlotte de Fontsalte, dont le salon, à Beauregard, avait retrouvé au fil des années l'ambiance intellectuelle et mondaine de celui fondé, rue de Bourg, par la défunte Mathilde Rudmeyer, espéra, pendant quelques semaines, accueillir le célèbre écrivain. Elle pouvait légitimement prétendre à une telle faveur, non seulement parce qu'elle servait le meilleur porto et les meilleurs beignets, comme l'avait toujours proclamé le regretté Chantenoz, mais aussi parce qu'elle comptait, dans la colonie britannique, assez d'amies capables de s'entremettre pour lui amener l'auteur anglais.

Charlotte avait mésestimé l'influence de quelques mauvaises langues, qui rappelèrent que Mme de Fontsalte, catholique divorcée d'un Veveysan, nommé Guillaume Métaz, était l'épouse d'un général d'Empire qui, toute sa vie, avait combattu les Anglais. Or, les Dickens vouaient à Napoléon une détestation toute britannique. Ce ragot écarta l'écrivain de Beauregard.

Ayant peu de distractions, la bonne société lausannoise suivait avec attention les promenades de Dickens. Les réceptions, les dîners chez les Britanniques résidant à Montolivet, au Servan, à la Rasude, à Cour ou à Ouchy, étaient régulièrement commentés par les habitués de ces maisons, pour ceux qui n'avaient pas eu le privilège d'être invités. Chez les Haldimand, les Cerjat, les Watson ou les Holmes, l'écrivain avait, en effet, rencontré des personnalités locales, le célèbre oculiste Frédéric Recordon, le botaniste Jean Muret, le docteur Auguste Verdeil, médecin des prisons, le théologien André Gindroz et l'historien Louis Vulliemin, qui publiait un journal bimensuel relatant des événements vieux de trois siècles !

On sut ainsi que Charles Dickens, empruntant l'itinéraire de son illustre compatriote mort pour la Grèce à Missolonghi, avait visité le cachot de Bonivard, au château de Chillon, et déchiffré, sur le pilier de l'enchaîné, la signature gravée par Byron en 1816. Au dire de ceux qui avaient accompagné Dickens dans ce pèlerinage, l'émotion manifestée par le visiteur relevait plus du souvenir du poète anglais que du martyre du patriote genevois !

Le 10 août 1846, Axel Métaz eut la chance, partagée par d'autres Vaudois, de rencontrer le créateur d'*Oliver Twist* lors de la fête donnée à Montbenon, en l'honneur de la nouvelle Constitution vaudoise, promulguée un an plus tôt. Dickens, que conduisait un membre éminent du parti conservateur, réfractaire à la révolution dont on célébrait les effets, ne fit qu'une brève apparition et refusa de participer au dîner officiel. Et cela bien que les radicaux eussent sa sympathie. N'avait-il pas, dès son arrivée à Lausanne, écrit à son ami Forster : « Au fond, ce que les Vaudois appellent une révolution n'est autre qu'un changement de gouvernement. Trente-six mille hommes[1] dans ce petit canton pétitionnaient contre les jésuites, Dieu sait avec quelles bonnes raisons. Le gouvernement se permit de les taxer de populace. Or, pour prouver qu'ils n'étaient pas cela, ils renversèrent le gouvernement ! »

On sut néanmoins que M. Dickens avait été fort agacé par les nombreux coups de canon, les tirs trop nourris des carabines qui, depuis le matin, avaient annoncé le rassemblement patriotique et le service religieux commémoratifs. Au soir de cette journée, qu'Henri Druey et ses amis

1. L'écrivain exagérait le nombre des pétitionnaires de 1845.

politiques voulaient mémorable, les Lausannois, approbateurs ou non du gouvernement, ne s'étaient pas privés du plaisir de danser valses et polkas sous les girandoles radicales. Charles Dickens et les siens, bien qu'invités, n'avaient pas paru au bal.

On vit, pendant l'été et tout au long de son séjour, M. Dickens visiter l'Asile des aveugles, parcourir le vignoble, grimper au Jorat, emprunter la route de Bonaparte, pour monter jusqu'à l'hospice du Grand-Saint-Bernard. Il organisa même une expédition, à dos de mule, avec sa femme enceinte pour la septième fois, afin de visiter Chamonix. Les Dickens passèrent, à l'aller, le col de la Balme, au retour, celui de la Tête-Noire, et aidèrent à évacuer, sur une civière de branchages, une touriste allemande qui s'était cassé la jambe !

7

C'est au cours de la réunion de la Diète, convoquée cet été-là à Zurich, que l'existence du Sonderbund avait été, pour la première fois, officiellement révélée. En décidant, le 9 juin 1846, de rejoindre l'alliance secrète qui, depuis plusieurs mois, nouait les destins des cantons opposés à l'expulsion des jésuites et à l'ingérence des radicaux étrangers dans leurs affaires intérieures, les Fribourgeois avaient provoqué la réaction de l'assemblée fédérale. Les cris d'alarme poussés par les députés des cantons dits régénérés avaient été feints et outrés car tous savaient, depuis longtemps, à quoi s'en tenir. Le texte de l'accord de défense passé entre les cantons de Lucerne, Uri, Schwyz, Unterwald, Zoug, Valais et Fribourg, soucieux de maintenir « leurs droits de souveraineté et territoriaux, par tous les moyens à leur disposition, en conformité du Pacte du 7 août 1815 et des anciennes alliances », avait bientôt été connu du public. « Les cantons s'entendront sur la manière la plus convenable de se tenir mutuellement au courant de tous les événements. Au moment où un canton obtient l'avis certain qu'une attaque doit avoir lieu, ou qu'elle a déjà eu lieu, il doit être envisagé comme requis en conformité du Pacte et obligé de mettre sur pied le nombre de troupes nécessaires selon les circonstances, sans attendre la réquisition officielle du canton respectif. » Tel était le premier article du traité. Pour organiser la défense collective, les alliés avaient constitué un conseil de guerre composé des délégués des cantons qui, doté de pouvoirs étendus, prendrait les mesures propres à assurer la protection du ou des cantons menacés. Un article prévoyait le paiement des frais occasionnés par les levées de troupes.

Les représentants à la Diète des sept cantons alliés, ceux de Lucerne particulièrement, furent scandalisés quand ils virent arriver, en août 1846, comme député de Berne, l'avocat Johann Ulrich Ochsenbein, l'homme qui, en mars 1845, commandait la deuxième expédition des corps francs et qui, pour cette action révolutionnaire, avait été radié de l'état-major de l'armée fédérale où il servait alors avec le grade de colonel. Ce juriste ami de Druey avait du sang lucernois sur les mains et ne souhaitait que venger la cuisante défaite infligée à ses troupes.

Quand, sur les instances des radicaux les plus vindicatifs, dont Druey, député du canton de Vaud – que l'ambassadeur d'Autriche nommait dans ses dépêches « le lion de l'anarchie » –, la Diète fut invitée à voter la dissolution du Sonderbund, « alliance illégale qui créait un Etat dans l'Etat », les radicaux furent déçus. Les cantons de Genève et de Saint-Gall observèrent une prudente réserve et aucune majorité ne se forma en août pour exiger l'expulsion des jésuites – prétexte politique qui avait la vie dure – et la dissolution du Sonderbund.

Axel se trouvait à Genève, chez les Laviron, quand furent révélés par les journaux les travaux de la Diète.

— Le refus de nos députés de voter la dissolution de l'alliance des sept va susciter, je le crains, une nouvelle agitation, prophétisa Pierre-Antoine.

— Que pouvaient-ils faire d'autre ! Ce sont les votes des catholiques genevois qui assurent encore la majorité des conservateurs au Conseil d'Etat, observa Axel.

— Il est probable que Fazy et Carteret vont s'indigner, dire que Genève, la cité de Calvin, protège les jésuites et refuse de condamner ceux qui veulent faire éclater la Confédération avec l'appui des puissances étrangères, dit Alexandra.

Mme Laviron, qui connaissait les relations de la célèbre artiste et philanthrope genevoise Henriette Rath[1] avec François Guizot, intervint.

— Je puis vous dire en tout cas que M. Guizot, le ministre des Affaires étrangères de France, suit de très près la situation en Suisse. Il est tenu informé, bien sûr, par son ambassadeur auprès du Directoire fédéral, mais en ce qui concerne Genève, c'est Henriette qui le renseigne le mieux. Vous savez comme moi que M. Guizot, protestant bon teint, a fait une partie de ses études à Genève, et ce n'est un secret pour personne qu'il fut amoureux de la fille adoptive d'Henriette, cette petite Clémentine, dont on ne sut jamais l'origine, sinon qu'Henriette trouva un jour un bébé abandonné au bord d'un chemin et qu'elle le rapporta chez elle pour l'élever. Naturellement, les mauvaises langues ont daubé sur cette trouvaille, comme elles daubent encore sur l'origine de Sophie, la fille adoptive de Jean-Gabriel Eynard. Mais là n'est pas la question. Mme Guizot mère et son fils, François, sont restés en relation avec les sœurs Rath, et Henriette correspond fréquemment avec le ministre. Ainsi, il lui a écrit l'an dernier, après l'affaire des corps francs de Lucerne, une lettre que j'ai eue sous les yeux. M. Guizot y remercie Henriette des renseignements qu'elle lui a envoyés et lui fait part de son inquiétude quant à la situation de notre Confédération. J'ai retenu sa phrase : « Je voudrais croire que les périls intérieurs de la Suisse sont passés, écrit-il, car je l'aime presque comme si elle était ma patrie. Mais je crains bien que le mal ne soit encore plus profond que l'explosion n'en a été violente. Rien n'est plus difficile que de redresser le ressort gouvernemental quand il a été faussé. » Et M. Guizot écrit encore : « Je ne demande aux vrais patriotes suisses qu'une seule chose; c'est de croire que nul, parmi eux, ne veut à la Suisse plus de bien que moi et n'a plus sincère désir de la servir[2]. »

---

1. Henriette et Jeanne-Françoise Rath ont offert à Genève le musée inauguré en 1826 et qui porte le nom de leur frère, Simon.

2. Lettre inédite de Guizot, datée du 28 mai 1845, à Henriette Rath. Bibliothèque publique et universitaire, Genève.

— Les radicaux répandent en effet que la France et l'Autriche seraient prêtes à intervenir pour protéger les cantons catholiques s'ils étaient encore attaqués par les cantons radicaux. On murmure à Lausanne que les Lucernois, les Fribourgeois et les Valaisans achètent des armes en France, dit Axel.

— Quand on achète des fusils, c'est pour s'en servir ! Tout cela finira par une guerre civile, comme aurait certainement dit notre ami tant regretté Martin Chantenoz. Nous découvrons aujourd'hui que son pessimisme, dont nous nous moquions, risque, hélas, d'être justifié, conclut Pierre-Antoine.

Et ce pessimisme fut justifié, à Genève, dès le samedi 3 octobre. Après que le Grand Conseil genevois eut une fois de plus refusé la dissolution du Sonderbund, James Fazy invita, par un avis encadré de noir dans son journal la *Revue de Genève*, les citoyens à tenir, le dimanche 4 octobre, une assemblée populaire place Saint-Gervais.

Juché sur une borne, le politicien harangua trois ou quatre cents fidèles, pour qu'ils ameutent leurs concitoyens et les rassemblent sur la place du Temple, le même jour, dans l'après-midi. Cette fois, il y eut foule. Avec l'argumentation primaire qui convient pour s'assurer l'approbation des gens simples, le tribun, moustache frémissante et mèche rebelle barrant le front, telle une grosse virgule, lança : « Voulez-vous dépendre du roi de Sardaigne ? » « Non ! Non ! » hurla le peuple endimanché. « Voulez-vous dépendre de la France ? » reprit Fazy. « Non ! Non ! » se récrièrent les bousingots et leurs compagnes. « Voulez-vous rester suisses ? » ajouta le chef radical. « Oui ! Oui ! » s'enthousiasmèrent les badauds. Et Fazy de donner la méthode pour échapper à une annexion sarde imaginaire et à une occupation française inventée : « Alors, il faut protester contre le vote anti-national du Grand Conseil ! » cria-t-il, certain d'être approuvé. On créa, sur-le-champ, une commission constitutionnelle de vingt-cinq membres, tous amis de Fazy, pour protester contre la décision des aristocrates qui, malgré le suffrage universel, et même grâce à lui, tenaient encore un pouvoir que la minorité radicale entendait maintenant s'adjuger par la force. Le temps de conspuer les jésuites, qu'on avait tendance à oublier, de tendre le poing vers la rive gauche et la haute ville, où l'on prenait le thé sous les lambris en ignorant superbement les émois vulgaires du petit peuple, et le mouvement fut lancé.

Cette fois, M. Fazy et ses acolytes ne commettraient pas l'erreur de faire appel aux urnes ingrates de la démocratie. Aidés de quelques intellectuels en mal de justification sociale, d'une poignée de nantis opportunistes, prêts à renier leur classe pour obtenir du peuple des sinécures et des honneurs que leurs pairs refusaient à de maigres talents, les radicaux prendraient le pouvoir, les armes à la main.

Axel, qui subodorait, comme les Laviron, que la fermentation des esprits, stimulée par Fazy et ses acolytes, pouvait d'un jour à l'autre provoquer une nouvelle explosion de violences, aurait volontiers prolongé son séjour à Genève. Mais le temps de la vendange dans le Lavaux était venu et la pluie opiniâtre qui faisait gonfler le Rhône risquait de détremper le vignoble avant la cueillette. Il regagna donc Vevey, laissant Alexandra et ses amis dans la crainte des émeutes, car le peuple de Saint-Gervais s'armait et le Conseil d'Etat se préparait à mobiliser les milices et à recruter six cents embrigadés pour protéger l'hôtel de ville.

Ce n'est donc qu'au ressat des vendanges, trois semaines plus tard, que les Veveysans eurent par les Laviron et surtout par Alexandra qui, intrépide, avait parcouru la ville livrée aux émeutiers, un compte rendu plus objectif que ceux publiés par les feuilles radicales, des violences qui avaient ensanglanté Genève les 7 et 8 octobre.

Les 5 et 6 octobre, sept tentatives de conciliation, conduites par des émissaires du Conseil administratif, avaient échoué. Les efforts des modérés s'étaient heurtés à la double intransigeance des radicaux et du Conseil d'Etat.

Pierre-Antoine Laviron raconta :

— Fazy et ses amis voulaient l'affrontement. Il y a en eux une haine des gens de la haute ville – qu'ils traitent d'aristos, alors que nous sommes le plus souvent des roturiers arrivés dans les affaires par travail et vertu – qu'ils ne parvenaient pas à dissimuler derrière des propos empreints de générosité et de justice pour le peuple naïf, dont ils se sont peu souciés de répandre le sang pour arriver à leurs fins. Quand les gens de Saint-Gervais s'emparèrent de la caserne de Chantepoulet et de la poudrière, quand ils élevèrent des barricades sur les ponts de la Machine, de l'Ile, de Bel-Air et des Bergues, quand ils firent de l'île Rousseau un bastion, il ne se trouva personne à Saint-Gervais pour prêcher la modération et l'acceptation de l'amnistie offerte par le gouvernement si les émeutiers rendaient les armes et démantelaient les barricades.

Alexandra ajouta :

— Le gouvernement demanda aussi que Fazy quitte le pays. Et ce fut une erreur. Car c'était lui donner une puissance démesurée, le flatter, montrer qu'on avait peur de lui. Naturellement, ce matois, prenant un air de martyr aux arènes, proposa à ses troupes de s'exiler pour éviter la guerre civile. Vous pensez que mille bras le retinrent comme il l'escomptait. De ce fait, à la déconvenue de plusieurs de ses amis, il devint le maître absolu des émeutiers et le futur chef du gouvernement.

— Entre-temps, la milice, le bataillon de la ville, celui de Chêne, les sapeurs du génie, les chasseurs à cheval, au moins trois mille hommes, avaient été mis en branle. Les canons étaient pointés sur les barricades que tenaient trois ou quatre cents excités, encouragés par des femmes en cheveux, des braillardes, sœurs des tricoteuses de Versailles, levant le poing et criant mort aux bourgeois, reprit le banquier.

— Jamais Genève n'avait connu ça ! Une de ces femmes a même tiré un coup de pistolet sur le capitaine Maurice de Sellon, qui a été blessé à la cuisse, s'indigna Anaïs Laviron.

Pierre-Antoine enchaîna :

— Quand, le mercredi 7 octobre, à trois heures de l'après-midi, les canons de la Fusterie et de la rue de la Monnaie commencèrent à tirer sur les barricades, on pensait que l'affaire serait résolue en un rien de temps. Mais ceux de Saint-Gervais se firent tuer sans reculer. Et puis, voyez-vous, Axel, les émeutiers trouvèrent d'étranges soutiens. On vit Rilliet de Constant donner des conseils aux insurgés, des gens à qui rien ne manque trahir leur classe pour participer à un comité révolutionnaire au côté du quincaillier Bordier et du liquoriste Federer, deux banqueroutiers qui ne pensaient qu'à payer leurs dettes. On vit un artiste, le peintre Hornung, brandir un fusil, un fin poète, Albert Richard, se mêler à la plèbe. Un monde à l'envers, je vous dis !

— D'ailleurs, sans l'appui opportuniste des rues basses, la trahison de certains et la débandade de la troupe, les émeutiers ne l'auraient pas emporté, ajouta Mme Laviron.

— Le gouvernement aurait pu mater l'insurrection en faisant canonner à outrance Saint-Gervais et la rive droite, mais sagement, il s'en est abstenu. Il y aurait eu trop de victimes innocentes, dit Alexandra.

Laviron précisa :

— Tout se joua quand, devant la résistance des révoltés, le colonel Charles Trembley, inspecteur des milices, promu chef des forces gouvernementales, ordonna la retraite jusqu'au lendemain. Les miliciens et les soldats, qui ramassaient leurs camarades tués ou blessés par les tireurs embusqués des Bergues, de l'Ile et de la rue de Coutance, rentrèrent chez eux ou mirent crosse en l'air. C'est alors que, renonçant à combattre la violence anarchique par une violence organisée, le Grand Conseil démissionna. Aussitôt, Fazy comprit qu'il devait pousser son avantage. On se réunit au Molard et à la Fusterie, on lança des proclamations et les gens de Saint-Gervais montèrent à la maison de ville où siégeait le Grand Conseil. Fazy qui en était membre, y entra sans opposition et, aussitôt, déclara tous les élus, ses collègues, déchus de leur mandat et les congédia comme des valets.

Tandis que le banquier suffoquait d'indignation, Alexandra, dont le goût pour la démocratie avait été avivé par son séjour aux Etats-Unis, s'écria :

— Bel exemple de mépris du suffrage universel !

— Il faut que je vous raconte un épisode théâtral, dont il est aujourd'hui permis de sourire, dit Laviron, retrouvant calme et humour. Quand Guillaume Henri Dufour, notre ingénieur cantonal, membre éminent du Grand Conseil, un savant qui fut avec moi du premier Trois-Mars, entendit Fazy déclarer l'Assemblée législative dissoute, il tenta de résister et cita, avec un rien d'emphase patriotique, les paroles fameuses de Mirabeau au représentant de Louis XVI, le 23 juin 1789 : « Nous sommes ici par la volonté nationale et nous n'en sortirons que par la puissance des baïonnettes. » Fazy, comédienné, répliqua, ironique et prêt à tout : « Mais elles sont là[1] » et il fit entrer dans la salle les émeutiers, goguenards et armés jusqu'aux dents ! J'ai le regret de dire qu'à leur tête on reconnut Rilliet de Constant ! Un comble ! Mon pauvre Axel, la plupart de nos amis n'ont dû leur salut qu'à quelques braves cabinotiers, effrayés par les menaces de mort que proférait la racaille mêlée aux gens de Saint-Gervais.

Après un temps de réflexion, le banquier conclut, dubitatif :

— Maintenant, Fazy et les radicaux sont maîtres de Genève. Les élections du 23 octobre leur ont donné la majorité au Grand Conseil et au Conseil de ville et les treize anciens membres du Conseil d'Etat, que les radicaux rendent responsables des affrontements sanglants, devront payer conjointement plus de quarante mille francs d'amende. On dit que cet argent servira à dédommager les propriétaires dont les immeubles et les biens ont souffert de l'artillerie cantonale ou des incendies allumés par les révoltés.

Alexandra s'indigna :

— Je suis allée à Saint-Gervais assister aux funérailles pompeuses que l'on a faites à une trentaine d'émeutiers. Mais les cent cinquante militaires tombés pour la défense de la ville n'ont pas connu autant d'honneur. Et pourtant, des deux côtés il y a des veuves et des orphelins ! Ce sont les vraies et innocentes victimes de cette révolution.

M. Laviron, rassuré parce que les émeutiers avaient respecté les biens et propriétés des gens de la ville haute – les braffieux[2], comme disaient les blousiers – et ignoré les hôtels particuliers de la rue des Granges qui passaient, à tort, pour somptueux refuges de l'aristocratie, se montra moins pessimiste que sa femme, à qui l'arrivée des radicaux au pouvoir donnait des frissons.

1. Cité par Jean Violette, *la Révolution de 1846*, Willy Aeschlimann, éditeur, Genève, 1935. Cet excellent ouvrage rapporte avec beaucoup de détails le déroulement des journées révolutionnaires d'octobre 1846.

2. En patois genevois : brasseurs d'affaires.

— Bah ! dit le banquier, avec un clin d'œil à sa fille adoptive, ils feront des discours et nous ferons des affaires. Ils ont le pouvoir de faire des lois et nous, la manière de faire l'argent ! Ce qui vaut mieux. Depuis que le monde est monde, il en est ainsi et l'ambitieux M. James Fazy, célibataire aimable et jouisseur, va pouvoir effacer ses dettes et fonder, avec l'appui de M. Charles Laffitte, de Paris, cette banque genevoise dont il rêve depuis un an. Le commerce y gagnera en fait de crédit et de facilités. Nous savons déjà qu'il est très favorable aux chemins de fer, notamment à la ligne Genève-Mâcon. Enfin, peut-être imposera-t-il la démolition des fortifications qui nuisent au développement de la ville. Quand elles seront abattues, comme je le souhaite, contre l'avis de la plupart de nos amis conservateurs à courte vue, de beaux jours s'ouvriront pour le marché des terrains à bâtir, les sociétés immobilières et les entreprises de construction. Rassurez-vous, Anaïs, nous n'avons rien à perdre à l'arrivée des radicaux. Et, pour le reste, n'est-ce pas, nous ne sommes pas obligés de les fréquenter !

— Péa a raison. Déjà, il va falloir remettre en état tous les réverbères à gaz que les émeutiers ont arrachés. Je n'ai qu'un regret, c'est que les canons de M. Trembley n'aient pas détruit les hideuses masures de l'Ile qui, les pieds dans le Rhône, accrochées à la rive, tiennent avec de vieilles planches, sont sales, branlantes, pleines de vermine. Elles déshonorent la cité, dit Alexandra, toujours pratique.

Elise Métaz, qui avait écouté, en silence et avec émotion, le récit de la récente révolution genevoise, intervint :

— Votre changement de régime politique va avoir une conséquence non négligeable, monsieur Laviron. Les délégués genevois à la prochaine Diète auront sans doute pour consigne de voter l'expulsion des jésuites et la dissolution du Sonderbund. Du coup, même si Saint-Gall hésite encore, la majorité basculera. Et, pour imposer la dissolution du Sonderbund, il faudra peut-être faire la guerre aux sept cantons sécessionnistes. Une guerre fratricide et désolante, dit-elle.

Tous les invités du vigneron redoutaient en effet qu'on n'en vînt à cette extrémité.

— Ah ! ma bonne amie, l'avenir est bien sombre, gémit Anaïs, traduisant l'opinion générale.

— On a beaucoup redouté, à Genève, l'intervention, en faveur des révoltés, d'une sorte de corps franc vaudois. Qu'en pensez-vous ? demanda le banquier aux Veveysans.

— Les radicaux et Druey ont applaudi à l'annonce des émeutes populaires conduites par James Fazy. Les Vaudois ont vu, en effet, dans cette révolution, la suite logique de notre Révolution de 1845, dit le pasteur Duloy.

— Dès le 6 octobre, le Conseil d'Etat a délégué Druey pour se rendre à Genève, « muni des pleins pouvoirs les plus étendus », avec pour mission officielle de jouer les médiateurs afin que cesse l'effusion de sang. En réalité, sa mission était d'étudier l'appui que les radicaux vaudois pourraient apporter à leurs amis genevois si le besoin s'en faisait sentir. C'est ainsi que des sections de la milice vaudoise avaient été mobilisées, sous prétexte d'empêcher la marche éventuelle vers Genève de corps francs opposés aux amis de Fazy. En fait, il s'agissait plutôt de tenir sous les armes une force d'appoint pour les radicaux genevois, dans le cas où leur mouvement aurait rencontré une trop forte résistance, précisa le docteur Vuippens.

— C'eût été l'ingérence caractérisée d'un canton dans les affaires intérieures d'un autre, jeta quelqu'un.

— Cela n'eût gêné ni Druey ni Fazy, dit Laviron.

— Les événements allèrent d'un train si rapide qu'en arrivant à Nyon, au soir du 8 octobre, Druey apprit que tout était résolu, que la révolution radicale avait aisément triomphé à Genève, compléta Vuippens.

— Il n'a pas ménagé ses conseils à son ami Fazy. On m'a dit qu'il a rédigé pour lui une sorte de catéchisme révolutionnaire, reprit le pasteur en souriant. D'après Druey, « il faut se défier des éléments conciliateurs, qui ne sont que des bâtons dans les roues », et surtout « marcher sans trop consulter à droite et à gauche ». Rien ne serait plus funeste à une révolution que la perte de temps, les incertitudes, les atermoiements. Il faut agir plutôt que délibérer, il faut « stupéfier ses adversaires et commander l'étonnement général par des mesures droites, franches, prises sans hésitation, avec résolution ». Il faut écarter les amis trop tièdes. Quant au sort des fonctionnaires genevois,

Druey conseille de le régler comme il a réglé celui des fonctionnaires vaudois. S'ils ne se rallient pas immédiatement, il faut « les révoquer et les remplacer par des hommes de confiance ». Cette sorte de nettoyage vise aussi les professeurs et les pasteurs, qui ne doivent en aucun cas se mêler des affaires de l'Etat ! C'est ainsi que le radicalisme devient omnipotent, conclut paisiblement le vieux pasteur.

A la fin du repas, ce soir-là, on porta un toast à Annette Bonnaveau, l'épicière-poète veveysanne de la rue d'Italie, dont tout le monde connaissait les sentiments conservateurs. Furieuse qu'au lendemain de la Révolution de février 1945 on eût osé planter devant son épicerie un arbre de la liberté, elle avait publié ce quatrain vengeur :

Ils auraient dû prendre le chêne
Pour leur arbre de liberté
Il aurait nourri de sa graine
Tous les cochons qui l'ont planté !

L'irascible Annette n'était pas la seule à se moquer du nouveau régime vaudois, et Vuippens fit circuler un petit pamphlet anonyme, intitulé *Propos en l'air à propos d'un événement du jour*, imprimé à Lausanne par l'ingrat Bonamici et distribué « chez tous les libraires du canton ».

L'auteur écrivait : « Ce qui a surtout souffert de la Révolution de février, c'est la langue française. Je sais bien qu'elle n'a pas toujours eu lieu de se louer des procédés du pays à son égard ; mais, jamais, il ne lui était arrivé d'être méprisée à l'égal de ce qu'elle est maintenant, même en haut lieu ; depuis les Suisses qui ont été "aux prises ensemble", jusqu'aux fonctionnaires qu'on "a invités à inviter" dans une missive récente. » Les amis des Métaz s'interrogèrent longuement, mais en vain, sur l'identité d'un auteur qui osait s'en prendre à ce dont M. Druey était, paraît-il, le plus fier, son style !

Les invités d'Axel, parmi lesquels se trouvaient des libéraux et même des radicaux convaincus, comme Samuel Fornaz, tombèrent d'accord pour reconnaître qu'en un an et demi Druey avait perdu une part du respect et de la confiance que beaucoup de Vaudois, même opposants, lui avaient accordés. On lui reprochait le schisme suicidaire de l'Eglise nationale et, aussi, la destruction de l'Académie qui avait perdu onze des douze professeurs à l'origine de sa réputation. Dénoncés, suivant les jours, par les radicaux comme méthodistes, momiers ou aristocrates, ces maîtres enseignaient dans des instituts privés ou d'autres académies cantonales, enchantés de les accueillir. Il était courant, depuis quelques mois, d'entendre nommer Henri Druey, despote, tyran, dictateur et, par les plus indulgents, prince Henri joli. Certains lui trouvaient même, depuis qu'il avait grossi, une ressemblance physique avec Louis-Philippe ! Circulaient aussi des chansons satiriques de plus ou moins bon goût, dont l'une, sur l'air fameux de *Cadet Rousselle*. Reprise dans les réunions anti-radicales, celle-ci contenait une référence triviale au physique du tribun et une allusion, sans doute diffamatoire, à sa vie privée.

Maître Essoufflard est gros et gras,
Il jouit de certains appas.
La Marquise n'est pas de même,
Car elle est maigre, sèche et blême.
Ah ! Ah ! oui vraiment !
Maître Essoufflard est bon enfant.

— Qui est donc cette marquise ? demanda Mme Laviron.

— Il s'agit d'une modiste de Lausanne, assez hospitalière, que l'on dit être, ou avoir été, la maîtresse de Druey[1], mais ce sont sans doute des ragots malveillants, peut-être

1. Henri Druey, qui connaissait ces couplets, écrivit à son amie Mme Piguet, veuve du pasteur qui avait été le mentor du tribun radical : « Cette marquise est une modiste galante qui est venue à Lausanne, où elle est encore, je présume, depuis la Diète de 1841 ; on a prétendu que c'était une maîtresse que j'avais traînée à ma suite, ou appelée à Lausanne. Le fait est qu'elle y est venue fort à mon insu. Mais une vipère dont l'effigie est pendue quelque part à Cotterd a beaucoup causé, et sa femme a aussi beaucoup causé. » Rapporté par Louis Junod dans la *Revue historique vaudoise* de juin 1956. La vipère dénoncée par Druey était sans doute un habitant, peut-être le pasteur, de Cotterd, paroisse richement dotée depuis le XVIIe siècle et supprimée par les radicaux en 1845.

encouragés par la personne en question, dit Mme de Fontsalte.

— On prête facilement des maîtresses aux hommes publics et même aux autres, remarqua Elise.

Axel apprit, quelques jours plus tard, par sa mère, à Beauregard, que Charles Dickens se trouvait à Genève pendant les émeutes d'octobre. L'écrivain logeait à l'hôtel des Bergues et racontait partout qu'un boulet avait frappé le mur, sous la fenêtre de sa chambre !

A ceux qu'il rencontra à son retour à Lausanne, Dickens confia aussi son étonnement d'avoir vu les émeutiers, dès le lendemain des affrontements, réparer avec entrain les ponts qu'ils avaient incendiés et les ouvriers du quartier Saint-Gervais se rendre au travail, comme s'il ne s'était rien passé. Il s'étonna encore plus du respect qu'avaient montré les insurgés pour la propriété particulière, notamment pour les vitrines d'une grande bijouterie et la riche collection de tableaux de James Fazy.

Les Lausannoises, dont la plupart lisaient maintenant les œuvres de l'auteur anglais, afin de pouvoir soutenir la conversation à l'heure du thé, recueillaient avec intérêt les anecdotes se rapportant à l'illustre visiteur. Toutes escomptaient que Lausanne servirait de décor au prochain roman de Dickens[1]. Aussi furent-elles désappointées quand on apprit, fin novembre, que l'auteur faisait des préparatifs de départ pour Paris. En quelques jours, l'argenterie, la vaisselle, les bibelots furent emballés et, le 15 novembre, les Dickens, épouse enceinte, belle-sœur dévouée, enfants, domestiques, chien et bagages prirent la route de Paris dans trois voitures. L'écrivain paraissait d'autant plus enchanté de son séjour qu'il avait expédié à

1. « Il ne manqua pas de braves gens, chez nous, pour se précipiter sur la nouvelle œuvre du romancier, lorsqu'elle parut, dans l'espoir d'y trouver des traces de son séjour en Suisse : à leur grande déception, ils n'y trouvèrent ni Léman ni Alpes, ni quoi que ce fût qui rappelât les six mois passés à Rosemont ! Et je ne doute pas que beaucoup, dans le fond de leur cœur, en furent un peu vexés, comme si Dickens leur eût témoigné de l'ingratitude. » J. Hugli, *Rues de Lausanne*, éditions 24-Heures, Lausanne, 1981.

John Forster la troisième livraison de *Dombey and Son* et achevé un conte de Noël, *The Battle of Life*.

Blaise de Fontsalte confia, un soir, à Axel que M. Dickens n'avait pas été le seul Anglais présent à Genève, avant ou pendant les journées révolutionnaires. M. Robert Peel junior, secrétaire de la légation de Grande-Bretagne à Berne et fils de Robert Peel, le Premier ministre de la reine Victoria, s'y trouvait en juillet.

— Quand on sait comment la Grande-Bretagne, au contraire de la France et de l'Autriche, soutient les cantons protestants libéraux contre les cantons catholiques du Sonderbund, on est en droit de se demander si le diplomate visitait Genève en simple touriste, dit le général.

Ce dernier avait aussi noté, d'après le rapport d'un ancien de l'Empire, introduit auprès de la police genevoise, que Henry Pelham Clinton, cinquième duc de Newcastle, autre homme politique britannique peu favorable aux conservateurs genevois, se trouvait, lui, dès le 4 octobre, à l'hôtel des Bergues, ainsi qu'une douzaine de voyageurs arrivés d'outre-Manche. Dans le même temps, l'hôtel de l'Ecu abritait un certain Michel Galitzine, sujet russe, agitateur supposé, connu de Fazy[1].

— En somme, on pourrait penser que cette révolution, d'apparence spontanée, fut préparée de longue main par Fazy, dont on sait les relations internationales, observa Axel.

— On ne peut rien déduire formellement de ces présences étrangères mais tout de même, cela aurait dû donner à réfléchir à ceux qui, comme moi, connaissent l'art de l'intrigue politique souterraine pratiquée par les sujets de Sa Majesté dodue ! conclut le général.

La lettre annuelle de Guillaume Métaz parut à Axel, en janvier 1847, à la fois sereine et chagrine. Le Vaudois devenu américain venait de fêter, entouré des siens, son soixante-quinzième anniversaire. Sa santé ne donnait nulle inquiétude, mais le fait de toucher au terme de l'exis-

1. Ces noms ont été relevés par l'auteur, ainsi que d'autres, de sujets britanniques moins connus, sur les registres de la police des hôtels genevois de l'époque.

tence le rendait mélancolique. « La vie est une drôle d'affaire, écrivait-il. Quand on est malheureux, on voudrait qu'elle cesse et elle continue. Quand on est heureux, ce qui est mon cas, on voudrait qu'elle dure et l'on sait qu'elle va finir. Dieu l'a voulu ainsi et sa volonté est souveraine. » Cette expression simpliste de la destinée humaine fit sourire Axel. C'était une constatation de bon sens, à la vaudoise, qui valait toutes les philosophies. Guillaume annonçait qu'il venait de céder la direction du consortium qu'il avait fondé, important groupement de commerces et d'entreprises, à son gendre, époux de sa fille aînée Johanna Caroline, née de son second mariage.

« John Francis Buchanan est un successeur selon mon cœur. C'est un garçon brillant, diplômé de l'université Harvard et cousin de James Buchanan, l'actuel secrétaire d'Etat[1], nommé en 1845 par le président des Etats-Unis, M. James K. Polk. John milite pour l'abolition de l'esclavage et montre de grandes dispositions pour les affaires. De plus, il m'a demandé de conserver mon bureau dans notre *building* car il entend me consulter avant de prendre toute décision, si bien que j'ai le sentiment de rester le maître sans en avoir les fatigantes obligations. Il projette, avec ma fille, un voyage en Europe et, naturellement, je l'enverrai te voir, bien qu'aucun lien de parenté ne vous unisse, mais cela, seulement si j'ai ton assentiment. Je voudrais que mes enfants américains connaissent mon pays natal et notre beau Léman. » Guillaume révélait aussi les fiançailles de sa troisième fille, Lorena Margaret, avec un médecin, mais ne donnait en revanche aucune nouvelle de Blandine, la fille née de Charlotte. Axel imagina qu'il avait rompu toute relation avec celle-ci et son gendre Calver, officier de marine, rejeton d'une famille de planteurs esclavagistes de Louisiane.

Dans sa réponse, Axel expliqua qu'il serait enchanté de recevoir les époux Buchanan, qu'il leur montrerait le pays de leur père et beau-père. Il conseilla toutefois de différer le voyage jusqu'à l'été 1851, période où serait sans doute organisée à Vevey, pour la troisième fois

1. Son rôle correspond à peu près à celui du ministre des Affaires étrangères en France.

depuis le commencement du siècle, la fête des Vignerons[1]. L'Abbaye venait de réviser des règlements qui dataient de 1811 et se présentait maintenant sous le nom de Louable Confrérie des Vignerons.

Cette lointaine perspective de réjouissances, qui d'après le nouvel abbé-président « ferait accourir toute l'Europe à Vevey », ne masquait pas le danger qui menaçait l'unité de la Confédération. Comme s'y attendaient les esprits clairvoyants, l'arrivée au pouvoir des radicaux à Genève, après qu'ils eurent triomphé dans le canton de Vaud, incitait les libéraux des cantons conservateurs à mener des actions révolutionnaires. C'est ainsi qu'au cours de la nuit du 6 au 7 janvier, trois groupes d'insurgés armés, partis de Morat, d'Estavayer et de Bulle, avaient marché sur Fribourg, capitale du canton, traînant les quatre pièces d'artillerie autrefois offertes à leurs communes par le gouvernement fribourgeois !

Les autorités fribourgeoises soutenaient que le signal du soulèvement avait été donné, de Berne, par Ulrich Ochsenbein, membre du Directoire fédéral. Comme autrefois à Lucerne, ces corps francs avaient été vigoureusement repoussés et les districts d'où était partie l'insurrection occupés par la milice cantonale, au grand dam des radicaux vaudois. Le gouvernement de Druey avait, en effet, accordé le passage à travers le district de Payerne aux insurgés de la Broye en route vers Fribourg.

Quand on sut que les élections venaient de donner, légalement cette fois, le gouvernement de Saint-Gall aux radicaux, plus personne n'eut d'illusion quant aux décisions futures de la Diète à l'égard des sept cantons du Sonderbund. Le 20 juillet, par douze voix et deux demi-voix, celles de Bâle-Campagne et Appenzell (Rhodes Intérieures), la Diète, présidée par Ulrich Ochsenbein, se prononça pour la dissolution de la ligue des sept, déclarée incompatible avec le Pacte fédéral. Genève et Saint-Gall avaient, cette fois, choisi leur camp. En revanche, le député de Neuchâtel, qui disposait d'une voix, s'était abstenu, ainsi que ceux d'Appenzell (Rhodes Extérieures) et Bâle-Ville, détenteurs chacun d'une demi-voix.

1. Les précédentes s'étaient tenues en 1819 et 1833.

Assurée de la majorité – on démontra, de plus, que les cantons du Sonderbund représentaient 385 000 habitants, alors que les cantons radicaux en regroupaient 1 750 500 –, la Diète reprit, dans la foulée, l'étude de la révision du Pacte fédéral de 1815, jusque-là refusée par les conservateurs. On sut, dès lors, que la Confédération s'acheminerait vers une Constitution unitaire et un centralisme administratif, susceptibles de faire de la Suisse une nation moderne.

Axel et Elise Métaz, au contraire de certains de leurs parents et amis, défendaient ces idées nouvelles. Plus méfiant que son épouse, Axel n'imaginait pas, cependant, que les radicaux, grisés par le fait qu'ils contrôlaient maintenant les deux tiers du territoire et ne pensaient qu'à s'assurer la domination politique du reste, puissent, seuls, conduire à son terme une mutation que les puissances étrangères ne verraient peut-être pas d'un œil serein.

Bien avant que la Diète eût décidé la dissolution du Sonderbund, dont on devinait qu'elle ne pourrait être imposée que par la force des armes, certains diplomates avaient officieusement fait savoir au Directoire fédéral que les cinq puissances – France, Prusse, Autriche, Russie et Grande-Bretagne – qui, depuis 1815, garantissaient l'indépendance et la neutralité de la Confédération, « regarderaient l'anéantissement du Pacte de 1815, soit que cet anéantissement eût lieu d'une manière patente, soit qu'il s'effectuât à l'égide d'un arrêté de la Diète, outrepassant évidemment les attributions que le Pacte assigne à l'autorité fédérale, comme un fait annulant les garanties que les actes du congrès de Vienne ont accordées à la Suisse, et cela, sans préjuger des mesures ultérieures que l'intérêt du maintien de l'ordre et de la paix en Europe pourrait forcer les puissances à prendre[1] ».

Blaise de Fontsalte, plus que les Métaz et beaucoup de Vaudois, connaissait les mœurs et le langage diplomatiques. Il recevait aussi, régulièrement, des informations par des anciens des Affaires secrètes qui lui rendaient

---

1. Lettre de Metternich, chancelier d'Autriche, citée par François Guizot dans *Mémoires pour servir à l'histoire de mon temps,* tome huitième, Michel Lévy frères, Paris, 1867.

visite, intéressés par les avis et interprétations d'un homme plein d'expérience, à l'écart des événements, de l'action et des intrigues.

C'est ainsi que le général put rapporter à Axel et à Vuippens les propos qu'Ulrich Ochsenbein, président de la Diète, avait tenus à l'ambassadeur de France, M. de Boislecomte.

— Il a eu le front de dire à ce diplomate qui le sondait, à la demande de son ministre, M. Guizot : « Nous n'avons en Suisse qu'une affaire mais il faut qu'elle ait sa fin. La grande majorité des habitants veut la dissolution du Sonderbund et l'expulsion des jésuites de toute la Suisse. Il faut que cette volonté de la majorité soit satisfaite. » Comme l'ambassadeur lui faisait observer que cela risquait d'allumer une guerre civile, Ochsenbein a répliqué, sans marquer la moindre émotion : « On doit préférer un mal moindre que la présence des jésuites en Suisse. »

— Ce sont là des propos irresponsables ! Dire qu'une guerre entre les cantons est un mal moindre que la présence de deux ou trois cents malheureux jésuites en Suisse, relève d'un esprit dérangé ! observa Vuippens.

— Cela démontre, surtout, que l'affaire des jésuites n'est qu'un prétexte. Ce que veulent les radicaux, c'est la maîtrise de tous les gouvernements cantonaux. N'ayant pas la patience de l'obtenir par le suffrage universel, ils envisagent, de gaieté de cœur, de la prendre par les armes en négligeant les risques sanglants d'une telle entreprise, compléta Axel.

— Les Français qui ont approché Ochsenbein ces temps-ci disent tous qu'il a du mal à dissimuler son désir évident d'une revanche sur les Lucernois, qui mirent en déroute ses corps francs, précisa Blaise.

— Que faire, alors, pour éviter la guerre, que M. Ochsenbein envisage aussi légèrement d'engager contre des gens qui ne font que défendre leur indépendance, comme autrefois nos ancêtres du Grütli contre les oppresseurs ? demanda Charlotte.

— La sagesse commanderait aux cantons de la ligue de renvoyer les jésuites, avec ou sans l'assentiment du pape. Cela ôterait tout prétexte à l'autre parti, risqua Axel.

— Les progressistes, comme ils se nomment, trouveraient une autre raison d'en découdre. Les radicaux anticléricaux veulent mater les catholiques, en même temps que tenir l'Eglise réformée sous leur coupe, comme ils l'ont fait dans le pays de Vaud. J'espère mourir avant de voir une Suisse socialiste, lança Charlotte.

Ce genre de discussion, voire de dispute, eut cours tout l'été, dans d'innombrables familles de la Romandie, divisées par le conflit politico-religieux le plus grave que la Confédération eût connu depuis sa fondation. On vit des amis de toujours en venir aux mains, des pères et des fils s'invectiver, des époux se reprocher mutuellement leur choix, des femmes s'injurier au marché, des commerçants abandonnés par des clients d'opinion opposée à la leur, des collégiens se colleter à la sortie de l'école.

Dans le cercle Fontsalte, où l'on aurait pu craindre des affrontements verbaux entre Charlotte, Flora et Tignasse, catholiques, esprits conservateurs, zélatrices des jésuites d'une part, et Elise, fille de pasteur, esprit libéral, opposée à la présence des jésuites à la robe noire, d'autre part, la sagesse et la tolérance l'emportèrent toujours. Toutes ces femmes se rassemblaient pour dire qu'il fallait à tout prix éviter la guerre entre les cantons et trouver, par un échange de concessions, le moyen de maintenir, à la fois, la paix et l'unité de la Confédération.

Des sept cantons du Sonderbund, le Valais fut le premier à faire savoir à la Diète qu'il s'opposerait « à la force par la force ». Et cela après une votation cantonale qui révéla aux Vaudois, stupéfiés et inquiets, que douze mille deux cent soixante-huit citoyens valaisans étaient prêts à se battre pour défendre l'indépendance de leur canton, alors que deux cent cinquante-sept seulement désapprouvaient leur gouvernement ! Immédiatement, une compagnie des milices vaudoises fut envoyée au pas de Cheville, sur la commune de Bex, pour garder, à plus de deux mille mètres d'altitude, le passage conduisant de Bex en Valais ! Cette rodomontade amusa les Veveysans. D'abord parce que le Valais ne menaçait nullement le pays de Vaud, ensuite parce que les Valaisans pouvaient emprunter des chemins plus aisés pour entrer dans le canton.

A dater de ce jour, les adversaires ne dissimulèrent plus leurs préparatifs guerriers. Le 16 octobre, un conseil de guerre du Sonderbund, réuni à Lucerne, ordonna la mobilisation de l'élite et des officiers de la Landwehr. Deux jours plus tard la Diète fédérale répliqua en décrétant la mise sur pied des contingents d'élite fédéraux dans tous les cantons. Le 19, on apprit que la ligue avait choisi son général, le colonel Ulrich von Salis-Soglio, un protestant de Coire, canton des Grisons, officier d'une grande force physique et d'un rare courage, ancien colonel de cuirassiers au service de Hollande.

La Diète, pour ne pas être en reste, se devait, elle aussi, de désigner un commandant en chef. Bien que Druey et les députés de Genève et de Soleure eussent préféré le colonel Jean-Louis Rilliet de Constant, libéral rallié aux radicaux depuis la Révolution fazyste de 1846, on choisit, sagement, le quartier-maître général[1] de la Confédération, Guillaume Henri Dufour, qu'on éleva aussitôt au grade de général. Ce grand ingénieur, polytechnicien, brillant officier du génie, à qui Genève devait ses embellissements et ses ponts de fer, n'accepta pas d'un cœur léger la conduite d'une guerre fratricide. Agé de soixante ans, il tenta, d'abord, de refuser cette nomination puis, l'ayant acceptée par devoir, car il estimait primordiale l'unité de la Confédération, il refusa de prêter serment tant que la Diète n'eut pas exactement défini sa mission. Ce patriote humaniste entendait ne pas « mettre son honneur en jeu à la légère ». Il prévint la Diète qu'il refuserait toujours d'entreprendre des actions non prévues par les règlements en vigueur et qu'il n'exercerait aucune pression sur les gouvernements cantonaux qui refusaient de fournir leurs contingents légaux à l'armée fédérale. Ayant obtenu satisfaction, il prit ses fonctions, tout en déplorant « le zèle intempestif » du gouvernement vaudois, qui avait déjà mobilisé deux fois plus d'hommes que ne le prévoyait le règlement. Henri Druey avait soutenu la candidature de Rilliet de Constant et regrettait que le général Dufour restât libre du choix de ses officiers. Le politicien vaudois était de ceux qui eussent imposé des chefs de corps favorables aux thèses radicales.

---

1. Chef d'état-major général.

Dès le 11 octobre, le gouvernement vaudois avait fait ouvrir, à Lausanne, un bureau de recrutement pour volontaires. Le premier jour, plus de cinq cents hommes s'étaient présentés, dont Samuel Fornaz, à qui Axel Métaz n'avait pu refuser la permission de s'engager, la vendange étant terminée et le vin nouveau mis en cuve. Le contremaître du vignoble Métaz avait cessé de s'enivrer depuis qu'il trouvait dans le militantisme radical une compensation à sa déception sentimentale. Sa détestation des catholiques, tous associés aux jésuites dans son esprit, tenait surtout au fait que sa fiancée lui avait été enlevée par le fils d'un notable fribourgeois.

Le capitaine Axel Métaz fut appelé, le 18 octobre, pour une semaine d'instruction à Moudon, où Rilliet avait installé le quartier général de sa division. Celle-ci, forte de quatre brigades, au total plus de treize mille hommes, était composée, pour l'essentiel, de troupes vaudoises, auxquelles se joindraient deux bataillons genevois et l'artillerie du commandant Empaytaz, de Genève.

Elise sut contenir l'inquiétude que ressent toute épouse qui voit son mari partir pour la guerre. Femme de devoir, elle acceptait de voir Axel faire le sien, sachant qu'il se conduirait sans témérité ni faiblesse. Elle avait, elle-même, choisi, avec plusieurs épouses de pasteurs et d'autres dames d'œuvres, de se faire infirmière bénévole. Ces Veveysannes se rendraient, sur convocation, à l'hôtel des Bains, à Yverdon, où cinquante lits avaient été réquisitionnés pour accueillir d'éventuels blessés.

Quand Pernette eut recousu en geignant les boutons et repassé, avec soin, l'uniforme de son maître, Axel endossa sa tenue, se coiffa du shako à pompon et se prépara à dire au revoir aux siens, sans plus d'effusion et du même ton dont il usait quand il partait en voyage d'affaires. Vincent, dont on allait fêter dans un mois le treizième anniversaire, arrivait déjà à l'épaule de son père. Il avait tenu à polir le sabre du capitaine avant de lui passer son baudrier blanc, avec l'onction d'un prélat adoubant un chevalier. Bertrand, serré contre sa mère, retenait ses larmes. Plus que son aîné, il devinait que leur père allait courir d'obscurs dangers. La pensée qu'ils pourraient ne pas le revoir le rendait muet.

Quand Louis Vuippens, lui aussi appelé avec le contingent fédéral, apparut, toute la famille éclata de rire. Le médecin arborait une étrange tenue. Ne possédant pas de capote, ayant égaré son shako, il avait endossé une vieille redingote marron pour se protéger du froid et s'était coiffé d'un feutre fatigué, auquel Vincent s'empressa d'ajouter deux plumes arrachées à une poule, afin que le docteur eût l'air d'un mousquetaire.

Les deux amis se mirent en selle dans la cour de Rive-Reine, sous le regard de la mère Chatard et de son chat. La commère, penchée à sa fenêtre, crut indispensable de souhaiter aux mobilisés « beaucoup de jésuites à fouetter ».

L'officier et le médecin prirent ensemble, au petit trot, la route de Lausanne et dépassèrent deux compagnies de volontaires, encadrées par des carabiniers. Les hommes riaient et plaisantaient, interpellaient les filles qui regardaient s'écouler cette troupe indisciplinée de civils déguisés en militaires. Uniformes incomplets, disparates, fripés, armes d'un autre âge, pipe à la bouche et gourde brinquebalante, ces gens allaient à la guerre comme on va aux champs, sûrs de leur bon droit, naïfs et confiants.

Axel et Louis déjeunèrent à Beauregard où Charlotte, évitant toute considération politique, demanda à son fils de protéger, quoi qu'il arrive, les prêtres catholiques, et d'empêcher le pillage des sanctuaires. Blaise, découvrant que l'officier ne portait qu'un sabre de parade, lui offrit une paire de pistolets, qu'Axel glissa dans les fontes de sa selle en espérant ne pas devoir les exhiber. C'est alors que l'adjudant Trévotte lui remit une gourde pleine de vieux marc de Bourgogne et lui glissa un conseil de vieux briscard :

— N'oubliez pas les sommations de rigueur, mon capitaine, dit Titus en montrant les pistolets. Un coup dans le bonhomme d'abord, un coup en l'air ensuite. Faut qu'on entende deux coups... pour la règle !

Moudon, ville de deux mille habitants, grouillait de soldats et les marchands de vins faisaient, depuis quelques jours, de bonnes affaires. Axel, étant donné son âge qui, sans galons, l'eût placé dans le Landsturm, fut affecté à l'état-major de la division. Il devrait assurer la liaison avec le quartier général du commandant en chef, le général

Dufour, pour la seule raison qu'il possédait en Icare un cheval robuste ! Vuippens et son ambulance suivraient, comme Axel, les trois brigades qui allaient entrer en campagne, Rilliet ayant envoyé la quatrième, sous le commandement du colonel Nicollier, de Vevey, garder les rives du Rhône, entre Bex et Villeneuve, avec mission d'empêcher les Valaisans de se porter au secours de Fribourg, premier objectif de l'armée confédérale.

Les Vaudois se mirent en route le 2 novembre et furent, par Châtel-Saint-Denis, Semsales et Bulle, les premiers confédérés à pénétrer en territoire fribourgeois. Les villages traversés avaient été désertés par les hommes valides. On ne voyait, sur le pas des portes, que des femmes coiffées d'un mouchoir rouge à la mode du pays, consternées, silencieuses, et des enfants curieux. Dès les premiers jours de marche, Axel constata que le ravitaillement en vivres laissait à désirer et que les hommes trouvaient plus souvent à boire qu'à manger. Comme toute armée en campagne sur un territoire réputé ennemi, les Vaudois se procurèrent de la nourriture dans les fermes, jambons et fromages quelquefois offerts, parfois payés, souvent volés ou obtenus par un droit de réquisition difficilement contestable. Axel vit avec satisfaction que l'ordonnance qu'il avait recrutée, un Veveysan, caporal de chasseurs du 8e bataillon d'élite vaudois, nommé Armand Bonjour, se conduisait correctement. Il le vit même payer une poignée de sel à une fermière à qui il venait d'acheter des pommes de terre et un morceau de lard.

Après plusieurs bivouacs sous la pluie froide, au cours desquels Axel et Vuippens dormirent près de leurs montures dans des écuries, l'avant-garde de la brigade Veillon, que suivaient les Veveysans, atteignit Matran, un gros bourg situé à deux lieues de Fribourg, dont on devinait, au-delà du moutonnement des collines, les clochers et les toits dans la brume automnale. On savait déjà, par des espions gratuits, venus au-devant de la brigade, brassard fédéral au bras, que la ville tout entière était, depuis plusieurs jours, sur le qui-vive. Ces radicaux fribourgeois voyaient arriver l'armée fédérale comme une force libératrice. Le sentiment de trahir leurs compatriotes menacés n'effleurait pas ces rustres, militants dévoués à la cause progressiste, que de récents endoctrinés nommaient « l'immancipation intellictuelle *[sic]* des peuples[1] ». Ils révélèrent que Fribourg ne disposait, pour sa défense, que de cinq mille sept cents hommes de troupes régulières, après la défection de cinq cents miliciens moratois, prêts à marcher avec les fédérés. Le gouvernement conservateur avait déjà convoqué sept mille réservistes du Landsturm mais, assuraient les informateurs, un tiers seulement de ces gens disposait de fusils, les autres étant armés de faux, de piques ou de bâtons ferrés ! Ces soldats d'appoint erraient en ville, campaient sur les places, nourris par la population et bénis par les jésuites et les prêtres.

A la demande du nouvel évêque, Mgr Marilley, que le gouvernement genevois n'avait pas voulu comme curé en 1843 et qui avait succédé depuis un an à Mgr Yenni, on faisait des processions à travers villes et campagnes. Dans toutes les églises, on disait des messes, partout on récitait des prières pour obtenir la protection divine. Des abbés distribuaient aux défenseurs de la cité des médailles de l'Immaculée Conception, fort prisées depuis que l'une d'elles avait arrêté, sur la poitrine d'un vieux soldat, une balle tirée à l'exercice par un camarade maladroit.

Les fédéraux apprirent aussi que Fribourg comptait sur les diversions promises par Lucerne et le Valais, dont les armées pourraient prendre à revers celles de la Diète, mais ils ne purent avoir confirmation que des troupes françaises, commandées par le général Voirol, attendaient à Besançon un ordre du gouvernement de Louis-Philippe pour entrer en Suisse et soutenir les cantons sécessionnistes. Le fait qu'un bateau, l'*Industriel*, naviguant sur le lac de Neuchâtel, eût été arraisonné par les Vaudois qui le croyaient chargé d'armes françaises, puis transformé au mépris de toute légalité en garde-côtes fédéral, augmentait les craintes de l'état-major.

---

1. Cité par Etienne Eggis dans *Pierre Moehr ou la vie d'un ouvrier fribourgeois à l'époque du Sonderbund*. Publié en feuilleton dans *la Presse*, à Paris, à partir du 3 décembre 1851, cet ouvrage a été édité par les soins de Martin Nicoulin, directeur de la Bibliothèque cantonale et universitaire de Fribourg, éditions La Sarine, Fribourg, 1994.

Pendant ce temps, l'armée fédérale piétinait sous la pluie, attendant des ordres qui ne venaient pas. Axel vit les foudres de guerre, comme l'avocat Jules Eytel, capitaine de trente ans, membre du Grand Conseil vaudois, qui commandait un bataillon, et le colonel Bundi, imaginer une attaque contre la position fribourgeoise du Guintzet, que les Vaudois avaient en vue. Les éclaireurs décrivirent une redoute, constituée par une suite de batteries à barbettes renforcée par des gabions, des palissades et des abris crénelés solidement établis entre les routes de Payerne et de Bulle qui convergeaient vers la ville. Il y avait là de quoi refroidir les ardeurs combatives des troupiers, moins impatients d'en découdre que les porteurs de galons. Le moral remonta cependant quand on apprit que les troupes bernoises, bâloises, soleuroises, argoviennes et zurichoises avaient pris position au nord et à l'est de Fribourg et que le général Dufour avait installé son quartier général à Belfaux à moins de deux lieues de la ville. Fribourg se trouvait ainsi encerclée par plus de trente-huit mille hommes disposant de soixante-dix pièces d'artillerie.

— Nous ne ferons qu'une bouchée des jésuites et des aristos, clamaient les plus fougueux.

Envoyé au quartier général pour livrer un rapport de Rilliet à Dufour, Axel en rapporta un ordre du jour aux « Soldats confédérés », que le commandant en chef avait rédigé le 5 novembre avant de quitter Berne.

Après avoir rappelé les raisons de la mobilisation – « tirer le pays d'un état d'incertitude et d'angoisse qui ne saurait se prolonger sans causer une ruine générale » – le commandant en chef écrivait : « Je mets sous votre sauvegarde les enfants, les femmes, les vieillards et les ministres de la religion. Celui qui porte la main sur une personne inoffensive se déshonore et souille son drapeau. Les prisonniers, et surtout les blessés, méritent d'autant plus vos égards et votre compassion que vous vous êtes souvent trouvés avec eux dans les mêmes camps.

« Vous ne ferez aucun dégât inutile dans les campagnes et vous saurez supporter les privations momentanées que la saison peut amener, malgré les soins qui seront pris pour fournir à vos besoins. Vos chefs les supporteront avec vous ; écoutez leur voix et suivez l'exemple qu'ils vous donneront. Il y a souvent plus de mérite à supporter les fatigues et les privations de la vie militaire qu'à déployer du courage sur un champ de bataille.

« Mais, si tout se passe comme je l'espère, la campagne ne sera pas longue et vous rentrerez dans vos foyers avec la satisfaction d'avoir accompli une grande mission et rendu à la Patrie un service signalé, en la remettant en position de faire respecter, au besoin, son indépendance et sa neutralité. »

Ces phrases prouvaient combien la mission du général Dufour était rude et douloureuse pour un patriote confédéré de sa trempe. En exigeant de chaque soldat qu'il ne perdît pas de vue que l'adversaire à vaincre n'était pas un ennemi, au sens où cela est entendu dans toutes les guerres, M. Dufour dépassait déjà le conflit, pour imaginer l'indispensable réconciliation dans le giron de Mère Helvétie.

Une pluie glacée tomba toute la nuit sur les bivouacs. Les deux amis, à l'abri d'un appentis, allongés côte à côte entre les gouttières, oublièrent un moment le présent et Vuippens, comme souvent, se mit à parler de Zélia, partie depuis plus d'un an dans les Carpates. Peu de jours avant de quitter Vevey, le médecin avait trouvé sous sa porte, apporté par quelque mystérieux émissaire, un message de la Tsigane. Elle l'assurait de la constance de ses sentiments et lui demandait de patienter, « les choses allant tout naturellement vers l'accomplissement attendu ».

— Cela signifie que ta demi-sœur doit approcher de sa fin et que Zélia va peut-être revenir. Je lui laisse jusqu'au printemps. Ensuite, je vais la chercher, dit le médecin, rageur.

— Si tu me le demandes, j'irai avec toi, proposa Axel.

— Eh ! Je ne dis pas que je ne te le demanderai pas, fit Vuippens en envoyant une bourrade à l'ami.

— En attendant, nous devrions faire un somme. J'ai le sentiment que la journée de demain sera chaude et je dois retourner à Belfaux dès dix heures, conclut Axel en se couvrant de son manteau.

Le lendemain, 13 novembre, l'officier de liaison Métaz rapporta, vers midi, une autre information de Belfaux, confidentielle celle-ci, qu'il ne livra qu'à l'état-major et à Vuippens.

Le matin, dès huit heures et demie, un officier parlementaire, envoyé par le général Dufour, avait proposé au gouvernement fribourgeois ce qu'on nommait, pour ne pas froisser les gens susceptibles, un accommodement. Il s'agissait, en fait, d'une proposition de reddition sans combat, qui épargnerait de nombreuses vies humaines. Après avoir détaillé l'importance de l'armée assiégeante et le nombre de ses bouches à feu, le parlementaire se déclara prêt à faire effectuer à un représentant fribourgeois une visite aux troupes fédérales, pour prouver qu'il n'en exagérait ni les effectifs ni l'armement. Le chancelier, M. Alfred von der Weid, fut donc délégué pour vérifier la présence des forces décrites par le parlementaire fédéral. M. von der Weid était rentré de sa mission atterré et convaincu que toute résistance serait suicidaire. Il avait aussi obtenu un armistice qui devait prendre effet immédiatement. Les parlementaires se donnaient jusqu'au lendemain matin, dimanche 14 novembre, pour mettre au point les modalités de la capitulation. Le Conseil d'Etat savait déjà que la ville serait transformée en cimetière si l'assaut était donné, les Fribourgeois étant décidés à se faire tuer jusqu'au dernier.

Cependant, de nombreux officiers, comme le chef des forces fribourgeoises, le général-marquis de Maillardoz, prêchaient la résistance à outrance. Brillant officier d'Empire, Philippe de Maillardoz s'était battu à Iéna et à Eylau, où il avait réussi à franchir les lignes ennemies pour porter un ordre au général Molitor, ce qui lui avait valu la Légion d'honneur. Il avait, disait-on, refusé la capitulation envisagée par le Conseil d'Etat et démissionné. Le bruit courait à Belfaux qu'il pourrait reprendre cette démission en cas d'attaque des fédéraux.

— Le Conseil d'Etat fribourgeois sait la ville assiégée par des forces sept fois supérieures à celles dont il dispose. Il ne peut qu'espérer une reddition honorable, commenta Axel.

— Peut-être n'aurai-je même pas une balle à extraire ni une attelle à poser, dit le médecin.

Dès le petit matin, le colonel Veillon avait fait avancer son bataillon jusqu'à la lisière du bois de Cormanon et, au grand mécontentement de Vuippens, on avait distribué de l'eau-de-vie aux soldats.

— C'est pour nous aguerrir avant l'attaque, dirent plusieurs, qui refusèrent de boire.

Avant même que le capitaine Métaz ne fût revenu du quartier général, on sut que Fribourg se résignait à la capitulation. C'est un major du génie fribourgeois, Ferdinand Perrier, qui, sous couvert du drapeau blanc des parlementaires, annonça la nouvelle au colonel Veillon et à ses chefs de bataillon. Il les mit aussi en garde. L'armistice étant entré en vigueur avec l'accord du général Dufour, les batteries du fort Saint-Jacques seraient contraintes d'ouvrir le feu si les Vaudois continuaient à avancer vers le bois des Daillettes, où se tenait un demi-bataillon fribourgeois. Les officiers fédéraux dirent ne pas avoir été prévenus jusque-là d'un armistice et remercièrent Perrier de sa démarche. On échangea des politesses et des cigares, modernes calumets de la paix !

A peine Perrier avait-il regagné ses lignes qu'Axel Métaz, arrivant du quartier général, confirma l'armistice.

— Devant moi, le général Dufour a demandé au colonel Edouard Burnand : « Avez-vous vu Rilliet ? Savez-vous où il est ? Il ne faut pas qu'il fasse un pas de plus. Fribourg a envoyé un parlementaire. Nous n'attaquerons pas[1]. »

D'ailleurs, on voyait à la longue-vue les défenses de la redoute de Guintzet se dégarnir, comme si les hommes estimaient ne plus courir le risque d'être attaqués.

L'annonce officieuse de l'armistice déplut fortement à certains officiers vaudois, à Jules Eytel et à Bundi notamment qui, en l'absence de documents officiels, décidèrent de l'ignorer et donnèrent l'ordre à leurs bataillons de faire mouvement et de sortir du bois de Cormanon pour marcher vers la redoute fribourgeoise où ne restaient plus qu'une poignée d'artilleurs. On se donnerait ainsi, à bon marché pensaient-ils, l'illusion d'un fait d'armes.

Le bataillon Eytel était surtout connu pour sa fanfare, ses tambours et ses fifres, et c'est derrière sa musique qu'il s'ébranla. Les artilleurs du fort Saint-Jacques, voyant, en dépit de l'armistice, les Vaudois faire mouvement, rega-

1. Cité par le colonel Edouard Burnand dans son article *Souvenirs personnels de la campagne du Sonderbund*, publié par la *Revue historique vaudoise*, 32e année, n° 6, juin 1924.

gnèrent les postes de combat et firent tonner leurs bouches à feu. En peu de temps, boulets, obus et mitraille coupèrent l'élan des assaillants que leurs officiers encourageaient sans grand succès à poursuivre l'assaut.

Vuippens vit arriver les premiers blessés et les premiers morts, car l'artillerie fribourgeoise effectuait des tirs précis et, partant, très meurtriers. Dès le commencement de l'engagement, la batterie vaudoise avait été anéantie. Un des servants gisait, déchiqueté, un autre avait perdu un bras. La troupe fédérale, déconfite, regagna bientôt ses positions de départ et, quand vint la nuit et qu'on eut relevé les blessés et les morts, le silence ne fut plus troublé que par les tirs de sentinelles apeurées.

— Si les Fribourgeois avaient tenté une sortie, il y a fort à parier que c'eût été la déroute. Tous ces gens de chez nous, morts ou blessés, ont été sacrifiés à la vanité et à l'ambition de politiciens haineux, officiers sans expérience. Ils ont voulu jouer à la guerre. Voilà la belle victoire à mettre à leur actif ! lança le capitaine Métaz avec humeur, devant une partie de l'état-major.

On ne répliqua point.

Le lendemain, la capitulation étant publiée, elle devint effective et Rilliet fit entrer toute la division dans Fribourg, transgressant en cela les ordres du général Dufour, qui ne voulait pas voir plus de quatre mille hommes occuper la ville. Le spectacle aurait pu être celui d'une cité intacte, digne mais inquiète. Mais, sur les places et aux carrefours, des monceaux de fusils brisés et des uniformes réduits en lambeaux par les vaincus prouvaient la volonté des Fribourgeois de n'abandonner aucun trophée.

Sous le tilleul de Morat, dont Charlotte de Fontsalte, lors de l'inauguration du pont de fer, lui avait raconté la légende, Axel vit un groupe de radicaux du cru souhaiter, bras ouverts et sourire aux lèvres, la bienvenue aux libérateurs. Le capitaine Métaz, à qui l'état-major venait de confier la macabre mission de dresser un bilan des morts et des blessés de la division, se détourna, tant le spectacle de ces opportunistes l'écœurait.

Le texte de la capitulation, après que le gouvernement fribourgeois se fut engagé « à renoncer absolument à l'alliance dite Sonderbund » et à licencier ses troupes, prévoyait : « Les troupes fédérales garantiront la sûreté des personnes et des propriétés et prêteront main-forte aux autorités constituées pour le maintien de l'ordre public. » Cette clause fut ignorée et l'on vit les fédérés se conduire plus souvent en pillards qu'en vainqueurs respectueux d'une victoire dont certains semblaient regretter qu'elle n'eût pas été le fruit d'une vraie guerre.

Des hommes avinés envahirent les couvents, aussi bien que les bâtiments publics, transformèrent en chambrées la salle historique du Grand Conseil et le Tribunal dont ils détruisirent les poêles, cassèrent les horloges, brisèrent les pupitres. D'autres dévastèrent le lycée, se répartirent le précieux contenu d'un médaillier. L'église du collège Saint-Michel et celle des Liguoriens furent saccagées. Certains vases sacrés disparurent, des ciboires servirent de hanap aux buveurs, des ostensoirs furent jetés dans les rues. On vit des reliques de saints dans les ruisseaux. Axel tenta vainement d'intervenir pour empêcher des Argoviens d'enfouir dans leur sac les effets des soixante pensionnaires français du collège Saint-Michel que, bien inspiré, l'ambassadeur de France était venu chercher la veille pour les conduire à Berne. En parcourant le pensionnat, il vit un piano et des instruments de musique fracassés et, dans la salle réservée aux sciences naturelles, cornues et appareils de physique réduits en pièces. Comme il entrait à l'hôpital pour tenter de faire un état des blessés, il rencontra Vuippens, lui aussi harassé et fort en colère contre ces soudards, qui n'avaient même pas l'excuse d'avoir combattu. Dans les caves de l'hôpital, des rustres, après avoir empli de vin tous les récipients dont ils disposaient, seaux et cruches compris, avaient défoncé des tonneaux, et le vin qu'ils n'avaient pu ingurgiter ou emporter inondait les corridors.

— A défaut d'avoir fait couler beaucoup de sang, ils auront fait couler beaucoup de vin ! dit le médecin, amer.

L'ordonnance Armand Bonjour, ayant trouvé, en face de l'église des Cordeliers, dans un vieil hôtel médiéval, un abri pour le bureau du capitaine et des chambres, installa le portemanteau d'Axel. Le Veveysan se mit aussitôt au travail.

Le lundi, la cité commença à se vider, à la demande impérative du quartier général, d'une partie des militaires occupants. Les troupes étaient maintenant dirigées vers Lucerne où les fédéraux s'attendaient à une plus forte résistance qu'à Fribourg, ville isolée qui n'avait pu recevoir les renforts du Valais réclamés et vainement attendus. Les rapports des ambulances lui étant parvenus par des estafettes, Axel Métaz put, dès le lundi soir, fournir un premier bilan de l'échauffourée du fort Saint-Jacques. Les bataillons vaudois déploraient quinze morts et soixante-cinq blessés. Axel découvrit avec satisfaction que Vevey ne comptait qu'un blessé, Ami Genoud, un voiturier qui conduisait un char de vivres et qui avait reçu une balle dans la main. Vuippens, qui rejoignit son ami, lui révéla que les Fribourgeois n'avaient perdu que deux hommes et quelques blessés légers.

Tandis que la troupe occupante prenait ses quartiers, une assemblée populaire se tint sur la place de l'hôtel de ville. Les radicaux fribourgeois, auxquels se rallièrent les libéraux plus modérés et les opportunistes d'habitude, nommèrent un gouvernement provisoire, la plupart des membres du Conseil d'Etat ayant quitté la ville, comme le général Maillardoz, dès la capitulation. On proposa de déchoir les élus conservateurs de leurs droits politiques, on destitua des fonctionnaires et le parti qui devait le pouvoir à l'armée fédérale décréta le bannissement à perpétuité des jésuites, liguoriens, frères de Marie, sœurs de Saint-Vincent-de-Paul, de Saint-Joseph et du Sacré-Cœur. Les hommes noirs avaient déjà quitté Fribourg et plusieurs prêtres séculiers firent de même, un peu plus tard, en apprenant, le 16 novembre, la découverte dans une forêt du cadavre du curé de Villars-les-Joncs, M. Duc. Le corps fut examiné par le docteur Hoffmann, ancien professeur de médecine légale à l'université de Lausanne, qui releva trois blessures mortelles par arme à feu et deux autres par arme blanche. Le juge d'instruction Schaub, capitaine au bataillon genevois, conduisit l'information judiciaire, et les Vaudois apprirent avec soulagement que les auteurs du crime étaient quatre carabiniers bernois de la 5e compagnie du bataillon Dietler. Le lundi 15 novembre, ces hommes avaient forcé la porte du presbytère et blessé la servante d'un coup de feu. N'ayant trouvé dans la maison qu'un homme vêtu en paysan, ils avaient flairé le déguisement et aisément identifié un prêtre à sa tonsure. Méprisant les ordres de leur chef, ils s'étaient rués sur l'ecclésiastique et, comme ce dernier tentait de fuir, l'avaient percé de leur baïonnette et finalement abattu à coups de fusil[1].

Axel, absorbé par ses tâches administratives, se tenait à l'écart des manifestations politiques et des événements locaux. Louis Vuippens, qui soignait les blessés des deux camps, maintenant hébergés dans les salles du collège Saint-Michel, rejoignait son ami à l'heure des repas, l'ordonnance du capitaine, garçon débrouillard et bon cuisinier, assurant agréablement l'ordinaire grâce aux sommes que lui remettait Axel.

Les Veveysans avaient aisément connaissance du déroulement des opérations, depuis que le général Dufour avait installé son quartier général à Fribourg. En apprenant la capitulation de cette ville, les Valaisans avaient renoncé à lancer une attaque contre Vaud, mais Druey et Rilliet tentaient de convaincre Dufour de passer à l'action contre le Valais. Le commandant en chef s'y opposait, connaissant les arrière-pensées politiques des deux hommes. Soucieux, avant tout, d'épargner des vies, le général estimait que le canton le plus déterminé se résoudrait plus tard à la capitulation.

Après avoir essuyé de sérieux revers dans le Tessin et les Grisons, l'armée fédérale obtint la capitulation du canton de Zoug le 22 novembre, puis après de violents combats à Gislikon et Rooterberg, celle de Lucerne, le 24. Unterwald (le Haut et le Bas) se rendit le lendemain et Schwyz le 26 novembre. Le canton d'Uri, dans le Tessin, résista deux jours de plus, puis capitula à son tour. Dès lors, on sut que la guerre touchait à son terme. Restait le dernier canton sonderbundien, le Valais qui, bien armé, paraissait décidé à se battre vaillamment. Rilliet de Constant, excédé par les refus répétés de Dufour et désireux de renverser le plus

1. Les assassins furent retrouvés et passèrent aux aveux. Traduits – le 9 février 1848, soit dix ans après les faits – devant le Conseil de guerre siégeant à Berne, ils furent déclarés non coupables et acquittés.

conservateur des gouvernements de Romandie, était prêt à désobéir au commandant en chef pour en découdre avec les Valaisans.

Prouvant que les qualités du diplomate, associées à l'autorité du militaire et au sang-froid de l'humaniste, peuvent éviter les drames, le général Henri Guillaume Dufour obtint, le 29 novembre, la capitulation attendue. La guerre avait duré trois semaines. L'armée fédérale avait mobilisé plus de quatre-vingt-dix-huit mille hommes, les cantons de la ligue séparatiste quatre-vingt-cinq mille. Le premier bilan, publié par la Diète et contesté par les Sonderbundiens, faisait état de soixante-dix-huit morts, deux cent soixante blessés et cinquante disparus pour l'armée fédérale, vingt-quatre tués et cent seize blessés pour celle du Sonderbund.

Les cantons sécessionnistes vaincus, la Diète fédérale décida aussitôt le licenciement des troupes, ce qui réjouit fort Axel Métaz et Louis Vuippens, qui n'avaient pas la tripe militaire. La note commune des cinq puissances étrangères, exigeant l'arrêt des combats, ne parvint au Directoire fédéral que le 30 novembre. Elle avait été expédiée par l'Autriche, la France, la Prusse et la Russie depuis plusieurs jours, mais M. Palmerston, le Premier ministre britannique, qui souhaitait la complète victoire des radicaux, s'était arrangé pour retarder sa remise, afin de laisser le temps à l'armée fédérale de s'assurer une victoire complète ! On murmurait qu'un des espions britanniques en Suisse, le pasteur Temperey, avait été envoyé au général Dufour pour lui dire : « Faites vite ! »

Le capitaine Métaz ayant rendu ses rapports à l'état-major et obtenu l'autorisation de rentrer chez lui, son devoir accompli, bouclait en chantonnant son portemanteau quand son ordonnance vint l'informer qu'une dame, dont le cabriolet était arrêté devant l'église des Cordeliers, demandait à le voir.

— C'est Madame votre épouse, mon capitaine, précisa le caporal.

Axel eut du mal à contenir son étonnement. Que venait faire Elise à Fribourg ? Ne sachant qu'imaginer, il dévala le perron et traversa la chaussée. En voyant arriver son mari, Mme Métaz descendit de sa voiture et vint à sa rencontre.

Axel lui baisa la main puis, sentant croître son inquiétude devant le visage fermé de sa femme, demanda vivement ce qui l'amenait.

— N'avez-vous pas un bureau où nous pourrions parler ? Il fait froid.

— J'étais en train de faire mes bagages pour rentrer à Vevey, dit-il en la conduisant jusqu'à la pièce où il avait vécu depuis deux semaines.

Dès qu'elle fut débarrassée, et avant même de s'asseoir, Elise prit les mains de son mari dans les siennes et, plongeant son regard clair et franc dans celui, vairon, d'Axel, dit, d'une voix étranglée :

— J'ai à vous annoncer une nouvelle qui vous causera de la peine, Axel.

Tout de suite, il pensa et dit :

— Ma mère ?

— Non, Axel, votre mère va bien.

— Les garçons ?

— Dieu les protège ! Ils vont bien aussi. Non, Axel : il ne s'agit pas d'un membre de nos familles.

Le capitaine haussa les sourcils, interrogateur.

— Marthe Bovey est morte, énonça-t-elle à voix basse en se détournant, pour ne pas voir l'effet de ses paroles.

Puis elle s'assit, comme exténuée par une divulgation qui incluait plus que la triste nouvelle.

— Vous saviez donc, dit Axel, après un silence.

— Non. J'ignorais tout jusqu'à hier matin.

— Jusqu'à hier ! Mais comment avez-vous appris ?

Elise, calme, choisissant ses mots et sans élever la voix, raconta comment, alors qu'elle se tenait au chevet d'un blessé, à l'hôpital d'Yverdon, un médecin était venu lui parler :

— « Il y a, dans une salle, une jeune femme qui est en train de mourir. Elle m'a chargé d'un message. Elle m'a dit : "Faites savoir à Mme de Fontsalte, à Beauregard, ce qui m'est arrivé. Qu'elle dise à son fils que sa pensée ne m'a pas quittée. C'est tout." Or, m'a dit encore le médecin, vous semblez bien connaître notre bienfaitrice, la marquise de Fontsalte, voulez-vous lui transmettre ce propos ? « Votre mère était venue, quelques jours plus tôt, apporter des friandises aux blessés et, ce médecin l'ayant vue assez intime avec moi, pensait que nous étions des parentes, ou au moins des amies. Je lui ai demandé de me conduire à la malade en question mais, quand nous sommes arrivés près de son lit, on venait de recouvrir son visage du drap. Elle avait passé. J'ai levé le drap et j'ai demandé son nom. On m'a dit : « Mme Marthe Bovey, de Lausanne. »

Axel s'assit à son tour, silencieux, les yeux au sol.

— Et de quoi est-elle morte ? finit-il par articuler.

Elise hésita un moment à répondre, se mordit les lèvres, puis quitta son siège et s'en fut regarder par la fenêtre, sans le voir, le beau portail des Cordeliers, de l'autre côté de la rue.

— Cette personne était venue à Yverdon, où elle avait des connaissances, pour se faire délivrer d'un enfant qu'elle savait porter depuis quelque temps. Une de ces sages-femmes, qu'on appelle faiseuses d'anges, a pratiqué sur elle son art criminel. Et, comme souvent, hémorragie et infection ont succédé à cette opération. C'est de cela qu'est morte Mme Bovey. Par amour pour l'homme dont elle a voulu, au péril de sa vie, protéger la quiétude... et le foyer, conclut Elise, se tournant enfin vers son mari.

Confondu, accablé, Axel se prit la tête dans les mains, n'osant plus ni lever les yeux sur sa femme ni dire un mot.

Elise traversa la chambre et vint à lui. D'un geste lent et doux, elle obligea son mari à lever vers elle son étrange regard, prit son visage dans ses mains tièdes et lui baisa le front.

— Sachez, d'abord, Axel, que je ne vous fais pas grief de ce qui s'est passé. Vous aviez une excuse majeure. Ecoutant les médecins plus que mon cœur et mon désir, je me suis refusée à vous par crainte, peut-être par pusillanimité. Une autre a eu plus de courage. Je sais qu'elle vous a aimé noblement.

— Que savez-vous ? Que pouvez-vous savoir ? demanda Axel en retirant les mains d'Elise de ses joues.

— J'ai longuement parlé, hier soir, avec votre mère. Elle a fait, en femme et en chrétienne, la juste part de toute chose. Elle sait la force de l'amour. Elle a été admirable, d'une générosité de cœur que je n'avais pas appréciée jusque-là. Je sais que je puis vous absoudre et vous aimer, comme le soir où, à Belle-Ombre, vous m'avez demandé de devenir votre femme. Je sais que votre cœur n'a pas trahi et je veux croire que vos sens seuls étaient engagés, dit-elle.

— Puisque nous en sommes à cette franchise, Elise, vous devez savoir que Marthe, elle, avait en revanche engagé son cœur et son esprit.

— Sa fin le prouve. Un tel amour est respectable. Vous et moi devons en respecter le souvenir, conclut-elle en regagnant son siège.

— Votre clémence m'est précieuse en un tel moment, Elise.

— Je vous aime, Axel. Tout tient dans ce mot. Mais j'imagine que vous souhaitez maintenant être seul. Je ne veux pas que vous vous contraigniez à cacher votre peine. Je vais rentrer à Rive-Reine et je vous y attendrai avec les garçons, qui vous voient comme un héros de Walter Scott retour des croisades, dit Mme Métaz avec un pâle sourire.

Ce fut au tour d'Axel de prendre le visage d'Elise dans ses mains pour l'embrasser. Puis, se redressant, il retourna derrière son bureau, rédigea un billet, le cacheta avec soin et appela son ordonnance.

— Portez ce pli au docteur Vuippens, à l'hôpital du collège, et dites-lui de venir saluer Mme Métaz avant son départ, ordonna-t-il.

Sitôt le caporal disparu, Axel se tourna vers Elise.

— Si vous le voulez, je rentrerai volontiers à Vevey en voiture, avec vous. Louis ramènera mon cheval.

— Rien ne peut me faire plus de plaisir, Axel, vous le pensez bien, dit-elle en laissant sourdre les larmes qu'elle retenait.

Vuippens arriva en courant et ne cacha pas son étonnement de voir Mme Métaz à Fribourg et Axel prêt à rentrer avec elle à Rive-Reine. Le billet de son ami lui avait appris, laconiquement, avec la mort de Mme Bovey, la connaissance qu'avait eue Elise de sa liaison avec la disparue.

— C'est courageux de votre part. Une telle route, par un tel temps ! lança Louis, pour dire quelque chose.

— Je suis venu chercher mon mari. La guerre est finie, n'est-ce pas ? Donc les époux se réunissent, dit Elise, souriante.

Un moment plus tard, les Métaz descendirent le perron en se tenant par le bras, traversèrent la chaussée et montèrent en voiture, après un geste de la main au médecin et au caporal, restés sur le perron.

— Ça fait plaisir, monsieur le Docteur, de voir des gens heureux, dit avec chaleur le brave Armand Bonjour.

— Heureux! Heureux! Heureux! répéta Vuippens, d'un ton rogue.

Il suivit le cabriolet du regard, jusqu'à sa disparition sous la porte de Morat. Puis, haussant les épaules, il s'en retourna à l'hôpital, où d'autres hommes souffraient.

REMERCIEMENTS

L'auteur tient à remercier les nombreuses personnes qui, au fil des années et au cours de multiples entretiens, l'ont aidé à mieux connaître l'histoire de la Suisse, à comprendre le comportement helvétique, à apprécier le caractère vaudois. Il est impossible de toutes les citer ici. Que trouvent cependant l'expression d'une reconnaissance particulière : Mgr Pierre Mamie, Mmes et MM. Jean-Pierre Amann, Drago Arsenijevic, Alfred Berchtold, François Berger, Nina Brissot-Carrel, Jean-François Chaponnière, Yves Christen, Jacques Clerc, Samuel Cossy, Gilbert Coutaz, Albert Curchod, Jacques Delarue, Dominique Dreyer, Edgar Fasel, Nicolas Gagnebin, Daniel Gallopin, Jean-Etienne Genequand, Ernest Giddey, Jürgen Grewe, Olivier Grivat, Jacques E. Hentsch, Jean-Pierre Joly, Irène Keller-Richner, Yvonne Lehnherr, Auguste Lombard-Peyrot, Thierry Lombard, Christian Mallet, Philippe Mamie, Danielle Mincio, Philippe Monnier, Marcel Odier, Patrick Odier, Laurent Passer, Michel Petroff, François Peyrot, François Piot, Jean-Jacques Reato, Georges Reyff, Bernard Reymond, Claude Richoz, Emmanuelle Richoz-Zoog, Alphonse Rivier, Michel Rochat, Bernard Rohrbasser, Jean-Pierre Savoy, Narcisse Seppey, Gabriel Veraldi, Laurent Waelti, Suzanne Werly-Lanoyerie, Charles Wirz, Michel Zangger, ainsi que les familles Djeva Hirdjian, Washer. Une mention toute particulière à l'intention de Mme Louisette Rastoldo qui, pour cet ouvrage comme précédemment, s'est montrée infatigable dans ses recherches, inépuisable dans sa disponibilité et son dévouement à la cause de l'information exacte.

BIBLIOGRAPHIE SELECTIVE

Achard (Lucie), Favre (Edouard), *La Restauration de la République de Genève*, témoignages de contemporains (A. Jullien, libraire, Genève, 1913).

Amiguet (major Frédéric), *Les Milices vaudoises* (Léon Martinet, Lausanne, 1914).

Archinard (Charles), *Histoire de l'Eglise du canton de Vaud depuis son origine jusqu'aux temps actuels* (S. Blanc, libraire-éditeur, Lausanne, 1862) ; *Histoire de l'Instruction publique dans le canton de Vaud* (Charles Borgeaud, imprimeur, Cité-Derrière, 1870).

Aubert-Lecoultre (Béatrice), *François Bocion* (Marendaz, Lutry, 1977).

Bailly de Lalonde (M.), *Le Léman ou Voyage pittoresque, historique et littéraire à Genève et dans le canton de Vaud (Suisse)*, tomes premier et second (G.-A. Dentu, Paris, 1842).

Baumgartner (A.), *Réfutation du radicalisme* (Ch. Gruaz, imprimeur, Genève, 1847).

Bégin (Emile), *Voyage pittoresque en Suisse, en Savoie et sur les Alpes* (Belin-Leprieur et Morizot, Paris, 1852).

Benguigui (Isaac), *Trois Physiciens genevois et l'Europe savante, les De la Rive (Journal de Genève*-Georg, Genève, 1990).

Benoit (Jean-D.), *Jean Calvin* (La Cause, 1948).

Benoit-Lévy (E.), *Sainte-Beuve et Mme Victor Hugo* (La Renaissance du livre, Paris, 1927).

Berchtold (Alfred), *La Suisse romande au cap du XXe siècle, portrait littéraire et moral; La Suisse romande au cap du XXe siècle, matériaux pour une bibliographie* (Payot, Lausanne, 1963).

Berchtold (Alfred), El-Wakil (Leïla), *Sismondi, Genevois et Européen, une conscience politique* (Editions Chênoises, Genève, 1991).

Berger (Ric), *La Côte vaudoise du Jura au Léman et ses monuments historiques* (Interlingua, Morges); *Les Alpes vaudoises* (Interlingua, Morges).

Bergier (Jean-François), *Europe et les Suisses* (Zoé, Genève, 1992).

Bessler (H.), *La France et la Suisse de 1848 à 1852* (Victor Attinger, Paris, 1930).

Chavannes (Cornélie), *Cours d'économie domestique* (imprimerie des frères Blanchard, Lausanne, 1840).

Cherbuliez (Joël), *Genève, ses institutions, ses mœurs, son développement intellectuel et moral* (Librairie Cherbuliez, Genève, 1867).

Chessex (Jacques), *Portrait des Vaudois* (Cahiers de la Renaissance vaudoise, Lausanne, 1969).

Chevallaz (Georges-André), *Le Gouvernement des Suisses ou l'histoire en contrepoint* (Editions de l'Aire, Lausanne, 1989).

Chevrillon (A.), *Sydney Smith et la renaissance des idées libérales en Angleterre au XXI*e *siècle* (Hachette, Paris, 1894).

Christinat (Jacques), *Bateaux du Léman, deux siècles de navigation* (Cabédita, Yens-sur-Morges, 1991).

Clavel (Jacques), *Par monts et par Vaud* (Editions du Verseau, Lausanne, 1979).

Clay (Jean), *Le Romantisme* (Hachette Réalités, Paris, 1980).

Clerc (Charlie), *Portrait de Philippe Bridel* (Payot, Lausanne, 1938).

Cornaz (Gérard), *Les Barques du Léman* (Editions des 4-Seigneurs, Grenoble, 1976).

Creté (Liliane), *La Vie quotidienne en Californie au temps de la ruée vers l'or : 1848-1856* (Hachette, Paris, 1982).

Crétineau-Joly (J.), *Histoire du Sonderbund*, tome premier, tome second (Plon frères, Paris, 1850).

Crue (Francis de), *Genève et la Société de Lecture* (Rey et Malavallon, imprimeurs, Genève, 1896).

Daudet (Léon), *Le Stupide XIX*e *siècle* (Nouvelle Librairie nationale, Paris, 1922).

Delécluze (Etienne-Jean), *Souvenirs de soixante années* (Michel Lévy frères, Paris, 1862).

Desbassayns de Richemont (le Cte), *La Nouvelle Genève* (Charles Douniol, Paris, 1867).

Domergue (Emile), *La Maison de Calvin* (Atar, Corraterie 12, Genève, 1909).

Donnet (André), *Le Grand-Saint-Bernard* (Editions du Griffon, Neuchâtel, 1950).

Doumergue (E.), *Guide de Genève* (Atar, Genève).

Duboux-Genton (F.), *Dictionnaire du patois vaudois* (Amicale des patoisants de Savigny, Forel et environs, 1981).

Ducotterd (Georges), *Les Faverges en Lavaux, vignoble millénaire* (Editions du Grand-Pont, Jean-Pierre Laubscher, Lausanne, 1976).

Dumas (Alexandre), *Impressions de voyage en Suisse*, volume I : *du Mont-Blanc à Berne* (François Maspéro-La Découverte, Paris, 1982).

Dumont (E.-L.), *Genève d'autrefois, cours et escaliers des XVIIe et XVIIIe siècles* (Le Pavé, Genève, 1969).

Duplain (Georges), *La Suisse en 365 anniversaires* (Editions du Panorama, Paul Thierrin, éditeur, Bienne – Georges Duplain, Berne, 1964).

Durand (Henri), *Poésies* (Georges Bridel, Lausanne, 1885).

Ebel (docteur J.-G.), *Manuel du voyageur en Suisse* (Orell-Füssli et Cie, Zurich, 1811).

Eggis (Etienne), *Pierre Moehr ou la vie d'un ouvrier fribourgeois à l'époque du Sonderbund* (La Sarine, Fribourg, 1994).

Esseiva (Pierre), *Fribourg, la Suisse et le Sonderbund* (Imprimerie catholique suisse, Fribourg, 1882).

Fazy (James), *Les Mémoires de James Fazy, homme d'Etat genevois, 1794-1878* (Celta, Genève, 1947).

Ferrari-Clément (Josiane), *Marguerite, sage-femme vaudoise ou la naissance autrefois* (Editions de l'Aire, Lausanne, 1987).

Fontannaz (Monique), *Les Cures vaudoises, histoire architecturale, 1536-1845 (Bibliothèque historique vaudoise*, n° 84, collection dirigée par Colin Martin, Lausanne, 1986).

Forel (F.-A.), *Le Léman, monographie limnologique*, tome Ier (F. Rouge, éditeur, Lausanne, 1892); *Le Léman* (F. Rouge, éditeur-Librairie de l'université, Lausanne, 1901).

Forster (John), *The Life of Charles Dickens* (Chapman and Hall Ltd.; and Humphrey Milford, London – Oxford University Press, American Branch, New York, 1874-1876).

Fournier-Marcigny (F.), *Les Amours de Genève* (Editions du Mont-Blanc S.A., Genève, 1943).

Frei (Otto), *La Suisse romande une et diverse (Neue Zürcher Zeitung*, 1966-1967, Rencontre, Lausanne).

Galbreath (D.L.), *Manuel du blason* (Spes S.A., Lausanne, 1942); *Manuel du blason*, nouvelle édition revue, complétée et mise au point par Léon Jéquier (Spes, Lausanne, 1977).

Galiffe, *Notices généalogiques sur les familles genevoises* (A. Jullien, Genève, 1908).

Gaulis (Louis), Creux (René), *Pionniers suisses de l'hôtellerie* (Editions de Fontainemore et Office national suisse du tourisme, Paudex, 1975).

Gaullieur (E.-H.), *Histoire du canton de Vaud 1803-1830*, tome IV faisant suite à l'*Histoire du canton de Vaud*, par A. Verdeil (D. Martignier, libraire, Lausanne, 1857).

Gautier (Théophile), *Impressions de voyages en Suisse* (L'Age d'Homme, Lausanne, 1985).

Gay (Hilaire), *Histoire du Valais, depuis les temps les plus anciens jusqu'à nos jours*, tome Ier (J. Jullien, libraire, Genève – Fischbacher, libraire, Paris, 1888).

Géroudet (Paul), *Les Oiseaux du Léman* (Delachaux et Niestlé, Neuchâtel – Paris, 1987).

Gétaz (Emile), *La Confrérie des Vignerons et la fête des vignerons, leurs origines, leur histoire* (Klausfelder, Vevey, 1942, et édition revue et complétée, 1969).

Godet (Philippe), *Frédéric Godet 1812-1900* (Attinger frères, Neuchâtel, 1913); *Histoire littéraire de la Suisse française* (Fischbacher, libraire, Paris, 1890).

Goethe (Johann Wolfgang von), *Conversations recueillies par Eckermann* (bibliothèque Charpentier, Eugène Fasquelle, Paris, 1912, 2 volumes); *Correspondance avec Schiller* (Plon, Paris, 1923, 4 volumes); *Entretiens avec le chancelier de Müller* (Stock, Delamain et Boutelleau, Paris, 1930); *Lettres à Madame de Stein* (Stock, Delamain et Boutelleau, Paris, 1928); *Lettres à Madame de Stolberg* (Stock, Delamain et Boutelleau, Paris, 1933); *Ses Mémoires et sa vie* (Le Signe, Paris, 1980, 3 volumes, fac-similé de l'édition Hetzel, Paris, 1863).

Goyau (Georges), *Une ville-église, Genève, 1535-1907*, tomes I et II (Librairie académique Perrin et Cie, Paris, 1919).

Grellet (Pierre), *La Suisse des diligences* (L'Age d'Homme, Lausanne, 1984); *Les Saisons et les jours d'Arenenberg : la Reine Hortense exilée* (éditions de l'Eglise nationale vaudoise, Lausanne, 1944).

Gréville (Charles C.-F.), *Les Quinze Premières Années du règne de la reine Victoria* (Firmin-Didot, Paris, 1888).

Grin (Micha), *Histoire imagée de l'école vaudoise* (Cabédita, collection Archives vivantes, Yens-sur-Morges, 1990).

Guerdan (René), *Histoire de Genève* (Mazarine, Paris, 1981).

Guex (André), *Mémoires du Léman* (Payot, Lausanne, 1975).

Guiton (Paul), *La Suisse romande* (Arthaud, Grenoble, 1929).

Guizot (M.), *Mémoires pour servir à l'histoire de mon temps*, tomes deuxième et huitième (Michel Lévy frères, Paris, 1859).

Haefeli (Tr.), *Histoire de la poste de Vevey et son environnement* (Club philatélique de Vevey et environs, 1984).

Haussez (baron d'), *Alpes et Danube ou Voyage en Suisse, Styrie, Hongrie et Transylvanie* (Société typographique belge, Adolphe Wahlen et Cie, Bruxelles, 1837).

Heller (Geneviève), « *Tiens-toi droit!* » (Editions d'en bas, Lausanne, 1988).

Henrioud (Marc), *Les Anciennes Postes valaisannes et les communications internationales par le Simplon et le Grand-Saint-Bernard, 1616-1848* (Lucien Vincent, imprimeur, Lausanne, 1905).

Henry (J.-P.), *Jean-Pierre et les promesses du monde, souvenirs d'un enfant de Meyrin (Genève), 1814 à 1835* (Payot, Lausanne, 1978).

Herking (Marie-L.), *Charles-Victor de Bonstetten 1745-1832, sa vie, ses œuvres* (Imprimerie La Concorde, Lausanne, 1921).

Hugger (Paul), *Rebelles et hors-la-loi en Suisse, genèse et rayonnement d'un phénomène social* (Editions 24-Heures, Lausanne, 1977).

Hugli (J.), *Rues de Lausanne* (Editions 24-Heures, Lausanne, 1981).

Hugo (Victor), *Œuvres complètes* (édition chronologique publiée sous la direction de Jean Massin, Le Club français du livre, 1971); *Voyages en Suisse* (L'Age d'Homme, Lausanne, 1982).

Imer (Florian), *Le Sonderbund vu par Cyprien Revel* (E. Grossniklaus, imprimeur, Saint-Imier, 1941).

Julliard (Emile), *Un sextuor de poètes genevois. John Petit-Senn, Henri Blanvarlet, Albert Richerd, Imbert Galloix, Edouard Tavan, Henry-C. Spiess* (Atar, Genève).

Keller (Gottfried), *Le Fanion des sept braves* (Payot et Cie, libraires, Lausanne, 1919).

Koenig (René), Schwab-Courvoisier (Albert), *Vevey-Montreux photographiés par nos aïeux* (Payot, Lausanne, 1973).

Lagarde (André), Michard (Laurent), *Les Grands Auteurs français du programme, XIXe siècle* (Bordas, Paris, 1955).

Lasserre (André), *La Classe ouvrière dans la société vaudoise, 1845 à 1914 (*Bibliothèque historique vaudoise, nº 48, collection dirigée par Colin Martin, Lausanne, 1973).

Laver (James), *Les Idées et les mœurs au siècle de l'optimisme* (Flammarion, Paris, 1969).

Leclerc (Max), *Les Professions et la société en Angleterre* (Armand Colin et Cie, Paris, 1894).

Léderrey (Ernest), *La Gendarmerie vaudoise de 1803-1953* (Roth et Sauter, Lausanne, 1953).

Lemaître (Jules), *Les Contemporains, études et portraits littéraires* (Boivin et Cie, Paris).

Léonard (Jacques), *La Vie quotidienne du médecin de province au XIXe siècle* (Hachette, Paris, 1977).

Lescaze (Bernard), *Guide de la Vieille Genève* (Jullien, éditeur-libraire, Association de la Vieille-Ville, Genève, 1989); *La Corraterie* (Edition hors commerce, s. d., Lombard Odier et Cie, Genève).

Liberek (Stanislas), *Les Polonais au pays de Vaud* (Société polonaise, Lausanne, 1943).

Liselotte, *Guide des convenances* (Bibliothèque de la société anonyme du *Petit Echo de la Mode,* Paris).

Lombard (Alexis), *Situation financière de l'Etat de l'Ohio* (Bibliothèque universelle de Genève, 1843).

Lombard (Augustin), *Chronique de la famille Lombard de Tortorella* (Edition hors commerce. Genève, 1983).

McDonald (Jean-Pierre), *Les Promenades romandes de Monsieur Pencil* (I.R.L., Imprimeries réunies, Lausanne, 1984).

Mack Smith (Denis), *Il Risorgimento italiano, storia e testi* (Editori Laterza, Roma-Bari, 1987).

Maillefer (Paul), *Histoire du canton de Vaud dès les origines* (Payot et Cie, libraires-éditeurs, Lausanne, 1903).

Manget (Jean-Louis), *Le Lac de Genève et ses rives ou Guide du voyageur dans la vallée du Léman* (Ch. Gruaz, imprimeur-éditeur, Genève, 1837).

Martin (Bruno-Jean), *Le Matin et le vent, promenades à Saint-Galmier, Chazelles-sur-Lyon et Saint-Saphorien-sur-Coise* (Librairie Le Hénaff, Saint-Etienne, 1981).

Martin (Henri), *La Démission du clergé vaudois en 1559 et en 1845*, suivie de *La Résistance des ministres à la signature du consensus* (Georges Bridel, Lausanne, 1846).

Martin (William), *La Situation du catholicisme à Genève 1815-1907* (Félix Alcan, libraire, Paris – Payot, libraire, Genève, 1909).

Martineau (Alfred), May (L.-P.), *Tableau de l'expansion européenne à travers le monde* (Société de l'Histoire des colonies françaises-Leroux, libraire, Paris, 1935).

Martin-Fugier (Anne), *La Vie élégante ou la Formation du Tout-Paris, 1815-1848* (Fayard, Paris, 1990).

Meylan (Auguste), *Campagne du Sonderbund* (Imprimerie de l'Eveil, Moudon, 1908); *Souvenirs d'un soldat suisse au service de Naples de 1857 à 1859* (Imprimerie Vaney, Genève, 1868).

Meystre (Edouard), *Histoire imagée des grands bateaux du lac Léman* (Payot, Lausanne, 1972).

Meystre (Edouard), Bernard (Richard-Edouard), *Bateaux à vapeur du Léman* (Editions de Fontainemore, Paudex, 1976).

Miquel (Pierre), *Le Paysage français au XIXe siècle* (Editions de la Martinelle, Maurs-la-Jolie, 1975).

Miquet (François), *Sobriquets patois et dictons des communes et hameaux de l'ancien Genevois et des localités limitrophes*, extrait de *La Savoie illustrée* (imprimerie P. Burnod et Cie, Annecy, 1890).

Monnet (L.). *Au bon vieux temps des diligences* (Lucien Vincent, imprimeur, Lausanne, 1897).

Monnier (Philippe), *La Genève de Töpffer* (A. Jullien, Genève, 1914).

Montandon (Raoul), *Genève foyer intellectuel* (A. Jullien, Genève, 1950).

Montanelli (Indro), *L'Italia giacobina e carbonara 1789-1831* (Rizzoli, Milano, 1969).

Montet (Albert de), *Dictionnaire biographique des Genevois et des Vaudois qui se sont distingués dans leur pays ou à l'étranger par leurs talents, leurs actions, leurs œuvres littéraires ou artistiques, etc.* (Georges Bridel, Lausanne, 1878); *Les Vieux Edifices de Vevey* (Constant Pache-Varidel, imprimeurs, Lausanne, 1902); *Vevey à travers les siècles* (Saüberlin et Pfeiffer S.A., imprimeurs, Vevey, 1978).

Montet (Albert de), Rittener (H.), Bonnard (Albert), dessins à la plume d'Emile Fivaz, *Chez nos aïeux* (F. Rouge, Lausanne).

Morand (Paul), *Monsieur Dumoulin à l'isle de la Grenade* (Editions de Fontainemore. Paudex, 1976).

Mühlemann (Louis), *Armoiries et drapeaux de la Suisse* (Bühler AG, Lengnau, 1991).

Muller (Fédia), *Images du Vevey d'autrefois* (Säuberlin et Pfeiffer, Vevey, 1975).

Muller (François), *Chasses à l'ours, poissons énormes* (Editions 24-Heures, Lausanne, 1983).

Mützenberg (Gabriel), *Genève 1830, restauration de l'école* (Editions du Grand-Pont, Lausanne, 1974).

Naville (Paul), *Cologny* (deuxième édition, Genève, 1981).

Olivier (Juste), *Le Canton de Vaud, sa vie et son histoire* (F. Roth et Cie, Lausanne, 1938).

Olivier (Urbain), *Campagne de Bâle, septembre et octobre 1831, Sonderbund, Valais, novembre et décembre 1847*, journaux de route publiés par Frank Olivier (librairie F. Rouge, Lausanne, 1943); *Raymond le pensionnaire* (Georges Bridel, Lausanne, 1867).

Palacio Atard (Vicente), *Manual de Historia de España : edad contemporánea I* (Espasa Calpe, Madrid, 1978).

Payot (François). *Les Bons Mots du Grand Conseil vaudois* (Editions 24-Heures, Lausanne, 1991).

Perrens (F.-T.), *Deux Ans de révolution en Italie* (Hachette et Cie, Paris, 1857).

Pesseiva (Pierre), *Fribourg, la Suisse et le Sonderbund, 1846-1861* (Imprimerie catholique suisse, Fribourg, 1882).

Pestalozzi (Johann Heinrich), *Comment Gertrude instruit ses enfants*, traduction Michel Soëtard (Castella, Albeuve, 1985).

Petit-Senn (J.), *Œuvres anciennes et nouvelles*, tomes I et II (H. Georg, libraire éditeur. Genève et Bâle, 1871).

Pictet (Adolphe), *Une course à Chamounix* (Benjamin Duval, libraire, Paris, 1838).

Pidoux (Edmond), *Le Langage des Romands* (Ensemble, Alliance culturelle romande, Association suisse des journalistes de langue française, diffusion 24-Heures, Lausanne, 1984).

Polla (Louis), *Lausanne 1860-1910, vie quotidienne* (Payot, Lausanne, 1974); *Rues de Lausanne* (Editions 24-Heures, Lausanne, 1981).

Pons (A.-J.), *Sainte-Beuve et ses inconnues* (Paul Ollendorff, Paris, 1879).

Pourtalès (Guy de), *Berlioz et l'Europe romantique* (Gallimard, Paris, 1939); *Chaque mouche a son ombre* (Gallimard, Paros, 1980); *La*

Vie de Franz Liszt (Gallimard, Paris, 1926) ; *Marins d'eau douce* (Payot, Lausanne 1975).

Prados de la Escosura (Leandro), *De imperio a nación* (Alianza Editorial, Madrid, 1988).

Pressensé (Edmond de), *Alexandre Vinet d'après sa correspondance inédite avec Henri Lutteroth* (Fischbacher, libraire, Paris, 1891).

Privat (Emile), *Les Troupes genevoises de la Restauration à nos jours* (Département militaire de la République et Canton de Genève, Etienne Braillard, imprimeur, Genève, 1973).

Python (Francis), *Mgr Etienne Marilley et son clergé à Fribourg au temps du Sonderbund, 1846-1856* (Editions universitaires, Fribourg, Suisse, 1987).

Quaglia (chanoine Lucien), *La Maison du Grand-Saint-Bernard des origines aux temps actuels* (Hospice du Grand-Saint-Bernard-Pillet, imprimeur, Martigny, 1972).

Rambert (E.), *Alexandre Vinet : histoire de sa vie et de ses ouvrages* (Georges Bridel, Lausanne, 1875) ; *Les Alpes suisses : ascensions et flâneries* (F. Rouge, libraire, Lausanne, 1888).

Ramuz (Charles Ferdinand), *Fête des vignerons* (Séquences, 1984) ; *Montée au Grand-Saint-Bernard* (Les Amis de Ramuz, université François-Rabelais, Tours, 1989) ; *La Suisse romande* (Plaisir de lire, Lausanne, 1955).

Raynal (Paul), *L'Expédition d'Alger, 1830, lettres d'un témoin* (Société d'éditions géographiques, maritimes et coloniales, Paris, 1930).

Recordon (Ed.), *Etudes historiques sur le passé de Vevey* (Saüberlin et Pfeiffer S.A., imprimeurs, Vevey, 1970).

Reymond (Bernard), *A la redécouverte d'Alexandre Vinet* (L'Age d'Homme, collection Symbolon, dirigée par André Gounelle et Bernard Reymond, Lausanne, 1990) ; *La Femme du pasteur* (Labor et Fides, Genève, 1991).

Reynold (Gonzague de), *La Démocratie et la Suisse* (Les Editions du Chandelier, Bienne, 1934) ; *Qu'est-ce que l'Europe ?* (Egloff, Fribourg, 1944).

Rieben (Henri), Gonvers (Jean-Paul), Iffland (Charles), *Le Canton de Vaud à la croisée des chemins* (Centre de recherches européennes, école des H.E.C., université de Lausanne, 1961).

Rilliet de Constant (M.), *De l'union protestante* (Vaney, imprimeur, Genève, 1844).

Rioux (Jean-Pierre), *La Révolution industrielle 1780-1880* (Seuil, Paris, 1971).

Rivier-Rose (Théodore), *La Famille Rivier, 1595 à nos jours* (réimpression de l'édition de 1916, imprimerie Slatkine, Genève, 1987).

Rod (Edouard), *La Fête des vignerons à Vevey, histoire d'une fête populaire* (Payot, Lausanne – Klausfelder, Vevey, 1905).

Rossier (docteur H.), *Notice sur l'eau minérale de l'Alliaz* (imprimerie Gschwind et Suter, Vevey, 1863).

Roulier (A.), *Villages vaudois*, tome II (Le Journal des Parents, Lausanne, 1943).

Ruskin (John), *Prœterita, Souvenirs de jeunesse* (Hachette, Paris, 1911).

Russell-Killough (Frank), *Dix Années au service pontifical* (Victor Plamé, Paris, 1871).

Sainte-Beuve, *Portraits de femmes* (Didier, Paris, 1852) ; *Portraits contemporains* (Didier, Paris, 1855).

Saint-Germain Leduc, *Les Vacances en Suisse : journal du voyage d'un collégien* (Levrault, Strasbourg, 1837).

Saint-Simon (Claude-Henri de), *Œuvres*, tome I (Anthropos, Paris, 1966).

Salamin (Michel), *Documents d'histoire suisse, 1798-1847* (collection Recueil de textes d'histoire suisse).

Salem (Gilbert), *La Côte-Riviéra, passé et présent sous le même angle*, photographies Nicolas Crispini (Slatkine, Genève, 1985).

Schauenberg (Paul), *Le Léman vivant* (*Journal de Genève-Gazette de Lausanne*, 1984).

Schifferli (Luc), *Les Oiseaux d'eau* (Station ornithologique suisse, Sempach, 1990).

Senancour, *Oberman* (Editions d'Aujourd'hui, 1979).

Sensier (Alfred), *Souvenirs sur Théodore Rousseau* (Paris, 1872).

Slowacki (Jules), *En Suisse* (Rencontre, Lausanne, 1965).

Staff (baronne), *Le Cabinet de toilette* (Flammarion, Paris) ; *Règles du savoir-vivre dans la société moderne* (Victor-Havard, Paris, 1895).

Strachey (Lytton), *Eminent Victorians* (Penguin Books, 1986).

Suarès (André), *Goethe le grand Européen* (Méridiens Klincksieck, Paris, 1990).

Suès (Marc-Jules), *Journal pendant la Restauration genevoise, 1822-1835* (A. Jullien, libraire, Genève, 1929).

Taine (Hippolyte), *Histoire de la littérature anglaise* (Hachette, Paris, 1905).

Tavel (Hans Christoph von), *L'Iconographie nationale* (Ars Helvetica, Pro Helvetia-Desertina, 1992).

Terrero (José), *Historia de España* (Editorial Ramón Sopena, Barcelona, 1988).

Thuillier (Guy), *La Vie quotidienne dans les ministères au XIXe siècle* (Hachette, Paris, 1976).

Töpffer (Rodolphe), *Bouquet de lettres 1812-1845*, choisies et commentées par Léopold Gautier (Payot, Lausanne, 1974); *Du progrès dans ses rapports avec le petit bourgeois* (Le temps qu'il fait, Cognac, 1983); *Histoire d'Albert* (signée Simon de Nantua, Genève, 1845; rééditée par le Comptoir suisse de la photographie avec le concours de la Société genevoise d'édition, 1901); *Le Presbytère*, tomes I et II (éditions d'art Albert Skira, Genève, 1944); *Nouvelles genevoises* (Hachette, Paris, 1907); *Réflexions et menus-propos d'un peintre genevois ou essai sur le beau dans les arts* (J.-J. Dubochet, Lechevalier et Cie, Paris, 1848); *Voyage autour du lac de Genève, 1827* (Slatkine, Genève, 1982); *Voyages en zig-zag* (P. Cailler, Genève, 1945-1952, 5 volumes).

Vallette (Gaspard), *Croquis genevois* (A. Jullien, Genève, 1912).

Vernes-Prescott, *L'Abbaye des vignerons, son histoire et ses fêtes, jusqu'à et y compris la fête de 1865* (Lœrtscher et fils, Vevey).

Vicens Vives (J.), *Aproximación a la Historia de España* (Editorial Vicens-Vives, Bolsillo, Barcelona, 1976); *Atlas de Historia de España* (Editorial Teide, Barcelona, 1987).

Vincenot (Henri), *La Vie quotidienne dans les chemins de fer au XIXe siècle* (Hachette, Paris, 1975).

Vinet (Alexandre), *La Volupté, son influence sur les individus et sur la société, à l'occasion d'un roman de Sainte-Beuve* (Sandoz et Fischbacher, Paris – Librairie générale J. Sandoz, Neuchâtel – Desrogis, libraire, Genève); *Réclamation* (librairie Georges Bridel, Lausanne, 1846).

Violette (Jean), *La Révolution de 1846* (Willy Aeschlimann, Genève, 1935).

Vogt (William), *Etats-généraux de la maçonnerie suisse en 1913*, deuxième partie : *De plus en plus fort, comme chez Nicollet* (Genève,

1913) ; *Juges et francs-maçons : lettre ouverte à Messieurs les Députés du Grand Conseil de Genève* (Charles Zœllner, imprimeur, Genève).

Vuillème (Jean-Bernard), *Le Temps des derniers cercles, chronique turbulente des cercles neuchâtelois et suisses romands* (Zoé, Genève, 1987).

Vuilleumier (Marc), *Immigrés et réfugiés en Suisse* (Pro Helvetia, Zurich, 1987).

Vulliemin (L.), *Tableau du canton de Vaud* (librairie française et étrangère F. Weber et Cie, Lausanne, 1849).

Vulliet (Auguste), Rochat (Alexandre), *Histoire populaire illustrée du pays-de-Vaud* (imprimerie Constant Pache-Varidel, Lausanne, 1898).

Waleffe (Maurice de), *Quand Paris était un paradis* (Denoël, Paris, 1947).

Wilkens (C.A.), *Jenny Lind* (J.H. Jeheber, Genève).

Zbinden (Louis-Albert), *Suisse* (Petite Planète, Seuil, Paris, 1978).

Zermatten (Maurice), *Valais* (La Tramontane, Lausanne, 1958).

Zimmermann, *Abrégé de l'histoire de la Suisse* (imprimerie Pache-Simmen, Lausanne, 1850).

OUVRAGES COLLECTIFS

Au peuple vaudois : 1803-1903 (Comité des Fêtes du Centenaire, Payot, Lausanne, 1903).

Bibliothèque universelle et revue suisse, tomes CIV et CV (Lausanne, 1921).

Découverte de la Suisse, Arthur Muller, volume XIV : *Lucerne, Zoug, Seetal, Einsiedeln, Schwytz* (Avanti, Neuchâtel, 1980).

Diccionario de Historia de España (Revista de Occidente-Alianza Editorial, Madrid, 1979).

Dictionnaire des peintres, sculpteurs, dessinateurs et graveurs, E. Bénézit (Gründ, Paris, 1976).

Dictionnaire géographique, historique et commercial du canton de Vaud, divisé par districts et communes (1888).

Dictionnaire historique et biographique de la Suisse (Administration du dictionnaire historique et biographique de la Suisse, Neuchâtel, 7 volumes, 1921-1933).

Dictionnaire historique, géographique et statistique du canton de Vaud, publié sous les auspices de la Société vaudoise d'histoire et d'archéologie, par Eugène Mottaz (F. Rouge et Cie, libraire, Lausanne, 1914).

Encyclopédie illustrée du pays de Vaud (Editions 24-Heures, Lausanne, 1970-1987, 12 volumes).

Glossaire des patois de la Suisse romande, fondé par Louis Gauchat, Jules Jeanjaquet et Ernest Tappolet (Victor Attinger, Neuchâtel – Paris, 1934-1954).

Grand Atlas suisse (Kümmerly-Frey, Berne, 1982).

Grande Encyclopédie de l'histoire : les nations de 1850 à 1914, la Première Guerre mondiale (Bordas, Paris – Bruxelles – Montréal, 1973).

Histoire de Genève de 1798 à 1931 (Société d'histoire et d'archéologie, Alexandre Jullien, éditeur, Genève, 1956).

Histoire de Lausanne, sous la direction de Jean Charles Biaudet (Privat, Toulouse – Payot, Lausanne, 1982).

Histoire du pays de Vaud (Editions L.E.P., Loisirs et Pédagogie, Lausanne, 1991).

Histoire générale (Payot).

La Chasse en Suisse, sous la direction de René Kister, tomes I et II (René Kister, Genève, 1951).

La Louable Confrérie, les fêtes de Vevey, 1647-1955 (Hermès-R. Joseph, Lausanne, 1956).

La Suisse, 1982 (Kümmerly-Frey, Berne, 1982).

La Suisse au quotidien depuis 1300, sous la direction de Sylvie Lambelet et Bernhard Schneider (Zoé, collection Histoire, Carouge-Genève, 1991).

La Suisse en cantons, Gerhard Oswald, volume II : *Schwytz* (Avanti, Neuchâtel, 1978).

Le Pays de Vaud, notices historiques sur les villes et le pays, sous la direction de Louis Junod (Brun, 1951).

Les Suisses, modes de vie, traditions, mentalités, ouvrage en trois volumes publié sous la direction de Paul Hugger, article de Peter Witschi, *Les Gens du voyage et les sédentaires*, tome II (Payot, Lausanne, 1992).

Musée universel (A. Ballue, éditeur, imprimerie de *l'Art*, Paris, 1875-1878).

Nouvelle Collection de costumes suisses des XXII cantons, d'après les dessins de F. Koenig, Lory, et d'autres (*Neue Zürcher Zeitung*,

Zurich, 1980 ; reproduction d'une édition de 1820, réalisée par Nestlé).

Rider's California, a Guide-Book for Travelers, compiled under the General Editorship of Fremont Rider, by Frederic Taber Cooper (The Macmillan Company, New York – George Allen & Unwin, Ltd., London, 1925).

The Hand-Book for Travellers in Switzerland (John Murray and Son, London – Maison, Paris, 1839).

Traditions et légendes de la Suisse romande (Lucien Vincent, Lausanne – Librairie de la Suisse romande, Paris, 1872).

Un siècle : mouvement du monde de 1800 à 1900 (Goupil et Cie – Jean Boussod-Manzi-Joyant et Cie, Paris, 1900).

Vevey et ses environs : hôtes illustres, fête des vignerons ; préface de Paul Morand (Mermod, Lausanne, 1955).

PUBLICATIONS DIVERSES

Adresse du comité patriotique valaisan au peuple du Valais (Bex, 1er novembre 1847).

Album de l'Escalade (Isaac Soulier, Genève).

Apologie de l'enseignement des jésuites de Fribourg, adressée à Messieurs du conseil municipal de Bulle, en réponse à l'apologie de leur pétition au gouvernement (de Louis-Joseph Schmid, imprimeur, Fribourg, 1831).

Banque cantonale vaudoise, ouvrage publié à l'occasion du Centenaire 1845-1945 (Banque cantonale vaudoise).

Bref de la suppression de la ci-devant dite Compagnie de Jésus (imprimerie de la Société typographique, Neuchâtel, 1773).

Buonarroti et des sociétés secrètes à Genève, quelques documents inédits, 1815-1824, Marc Vuilleumier (*Annales historiques de la Révolution française*, Société des études robespierristes, Paris, juillet-septembre 1970).

Catholiques et protestants dans le pays de Vaud, histoire et population, 1536-1986, Olivier Blanc et Bernard Reymond (*Histoire et société*, no 13, Labor et Fides, Genève, 1986).

Cent Cinquante Ans d'histoire vaudoise 1803-1953 (Société vaudoise d'histoire et d'archéologie, *Bibliothèque historique vaudoise* XIV, Payot, Lausanne, 1953).

Centenaire de la paroisse catholique de Vevey (Société de l'imprimerie et lithographie Klausfelder, Vevey, 1938).

Centenaire du bâtiment du collège de Vevey (Société de l'imprimerie et lithographie Klausfelder, Vevey, 1938).

Ce que pensent les protestans eux-mêmes des procédés de Berne à l'égard des catholiques du Jura (S. Delisle, imprimeur, Lausanne).

Chants du pays, album lyrique de la Suisse romande, A. Imer-Cuno (Arthur Imer, Lausanne, 1883); *Chants du pays, recueil poétique de la Suisse romande*, A. Imer-Cuno (Arthur Imer, éditeur-F. Payot, libraire-éditeur, Lausanne, 1887).

Compte rendu présenté au département des Travaux publics de la République de Berne sur les opérations à entreprendre relativement au dessèchement des marais du Seeland, à l'abaissement des lacs, à la correction de l'Aar et de l'embouchure de l'Emme, accompagné des plans et du devis des travaux à exécuter, par le lieutenant-colonel du génie polonais Jean Lelewel (L.A. Raller, imprimeur, Berne, 1834).

Considérations présentées à MM. les ministres démissionnaires par un ministre démissionnaire (imprimerie Bonamici et Cie, Lausanne, 1845).

Convention provisoire soit Mode de vivre établi entre l'Etat et l'autorité ecclésiastique pour la tractation et l'administration des affaires ecclésiastiques (Joseph-Louis Piller, imprimeur, Fribourg, 1856).

Correspondance échangée entre le Haut Conseil fédéral et le gouvernement du Valais au sujet des prêtres étrangers séjournant en Valais (L. Schmid, imprimeur, Sion, 1882).

Coup d'œil sur la position de l'Eglise nationale du canton de Vaud en 1845, par Ch. Baup, ministre (Georges Bridel, Lausanne, 1845).

Décret du gouvernement provisoire du Valais, 6 janvier 1848, M. Barman, président du gouvernement provisoire, de Brons, secrétaire.

De la réclusion dans le canton de Vaud et du pénitencier de Lausanne, A. Verdeil, D. M. (Au Dépôt bibliographique de Benj. Corbaz, Lausanne, 1842).

Développement de l'indépendance du haut Valais et conquête du bas Valais, étude rétrospective par M. Fréd. de Gingins-La Sarraz.

Discours de M. le Comte de Montalembert, pair de France, dans la discussion du projet d'adresse, séance du 14 janvier 1848 (Jacques Lecoffre et Cie, libraires, Paris).

Discussion publique sur la liberté religieuse et le gouvernement de l'église dirigée par les membres de l'Eglise nationale du canton de Vaud (1831).

Documents d'histoire suisse 1798-1847, par Michel Salamin (Recueils de textes d'histoire suisse).

Emigrations suisses : Enquête auprès de Messieurs les Consuls de la Confédération en Europe, dans le nord de l'Afrique, l'Amérique du Nord, l'Amérique centrale et du Sud, suivie des Observations de la Commission des Emigrations nommée par la Société d'Utilité publique fédérale, dans sa réunion, à Zurich, le 18 septembre 1844 (L. Alex. Michod, imprimeur-libraire, Lausanne, 1845).

Enquête sur le paupérisme en 1840 dans le canton de Vaud, introduction de Monique Weber-Jobé (Marc Ducloux, imprimeur-libraire, 1841 ; reproduction photomécanique, Editions d'en bas, Lausanne, 1977).

Examen de la déclaration publiée sous la date du 26 septembre 1818, au nom de la minorité du Grand Conseil de Fribourg, contre l'admission de l'ordre des Jésuites dans le canton (1818).

Exposé de la Diète fédérale au peuple suisse et *Rapport sur la conférence médiatrice du 26 octobre 1847*.

Fête de la famille Rivier, 29 août 1987, au Désert sur Lausanne.

Henri Druey, André Lasserre (*Bibliothèque historique vaudoise*, n° 24, Lausanne, 1960).

Henri Druey, correspondance, éditée par Michel Steiner et André Lasserre, tome II (*Bibliothèque historique vaudoise*, collection dirigée par Colin Martin, Lausanne, 1975).

Histoire illustrée des Bergues, 1834-1984, pionnier de l'hôtellerie, texte et choix des illustrations : Louis H. Mottet (Société nouvelle des Bergues, Genève, 1984).

Instruction pour la tenue des registres de l'état civil (Louis Vincent, imprimeur, Lausanne, 1856).

Itinéraire du pays de Vaud, du gouvernement d'Aigle et du comté de Neuchâtel et Vallengin (Nouvelle société typographique, Berne, 1794).

Journal de la Société vaudoise d'utilité publique, faisant suite à la *Feuille du canton de Vaud*, D. A. Chavannes (imprimerie des frères Blanchard, Lausanne, 1834, 1835, 1836).

La Construction du Grand-Pont à Lausanne, étape vers la révolution de 1845 ?, André Lasserre (Revue historique vaudoise, Lausanne, 1976).

La Musique dans le canton de Vaud au XIXe siècle, Jacques Burdet (*Bibliothèque historique vaudoise*, volume XLIV, Payot, Lausanne, 1971).

La Question ecclésiastique du canton de Vaud expliquée authentiquement dans une correspondance officielle publiée par H. Berthoud, suffragant démissionnaire (Georges Bridel, Lausanne, 1845).

La Sainte-Alliance et les réfugiés politiques dans le canton de Vaud en 1823-1824, lettres confidentielles inédites du landammann à Etienne Dumont (*Revue historique vaudoise*, nos 4 et 5, 1931).

La Suisse, de la formation des Alpes à la quête du futur, dixième publication de la Fédération des coopératives Migros, directeurs de la publication : Niklaus Fluëler, Roland Gfeller-Corthésy (Ex Libris Verlags AG, 1975).

Lausanne and Some English Writers, René Rapin (*Etudes de Lettres*, série II, tome II, faculté des lettres de l'université de Lausanne, juillet-septembre 1959).

Lausanne, destin d'une ville, Jean Hugli (Esquisse d'histoire lausannoise, publiée à l'occasion du 500e anniversaire de l'union de la Cité et de la Ville inférieure, municipalité de Lausanne, 1981).

La Vie musicale à Genève au dix-neuvième siècle (1814-1918), Claude Tappolet (Mémoires et documents, publiés par la Société d'histoire et d'archéologie, XLV, Alex. Jullien, Genève, 1972).

La Volupté. Son influence sur les individus et sur la société (A l'occasion d'un roman de M. de Sainte-Beuve), Alexandre Vinet (*Mélanges*, Paris-librairie Sandoz et Fischbacher – Neuchâtel, librairie générale J. Sandoz – Genève, librairie Desrogis).

Le Clergé du Valais au Grand Conseil du canton, touchant la question de la suppression des couvents d'Argovie, octobre 1841 (Samuel Delisle, imprimeur, Lausanne, 1841).

Le Clergé et les catholiques suisses vengés devant l'histoire, Héliodore Raemy de Bertigny (articles publiés par *le Chroniqueur suisse*, nos 26, 27, 28, L. Fragnière, imprimeur, Fribourg, 1866).

Le Fusil de chasse genevois 1819-1845, Jean Dunant ; avec une planche en couleurs, hors-texte, de R. Gaudet-Blavignac, et un résumé traduit en allemand par H. Foerster (Imprimerie nationale, Genève, 1988).

Le Moyen Age romantique au pays de Vaud, 1825-1850, Paul Bissegger (Bibliothèque historique vaudoise, no 79, Lausanne, 1985).

L'Empro genevois : caches, rondes, rimes et kyrielles enfantines ; cris populaires, sobriquets ; le fer à risoles. Etudes ethnographiques, Blavignac, architecte, membre de plusieurs sociétés savantes (A. Vérésoff et Comp., imprimeurs-éditeurs, Genève, 1875).

Le Poète genevois Louis Duchosal dans l'intimité, 1887-1901, F. Vincent, (extrait du Bulletin de l'Institut national genevois, XXXVIII, Genève, 1910).

Le Premier Réveil et la première église indépendante à Genève, d'après ses archives et les notes et souvenirs de l'un de ses pasteurs, 1810 à 1826, suivis d'un *Coup d'œil sur l'état de cette même église, de 1826 à 1849, époque de la fondation de l'Eglise évangélique* (Beroud et Kaufmann, libraires, Genève, 1871).

Le Radicalisme en 1844-1845 jugé par ses œuvres : avis aux Fribourgeois et à tous les vrais Suisses.

Le Retable de Konrad Witz et la notion de patrimoine à Genève de la fin du XVII*e siècle au début du* XIX*e siècle*, Daniel Buyssens (*Genava*, tome XLI, 1993, Genève).

Le Vignoble vaudois, cent cinquante ans d'histoire vaudoise, 1803-1953 (Bibliothèque historique vaudoise, volume XIV, Payot, Lausanne, 1953)

Les Anglais au pays de Vaud, G.-R. de Beer (*Revue historique vaudoise*, 1951).

Les Couvens de l'Argovie à tous les Etats souverains de la Confédération et à la Haute Diète fédérale (B. Galley, imprimeur, Fribourg, 1841).

Les Jésuites vengés par leurs élèves ou réponse au mot des étudians de la section fribourgeoise de la société de Zoffinguen (Samuel Delisle, imprimeur, Lausanne, 1831).

Les Réformateurs de Genève, par le P. V. Marchal, curé libéral de Carouge et de La Chaux-de-Fonds (Charles Méra, libraire, Lyon, 1876).

Les Revenus du collège Saint-Michel de Fribourg ou les jésuites accusés d'opulence et convaincus de pauvreté (François-Louis Pilleur, imprimeur, Fribourg, 1834, Labastrou, libraire, Fribourg).

Lettre au rédacteur de la Veveysane *sur la question de l'impôt à établir dans la ville de Vevey* (L. Alex. Michod, imprimeur, Vevey, 1840).

Lettre de M. Perdonnet père, à la municipalité de Vevey (Lœrtscher et fils, imprimeurs-libraires, Vevey, 1839).

Lettre d'un voyageur, A M. George Sand, Franz Liszt (*Gazette musicale*, 1835).

Livret officiel de la Fête des Vignerons se célébrant à Vevey les 4, 5, 7, 8, 10 et 11 août 1905 (Klausfelder, Vevey, 1905).

L'Union protestante genevoise (1842-1847) : une organisation de combat contre l'envahissement des catholiques, Pierre-Alain Friedli (extrait du *Bulletin de la Société d'histoire et d'archéologie* 1982, Genève, 1983).

Manuel des juges et justices de paix du canton de Vaud, M. Van Muyden-Porta (Lœrtscher et fils, imprimeurs-libraires, Vevey, 1830).

Mémoire présenté à Mgr l'Evêque de Lausanne et de Genève par le vénérable clergé du canton de Fribourg au sujet de la dernière loi du Grand Conseil sur les écoles primaires, 1834 (Samuel Delisle, imprimeur, Lausanne, 1834).

Mémoires et souvenirs de Augustin-Pyramus de Candolle écrits par lui-même et publiés par son fils (Joël Cherbuliez, libraire, Genève, 1862).

Mémoire sur la question concernant l'établissement d'un port à Vevey, par E. D. M. [Eugène de Mellet] (J. Alex. Michod, éditeur-imprimeur-libraire, Vevey, 1843).

Monnaies au pays de Vaud (*Bibliothèque historique vaudoise*, XXXVIII, Lausanne, Société suisse de numismatique, Berne, 1964).

Observations sur les articles de la conférence de Baden adressées aux catholiques de la Suisse, par l'abbé * * *, prêtre du canton de Fribourg (Petitpierre, imprimeur, Neuchâtel, 1836).

Opinion de M. le Professeur De la Rive, sur le projet d'instructions à la Diète fédérale, qui doit se réunir le 24 février, à Zurich, prononcée dans la séance du Grand Conseil du canton de Genève, à Zurich, le 12 février 1845.

Opinions prononcées dans le Grand Conseil de Fribourg les 16 janvier 1817 et 15 septembre 1818, au sujet de l'admission des ligoriens et des jésuites par M. Pierre de Landerset (publiées par ses amis, 1818).

Persécution des catholiques du diocèse de Bâle : adresse d'adhésion sympathique de NN. SS. les Evêques de la Suisse à Sa Grandeur Mgr Eugène Lachat, évêque de Bâle (J.-B. Chanard, imprimeur, Genève, 1873).

Pétitions des catholiques du district d'Echallens, adressées au Grand Conseil du canton de Vaud pour obtenir la révocation de l'arrêté du conseil d'Etat contre la libre publication des mandemens épiscopaux dans leurs paroisses accompagnées de quelques observations et de trois lettres sur le même sujet (Samuel Delisle, imprimeur, Lausanne, 1837).

Pièces annexes du rapport et préavis présenté au Grand Conseil du canton de Vaud par le conseil d'Etat sur la note du gouvernement français relative au séjour de Louis-Napoléon Bonaparte dans le canton de Thurgovie, septembre 1838 (Hignou aîné, imprimeur, Lausanne, 1838).

Poésies d'une ancienne cuisinière (imprimerie de la Société typographique, Vevey, 1856).

Portrait de 250 entreprises vaudoises, Henri Rieben, Martin Nathusius, Ronald Bugge, Patrick, Piffaretti, Chantal Lagger (Fondation Jean Monnet pour l'Europe, Centre de recherches européennes-Editions 24-Heures, Lausanne, 1980).

Précis des faits qui ont amené et suivi la démission de la majorité des pasteurs et ministres de l'église nationale du canton de Vaud en 1845, accompagné des documents officiels recueillis par Ch. Baup, ministre de l'Evangile (Georges Bridel, libraire, Lausanne, 1846).

Premier rapport du comité de l'Asile des aveugles, fait au Conseil général de cet établissement le 17 mars 1847 (imprimerie J.-S. Blanchard aîné, Lausanne, 1847).

Procédure civile non contentieuse : rapport au Grand Conseil (Pache, imprimeur, Lausanne, 1856).

Projet de loi sur le Code du Commerce : décret du Grand Conseil du canton de Vaud vu le projet de loi présenté par le Conseil d'Etat (1838).

Projet de loi sur quelques changements au Code de procédure civile : décret du Grand Conseil du canton de Vaud vu le projet de loi présenté par le Conseil d'Etat (1838).

Propos en l'air à propos des événements du jour, mai 1845 (imprimerie Bonamici et Cie, Lausanne).

Quelques mots sur la question des couvens du canton d'Argovie (Charles Attinger, imprimeur, Neuchâtel, 1841).

Rapport au département des Travaux publics de la Confédération suisse sur l'influence probable des chemins de fer dans la Suisse romane, sur l'agriculture, l'industrie et les petits métiers, par John Coindet, de Genève (Joël Cherbuliez, libraire, Genève – Paris, 1851).

Rapport au Grand Conseil du canton de Vaud sur les pétitions concernant la célébration du culte catholique (Ch. Pache-Simmen, imprimeurs, Lausanne, 1843).

Rapport du Comité central de l'Asile rural vaudois d'Echichens, pour sa 16e année d'exercice, du 15 avril 1842 au 31 mars 1843.

Rapport et amendements présentés par la Commission chargée d'examiner le projet de loi sur les concessions de droits de bourgeoisie aux habitants perpétuels, aux heimatlos et aux enfants trouvés (Pache, imprimeur, Lausanne, 1859).

Rapport fait au département de l'Intérieur par le comité de l'Ecole normale provisoire le 30 avril 1835 (imprimé par décision du Grand-Conseil, imprimerie des frères Blanchard, Lausanne, 1835).

Rapport fait au Grand Conseil du canton de Vaud sur les pétitions qui lui ont été adressées au sujet de la position des protestants dans le Valais (Emmanuel Vincent fils, imprimeur, Lausanne, 1844).

Rapport sur l'établissement de chemins de fer en Suisse, par MM. Stephenson, M. P., et H. Swinburne, experts appelés par le Conseil fédéral.

Recès de la session ordinaire du Grand Conseil du Valais de mai 1846 (L. Advocat, imprimeur, Sion).

Recès de la session ordinaire du Grand Conseil constituant du Valais du 27 décembre 1847 au 29 janvier 1848, compilé par M. Stockalper (L. Advocat, imprimeur, Sion).

Recueil authentique des lois et actes du gouvernement de la République de Genève, tome XXIV, année 1838 (Imprimerie de G. Fick, Genève).

Recueil de pièces officielles de la Diète fédérale concernant la dissolution de l'alliance séparée conclue entre les cantons de Lucerne, Ury, Schwyz, Unterwalden, Zoug, Fribourg et Valais, avec un Rapport sur la conférence médiatrice du 28 octobre 1847 (Stæmpel, imprimeur, Berne, 1847).

Règlements de la Société de secours pour les ouvriers malades dans le district de Vevey (Ch.-F. Recordon, imprimeur, Vevey, 1858).

Règlement de la Poste-aux-chevaux de la Confédération suisse.

Règlement de police pour la ville et commune de Vevey (imprimerie et librairie de Lœrtscher et fils, 1842).

Session de 1827 de la Société suisse d'utilité publique, Ch. Monnard (imprimerie de Lœrtscher et fils, 1838).

Souvenirs personnels sur la campagne du Sonderbund, écrits par le colonel Edouard Burnand (*Revue historique vaudoise*, n°s 6, 7, 8, juin, juillet et août 1924).

Stations balnéaires suisses et leurs sources minérales (Association des stations balnéaires suisses, avec le concours de l'Office suisse du tourisme, Zurich et Lausanne, des Chemins de fer fédéraux, Berne, et de la Société suisse des hôteliers, Bâle).

Tableau chronologique et synoptique d'histoire de la musique, P. Van de Vyvère (Alphonse Leduc, Paris).

Un document : la correspondance entre Henry Druey et Jean-Jacques-Caton Chenevière 1845-1851, Bernard Reymond (*Revue historique vaudoise*).

Un mot sur l'apologie de l'enseignement des jésuites de Fribourg, dédié à la Société de Zoffinguen par la section de Fribourg, mai 1831 (F.-L. Piller, imprimeur, Fribourg).

Vevey, centre économique régional, thèse par André Hilfiker (université de Lausanne, école des hautes études commerciales. Imprimerie vaudoise, Lausanne, 1966).

Vinet : les 150 ans de son école 1839-1989 (Ecole Vinet, Lausanne, 1989).

Vingt-deuxième rapport du comité de l'asile de Vevey pour les jeunes filles, octobre 1851 (S. Genton, Luquiens et Cie, imprimeurs, Lausanne).

CATALOGUES D'EXPOSITIONS

Anglais à Lausanne au XIXe siècle (à l'occasion du centenaire de l'Eglise anglicane à Lausanne; musée historique de l'Ancien-Evêché, Lausanne, 1978).

Aspects de l'art à Genève, sous la direction de Renée Loche, James Pradier et ses amis genevois les Marin, Douglas Siler (musée d'Art et d'Histoire, Genève, 1979).

La « Refondation » de Genève en 1830 (Dufour, Fazy, Rousseau), André Corboz (traduction augmentée de *Wiedergründung – oder Stadtkernforschung einmal anders, Die Stadt mit Eigenschaften. Eine Hommage an Paul Hofer* [herausgegeben von André Corboz], gta Verlag, EPFZ, Zurich, 1991).

Lausanne 1900-Lausanne en chantier (Guides de monuments suisses, Société d'histoire de l'art en Suisse, 1977-1978).

Le Général Dufour et Saint-Maurice (Musées cantonaux du Valais, brigade de forteresse 10, *Bibliothèque historique vaudoise*, Association Saint-Maurice pour la recherche de documents sur la forteresse; *Cahiers d'archéologie suisse*, n° 35, collection dirigée par Colin Martin; musée militaire cantonal, Saint-Maurice, 1987-1988 – Kantonales Museum altes Zeughaus, Solothurn, 1988).

Les Promenades publiques à Genève de 1680 à 1850, Christine Amsler (musée d'Art et d'Histoire, Maison Tavel, Genève, 1993).

Les Tableaux remis par Napoléon à Genève, Renée Loche, Maurice Pianzola (musée d'Art et d'Histoire, Genève).

Napoléon : le retour des cendres, 1840-1990, Jérémie Benoît, Agnès Delannoy, Alain Pougetoux (*Mort et résurrection*, musée national des châteaux de Malmaison et Bois-Préau, 1990, *La Ferveur populaire*, musée Roybet-Fould, Courbevoie, 1990).

Révolution inachevée, révolution oubliée, 1842, les promesses de la Genève moderne, David Hiler et Bernard Lescaze (Comité d'organisation du 150e anniversaire de l'autonomie communale de la Ville de Genève, éditions Suzanne Hurter, Genève, 1992).

Sainte-Beuve, Port-Royal et Lausanne (Bibliothèque cantonale et universitaire, Département des manuscrits, 1992).

JOURNAUX, MAGAZINES, REVUES

Collections de :

Almanach de Lausanne.
Almanach du Valais.
Almanach du Vieux-Genève.
Annales fribourgeoises.
Bibliothèque universelle et revue suisse.
Bulletin helvétique.
Courrier suisse.
Dernière Quinzaine.
Estafette.
Etrennes helvétiennes curieuses et utiles.
Europe centrale.
Feuille d'avis de Lausanne.
Feuille d'avis de Vevey.
Feuille d'avis de Vevey et des cercles de La Tour-de-Peilz et de Corsier.
Feuille du canton de Vaud.
Gazette de Lausanne.
Journal de la Société vaudoise d'utilité publique.
Journal de Lausanne.
Journal de Genève.
Journal d'Yverdon.
Journal helvétique.
Journal illustré des stations du Valais.
Journal suisse.
La Glaneuse.
La Patrie.

La Quotidienne.
La Veveysane.
Le Conservateur suisse ou recueil complet des Etrennes helvétiennes (1855, 1856, 1857).
Le Drapeau suisse.
Le Fédéral.
Le Véritable Messager boiteux de Berne et Vevey, almanach romand.
Mélanges helvétiques.
Revue de Genève.
Revue de Suisse.
Revue historique vaudoise.
Revue mensuelle des musées et collections de la ville de Genève.
Revue militaire suisse.

ARCHIVES ET SOURCES D'INFORMATION

En Suisse :

Archives cantonales vaudoises, Lausanne.
Archives de la Ville de Lausanne.
Archives de l'Etat de Genève, Genève.
Bibliothèque cantonale et universitaire, Lausanne.
Bibliothèque de la Ville de Genève, Genève.
Bibliothèque municipale, Vevey.
Bibliothèque publique et universitaire, Fribourg.
Bibliothèque publique et universitaire, Genève.
Collections de la Maison Tavel, Genève.
Collections du Centre de documentation Pestalozzi, Yverdon.
Collections du musée de l'Horlogerie et de l'Emaillerie, Genève.
Collections du musée du Léman, Nyon.
Collections du Musée historique de Lausanne.
Collections du Musée historique du Vieux-Vevey et du musée de la Confrérie des vignerons, Vevey.
Fondation pour l'histoire des Suisses à l'étranger, Genève.
Institut et musée Voltaire, Genève.
Musée des Suisses à l'étranger, Genève.

En France :

Fondation Napoléon, Paris.
Fondation Thiers, Paris.

TABLE

5509

Composition Chesteroc International Graphics
Achevé d'imprimer en Europe (France)
par Maury-Eurolivres – 45300 Manchecourt
le 13 mars 2000.
Dépôt légal mars 2000. ISBN 2-290-30162-0

Éditions J'ai lu
84, rue de Grenelle, 75007 Paris
Diffusion France et étranger : Flammarion